Sabin Bieri
Vom Häuserkampf zu neuen urbanen Lebensformen

Urban Studies

Sabin Bieri (Dr. phil. nat.) forscht und lehrt am Centre for Development and Environment an der Universität Bern. Ihre Forschungsschwerpunkte sind nachhaltige Entwicklung, Globalisierung und soziale Ungleichheit.

Sabin Bieri

Vom Häuserkampf zu neuen urbanen Lebensformen

Städtische Bewegungen der 1980er Jahre
aus einer raumtheoretischen Perspektive

[transcript]

Publiziert mit Unterstützung des Schweizerischen Nationalfonds zur Förderung der wissenschaftlichen Forschung

Bibliografische Information der Deutschen Nationalbibliothek
Die Deutsche Nationalbibliothek verzeichnet diese Publikation in der Deutschen Nationalbibliografie; detaillierte bibliografische Daten sind im Internet über http://dnb.d-nb.de abrufbar.

© 2012 transcript Verlag, Bielefeld

Die Verwertung der Texte und Bilder ist ohne Zustimmung des Verlages urheberrechtswidrig und strafbar. Das gilt auch für Vervielfältigungen, Übersetzungen, Mikroverfilmungen und für die Verarbeitung mit elektronischen Systemen.

Umschlagkonzept: Kordula Röckenhaus, Bielefeld
Umschlagabbildung: Lisa Schäublin, Bern 1987, © Lisa Schäublin
Korrektorat: Jan Wenke
Satz: Silvia Ramsay
Druck: Majuskel Medienproduktion GmbH, Wetzlar
ISBN 978-3-8376-1704-7

Gedruckt auf alterungsbeständigem Papier mit chlorfrei gebleichtem Zellstoff.
Besuchen Sie uns im Internet: *http://www.transcript-verlag.de*
Bitte fordern Sie unser Gesamtverzeichnis und andere Broschüren an unter: *info@transcript-verlag.de*

Inhaltsverzeichnis

	Dank	9
	Zusammenfassung	11
1	Einleitung	21
1.1	Urbaner Raum: eine nächtliche Inszenierung	21
1.2	Annäherung an urbane Schnittstellen	23
1.3	Entmaterialisierter Raum und die Verhandlung von Geschlecht	26
1.4	Zugehörigkeiten verhandeln: eine geografische Herangehensweise	28
1.5	Produktion urbaner Männlichkeiten	31
2	Fragen stellen	35
2.1	Unsicheres Terrain betreten: Erkenntnisinteresse	35
2.2	Kontext	39
2.3	Forschungsfragen	44
3	Raum – Geographie. Geografie	51
3.1	Einführung in den theoretischen Teil	51
3.2	Raum. Geschlecht. Geographie	52
3.3	Geographie. Geografie	53
3.4	Raum	64
3.5	Raum in dieser Publikation	94
3.6	Raum als soziales Konstrukt und Wissenssystem	98
3.7	Fazit	110

4 Zwischen De-Ontologisierung und onto-formativer Kraft: Geschlecht — 113

- 4.1 Geschlecht als rationale Kategorie — 114
- 4.2 Das Verhältnis von Sex und Gender — 115
- 4.3 Geschlecht räumlich denken — 140
- 4.4 Fazit — 146
- 4.5 Zum Verständnis von Geschlecht in dieser Publikation — 148
- 4.6 Spannungsverhältnisse — 150
- 4.7 Analyseperspektive von Geschlecht — 151

5 Verfahrensweisen: Diskurs- und Dekonstruktionsorientierung — 153

- 5.1 Was ist Dekonstruktion? — 153
- 5.2 Kritische Rezeption — 155
- 5.3 Dekonstruktion, Diskurs und feministische Theoriebildung — 157

6 Methodologische Überlegungen zum vorliegenden Material — 161

- 6.1 Diskursanalytische Ansätze in der Geographie — 162
- 6.2 Diskurs in sozialwissenschaftlichen Fragestellungen — 171
- 6.3 Bearbeitung und Auswertung — 177
- 6.4 Erzählen: Die Nachträglichkeit als Organisation von Erfahrung — 182

7 Die Grenzen des Urbanen — 189

- 7.1 Exkurs: Die Hausfrau — 190
- 7.2 Öffentlicher Raum und das private Leben — 195
- 7.3 Das Urbane als Lebensform — 200
- 7.4 Fazit — 210

8	SEDIMENTIERUNG UND TRANSGRESSION	213
	8.1 KLASSISCHE ERKLÄRUNGSMODELLE DER BEWEGUNGSTHEORIE	216
	8.2 SOZIALWISSENSCHAFTLICHE WENDE IN DER BEWEGUNGSFORSCHUNG	218
	8.3 BEISPIELE AUS DER GEOGRAPHISCHEN BEWEGUNGSFORSCHUNG	221
	8.4 FAZIT	231
9	WOHLTEMPERIERTE STADT	233
	9.1 FORTSCHRITTSOPTIMISMUS UND DIE MAGIE DER FÜNF KS	234
	9.2 REIBUNGSFLÄCHEN	238
	9.3 DAS WIRTSCHAFTLICHE UMFELD DER 70ER UND FRÜHEN 80ER JAHRE	239
	9.4 DAS SOZIALPOLITISCHE UMFELD DER 70ER UND 80ER JAHRE	241
	9.5 LEERSTELLEN BESETZEN: DIE 80ER-BEWEGUNG	246
	9.6 BERN ALS DORF UND ZUSTAND: STIMMUNGSBILD AUS DER HAUPTSTADT	249
	9.7 IN DER AARESCHLAUFE	254
10	SCHNITTSTELLEN ZWISCHEN THEORIE UND METHODE	259
	10.1 EMOTIONALE GEOGRAFIEN DER 80ER BEWEGUNG	261
11	TATORTE UND HANDLUNGSRÄUME DER BERNER BEWEGUNG	265
	11.1 EINLEITUNG IN DEN EMPIRISCHEN TEIL	265
	11.2 TATORTE SCHAFFEN TATSACHEN	265
	11.3 WISSENSORDNUNGEN ALS HANDLUNGSRÄUME	267

12	TATORTE – DIE PLÄFE	269
12.1	DIE PLÄFE	269
12.2	DIE ORDNUNGSHÜTERIN	278
12.3	FAZIT	294
13	TATORTE – DIE STÄDTISCHE REITSCHULE	297
13.1	BERNS LIEBSTER ZANKAPFEL	297
13.2	FAZIT	332
14	TRAUMHÄUSER STATT TRAUMPRINZEN	335
14.1	PUFF IM ZAFF: DIE WURZELN DER FRAUENBESETZUNG	340
14.2	FAZIT	368
15	FREIRÄUME SCHAFFEN	371
15.1	BEFREITE RÄUME	371
15.2	FELDZÜGE UND EROBERUNGEN	372
15.3	TATSACHEN SCHAFFEN	389
15.4	RÄUME BESPIELEN	393
16	GESCHLECHTERDIFFERENZ UND HANDLUNGSRAUM	397
16.1	DIE ANALYSEPERSPEKTIVE DER GESCHLECHTERDIFFERENZ	398
16.2	FAZIT	444
17	SCHLUSSFOLGERUNGEN	447
17.1	ERGEBNISSE	448
17.2	ERGEBNISSE AUS DEN EMPIRISCHEN BETRACHTUNGEN	451
18	BIBLIOGRAFIE	461
19	ANHANG	495
20	ABBILDUNGSVERZEICHNIS	499

Dank

Den folgenden Personen gilt mein besonderer Dank, allen voran: meinen Interviewpartnern und Interviewpartnerinnen und jenen Personen, die mir ihr persönliches Erinnerungsmaterial zur Verfügung stellten. Der Leiterin der Arbeit, die mir viel Vertrauen entgegenbrachte: Doris Wastl-Walter. Der Zweitgutachterin: für ihre Bereitschaft, sich auf meine Arbeit einzulassen: Martina Löw. An den Dekan der philosophisch-naturwissenschaftlichen Fakultät für herausfordernde Fragen: Paul Messerli. Für Impulse, Begleitung, kritische Gegenlese, wichtige Hinweise, Ermutigung und Unterstützung: Brigitte Schnegg, Christa Binswanger, Andrea Kofler, Daniel Blumer, Andrea Maihofer.

Der Textgruppe für die Schreibanstöße, die Unterstützung und leckeres Sushi: Bettina Fredrich, Anna Bally, Eva Soom Ammann. Der Geographiegruppe für die Disziplinierung: Claudia Michel, Marina Richter. Den Kollegiaten und Kollegiatinnen des Graduiertenkollegs *shifting gender cultures* fürs Mitdenken, Nachfragen und das Schicksalteilen: Christian Imdorf, Nicole Gysin, Christine Michel, Birgit Stalder, Selina Krause, Silvia Büchi, Susanne Wessendorf. Unverzichtbar, immer wieder, meinen Geografinnen: Bettina Büchler, Pia Tschannen, Judith Häfliger, Barbara Ringgenberg, Helene Sironi, Patricia Felber.

Online- und On-the-spot- Hilfe für jede Phase und fast jedes Problem: Natalia Gerodetti, Franziska Kremer. Studierenden, die ihr Wissen mit mir teilten: Katharina Gfeller, Sabine Kobel, Simon Schweizer. Für wertvolle Anregungen: Geraldine Pratt, Sally A. Marston, Lynn A. Staeheli, Doreen Massey. »Wer denkt hier?« – für kompetentes Lektorieren: Anna Dätwyler und Martin Schmassmann. Silvia Ramsay für das Layout. Der Fotografin und Zeitzeugin für wunderbare Fotos: Lisa Schäublin. Nochmals: für das Vertrauen meinen Eltern. Als »gestohlene Zeit« bezeichnete Anna Bally die Arbeit an der Dissertation – Zeit, die sie jemandem wegnehme. Anna traf damit den Sachverhalt genau. Diese vier Personen waren davon am meisten betroffen: Lía, Jan, Sol und Fosi. Ich freue mich sehr darauf, wieder mehr Zeit mit euch zu verbringen.

Zusammenfassung

Das Ziel meiner Untersuchung war eine räumliche Analyse der Berner 80er-Bewegung. Im Zentrum stehen dabei Verhandlungen um die Zugehörigkeit zum urbanen Raum. Ich zeichnete die Herstellung, Materialisierung und Verflüchtigung von Räumen in einer konkreten politisch-kulturellen Auseinandersetzung nach. Mit dem geografischen Blick auf die Beziehungen zwischen Subjekten und Orten interpretierte ich die soziale Bewegung als Urheberin geschlechterdifferenzierender Raumkonstitutionen, die in sozialen Wissens- und Sinnbildungsprozessen impliziert sind. Geschlecht und Raum werden als zwei sich bedingende Faktoren von Normalisierungsprozessen in ein Verhältnis gestellt. Leitend war die Frage, inwiefern die Grenzen des *Urbanen* in der Stadt Bern durch die Ereigniszusammenhänge und die Hinterlassenschaft der Bewegung neu gezogen wurden.

Dahinter steckte zunächst eine theoretische Motivation für die Auseinandersetzung mit den relationalen und dekonstruktivistischen Raumkonzepten, die in der Geographie seit 15 Jahren oder seit dem cultural turn verbreitet sind. Die Heranführung dieser Konzepte an einen empirischen Gegenstand sollte im Weiteren einen Brückenschlag in die Geschlechterforschung bilden, wobei mein Erkenntnisinteresse dem Mehrwert einer raumtheoretischen Analyse für Fragen der Geschlechterverhältnisse galt. Diese theoretische Anlage forderte eine Reflexion über die geografische Herangehensweise für diese Untersuchung, über die Bestimmungsgrößen des räumlichen Ansatzes und eine Diskussion von Geschlechterkonzepten sowie deren Zuspitzung für die vorliegende Fragestellung. Inhaltlich liegen im Theorieteil zudem eine Abgrenzung zu bewegungstheoretischen Modellen, eine sozialgeschichtliche Kontextualisierung sowie ein Kapitel zur Frage nach dem Wesen des *Urbanen* vor.

Eine geograph/ische Arbeit

Die *geografische Herangehensweise*, die diese Arbeit begründet, besteht in der geschärften Aufmerksamkeit für die Aushandlungsprozesse, durch die Zugehörigkeiten geschaffen werden. Geografische Analysen zeichnen sich durch eine stringente Auseinandersetzung mit der Beziehung zwischen Subjekten und Orten aus, in welcher das Augenmerk den räumlichen Bezügen, der Art und Weise, wie menschliches Handeln vom Raum durchdrungen ist, sowie der gegenseitigen Konstituiertheit beider Kategorien, gilt. Räume verwalten das knappe Gut der Zugehörigkeit. Weil aus der Konstitution von Raum Orte – ich spreche in dieser Publikation von TatOrten – hervor gehen, lassen sich Schliessungsprozesse räumlich sehr genau festmachen. Geografisch arbeiten bedeutet nun, diese Schliessungsprozesse – unheimliche Geografien – die durch alltagstheoretische Zuschreibungen gefestigt sind, zu dekonstruieren. Im Gegensatz zu einer traditionellen Analyse von sozialem Ein- und Ausschluss verfolgt der Fokus auf Zugehörigkeiten die Herstellung von Herrschaftsverhältnissen als Folge von Normalisierungsprozessen. Eine geografische Herangehensweise nimmt das Zugehörige ebenso in den Blick wie das Ungehörige und fragt nach den Triebkräften, die diese Kategorien ausbilden und zueinander in Beziehung setzen. Dies bedeutet, dass das Wirkungsgefüge *Raum – Subjektivierung – Bedeutung* auf seine Bruchstellen hin untersucht werden soll. Voraussetzung dafür ist ein Raumkonzept, welches materielle, symbolisch-normative, institutionelle und subjektive Konstruktionsleistungen integriert.

GESELLSCHAFTSWISSENSCHAFTLICHE RAUMKONZEPTE

Der *materielle Raum* ist konstitutiv in der Zuweisung von Bedeutungen und dient als Ressource von Wissensbildung und für die Konstruktion von Zugehörigkeiten und Ungehörigkeiten. Damit geht die Verpflichtung einher, Ereigniszusammenhänge in ihrer räumlichen Qualität zu beschreiben und als konstitutiv für das Räumlich-Materielle sowie als konstituiert durch den Raum zu verstehen, wie das eine geografische Herangehensweise im skizzierten Sinn nahelegt.

Raum unterstützt und stabilisiert den Prozess der Subjektwerdung als *Moment der Sinnbildung und als Ressource der Wissenssysteme*, auf die Individuen zugreifen. In dieser Funktion verhängt die *räumliche Grammatik* aber auch Limitierungen über Subjektivierungsprozesse. Gleichermaßen wirkt diese Grammatik dynamisierend, da sie stets die Möglichkeit anderer Geschichten und alternativer Verlaufsformen andeutet. Die Referenz auf Doreen Masseys Bestreben, Raum aus seiner philosophischen Unterbewertung zu lösen (Massey 2005), wird hier ebenso deutlich wie jene auf das Ansinnen Henri Lefebvres, die Produktion von Raum als gesellschaftlichen Prozess zu lesen und in seiner Historizität zu deuten (Lefebvre 1991). Masseys Vorgabe, Raum, beziehungsweise Ort, als Schnittstelle unfertiger Geschichten zu denken, stets im Werden begriffen, und als die Möglichkeit von Vielfalt und Heterogenität sowie die Verschränkung von Raum mit der Zeit, hat meinen Zugang geformt.

Zentral für die vorliegende Analyse ist der Nachvollzug der in den Sozialwissenschaften ebenso wie in der Geographie erfolgten Abwendung vom absoluten Raumbegriff und dessen theoretischen Engführungen, in deren Rahmen Veränderung nur als Zerfall, Fragmentierung und Zerstörung gedeutet werden kann. Die Vorstellung mehrerer Räume von unterschiedlicher Qualität an einem Ort bleibt im absoluten Raumbegriff ebenso unmöglich wie die Entstehung gegenkultureller oder institutionalisierter Räume (Löw 2001). Dieses negative Verhältnis zum sozialen Wandel sowie die Unmöglichkeit, Gleichzeitigkeit und Vielfalt zu integrieren, machen den herkömmlichen, absoluten Raumbegriff für eine feministische Theoriebildung vollkommen ungeeignet.

Die Verflechtung von Raum mit sozialer Praxis führte mich zu einer sozialwissenschaftlichen Raumdebatte. Martina Löws Konzeption von Raum als relationale (An-)Ordnungen von sozialen Gütern und Lebewesen an einem Ort sowie die analytische Auftrennung dieser (An-)Ordnungen in die Prozesse des *spacing* und der Syntheseleistung dienten mir als Orientierung für die Umsetzung der räumlichen Analyse. Ihr handlungstheoretisch beeinflusstes und mit Bourdieus Sozialtheorie unterlegtes Modell war richtungsweisend, wurde jedoch um die für die diskursorientierte Fragestellung wichtige Dimension der Subjektivierung und Fragen der Wissensproduktion erweitert. Dies bedeutet eine Verschiebung der Lesart der Bedingungen, unter denen *spacing* und Syntheseleistungen vollzogen werden. Während Löw neben den Regeln und Ressourcen habituelle Dispositionen und Strukturprinzipien berücksichtigt, beziehe ich die diskursive Produktion von Bedeutung – als Wissen, Sinnhaftigkeiten und Normen – mit ein. Ich befrage meine Daten danach, wie sich Frauen und Männer als politische Subjekte in den Ereignis- und Handlungszusammenhängen positionieren und inwiefern diese Positionierung über räumliche Qualität verfügt.

Das Diskurskonzept in der Foucault'schen Tradition ist für die Analyse räumlicher Konflikte anschlussfähig, da ein Diskurs nicht ausschliesslich das Reden meint, sondern auch Handlungspraktiken, Gefühle, Denkweisen und Körperpraktiken einschließt. Die Integration der räumlichen Perspektive in das Diskurskonzept wird über die *theoretische Fassung von Raum als Knotenpunkt im Dispositiv*, also in der Vernetzung von Diskursen zu wahrheitsbildenden Wissenssystemen, vollzogen. Damit kommt der räumlichen Dimension für das Verständnis der Produktion von Sinn und Wahrheit eine wichtige Funktion zu. Über den diskurstheoretischen Zugriff wird Raum jenseits von naturalisierenden und essentialisierenden Konzepten theoretisch begründet.

GESCHLECHT IM SCHNITTPUNKT DISKURSORIENTIERTER UND DEKONSTRUKTIONSLOGISCHER VERFAHREN

Die theoretische Fassung von *Geschlecht* in dieser Publikation ist an der Schnittstelle von dekonstruktionslogischen und diskursorientierten Ansätzen angesiedelt. Maßgeblich ist hierbei die Frage nach den Herstellungsbedingungen von Geschlecht, in die subjektive, institutionelle, normative und symbolische Bezugsgrössen einfließen und analytisch berücksichtigt werden. Die Anbindung an diskurs- und dekonstruktionsorientierte Traditionen ergibt sich aus zwei Gründen: Um die Verknüpfung zu den benannten Raumkonzepten zu leisten, drängt sich die theoretische »Sprache« dieser Geschlechterkonzeptionen auf. Zum Zweiten finden meines Erachtens in diesem Bereich der Geschlechtertheorie momentan wegweisende Auseinandersetzungen statt. Diese haben die Entstehung dieser Arbeit massgeblich geprägt und meine geschlechtertheoretischen Überlegungen vorangetrieben.

Die theoretische Anknüpfung setzt bei Andrea Maihofers Frage nach den gesellschaftstheoretischen Bedingungen an, wie Individuen zu Geschlechtern werden. In dieser Anlage wird Geschlecht aus identitätslogischen Konzepten gelöst und als Bedingung der Existenz – als Existenzweise – sowie in einem diskursorientierten und dekonstruktionslogischen Ansatz als Herrschaftsverhältnis verhandelt. Geschlecht ist in diesem Verständnis mehr als eine Eigenschaft und auch mehr als etwas, was man tut. Die Verkürzung auf die Funktion als sozialer Platzanweiser trifft den Kern ebenso wenig wie eine Perspektive des *doing gender*. Vielmehr ist Geschlecht als Auflage des modernen Selbstverhältnisses ein Herrschaftseffekt. Mich interessiert Geschlecht als Funktion von gesellschaftlichen Sinngebungs- und Normalisierungsprozessen und die Frage, wie die geschlechterdifferenzierende Verfasstheit von Gesellschaften naturalisiert wird. Darin spiegelt sich ein Foucault'sches Gesellschaftsverständnis, wobei insbesondere seine Verwendung des Machtbegriffs als produktive Ressource und das Konzept der Selbststeuerung in meine theoretischen Überlegungen eingeflossen sind. Diese Ausrichtung lässt sich mit den Überlegungen zu der Konstitution von Raum verknüpfen. Dem materiellen Raum kommt in der Konservierung von Normen und in der Naturalisierung von gesellschaftlichen Verhältnissen eine wichtige Rolle zu, wie diese Arbeit zeigt.

Auf diese theoretische Ausgangslage stützt sich die vorliegende Untersuchung der 80er-Bewegung in Bern. Ich deute die Verhandlung von Zugehörigkeiten durch die Bewegung und die politischen Instanzen als sozial-räumliche Praktiken, die die Grenze des *Urbanen* neu zogen und dabei gleichzeitig geschlechterdifferenzierende Wissensordnungen transportierten.

Methodische Orientierung

Methodisch arbeitete ich mit einem *diskursorientierten Verfahren*. Grundlegend war eine sozialwissenschaftliche Anwendung des Diskurskonzepts, welches Diskurse als privilegierte Orte der Wahrheitsproduktion fasst. Häufig werden Diskurse in Konfliktfällen sicht- und analytisch fassbar (Schwab-Trapp 2001). Ein diskursorientiertes Analyseverfahren interessiert sich für die Entstehung und die Verbreitung von Diskursen und beobachtet deren Veränderung anhand von Fallstudien. Für die Analyse der diskursiven Formen, Themen und Akteure und Akteurinnen rund um die Berner Hausbesetzungsbewegung wählte ich ein theoriegenerierendes Verfahren entlang von den Konzepten der *grounded theory*.

Der operationelle Zuschnitt des Geschlechterkonzeptes gründet auf einer Vorlage von Gudrun-Axeli Knapp, die vier Ebenen der Geschlechteranalyse unterscheidet (Knapp 2003). Für meine Arbeit sind die Ebenen der Geschlechterdifferenz sowie die Ebene der Geschlechterordnung, die auf kulturelle Konstruktionen von Geschlechterverhältnissen ausgerichtet ist, relevant.

Kontextualisierung: Wohltemperiertheit und unheimliche Geografien

Die vorliegende Arbeit ist im Weiteren wie folgt aufgebaut: Drei inhaltlich orientierte Kapitel leisten eine Herleitung des Konzepts des *Urbanen*, die Abgrenzung zu klassischen bewegungstheoretischen Modellen sowie die Einordnung in den historischen Kontext.

Die Frage nach der Verschiebung des *Urbanen* als Folge der sozialen Bewegung wird in Kapitel 7 vorbereitet, welches dem Wesen des *Urbanen* nachgeht. Die geschlechterdifferenzierende Qualität urbaner Verfasstheit wird anhand von Beispielen aus der Literatur und aus den Sozialwissenschaften dargelegt. Mit Bezug auf Henri Lefebvre wird das *Urbane* für diese Arbeit *in den Kriterien Differenz, Grenzen und Netzwerke* gefasst.

Das Kapitel zu den Theorien sozialer Bewegungen beginne ich mit einer Darlegung bewegungstheoretischer Ansätze. Darin stelle ich einen geografischen Zugriff auf soziale Bewegungen vor. Eine kritische Bearbeitung von Tim Cresswells Transgressionskonzept (Cresswell 1996) sowie von Lise Nelsons Ansatz der Sedimentierung (Nelson 2003) verbinde ich zu meiner eigenen Analyseperspektive auf die Berner Hausbesetzungsbewegung. Beide Konzepte, sowohl dasjenige der Transgression als auch jenes der Sedimentierung, verwenden den Begriff *place* – TatOrt – als wichtigen analytischen Zugang. Nelson und Cresswell verstehen soziale Bewegungen hierbei als Momente, die eine Ausweitung konventioneller demokratischer Praxis herbeiführen und als so genannte Gegenöffentlichkeiten zur Herstellung von neuen sozialen Identitäten und politischen Allianzen führen.

Mit dem Ansatz der *Sedimentierung* lässt sich die Hinterlassenschaft der Hausbesetzungsbewegung anhand detaillierter ethnographischen Rekonstruktionen ablesen, angefangen bei der materiellen Substanz – der Reitschule, zum Beispiel –, aber auch in szenespezifischen Sprachrelikten, die bis heute nur sehr lokal gebräuchlich sind, in der Kleidung, in der kulturellen Infrastruktur, in der Planung, der Stadtentwicklung und in der politischen Kultur. Auch wenn die Bewegung längst verschwunden ist, lassen sich ihre Spuren als Sedimente von unterschiedlicher Struktur und Substanz in der Stadt nachweisen.

Die 80er-Bewegung grenzte sich gegen eine gesellschaftliche Verfasstheit ab, die ich hier mit Bezug auf Jakob Tanner »Wohltemperiertheit« (J. Tanner 1992) genannt habe. Die Bewegung inszenierte sich als Gegenentwurf zu dieser gesellschaftlichen Konstituiertheit, die alle Extremlagen vermied. Sozial- und wirtschaftsgeschichtliche Beiträge fliessen in Kapitel 9 zu einem Bild der Schweiz in den 70er Jahren zusammen. Das Kapitel schliesst mit einer impressionistischen Einschätzung über die lokale Berner Ausprägung der Wohltemperiertheit. Diese gipfelte in Schliessungsprozessen, die besonders junge Leute traf und die ich für diese Arbeit als »unheimliche Geografien« bezeichnet habe. Solche Schliesseffekte führten zu Spannungsverhältnissen, die sich in der 80er-Bewegung entluden.

TatOrte und HandlungsRäume der Berner 80er-Bewegung

Im empirischen Teil sind unter dem Titel TatOrte und HandlungsRäume ausgewählte raumkonstitutive Ereigniszusammenhänge rund um die Berner 80er-Bewegung dargelegt. *TatOrte und HandlungsRäume sind Analyseperspektiven,* die die raumkonstitutive Qualität der sozialen Bewegung hervorheben. Unter TatOrten fasse ich die konkreten Orte, die eigentlichen Konfliktherde, das materielle Substrat, worin die politischen Auseinandersetzungen eingelassen waren. HandlungsRäume sind Möglichkeitsbedingungen, die als Ergebnisse aus dem politischen Verhandlungsprozess hervorgegangen sind. Die Erweiterung oder Verschiebung von HandlungsRäumen bespreche ich als Verschiebung des *Urbanen,* womit eines der zentralen Erkenntnisinteressen dieser Arbeit angedeutet ist.

Für die Analyse habe ich drei TatOrte ausgewählt, die aus der 80er-Bewegung hervor gegangen sind. Zunächst die *Münsterplattform Pläfe,* zweitens die *städtische Reitschule* und drittens die *Frauenbesetzung »Traumhaus«.* Die Analyse dieser TatOrte wurde mit Archivstudien zusätzlich unterlegt und wirft ein Licht auf die historische Dimension der Konstitution von Raum. Sowohl die Pläfe als auch die Reitschule treten als geronnene Geschichte in die Auseinandersetzung um FreiRäume zu Beginn der 80er Jahre ein. Das heftige Ringen um diese TatOrte stelle ich anhand der Aufarbeitung von Polizeiakten, Zeitungsberichten sowie, hauptsächlich, der Interviewdaten mit ehemaligen Beteiligten an der Bewegung und mit Behörden dar.

Am Beispiel der Reitsvchule lässt sich der Kampf um FreiRäume idealtypisch nachvollziehen. Das abbruchreife Gebäude wurde im Verlauf von zehn Jahren zwei Mal besetzt, 1980 und 1987. Unterdessen ist das Kulturzentrum vom Unort zum städtischen Inventar avanciert. Dennoch ist die Reitschule ein politischer Zankapfel geblieben, an dem sich die politischen Positionen scheiden und politische Profile ausbilden. Der TatOrt Reitschule bewirtschaftet aber auch den Mythos vom FreiRaum und dient der rot-grünen Regierungsmehrheit als Beleg für ihren Erfolg um die Schaffung neuer Kultur- und Wohnräume. Dass die Reitschule heute nur noch rituell bekämpft wird, hängt mit einer Mischung von Motiven zusammen. Diese besteht im Denkmalschutzanliegen, in einer vagen Sympathie für die politisch initiativen Jugendlichen oder auch in der Angst vor den Folgen einer Auflösung des Kulturzentrums. Mit der Reitschule haben sich die Grenzen des *Urbanen* in Bern verschoben, sie haben sich aber auch räumlich konzentriert. Der Schwerpunkt Reitschule federt vieles ab, was die Stadt sonst in Form von urbanen Herausforderungen zu bewältigen hätte.

Anhand der Frauenhausbesetzung untersuche ich die Bewegung von ihrer inneren Struktur her. Das Zerwürfnis mit den Männern und die Auseinandersetzung mit dem männlich angelegten Widerstandskonzept gaben den Ausschlag für die rein frauenbeteiligte Besetzung und die gemeinsame Organisation des Lebens in der Frauenvilla. Dieses war geprägt vom Aufbau hoch verbindlicher Gemeinschaften, aber auch von handfesten Konflikten, die die Auseinandersetzung mit Widerstand, der eigenen Subjektkonstitution als politische Position sowie die Tolerierung unterschiedlicher Lebensentwürfe beinhalteten. Am Beispiel der Abspaltung der Frauen von der gemischten Bewegung wird deutlich, inwiefern die Geschlechterasymmetrie in den FreiRäumen zum Thema wurde. Dass die geschlechtsspezifischen Positionen in FreiRäumen auch heute noch verhandelt werden müssen, zeigen die Gespräche mit jüngeren Besetzern und Besetzerinnen.

Kapitel 15 ist dem Konzept des FreiRaums gewidmet. Freiheit, Selbstbestimmung und Autonomie waren Kerngrössen für die Bewegten der 80er. Mit FreiRäumen begreife ich spezifische Verknüpfungen von TatOrten und HandlungsRäumen der Berner »80er Bewegung«, die sich damit von anderen in der Literatur verwendeten Konzepten wie etwa die der Gegen- oder Subkultur, aber auch von der Heterotopie abgrenzen. Ich gehe der Frage nach, wovon diese Räume befreit werden mussten und für wen sich ihr Freiheitsversprechen auszahlte. Das Kapitel macht die räumlich-territoriale Verfasstheit der Berner »80er Bewegung« deutlich. Der Schluss dieses Kapitels ist einer Gegenüberstellung von Freiheit und Sicherheit gewidmet. Es geht, mit andern Worten, um den Preis, den die Bewegung für die Errungenschaft der Freiheit zu zahlen bereit war.

Kapitel 16 zu Geschlechterordnung und HandlungsRaum ist der geschlechterdifferenzierenden Ordnung in den besetzten Häusern gewidmet. Das Kapitel bezieht auch die Position homosexueller Männer und Frauen im Reitschulkontext mit ein. Der Blick auf die innere Differenzierung der Gruppen wird ergänzt durch eine Darstellung der Müttergruppe und des Konflikts zwischen den Frauen mit Kindern und den Frauen ohne Kinder. Ich arbeite in diesem Kapitel Positionen heraus, die in Bezug auf die Geschlechterordnung und die Geschlechterdifferenz sowie überhaupt auf die Verhandlung von Differenz in der Bewegung gegeneinander abgegrenzt wurden.

Ergebnisse

Der Versuch, die soziale Bewegung der 80er Jahre im Hinblick auf ihre räumliche Qualität zu untersuchen, ergab Folgendes:

Mittels der Reflexion von theoretischen Standpunkten zu Geographie/Geografie, Raum und Geschlecht schälten sich drei wichtige Qualitäten des Räumlichen heraus, die eine Verbindung zu geschlechtertheoretischen Fragestellungen nahelegen:

Erstens ist der materielle Raum in Sinngebungs- und Wissensordnungen eingebunden, weil er über eine hohe *Naturalisierungskapazität* von gesellschaftlichen Strukturen und kulturellen Arrangements verfügt. Für eine geschlechtertheoretische Inwertsetzung ist dieses Ergebnis von grosser Bedeutung. Nichts macht die asymmetrische Geschlechterordnung wirkungsvoller als ihre Naturalisierung.

Zweitens weist der materiell-symbolische Raum in Bezug auf Normen eine Beharrungstendenz auf. Dies heißt nicht, dass Raum selbst konservativ oder starr ist. Vielmehr sind im Raum Normen sedimentiert, die über die Planungs-, Bau- und Nutzungsgeschichte konstruiert wurden.

Drittens bilden Räume emotionale Reservoirs. Die TatOrte, die aus der Bewegung hervorgegangen sind, zeichnen sich durch eine hohe emotionale Qualität aus. *Räume heben Emotionen auf*, Emotionen sind in der räumlichen Substanz konserviert und können in der Begegnung und Begehung wieder aktiviert werden. Diese Aktivierung wird durch die Gesamtheit der in der räumlichen (An-)Ordnung vereinigten Sinneselemente unterstützt, darunter auch Geräusche, Gerüche und Formen.

Als Ergebnis der Bewegung können *Verschiebungen des Urbanen* festgestellt werden. Diese Verschiebungen lassen sich an drei Konstituenten des *Urbanen* festmachen: Differenz, Grenzen und Netzwerke.

Differenz drückt sich im Verbleib der Reitschule als TatOrt »alternativer« Kulturproduktion prominent aus. Dies geht einher mit der proportional gut ausgestatteten »alternativer« Infrastruktur, die in Bern vorzufinden ist und die sich keineswegs auf die Reithalle beschränkt. Dennoch steht die Reithalle als Symbol für die Einforderung von differenten Lebensformen und »alternativer« Kulturproduktion, zuweilen auch an der Grenze zum Mythos einer integrationsfähigen und toleranten Stadtpolitik.

Grenzen und ihre Verschiebungen lassen sich beispielsweise an der veränderten parteipolitischenZusammensetzung der Berner Stadtregierung ablesen – eine Differenz, die zwar nicht auschliesslich, aber teilweise über die Bewegung ausgelöst wurde und die zur Folge hatte, dass Bern bis heute über eine links-grüne Regierung mit einem klaren stadtpolitischen Bekenntnis verfügt. Die Grenzziehung zwischen Politik und Kultur wurde durch das Einwirken der Berner »80er Bewegung« massgeblich verschoben. Außerdem lassen sich Grenzverschiebungen auch im formaljuristischen Kontext von Zonenordnung und Besitzverhältnissen nachzeichnen, beispielsweise in der politischen Debatte um Zonen für mobiles Wohnen oder Zwischennutzungsmodelle für leerstehende Häuser.

Die Bewegung kultivierte neue Formen der Familien indem sie neue Formen des Zusammenlebens schuf. Damit verschob sie die begrifflichen Grenzen des Konzepts »Familie«. Ihr gut organisiertes Betreuungssystem ermöglichte den Beteiligten den Verbleib in der Bewegung und die Mitarbeit in und an neuen FreiRäumen. Damit vereinbarten die Mütter und Väter ihr Selbstverständnis als politische Subjekte mit ihrer Erziehungsrolle. Jedoch stellte sich heraus, dass diese »alternativer« Formen des Zusammenlebens fast vollständig geschlechtergetrennt funktionierten.

Schliesslich wirft die Analyse ein Licht darauf, wie zahlreiche Netze neu geknüpft wurden. Namentlich wurden Parallelen zwischen »alternativer« Kultur und Denkmalschutz bewusst in die politische Waagschale geworfen. *Netzwerke* sind auch zwischen städtischen Planungsbehörden und ehemals

Bewegten entstanden. Netzwerke von Personen, die nach zehnjährigem Engagement in der Bewegung ihr Studium wieder aufgenommen und auch zu Ende gebracht haben, sorgten für eine neue Dynamik in den Stadtentwicklungsprozessen. Sympathisanten und Sympathisantinnen der Bewegung und städtische Baubehörden prägen mittlerweile die Entwicklung ganzer Stadtviertel. Damit befassen sich ehemals Bewegte politisch weiterhin mit dem Thema des Wohnens und ermöglichen sich ihre Wohnträume auf legale Art und Weise. Gleichzeitig hat dieser territoriale Anspruch der ehemals Bewegten in der Lorraine dazu geführt, dass soziale Entmischungsprozesse gebremst werden konnten und das Quartier weiterhin von einem breiten Spektrum von Bewohnern und Bewohnerinnen geprägt wird.

Zwei Dinge sind zudem von besonderem Interesse: Die Rolle der Polizei ist von der schwierigen Balance zwischen dem öffentlichen Ordnungsanspruch und der Herausforderung durch diese von Söhnen und Töchtern des Mittelstands getragene Bewegung geprägt. Die Kluft, die zwischen der Einsatzdoktrin und dem Selbstverständnis der diensthabenden Beamten lag, sorgte bis ins Korps hinein für Spannungen. Das Unbehagen im Polizeikorps und die schwierige politische Vermittlung der polizeilichen Aufgabe sind mitverantwortlich für die zum Teil überdosierte Gewalt bei der Konflitkbewältigung. Die polizeilichen Lösungen stellen sich als technokratische Lösungen ohne nachhaltige Wirkung im Sinne einer Beilegung der Konflikte heraus. Das Verhältnis zwischen Polizei und Bewegung beziehungsweise der Interessengemeinschaft Kulturraum Reitschule (IKuR) ist bis heute von gegenseitigem Misstrauen gekennzeichnet.

Die Quellen vermitteln zudem einen Eindruck davon, welche Anstrengungen unternommen wurden, um die Reitschule in die geltenden rechtlichen Strukturen zu überführen. Das Ringen um einen formaljuristischen Status im Kontext der politischen Kräfteverhältnisse der Stadt Bern zeigt den Zugriff der formalen Struktur auf die Formen des Zusammenlebens, ist also ein Beispiel für das Maß, in welchem genormte Lebensformen in der Struktur eingelassen sind und durch die Struktur perpetuiert werden.

Bern ist durch die »80er Bewegung« nicht urbaner geworden, aber es lassen sich Verschiebungen von urbanen Bestimmungsgrössen festmachen. In der provinziellen Hauptstadt verhallten der Ruf nach urbanen Möglichkeiten und die Einforderung des urbanen Versprechens von Differenz, Grenzen und Netzwerken nicht ungehört. Bern hat, trotz seinem schmucken Äußeren und der protestantischen Verschämtheit, ein urbanes Potential, das durch die Bewegung ausgereizt, als Frage nach Zugehörigkeit politisch verhandelt, aber auch mythologisiert wurde. Die Analyse der »80er Bewegung« als raumkonstitutive Kraft beleuchtet, wie TatOrte hervorgebracht und über deren spielerische Besetzung und politische Inszenierung neue, geschlechterdifferenzierte HandlungsRäume eröffnet wurden, die Berns urbane Anteile radikalisiert, umstrittener, aber auch sichtbarer und glaubwürdiger gemacht haben.

1 Einleitung

»Spaces can be real and imagined. Spaces can tell stories and unfold histories. Spaces can be interrupted, appropriated, and transformed through artistic and literary practice« (hooks 1990, 152)

1.1 Urbaner Raum: eine nächtliche Inszenierung

»Nachts, im Februar, es ist etwa zehn Uhr und klirrend kalt. Eben bin ich mit dem Zug in Bern angekommen und überquere die Dachterrasse Richtung Veloständer. Im künstlichen Licht der über der Stadt thronenden Fläche stehen ein gutes Dutzend junge Männer in mehreren Gruppen herum. Alle tragen sie vollständige Snowboard-Ausrüstung, inklusive abgedunkelter Skibrille, Wollmütze, keinen Helm. In der ausgebeulten Snowboard-Kleidung wirken sie leicht gedrungen. Dass sie sehr jung erscheinen, liegt an mir. Ihre Verletzlichkeit, die unter zu großen Kleidern lauert, berührt mich.

Ein paar dünne, junge Frauen tummeln sich auf der Treppe, sie unterhalten sich und rauchen Zigaretten. Am Fuss der Treppe sind kleine Kameras auf Stativen aufgebaut. Von der Plattform zum oberen Ende der breiten Treppe hin führt ein Schneeband, das unmittelbar vor der ersten Stufe in eine Sprungschanze mündet. Unten an der Treppe haben die Jugendlichen mit Plastikschaufeln, die normalerweise im Sandkasten zum Einsatz kommen, eine dünne Schneefläche vorbereitet, einige klopfen den Schnee fest. Es herrscht emsige Betriebsamkeit – ein scheinbar unkoordiniertes Treiben. Einige laufen die Treppe hoch und springen federnd wieder hinunter, einer montiert sein Brett, zwei andere sind gestikulierend in ein Gespräch verwickelt, eine Frau hängt lässig am Geländer, ein Mann werkelt an seiner Kamera herum, zwei prüfen kritisch die Schneeunterlage, jemand telefoniert. Ein Grüppchen umringt den ersten Springer.

Zuerst die Trockenübung. Einer, in eine helle, weit geschnittene Hose gekleidet, die ihm tief an den Hüften hängt, das Brett angeschnallt, lässt sich von zwei Kollegen bis zur Sprungschanze ziehen, bis zu den zwei anderen, die sich dort an den Händen gefasst zu einer menschlichen Barriere aufgestellt haben, um zu vermeiden, dass der Kandidat über die Kante hinaus schiesst. Von ihren Kollegen in Schwung gebracht, erreichen die Testfahrer eine ansehnliche Geschwindigkeit vor der Schanze, wo sie in letzter Sekunde gebremst werden. Das Tempo stimmt. Fachmännisches Nicken, anerkennende Kommentare, einer schippelt mit der Plastikschaufel mehr Schnee auf die Schanze.

Es folgt erneut dieses nach undurchsichtigen Vorgaben choreografierte Herumstehen: breitbeinig, meist wippend und wegen der Form der Snowboardschuhe leicht nach vorne geneigt, unterbrochen von einem scheinbar plötzlichen Einfall und einer Anweisung, worauf die angeregten Gespräche verstummen, einer die rote Kinderschaufel packt und eine Nachbesserung am Schneeband vornimmt.

Ein kleines Auto biegt energisch von der Straße ab und hält abrupt vor dem Treppenfuss, die Tür springt auf, der Fahrer aalt sich aus der Öffnung, auch er in Ausrüstung, einige der jungen Männer sowie eine Frau gesellen sich zu ihm. Die Männer begrüssen sich zärtlich, mit Küssen auf den Mund und Schulterklopfen. Der Fahrer mustert die Anlage. Während er seine Hand durch sein glänzendes Haar fährt, klimpern die Autoschlüssel.

Wieder verharrt die Szene in der ihr eigenen, flimmernden Statik. Einzelne Grüppchen, die scheinbar nichts miteinander zu tun haben, bevölkern die Treppe, zwischendurch ein Zuruf, jemand überquert die Bühne. Die Bewegungen sind elastisch und Raum greifend.

Nach etwa einer halben Stunde nimmt die Spannung sichtlich zu, einige packen ihr Brett. Sie prüfen konzentriert ihre Ausrüstung. Einer löst sich aus der Gruppe und hüpft, die Beine in der Bindung fixiert, einem Frosch gleich, mit einer lässigen Uneleganz zum Start, wo ihn zwei Kollegen links und rechts an den Handgelenken fassen. Sobald man sich vergewissert hat, dass die Kameras aufnahmebereit sind, ziehen die beiden an und rennen mit kräftigen Schritten und unter den gebannten Blicken der Umstehenden auf den Treppenabsatz zu.«[1]

Eine winternächtliche Szene am Berner Bahnhof. Eine spontane Bewirtschaftung von Raum[2]. Städtischer Raum als öffentliche Bühne, Aufsehen erregend bespielt. Ein Ritual zur Stiftung des Kollektivs und Markierung von Zugehörigkeit. Eine spektakuläre Inszenierung von verwegener Männlichkeit und ruchloser Jugend. Die virtuose und gleichzeitige Erzeugung des eigenen Selbstverständnisses und der urbanen Situation.

---

1   Eintrag im Forschungstagebuch, Februar 2004.
2   »Raum« umfasst immer einen sowohl materiellen als auch symbolischen Gehalt. Wenn ich ausschließlich den materiellen Raum meine, kennzeichne ich dies oder verwende den Begriff »Ort«.
3   Ich spreche in dieser Publikation von der Berner 80er-Bewegung und meine damit eine Bewegung, die 1980 mit der Besetzung des Tramdepots der Forderung nach einem autonomen Jugendzentrum Nachdruck verliehen hat. Diese Bewegung hatte ihre Wurzeln in verschiedenen, auch politisch durchaus divergierenden Jugendszenen, die bereits in den 70er Jahren entstanden waren. Zudem ist es eine Bewegung, die im Fall Berns über die 80er Jahre hinaus reichte. Sie überdauerte den Zenit der europäischen Jugendbewegungen, der in den frühen 80ern lag, indem sie sich 1987 in einer breiten Mobilisierungswelle rund um die zweite Besetzung der Reithalle neu konstituierte. Ausläufer dieser Bewegung sind in der Hausbesetzerszene bis in die späten 90er Jahre auszumachen. Alternativ spreche ich manchmal von der Berner Hausbesetzungsbewegung. Dies ist besonders dann der Fall, wenn der Ereigniszusammenhang eine Hausbesetzung ist.

Die In-Wert-Setzung des Bahnhofs als Ort maximalen städtischen Ausdrucks. Ein Zur-Schau-Stellen. Ein Fest.

    Ein Spiel. Eine Provokation.
    Eine Selbstdarstellung. Ein Balanceakt.
    Ein Kinderspiel. Eine Übertretung. Ein Risiko.

Vor allem aber das Aufeinanderprallen und die Vermittlung von Gegensätzen. Den Schnee auf Beton pflastern. Die Alpen ins Tal holen. Das Land in die Hauptstadt zerren. Die Nacht zum Tag machen. Das Heldentum gegen die Verletzlichkeit ausspielen.

    Ich lese die Szene als Moment der Produktion von städtischem Raum. Stadt ereignet sich, wo Grenzen gezogen und verschoben werden. Sie entsteht in alltäglichen und ausserordentlichen Praktiken, sie wird vor der Haustüre, im Zentrum und von den Stadträndern her eingefordert. Urbane Räume materialisieren sich schrill, manifest, dominant und dauerhaft, oder sie verflüchtigen sich, schemenhaft, kaum erkannt, als eine Erinnerung, als ein Traum. Sie bilden Schnittstellen, wo unfertige Geschichten als lose Enden ineinander verwoben werden (Massey 1994, 152f; 2004). bell hooks, einleitend zitiert, verweist auf die hybride Qualität von Raum zwischen Materialität und Symbolik. Zwar werde ich es im Folgenden vermeiden, wie bell hooks von »Aneignung« von Räumen zu sprechen, da das Wort Raum als etwas Ganzes, Fertiges, ein gegenständliches Eigentum auf Kosten der von Doreen Massey hervorgehobenen Qualität des Räumlichen als etwas stets im Werdenbegriffenes, Unvollständiges, Flüchtiges, Imaginäres suggeriert. Das politische Potential, das Hooks beschwört, ist nicht in künstlerischer oder literarischer Praxis festgeschrieben, sondern erstreckt sich auf die Alltagspraxis: Raum ist Moment und Mittel der Veränderung zugleich.

1.2 Annäherung an urbane Schnittstellen

In dieser Publikation betrachte ich Raum und Ort als Schnittstellen unfertiger Geschichten, als Bruchstellen vielmehr: Mein Thema bildet eine heftige Erschütterung, eine eigentliche Verwerfung in der Berner Stadtgeschichte. Im Fokus der Untersuchung stehen die Berner 80er-Bewegung[3] und die damit verbundenen Unruhen, die zu Beginn der 1980er Jahre wie in verschiedenen anderen europäischen Städten aufflammten. Mit Henri Lefebvres normativer Setzung gesprochen, steht »le droît à la ville« (Lefebvre 1968) zur Debatte. Dieses Recht kann erstritten werden, wie dies im Fall der Hausbesetzungen zutrifft. Die Besetzenden betreten ein kulturelles und politisches Spannungsfeld, dessen Konturen häufig erst durch deren Überschreitung deutlich werden: *Transgressionen* werden als empirische Ereignisse gedeutet, die die nicht artikulierten, gleichsam unbewusst wirkenden gesellschaftlichen Werte, Normen und Regulative ins Blickfeld rücken (Cresswell 1996).

Weil mich die 80er-Bewegung primär als räumliche Praxis interessiert, nenne ich die von ihr bekämpften Regulative und die dadurch entstehenden Schließungsprozesse im Folgenden »unheimliche Geografien«.[4] Unheimliche Geografien sind die räumlichen Bruchstellen der wohltemperierten[5] Gesellschaft, an denen sich die Unzulänglichkeit der herkömmlichen Wertvorstellungen abzeichnete. Die 80er-Bewegung lehnte sich gegen zahlreiche dieser Wertvorstellungen auf und machte ihre Haltung mittels Übertretungen öffentlich. Diese Übertretungen erzeugten in der Schweiz und namentlich in Bern eine besonders heftige Resonanz, die zudem für viele sehr überraschend kam.[6] Der Konflikt verlief zum Teil mitten durch Familien hindurch und hinterließ zahlreiche Verwerfungen. Ich suche nach der Hinterlassenschaft dieser Verwerfungen, die in die Substanz und in die Politik hinein sedimentiert ist (Nelson 2003). Mich interessiert, wie sich die räumlichen (An-)Ordnungen (Löw 2001) infolge der Transgressionen verändert haben und inwiefern dadurch die Grenze des *Urbanen* in Bern neu gezogen wurde.

Meine Wahl fiel aus zwei Gründen auf diesen Gegenstand. Erstens definierte sich die 80er-Bewegung zentral über ihr urbanes Selbstverständnis, sie war eine Bewegung, die den Raum sehr bewusst genutzt und als urbanen Raum inszeniert hat. Die Intervention in die räumliche (An-)Ordnung verwendeten die Aktivisten und Aktivistinnen geradezu instruktiv für die Durchsetzung ihrer Anliegen. Dies äußert sich darin, dass sie sich in ihrem wohn- und sozialpolitischen Engagement über Räume inszenierte und diese in einer eigensinnigen Verbindung von persönlichen und politischen Anliegen bespielte. Für einen sozialwissenschaftlichen Zugriff, der sich dem konsequenten Einbezug der räumlichen Dimension verpflichtet, geben die 80er-Unruhen mit ihrer Anrufung des *Urbanen* und der materiellen Besetzung konkreter Orte einen vielschichtigen Gegenstand ab. Ich untersuche die Besetzung von Häusern und Plätzen durch Männer und Frauen im Rahmen der Berner 80er-Bewegung. Dieses räumliche Handeln lese ich als Verhandlungen um Zugehörigkeit, wobei ich von einer geschlechterkritischen Perspektive ausgehe.

---

4 Ich stieß bei Irit Rogoff auf das Konzept der »unheimlichen Geografie«, die es wiederrum bei Henri Lefebvre, Neil Smith und Rosalyn Deutsche vorfand. Das Konzept ist mit einer psychoanalytischen Prägung versehen, verweist sein Ursprung doch auf Sigmund Freud. »Unheimlich« – im Englischen *uncanny* berührt sowohl den Aspekt der Angst wie jenen der Heimatlosigkeit. Weil der von mir verfolgte geografische Ansatz auf die Verhandlungen von Zugehörigkeiten fokussierte, signalisiere ich mit dem Konzept die räumliche Konsequenz von Schließungsprozessen, die in dieser Publikation untersucht werden.Siehe Kapitel 2.
5 Jakob Tanner verwendet diese Bezeichnung für die wertkonservative Haltung der Schweizer Nachkriegsgesellschaft. Diese Haltung, die jede extreme Richtungsänderung zu vermeiden sucht, ist gemäss Tanner bis Ende der 60er Jahre bestimmend für die Schweiz. Erst durch die 68er Bewegung erfährt sie erste Korrekturen (J. Tanner 1994), Vgl. auch Kapitel 9.
6 Vgl. Bähler (Bähler et al. 2003) sowie Kapitel 9

Zweitens entwickelte ich das Forschungsthema aufgrund einer inhaltlich-theoretischen Anbindung an die kritische Kulturgeographie, deren Vertreter und Vertreterinnen im englischsprachigen Raum sich der *new cultural geography* zuordnen. Ein Teil dieser Tradition wurzelt in stadtgeographischen Fragestellungen im Zusammenhang mit Anti-gentrifizierungskämpfen, Fragen des sozialen Ein- und Ausschlusses sowie, in jüngerer Zeit, mit dem Engagement um die Privatisierung des öffentlichen Raums oder dessen technologischer Durchdringung durch Überwachungsinstrumente, die im Namen von sicherheitspolitischen Maßnahmen durchgesetzt werden. Gerade dieser letzte Aspekt wird häufig mittels einer diskurstheoretischen Perspektive analysiert, womit auch eine methodologische Anschlussfähigkeit für mein Forschungsinteresse gegeben ist. Während jedoch in den kulturwissenschaftlichen Ansätzen diskursive Verfahren nahezu das methodologische Monopol bilden, wählte ich für meine Arbeit eine sozialwissenschaftliche Herangehensweise, die ethnographische Techniken, herkömmliche qualitative Verfahren sowie diskursorientierte Analysen kombiniert. In der vorliegenden Arbeit schildere ich eine Reihe von Geschichten, die sich, beginnend in den 80er Jahren, in Bern zugetragen haben. Dabei geht es mir nicht darum, diese Geschichten erschöpfend aufzuarbeiten. Vielmehr lasse ich mich vom Versuch leiten, die Geschichten als räumliche Ereignisse zu schreiben. Die räumliche Hinterlassenschaft der Berner Bewegung ist in die Substanz der Stadt und in das urbane Selbstverständnis Berns hinein sedimentiert. Mein Motiv ist hierbei die Verbindung von geografischen[7] Denk- und Herangehensweisen mit ausgewählten Ansätzen der aktuellen Geschlechterforschung. Dabei verfolge ich insbesondere, wie sich die Analyse der sozialen Bewegung durch den räumlichen Blick verschiebt, welchen Gewinn eine konsequente Einforderung der räumlichen Dimension im Rahmen von Geschlechterstudien hervorbringt und unter welchen Bedingungen diese Einforderung möglich und sinnvoll sein könnte. Voraussetzung für diese Perspektive ist eine diskursorientierte und dekonstruktionslogische Herangehensweise.

---

7   Geographie/geographisch beziehungsweise Geografie/geografisch verwende ich in zwei Schreibweisen. Geographie/geographisch ist der geographischen Tradition und der Zuordnung zur akademischen Disziplin verpflichtet. Mit Geografie/geografisch meine ich einen Zugang, eine Denkweise, Geografie als analytische Kategorie zu verwenden. Geografie ist zudem der Begriff, der die tägliche räumliche Auswirkung sozialer Praxis beschreibt: das Geografiemachen. So gesehen siedelt sich der Begriff nahe an Martina Löws Raumkonzept an. Geografie machen heißt, räumliche (An-)Ordnungen vorzunehmen. Zu der Entwicklung dieser Unterscheidung und ihrer genaueren Bestimmung siehe Kapitel 3.

1.3 Entmaterialisierter Raum und die Verhandlung von Geschlecht

In den Sozial- und Geisteswissenschaften wird seit dem *cultural turn*[8] viel über und mittels Raum und in räumlichen Metaphern gesprochen.[9] Seit einiger Zeit wird bereits die Nachfolgewende, der *spatial turn*, diagnostiziert.[10] In der Geographie wird seither eine lebhafte Debatte darüber geführt, inwiefern sich die geographischen Raumkonzepte durch diese sozialbeziehungsweise kulturwissenschaftliche Bemächtigung verändern, wie sich die »Kategorie Raum« in die Analyse einbinden lässt und welcher Mehrwert dadurch für sozialwissenschaftliche Fragestellungen gewonnen wird. Im angelsächsischen Raum werden diese Diskussionen unter dem Etikett *new cultural geographies* schon seit über 15 Jahren geführt, angestoßen durch Peter Jackson's »Maps of Meaning« (Jackson 1989). Der zentrale Richtungswechsel besteht darin, die ontologische Vorstellung von Raum und dem menschlichem Subjekt als zwei voneinander unabhängigen und in Interaktion stehenden Systemen zu durchbrechen und stattdessen auf die Herstellungsbedingungen sozialräumlicher Realität und die Deutung von Sinnstrukturen – darunter prominent: Kultur[11] – für menschliches Handeln zu fokussieren.

Es liegt nur scheinbar auf der Hand, dass räumliche Strukturen immanent mit handlungsleitenden Sinnkonstruktionen verflochten sind. Im deutschsprachigen Raum schlägt sich die Debatte mit etwa zehn Jahren Verzögerung in Standardwerken, wie der Überarbeitung von Marstons und Knox's »Human Geography« (Gebhardt, Meusburger und Wastl-Walter 2001) oder dem 2003 erschienenen »Kulturgeographie – Leitlinien und Perspektiven« (Gebhardt, Reuber und Wolkersdorfer 2003b), sowie in den Veranstaltungen von einschlägigen Arbeitsgruppen[12] nieder. Der zitierte

---

8   Mit diesem Begriff ist die Tendenz gemeint, den diskursiven Chrakter sozialer Wirklichkeit in den Blick zu rücken. Es geht also weniger darum, soziale Wirklichkeit als solche analytisch zu durchdringen, als vielmehr darum, die Herstellungsbedingungen des Konzepts Wirklichkeit sowie dessen Wirkungsmächtigkeit in der Produktion von Sinn und Wahrheit als handlungsleitende Prinzipien zu verstehen.

9   So war etwa der Deutsche Historikertag des Jahres 2004 in Kiel dem Thema »Kommunikation und Raum« gewidmet, wobei in der Ausschreibung explizit dazu aufgerufen wurde, diese Perspektive neu zu beleben und historische Sachverhalte im Sinne von räumlich geordneten Systemen und Strukturen zu integrieren dies, nachdem die Kategorie Raum, unter anderem wegen ihrer historischen Erblast, aus der historischen Forschung jahrelang ausgeblendet wurde. Vgl. Ausschreibung des 45. Deutschen Historikertages vom 14.-17. September 2004 in Kiel, http://www.kmg.uni-saarland.de/Projekte/kmg_0003_09.htm (Januar 2006). Ein Historiker, der die Raumabstinenz der Historie zu überwinden sucht, ist der Osteuropaspezialist Karl Schlögel (Schlögel 2003).

10 Zur Wahrnehmung des *spatial turn* in der Geographie siehe Lossau 2004

11 Ich lehne mich in der Verwendung des Kulturbegriffs an die Vorgabe von Clifford Geertz an, der Kultur als das gemeinsame, das verbindende und verbindliche Deutungs- und Sinngebungssystem eines (häufig über eben diese Sinngebung gestifteten) Kollektivs modelliert (Geertz 2003).

Aufsatzband von Gebhardt, Reuber und Wolkersdorfer betont die enge Verflechtung von Wissen, Macht sowie von Raum als intrinsischem Teil der Wissensbildung und markiert damit die Wende der klassischen Humangeographie zu einer konstruktivistisch und dekonstruktionsorientierten Kulturwissenschaft unter den Bedingungen des *cultural turn*. Statt vermeintlich soziale Realitäten zu erforschen, gelte es nun, den Fokus auf den diskursiven Charakter sozialer Wirklichkeit zu richten. Im Zentrum des wissenschaftlichen Arbeitens steht nicht mehr das Bestreben, eine soziale Realität nachzuzeichnen, sondern die Mechanismen der Produktion von Sinn und Wahrheit in den Blick zu rücken. Diese neue Kulturgeographie müsse sich darauf konzentrieren, die diskursive Kraft von Erklärungsmustern zu entschlüsseln (2003b, 14). Gebhardt und seine Mitautoren und Mitautorinnen schreiben:

»Räumliche Muster, Grenzen und symbolische Codes sind aus dieser Perspektive eine diskursiv-soziale Konstruktion von (Macht-)Beziehungen, die in der Alltagspraxis hergestellt werden und gleichzeitig in die Reproduktion der gesellschaftlichen Institutionen eingebunden sind« (2003b, 23)

Mit der Überführung des Raumbegriffs in ein Konzept räumlicher Wirklichkeitsproduktion eröffnen Gebhardt und seine Mitautoren und Mitautorinnen neue Möglichkeiten für die geographische Analyse. So kann Raum in der Folge auch auf seine Implikationen bei der Herstellung von Geschlecht befragt werden. Unter diesem Blickwinkel angelegte Untersuchungen zeigen, wie Raum vielfältig und über unterschiedliche Dimensionen an der Sinnbildung und Wahrheitsproduktion des gesellschaftlichen Verhältnisses der Geschlechter beteiligt ist.

Da er sich ebenfalls mit den Konsequenzen eines entmaterialisierten Raumbegriffs für die Geographie beschäftigte, entwickelte Benno Werlen in Anlehnung an Giddens eine handlungstheoretische Neubegründung der Sozialgeographie. Er stellt das Existenzrecht der Geographie zur Debatte und fragt, ob es denn eine Geographie ohne Raum überhaupt geben könne, während Peter Weichhardt darüber nachdenkt, ob man Räume »wirklich nicht küssen« könne (Weichhart 1998; Werlen 1998). Werlen bezeichnet die konzeptuelle Verschiebung als eine Abkehr vom objekthaften Raumdenken hin zu Räumen als » von den Subjekten sinnhaft konstruierte soziale Wirklichkeiten« (Werlen 1995, zit. in: Scheller 1995, iii). Damit bleibt das Existenzrecht der Geographie – allerdings unter wesentlich veränderten Vorzeichen – vorerst gesichert. Wie aber werden diese Neuausrichtung des geographischen Selbstverständnisses und die Arbeit mit dem entmaterialisierten Raum in der Forschungspraxis umgesetzt? Wie lassen

---

12 So etwa auf der 3. Tagung zur Neuen Kulturgeographie in Heidelberg im Januar 2006. Vgl. http://www.geog.uni-heidelberg.de/veranstaltugen/neuekultgeo3 html (Januar 2006).

sich die Verflüchtigung und Materialisierung von Räumen dingfest machen? Ich wählte für diese Arbeit einen Zugang, der die Verhandlung um Zugehörigkeiten ins Zentrum stellt. Die geografische Herangehensweise, die ich mir vornehme, untersucht die Beziehung zwischen Menschen und Orten mit Hilfe von zwei konzeptuellen Konstrukten: dem TatOrt und dem HandlungsRaum. Diese zwei Begriffsschöpfungen bilden die bei Doreen Massey angelehnte Grundlage meines geografischen Ansatzes, den ich im nächsten Abschnitt erläutern will.

1.4 Zugehörigkeiten verhandeln: eine geografische Herangehensweise

Eine Familie setzt sich auf die Straße. Eine Frauen-WG bricht ein Tabu. Eine muslimische Gemeinschaft fordert ein religiöses Zentrum. Eine Bürger- und Bürgerinneninitiative engagiert sich für eine autofreie Siedlung. Vor dem Café an der Straßenecke tummeln sich die Twens. Das Parkhaus wird auf den archäologischen Überresten eines mittelalterlichen jüdischen Friedhofs hochgezogen. Kinder gestalten ihren eigenen Spielplatz. Der Gewerbeverein wehrt sich gegen das Fahrverbot im denkmalgeschützten Stadtviertel. Umbaupläne für die Quartierbeiz ernten Proteste. Der Fahrradstreifen endet abrupt. Im Bahnhofareal werden die Sitzgelegenheiten abmontiert. Jugendliche wohnen in der besetzten Abbruchvilla.

Diese Beispiele alltäglicher Raumproduktionen illustrieren die Materialisierung und Verflüchtigung von Räumen. Es sind räumliche Initiativen, die eine Verschiebung sozialer Wirklichkeit signalisieren, Orte auf Grenzziehungsprozesse hin befragen und die Entstehung urbanen Raums begleiten. Im Folgenden spreche ich in diesem Zusammenhang von TatOrten.[13] TatOrte sind die Massey'schen Schnittstellen von sich kreuzenden Geschichten. Der Begriff TatOrt verdeutlicht die innige Verbindung sozialer Praxis mit der Materialität, den Nexus von Handlung und materieller Struktur, der einen Ort erst hervorbringt. Die Tat, die den Ort konstituiert, ist kein eng handlungstheoretisches Konzept. Tat umfasst soziale Praxis, vom Betreten, Bauen, Berühren über das Benennen, Bestimmen, Deuten und Planen bis hin zum Erinnern, Fühlen, Imaginieren und Erleben.

TatOrte entfalten Geschichten, sie sind die räumlichen Belege, aber auch Bedingungen sozialer Praktiken von unterschiedlicher Qualität und Dauer. Während die Snowboardszene eine flüchtige urbane Situation schafft, einen vorübergehenden TatOrt entwirft und als Beispiel alltäglichen Geografie-Machens steht, kreierte der Häuser- und Straßenkampf der 80er Jahre auch TatOrte von dauerhafterer Qualität und eröffnete neue

---

13 TatOrte und HandlungsRäume werden in dieser Publikation als analytische Konzepte verwendet. Die Begriffsbildung ist bei Doreen Massey (place) und bei Martina Löws Bestimmung von Ort (place) und Raum (space) angelehnt (Löw 2001), zur genauen Herleitung vgl. Kapitel 3.

politische HandlungsRäume. Zwar war dieser Kampf ebenso eingebunden in die Praxis alltäglichen Geografiemachens – etwa wenn Mieter und Mieterinnen durch Auszugsverweigerung zu Besetzern und Besetzerinnen wurden. Die Besetzungen schufen TatOrte, deren materielle Überreste nur noch teilweise identifizierbar, aber dennoch Teil des städtischen Erinnerungsvermögens und heutigen Selbstverständnisses sind. Die TatOrte als Reservoire für die Geschichte der Berner 80er-Bewegung zogen neue politische und materielle Praktiken, neue HandlungsRäume, nach sich.

Meine Arbeit zu den städtischen Widerstandsbewegungen der 80er Jahre nimmt Bezug auf eine räumliche Praxis, die den Rahmen des Alltäglichen sprengte. Die Konstruktionen sozialer Wirklichkeit und ihre räumlichen Manifestationen kamen in der Stadt Bern während der 80er-Unruhen als heftige Konflikte zum Ausbruch. Sie entzündeten sich an der Unvereinbarkeit der objektivierten Strukturen der damals gültigen gesellschaftlichen Ordnung mit abweichenden, neuartigen und experimentellen Formen persönlicher Lebensentwürfe und der Kernfrage nach den Grenzen der Zugehörigkeit. In der damaligen Stadt Bern fehlten FreiRäume, um diese Zugehörigkeiten neu zu verhandeln, wie die Bewegung bald lautstark zu verstehen gab.[14]

Die räumlichen Praktiken zur Erringung von FreiRäumen variieren dabei ebenso wie das Spektrum der verfügbaren politischen und persönlichen Gelegenheitsstrukturen oder die Selbstinszenierung innerhalb bestimmter Rahmenbedingungen.[15] Veräussert und materialisiert über die TatOrte lässt sich verfolgen, wie HandlungsRäume geschaffen werden, wie diese ernsthaft und spielerisch inszeniert und bis hin zur Illegalität ausgereizt werden. Diese Praktiken schreiben sich in das Denken und Reden darüber ein, was das Urbane bedeutet und wie es gelebt werden kann. Das bedeutet, dass die Errungenschaften der sozialen Bewegung mit deren Ende nicht einfach spurlos verschwinden, sondern ihre Sedimente (Nelson 2003) sowohl im materiellen Substrat als auch im gegenwärtigen politischen Diskurs nachzuweisen sind.

Die Orte des Geschehens – TatOrte, Schnittstellen oder Bruchstellen unfertiger Erzählungen[16], Ankerpunkte und territoriale Festlegung der Ereignis- und Handlungszusammenhänge – verbinden die Materialität des Raumes mit der politischen Auseinandersetzung. Die in meiner Arbeit untersuchten TatOrte versinnbildlichen den Bruch mit objektivierten Struktu-

---

14 Ich wähle diese Schreibweise, um zu verdeutlichen, dass die Räume tatsächlich befreit werden mussten. In erster Linie betraf dies die Befreiung von normalisierenden Strukturen der Nachkriegsgesellschaft. Eine Skizze dieser Gesellschaft und ihrer Wertvorstellungen enthält Kapitel 9. Zum Begriff und zur Praxis der Befreiung, also der Produktion von Räumen als FreiRäume, siehe Kapitel 12.
15 In der Theorie werden dafür die Begriffe political opportunity structures beziehungsweise framing gewählt. Diese Arbeit distanziert sich von bewegungstheoretischen Zugängen, zur Abgrenzung siehe Kapitel 8.
16 Das Wort »Erzählungen« verwende ich Synonym zum Begriff »Geschichten«.

ren der herkömmlichen Mehrheitsordnung und signalisieren gleichzeitig die Herausbildung eines neuen urbanen Selbstverständnisses. Zum Teil bilden sie bis heute die unmittelbare Hinterlassenschaft der bewegten Jahre. Sie dienen als Ausgangs- und Ankerpunkte zahlreicher HandlungsRäume. Sie ermöglichen den Einstieg in diese Geschichten um Zu- und Ungehörigkeiten, die den Schwerpunkt meiner geografischen Herangehensweise bilden. TatOrte sind der Aufhänger, prägen die Schlagzeile, sie haften in der kollektiven Erinnerung als sedimentierte Hinterlassenschaft. TatOrte bilden den Ausgangspunkt für die Analyse, sie sind das Erstaunliche, der Stein, der einen diskursiven Zusammenhang ins Rollen bringt, das Phänomen, dessen diskursive Inszenierung mein Interesse weckte (Maasen 2003). TatOrte markieren die Beziehungen zwischen Menschen und Orten, die in dieser Studie im Zentrum stehen. Diese Beziehungen werden im Rahmen von bestehenden oder neu zu schaffenden HandlungsRäumen ausgelotet. HandlungsRäume sind diskursiv hergestellte Sinn- und Wahrheitsstrukturen, die Zu- und Un-(zu-)gehörigkeiten[17] festlegen, anhand derer die Grenzen des Urbanen neu bestimmt werden.

Während die Geschichte der Stadt Bern in den letzten 30 Jahren einen starken Wandel verzeichnet, weist das urbane Selbstverständnis beachtliche Persistenzen auf. Der Wandel geht unter anderem auf den Einfluss der untersuchten städtischen Bewegungen zurück. Diesen Prozess untersuche ich in meiner Arbeit anhand konkreter Auseinandersetzungen um Zugehörigkeiten und räumlicher (An-)Ordnungen – seien dies der Nutzungsanspruch über einen bestehenden Raum, die Manifestation »alternativer« Lebensentwürfe und Wohnbedürfnisse, die Frage des Zugangs zu bestimmten Räumen oder die Auseinandersetzung darüber, was das Urbane ausmacht.

Leben in der Stadt: Kinder, Frauen, Männer in Bern, unterschiedlichste Subjektpositionen, konkurrierende und komplementäre Geschichten und Geografien – »the extraordinary geographies of everyday life«, wie Lewis Holloway und Phil Hubbard schreiben (Holloway und Hubbard 2001). Dies sind die Fäden, die in der vorliegenden Arbeit aufgespannt werden und als unfertige Geschichten an den beschriebenen Orten, *places*, den TatOrten zusammenlaufen. Die vorliegende Arbeit folgt diesen Geschichten, indem sie ihre TatOrte erkundet und nachzeichnet, wie diese erstritten, verhandelt, erkämpft, erträumt, aufgegeben, erprobt, ertrotzt, verlassen, herbeigeredet, zerstört, erbeutet, gewährt, eingetauscht, verworfen, gebaut, ermöglicht, errungen, geduldet und bekämpft wurden. Sie veränderten das geografische Antlitz der Stadt Bern. Und sie prägen die urbane Qualität der provinziellen Hauptstadt – und gerade das konservierte dörfliche Element, das in Bern das urbane Element untermalt – bis heute. Inwiefern und unter welchen Umständen dies möglich war, ist eines

---

17 Zu der Begriffsbestimmung Zugehörigkeit/Ungehörigkeit/Unzugehörigkeit siehe Kapitel 2.

der Erkenntnisinteressen der vorliegenden Arbeit. Gestützt auf ein diskursorientiertes Verfahren untersuche ich die räumliche Praxis der Berner 80er-Bewegung auch auf ihre geschlechterdifferenzierende[18] Qualität hin.

1.5 Produktion urbaner Männlichkeiten

Eine dekonstruktivistische und diskursorientierte Kulturgeographie – und dieser Tradition ordnet sich die vorliegende Arbeit zu – beansprucht, Räume als Artikulationen kultureller Praktiken zu lesen und die räumliche Konstituiertheit sozialen Handelns zu reflektieren wie beispielsweise Liz Bondi in ihrer Gentrifizierungsstudie »Sexing the City« (Bondi 1998), oder Ruth Fincher im selben Band (Fincher 1998) mit ihrer dekonstruktionslogischen Herangehensweise. Sie fragen nach der räumlichen Dimension subjektiven Handelns, indem sie die handlungsleitenden Konzepte auf ihre vergeschlechtlichten Raumkonstruktionen hin beleuchten und diskursive Wahrheitsproduktionen im Hinblick auf den Raum und seine Bevölkerung überprüfen. Dadurch soll einerseits die räumliche Konstituiertheit gesellschaftlicher Wirklichkeit in den Blick gerückt sowie die Möglichkeit erprobt werden, den Raum als Teil des geltende Bedeutungssysteme stützenden Wissensrepertoires zu denken. Raum – sowohl als materielles Substrat als auch als Papier – beispielsweise als Planungsvorlage – ist demnach konstitutiv für das geteilte Verständnis darüber, was als wahr und richtig, verwerflich oder angebracht, als zugehörig oder fehl am Platz gilt. Ein besonderes Augenmerk richten Bondi und Fincher auf die diskursive Herstellung von Männlichkeit und Weiblichkeit und die Vermittlung und Verhandlung von Geschlechterverhältnissen im räumlichen Handeln. In diesem Sinn waren Finchers und Bondis Arbeiten Vorbilder für meine eigene Herangehensweise.

Ich möchte an den Anfang des Kapitels zurückkehren und bei der urbanen Szene einhaken, wo die Spannung mittlerweile ihren Höhepunkt erreicht hat.

---

[18] Angelika Wetterer argumentiert einleuchtend, dass sie den Begriff »geschlechterkonstituierend« oder, wie Regine Gildemeister und Günter Robert vorschlagen, »geschlechterdifferenzierend« den geläufigeren »geschlechterspezifisch« oder »geschlechtergetrennt« entschieden vorzieht, da diese Begriffe den prozessualen Charakter der Geschlechterverhältnisse und ihren Entstehungs- und Reproduktionscharakter sichtbar machen. Implizit ist darin der Verweis auf die bei Garfinkel und Goffmann untersuchten sozialen Konstruktionsprozesse. Garfinkel und Goffman gehen davon aus, dass in täglichen Interaktionen stattfindenden Konstruktionsleistungen für die eigentliche Hervorbringungen des Geschlechterunterschieds verantwortlich sind, welcher jedoch in der Alltagstheorie als den Dingen ursächlich unterlegter Sachverhalt bestimmt wird (Wetterer 2002, 17 f.). Ich verwende den Begriff »geschlechterdifferenzierend«, weil er auf die permanente Herstellung von Geschlechterverhältnissen hinweist und nach den Instanzen der Ver-festigung von Ordnungen fragt. Ich distanziere mich aber von einer engen, auf die interaktionistische Schule begrenzten Anwendung im Sinne des *doing gender* (West und Zimmerman 1987).

»Kurz vor dem Treppenabsatz lassen die Anschieber den Fahrer frei. Der Snowboarder setzt über die Schanze hinweg auf das Treppengeländer, hält, während die Szene um ihn herum erstarrt, schwankend die Balance auf der Balustrade und gleitet auf die Schneefläche am Fuß der Treppe. Hinter den Kameras positionieren sich die Fotografen, die Apparate blitzen, die Umstehenden applaudieren. Der Sprung ist eine Erlösung. Sowohl die Passanten und Passantinnen, darunter ich, wie auch die anfeuernden Kollegen atmen auf.

Weitere, mehr oder weniger gelungene Versuche folgen. Sie erzeugen eine steile Spannungskurve, die nach wenigen Sekunden wieder im befremdend-beschaulichen Treiben verebbt. Einer schafft das Geländer nicht, unter seinem Snowboard stieben die Funken, als er über die Treppe holpert. Ein anderer verhindert um ein Haar, dass er über das Geländer hinweg aufs Dach des unter der Treppe parkierten Autos schnellt. Ein dritter schießt über die Landefläche hinaus und schlittert mitten auf die Straße. Ich denke an den Helm, die Verletzlichkeit.

Die Kameraleute positionieren sich neu, sie fangen spektakuläre Bilder aus ungewohnten Winkeln ein. Einem der Springer gelingt der Parcours besonders elegant, souverän schwebend hält er auf dem Geländer das Gleichgewicht, bis er mit Leichtigkeit auf der Landefläche aufsetzt. Ihm wird heftig applaudiert, die Freude ist kaum auszuhalten, »du bisch ä geile Siech«,[19] brüllen die Anwesenden, die Stimmung ist elektrisiert. Plötzlich kreuzt ein Polizeiwagen auf, der die Aufmerksamkeit der Gruppe auf sich zieht. Die Aufregung ist greifbar, halblaute Sprüche gegen »die Bullen« machen die Runde. Keiner der Beamten verlässt den Wagen, und als dieser abdreht, gehen die Kommentare im Applaus der Jugendlichen unter.«

In der beschriebenen Szene treffen die Herstellung von Männlichkeit und die Produktion einer urbanen Situation aufeinander. Die klassische Mutprobe, die die Mitglieder einer Gruppe auszeichnet und zusammenschweißt, wird vom klandestinen Ritual zur öffentlichen Inszenierung. Die Merkmale der Zugehörigkeit werden zur Schau gestellt. Das Snowboard dient als Identifikationsmittel der städtischen Jugend, sein Einsatz im Bahnhofgebiet, diesem »maximalen Ausdruck städtischer Verfasstheit« (Hengartner 1999, 315), manifestiert und materialisiert diese Verknüpfung. Das Brennen des Spektakels auf einen Bildträger und seine spätere Verbreitung über das Internet können als ein Verstärker der intendierten räumlich-sozialen Signifikation oder als Verallgemeinerung der räumlich produzierten Wahrheit gedeutet werden. Auf dem Bildschirm wird das Ritual entterritorialisiert, es untermauert allgemein beanspruchte Geltungsbereiche männlicher Selbstdarstellung. Das Festhalten und die Reproduktion der Aktion bannen die flüchtige Geografie und überführen sie in eine dauerhafte, jederzeit abrufbare Erinnerung. Die Arbeit mit digitalen Bildträgern ersetzt und ergänzt das traditionelle geografische Handwerk des Kartierens, mit welchem herkömmliche Ordnungsansprüche erhoben und Räume zugewiesen wurden.

Das Auftauchen der Polizei verleiht dem Kokettieren mit der Grenzüberschreitung Ernsthaftigkeit, mischt die Provokation auf und signalisiert die Möglichkeit eines handfesten Konflikts. Der Polizeiwagen signalisiert den öffentlichen Ordnungsanspruch, den die Dienst habenden Beamten offenbar als ungefährdet einstufen. Die Interpretation des urbanen Ortes und seine Nutzung als Schaufenster für vergeschlechtlichte Selbstdarstellung sind in dieser Dosis von der Öffentlichkeit toleriert. Durch ihre Präsenz adeln die Ordnungshüter das Ritual der Jugendlichen, indem dessen transgressives Potential anerkannt wird – zumal der Ort der Austragung in der öffentlichen Wahrnehmung als Umschlagplatz für Drogen und Aufenthaltsort von zwielichtigen Gestalten gilt. Die Qualität dieses Ortes bestimmt die Qualität der Männlichkeit, die im Selbstverständnis der Jugendlichen enthalten ist: Die Mischung aus Verwegenheit und Eitelkeit, die Stimulierung des Risikos werden aufgeladen mit der Ruchlosigkeit und der heruntergekommenen Verlebtheit, die im TatOrt gleichsam sedimentiert sind.

Während ich mich in den folgenden Kapiteln den TatOrten der Berner Bewegung zuwende, den Schnittpunkten unfertiger Geschichten, flüchtiger Begebenheiten und einschneidender Prozesse, geschieht dies mit Blick auf ein kulturelles Gefüge, in dessen Scharnieren Bedeutungen des *Urbanen* generiert werden. Die 80er-Bewegung sorgte dafür, dass städtische Geschichten umgeschrieben und Geografien im Sinne der räumlichen (An-)Ordnungen neu gemacht und Zugehörigkeiten neu verhandelt wurden. Es geht mir darum, soziale Praxis in ihrer räumlichen Bedingtheit zu verstehen. Ich will die Geschichten anhand der Entstehung und Verflüchtigung von Räumen aufrollen und sie als eine Geografie der Herausbildung, des Bestehens und der Hinterlassenschaften von TatOrten und HandlungsRäumen der Berner 80er-Bewegung schreiben.

Kernelemente

In dieser Publikation verfolge ich die Materialisierung und Verflüchtigung von Räumen als Hinterlassenschaften einer sozialen Bewegung. Ich untersuche die Berner 80er-Bewegung als eine raumwirksame Kraft, die mittels der Einforderung von FreiRäumen als substantielle räumliche (An-)Ordnungen Fragen von Zugehörigkeiten und Grenzziehungen aufwarf. Durch ihr Engagement gegen unheimliche Geografien veränderte sie die Stadt in ihrer materiellen Substanz ebenso sehr wie in ihrem urbanen Selbstverständnis. Die wohltemperierte kleinstädtische Verfasstheit geriet unter Druck.

Gestützt auf ein diskursorientiertes Verfahren untersuche ich die räumliche Praxis der Berner 80er-Bewegung auch auf ihre geschlechterdifferenzierende Qualität hin. Inwiefern räumliche Transformationsprozesse eingeleitet wurden und ob und wie der intendierte Wandel auch die Geschlechterordnung als eine der zentralen Säulen der Wohltemperiertheit erfasste, ist eines der Erkenntnisinteressen der vorliegenden Arbeit.

---

19 [Sinngemäss: »du bist ein geiler Typ«]

Ich wählte für diese Arbeit einen Zugang, der die Verhandlung um Zugehörigkeiten am Beispiel des urbanen Raums ins Zentrum stellt. Die geografische Herangehensweise, die ich mir vornehme, untersucht die Beziehung zwischen Menschen und Orten. Mein Interesse gilt den Diskursen, die diese Beziehungen stiften und die damit Zugehörigkeiten begründen, ermöglichen und einschränken. Für die analytische Beschreibung dieser Raumproduktionen verwende ich zwei konzeptuelle Konstrukte: TatOrte und HandlungsRäume. Raum dient als Ressource für die Produktion von Sinn und Wahrheit. Im Rahmen dieser Sinnproduktionen werden Räume als TatOrte materialisiert. Die diskursive Einbindung von TatOrten gehört zu den sinnstiftenden Effekten räumlicher Praxis, die ich als HandlungsRäume bezeichne. Das Urbane ist ein solcher HandlungsRaum, dessen Grenzen diskursiv ausgehandelt werden. Das Urbane ist nie fixiert sondern immer prekär. Diese Prekarität tritt im Rahmen von Konflikten wie dem Häuserkampf oder der Forderung nach einem autonomen Jugendzentrum hervor. Die räumliche Praxis der sozialen Bewegung bestand im Bespielen von Räumen und ihrer Aktivierung als auf die Bedürfnisse der jugendlichen Aktivisten und Aktivistinnen zugeschnittene HandlungsRäume. Letztlich geht es mir darum, auf welche Weise Zugehörigkeiten geschaffen werden, und um ihre materiellen, sozialen und politischen Bedingungen in einem konkreten städtischen Kontext.

2 Fragen Stellen

2.1. Unsicheres Terrain betreten: Erkenntnisinteresse

»I was drawn to try to work in the arena of geography because it seemed possible to locate within its revised understanding an alternative set of relations between subjects and places – an alternative set of relations which is not scientific knowledge or the national categories of the state which determine both belonging and unbelonging, but rather linked sets of political insights, memories, subjectivities, projections of fantasmatic desires and great long chains of sliding signifiers through its ways of using the products imposted by a dominant economic order.« (Rogoff 2000, 7)

Irit Rogoffs Ansinnen berührt eines meiner Kernanliegen: eine geografische Herangehensweise zu entwerfen, die sich fundamental mit der Verhandlung von Zugehörigkeiten auseinandersetzt. Besonders anregend war der Vorschlag, herkömmliche Parameter der Zugehörigkeit zu dekonstruieren und durch alternative Beziehungsstifter zu ersetzen. Was die Kunsthistorikerin Rogoff als ihren Anreiz beschreibt, sich mit Geografie[1] auseinanderzusetzen, wählte ich zum programmatischen Anspruch für meine Arbeit. Ich möchte die Berner 80er-Bewegung als raumwirksame Auseinandersetzung lesen, die Kriterien der Zugehörigkeiten zur Debatte stellte.

Dass das Leitzitat von einer Kulturwissenschaftlerin stammt, ist für den Entstehungsprozess meiner Studie kennzeichnend. Als Folge meiner Auseinandersetzung mit Raum als einer geographischen Schlüsselkategorie mit einem umfangreichen philosophischen Erbe bewegte ich mich immer wieder jenseits des geographischen Einzugsgebiets. Zudem war ich als Teilnehmerin des Graduiertenkollegs shifting gender cultures der Universitäten Bern und Freiburg in einen interdisziplinären Kontext eingebunden, der mich auf regelmäßiger Basis und dank der geduldigen Hartnäckigkeit meiner Ko-Kollegiaten und Ko-Kollegiatinnen zu laufenden Übersetzungsprozessen herausgefordert hat.

---

1 Ich unterscheide Geographie/Geografie – geographisch/geografisch insofern, dass die Schreibweise mit »ph« auf den akademischen Kontext verweist und damit die Tradition der Disziplin und des Fachs betont, während die Schreibweise mit «f» Geografie als Denk- und Herangehensweise, die Beziehungen zwischen Subjekten und Orten/Räumen zu ihrem Gegenstand hat, anspricht. Geografie bezeichnet im Weiteren auch die Praxis des Geografiemachens, bei Martina Löw als »räumliche (An-)Ordnungen« konzipiert. Geografie als soziale Praxis verstehe ich in dieser Publikation als die Verhandlung um Zugehörigkeiten. Siehe auch Fußnote 3 sowie Kapitel 3.

Rogoff setzt voraus, dass sich ihr Zugriff auf die Geographie außerhalb des traditionellen Verständnisses geographischer Kategorien bewegt: Namentlich verspricht sie sich über das Repertoire der neuen Kulturgeographie eine schlüssige Herangehensweise an die Beziehungen zwischen Subjekten und Orten *(places)*.[2] Oder, in den Worten von Tim Cresswell: »New cultural geography emphazises the active constitution of places through cultural struggle« (Cresswell 1996, 13). Das Hauptmerkmal von Rogoffs »alternative set of relations between subjects and places« (Rogoff 2000, 7) besteht darin, dass sich die Determinanten von Zugehörigkeit und Nicht- beziehungsweise Unzugehörigkeit – im Folgenden werde ich von Ungehörigkeit sprechen – ausserhalb wissenschaftlicher oder nationalstaatlicher Definitionen konstituieren. Die Aktivisten und Aktivistinnen der 80er-Bewegung verhandelten um grundlegende Zugehörigkeiten, wie etwa um Wohnraum, sie setzten sich aber auch gegen jegliche soziale und politische Schliessungsprozesse ein. Die Anliegen der Bewegung und ihre Kritik an den herkömmlichen Bestimmungen über Zu- und Ungehörigkeit im wohltemperierten Umfeld materialisierten sich in TatOrten. Indem sie Räume schuf, erzeugte die 80er-Bewegung eine eigensinnige Geografie, mit der sie Zugehörigkeit im urbanen Raum einforderte.

Ich verwende mit »Ungehörigkeit« eine Begriffsschöpfung, die bewusst doppeldeutig gehalten ist. Nichtzugehörigkeit war eine Erfahrung, die die Bewegten der 80er als »unheimliche Geografie« anklagten. Indem sie Verhaltensweisen suchten, die sie als »fehl am Platz«, *out of place* (Cresswell 1996), markierten, beziehungsweise, indem sie sich selbst »fehlplatzierten«, machten sie auf diesen Missstand aufmerksam. Dieses Verhalten wiederum wurde von grossen Teilen der Öffentlichkeit und der Politik als »ungehörig« oder »unanständig« eingestuft. Rogoffs Verwendung der Kategorie des »Ungehörens« nehme ich zum Vorbild, da darin eine aktive ebenso wie eine dekonstruktivistische Komponente eingebaut ist, die *unbelonging* im Unterschied zu Marginalität, Widerstand oder radikalem Ausstieg positioniert. *Unbelonging* bedeutet »a critical refusal of the terms – and of the

---

2   Ich verwende hier vorläufig »Ort/Orte« als Übersetzung von place/places. In der neueren kulturgeografischen Literatur hat sich in den90er Jahren eine Debatte über die Bedeutung von place sowie das Verhältnis von space und place entsponnen (wobei die jeweiligen Begriffe und ihr Verhältnis nicht linear vom Englischen ins Deutscheübertragen werden können), auf die ich in Kapitel 3 eingehen werde. Wichtig ist der humanistische Ursprung der Debatte (vgl. Taylor 1999), der Charakter von place als etwas im Werden Begriffenes (eine Pionierin der place-Debatte und Vertreterin eines politischen place-Verständnisses: Massey 2005), sowie die Setzung, dass Orte die Sinnstrukturen massgeblich mitbestimmen und jene Wissenssysteme ausbilden, die soziale Wirklichkeit begründen. Damit kommt ihnen im Rahmen der cultural studies eine wachsende Bedeutung zu (Mitchell 2000, Holloway und Hubbard 2001). Anwendungen siehe Cresswell (Cresswell 1996), oder, für den feministischen Kontext, gender-Ansätze in Ökonomie, Kultur und Alltag sowie Untersuchungen zu Sexualität Laurie, McDowell und Valentine (Laurie et al. 1999; McDowell 1999; Valentine 1993; 1996a; b).

implications of those terms – which come to be naturalized within the parameters of any given debate« (Rogoff 2000, 5). Ungehörigkeit *(unbelonging)* richtet sich gegen die Naturalisierungskapazität von Zugehörigkeitskriterien. Dabei soll nicht der Eindruck entstehen, *belonging/unbelonging* seien jeweils eindeutig zuzuordnende oder gar dichotome Positionen. Vielmehr umreißen die Begriffe eine kontinuierlich wirkende Politik der Verortung, »a politics of location in the making«, wie Rogoff schreibt (2000, 14).

Rogoff entwickelt eine differenzlogische Perspektive, die sie auf Prozesse des Ein- und Ausschlusses richtet. Mit dem Einbezug zusätzlicher Parameter stellt Rogoff zwei der wirkungsmächtigsten Diskurse der Zugehörigkeit und des Ungehörens – den Nationalstaat und die Wissenschaft – zurück. Sie bezweifelt damit nicht deren grundsätzliche Relevanz für die Herstellung gesellschaftlicher Ordnung. Vielmehr interessiert sie sich für eine Herangehensweise, die die traditionellen Systeme der Zuordnung auflöst und als politische Einsichten, Erinnerungen, Subjektivitäten und Projektionen fantasmagorischen Begehrens auflöst und neu fasst, indem sie sie einem dekonstruktivistischen Verfahren unterzieht. Ich lese Rogoffs Bestreben nicht einseitig dahin gehend, die klassischen Zuordnungskriterien ohne Ersatz zu streichen, sondern vielmehr als Aufruf, sie nicht als monolithische Steuerzentralen zu setzen oder schlicht als *black boxes* auszublenden. Vielmehr leitet Rogoff an, Ein- und Ausschluss als kontingente Praktiken zu denken, die über die genannten Faktoren konstituiert werden.

Die Rolle von Raum und Ort als massgebliche Teile handlungsleitender Sinnstrukturen, Wissenssysteme und Wahrheitsproduktionen ist bei der Verhandlung von Zugehörigkeit stets mitzudenken, etwa über positionale Ideologien, die dem Individuum einen Platz innerhalb eines bestimmten Umfelds zuweisen. Die Frage nach den Zugehörigkeiten zieht einen Bewusstseinsprozess nach sich, zum Beispiel die Einsicht, dass in place zu sein mit sich bringt, dass andere *out of place* sind – und umgekehrt. Ort ist also ein zentraler Parameter von Ein- und Ausschluss und das Konzept der Position(-ierung) daher ein zutiefst geografisches Konzept (Cresswell 1996).

Schliesslich bringt Rogoff mit den *sliding signifiers* die sich transformierenden und miteinander verhängten Signifikanten ins Spiel und evoziert damit unmissverständlich den poststrukturalistischen Diskurs. Die Referenz in diesem Satzteil verweist auf theoretische Grundlagen, die sich jenseits dieser Arbeit erstrecken. Neben Jacques Derrida ist auch der Name Jacques Lacans untrennbar mit den *sliding signifiers* verbunden.[3] Die »great long chains of sliding signifiers« (Rogoff 2000, 7) rufen das Unkontrollierte an, das ausserhalb modernistisch gedachter Subjektivität liegende Feld, in welchem Subjektpositionen gegeneinander abgegrenzt werden.

Vorerst möchte ich festhalten, dass Rogoff, indem sie die Konstruktion von Wirklichkeit in einen psychoanalytischen und dekonstruktivistischen

---

3   Zu Dekonstruktion und Derrida siehe Kapitel 5.

Zusammenhang rückt, primär das Anliegen verfolgt, ihre theoretische Sicht nach der linguistischen beziehungsweise nach der kulturellen Wende in den Sozial- und Geisteswissenschaften anzusiedeln. Damit schliesst sie den Kreis, lässt sich doch das revidierte Geografieverständnis ebenso dieser jüngeren epistemologischen Tradition zuordnen, die, statt über Realität als solche nachzudenken vielmehr die Herstellung dieser Realität mittels der Produktion von Sinn und ›Wahrheit‹ in den Blick rückt (Gebhardt, Reuber und Wolkersdorfer 2003, 14).

Für den empirischen Teil der vorliegende Arbeit impliziert dies, dass die politisch-kulturellen Auseinandersetzungen um FreiRäume – die Frage nach der Herstellung, der Materialisierung und der Verflüchtigung von Räumen (Löw 2001, 151) – immer auch als Diskurse, die die Grenzen des *Urbanen* neu ziehen, gelesen werden (Maasen 2003). Es handelt sich um Versuche, die HandlungsRäume rund um das Zusammenleben zu verschieben, zu erweitern und zu transformieren. Ich strebe eine Forschungsfrage an, die sich im »ganz normalen Alltagsleben« situiert, jedoch die Wechselbeziehungen zwischen kulturellen Praktiken und sozialen Kräften sowie ihre Wirkungsweisen im Rahmen sich wandelnder Machtverhältnisse aufgreift. Kulturgeografische Arbeiten zur Herstellung und Transformation des Städtischen sind häufig, wie Claudia Wucherpfennig kritisiert, auf strukturelle, soziokulturelle oder politische Ursachen des postulierten Wandels ausgerichtet, wobei nur wenige Untersuchungen den Einbezug handelnder Subjekte konzeptuell ermöglichen. Für diesen Einbezug sei »nach der Anschlussfähigkeit dominanter Vorstellungen und der in ihnen transportierten Bedeutungen an die Erfahrungs- und (Er-)Lebenswelten der unterschiedlichsten Bewohner und Bewohnerinnen und Nutzer und Nutzerinnen der Stadt und damit nach Identitätsangeboten und Subjektivierungsprozessen« zu fragen (Wucherpfennig 2002, 300). Um dieses Ziel zu verfolgen, legt Wucherpfennig eine Verknüpfung von ethnographischen mit diskursanalytischen Verfahren nahe.

Angewandt auf die Untersuchung der Berner 80er-Bewegung bedeutet dies, in der Archiv- und Literaturrecherche eine Vorstellung der damals verhandelbaren Angebote zu Lebens- und Seinsweisen von Jugendlichen zu entwerfen. Motive und Strategien der an den Ereignissen direkt Beteiligten sollen dadurch dem Verstehen, und zwar im Sinne der qualitativen Herangehensweise, geöffnet werden. Die von Wucherpfennig angeregte methodische Verknüpfung ist mir ein Anliegen, allerdings werde ich nicht nach Identitätsangeboten fragen, da das Konzept der Identität an eine umfangreiche sozialwissenschaftliche Debatte geknüpft ist. Stattdessen werde ich mich auf Lebensentwürfe sowie die einem diskurslogischen Verständnis entnommenen Subjektivierungsprozesse im Sinne von denkbaren HandlungsRäumen beschränken. Die vergeschlechtlichte Natur der maßgebenden Diskurse und ihre geschlechterkonstituierende oder geschlechterdifferenzierende Wirkung sollen empirisch bearbeitet werden. Darin eingeschlossen ist die geografische

Verpflichtung, Raum und Ort als konstituierende Faktoren von Geschlecht stets mitzudenken sowie Verschiebungen, die aus einer solchen Deutung hervorgehen, laufend zu reflektieren.

Im folgenden Abschnitt skizziere ich den Kontext, der die von mir postulierten Auseinandersetzungen um Zu- und Ungehörigkeiten mitbestimmt.

2.2 Kontext

Ich stelle einen Konflikt an den Anfang meiner Untersuchung. Meine Fragen beginnen bei der Besetzung von einigen Häusern in den 70er Jahren. Im April 1973 wurde im Berner Universitätsviertel Länggasse zum ersten Mal ein Haus besetzt, um es vor dem Abbruch zu retten. Obwohl mehrheitlich aus andern Stadtgebieten stammend, beanspruchten die Hausbesetzer und Hausbesetzerinnen die Stimme des Quartiers: »Wir Länggässler wehren uns« war auf dem Transparent am Forstweg zu lesen. Die Aktion blieb ohne Erfolg, schon wenige Tage nach dem Einzug der jugendlichen Besetzer und Besetzerinnen, worunter die wenigsten »echte Länggässler« waren, wurde das Haus in den frühen Morgenstunden unter grossem Polizeiaufgebot geräumt. Die unverhältnismäßige Räumungsaktion zog schweizweite Aufmerksamkeit auf sich, und sogar das nationale Boulevardblatt widmete ihr eine fette Schlagzeile.[4]

In den 80er Jahren avancierten Besetzungen zum probaten Mittel von links-autonomen Gruppierungen, die sich den Antigentrifizierungskampf auf die Flagge geschrieben hatten. Ein Kommentator des »Berner Tagblatts« schrieb 1977, Hausbesetzungen seien »genau besehen, Import aus fremden Ländern[5].«Die Bewegungen im Ausland bildeten eine wichtige Referenz für die Berner Aktivisten und Aktivistinnen, wie mir meine Gesprächspartner und Gesprächspartnerinnen bestätigten. Der Bezug auf die internationalen Geschehnisse bestärkte sie im Gefühl, »die Welt im Sack«[6] zu haben. Die Mittel des Kampfs wurden jedoch den lokalen Gegebenheiten angepasst und hatten keineswegs internationalistischen Charakter. Das Ziel der Bewegten bestand darin, die Aufmerksamkeit der Öffentlichkeit auf spezifische Schliessungsprozesse – die unheimlichen Geografien – zu lenken. Diesem Anliegen verschafften die Bewegten im Kampf um FreiRäume Präsenz. Die geforderten FreiRäume gestalteten die Jugendlichen zu Wohn- und Kulturräumen aus, die sich jenseits der gängigen Konzepte von Zugehörigkeit ansiedelten. Damit schufen sie Orte, wo sie kontroverse Formen des Zusammenlebens, der gemeinsamen Struktur und der Konsensfindung erprobten und ihre Vorstellungen von Autonomie und kultureller Produktion jenseits des Mainstreams sowie zahlreiche Formen

---

4 BLICK, 08/05/1972
5 Berner Tagblatt, 16/08/1977. Der Eindruck rührt von den in den 70er Jahren sehr aktiven Besetzer- und Besetzerinnenszenen.
6 Simone Ballmoos

des Widerstands gegen die als festgefahren empfundenen gesellschaftlichen Regulative umsetzten. Die FreiRäume versinnbildlichten die öffentlich gemachten Bedürfnisse und Anklagen, sie verschafften ihnen Raum im wörtlichen Sinn. Die Beanspruchung[7] von Räumen, das Besetzen von Häusern und zwischenzeitlich ganzer Stadtviertel bildeten Kernaspekte des Widerstandes. Manche dieser Gebäude konservierten ihren Symbolwert weit über die Zeit der 80er Jahre hinaus.[8] Durch eine kombinierte Praxis von Überschreitungen, *transgressions* (Cresswell 1996), der Inszenierung von Inzivilität (Franz 2004, 50; Tripp 1998) sowie ungehörigem Verhalten machten die jugendlichen Bewegten gesellschaftliche Regulative und deren Naturalisierung im und durch den Raum sicht- und anfechtbar.

Im Repertoire der 80er-Bewegung finden sich eine Reihe von Motiven und Strategien, die eine Neubestimmung der Beziehungen zwischen Subjekten und Orten zum Ziel hatten. Eine geografische Interpretation der Beziehung zwischen Subjekten und Orten verknüpft Aspekte von Recht, Identität und Zugehörigkeit mit vorherrschenden Wissens- sowie soziopolitischen Ordnungssystemen. Zu den für mein Fallbeispiel relevanten Regulativen gehören das Eigentumsrecht, die Kultur der politischen Partizipation über direktdemokratische oder semi direktdemokratische Institutionen, die Einrichtung des staatlichen Gewaltmonopols oder die impliziten und expliziten Vorgaben einer bürgerlichen Normalbiographie, darunter die hegemoniale Vorstellung der Zweigeschlechtlichkeit.[9] Diese Wissenssysteme wurden durch die Bewegung in Frage gestellt. Dies ist die eigentliche Bedeutung der signalisierten FreiRäume – durch sie streben die Jugendlichen die Abwesenheit von hegemonialen Ordnungen an. Eine sol-

---

7 Häufig verwenden Forscher und Forscherinnen den Begriff der »Aneignung« von Raum in ihren raumtheoretischen und empirischen Arbeiten. Der Begriff »Aneignung« suggeriert, Raum könne als bestehende Entität, als etwas Gegenständliches und Vollendetes angeeignet werden. Ich bevorzuge ein Vokabular, das die unfertige Qualität des Räumlichen, das stets »im Werden begriffen sein« von Orten und die Affinität des Begriffs zur Geschichte, seiner Veränderung und der darin implizierten Bedeutungsverschiebungen betont.
8 Beispiele dafür sind etwa die Reitschule in Bern oder die Rote Fabrik in Zürich.
9 Für ihre Entdeckung von Geografie als einem *unbounded meeting ground* zwischen epistemischen Formen, der historischen und der Erfahrungsebene sowie den Sinnstrukturen nennt Rogoff zahlreiche intellektuelle Vordenker und Vordenkerinnen: Michel Foucault, Edward Soja, Doreen Massey, Liz Bondi, Jane Jacobs, Derek Gregory, Gillian Rose, Denis Wood, Cornelia Vismann und Victor Burgin (Rogoff 2000, 10).
10 Obwohl ich den Begriff der »hegemonialen Ordnung« oder jenen des »hegemonialen Diskurses« unbefriedigend finde, daher historisch sehr unpräzise ist, ziehe ich ihn dem Begriff der »symbolischen Ordnung« mit seiner psychoanalytischen Wurzel vor. »Hegemonial« meint vorherrschend, aber nicht in einem widerspruchsfreien oder unangefochtenen Sinn. Er dient mir vorläufig als Hilfsbegriff und bezeichnet traditionelle gesellschaftliche Ordnungssysteme, die einen universalistischen und generalistischen Anspruch in sich tragen.

1 – Der Bund, 24/04/1973

che Befreiung ist allerdings kein Selbstläufer. Die Kulturwissenschaftlerin Irit Rogoff spricht vielmehr davon, dass ein »Entlernungsprozess«, *process of unlearning* (Rogoff 2000, 3), in Gang gesetzt werden muss, damit die herkömmlichen Zuordnungen abgestreift werden können. Wenn diese Zuordnungen, die möglicherweise dem Bewusstsein nicht vollständig zugänglich sind, sich auflösen, können neue Standpunkte geschaffen werden. Es sind Standpunkte, von denen aus das Potential einer aktiven Position des »Ungehörens« erprobt und durch transgressive Akte in Szene gesetzt wird. Die Bewegung der 80er ist ein Beispiel dafür, wie die Aktivisten und Aktivistinnen ›ungehörige‹ und »unerhörte« Positionen suchten und ihre »Ungehörigkeit« auch visuell und materiell inszenierten. Sie stellten ihre Anliegen physisch in den Raum und verteidigten diese mit einem gewissen didaktischen Anspruch in der Öffentlichkeit.

Rogoff verwendet in diesem Zusammenhang das Konzept einer »unheimliche Geografie«, *uncanny geography* oder auch *unhomed geographies* (2000, 4). Der Begriff ist bei Henri Lefebvre, Neil Smith und Rosalyn Deutsche angelehnt.[10] Die deutsche Übersetzung – und in ihrem expliziten Bezug auf Freud bringt Rogoff diese ins Spiel – aktiviert die Konnotation sowohl des »Sich-nicht-zu-Hause-Fühlens« als auch jene der Furcht. Dem Häuserkampf sind beide Bedeutungen unterlegt. Ein besetztes Haus markiert einen Punkt auf einer Karte und gleichzeitig die Abkehr von der als unheimlich empfundenen hegemonialen Geografie. Gleichzeitig produziert das besetzte Haus unheimliche Geografien für jene Personengruppen und verantwortlichen Instanzen, die die Motive der Besetzer und Besetzerinnen als »unanständig«[11] ablehnen oder sich durch den direkten Kontakt mit den entstehenden Wohnformen – etwa der Produktion von ungewöhnlichen Geräuschen zu ungewöhnlichen Zeiten, den Trommeln und der Musik, Gerüchen und visuellen Manifesten wie Graffitis – unmittelbar gestört, befremdet, in ihrer »heimlichen« oder »heimischen«[12] Geografie verunsichert fühlen.

Damit sind einige der Geschichten angedeutet, die ich für diese Studie untersuchte. Ich wählte Orte und Menschen – Frauen und Männer – aus, um mir die Geschichten, die sie verbinden, schildern zu lassen. Ich spreche von Geschichten, nicht um zu verbergen, dass konkrete Personen diese Geschichten in Gang setzen und als Urheber und Urheberinnen in Erscheinung treten, sondern weil der Raum, den ich untersuche, durch diese Geschichten herausgebildet wird (Massey 2005). Es sind Geschichten aus der Stadt Bern, sie bilden einen Teil des Berner Selbstverständnisses, formen

---

11 Ein Wort, welches von der angegriffenen Seite häufig verwendet wird, um die Aktionen der Bewegten zu charakterisieren, ist »anständig«/»unanständig«. Es ist ein Wort, welches mir aus meiner Kindheit in den 70er Jahren sehr nahesteht – ich habe es oft zu hören gekriegt. Die Wurzel des Worts, der Stand, das Standesgemässe, verweist auf eine vormoderne Gesellschaftsvorstellung. Nach der Auflösung der ständisch stratifizierten Gesellschaftsordnung hat sich das Wort gehalten und bezeichnet ein rollenkonformes Verhalten und Auftreten – bei Jugendlichen etwa das respektvolle Verhalten gegenüber älteren Personen. Jugendliche, die die Strassen bevölkerten, sich um bestehende Normen scherten und dies über ihre Kleidung, ihre Sprache, ihre Wohnformen, ihr Verhältnis zur Erwerbsarbeit oder der Haltung zu traditionellen Formen der Familie und der Geschlechterbeziehungen ausdrückten, galten als »unanständig«. Die Statuspassage »Jugend« ist naheliegender Weise auch besonders anfällig für »unanständiges« Verhalten. Sie könnte andererseits dafür genutzt werden, besondere Zugeständnisse zu machen. Man müsste sich also fragen, inwiefern dies für die Berner 80er-Bewegung eingelöst wurde und warum (nicht). Schliesslich liegt genau im Bezug auf diese Passage eines der Kernmotive der Bewegung. Es ging darum, die Passage zwischen Kindheit und Erwachsenenleben nicht als Einbahnstrasse zu akzeptieren. Der Anspruch war es, die Passage zu einer Reise mit offenem Ziel oder zumindest zu einem Übergang mit mehreren, selbstbestimmten Möglichkeiten zu machen.

12 Als Gegensatz zum Konzept der «unheimlichen» Geografien sind beide Begriffe zutreffend. Heimliche Geografien evozieren die Idee einer nicht hinterfragten Geografie, das heisst, die nicht hinterfragte Eingliederung, ein gefestigter Sinn der Zugehörigkeit. Eindeutige Zugehörigkeit wirkt ebenso ausschliessend auf jene Gruppen, die den Zulassungskriterien nicht entsprechen. »Heimisch« sind diese Geografien im Sinne des bewussten Gefühls von Zugehörigkeit und des verortet Sein.

einen ebenso gehegten wie verdrängten Mythos und fragen nach der Beschaffenheit des *Urbanen*. Sie schreiben sich in den Kontext der jüngeren Schweizer Geschichte ein, in die 80er Jahre, erzählen vom Kalten Krieg und einer aufstrebenden Wirtschaft, von der Punkbewegung und dem Waldsterben, von Individualisierung und intensiviertem Konsum, sie zeichnen das Bild einer wohltemperierten Stadt (J. Tanner 1992) und deren heimlichen und unheimlichen Geografien (Rogoff 2000, 4). Diese Geschichten vermitteln einen Blick auf die Unruhen, die damals in Städten ganz Europas aufflammten. Ihre Protagonisten und Protagonistinnen hinterliessen Spuren und prägten politische Verhandlungen, deren Ergebnisse in die Materie hinein sedimentierten. Sie schufen neue Räume der kulturellen Auseinandersetzung und konfrontierten die beschauliche Bundeshauptstadt mit der Imagination und der Inszenierung des *Urbanen*. Noch während man sich in Bern die Augen rieb, wurden die Grenzen zwischen Zeichen und Dingen – diskursiv und materiell – neu gezogen, es entstanden neue Orte und Räume urbaner Kultur, und die Auseinandersetzungen über Zu- und Ungehörigkeiten in einer modernen städtischen Gesellschaft spitzten sich zu. Diese Diskussionen trieben die Bewegung an, und die Grenzen – des *Urbanen*, der möglichen Lebensformen, des Kulturbegriffs, des Widerstands, der Zugehörigkeiten – wurden, wenn vielerorts auch unmerklich, neu gezogen.

Ich halte die von mir untersuchten Personen und Ereignisse nicht für ausschliessliche oder gar privilegierte Raumproduzenten. Vielmehr glaube ich, dass die Produktion von Raum und die Veränderung des Städtischen täglich, unbemerkt, an den Rändern und vor unseren Augen stattfinden. Die Grenzen des *Urbanen* werden täglich neu gezogen beispielsweise, indem Schulhäuser geschlossen werden, weil zu wenige Kinder im Quartier leben oder in der Diskussion darum, ob die Stadt für einen muslimischen Friedhof Land zur Verfügung stellt und das Minarett im Industriegebiet geduldet wird wenn Spielplätze abends von Teens als Treffpunkt genutzt werden und am Morgen mit Bierflaschen übersät sind in der täglichen Erzeugung urbaner Situationen wie etwa in der einleitend beschriebenen Inszenierung der Bahnhofterrasse als Snowboardpark wo Verkehrsachsen geplant oder Veloabstellplätze gebaut oder diese weggelassen werden. Wenn der Quartierladen die geschlossene Postfiliale ersetzt und der Stararchitekt für die Planung eines gigantischen Einkaufszentrums engagiert wird. Wenn auf dem Hausberg ein Skilift erstellt oder am Aareufer eine Sauna gebaut wird; wo ein neues Abfallregime verordnet, Konzepte sozialer Durchmischung erstellt, öffentlich über Sauberkeit debattiert, ein Treffpunkt für Alkoholabhängige geschlossen, die Aussichtsterrasse mit Kameras überwacht oder ein Steuergesetz erlassen wird, welches hohe Einkommensschichten entlastet. Das ist Stadt, es ist die Produktion von Raum, die durch das Aufschieben und Aufheben von Widersprüchen materialisiert wird. In den geschilderten Prozessen spiegelt sich der Raum, der stets im Werden begriffen ist (Massey 2004). Und es zeigt sich, wie sehr Materialität und Sinngebung in diesen Raumproduktionen ineinander greifen.

Den empirischen Ausschnitt, den diese Arbeit präsentiert, verstehe ich als ein Beispiel, um die Geografie einer sozialen Bewegung zu schreiben, welche zunächst in Alltagserfahrungen wurzelt – beispielsweise darin, dass sich Leute mobilisieren lassen, weil ihnen ihre Wohnung aufgrund einer anstehenden Sanierung gekündigt wurde, oder weil sie »keinen Bock«[13] auf einen regulären Job hatten oder weil sie das vermeintlich durch den Wirtschaftsboom der frühen 80er Jahre gefestigte bürgerliche Lebensmodell als einengend und perspektivenlos erfahren hatten. Oder schlicht, weil sie als »Wohlstandskinder« weniger Zwang verspürten, sich in die Strukturen einer Normalbiographie einzufügen, weil sie sich den Luxus leisteten, aus der Statuspassage eine Art permanente Suche zu gestalten. Die von mir untersuchten Ereignisse heben sich jedoch durch ihren eruptiven Charakter von den oben aufgezählten Formen der Raumproduktion ab, und sie sind in der kollektiven Erinnerung als eine Serie ausserordentlicher Ereignisse, die über zehn Jahre anhielten, verzeichnet.

Damit komme ich zu den konkreten Fragen, die ich an mein Material herangetragen habe und anhand welcher ich ausgewählte Theorien zu Raum und Ort beleuchten will. Die Struktur des folgenden Abschnitts ist in Anlehnung an Rogoffs einleitendes Postulat entstanden und berücksichtigt die von ihr gewählten Kategorien, die Wege öffnen sollen, um Beziehungen zwischen Menschen und Orten in ihrer Komplexität, Kontingenz und Vielschichtigkeit zu denken. Das von Rogoff entworfene »alternative set of relations between subjects and places« war für mich Anregung, die Berner 80er-Bewegung als eine politische Auseinandersetzung um Zugehörigkeiten zu interpretieren und Geografie als einen *unbounded meeting ground* zwischen epistemischen Formen, der historischen und der Erfahrungsebene sowie den Sinnstrukturen zu betreiben (Rogoff 2000, 7).

2.3 Forschungsfragen

In dieser Publikation geht es mir darum, die soziale Konstruktion von Raum beim Wort zu nehmen. Ich untersuche an meinem Gegenstand die Produktion von Raum und ihre geschlechterkonstituierende Wirkung. Hierfür wählte ich Ereignisse, die sich im Kern um die Nutzung, die Materialisierung und Verflüchtigung, den Zugang und die Verfügbarkeit, die Repräsentation sowie die Bewertung von Räumen drehen. Die 80er-Bewegung verfolgte eine klare räumliche Strategie, Antigentrifizierung war Teil ihrer Ausrichtung, und der Kampf um FreiRäume war eines ihrer wichtigsten Anliegen.

Die zentralen Fragen dieser Studie kreisen um die Entstehung, die Herstellung, die Materialisierung und die Verflüchtigung von Orten und Räumen und die damit in Verbindung stehenden Verhandlungen um Zugehörigkeiten (Löw 2001). Die von der 80er-Bewegung lancierten Raumproduktionen lese ich als Konflikt um die Bestimmung des *Urbanen*.

---

13 Rolf Neuenschwander

Meine Problemstellung beinhaltet drei Aspekte:

1. Raum als Ressource der Produktion von Sinnhaftigkeiten, Wissen und »Wahrheit«: Die untersuchten Räume sind Ressourcen der Sinnproduktion, durch die der Fortgang von Geschichten vorgezeichnet wird. Sie verbinden Geschichten, die urbane Situationen erzeugen und (be-)schreiben, Orte, an denen sich urbane Problemlagen entzünden und aus denen möglicherweise neue HandlungsRäume hervorgehen.

2. Die Entstehung und Bestimmung des Urbanen: Die Orte des Geschehens, die TatOrte, zeichnen sich dadurch aus, dass in ihnen die Herstellung des Urbanen im materiellen und im diskursiven Sinn nachvollziehbar wird. Die TatOrte bilden den Ausgangspunkt für die Beantwortung der Fragen, wie das Urbane hergestellt, wie seine Entstehung beschrieben und seine Grenzen neu gezogen werden. Mit andern Worten frage ich, wie das Urbane als neuer HandlungsRaum entworfen und erweitert wird.

3. Raumproduktion, Geschlechterdifferenz und Geschlechterordnung: Schliesslich interessiert mich, inwiefern die Produktion des urbanen Raums vergeschlechtlicht ist. Wie sind diese Raumgeschichten in die Herstellung der Geschlechterdifferenz impliziert, wie wird Geschlecht in Räume eingeschrieben und inwiefern sind diese Geschlechterordnungen konstitutiv für das Urbane?

Der letzte Punkt führt mich zum übergeordneten Erkenntnisinteresse meiner Studie:

Welchen Mehrwert ergibt die geografische Dimension in einer geschlechtersensiblen Herangehensweise? Mit andern Worten, welchen Beitrag leistet der geografische Zugang in der Frage, wie Individuen zu Geschlechtern werden (Maihofer 1995)?

Ich komme nun zu den konkreten Forschungsfragen, die ich wie erwähnt in Anlehung an Rogoffs Geografieverständnis anlehne. Für eine bessere Lesbarkeit füge ich Rogoffs Zitat, das am Anfang des Kapitels steht, nochmals in den Text ein:

»I was drawn to try to work in the arena of geography because it seemed possible to locate within its revised understanding an alternative set of relations between subjects and places – an alternative set of relations which is not scientific knowledge or the national categories of the state which determine both belonging and unbelonging, but rather linked sets of political insights, memories, subjectivities, projections of fantasmatic desires and great long chains of sliding signifiers through its ways of using the products imposted by a dominant economic order.« (Rogoff 2000, 7)

BELONGING/UNBELONGING

Die theoretische Reflexion wird vom Nachdenken über eine Geografie gerahmt, die Zu- und Ungehörigkeiten ausserhalb traditioneller politischer und wissenschaftlicher Zuordnung – wie im Eingangszitat von Rogoff postuliert – und ihrer geschlechterkonstituierenden Kategorien thematisiert. Hinzu kommt der Versuch, eine geografische Perspektive auf Differenz, deren Herstellung und Legitimierung im Raum sowie damit verbundene gesellschaftliche Aushandlungsprozesse zu entwickeln. Die Frage von Zugehörigkeiten – *belonging/unbelonging* – und der Entwurf des urbanen Raums sind zentrale Motive der Bewegung der 80er. Diesen Anspruch untersuche ich nicht ausgehend von Forschungstraditionen über soziale Bewegungen, sondern fasse ihn räumlich. Meine räumliche Herangehensweise bezieht sich auf Doreen Masseys Ansatz von Raum als Schnittstelle unfertiger Geschichten (Massey 2005) und Martina Löws Modell der räumlichen (An-)Ordnungen (Löw 2001). Die Untersuchung der sozialen Bewegung nehme ich mittels der kritischen Aneignung von Tim Cresswells Transgressionskonzept (Cresswell 1996) und des Ansatzes der Sedimentierung von Lise Nelson (Nelson 2003) vor. Ich leite daraus folgende Frage ab:

Wie können geografische Konzepte von Raum und Ort im Kontext sozialer Bewegungen, der konkreten Beanspruchung, Materialisierung, Veränderung und Verflüchtigung von Räumen theoretisiert und für die Analyse fruchtbar gemacht werden?

Der zweite Schwerpunkt von Rogoffs Aussage gilt den Kategorien, die Zugehörigkeiten festlegen. Rogoff nennt politische Einsichten, Erinnerungen, Subjektivitäten, Projektionen aus Fantasie und Begehren sowie die Systeme sich verschiebender Bedeutungszuweisungen. Diese Kategorien ordnen meine Fragen nach den politischen Kämpfen rund um die 80er-Bewegung.

POLITICAL INSIGHTS

Mit ihrer Widerstandspraxis traf die Bewegung einen politischen Nerv. Den Jugendlichen ging es um den Politikbegriff an sich, der auch innerhalb der Bewegung für erhitzte Debatten sorgte. Die 80er-Bewegung strebte im Grundsatz eine Erweiterung des Politikbegriffs an und erzwang über die Herstellung von FreiRäumen nicht nur die politische Aushandlung über den Status und die Formen des Zusammenlebens in der Stadt, sondern zog auch die Grenze der politischen Zuständigkeiten neu. Daraus formuliere ich folgende Fragen: Wie situieren sich die im Rahmen der Bewegung ausgelösten Ereignisse innerhalb der bernischen Politik der 80er Jahre? In welcher Weise flossen die Anliegen der Jugendlichen in den politischen Diskurs ein, und welche Folgen hatten sie?

Memories

Die Befassung mit der Erinnerung führt zu einer spezifischen Charakteristik des Räumlichen. Ein Ort bindet Erinnerung und speichert sie. Sie ist in seiner Substanz sedimentiert und kann kollektiv angerufen, personalisiert oder privatisiert werden. Die Art der Einlagerung und die Qualität der gespeicherten Erinnerung sind abhängig von der Sinnstruktur, deren Bestandteil der Erinnerungsort ist, und von der Subjektposition des sich erinnernden Individuums.

Die Erinnerungen der von mir befragten Personen liefern das Gros des bearbeiteten Datenmaterials. Sie sind an die jeweiligen Orte gebunden und bilden damit einen Teil des Symbolisierungsprozesses und der Mythenbildung, die sich weit über die 80er Jahre hinaus erstreckt. Die Fragen, die ich daraus ableite, lauten:

Wie werden Orte im Rahmen der 80er-Bewegung symbolisch aufgeladen und zu TatOrten gemacht? Welche Rolle spielen sie in konkreten politisch-kulturellen Auseinandersetzungen?

Subjectivities

TatOrte dienen der Identifikation, der Zuordnung und Auszeichnung bestimmter Subjektpositionen. Darüber hinaus bildet die körperlich-räumliche Kompetenz einen substantiellen Teil der Subjektwerdung moderner Individuen. Der Bezug auf das Räumliche erhellt den Prozess der Vergeschlechtlichung im Rahmen der Subjektwerdung. Mit andern Worten, der Einbezug von Raum in die Frage, wie Individuen zu Geschlechtern werden, ist notwendig.

Im Rahmen meiner Untersuchung werde ich die Frage auf die politische Subjektwerdung der beteiligten Personen ausrichten und damit sehr stark kontextualisieren. Die Männer und Frauen der Bewegung entfalteten ihre Vorstellungen des Städtischen, und sie entwickelten neue Handlungs-Räume in Form der Konsensfindung, der Organisation und der politischen Verhandlung. Praktiken der Distinktion und der gegenseitigen Abgrenzung von Subjektpositionen gestalteten diese Aushandlungsprozesse mit.

Wie wurde das politische Selbstverständnis in den verschiedenen TatOrten entworfen? Welche Faktoren führten zu Differenzierungsprozessen?

Projections of Fantasmatic Desires

Phantasien, Utopien, Begehren und Träume waren starke Handlungsmotive für die Beteiligten der Bewegung. TatOrte setzen Bezugspunkte für phantasmagorische Projektionen. Mir bietet dieser letzte Punkt von Rogoffs Aufzählung Anlass, auf die nicht rationalen Beweggründe der Mobilisierung einzugehen. Phantasien, Wünsche, Gefühle und affektive Faktoren sollen im Rahmen der geografischen Betrachtung von Beziehungen zwischen Körpern, Objekten, Ordnungen und Räumen in die Deutung einfliessen. Der Einbezug dieser Kategorien macht eine Erweiterung klassischer bewegungstheoretischer Ansätze notwendig.

Wie ist es zu verstehen, dass Räume von Begehren durchdrungen sind? In welcher Weise werden Räume über Emotionen konstituiert und umgekehrt, wie generieren Räume Emotionen? Wie verhalten sich utopische Räume im Kontext der Berner Bewegung zu den realen FreiRäumen?

... AND GREAT LONG CHAINS OF SLIDING SIGNIFIERS
Dieser letzte Teil des Eingangszitats leitet eine der Arbeit übergeordnete Frage ein. Es geht um das Urbane und um die Herstellung von Geschlechterverhältnissen, die beide als (Re-)Produktionsprozesse begriffen werden, welche sich nicht neu schöpfen, keine originäre Rede sind, sondern vielmehr als Zitate wirken, als performative Akte, die in der Wiederholung eine Verschiebung erfahren (Butler 1999). Die letzte Frage, die ich stellen möchte, lautet:

Wie wurde die Grenze des *Urbanen* im Rahmen der 80er-Bewegung und ihrer Hinterlassenschaft neu gezogen?

In der vorliegenden Untersuchung zur Berner 80er-Bewegung soll die Aufmerksamkeit auf das Zusammenspiel und Auseinanderdriften, auf die Vermittlung von individuellem Handeln und kollektiver Sinnstiftung gelenkt werden, auf Orte und Ordnungen, TatOrte und HandlungsRäume, Ungehörigkeiten, Behausungen, auf heimliche und unheimliche Geografien und auf die Geschichten provinzialisierter Urbanität aus der wohltemperierten Stadt.

Kernpunkte
Diese Arbeit situiert sich innerhalb der neuen Kulturgeografie, die von der sozialen Konstruiertheit von Raum ausgeht. Dies verlangt in der Analyse eine differenzierte Untersuchung von Raum als materielles Substrat, als Teil der Handlungspraxis, eines ordnenden Prinzips sowie seiner symbolisch-repräsentativen Funktionen (Läpple 1991). Diese Aspekte werden in den einzelnen Fragestellungen berücksichtigt. Die zentralen Fragen dieser Studie um die Berner 80er-Bewegung kreisen um die Entstehung, die Herstellung, die Materialisierung und die Verflüchtigung von Orten und Räumen und die damit in Verbindung stehenden Verhandlungen um Zugehörigkeiten (Löw 2001, 151). Die von der Bewegung lancierten Raumproduktionen lese ich als Konflikt um die Bestimmung des *Urbanen*. Für den empirischen Teil der vorliegenden Arbeit impliziert dies, dass die politisch-kulturellen Auseinandersetzungen um FreiRäume immer auch als Diskurse, die die Grenzen des *Urbanen* neu ziehen, gelesen werden (Maasen 2003). Damit kommt der räumlichen Dimension für das Verständnis der Produktion von Sinn und »Wahrheit« – also den (Be-)Deutungsreferenzen moderner Gesellschaften

– eine wichtige Funktion zu. Ort ist ein zentraler Parameter von Ein- und Ausschluss und das Konzept der Position(-ierung) ein zutiefst geografisches Konzept (Cresswell 1996). Nicht zuletzt ist die räumliche (An-)Ordnung ebenso wenig geschlechtsneutral wie die strukturelle Anlage, in die die Produktion von Raum eingebettet ist. Damit ist vorausgesetzt, dass die Produktion von Raum ein vergeschlechtlichter Prozess ist und in die Analyse Geschlecht als Parameter mit einbezogen wird.

In dieser Untersuchung verfolge ich das Ziel, die im Zuge einer historischen Auseinandersetzung entstehenden Orte, Räume und Stadtlandschaften als Ergebnis urbaner Praktiken, als Richtungsgeber für die politische Entwicklung der Stadt und gleichzeitig als soziale Praktiken im Kontext individueller Biographien zu lesen und zu verstehen. Sowohl im theoretischen Ansatz als auch in der Interpretation verwende ich eine geschlechterdifferenzierende Analyse. Als Ergebnis sollen einerseits die untersuchten Ereignisse als geschlechterdifferente sozialräumliche Praxis und Konstituenten eines spezifischen urbanen Diskurses beleuchtet werden. Andererseits verstehe ich die Studie als einen Beitrag zu der Frage, inwiefern eine geografische Herangehensweise die Beziehung zwischen Menschen und Orten als Verhandlung von Zugehörigkeiten untersuchen und Impulse in die Geschlechterforschung hineintragen kann.

3 Raum – Geographie. Geografie

3.1 Einführung in den theoretischen Teil

Das Motiv für diese Arbeit ist ursprünglich theoretischer Art. Ich interessiere mich für die in der Geographie seit dem *cultural turn* zur Anwendung kommenden relationalen und dekonstruktivistischen Raumkonzept und ihren Erkenntniswert in bestimmten Forschungsanlagen. Von besonderer Wichtigkeit ist hierbei für mich die Anschlussfähigkeit dieser Konzepte für eine geschlechtertheoretisch informierte Geografie. In der Umkehrung dieses Verhältnisses verfolge ich die Frage, wie geografische Herangehensweisen und die Auseinandersetzung mit der Konstitution von Raum für eine geschlechtertheoretische Analyse fruchtbar gemacht werden können. Diese Anlage spannt ein breites theoretisches Feld sowohl in der Geographie, der Soziologie als auch in der Geschlechterforschung auf. Ich investierte viel Zeit in diese Auseinandersetzung, was sich im Aufbau der vorliegenden Arbeit deutlich spiegelt. Die Verhandlungen von Raum und Geographie/Geografie sowie von Geschlecht der Kapitel 3 und 4 sind gleichsam meine Spuren durch eine, wie ich finde, aufregende Theorielandschaft. Sie führen von Geographie und Raumkonzepten zu den vielfältigen Geschlechtermodellen der feministischen Theorie und der Geschlechterforschung. Die Kapitel zu Geographie/Geografie, Raum und Geschlecht werden mit Kapitel 5 von einem Exkurs über dekonstruktionsorientierte Ansätze begleitet. Kapitel 6 widmet sich dem Konzept des Diskurses, das ich ausgehend von einer Foucault'schen Interpretation erläutere. Davon ausgehend lege ich meinen methodischen Zugriff dar, der auf einer sozialwissenschaftlichen Modifikation des Diskurskonzeptes aufbaut. Im letzten Teil dieses Kapitels stelle ich das Material vor und diskutiere meine Auswertungstechniken. Ein Exkurs zur Frage einer geografischen Verhandlung von Emotionen beschliesst die metatheoretischen Ausführungen.

Anschliessend folgen drei Kapitel, in welchen ich einen inhaltstheoretischen Fokus wähle. Weil die 80er-Bewegung sich ein zutiefst urbanes Selbstverständnis zulegte und ich als eines meiner Untersuchungsziele die Grenzziehung des *Urbanen* verfolgen will, verfasste ich Kapitel 7 zum Konzept des »Urbanen«. Kapitel 8 widmet sich bewegungstheoretischen Ansätzen. In diesem Kapitel umreisse ich die gängigen theoretischen Modelle zur Untersuchung sozialer Bewegung und begründe, weshalb ich meine Arbeit in Abgrenzung zu bewegungstheoretischen Zugriffen anlege. Kapitel 8 würdigt im Weiteren drei Beispiele geografischer Bewegungsforschung: Byron Millers Übertragung sozialwissenschaftlicher Modelle, Tim Cresswells Transgressionsansatz und Lise Nelsons Modell der Sedimentierung sozialer Bewegungen. Den Schlussteil der inhaltstheoretischen Diskussion bildet in Kapitel 9 eine Darstellung der jüngeren Schweizer Sozialgeschichte. Damit bette ich die Geschehnisse rund um die Berner 80er-Bewegung im sozialgeschichtlichen Kontext ein.

3.2 Raum. Geschlecht. Geographie

Dieser Titel ist ein Dreigestirn. Jeder der drei Begriffe eröffnet einen umfassenden Denkraum, verweist auf eine philosophische Geschichte, die mindestens bis in die Antike zurückreicht. Das Universum, das mittels der drei Begriffe aufgespannt wird, in einem Kapitel erschliessen zu wollen, mutet vermessen an. Etwas hat mich dennoch bewogen, diese theoretischen Konzepte voranzustellen. Diese grossen Theoreme werden besonders dann, wenn sich grundsätzliche Fragen stellen, wichtig. »Was willst du denn genau herausfinden?« – »Warum interessiert dich das?« – »Was, um Himmels Willen, hat das mit Geschlecht zu tun?« – Oder, unvermeidlich: »Ich wusste gar nicht, dass Geographen und Geographinnen so etwas machen.« Solche Fragen werden an mich herangetragen, ich stelle sie mir selbst. Und ich komme jeweils zu dem Schluss, dass in einer bestimmten Überblendung gerade dieser drei Theoreme etwas liegt, das mich brennend interessiert. Mithin geht es darum, angestammte, über die akademische Sozialisation angeeignete Orientierungen des Denkens zu verwirren, an den Fundamenten von eindrücklichen und manchmal die Sicht versperrenden Theoriegebäuden ein bisschen zu kratzen. Im Englischen gibt es für mein Vorhaben den schönen Ausdruck *unsettling*. *To settle* meint, Ordnung zu machen, ein Arrangement herzustellen, Stabilität zu produzieren, permanente Strukturen zu errichten, dem Wandel und der Fluktuation ein Ende zu setzen. Ich beabsichtige, mit andern Worten, mich auf die »Terra infirma« (Rogoff 2000) einzulassen. Ent-Selbstverständlichung[1] zu betreiben.

Das ist nach wie vor vermessen und gleichzeitig sehr persönlich motiviert. Die Kunsthistorikerin Irit Rogoff beschreibt einen ähnlichen denkerischen Gehversuch:

»What I had in mind was a subject-in-formation, on the one hand far too ambitious and on the other far too personally motivated, and these seemed respectively unachievable and unavoidable, given the intellectual tools and models of analysis and the modes of writing I had at my disposal.« (Rogoff 2000, 1)

---

1 **Urheberin** dieser Bezeichnung ist Brigitte Schnegg, Leiterin des Interdisziplinären Zentrums für Geschlechterforschung, Universität Bern. Brigitte Schnegg ist für mich ein Vorbild im unermüdlichen Bestreben, den treffenden Ausdruck zu (er-)finden, und auch darin, Prozesse mit Bildern zu versehen und im Beschreiben einer unbequemen Wahrheit eine unbequeme Sprache zu verwenden.

Deshalb versuche ich jetzt, zurückzustufen.

Dies ist nicht der Versuch, die abendländische Denktradition umzukrempeln. Vielmehr verfolge ich in diesem Kapitel mein eigenes Unbehagen, welches, so meine Vermutung und in diesem Sinne auch der Antrieb, dieses Kapitel zu schreiben, über die Verknüpfung dieser drei Begriffe gestiftet wird. Es ist demnach das ganz persönliche Unterfangen, darüber nachzudenken, wie die Verbindung von Raum, Geschlecht und Geographie meine analytische Perspektive formt und inwiefern dies die vorliegende Arbeit grundlegd bestimmt.

Ich beginne mit der Geographie, weil sie gewissermaßen am Anfang der Geschichte – meiner persönlichen und jener dieser Arbeit – steht.

3.3 Geographie. Geografie

Im Kern des folgenden Abschnitts stehen die Geographie als akademische Diszplin und ihre institutionellen Auflagen einerseits sowie Geografie als analytische Herangehensweise und raumwirksame soziale Praxis andererseits. Geographie verkörpert eine akademische Tradition, in der angehende Wissenschaftler und Wissenschaftlerinnen im Sinne der Fachkultur sozialisiert werden. Die Geographie vermittelt das wissenschaftliche Handwerk und bietet ein Netzwerk für geographisch arbeitende Forscherinnen und Forscher. Geographie mit ph bezieht sich jeweils auf die Disziplin und auf im Sinne der Disziplin angelegte Verfahren.

Geografisch denken schliesst an die einleitend angeführten Bemühungen an, die Beziehungen zwischen Subjekten und Räumen neu zu denken. Neu heisst, für die Stiftung von Zu- und Ungehörigkeit eine erweiterte Palette von Faktoren zuzulassen. Die Beziehung zwischen Subjekten und Orten wird damit als ein Konstrukt, welches in einen von laufenden Verschiebungen erfassten Prozess von Bedeutungszuschreibungen eingebunden ist, theoretisch gefasst. Mit andern Worten, die Zugehörigkeit zu einem Ort oder der Ausschluss davon wird diskursiv hergestellt und räumlich vermittelt. Damit kann die Frage der Zugehörigkeit nicht nur über traditionelle Zuschreibungen wie über den Staat (Nationalität, Festschreibung von Landesgrenzen, Kartierung von Territorien, Errichtung von Grenzzäunen und Mauern) oder wissenschaftliche Definitionsmacht (Geschichte, Kultur, Einzugsgebiete, Klimazonen, Sprachgrenzen, genetische codes) bestimmt werden, sondern sie wird als eine über eine Vielzahl von Kriterien und deren kontingente Kombination konstruierte Kategorie des Ein- und Ausschlusses imaginiert. Geografisch denken meint eine dezidiert räumliche Herangehensweise, die die Beziehung zwischen Subjekten und Orten als eine soziale Konstruktion, in die zahlreiche Kategorien involviert sind, ins Zentrum stellt. Geografie mit f bezeichnet demnach eine Herangehensweise, die die Beziehung zwischen Subjekten und Orten zum analytischen Fokus hat und Probleme von Zugehörigkeiten thematisiert.

Weiter vewende ich Geografie auch im Sinne der Raumproduktion als soziale Praxis. Geografiemachen umfasst das raumwirksame Handeln. Martina Löw spricht von räumlichen (An-)Ordnungen, die als Ergebnis aus Platzierungsprozessen sowie Syntheseleistungen hervorgehen (Löw 2001). Ich bezeichne mit Geografiemachen die raumkompetente Inszenierung von Subjekten.

Im Folgenden vertiefe ich diese analytische Unterscheidung zwischen Geographie und Geografie. Ich stelle die Geographie an den Anfang, um im Verlauf des Kapitels auf geografische Herangehensweisen zu kommen.

3.3.1 Ph-Geographie

Von ihren Anfängen als anthropologisch inspiriertes Studium exotischer Kulturen wandte sich die Ph-Geographie im Zeitalter der Industrialisierung dem Studium städtischer Kultur in den Industriestädten zu, um Mitte des 20. Jahrhunderts zu einer räumlichen Analyse entlang ökonomischer Kriterien zu finden. Anschliessend verlief die Entwicklung umgekehrt: Marxistisch-politisch-ökonomische Ansätze in den 1970er Jahren wurden von kritischen Sozialtheorien in den 1980er Jahren abgelöst. Seit den 1990er Jahren versteht sich die Geographie (wieder) als kritische Kulturtheorie (Gregory 1994; Holloway und Hubbard 2001).

Fühlt man der Geographie den Puls mittels einer zufälligen Durchsicht von Basisliteratur, so dringt das Selbstverständnis als kritische Kulturtheorie, welches Gregory postuliert, kaum durch.

»The task of geography is conceived as the establishment of a critical system which embraces the phenomenology of landscape, in order to grasp in all its meaning and color the varied terrestrial scene.« (Sauer 1965 [1925], 319)

»Geography is intriguing because it is there all around you; the world that is an inextricable part of your everyday life. The fascination of the discipline is that it gives you keys which can help you to understand and explore that everyday world.« (Holt-Jensen 1999, ix)

»Geography is one of the oldest forms of intellectual enquiry, and yet there is little agreement among professional geographers as to what the discipline actually is, or even what it should be.« (Unwin 1992, 1)

»Geographie befasst sich mit der Erdoberfläche, mit Landschaften, mit den Menschen, mit Standorten sowie mit den materiellen und geistigen Umwelten der Menschen. In der Geographie geht es, sehr allgemein ausgedrückt, um die Welt, in der wir leben.«[2]

---

[2] Homepage der Deutschen Gesellschaft für Geographie, zit. in: Gebhardt, Meusburger und Wastl-Walter 2001, 3.

»What is a thing called geography? Geography is the study of relations between society and the natural environment.« (Peet 1998, 1)

»Aucun individu ne peut se passer de géographie puisqu'il vit sur la planète Terre, qu'il doit y trouver un lieu où habiter, travailler et pratiquer ses loisirs!« (Bailly und Scariari 1999, 1)

»To most Americans, geography is about place names. Concerns about geographic ignorance usually focus on people's inability to locate cities, countries, and rivers on a world map, and geography is often equated with conveying information about remote Parts of the world. From this perspective, it may be a surprise that geography has relevance to many of the critical issues facing society in the late twentieth century.« (BESR, CGER und NRC 1997, 1)

»Why study Geography? [...] Geography straddles at the so-called divide between social and natural sciences, enabling you to make the kinds of informed and critical judgements demanded of citizens in the twenty-first century. Geography as a subject is relevant. Geographers are tackling many of the big questions facing the world today in terms of how the environment works and how human societies interact with it.« (Rogers und Viles 2003, 3)

»Die Geografie versteht sich als Wissenschaft, die sich mit der Erdoberfläche, dem ›Raum‹, beschäftigt. Die naturräumliche Beschaffenheit wie auch der Raum als Ort des menschlichen Lebens und Handelns stehen im Mittelpunkt geografischer Untersuchungen. Die Geografie beschreibt damit die Erde im wörtlichen Sinn und vermittelt als wissenschaftliche Disziplin jenes Wissen, das den Menschen befähigen soll, eine Umwelt und seinen Lebensraum besser zu verstehen und ökologisch, sozial und wirtschaftlich verantwortungsbewusst zu handeln.« (Egli und Hasler 2004)

Die Aussagen in dieser willkürlichen Zusammenstellung von Eröffnungspassagen geographischer Einführungsliteratur – mit Ausnahme des ersten Zitats von Carl Sauer alles Werke der 1990er Jahre oder später – stimmen darin überein, dass Geographen und Geographinnen sich mit handfesten Problemen auseinandersetzen. Geographie sei sozusagen unvermeidlich, weil sie vor der Haustüre stattfinde: »all around you«, oder in der Bezeichnung: »materielle und geistige Umwelten«. Also geht der geographische Blick nicht nach innen – »within you«, sondern er erkundet die »Umwelten«, im Gegensatz zu den »Innenwelten«.

Dass Geographie relevant sei, muss den interessierten Studierenden offenbar im Eingangsabschnitt vermittelt werden, so bei Rogers und Viles. Bei dem vom Board on Earth Sciences and Ressources herausgegebenen Lehrmittel scheint man es nicht für eine Selbstverständlichkeit zu halten, dass die amerikanische Bevölkerung Geographie mit wichtigen Gegenwartsthemen in Verbindung bringt. Im Konkurrenzstreit der Disziplinen um Renommee und Anerkennung und angesichts eines eher schwächelnden Selbstwerts der Geographie bekräftigte Doreen Massey deren Anspruch auf gesellschaftlich relevante Beschreibungen und Erklärungen von sozialräumlichen Phänomenen in den 80er Jahren mittels ihres unterdessen zur Formel gewordenen »Geography matters!« (Massey 1985).

Weiter wird die Auffassung vertreten, wonach sich die heutige Geographie mit Beziehungen befasse: mit den Beziehungen auf der Erdoberfläche und den Mensch-Umwelt-Beziehungen. Geographen und Geographinnen versuchen zu verstehen, wie die Umwelt funktioniert und wie Gesellschaften mit der Umwelt in einen Austausch treten. MAB – Man and Biosphere – nannte die UNESCO das Programm, das sie 1970 angestossen hatte und in dessen Rahmen weltweit, auch am Geographischen Institut der Universität Bern, Forschungsprojekte durchgeführt wurden.[3] Humangeographische Ansätze präzisieren, dass es um die »räumliche Organisation menschlichen Handelns« gehe (Gebhardt, Meusburger und Wastl-Walter 2001, 2).

Schliesslich signalisieren solche Einführungswerke, über deren Inhalt die Studierenden für ihre Disziplin sozialisiert werden, dass ein beträchtliches Maß an Unsicherheit und Uneinigkeit darüber besteht, was den Gegenstand der Geographie tatsächlich ausmacht. Angehenden Geographen und Geographinnen wird der Zweifel an der disziplinären Identität damit sozusagen in die Wiege gelegt.

Die Stellung, die die Geographie als Fach zwischen den Natur- und den Sozial- und Geisteswissenschaften einnimmt, wird gelegentlich als Stärke gewertet. Edward Soja prognostiziert, dass die Anerkennung der *spatiality*, der räumlichen Qualität menschlichen Handelns und damit sämtlicher sozialhistorischer Prozesse ein grosses Potential für gemeinsame Forschungsprojekte eröffnet (Soja 1999, 263 f.). Distinktionsbemühungen von Soziologen und Soziologinnen und Minderwertigkeitskomplexe von Geographen und Geographinnen haben jedoch der transdisziplinären Zusammenarbeit Grenzen gesetzt, wie eine Befragung von Professoren und Professorinnen beider Fächer im deutschsprachigen Raum ergab (Kramer 2003). Hinderlich wirkt gemäss Kramers Informanten und Informantinnen unter anderem die traditionelle universitäre Organisation. Die Disziplin haftet den Leuten gleich einem Stallgeruch an, und Reputation baut man sich weitgehend in streng innerdisziplinär orientierten Karrieren mit entsprechend disziplinspezifischen Publikationen auf. Eine zu grosse Nähe zu Nachbardisziplinen kann geradezu karriereschädigend wirken. Weiter prägen schematische gegenseitige Wahrnehmungen das Verhältnis der Disziplinen, wobei die Geographie als die empirisch-induktive und die Soziologie als die theoretisch-deduktive Zunft gilt (Kramer 2003, 54).

---

3   Http://www.unesco-welterbe.ch/cms/ (Juni 05)

Festzuhalten ist, dass für eine Reihe sozial- und geisteswissenschaftlicher Disziplinen die wechselseitige Konstituierung von Raum und Gesellschaft ein zentraler Gegenstand ist und sich damit als Ausgangsbasis für gemeinsame Projekte anbietet. Eine starke Tradition der Zusammenführung disziplinärer Ansätze über die Kategorie Raum etablierte sich in den 60er Jahren in der historischen Schule der »Annales«. Besonders eindrücklich wird dies durch die Werke über die »Méditerrannée« des Historikers Fernand Braudel verkörpert (Braudel 1978). Verbindend wirkt auch die in den 90er Jahren zum dominierenden Paradigma gewordene konstruktivistische Herangehensweise. Für die Geographie bedeutet dies unter anderem, dass sie nicht das materielle Substrat oder die darin eingelassenen menschlichen Strukturen untersucht, nichts, »was schon als Gegenstand oder Struktur in der physisch-materiellen Welt (z.B. an der Erdoberfläche) herumstünde« (Hard 1999, 131). Vielmehr wendet sich die Geographie den Wirklichkeit bildenden Faktoren zu, jenen Strukturen also, die Realität hervorbringen. Hierbei nimmt der Raum eine Schlüsselstellung ein. Im alltagstheoretischen, häufig aber auch im wissenschaftlichen Zugriff wird Raum nach wie vor als Realität, als Rahmenbedingung und Voraussetzung sozialer Praxis evoziert. Die Qualität von Raum als erzeugte und gleichzeitig Wirklichkeit erzeugende Struktur und Sinngebungspraxis hat sich in der Forschung nur ansatzweise durchgesetzt.

Ich möchte meine Diskussion der Geographie abrunden und den Übergang zur Geografie vorbereiten, indem ich mich einer Debatte zuwende, die im Rahmen der englischsprachigen Geographie geführt wurde. Diese Debatte streicht die Stärken und Potentiale gegenwärtiger geographischer Forschung heraus und setzt an der Schnittstelle zwischen physischer Geographie und Humangeographie an. Der Jahreskongress 2004 der britischen Geographen und Geographinnen (Institute of British Geographers, IBG sowie der Royal Geographic Society, RGS) wurde mit der alle vier Jahre stattfindenden Gesamtkonferenz der Internationale Geographical Union, IGU in Glasgow zusammengelegt.[4] An der Plenarversammlung der britischen Geographischen Gesellschaften IBG und RGS wurden unter dem Titel »Geography: Looking Forward« aktuelle Positionen der Humangeographie und der physischen Geographie verhandelt. Damit stand ein ganzer Tag im Zeichen der Rückbesinnung auf das disziplinspezifische Erbe und dessen In-Wert-Setzung in den laufenden und künftigen akademischen und gesellschaftspolitischen Debatten.

Zu den genannten Charakteristika der Geographie zählen die empirische Verpflichtung, das Bemühen um ein Anbinden von Aussagen an eine substantielle Realität, das Bestehen darauf, beschriebene Prozesse zu »erden«. Das Selbstverständnis der Geographie als ein Handwerk oder Kunsthandwerk (*craft*, vgl. Whatmore 2002, 3) wurde betont. Mit Handwerk verbinde ich Sorgfalt, Genauigkeit, Innovation, methodische Stringenz,

---

4 Http://www.meetingmakers.co.uk/igc-uk2004/ (März 2006)

praktisches Wissen, aber auch Traditionsgebundenheit und Rückständigkeit. Dazu kommt ein Aspekt, der sich im Moment eher schemenhaft als eine enge Verbindung zwischen konzeptueller und konkret-materieller Ebene darstellt. Ein Handwerk kann man erlernen, man eignet sich die Technik an, verwendet diese und entwickelt sie weiter. Zudem impliziert ein handwerkliches Selbstverständnis eine starke Anwendungsorientierung. Der Handwerksbegriff ist aber auch mit Robustheit und Bodenständigkeit konnotiert. Als Gegenbegriff zur Kreativität bezeichnet er die solide, repetitive, auf Effizienz zugeschnittene Produktion. Handwerk steht für solides Schaffen und wirkt zuweilen etwas verstaubt – ebenso wie die Geographie. Namentlich wegen einer langjährigen schulischen Tradition haftet der Mief der Länderkunde an der Disziplin.[5]

Ich stelle im Folgenden zwei Voten aus der Vollversammlung des IBG/IGU-Kongresses vor in der Absicht, meiner eigenen Positionierung mit und in der Geographie ein deutlicheres Profil zu verleihen. Weil sie für mich besonders inspirierend waren, werde ich mich auf die Beiträge von Sarah Whatmore und Chris Philo beziehen.

3.3.2 Welt und Wort verbinden

Sarah Whatmores Anliegen gilt dem geographischen Blick auf das Alltägliche. Sie geht dabei so weit, grundlegende Prozesse des menschlichen Organismus in die geographische Analyse einzuführen, und benannte diese als *vernacular spaces*[6]. Whatmore meint damit die Prozesse körperlichen Austausches, der viszeralen Erfahrung von Atmen, Essen, Gebären, Altern und so weiter. Zwar hat die Geographie des Körpers seit einigen Jahren Konjunktur. Oft beschränken sich die Arbeiten über den Körper jedoch auf die Frage der Maßstabsebene. Das heisst, der Körper wird als Ausgangslage, Grenze und Beschränkung des Raumerlebens im Sinne einer lange vernachlässigten Bezugsebene zwar integriert, jedoch nicht, wie bei Whatmore, in seine Substanz seziert, und als organischer Prozess und raumkonstitutive Wirkung analytisch erkundet.[7]

Weiter schreibt Whatmore der Geographie eine *worldliness* zu, eine ökumenische[8] Qualität, die detaillierten empirischen Studien verpflichtet ist und die Räume einschliesst, die häufig übersehen werden, und Men-

---

5 In der Zwischenzeit scheint sich auch in den Schulstuben ein zeitgemässer Begriff von Geographie und dessen inhaltlicher Umsetzung durchzusetzen. Das 2004 erschienene Lehrbuch für Gymnasien signalisiert den Aufbruch im Titel: »Geografie« wird in Abwendung von der Tradition mit f geschrieben (Hasler und Egli 2004).

6 *Vernacular* wird »mundartlich«, »umgangssprachlich« übersetzt. Im gebotenen Kontext übersetze ich es mit »alltäglich« oder »grundlegend«.

7 Eine solche Auseinandersetzung mit dem Körper leistete Barbara Duden in ihren historischen Arbeiten (Duden 1991). Whatmores Gedanke ist allerdings ein anderer. Ihr geht es um die Möglichkeiten der Verbundenheit der menschlichen mit der natürlichen Umwelt, die im Zusammenhang mit dem Projekt der *hybrid geographies* steht, in welchem sie sich an die Grenzen zwischen kulturellen und natürlichen Räumen und deren Vermittlung begibt (Whatmore 2002).

schen, deren Geschichten unter den grossen Erzählungen subsumiert werden. Damit widersetzt sich Whatmores geographisches Projekt dem agenda setting durch Diskurs bestimmende Grössen wie etwa den life sciences, der Soziobiologie oder der Ökonomie.[9]

Das geschilderte Unterfangen sollte sich meines Erachtens nicht im Beschreiben der »Erdoberfläche« oder des sozialen Lebens, das sich »auf der Erdoberfläche« »in einem Raumausschnitt« – wie zum Teil in den angeführten Zitaten vorgeschlagen – erschöpfen. Zudem läuft es Gefahr, das Fremdbild der Geographie als eine ausschliesslich induktive Wissenschaft zu untermauern und theoretisch informierte Forschung den »richtigen« Sozialwissenschaften zu überlassen. Eine solch ungesunde Arbeitsteilung besteht auch disziplinintern zwischen den naturwissenschaftlich und den humanwissenschaftlich arbeitenden Geographen und Geographinnen. Ungesund ist sie deshalb, weil sie die unterschiedliche Qualität der Vorgehensweisen überbetont und tendenziell die Möglichkeiten des Zusammenführens von Sichtweisen verbaut. Dies bleibt nicht nur ein methodisches Problem, sondern wirkt auf den Gegenstand selbst: Die Trennung zwischen sozialer und physisch-natürlicher Welt wird dadurch perpetuiert. Statt zwischen den Dichotomien zu vermitteln, untermauert die Geographie die Binarität zwischen Natur und Kultur. Die traditionelle Arbeitsteilung ontologisiert damit eine in klar begrenzbare Sphären unterteilte Welt, setzt Trennungen voraus, die weder zwingend sind, noch die Analyse tatsächlich weiter zu treiben vermögen. Sarah Whatmore spricht von der Notwendigkeit, »[to] refuse the choice between word and world by fleshing out a different conception of fabric-action« (Whatmore 2002, 3). Whatmore's Expedition in ein Gebiet, das sie mit *hybrid geographies* überschrieben hat, verweist auf die in den Sozialwissenschaften und den *Genderstudies* auftauchende Tendenz, über die konstruktivistischen Ansätze des *doing gender, doing space, doing difference* hinaus zu Fragen der Materialisierung solcher Praktiken und ihrer bedeutungsgenerierenden Strukturen zu gelangen (vgl. stellvertretend Helduser et al. 2004; Maihofer 2004a). Am prominentesten ist die explizite Verhandlung von Materialität als Substanz gewordene Zeichen bei Judith Butler (Butler 1999).

In diesem Ansinnen – das heisst in der Vermittlung von so genannt konstruktivistischen Ansätzen und materiellem Erleben – hat die Geographie mit ihrer handwerklichen Methode und der ihr aneignenden *worldliness* einen Heimvorteil. Whatmore ruft dazu auf, dieser geographischen Kompetenz

---

8   Ökumenisch wird hier in der vom griechischen *oikos* abgeleiteten Bedeutung des Allgemeinen, das Leben auf der Erde Betreffenden, verwendet. Damit wird der Gegensatz zum Besonderen, zu den nicht dem Alltagsleben oder dem alltäglichen (Über-)Lebenskampf gewidmeten Praktiken herausgestrichen. Im Zentrum der Aufmerksamkeit stehen gewöhnliche, banale, weltliche Arbeiten, repetitive Vorgänge des Wirtschaftens und der sozialen Interaktion.

9   So argumentierte Sarah Whatmore in ihrem Refreat an der IGU/RBG-Konferenz in Glasgow, 18/08/2004; persönliche Konferenznotizen.

mehr Gewicht zu verleihen, und zwar »by attending simultaneously to the inter-corporeal conduct of human knowing and doing and to the affects of a multitude of other ›message-bearers‹ that make their presence felt in the fabric of social life« (Whatmore 2002, 3).

Mir gefällt Whatmores Bild vom *fabric*, vom »Stoff« sozialer Realität. In meiner Untersuchung spreche ich manchmal von »Textur« oder dem »Gewebe« räumlicher Kontexte. Zudem verbindet sich das Bild einleuchtend mit der geographischen Herangehensweise verstanden als *craft*, also Handwerk oder auch Kunstfertigkeit. Das Gewebe steht für die Komplexität sozialer Realitäten und es macht deutlich, dass soziale Grössen ineinander verwoben und einander zugeordnet sind, und dass sie die Konstituenten dessen bilden, was wir als Realität erfahren und als Raum synthetisieren. Die Materialität des Tuches lässt sich in einzelne Bestandteile, in seine Fasern, auflösen. Seine Textur ist charakteristisch, sie unterscheidet sich in Farbe, Form und in ihrer haptischen Qualität. Soziale Realität entfaltet sich gleich einem Tuch in jeweils einzigartiger und dennoch regelhafter Weise. Dieses Bild verweist auf die geographische Imagination von Raum und Ort als genuine Differenz und damit auf die Möglichkeit, unterschiedliche Verlaufsformen (*trajectories*) zu imaginieren. Vor Ort werden die unterschiedlichen Geschichten, die im Schnittpunkt, *in place* zusammenlaufen, räumlich ausgezeichnet und verbinden sich ihrerseits zu Räumen (Massey 1999b, 271). Whatmore gelingt es meines Erachtens in dieser Skizze, die geographische Verpflichtung zur Kontextualisierung mit einem strukturellen Ansatz zu verknüpfen, der die Regelhaftigkeit verbindlicher Sinnproduktionen aufgreift. Damit hat sie die geographische Tradition verlassen und sich in den Bereich der F-Geografie hineinbegeben.

3.3.3 F-Geografie

Ausgehend von diesen Reflexionen komme ich zurück zu der Glasgower Debatte. Chris Philo[10] lancierte den Vorschlag, Geographie als Disziplin mit ihren reglementierten Strukturen zu unterscheiden von geografischen Herangehensweisen, die Philo als eine Aufmerksamkeit (*alertness*) gegenüber der Zentralität von Raum, Ort, Landschaft und Umwelt in sämtlichen Bereichen menschlichen Handelns fasst. Geografisches Denken oder eine geografische Imagination umfasst das von Massey formulierte Bekenntnis zu der Möglichkeit vielfältiger Geschichten (Massey 2005).

Ich signalisiere dieses Geographieverständnis mit der Schreibweise. Geographie steht für die akademische Disziplin und ist als ph-Geographie in den meisten Institutionen verankert – auch am Geographischen Institut der Universität Bern. Ich entwerfe meinen analytischen Zugang als Geografie entlang Philos Skizze. Diese steht im Einklang mit dem bei Rogoff entlehnten Konzept der geografischen Herangehensweise als Verhandlung

---

10 Ich nehme Bezug auf das Referat von Chris Philo an der IGU/RBG-Konferenz in Glasgow, 18/08/2004; persönlich Konferenznotizen.

von Zugehörigkeiten (Rogoff 2000). Diese Herangehensweise zeichnet sich durch eine stringente Auseinandersetzung mit der Beziehung zwischen Subjekten und Orten aus, in welcher das Augenmerk der Zentralität der räumlichen Bezüge, der Art und Weise, wie menschliches Handeln vom Raum durchdrungen ist, sowie der gegenseitigen Konstituiertheit beider Kategorien, gilt. Diese Herangehensweise löst die im Schlusswort von »Human geography today« formulierte Forderung von Allen, Massey und Sarre nach geografischem Denken ein, welches über eine simple Addition räumlicher Kategorien in sozialwissenschaftlichen Studien hinausreicht: »Thinking geographically can alter the way in which we understand events and issues« (Allen, Massey und Sarre 1999, 324).

Im erwähnten Band finden sich Beispiele, wie geografisches Denken Problemlagen um Differenz und Identität, um Macht und letztlich um die Konzepte von Raum und Ort selbst neu aufzurollen vermag. Gemeinsam ist den Aufsätzen der Fokus auf die räumliche Qualität sozialer Konstruktionen und Sinn-gebungen, darunter von Identität und Differenz. Ein analytisches Raster also, das laut Philo schlicht »kompliziert« ist, weil das räumliche In-Bezug-Setzen sozialer Prozesse die Bereitschaft einfordert, sich auf eine hohe Komplexität einzulassen. Dies bestätigen auch andere Theoretiker und Theoretikerinnen. Es geht, in den Worten Ed Sojas, um das Geografiemachen als einer Untersuchung der räumlichen Dimension menschlichen Seins, um »social production of human spatiality« (Soja 1999, 262). Elspeth Probyn hält die räumliche Qualität menschlicher Subjektivierung für bestimmend (»spatial imperative of subjectivity«). Sie fordert Geographen und Geographinnen zur Analyse jener Prozesse auf, durch die Raum Subjektivität gestaltet, limitiert und produziert (Probyn 2003, 298). Bei Thomas Osborne und Nicolas Rose heisst es: »The fashioning of ourselves as humans is accomplished, in part at least, by the fashioning of our intimate spaces of existence« (Osborne und Rose 2004, 209). Osborne und Rose verknüpfen damit ihren Aufruf, die räumliche Dimension menschlichen Handelns in jedem empirischen Zugriff zu beleuchten. So rückt die Geografie jene Kategorien menschlicher Seinsweise ins Zentrum, denen namentlich die Kulturwissenschaften einen Schub verliehen haben. »The fashioning of ourselves as humans«, die permanente Aufgabe der Subjektbildung als Imperativ der Spätmoderne findet im Spannungsfeld von Identität, Bedeutungszuschreibungen und Raum statt, wie Linda McDowell festhält (McDowell 1994, 147). Raum unterstützt und stabilisiert den Prozess der Subjektwerdung als Moment der Sinnbildung und als Ressource der Wissenssysteme, auf die Individuen zurückgreifen. In dieser Funktion verhängt die räumliche Grammatik aber auch Limitierungen über Subjektivierungsprozesse. Gleichermassen wirkt die räumliche Referenz dynamisierend, da sie stets die Möglichkeit anderer Geschichten und alternativer Verlaufsformen andeutet.

Die geografische Herangehensweise, die ich den hier zusammengestellten Standpunkten entnehme, zeichnet sich durch ihre Aufmerksamkeit für die Kategorien Raum, Ort, Landschaft und Umwelt aus. Geografisch denken bedeutet, die Konstruktion von Zugehörigkeiten unter der Berücksichtigung räumlicher Kategorien kritisch zu beleuchten. Raum erscheint in dieser analytischen Anlage als Ressource der Sinngebungspraktiken und der Wissensbildung.

3.3.4 Fazit

Geografisch denken heisst, Geografie als Herangehensweise mit dem kritischen Blick für das Räumliche zu verstehen. Raum steht hierbei im Zentrum bei der Materialisierung sozialer Differenzierungsprozesse. Raum ist konstitutiv in der Zuweisung von Bedeutungen, dient als Ressource von Wissensbildung und bei der Konstruktion von Zugehörigkeiten und Ungehörigkeiten. Dies nehme ich mir vor und damit die Verpflichtung, Ereigniszusammenhänge in ihrer räumlichen Qualität zu beschreiben und als konstitutiv für das Räumlich-Materielle und konstituiert durch den Raum zu verstehen.

1. Die Geografie lenkt die analytische Anlage dieser Studie. Ich meine damit die geografische Blickrichtung, die Wachsamkeit gegenüber der räumlichen Qualität sozialer Praxis und dem Raum als Bestandteil diskursiver Bedeutungsgenerierung. Die Geografie der Differenz nimmt das Gewohnte und das Ungewohnte, das Zugehörige und das Ungehörige in den Blick und destabilisiert alltagstheoretisch gefestigte und herkömmlich tradierte Raumbilder. Eine Geografie von Männern und Frauen unter den Bedingungen der Globalisierung zu schreiben, eine Geografie, die der Vielfalt und räumlichen Differenziertheit verpflichtet ist, dies ist die Herausforderung geografischer Gegenwartsanalysen (Helbrecht 2003). Geografisch arbeiten impliziert, das über vielfache soziale Zuordnungspraktiken gebrochene Gefüge Raum – Identität – Bedeutung (McDowell 1994) in seiner Wirkungsmächtigkeit auf materieller, symbolisch-normativer, institutioneller und subjektiver Ebene aufzuschlüsseln.

2. Die Geographie hat mich in meinem wissenschaftlichen Werdegang geprägt. Die Disziplin steht für ein solides handwerkliches Vorgehen und ihre Vertreter und Vertreterinnen zeichnen sich durch einen ausgeprägten Sinn für den empirischen Zugang, die »(Be-)/Schreibung« der Erdoberfläche und das Nachzeichnen der Geschichten, die sich vor Ort entfalten, aus. Mit der Frage nach dem Alltäglichen, der Orientierung an TatOrten, dem täglichen Geografiemachen und der Produktion von HandlungsRäumen bewege ich mich damit in einem zentralen geographischen Interessenfeld. Nicht zuletzt fand ich im Rahmen der universitären Geographie Zugang zu diversen Netzwerken für den wissenschaftlichen Austausch und die Weiterentwicklung der oben zitierten, raumkritischen Herangehensweisen.

Kernpunkte

Die geografische Herangehensweise analysiert sämtliche Bereiche menschlichen Handelns, also die soziale Praxis generell, im Lichte der Kategorien Raum, Ort, Landschaft und Umwelt. Diese Herangehensweise zeichnet sich durch eine stringente Auseinandersetzung mit der Beziehung zwischen Subjekten und Orten aus, in welcher das Augenmerk der Zentralität der räumlichen Bezüge, der Art und Weise, wie menschliches Handeln vom Raum durchdrungen ist, sowie der gegenseitigen Konstituiertheit beider Kategorien gilt. Geografisch denken umfasst das von Massey formulierte Bekenntnis zu der Möglichkeit vielfältiger Geschichten. Mittels geografischer Herangehensweise können traditionelle Systeme der Zuordnung in der Analyse aufgelöst und neue Verbindungen zwischen Subjekten und Orten erkannt und beschrieben werden. Geografie steht für eine alltagspraktische und gleichzeitig diskursiv gelenkte Analyse, wie sich Subjektivierungsprozesse an Ort – *in place* – entwickeln. Die Subjektwerdung wird im und über den Raum gestaltet, limitiert und dynamisiert. Die Konstitution von Raum ist hierbei als Bestandteil der Subjektivierung theoretisiert. Damit bildet Raum eine Ressource der Sinngebungspraktiken und Wissensbildung, die als handlungsleitende Strukturen in die soziale Praxis eingelassen sind.

Geographie als akademischer Ort und Erbe verpflichtet sich dem empirischen Handwerk und entwirft Geschichten, die TatOrte ausbilden und Raum als stets im Werden begriffenes, dynamisches Element der Analyse in den Blick nehmen.

Mit dieser doppelten geografischen Versicherung als Ph- und F-Geographien – oder vielmehr, wie Julia Lossau vorschlägt, der geografischen Verunsicherung (Lossau 2003, 109 f.)[11] – im Rücken wende ich mich nun dem Raum zu.

---

11 Lossaus Aufruf für eine Verunsicherung des geografischen (geographischen) Blicks komme ich gerne nach, auch wenn ich ihr Konzept einer »anderen« Geographie nicht einfach nachvollziehen möchte. Meines Erachtens kann es nicht darum gehen, ein geographisches Denksystem durch ein »anderes« zu ersetzen. Viel dringlicher scheint mir die Notwendigkeit zu untersuchen, wie geografische Zu- und Anordnungen soziale, kulturelle, wirtschaftliche und politische Prozesse durchdringen. Lossau fordert dazu den Schritt, von Geographen und Geographinnen zu Erkenntnistheoretikern und Erkenntnistheoretikerinnen zu werden – und dabei Geographen und Geographinnen zu bleiben (Lossau 2001, 72). Eine solche Auseinandersetzung mit dem Körper leistete Barbara Duden in ihren historischen Arbeiten (Duden 1991). Whatmores Gedanke ist allerdings ein anderer. Ihr geht es um die Möglichkeiten der Verbundenheit der menschlichen mit der natürlichen Umwelt, die im Zusammenhang mit dem Projekt der *hybrid geographies* steht, in welchem sie sich an die Grenzen zwischen kulturellen und natürlichen Räumen und deren Vermittlung begibt (Whatmore 2002).

3.4 RAUM

»Space, then, cannot be a static slice orthogonal to time and defined in opposition to it. If movement is reality itself then what we think of as space is a cut through all those trajectories: a simultaneity of unfinished stories.« (Massey 2004, 108)

Die Herauslösung des Raumbegriffs aus dem Passiv war und ist Doreen Masseys vordringlichstes Anliegen in ihrer jahrelangen intensiven Beschäftigung mit dem Thema Raum.[12] Die passive Raumkonzeption ist namentlich auf den Strukturalismus zurückzuführen, reicht jedoch viel weiter in die abendländische Philosophietradition zurück. Das Ziel des vorliegenden Kapitels ist die Herleitung einer Raumkonzeption, die als Perspektive die Analyse der Herstellung von TatOrten und Handlungs-Räumen im Kontext der 80er-Bewegung lenkt. Bevor ich zu den analytischen Qualitäten von Raum und zu Überlegungen zum Erkenntnispotential räumlicher Kategorien komme, sollen einige Anmerkungen zur Stellung des Raumbegriffs in der Philosophie, insbesondere zu der Gegenüberstellung von absoluten und relativen Raumkonzepten, besprochen werden. Anschliessend befasse ich mich mit der disziplingeschichtlichen Verhandlung von Raumkonzepten in der Geographie sowie mit wichtigen Beiträgen dazu in der Soziologie. Mit der Darstellung verfolge ich das Ziel, die Grundlagen für das in dieser Publikation verwendete Raumkonzept herzuleiten. Den Schluss des Kapitels bildet ein Streifzug in die Forschungspraxis. Leitend ist dabei die Frage, wie Raum als soziales Konstrukt und Wissenssystem in geographischen Arbeiten verwendet wird.

3.4.1 VOM CONTAINERRAUM ZUR SOZIALEN KONSTRUKTION

»Was bedeutet dieses unendliche Gefäss um uns herum, in dem wir als verlorne Pünktchen schwimmen und das wir doch samt seinem Inhalt vorstellen, das also ebenso in uns ist, wie wir in ihm sind? Und wenn die Qualitäten der Dinge, ihre Farben und ihre Härte, ihr Geschmack und ihre Temperatur ausschliesslich in unserer Seele zustande kommen und so die Bilder der Objekte erzeugen, – wie kommt es, dass wir sie dennoch nicht in uns, sondern ausser uns zu empfinden meinen, dass wir sie aus unsrer Seele heraus und in den Raum jenseits unser versetzen« (Simmel 1905, 52).

Was Georg Simmel problematisiert, lässt sich als philosophische Knacknuss in der Philosophiegeschichte seit der Antike verfolgen.[13] Kurz gefasst beschreibt diese Geschichte einen Bogen vom Containerraum zu Raum als

---

12 Diese Beschäftigung fand jüngst in ihrem Werk »For Space« Ausdruck. Mit dem Titel erwies sie dem Raum augenzwinkernd eine Referenz als »alte Marxistin«, wie sie sagte – gemeint ist die Verneigung Louis Althussers vor Marx im entsprechenden Titel »For Marx« persönliches Gespräch mit Doreen Massey auf der IBG/IGU- Konferenz in Glasgow vom 15.-20. August 2004.

relationale und kontingente Konstruktion lebensweltlicher Erfahrung (Miggelbrink 2002, 43). Angeregt durch phänomenologische, hermeneutische, psychosoziale und politisch-ökonomische Kritik, später orientiert an postmodernen und poststrukturalistischen Debatten, wurde die Stellung des herkömmlichen Raumkonzepts laufend modifiziert. Seit dem cultural turn wird Raum als Teil der Wissens- und Sinnbildung und damit als Kernstück sozialer Wirklichkeit und der Sinngebungspraktiken, die diese Wirklichkeit herstellen, verhandelt. Die konzeptionelle Neuausrichtung geht mit einer regelrechten Konjunktur räumlich angelegter Analysen in den Sozial- und Geisteswissenschaften einher. Zur Anwendung kommen heute zahlreiche, sich teilweise widersprechende, in vielen Fällen jedoch kaum reflektierte, alltagstheoretisch informierte Konzepte, manchmal auch lediglich metaphorische Verwendungen von Raum. Diese Anwendungen können in zwei grundlegende Kategorien unterschieden werden, die ich anschliessend kurz vorstelle.

Absolute und relative Raumbegriffe

Der Hauptunterschied der verwendeten Raumkonzeptionen liegt zwischen dem Newton'schen absoluten Raumbegriff und dem auf Leibnitz zurückzuführenden relativen Raumbegriff. Dabei geht man beim absoluten Raumbegriff von einer der sozialen Welt übergeordneten Realität aus, die erstens den Dingen äusserlich ist, zweitens eine ontologische Selbständigkeit hat und drittens sozialen Prozessen gegenüber keine Wirkung entfaltet. Im Verständnis von relativen Raumbegriffen existiert keine den Dingen äußerliche Räumlichkeit. Die räumliche Dimension ist ein Attribut der Dinge, die in Bewegung stehen und sich relational zueinander befinden. Raum hat keine Gegenständlichkeit, sondern ist »Ausdehnung«. So wie »Dauer« für die Bezeichnung des Nacheinanders steht, wird »Raum« als Ausdehnung für die Benennung des Miteinanders verwendet (Miggelbrink 2002, 43).

---

13 In der Antike entstand das Bild des Raums als einer Schachtel oder einem Behälter, welches Lebewesen, Güter und Sphären in sich aufnimmt. Albert Einstein nannte diese Raumvorstellung *Container*, also Behälterraum (Löw 2001, 24). In dieser Konzeption besitzt Raum eine eigene, vom Handeln, von Körpern oder von Menschen unabhängige Realität. Die Raumkonstitution wird im euklidischen Sinn gedacht und berechnet. Die Liste der in der Tradition des absoluten Raumverständnisses stehenden Personen liest sich wie ein Who-is-who abendländischer Wissenschaftsgeschichte. Galilei, Kopernikus, Ptolemäus und Kepler gehören dazu. Isaac Newton war als Begründer der modernen Physik besonders einflussreich. Newton entwarf seine Vorstellungen eines neu zu denkenden physikalischen Universums im 17. Jahrhundert, einer Zeit, die durch grosse soziale und politische Umbruchbewegungen gekennzeichnet war. Massive soziale Umschichtungen, die durch den 30-jährigen Krieg verschärften Hungersnöte sowie das Heranreifen vorindustrieller kapitalistischer Strukturen brachten grosse Verunsicherung mit sich. Newtons Thesen destabilisierten die Vorstellung des göttlichen Schöpfungsaktes und etablierten das Konzept von Raum als eine von den Körpern unabhängige Realität, welches bis weit ins 20. Jahrhundert hinein maßgebend war (Löw 2001, 63).

Mit einer nachhaltigen Neubestimmung des Raumbegriffs trat im 18. Jahrhundert der Geographielehrer Immanuel Kant auf, der im Übrigen den Nutzen geographischen Wissens für die Aufklärung sehr hoch einschätzte (Egli und Hasler 2004, 16; Gebhardt, Meusburger und Wastl-Walter 2001, 13; Werlen 2000, 92 f.). Kant verwirft sowohl Newtons absolute als auch Leibnitz' relative Vorstellung von Raum. In seinem Entwurf hat Raum keine eigenständige Realität. Raum wird als ein formales Prinzip der Sinnwelt gedacht, als ordnendes Axiom, das jeder Erfahrung vorausgeht. Kant nimmt eine Transformation des physikalischen Raumkonzeptes in ein erkenntnistheoretisches Verständnis vor, indem er nach den Bedingungen unserer Erkenntnismöglichkeiten fragt. Das Wesen der Gegenstände interessiert ihn nicht. Raum und Zeit werden in diesem erkenntnistheoretischen Verfahren als die Bedingung der Wahrnehmung modelliert (Löw 2001, 29 f.; Rödig 1994, 93).

Seit Kant gelten sowohl Zeit als auch Raum als A-priori-Kategorien: Auf der Suche nach stabilen Elementen von Anschauung und Denken legte er Zeit und Raum als vor der menschlichen Erfahrung existierende Formen der sinnlichen Wahrnehmung fest. Er begriff Zeit und Raum als Kategorien, die für den Menschen dank der ihm aneignenden Vernunft selbstverständlich erschliessbar sind (Läpple 1991, 161; Rödig 1994). Die Kant'sche Raumvorstellung hält sich bis ins anbrechende 20. Jahrhundert. Sie wird einzig durch die Entwicklung von nicht euklidischen Geometrien teilweise angegriffen.

In seiner sechsten Vorlesung relativiert Georg Simmel die Auslegung des Kant'schen Raumverständnisses als ein den Dingen äusserliches Phänomen, welches unabhängig davon und nur in der Abstraktion existiere. Kant habe, so Simmel, auch die Räumlichkeit der Dinge an sich gemeint. Simmel beschreibt dies so:

»Deshalb ist der Raum so wenig etwas Reales ausserhalb unserer Empfindungen, wie etwa die Form, durch die Holz zu einem Schrank wird, ausserhalb dieses Materials eine Sonderexistenz führt. Wenn unsere Empfindungen Zustände der Seele sind, so kann ihre Form nicht jenseits dieser letzteren und ihrer Inhalte subsistieren.« (Simmel 1905, 55)

Zwar verwirft Simmel die Kant'sche Auslegung nicht explizit, er ergänzt sie aber um eine phänomenologische Komponente, indem er die Sinneserfahrung – »unsere Empfindungen« als »Zustände der Seele« – in den Vorgang des Erkennens und damit der Konstituierung von Raum einbezieht. Damit postuliert er, dass es auch gesellschaftlich konstruierte A-prioris gebe (Simmel 1992).

Zu Beginn des 20. Jahrhunderts war es Einsteins Unterfangen, die Einheit von Raum, Zeit und Materie zu denken. Einsteins Raumbegriff entwickelte sich im Fin de Siècle ungefähr zeitgleich mit Sigmund Freuds Auflösung der autonomen menschlichen Handlungsfähigkeit, der Zerstörung der einheitlichen Form durch den Kubismus, der literarischen Figur des

»Mann ohne Eigenschaften« von Musil sowie Ferdinand de Saussures linguistisch begründetem Strukturalismus. Den Denkansätzen ist gemeinsam, dass sie alles Monolithische in Frage stellen und durch eine differenzierte Strukturiertheit ersetzen. Übergeordnet steht der Versuch einer ganzheitlichen Auffassung, die sowohl in der Physik als auch in der Soziologie pessimistischen und von grosser Verunsicherung getragenen Zeitdiagnosen entsprangen (Löw 2001, 23). Diese Verunsicherung trifft insbesondere das männliche Subjekt als Erben der souveränen Subjektivität der Aufklärung. Als Reaktion wurde die Verunsicherung in der Literatur auch als »Krise des Mannes« verhandelt (Kanz 2003).

Die Vorstellung des Universums als dreidimensionaler Behälter mit begrenzter Ausdehnung wird verabschiedet und durch das Modell eines sich in Bewegung befindlichen – schrumpfend oder in Ausdehnung begriffenen – Universums ersetzt. Raum wird neu als Beziehungsstruktur zwischen Körpern, die ständig in Bewegung sind, gedacht. Der Raum ist die Ausdehnung der Körper und entsteht in Abhängigkeit vom Bezugssystem der Beobachterin oder des Beobachters. Raum und Zeit werden als Kontinuum gedacht und Zeit ist eine dem Raum immanente Kategorie.[14]

Grundlegend bleiben zwei naturwissenschaftlich begründete Raumkonzepte:

1. Raum als Behälter aller körperlichen Objekte
2. Raum als Lagerungsqualität der Körperwelt

Im ersten Fall erscheint Raum als eine den Körpern übergeordnete Realität und ist von Körpern losgelöst und auch als leerer Raum (Schachtel) denkbar (Läpple 1991). Soziologisch angewendet, geht man im absoluten Verständnis von einem unabhängig von Raum existierenden Handeln aus: Die Körper sind im Raum. Räume sind in diesem Verständnis kontinuierliche, für sich existierende Einheiten.

Im zweiten Fall wird Raum aus der Anordnung von Körpern abgeleitet, und ist daher einem permanenten Veränderungsprozess unterworfen. Raum ist ohne Objekte nicht denkbar, denn die relationale Ordnung körperlicher Objekte bildet Raum. Leeren Raum gibt es in dieser Deutung nicht, da Körper und Raum unauflösbar zusammenhängen. Raum ist demnach Ergebnis eines Anordnungsprozesses und der sozialen Praxis.

---

14 Im Einstein-Modell wird keine vollkommen neue Raumvorstellung entwickelt. Als Lagerungsqualität von Körperwelt ist es allgemein gültig, wobei es die Newton'sche Mechanik als Spezialfall integriert (Löw 2001, 34). Obwohl Einsteins Raumbegriff für ein anderes Phänomen entwickelt wurde, haben sich zahlreiche soziologische Theoretiker und Theoretikerinnen davon inspirieren lassen. Da dieser Raumbegriff von einem gekrümmten, bewegten und inhomogenen Raum ausgeht, enthält er mehr Möglichkeiten als der starre Newton'sche Raumbegriff.

Ausgehend von dieser grundsätzlichen Unterscheidung erschienen in den 90er Jahren vermehrt wissenschaftsgeschichtliche Publikationen, die sich der Entwicklung und Verwendung von Raumkonzepten in der Humangeographie sowie den Sozialwissenschaften allgemein widmen.[15]

Damit wechsle ich zur Geographie, die eine lange, aber durchaus von Brüchen durchsetzte Tradition der Auseinandersetzung mit dem Raum und der theoretischen Begriffsbildung aufweist.

3.4.2 Raum als identitätsstiftendes Konzept in der Geographie

»Geographie ist die Wissenschaft, von der man vor allen anderen Kompetenzen im Umgang mit dem ›Raum‹ erwartet.« (Läpple 1991, 167)

Das zurückhaltende Zitat nimmt die leise Enttäuschung vorweg, die sich bei der Suche nach sozialwissenschaftlich kompatiblen Raumkonzepten in der Geographie einzustellen droht. Nach Dieter Läpple ist der Raum das Einheit stiftende Prinzip der Geographie. »Raum ist das Kerngeschäft von Geographinnen und Geographen, und die über lange Zeit raumblind[16] arbeitenden Sozialwissenschaften fordern die Geographie genau in diesem Punkt heraus« (Läpple 1991, 167). Gerhard Hard spricht vom »höchsten disziplinären Wert« oder gar von einer »Offenbarung«, die dazu verhilft, die geographischen Territorien gegenüber den Nachbarwissenschaften abzugrenzen (Hard 2000, 68).

Die genuin fachspezifische Perspektive konstituiert sich demnach über den Raum. Das biblisch-kriegerische Vokabular bewirkt bei mir einiges Unbehagen bei der Vorstellung, wie ich als Geographin disziplinäre Grenzen wie Territorien verteidigen soll. Als Vorschläge sind sowohl die gegenständlich-substantialistische Auffassung als auch eine Reflexion über Raumkonzepte als Mittel der Selbstdefinition und Distinktion formuliert. In der Forschungspraxis hat Raum nicht nur eine identitätsstiftende Funktion, er wird auch als methodisches, analytisches und interpretatives Konzept eingesetzt. Dies erfolgt sowohl in physisch-materiellen Bereichen (beispielsweise in der Abgrenzung eines Forschungsgebiets oder der Objektivierung in Form einer Karte) als auch als Aspekt und Konstrukt sozialer Praktiken im phänomenologischen Sinn (beispielsweise in der Wahrnehmung von Subjekten) (Miggelbrink 2002, 21).

Gleichzeitig ist Raum auch diejenige Kategorie, mit welcher der Brückenschlag in die Nachbardisziplinen gelegt wird, wie Caroline Kramers Gesprächspartner und Gesprächspartnerinnen deutlich machten (Kramer 2003). Auch Tim Cresswell schätzt das abstrakte Element, durch welches

---

15 Darunter Crang und Thrift 2000; Curry 1996; Hard 1999; Phil Hubbard, Kitchin und Valentine 2004; Kuhn 1994; Löw 2001; Miggelbrink 2002; Reichert 1996; Sturm 2000; Weichhart 1998; Läpple 1991; Entrikin 1991; Werlen 1987; Soja 1986.
16 Richtiger wäre: unreflektiert mit alltagstheoretischen Raumkonzepten, das heisst, Raum als absolute Grösse verwendend.

Raum bestimmt wird, als eine Möglichkeit, sich über disziplinäre Grenzen hinweg zu verständigen: »Space rubs shoulders easily with social theory and allows conversations to occur with other social science disciplines« (Cresswell 2003, 269).

Der nächste Abschnitt ist der Entwicklung und Verwendung von Raumkonzepten im binnendisziplinären Diskurs gewidmet. Seit den 70er Jahren hat sich die in der Geographie verwendete Raumontologie wesentlich gewandelt. Dies spiegelt den Wandelwider, den die Geographie in dieser Periode durchlaufen hat.

Im Folgenden präsentiere ich einen kurzen Abriss über den Verlauf der Raumdiskussion. Dabei kann ich keinen vollständigen Überblick über die zum Teil parallel weiterhin verwendeten, unterschiedlichen Zugänge von Raum geben. Es geht mir vielmehr darum, eine Entwicklung nachzuzeichnen, die einerseits das Selbstverständnis des Fachs aufzeigt und andererseits klärt, wo sich diese Arbeit und die darin vorgenommene räumliche Perspektive situiert. Es handelt sich keineswegs um eine chronologische Darstellung, sondern vielmehr um die Präsentation derjenigen Ansätze, die aus meiner Sicht die gegenwärtige Debatte in der Geographie prägen.

3.4.3 Der Wandel der geographischen Raumontologie

»Was aber ist Raum? [...] Das ist die ungelöste Grundfrage der Geographie.« (Weichhart 1998, 2, Hervorh. im Orig.)

Die definitorische Unsicherheit in Bezug auf den Raumbegriff stiftet Unbehagen in der Disziplin: Peter Weichhart ist dadurch alarmiert, dass der Raumbegriff, obwohl zentrale Kategorie der geographischen Forschung, gegenwärtig mit grosser Unsicherheit belegt ist. Laut Judith Miggelbrink erfolgt das Nachdenken über Raum häufig aufgrund von politisch motivierten sozialräumlichen Restrukturierungsprozessen – wobei die Aufmerksamkeit der Autoren und Autorinnen wenig auf die konzeptuellen Aspekte von Raum ausgerichtet wird, abgesehen von der gängigen Versicherung, Raum nicht essentialistisch zu sehen. Mit Verweis auf Paul Feyerabend vergleicht Judith Miggelbrink die inflationäre Verwendung des Begriffs »Raum« mit einem trojanischen Pferd: Die Probleme, die der mittlerweile breit verwendete Begriff schafft, werden erst nach seiner Einführung deutlich (Miggelbrink 2002, 38).

Hans Gebhardt umreisst die sich wandelnde disziplinäre Orientierung in drei Schritten: Während in den 70er Jahren eine »Soziologisierung« und in den 80er Jahren eine »Psychologisierung« human- und kulturgeographischer Fragestellungen einsetzte, erkennt er in den Trends der 90er Jahre eine »Politisierung« (Gebhardt 2001, 147). Als sich in der Geographie ein neues, sich von den quantifizierbaren Raumbegriffen abgrenzendes Raumverständnis abzeichnete, von Hard als »Revolution der Raumontologie«

bezeichnet (Hard 1999, 133), zog dies nicht unmittelbar neue Raumbekenntnisse in anderen Sozialwissenschaften nach sich. Vielleicht hatte man die Geographie einfach schon zu lange als Länderkunde und szientistische Raumwissenschaft abgeschrieben. Dies jedenfalls ist einer Bemerkung von Joan Scott zu entnehmen, die meinte, mit David Harveys Publikationen hätte sich die Geographie wieder unter die ernstzunehmenden sozialwissenschaftlichen Disziplinen gebracht.[17]

Ein Wegbereiter des neu entflammten Interesses an geographischen Erklärungsmodellen und Raum als sozialem Produkt ist zweifelsohne der französische Philosoph Henri Lefebvre. Er ist die Ikone des *spatial turns* in der Geographie, und sein Einfluss auf das heutige humangeographische Selbstverständnis kann kaum unterschätzt werden. Aus diesen Gründen scheint mir die Darstellung einiger seiner Thesen und Konzepte notwendig.

Der folgende Abschnitt steht als Exkurs in diesen raumtheoretischen Überlegungen. Ich verfolge nicht die Absicht, eine Kurzversion der Philosophie von Lefebvre darzulegen. Vielmehr geht es mir darum, Lefebvres Theorie zu würdigen und seinen Beitrag für aktuelle kulturgeographische Positionen transparent zu machen.

3.4.4 Exkurs: Wegbereiter einer neuen Raumontologie: Henri Lefebvre

»Space does not eliminate the other materials or resources that play a part in the socio-political arena, be they raw materials or the most finished of products, be they businesses or ›culture‹. Rather, it brings them all together and then in a sense substitutes itself for each factor separately by enveloping it. The outcome is a vast movement in terms of which space can no longer be looked upon as an ›essence‹, as an object distinct from the point of view of (or as compared with)›subjects‹, as answering to a logic of its own. Nor can it be treated as a result or resultant, as an empirically verifiable effect of a past, a history or a society. Is space a medium? A milieu? An intermediary? It is doubtless all of these, but its role is less and less neutral, more and more active, both as instrument and as goal, as means and as end.« (Lefebvre 1991, 410 f.)

Mit dem Titel zu Kapitel 3.4.4 ist angedeutet, weshalb Henri Lefebvre in einer Arbeit wie dieser nicht fehlen darf. Mir geht es in diesem Exkurs darum, das philosophische Denken von Lefebvre und dessen Einordnung in die französische Philosophietradition zu umreissen sowie sein Verhältnis zum Strukturalismus zu skizzieren. Etwas mehr Zeit beanspruche ich für Lefebvres philosophische Auseinandersetzung mit dem Alltäglichen, die viele Theoretiker und Theoretikerinnen inspirierte und von der sich auch Geographen und Geo-

---

17 Persönliches Gespräch mit Joan Scott, Seminar des Graduiertenkollegs shifting *gender cultures* der Universitäten Bern und Fribourg vom 06.–07. März 2003.

graphinnen beeinflussen liessen. Diese Zusammenstellung geschieht vorwiegend auf der Basis von Sekundärliteratur. In einem zweiten Teil stelle ich Lefebvres Konzeption der Raumproduktion vor, weil sie in der Geographie eine wichtige Grundlage bei der Erneuerung der geographischen Raumontologie bildet. Der Kern dieser Konzeption, die trialektische Vermittlung von wahrgenommenem, konzipiertem und gelebtem Raum ist mittlerweile zum Allgemeingut geographischer Raumkonzeptionen geworden.

Einbettung in die französische Philosophietradition

Henri Lefebvres philosophische Arbeiten spannen ein ganzes Jahrhundert auf – er wurde 1901 geboren und starb 1991. Als »L'aventure du siècle« ist denn auch eine Lefebvre-Biographie betitelt (Hess 1988). Sein umfangreiches Werk – über 70 Bücher in rund 50 Jahren – legt ein Zeugnis seiner wahrhaft epochalen Produktion ab.

Lefebvre wurde massgeblich durch den in Frankreich stark diskursbestimmenden Existentialismus[18] geprägt, auch wenn er zu seinen härtesten Kritikern gehörte. Einen wichtigen Einflussfaktor bildete die Phänomenologie, zu der er sich ebenfalls in kritischer Distanz befand, obwohl seine Modelle eine Verbindung zwischen strukturalistischen und phänomenologischen Positionen beinhalten. Lefebvre kritisiert sowohl die Phänomenologie als auch den Existentialismus wegen deren Abwertung des alltäglichen, nichtmetaphysischen Lebens.

»Lefebvre contends that existential thought is based on individual consciousness, on the subject and the ordeals of subjectivity, rather than on a practical, historical and social reality.« (Elden 2004b, 21)

Stuart Elden bezeichnet Lefebvre als Philosophen, der Elemente aus damaligen intellektuellen Trends an seine Modelle anpasste und in eigene Positionen einflocht. Lefebvres einzigartiger Beitrag ist laut Elden die Kombination von Heidegger und Marx.[19] Besonders kennzeichnend für Lefebvres Werk ist sein konfliktreiches Verhältnis zum Strukturalismus.

---

18 In Frankreich löste Jean-Paul Sartre 1943 die Existentialismusdebatte aus und einige Interpreten und Interpretinnen glauben, in der Spannung zwischen Existentialismus und Marxismus die Konstanz in Lefebvres Werk zu erkennen. Existentialismus ist jener Zweig der Existenzphilosophie, dessen Menschenbild den Menschen radikal frei konzipiert: der Subjektivismus. Existenzphilosophie befasst sich mit dem Eigentümlichen der menschlichen Seinsweise (Elden 2001).

19 Elden hält fest, dass Foucault einen wichtigen Beitrag geleistet habe, indem er Konzepte Heideggers als Verbindung von Raum und Geschichte zusammengebracht habe. Lefebvre widmete seine Philosophie dem Zusammendenken von Politik und Raum. Lefebvres Beschäftigung mit Raum steht im Zusammenhang mit seiner philosophischen Kritik an Heidegger, gleichzeitig ist der Bezug zu Marx und die damit zusammen hängende politische Implikation stark zu gewichten (Elden 2001).

Lefebvres Kritik am Strukturalismus

Dem Strukturalismus und dessen Privilegierung der Struktur über alle anderen Elemente sozialer Praxis konnte Lefebvre wenig abgewinnen – er hielt ihn für »a scientific travesty of progressive thought« (Elden 2004b, 23). Der Strukturalismus, den man sich als eine von Ideologie befreite Theorie vorstellen kann, ist in Lefebvres Augen ein ideologisches Werkzeug und die formelle Ausdrucksweise für die dominante Ideologie des Staates. Die Hauptkritik am Strukturalismus richtet Lefebvre gegen die Segmentierung der Zeit, der Bevorzugung des Synchronen über das Diachrone und der daraus folgenden Unfähigkeit, Wandel zu erklären.

Grundsätzlich scheint Lefebvre all diejenigen zu kritisieren, die in seinen Augen den Bezug zur Realität, zum alltäglich gelebten Leben verloren haben. Pierre Bourdieu, Michel Foucault, und insbesondere Louis Althusser[20] bilden keine Ausnahmen. Lefebvre unterstellt den Strukturalisten und Strukturalistinnen die Verwendung eines abstrakten, ahistorischen und somit reduktionistischen Verständnisses von Gesellschaft. Lefebvre selbst strebt nach einer neuen Vorstellung des menschlichen Subjekts. Als Richtung gibt er eine Abgrenzung von traditionell humanistischen Konzepten, den jüdisch-christlichen Werten sowie des Liberalismus vor. Der neue Mensch, und dies ist zentral, entspringt der städtischen Gesellschaft (Elden 2004b, 23).[21]

Lefebvre und die Alltäglichkeit

Das Alltägliche, *everyday life* wird im Französischen mit *la vie quotidienne* übersetzt. Stärker noch als die englische Fassung betont dieser Begriff das Repetitive, die rituellen und routinisierten Aspekte des Daseins. Lefebvre unterscheidet *le quotidien* oder *la vie quotidienne*, welches den Eintritt des Alltags in die Moderne betont, von *la quotidienneté*, ein Konzept, das die monotone, repetitive, fragmentarische Gestalt des Alltagslebens hervorhebt (Elden 2004b, 112).

Lefebvre verstand sein Werk über das Alltagsleben als wichtigen Beitrag zum Marxismus, »the notion of everyday life is immanent to almost all of his work« (Elden 2004b, 31). Obwohl Lefebvre seinen Begriff der Alltäglichkeit bei Heidegger anlehnt, kritisiert er ihn für seine Abwertung sowie die zu

---

20 Die französische kommunistische Partei war stark von Althussers Ideen infiltriert, was ihre langsame Reaktion auf den Mai 1968 – für Lefebvre ein Schlüsselerlebnis von prägender Wirkung für sein politisches und wissenschaftliches Selbstverständnis – teilweise erklärt.

21 Im Kern orientierten sich Lefebvres Werke an der deutschen Philosophietradition, wobei er namentlich auf Marx, Hegel, Nietzsche und Heidegger Bezug nimmt. Im Vordergrund steht dabei eine dialektische Neubegründung der Schriften von Marx. Den Wert der hegelianischen Lehre erkannte er darin, dass sie einseitige Begriffe überwindet und in Konflikten immer eine Beziehung, die überwunden wird, erkennt. Form und Inhalt werden konsequent zusammen gedacht. Die Beziehung von Marx und Hegel ebenso wie die Beziehung von Idealismus und Materialismus deutet Lefebvre als eine eigene, konfliktreiche Dialektik.

stark im Theoretischen verhaftete Modellierung des Alltäglichen ebenso wie seine Verkennung des Alltagslebens als primitiv, anonym und trivial.[22] Lefebvre deutet mit Hegel das Bekannte (*the familiar*), als scheinbar bekannt, jedoch derbewussten Reflexion nicht zugänglich. Das Alltägliche umfasst alles ausserhalb des Arbeitslebens – Erhaltung, Kleidung, Möblierung, Zuhause, Mieten, Quartiere, Umwelt, und so weiter. Lefebvre modelliert das Alltagsleben als eine Schnittstelle: »It is the point of contact and conflict between desire and need, the serious and the frivolous, nature and culture, the public and the private« (Elden 2004b, 111).

Das Reizvolle am Alltagsleben ist der darin steckende Widerspruch: Es ist sowohl trivial als auch aussergewöhnlich. Diese Spannung interessiert auch Holloway und Hubbard, deren Buch den Titel »The extraordinary geographies of everyday life« trägt (Holloway und Hubbard 2001). Lefebvre lag viel daran, eine ganzheitliche Analyse gesellschaftlicher Wirklichkeit zu erstellen: »Though not neglecting the leading players, the whole should be taken into account, with a consideration of the small details, of everyday life« (Elden 2004b, 114). Diese Synthese habe bisher niemand wirklich gewagt. Methodisch bedeutet sie ein theoretisch-praktisches Vorgehen. Elden erkennt die Situierung des Konzepts der Alltäglichkeit zwischen den damals dominanten philosophischen Theorien Frankreichs: zwischen dem Strukturalismus und der Phänomenologie.

Nicht zuletzt verfolgte Lefebvre ein politisches Anliegen, indem das Studium des Alltags eine Transformation eben dieses Alltags nach sich zieht. Lefebvre erkannte im Alltäglichen das Potential für revolutionären Wandel und sah darin den Schlüssel zur Aufhebung der kapitalistischen Kolonisierung von Alltagsleben und seinem Ort, dem *social space*. Dazu stellte er Untersuchungen von Festivals im ländlichen Frankreich an, wobei die Festivals einen Teil des Alltäglichen ausmachen.[23] Lefebvre schrieb sowohl über ländliche als auch über städtische Lebenswelten und begründete eine explizit marxistische urbane Soziologie mit Fokus auf die technologische Planung urbaner Zonen. Kernpunkt dieser Arbeiten ist die Verknüpfung von bestimmten Gesellschaftsformen und deren Praxis, die im dialektischen Zusammenspiel einen je spezifischen Raum hervorbringen, der gleichzeitig Voraussetzung und Ergebnis eben dieser Gesellschaftsformation ist. So bringt etwa der Feudalismus den geschlossenen Raum mittelalterlicher Kosmologie hervor, die sich nachgerade im alltäglichen Handeln der Menschen materialisiert (Lefebvre 1991, 45).[24]

Lefebvres Konzept des Alltäglichen ist von anderen Philosophen aufgegriffen worden – Elden nennt Jürgen Habermas, dessen Unterscheidung

---

22 Lefebvres ambivalente Haltung gegenüber Heidegger muss auch im politischen Kontext gelesen werden. Das Verhältnis seines Zeitgenossen zu den Nationalsozialisten sowie Lefebvres eigene Involviertheit in die kommunistische Partei, für die er teilweise schrieb, waren hierfür wohl ausschlaggebend, meint Elden (Elden 2004b)
23 Die Verbindung von Festival und Revolution geht gemäss Elden auf ein Konzept Nietzsches zurück (Elden 2004b, 118).

zwischen System und Lebenswelt Lefebvres Ansatz ähnelt. Auch Michel de Certeau war von Levebvre beeinflusst. Von Foucaults Interesse an den Mikroprozessen der Macht sowie den Technologien zur Umwandlung von Gewalt in Disziplinierung geleitet, lenkte de Certeau seine Aufmerksamkeit spezifisch auf die zerstreuten, behelfsmäßigen Taktiken von Individuen und Gruppen, die letztlich das Ziel der Disziplinierung bilden. De Certeau nennt seine Stossrichtung »Antidisziplin« (Certeau 1988, xv) und verweist im Bezug auf diesen Begriff explizit auf Lefebvre. De Certeau beabsichtigt mit seiner Mikroanalyse keineswegs, eine individualistische Theorie zu entwerfen. Vielmehr geht er von der Annahme aus, dass die Taktiken trotz ihres scheinbar ungeordneten, klandestinen und zerstreuten Charakters (er spricht auch von »bricolage«) bestimmten Regeln folgen. Sein Ziel ist es, der Alltagspraxis ihre Logik und kulturelle Legitimität zurückzuerstatten.[25]

Alltäglichkeit ist als Konzept sowohl in der Geographie wie auch in den Sozialwissenschaften generell stark aufgewertet worden. Zwar sind die Konturen des Konzepts unscharf – einige Ansätze gehen schlicht von einer mikroanalytischen Grössenordnung aus, und feministische Arbeiten konzentrierten sich auf private Räume als Bühnen, wo weibliches Handeln im Gegensatz zur politischen Öffentlichkeit erscheint. In der Soziologie und in der Geschlechterforschung gelangen interaktionistische Ansätze, die in den 60er Jahren eine gründliche Expertise des Alltags lanciert hatten, zu neuer Popularität (Garfinkel 1984; Goffman 2001). In der Geographie stellt man sich darunter das Lokale, *place*, Orte intimer Beziehungen wie etwa das Zuhause vor. Der Bezug zu einem Ort wird gemäss diesen Ansätzen stark über die Alltäglichkeit gesteuert (Holloway und Hubbard 2001, 79). Die kulturtheoretisch prominenten Parameter von Identität und Differenz wurzeln in der Alltäglichkeit, wobei die so verstandene Alltäglichkeit über eine diskursive Produktion erzeugt und daher als Alltäglichkeit nicht unmittelbar erkenntlich wird. Einige Geographen und Geographinnen sehen

---

24 Dies geschieht im trialektischen Zusammenspiel von räumlicher Praxis, Repräsentation des Raums und Räumen der Repräsentation, wie Lefebvre an zahlreichen Beispielen illustriert. Im christianisierten europäischen Mittelalter wurde die räumliche Praxis, wie er ausführt, über das Strassennetz, die Anlage von Kirchen, Klöstern und Burgen inszeniert, während Repräsentationen des Raums in Schriften Aquins oder Dantes »Göttlicher Komödie« zu finden sind. Räume der Repräsentation wiederum finden sich vor allem an und in der Anlage spiritueller Orte wie Friedhöfen oder Pilgerpfaden. Die Produktion des Raums ist also ein Zusammenspiel drei dialektischer Prozesse, die von der Produktionsweise sowie dem historischen Zeitraum abhängen (Lefebvre 1991, 45 f.).

25 De Certeaus theoretische Referenzen entstammen hierbei, neben den genannten Vorbildern Foucault und Lefebvre, soziologischen und anthropologischen Ansätzen einer Theorie der Praxis, wie sie Bourdieu oder Goffmann vorgelegt haben. In zweiter Linie orientiert er sich an ethnomethodologischen Werken von Garfinkel sowie an stärker soziolinguistisch ausgerichteten Arbeiten. Ein weiterer Bezugsrahmen sind Werke zu formaler Logik aus der Semiotik (Certeau 1988, xvi).

im Konzept der (sozial konstruierten) Alltäglichkeit die theoretische Innovation neuerer sozialgeographischer Ansätze (Lippuner 2005). Aus der Beschäftigung mit dem Alltäglichen heraus entwickelte Lefebvre seine gesellschaftstheoretische Begründung der Produktion von Raum.

Die Produktion von Raum

Ausgehend von einer Kritik an materialistischen Ansätzen ist Lefebvres Produktion des Raumes der Entwurf einer allgemeinen Gesellschaftstheorie, die Gesellschaft konsequent entlang ihren raum zeitlichen Dimensionen fasst (Schmid 2004). Lefebvre spricht von der Produktion von Raum und signalisiert damit die enge Beziehung zu der Produktionsweise. Der Begriff beinhaltet das Erbe der marxistischen ökonomischen Theorie. Er markiert aber ebenso sehr einen radikalen Bruch mit bisherigen raumtheoretischen Ansätzen, indem er die Enstehung und die Herstellung von Raum und damit die Dynamik von Raum betont. In jüngeren gesellschaftstheoretischen Debatten um Raum wird eher von Raumkonstitution, allenfalls von Konstruktion gesprochen (Löw 2006).

Soziale Praxis beinhaltet in Lefebvres Modell die drei Komponenten Materialität, Information und Emotion. Materialität umfasst Personen und Objekte, Information bezieht sich auf Wissen, Sprache, Regeln und Moral, während Emotionen Poesie und Begehren einschliessen. Das Kernelement seiner Raumkonzeption ist die dreifache Dialektik, die er an Marx und Hegel orientiert. Statt zwischen Idealismus und Materialismus entscheiden zu müssen, schlägt Lefebvre vor, die (dialektische) Beziehung zwischen den beiden Strömungen zu verstehen und den Gegensatz zu überwinden, der zwischen ihnen besteht. Es ist die Untersuchung alltäglicher Lebensräume, die für Lefebvre das Potential bergen, den idealistisch-materialistischen Gegensatz aufzuheben (Elden 2004b).

Lefebvre konzipiert Raum als gesellschaftliches Produkt und als ein Medium, das über einen dialektischen Prozess entsteht. Seine Grundlage ist die Annahme, dass alle Formen sozialer Praxis, vom Mikro- bis zum Makrobereich, von räumlichen Dimensionen durchdrungen sind. Der kapitalistische Raum ist das Ergebnis von drei aufeinander bezogenen Praktiken und Repräsentationsformen. Aus den Grundformen sozialer Praxis leitet er die Dimensionen der räumlichen Dialektik ab: die Dimension der Wahrnehmung, die Dimension des Konzipierten und die Dimension des Gelebten. Diese drei Aspekte beruhen auf einer phänomenologischen Begrifflichkeit und werden von drei sprachtheoretisch hergeleiteten Begriffen überlagert: die räumliche Praxis, die Repräsentation des Raumes und die Räume der Repräsentation. Der doppelte Zugriff verweist auf Lefebvres intellektuelles Umfeld, in welchem die Phänomenologie und der Strukturalismus die dominanten Denklinien vorgaben. Die Dialektik des Räumlichen lässt sich demnach wie folgt verstehen (Lefebvre 1991, 33f.):

1. Räumliche/raumbezogene Praxis – l'espace perçu (la pratique spatiale/ spatial practice): Die räumliche Praxis umfasst die materiellen Aspekte von Raum, darunter die für eine bestimmte gesellschaftliche Formation spezifischen räumlichen Anordnungsmuster. Die gebaute Umwelt und ihre Dauerhaftigkeit wirken als Kohäsionsfaktor. Sozialer Raum ist das Ergebnis des Einschreibens der sozialen Praxis in den Naturraum, der dadurch zum produzierten Raum wird. Die räumliche Praxis wird der geschaffenen, sinnlich wahrnehmbaren Welt zugeordnet.

2. Konzeptualisierter Raum/Repräsentation des Raumes – l'espace conçu: Wissenschaftler und Wissenschaftlerinnen, Planer und Planerinnen, Architekten und Architektinnen entwerfen diskursive Repräsentationen des Raums als Darstellungsformen, die die räumliche Praxis mittels visueller und verbaler Zeichen abbilden. Die Repräsentationen erzeugen soziale Wirklichkeit und steuern gesellschaftliche Raumwahrnehmungen. Dieser Raum ist nach Lefebvre in der kapitalistischen Spätmoderne dominant, wenn er auch in seiner Wirksamkeit unterschätzt wird. Er ist Teil der Wissensproduktion und Ergebnis wissenschaftlicher Tätigkeit und ideologischer Vereinnahmungen. Damit gehört er in den Bereich des Konzipierten, Entworfenen (conçu). Diskursive Repräsentationen des Raums werden als kartographische Darstellungen, Pläne und architektonische Konzepte sozial wirksam. Diese Wirksamkeit ist nicht gleichwertig. In der kapitalistischen Gesellschaft überwiegt der abstrakte Raum und seine universalistische Geometrie, die mit einer Privilegierung des Sehens einhergeht (Miggelbrink 2002).

3. Imaginäre(-r)/symbolische(-r) Raum/Räume der Repräsentation und erlebter Raum – l'espace vécu: Hier handelt es sich um den durch Bilder und Symbole unmittelbar gelebten Raum, den die Bewohner und Bewohnerinnen, Künstler und Künstlerinnen, Schriftsteller und Schriftstellerinnen, Benutzer und Benutzerinnen und Philosophen und Philosophinnen entwerfen, aktualisieren und sich über Imaginationen aneignen. Die Vorstellungsräume überlagern den physischen Raum und machen symbolisch Gebrauch von seinen Objekten. Als historisch geronnene Zeichen sind sie latent vorhandene Erinnerung, Träume und Bedeutungen vergangener Repräsentationen von Räumen und räumlicher Praxis. Sie werden nur temporär bedeutungsvoll, sind jedoch unter der Hand virtuell und virulent.

Gemäss der Rekonstruktion von Christian Schmid zeichnet sich die Theorie der Produktion des Raums durch drei Hauptachsen aus: erstens durch die gesellschaftstheoretische Orientierung, zweitens durch die Konzeption der Dialektik und drittens durch eine analytische Matrix für die Annäherung an die raum-zeitliche Wirklichkeit einer Gesellschaft.[26] Diese Wirklichkeit gliedert Schmid in drei Ebenen. Demnach unterscheidet Lefebvre eine globale von einer nahen Ordnung, das heisst der privaten Ebene. Diese beiden Ebenen werden von einer mittleren, ja vermittelnden Ebene, der Ebene der Stadt, zusammengehalten. Damit festigt Schmid Lefebvres Position als Spezialist für das *Urbane* (Schmid 2004).

3.4.5 Sozialer Raum als soziales Produkt

Henri Lefebvres Produktion des Raumes ist der Entwurf einer allgemeinen Gesellschaftstheorie, die Gesellschaft konsequent entlang ihren raum zeitlichen Dimensionen fasst (Schmid 2004). Das Ergebnis lässt sich auf einen – scheinbar – einfachen Nenner bringen: »Social space is a social product« (Lefebvre 1991, 26).

Lefebvres Grundthese besagt, dass jede Produktionsweise ihren bestimmten Raum hervorbringt, dessen Charakteristika sich jedoch nie vollständig auf die Produktionsweise allein zurückführen lassen. Unter Produktion fasst Lefebvre sowohl die ökonomische Produktion als auch einen allgemeineren, philosophisch unterlegten Produktionsbegriff: »the production of oeuvres, the production of knowledge, of institutions, of all that constitutes society« (Elden 2004a, 94). Bestimmte Gesellschaftsformen bringen demnach spezifische Raumformen hervor, die sich in historischen Analysen rekonstruieren lassen. Lefebvres Theorie der Produktion von Raum sieht auch vor, raumkonstitutive Prozesse als soziale Praxis zu entschlüsseln. Sein Modell baut auf einer dreifachen Dialektik auf, die sich aus einer Kombination von strukturalistischen und phänomenologischen Herangehensweisen ergibt. Gemäss dieser Anlage konstituiert sich Raum aus der dialektischen Verbindung von Wahrnehmung, räumlicher Analyse und Abstraktion sowie dem Erleben.

Genau wie Raum muss auch Zeit philosophisch in einer Reihe von komplementären und widersprüchlichen Formen gedacht werden. Lefebvre ging es also nicht um das Ersetzen der zeitlichen durch die räumliche Perspektive, sondern um die Beziehung zwischen den beiden Dimensionen – seine diesbezüglichen Überlegungen führten ihn schliesslich zu einer Neuformulierung beider Konzepte. Kern dieser Neukonzipierung ist, dass Raum und Zeit immer gemeinsam gedacht werden müssen und das Eine nicht auf das Andere reduziert werden kann.

Kritik

Die Kritik, die an Lefebvre herangetragen wurde, stammt von David Harvey und von seinem Schüler Manuel Castells, beide Wissenschaftler, die sich intensiv mit der Frage von räumlichen und insbesondere städtischen Formen sozialer Beziehungen auseinandersetzen. Die Kernkritik lautet, dass Lefebvre einen Raumfetischismus betreibe, der den Raum zu einer Kategorie mit kausalen Wirkungsweisen erhebe, statt ihn als Ausdruck der Produktionsbedingungen zu deuten. Mit seinem Ansatz würde Lefebvre die

---

26 Lefebvre selbst wehrte sich gegen eine solche – nach ihm notwendigerweise reduktionistische – Darstellung seiner Konzepte.

Frage des sozialen Wandels lediglich von einem Klassenkonflikt zu einem territorialen Konflikt verschieben (Castells 1977; Harvey 2001). Soja relativiert die Kritik, indem er festhält, dass sowohl Harvey wie auch Castells die dialektische Grundlage in Lefebvres Herangehensweise übersähen: Es gehe weder darum, entweder den Raum als das Konstitutiv des Sozialen zu begreifen, noch darum, Raum als Ergebnis sozialer Beziehungen zu denken, sondern das Räumliche und das Soziale im dialektischen Sinn simultan zu fassen und in ihrer gegenseitigen Konstituiertheit zu modellieren (Elden 2004b, 142; Soja 1986)

Essentiell ist die Tatsache, dass Lefebvres Arbeiten über Raum das Ergebnis vorhergehender Studien zu ländlichen und urbanen Gesellschaften sind und kein Forschungsprogramm für die Zukunft. Besonders zentral für das Verständnis von Lefebvres Werk sind Heidegger und Nietzsche. Elden wirft den Lefebvre-Rezeptionen vor, durch ihre starke Ausrichtung auf das Räumliche die Dimension des Zeitlichen und der Historizität, die in Lefebvres Werk ebenfalls einen hohen Stellenwert einnehmen, auszublenden. Bei Lefebvres Werk handelt es sich nicht um einen Wechsel von der Zeitbezogenheit auf eine Raumbezogenheit, sondern um deren fruchtbare Verknüpfung.

Die Rezeption, die Lefebvre in der Geographie erfahren hat, ist zwar angesichts seines breiten Werks äusserst selektiv und wird genau deshalb auch kritisiert. Elden kritisiert die Geographen und Geographinnen dafür, dass sie die Raumfragen losgelöst von Lefebvres philosophischem Denkgebäude importiert hätten. Noch weniger habe eine Anbindung der Konzepte an seine politische Positionierung stattgefunden, stellt Elden fest (Elden 2004b). Auch Christian Schmid bemängelt die Übernahme einer für eigene Zwecke glatt gestrichenen Terminologie, die ohne Verständnis für deren philosphische und politische Entstehungsgeschichte erfolgt sei (Schmid 2004).

Kernpunkte

Mit seinem Modell der Produktion des Raums legte Lefebvre den Grundstein für eine Belebung der Raumdebatte in der Geographie. Obwohl er kein Forschungsprogramm entwarf, dienen seine Arbeiten als vielfältige Anregungen für eine gesellschaftstheoretische Reformulierung des Raumbegriffs.

Lefebvres dreifache Dialektik ermöglicht einen umfassenden gesellschaftstheoretischen Zugriff auf Raum, der Raum weder in seiner cartesianischen Prägung als Behälterraum noch als simples Ergebnis einer Produktionsform belässt. In die Produktion von Raum sind materielle, institutionelle, normative, symbolische und subjektive Aspekte eingelassen. Die in die Kategorien »materieller Raum«, »konzipierter Raum« und »gelebter Raum« gefassten Aspekte sind dialektisch aufeinander bezogen. Trotz seiner dezidierten Ablehnung des Strukturalismus weist Lefebvres Modell eine strukturalistische Prägung auf. Die Ebene der Symbolik, der Wissensproduktion und der Regeln sind im Modell prominent eingelassen. Dies macht das Modell brauchbar für die Frage nach der räumlichen

Prägung von Subjektivierungsprozessen und deren geschlechterdifferenzierende Verfasstheit.
Lefebvre hielt fest, dass Raum ein Mittel des politischen Kampfs darstelle und daher selbst politisch sei. Raum ist ein soziales Produkt und kann nicht ausschliesslich als Planungsobjekt verhandelt werden. Raum ist niemals rein, unschuldig oder apolitisch. Das Konzept des sozialen Raums, der sich aus der dreifachen Dialektik entwickelt, bildet den Kern von Lefebvres Ansatz. Dieser Ansatz ist für meine Arbeit maßgebend, da er es ermöglicht, die Konstruktion von Raum – Lefebvre verwendet den von der marxistischen Theorie abgeleiteten Begriff »Produktion« – analytisch in verschiedene Elemente zu gliedern. Dies scheint mir eine wesentliche Errungenschaft der Theorie Lefebvres und zudem eine, die in zahlreichen geographischen Arbeiten, die sich einem konstruktivistischen Raumverständnis verpflichten, nicht berücksichtigt ist. Vielmehr bleibt der Konstruktionsprozess in manchen Arbeiten eine *Blackbox*. Es wird vorausgesetzt, dass Raum konstruiert wird, jedoch nicht gezeigt, wie dieser Konstruktionsprozess in einem spezifischen Kontext vollzogen wird.

Das folgende Kapitel widmet sich der Entwicklung der Geographie zwischen Raumwissenschaft und der Analyse räumlicher Praxis. Dabei widme ich den humanistischen Ansätzen einen Abschnitt, da deren Konzipierung von Raum und Ort als sowohl materielle als auch symbolische Grösse in den neueren kulturtheoretischen Positionen rezipiert wird.

3.4.6 Von der Raumwissenschaft zur Analyse räumlicher Praxis

Wenn sich die Geographie einer aufblühenden Aufmerksamkeit im sozialwissenschaftlichen Feld erfreuen darf, dann hat sie dies der Renaissance des Raums als sozialwissenschaftlicher Begriff zu verdanken. Genau gesehen befasste sich die Geographie eher mit Räumen als mit Raum. Zwar gab es schon zu Beginn des 20. Jahrhunderts Ansätze, die eine gesellschaftliche Analyse von Raum einforderten. Hans Bobek (1903–1990) plädierte als erster deutschsprachiger Geograph für den Einbezug gesellschaftlicher Grössen in der geographischen Forschung und Lehre. Er forderte Erklärungen landschaftlicher Erscheinungsformung auf der Basis eines Geographieverständnisses, das nicht dem geodeterministischen Denken verpflichtet ist. Bobek geht von einer engen Wechselwirkung sozialer Wirklichkeit und landschaftlicher Verhältnisse aus. Diese Sozialgeographie verschreibt sich der Erarbeitung eines vertieften Raumverständnisses, »zum besseren Begreifen der ›menschlich durchdrungenen‹ landschaftlichen Erscheinungsformen, der Wirkungszusammenhänge und der Entstehungsprozesse« als Aufgaben der Analytischen Sozialgeographie (Werlen 2000, 115).

Die traditionelle humangeografische Herangehensweise setzte ihren Schwerpunkt bei der regionalen Verteilung von Objekten, die als Ergebnis von bestimmten Prozessen wie Migration, Wirtschaftsentwicklung oder Kultur begriffen und mit Vorliebe kartographisch festgehalten wurde. Diese Verteilungsoptik arbeitete seit den späten 60er Jahren hauptsächlich mit quantitativen Verfahren, wobei das Verständnis von Raum im Wesentlichen auf den Aspekt der Distanz – eine einfach quantifizierbare Grösse – reduziert und dabei die urgeographische Aufmerksamkeit für regionale Spezifizität und Einzigartigkeit ebenso zurückgestuft wurde wie alle anderen, nicht-quantifizierbaren Qualitäten von Raum (Massey 1985). Hatte die nach dem positivistischen Paradigma arbeitende quantitative Geographie der 60er Jahre Raum reduziert und lediglich in Form von messbaren Distanzen wahrgenommen, war die traditionelle Regionalgeographie von einem erstaunlich selbstverständlichen, in der westlichen Denktradition jedoch bestens verankerten Raumbegriff ausgegangen, der im Wesentlichen als Containerraum bezeichnet werden kann. Es handelt sich hierbei um die Bühne, den Rahmen, das gegebene materielle Set, in welchem sich Ereignisse abspielen.[27]

Unter dem sich wandelnden Selbstverständnis der Geographie seit den 70er Jahren setzte auch eine nachhaltige Neukonzeption des in der Disziplin gebräuchlichen Raumbegriffs ein. Sich selbst als »Raumwissenschaft« definierend, konzipierten Vertreter und Vertreterinnen dieser disziplinären Ausrichtung Orte zu kartierbaren Knotenpunkten und Menschen zu rational-ökonomischen Schaltzentren, also zu *decision-making machines* (Holloway und Hubbard 2001, 67) im System. Der Raum wurde als zweidimensionale metrische Deduktion vom dreidimensionalen euklidischen Raum gedacht und als analytisches Ordnungsschema für die Bestimmung von Lageeigenschaften und Standorten verwendet. Läpple spricht vom chorischen Raumkonzept beziehungsweise der chorologischen[28] Geographie.[29] Sämtliche nichtquantifizierbaren Aspekte von Orten, Menschen und ihren Beziehungen wurden aus dieser Form der Analyse ausgeblendet.

Eine andere Richtung verfolgten jene Ansätze, die von einer sozialen Erschliessung der materiellen Umwelt ausgingen. Der Raum als materielle Umwelt wurde in mindestens drei verschiedenen Aspekten gedacht: Produktion, Nutzung und symbolische Bedeutung. Die materielle Umwelt erschliesst sich der Geographin oder dem Geographen über die soziale Praxis. Dieser klassische Zugriff wird heute eher zurückhaltend verwendet, da er Gefahr läuft, das Verhältnis von sozialer zu materieller Umwelt unterkomplex zu theoretisieren. Es bleibt weiterhin ungeklärt, wie die materielle Umwelt – sei dies als Bausubstanz oder als »Natur« – im Rahmen einer umfassenden Sozialtheorie integriert werden kann. Innerhalb dieses Ansatzes sind die Werke von David Harvey zu nennen, der die gebaute Umwelt als Ausdruck der in Stein gegossenen Kapitalbeziehungen untersuchte und materielle Substanz als Objekt der Investition konzeptualisiert. Chris Philo (Philo 1992) und Ed Soja (Soja 1997) beziehen sich mit ih-

---

27 Vgl. Kapitel 3.4.1
28 Chore: Raum/Gebiet der Erdoberfläche.
29 Chorologische Humangeographie, etwa bei Dietrich Bartels (vgl. auch Gebhardt, Meusburger und Wastl-Walter 2001, 11; Läpple 1991, 169).

ren Arbeiten auf Foucault (Foucault 1977). Auf dieser Basis untersuchen sie die gebaute Umwelt als Disziplinierungstechnologie. Mittels Überwachung, Regulation und Kontrolle wird die Formierung des modernen Subjekts über Materialität gesteuert.

Dagegen positionieren sich die Vertreter und Vertreterinnen humanistischer Ansätze in Abgrenzung zum positivistischen Wissenschaftsverständnis, in welchem es darum geht, raum- und zeitfreie Gesetzmäßigkeiten sozialer Prozesse zu modellieren (Läpple 1991). Humanistische Ansätze betonen Orte als Produkt der emotionalen und affektiven Verbindungen, die Menschen zu Orten aufbauen. Statt Linearität wurde das Verhältnis von Bruch und Kontinuität problematisiert. Im Rahmen einer humanistischen Wende lässt sich in der Geographie eine Rekonzeptualisierung von Orten als menschliche Erfahrung des »In-der-Welt-Seins« nachweisen (Holloway und Hubbard 2001, 67). Im nächsten Abschnitt stelle ich die humanistischen Ansätze und ihre Vertreter und Vertreterinnen näher vor.

Humanistische Raumkonzepte

Die humanistischen Ansätze erwiesen der Regionalforschung des beginnenden 20. Jahrhunderts, die sich durch ihre sehr sorgfältige Studien von spezifischen Regionen ausgezeichnet hatte, ihre Referenz.[30] Innerhalb der idiographischen[31] Herangehensweise stand die Landschaft als materielles Untersuchungsobjekt der Geographie im Vordergrund, jedoch nicht ausschliesslich im naturwissenschaftlichen Sinn, sondern bezogen auf das Mensch-Natur-Verhältnis in einem konkreten Landschaftsausschnitt. Das Mensch-Landschaft-Verhältnis wurde als »Nutzungsverhältnis« entworfen und zu Betrachtungsweisen von Vergesellschaftung und gesellschaftlichen Stoffwechselprozessen abstrahiert. Während sich dieses Landschaftskonzept allenfalls für die Untersuchung prämoderner Räume eignet, erreicht es seine Grenzen spätestens in der modernisierten Gesellschaft, in der sich der soziale Raum in eine Vielzahl sich überlagernder Funktionsräume auflöst: »Zurück blieben von diesen ›Lebensräumen‹ im Sinne des Landschaftskonzeptes allenfalls raumstrukturelle Sedimente, tradierte Bewusstseinsformen und Mentalitäten und vielleicht auch utopische Denkfiguren, wie zum Beispiel die Vorstellung einer landschaftsbezogenen Mensch-Natur-Harmonisierung aus der Ökologiebewegung« (Läpple 1991, 169).

---

30 Ein häufig zitierter Vertreter war Paul Vidal de la Blache, der an der Pariser Ecole Supérieure gelehrt hatte. In der Geschichtswissenschaft wurde in den späten 20er Jahren in Frankreich die Schule der »Annales« begründet, die mit ihrer Konzentration auf die *longue durée* und dem Fokus auf Regionen und Gebiete – prototypisch in Braudels 1977 erschienem Werk »La Méditarranée« – auch für die Geographie einflussreich wurde. Vertreter der Gründergeneration sind Marc Bloch und Lucien Febvre; später führten Fernand Braudel, Jacques Le Goff, Emmanuel le Roy Ladurie, Georges Duby, Philippe Ariès und andere die Tradition weiter.
31 Idiografie: das Eigentümliche, Singuläre beschreibend.

In die neueren Ansätze wurde auch eine Kritik an der naturdeterministischen Neigung der regionalgeographischen Positionen integriert. Zusammen mit der Kritik an den positivistischen Herangehensweisen griffen die humanistischen Positionen jedoch den Kern der alten Regionalforschungsansätze auf. Dieser besteht darin, einen Ort sowohl als Materie als auch als Idee zu verstehen. Dieser Ansatz wurde von den humanistisch beeinflussten Geographen und Geographinnen weitergeführt. Als Pionier dieser Bewegung nennen Holloway und Hubbard David Ley (Ley 1980; Ley und Samuels 1978), als weitere Vertreter sind Allan Pred (Pred 1990) oder Yi-Fu Tuan zu nennen (siehe u.a. Tuan 1976).[32] Pred schreibt dazu:

»Local or regional transformation cannot be divorced from the making of histories and the formation of biographies, from the dialectical intertwinings of human practice, power relations, and consciousness, from the interplay of social and spatial (Re-)structuring.«(Pred 1990, 2)

Was Pred als sein eigenes, gleichzeitig aber von Harvey, Gregory, Soja, Thrift, aber auch Foucault, Lefebvre, Giddens und Mann bearbeitetes Projekt vorstellt, besteht namentlich in der Abwendung von der entmaterialisierten Raumvorstellung, die von Kant herrührt. Kants Vorstellung war jene von Zeit und Raum als mentale Konstrukte, die keine »objektive Realität« besitzen, sondern A priori, das heisst als vor der menschlichen Erfahrung existierende Formen der sinnlichen Anschauung, existieren (Läpple 1991; Pred 1990). Im humanistischen Diskurs findet demzufolge eine Art Vorwegnahme des heute postulierten *spatial turn* in den Sozialwissenschaften statt. Zudem geht es nicht nur um eine Revision des Raumbegriffs, sondern genauso um die Erneuerung der Zeitkategorien. Die Illusion einer homogenen und linearen Zeit verschwindet zu Gunsten einer »Vielzahl von Temporalstrukturen« (Läpple 1991, 158). Darunter sind soziale Strukturen, Systeme, Mentalitäten und Denkverfassungen. Das Interesse ist demnach durch eine Bezugnahme auf Materialität gesteuert und nimmt einen Perspektivenwechsel von einer epistemologischen zu einer ontologischen Stufe vor.

Die humangeographische Forschung wurde durch existentialistische und phänomenologische Strömungen zusätzlich geprägt. Dieser Einfluss schlägt sich in der Literatur in der Thematisierung einer stark über das Individuum geprägten Beziehung zwischen Menschen und ihrer Umwelt nieder. Die materiell-physische und sinnliche Begegnung des Subjekts mit der Welt und seine Deutung davon bilden das Material für die humanistisch-

---

32 Für ausführlichere Darstellungen dieser Entwicklung vgl. Holloway und Hubbard sowie Miggelbrink (Holloway und Hubbard 2001; Miggelbrink 2002) oder den entsprechenden Abschnitt im »Dictionary of Human Geography« (R. J. Johnston et al. 2000, 361-364). Ausführlichere Abhandlungen der Disziplingeschichte liefern auch Gebhardt, Meusburger und Wastl-Walter, Holt-Jensen, Peet, Rogers und Viles, Unwin und Entrikin (Entrikin 1991; Gebhardt, Meusburger und Wastl-Walter 2001; Holt-Jensen 1999; Peet 1998; Rogers und Viles 2003; Unwin 1992). Für stadtgeographische Bezüge siehe Hall (T. Hall 1998).

geographische Analyse (vgl. Peet 1998). In einem phänomenologischen Zugang spielt der Ort der Begegnung des Individuums mit der Welt eine zentrale Rolle. In der aktuellen Hinwendung einiger Forschender zum Phänomenologen Maurice Merleau-Ponty (oder MMP, wie er bereits salopp genannt wird) scheint die phänomenologische Hoffnung, eine Art Essenz menschlicher Begegnung mit der Welt herauszudestillieren, wieder aufzuleben.[33] Am Beispiel Edward Relphs und Yi-Fu Tuan arbeiten Holloway und Hubbard ein humanistisches Projekt heraus, dessen Ziel darin besteht, »to reclaim the depth of experience of place that it is claimed we need to be fully human« (Holloway und Hubbard 2001, 73). Den Aufbau einer persönlichen, emotional gefärbten und sensuellen Bindung eines Individuums an einen Ort bezeichnen Holloway und Lewis in Anlehnung an Tuan als *sense of place* (Holloway und Hubbard 2001; Tuan 1976). Wie Tuan versteht auch Edward Relph Zugehörigkeit zu persönlich signifikanten Orten als zutiefst humane Erfahrung, eine Erfahrung zudem, die in der (post-)modernen Welt zusehends verloren gehe. Gemäss Relph wird der persönliche Ortsbezug von der Erfahrung der *placelessness* abgelöst. Dieser persönliche Ortsbezug ist gemeint, wenn von negativen Auswirkungen der Globalisierung die Rede ist. Die nostalgischen Rückbesinnungen auf die europäischen Industriegrossstädte bei Foucault, Lefebvre oder De Certeau ebenso wie Marc Augés kulturpessimistisches Konzept der *non-lieus* (Augé 1996) wurzeln in humanistisch geprägten Ansätzen und beziehen sich auf den *sense of place* sowie die symbolisch aufgeladene Variante in Form von Ikonen und kollektiven Wahrzeichen.

Erfahrung einschliesslich der körperlich-sinnlichen Dimension wird demnach als wichtige Kategorie und als massive Korrektur an der quantitativ-positivistischen Tradition in die Geographie zurück geholt. Damit positioniert sich die Humangeographie näher an den Geisteswissenschaften. Ort – place – rückt ins Zentrum geografischer Analyse und Methodologie. Mit dem humanistischen Einfluss wird zudem das Terrain vorbereitet, Orte als kulturell produzierte Bedeutungsträger zu theoretisieren (Cresswell 1996) und sie dem Erfahrungshorizont und dem Zugriff des – von den Humanisten unzulänglich differenzierten, sich in einem universalistischen Erfahrungsrepertoire befindlichen – Individuums zu entziehen.

Somit wird *place* auch ausserhalb des individuellen Bezugsrahmens bedeutsam, als Teil der Sinnstrukturen, in denen menschliche Subjekte handeln. Weil wir immer örtlich leben und handeln, befinden wir uns in einem dauernden Interpretationsprozess der Konstruktion und Reproduktion von Orten. Diese Erkenntnis führte zu einer starken Zunahme räumlicher Analysen und der Verwendung räumlicher Konzepte auch ausserhalb der Geographie. Im nächsten Abschnitt gehe ich den Gründen für diese Vervielfältigung raumbezogener Untersuchungen nach.

---

33 Vgl. mehrere Beiträge auf der Tagung »Politics of Bodies and Spaces« vom 17.-19. Juni 2005 an der Radboud University in Nijmegen.

3.4.7 Konjunktur der Kategorie Raum

»I have avoided writing much about place, even though it is often considered to be at the heart of [the] project geography, because I have found real difficulties in knowing what to do with the idea« (Thrift 1999, 295).

Nigel Thrifts Zurückhaltung hat den eigentlichen Boom raumkonzeptioneller Auseinandersetzungen in der Geographie nicht gebremst. Ein Schub wurde der Raumdebatte durch die in postmoderner und poststrukturalistischer Literatur breit verwendete räumliche Metaphorik verliehen. Cindi Katz und Neil Smith gehörten zu den Ersten, die auf die dichte Präsenz geographischen Vokabulars und auf die Konjunktur räumlicher Metaphern im postmodernen Diskurs hinwiesen und ihre Fachkollegen und Fachkolleginnen dazu aufrufen, dieses Phänomen genauer zu beleuchten, seine Implikationen kritisch zu hinterfragen und seine wissenschaftliche und politische Relevanz zu nutzen (Smith und Katz 1993). Begriffe wie Position, Zentrum-Peripherie, Landschaft, (De-)Territorialisierung, diskursiver Raum, Grenzen, nomadisches Subjekt, Marginalisierung, Kartieren (*mapping*), Positionierung und Situierung werden aus dem geographischen Vokabular entlehnt. Es handelt sich um ein Denken in räumlichen Kategorien ohne Bezug auf das materielle Substrat. Die Verwendung räumlicher Metaphern ist deshalb problematisch, weil sie, wenn sie unreflektiert geschieht, traditionelle Asymmetrien der Macht wiederholt. Zudem stützt sie die asymmetrische Beziehung zwischen Zeit und Raum, wobei Raum als die abhängige Variable erscheint. Gefahren sind einerseits die Verwischung von unterschiedlichen Raumbedeutungen, die in der Theorie bereits geklärt schienen, und andererseits die Reproduktion eines traditionellen Raumkonzepts als einem Koordinatensystem mit eindeutig lokalisierbaren Positionen.

»Damit wird auf eines der traditionellsten und am stärksten totalisierenden der modernen bzw. modernistischen Raumkonzepte rekurriert; diese Konzeption eines absoluten Raumes ist nun aber ihrerseits wiederum ein soziales und historisch spezifisches Konstrukt, das den Raum als einen unbegrenzten, neutralen, den ›eigentlichen‹ Ereignissen vorausgehenden Behälter repräsentiert.« (Miggelbrink 2002, 46)

Der steigende Stellenwert von Raum als analytische Kategorie ebenso sehr wie als metatheoretische Bestimmung hängt also eng mit dem viel besprochenen *cultural turn* und der darin implizierten Hinwendung zu den Herstellungsbedingungen sozialer Wirklichkeit zusammen. Julia Lossau und andere sprachen in diesem Zusammenhang auch von einer geographischen (Lossau 2002) oder von einer räumlichen Wende, dem *spatial turn* (Lossau 2004; Soja 1986; 1999, 261). Diese Bewegung beschränkt sich keineswegs auf die Sozialwissenschaften, sondern ist beispielsweise auch in den Wirtschaftswissenschaften wirksam – siehe dazu die kritische Stellungnahme Ron Martins (1999).

Welche zusätzlichen Gründe lassen sich für das in den 90er Jahren geweckte und bis heute nicht verebbte Interesse an räumlichen Konzepten ableiten? Dahinter stehen meines Erachtens politische, zeitdiagnostische und wissenschaftsimmanente Entwicklungen.

Bezüglich politischer Entwicklungen sind mit dem Differenzdiskurs die so genannten *identity politics* verknüpft, die das Anliegen vertreten, Positionierungen innerhalb einer Matrix sozialer Beziehungen zu thematisieren. Die räumlich-metaphorischen Bezeichnungen ermöglichen die Konstruktion von neuen, positiv besetzen Identitäten sozusagen *in-between* der vorgegebenen Positionen, und damit auch die Möglichkeit neuer Aktionsräume. Der postmoderne Diskurs schärft die Sensibilität für lokale Erzählungen, er erzählt Geschichten aus den *thirdspaces* (Soja 1997).

Bezüglich zeitdiagnostischer Aspekte kann als Erklärung eine bestimmte politisch-ökonomische Entwicklung westlicher Industriestaaten herangezogen werden, die die Thesen vom Ende des Raums als Träger von Differenz, wie sie etwa Castells oder Harvey vertraten, in ihr Gegenteil verkehrten (beide zit. in: Schmid 2004, 29 f. sowie 36). Entgegen den Erwartungen, die der Globalisierungsdiskurs auslöste, belegten zahlreiche empirische Studien, dass der Raum nicht uniformer, sondern komplexer und heterogener geworden war. Möglicherweise ist die Einsicht, dass menschliches Handeln im Zusammenhang mit dessen Raum produzierender und Raum konsumierender Qualität diskutiert und analysiert werden muss, ein Effekt des Globalisierungsdiskurses, der die Wirkkraft von Orten – *places* – vermeintlich auszuschalten schien. Allein, die Vorstellung der Deterritorialisierung sozialer Prozesse erfüllte sich nicht. Stattdessen sind wir mit einer Vielfalt von Reterritorialisierungsmechanismen konfrontiert und viele der traditionellen Einschränkungen lokaler Gesellschaften bleiben bestehen oder haben sich gar verstärkt. Masseys Deutung der Globalisierung, die sich vor Ort, an Ort und durch die Orte selbst manifestiert, scheint sich in der globalisierten Wirklichkeit nur allzu deutlich zu bestätigen. Massey konzipierte das Lokale, die TatOrte, *places* als die Momente, durch die sich das Globale konstituiert (Massey 1998b).

Schliesslich hängt die wissenschaftsimmanente Entwicklung mit den postmodernen Ansätzen, insbesondere der französischen Philosophie zusammen, die sich engagiert dem Differenzkonzept widmen. Raum wird als Bedeutungsträger für Differenz sowohl im Sinne der Gleichzeitigkeit von Vielfalt als auch im Sinne der Ablehnung eines einheitlichen, neutralisierten Standpunkts der Wissensproduktion gefasst (Schmid 2004, 53 f.). Jüngste Hinwendungen zu einer Raum integrierenden Sichtweise sind jedoch nicht nur Spätfolgen der oben beschriebenen Entwicklung, sondern erscheinen als Folge einer Art »phänomenologischen Rückbesinnung«, die die Sozialwissenschaften erfasst hat.[34] In der Literatur wird diese Orientierung als *non-representational theory* bezeichnet (Thrift 1999; 1996; Whatmore 2002). Nach dem Jahrzehnt der Diskursorientierung erscheint ein raumbezogenes Analyseset als ein vielversprechender Ansatz, den Verlust des Materiellen, des Körpers und der Substanz wett zumachen. Dazu kommen weitere Anliegen: Raum verfügt über das Potential, eine der grundlegendsten Oppositionen sozialwissenschaftlicher Arbeit zu überwinden: den Graben zwischen Struktur und Handlung, zwischen Mikro- und Makroebene, beziehungsweise zwischen individueller und gesellschaftlicher Dimension. Die Erkenntnis, dass Raum und Ort diese phänomenologische Qualität beinhalten, ist nicht neu, sondern wurde von Doreen Massey und anderen bereits zu Beginn der 90er Jahre festgehalten und im Konzept des *sense of place* aus der humanistischen Tradition weiter- entwickelt (Massey 1993a).

Der nächste Abschnitt befasst sich mit soziologischen Begriffsbestimmungen. Zwar gilt Raum als Kerngeschäft der Geographie und innerhalb der Geographie wurden mittlerweile, wie die vorangehenden Abschnitte gezeigt haben, differenzierte Raumkonzepte theoretisch entwickelt und in verschiedensten Zusammenhängen empirisch erprobt. Ich halte den Einbezug der soziologischen Raumdebatte zumindest ausschnittweise dennoch für notwendig. Die gesellschaftstheoretische Neubestimmung des Raumbegriffs kann nicht unter Ausschluss der Gesellschaftswissenschaften diskutiert werden. Selbst wenn sich das Konzept der sozialen Konstruiertheit von Raum in der Geographie mittlerweile etabliert hat, bleibt in entsprechenden Arbeiten der eigentliche Entstehungsprozess von Raum häufig eine Blackbox. Für die Analyse der sozialen Konstruktion von »Wirklichkeit« stützen sich Geografen und Geografinnen weiterhin mehrheitlich auf soziologische Modelle. Die Praxis der Ent-Selbstverständlichung gesellschaftlicher Verfasstheit ist das Alltagsgeschäft von Soziologen und Soziologinnen. Die folgenden Abschnitte werden von der Frage, wie diese Kompetenz für die räumliche Verfasstheit der Gesellschaft angewendet wird, angeleitet.

3.4.8 Neuere sozialwissenschaftliche Raumentwürfe

»It is now quite frequently argued that (social) spatiality and entities such as ›places‹ are products of our (social) interactions.« (Massey 1999a, 281)

Bis zur jüngsten Renaissance raumtheoretischer Ansätze blieben die Sozialwissenschaften dem Thema Raum gegenüber erstaunlich distanziert. Während »Zeit« längst als soziale Konstruktion in soziologischen Denkmodellen integriert ist, wird »Raum« weiterhin zum Territorium verdinglicht. Dadurch wird »Raum« zum Prototyp des Starren und verstärkt den Eindruck, dass »Zeit fortschreitet, während der Raum nur herumlungert«,

---

34 In der Geographie in thematischen Sessionen anzutreffen, etwa der im Juni 2005 abgehaltenen Konferenz mit dem Titel »Politics of Bodies and Spaces« an der Universität Nijmegen. Einer der häufigsten Bezüge darin stellt Merleau-Pontys Ontologie des Fleisches (Merleau-Ponty 2004) beziehungsweise seine unbeendet gebliebene Naturphilosophie (vgl. Johnson und Smith 2001).

wie Doreen Massey schreibt (Massey 1993a, 118).[35] Es geht Massey nicht darum, Zeit und Raum gegeneinander auszuspielen, die eine als schnell, den anderen als langsam, die eine als transformativ, den anderen als konservativ zu modellieren. Vielmehr liegt das Potential in der analytischen Verbindung von Zeit und Raum. Die Spannung baut sich dadurch auf, dass Zeit und Raum durch ihre eigenen Rhythmen geprägt sind. So steht die Zeit nicht still oder vergeht im Flug, sondern sie verhält sich in einer bestimmten Weise zum Raum und umgekehrt.

Läpple wirft dem sozialwissenschaftlichen Mainstream eigentliche Raumblindheit vor. Diese Einschätzung entspringt der unreflektierten Verwendung absoluter Raumbegriffe, die bis in jüngster Zeit in den Sozialwissenschaften, aber auch in den Politikwissenschaften, der Ökonomie und nicht zuletzt in der Geographie selbst vorherrschte. Es gibt, wie Löw festhält, einen Widerspruch zwischen der »Alltagserfahrung« von Räumen als etwas Materiellem und den Räumen als soziale Konstrukte (Löw 2001, 138). Der territorial gedachte Bühnen- oder Containerraum wurde wissenschaftlich perpetuiert. Dies wiederum führt laut Läpple zu einer unterkomplexen Wiedergabe sozialer Realität (Läpple 1991, 163).

Auch Löw diagnostiziert Raum als vernachlässigte Kategorie der Sozialwissenschaften und der sozialwissenschaftlichen Theoriebildung insgesamt. Die Folge der bevorzugten Verwendung absoluter Raumbegriffe ist die systematische Abtrennung des Raums von seinem Inhalt, vom menschlichen Handeln und dem menschlichen Körper (Löw 2001, 9). Der absolute Raumbegriff beinhaltet theoretische Engführungen, weil er aufgrund der normativen Voraussetzung, Raum als Ganzheit zu denken, Veränderung nur als Zerfall, Fragmentierung und Zerstörung deuten kann.

---

35 Die bewusste Ablehnung einer Auseinandersetzung mit dem Räumlich-Materiellen vertritt der Stadtsoziologe Peter Saunders (1987, 240 f.). Saunders hält das Auftreten bestimmter sozialer Prozesse in Verbindung mit der urbanen Skala für kontingent. Wegen ihrer Konzentration auf die funktionale Ausprägung sozialer Prozesse in Städten nimmt Saunders die räumliche Einheit als gegeben an und behandelt sie als empirisches Faktum, ohne ihr einen theoretischen Eigenwert zuzuschreiben. Diese Kritik trifft im Übrigen auch auf die Arbeiten von Manuel Castells zu. Deshalb gelingt es keinem der Autoren, die geographische Bezugsebene als sozial produziert und damit als historisch transformierbar zu thematisieren. Ausserdem, und dies ist der zweite Kritikpunkt, erscheinen Maßstabsebenen in Saunders' und Castells' Sichtweisen als sich gegenseitig ausschliessende und nicht als ko-konstituierende Bedingungen sozialer Wirklichkeit (vgl. dazu ausführlich Brenner 2000). Häussermann und Siebel sehen in der Einkreisung des Forschungsgegenstands »Stadt« beziehungsweise in der soziologischen Auseinandersetzung mit »Raum« als fachfremdem Konzept einen Grund für die Entpolitisierung und theoretische Verflachung und nicht etwa ein Potential, um mittels eines theoretisch stringent gefassten Raumkonzepts diese Probleme zu überwinden (Häussermann und Siebel 1978; Löw 2001, 45). Indem sie territorial abgestützte Begründungslogiken wie etwa nationalstaatliche Diskurse mitkonstituieren, vergeben sich die Sozialwissenschaften sowohl ein Erkenntnis- als auch ein politisches Potential.

Die Vorstellung mehrerer Räume von unterschiedlicher Qualität an einem Ort bleibt mit dem absoluten Raumbegriff ebenso unmöglich wie die Entstehung gegenkultureller oder institutionalisierter Räume (Löw 2001). Dieses negative Verhältnis zu sozialem Wandel sowie die Unmöglichkeit von Gleichzeitigkeit und Vielfalt macht den herkömmlichen Raumbegriff für eine feministische Theoriebildung vollkommen ungeeignet. Zudem basieren soziologische Raumbegriffe fast ausschliesslich auf physikalischen oder philosophischen Prämissen, wie Löw festhält. Eine Ausnahme sind phänomenologische Ansätze, in welchen beobachtet wird, wie Objekte von handelnden Subjekten aufgenommen werden. In diesen Studien erhält Raum eine affektive und emotionale Komponente, durch die alltägliche Interaktionen mitbestimmt werden. Raum wird über sinnliche Wahrnehmung und Leiblichkeit erschlossen. Löw weist auf Einschränkungen des phänomenologischen Zugangs hin: Die Konstitution des Raumes wird zwar über alltägliches Handeln eingefangen, die Konstitutionsbedingungen bleiben jedoch außen vor, denn sie sind der Beobachtung nicht zugänglich. Zudem fehlen im phänomenologischen Repertoire Analysen zu sozialer Ungleichheit. Diese Arbeiten erfassen also nur den gelebten Raum, nicht aber den strukturierten und strukturierenden Raum, womit sie ahistorisch bleiben (Löw 2001, 20).

In der Ausgrenzung räumlicher Kategorien erkennt Läpple eine Folge der »Sachabstinenz« sozialwissenschaftlicher Fragestellungen. Die Soziologie enge ihre Untersuchungen auf soziales Handeln und damit verbundenes Sinnverstehen ein, »Objekte« würden als äusserer Anpassungszwang gedeutet. Räumliche Strukturen würden dadurch als Restriktionen sozialer Prozesse negativ definiert und die Raumbezogenheit sozialen Handelns geriete aus dem Blick (Läpple 1991, 166). Läpple verbindet seine Kritik mit einem Aufruf nach einem gesellschaftswissenschaftlichen Raumkonzept, das er in einem paradigmatischen Aufsatz zu Beginn der 90er Jahre darlegt (Läpple 1991). Das Ergebnis seiner Kritik ist ein dynamischer Matrixraum, der in der Schnittstelle von Herstellungs-, Verwendungs- und Aneignungszusammenhang des gesellschaftlichen Substrats von Raum entsteht und in welchem vier schematisch voneinander unterschiedene Komponenten miteinander in Beziehung treten. In die Genese gesellschaftlichen Raums fliessen sowohl das materielle Substrat die gesellschaftliche Praxis als auch die normativ-institutionellen Regulative als deren Vermittlung ein. Repräsentation und Symbole schliesslich bilden als vierte Komponente die kognitive und affektive Anbindung der handelnden Subjekte in Form des kollektiven Gedächtnisses an das physische Substrat. Läpples qualitative Konzeption basiert auf Einsteins Raumverständnis, welches er um die soziale Dimension erweitert.

»Der Prozess der räumlichen Wahrnehmung ist somit nicht einfach ein Vorgang individueller sinnlicher Erfahrung, sondern kommt erst über einen vielschichtigen Prozess von Auslese, Deutung und Synthese zustande, wobei die sozial vorgegebenen Raumvorstellungen als Orientierungs- und Kommunikationsmittel dienen.« (Läpple 1991, 203)

Während Löw Läpples Zusammenführung von Syntheseleistung und Anordnung von Körpern für sinnvoll hält, kritisiert sie das Modell dafür, die Spannung zwischen Syntheseleistung/Wahrnehmung und Raum als Handlung, bebaute Substanz und verrechtlichte Materie empirisch nicht fassbar zu machen. Läpple lasse offen, ob es sich bei Räumen nur um menschliche Syntheseleistungen handelt oder ob es sachbezogene Objekte sind. Die Spannung zwischen Materialität und sozialer Syntheseleistung nutze er nicht. Läpples Vorschlag für die Verbindung von materiellem Substrat und gesellschaftlicher Praxis (er führt Gesetze, Normen, Macht- und Kontrollbeziehungen als vermittelnde Ebene ein) sei eine Referenz an regulationstheoretische Ansätze. Die Schwierigkeit sieht Löw darin, dass die Frage der Machtverhältnisse aus dem Handlungskontext herausgelöst wird. Damit erscheinen die Normen allgemeingültig, während das Handeln sozialen Differenzierungen – etwa Klasse, Geschlecht, Alter oder Herkunft – unterliegt (Löw 2001, 141). Bei Läpple fehlt laut Judith Miggelbrink die gesellschaftstheoretisch begründete Vermittlung zwischen Materialität, räumlicher Semantik und Gesellschaft (Miggelbrink 2002, 46).

Ohne theoretische Durchdringung von Raum, darin sind sich die kritischen Stimmen einig, lässt sich die Beziehung zwischen Subjekten und Orten nicht beschreiben. Im abschliessenden Teil zu den raumtheoretischen Überlegungen in den Sozialewissenschaften widme ich mich Martina Löws Modell der räumlichen (An-)Ordnungen, welches einen wichtigen Bezugspunkt für diese Arbeit bildet.

3.4.9 Die Konstitution von Raum als relationale (An-)Ordnungen

»Auf eine Kurzformel gebracht, kann man sagen, die Konstitution von Räumen geschieht durch (strukturierte) (An-)Ordnungen von sozialen Gütern und Menschen an Orten. Räume werden im Handeln geschaffen, indem Objekte und Menschen synthetisiert und relational angeordnet werden. Dabei findet der Handlungsvollzug in vorarrangierten Räumen statt und geschieht im alltäglichen Handeln im Rückgriff auf institutionalisierte (An-)ordnungen und räumliche Strukturen.« (Löw 2001, 204)

Martina Löws raumtheoretische Überlegungen gründen in der Einsicht, dass die Konstitution von Raum sowohl von materieller als auch von symbolischer Qualität ist. Löw entwirft Raum als relationale (An-)Ordnung von Körpern – Lebewesen und soziale Güter –, welche unaufhörlich in

Bewegung sind. Durch diese Bewegung verändert sich die (An-)Ordnung selbst stets in der Zeit. Die Verwendung des Begriffs (An-)Ordnung markiert Raum mit drei wichtigen Aspekten: Erstens verweist (An-)ordnen auf das Prozesshafte der Herstellung von Raum; zweitens integriert der Begriff Ordnung die strukturelle Dimension von Räumen und drittens verweist die Verbindung von Ordnung zu (An-)Ordnung auf die Handlungsimmanenz von Raum. Raum ist also – konform mit Masseys Raumbegriff – im Werden begriffen, strukturell eingebunden und wirkt, durch räumliches Handeln, strukturierend. Die Konstitution von Raum vollzieht sich in der Handlung. Eine Sonderstellung weist Löw der visuellen Praxis zu. Der Blick auf den Raum, der den Raum synthetisiert und der jeder Handlung immanent ist, ist die privilegierte Dimension der Produktion von Raum. Der Blick ist hochgradig geschlechterdifferenzierend, wie Löw anhand von Studien nachweist (Löw 2006). Löw entwirft eine handlungstheoretische Konzeption von Raum, wobei sie im Modell der (An-)Ordnung von Körpern eine Gegenüberstellung von Raum und Gesellschaft vermeidet. Räumliche Strukturen können nicht dem Gesellschaftlichen gegenübergestellt werden, denn »die in der Konstitution von Raum erzielte Reproduktion von Strukturen muss auch eine Reproduktion räumlicher Strukturen sein. Das Räumliche ist, so meine These, nicht gegen das Gesellschaftliche abzugrenzen, sondern es ist eine spezifische Form des Gesellschaftlichen« (Löw 2001, 167).

Die Konstitution von Raum geschieht in der Regel – gemäss Giddens – aus einem praktischen Bewusstsein (im Gegensatz zum diskursiven Bewusstsein) heraus, wobei die Überführung des praktischen Bewusstseins in ein diskursives Bewusstsein über die reflexive Handlung möglich ist.

SPACING UND SYNTHESELEISTUNG

Martina Löw unterteilt die Konstitution von Raum in zwei analytische Einheiten: das *spacing* und die Syntheseleistung.

Spacing bezeichnet den Prozess der Materialisierung des Raums, seine Anbindung an die Substanz. *Spacing* beinhaltet Platzierungsprozesse und erzeugt Orte. Planen, Bauen, Markieren, Positionieren sind alles Spielformen des *spacing*. *Spacing* ist in gesellschaftliche Aushandlungsprozesse eingebunden. Sowohl Synthese wie auch *spacing* greifen auf materielle und symbolische Gegebenheiten zurück (Löw 2001, 192).

Die Synthese, mittels welcher die Verbindung von sozialen Gütern und Lebewesen zu einem Raum geleistet wird, funktioniert über Vorstellungs-, Wahrnehmungs- und Erinnerungsprozesse. Vorstellungen, Wahrnehmungen und Erinnerungen entfalten sich nicht in einem Leerraum, sondern binden vorgefundene Objekte, soziale Güter und Lebewesen ein. Die Herstellung von Raum bildet gesellschaftliche Strukturen ab und schafft gleichzeitig neue Strukturen. *Spacing* und Syntheseleistung sind über gesellschaftliche Strukturkategorien mehrfach gebrochen. Die Qualität der Verknüpfung hängt von gesellschaftlichen Raumvorstellungen, darunter primär von institutionalisierten Raumkonzepten[36] sowie von der sozialen

Positionierung der Raum konstituierenden, handelnden Subjekte ab. In dieser Vorstellung sind die gesellschaftliche und die räumliche Dimension untrennbar miteinander verwoben: Raum ist ein Aspekt von Gesellschaft und Gesellschaft ist immer räumlich konstituiert.

Unter Strukturen versteht Löw in Anlehnung an Giddens Regeln und Ressourcen.[37] Das heisst, die Konstitution von Räumen als (An-)Ordnung von Gütern/Menschen beziehungsweise die Synthese von Gütern/Menschen zu Räumen funktioniert über Strukturen, die in Regeln eingeschrieben und durch Ressourcen abgesichert sind. Giddens' Dualität von Strukturen fliesst in das Modell ein. Strukturen sind Regeln und Ressourcen, die rekursiv in Institutionen eingelagert sind.

Die (An-)Ordnung wird häufig über routiniertes Handeln[38] gesteuert, unterliegt Vorgängen, die dem Bewusstsein nicht zugänglich sind, oder verschiebt sich über Praktiken, die als unintendierte Folgen von Handlungen und Syntheseleistung entstehen. Die Überführung des praktischen Bewusstseins in ein diskursives Bewusstsein über die reflexive Handlung ist zwar möglich, gleichzeitig unterliegt jede (An-)Ordnung den gesellschaftlichen Machtstrukturen. Das in Alltagsroutinen organisierte Handeln reproduziert gesellschaftliche Strukturen in rekursiven Prozessen über Institutionen, in denen gesellschaftliche Strukturen verankert sind. Löw unterscheidet zwischen Strukturen und Strukturprinzipien, wobei letztere nachhaltig in räumlichen Konstitutionsprozessen reproduziert werden. Zu den Strukturprinzipien zählt sie Klasse und Geschlecht, die rekursiv – also über institutionelle Prozesse und nicht ausschliesslich über Routinen – reproduziert werden. Für die Integration der Strukturprinzipien Klasse und Geschlecht in ihren theoretischen Ansatz verwendet Löw Bourdieus Habituskonzept als System von Wahrnehmungs-, Bewertungs- und Handlungsschemata.[39] Dieses leistet die Somatisierung der Strukturprinzipien in Löws Modell, in welchem Klasse und Geschlecht als genuin über den Körper und im Körper gebundene soziale Determinanten erscheinen.

---

36   Institutionalisierte Raumkonzepte entsprechen dem konzipierten Raum (espace conçu) bei Lefebvre. Der Aspekt des konzipierten Raums ist nicht nur besonders mächtig, wie von Lefebvre postuliert, er verweist auch über den eigenen Handlungshorizont hinaus: Konzipierte Räume gehen dem persönlichen Handeln voraus und überdauern dieses (Lefebvre 1991; Schmid 2004).

37   Weil die vorliegende Arbeit eine diskurstheoretische Anbindung sucht, ist mir an dieser Stelle die Nuancierung zu Foucaults Strukturverständnis wichtig. Dieses ist insofern mit dem handlungstheoretischen Konzept kompatibel, als dass Foucault ebenso wie Giddens Strukturen nicht in erster Linie und ausschliesslich als repressiv fasst, sondern sie als generatives Moment theoretisiert. Foucault interessiert sich dafür, wie sich Strukturen – materielle, semiotische, institutionelle Strukturen zu Wissensordnungen zusammenfügen und wie dadurch Sinneffekte, Wahrheiten und Subjekte erzeugt werden.

38   Löw rekurriert bei ihrer Verwendung von Routine auf Giddens, der darin einen Schlüsselbegriff sieht. Routine ist entscheidend bei der Reproduktion institutionellen Handelns ebenso wie für die Habitualisierung individueller Handlungen (Löw 2001, 163).

Der Rekurs auf Bourdieus Sozialtheorie ist schlüssig und für die Deutung sozialräumlicher Transformationsprozesse viel versprechend. Löws Gleichbehandlung von Klasse und Geschlecht als Strukturkategorien mag zweckvoll sein, erscheint mir aber theoretisch verkürzt. Klasse nimmt, wie Gudrun-Axeli Knapp festhält, eine Sonderstellung unter den sozialen Platzanweisern ein, die in regelmässigen Mantras feministischer Theoriebildung aufgelistet werden: Neben Klasse und Geschlecht tauchen Ethnizität, sexuelle Orientierung, nationale Herkunft, Alter, *ability* und meist auch das unvermeidliche »Etc.« auf. Zwar lässt sich die Somatisierung von Klasse unschwer nachweisen, wie die Arbeiten Bourdieus eindrücklich zeigen. Die Sonderstellung von Klasse rührt daher, dass sie sich einer Vereigenschaftlichung, wie sie Geschlecht, Sexualität und Ethnizität längst erfahren haben, widersetzt (vgl. Knapp und Klinger 2005). Löws Konzept stösst an Grenzen, wenn es um die Frage der Subjektwerdung und deren räumliche Konstituiertheit geht. Die handlungstheoretische Grundlage des Modells bringt autonome, fähige, wissende Subjekte ins Spiel. Mich interessiert jedoch, wie die Konstitution von Raum Subjekte generiert. Ich möchte die Frage, »wie Frauen und Männer zu Geschlechtern werden«, in einen räumlichen Analysekontext stellen (Maihofer 2004a). Mit andern Worten, mich interessiert, wie die Konstitution von Raum als eine Art räumliche Grammatik die Subjektwerdung steuert. Ich verweise hier erneut auf die Aussage von Osborne und Rose, die festhalten, dass »the fashioning of ourselves as humans is accomplished, in part at least, by the fashioning of our intimate spaces of existence« (Osborne und Rose 2004, 209). Osborne und Rose signalisieren mit dem Wort »to fashion« eine Abschwächung gegenüber der Konstitution von Subjekten. Der Raum wird dadurch als Zusatz, als dekoratives Element ins Spiel gebracht. Diese Zurücknahme möchte ich vermeiden. Der materiell-symbolische Raum ist als Knotenpunkt im Dispositiv massgeblich an der Herausbildung von Subjekten beteiligt. Dispositive verbinden Diskurse, Praktiken und Herrschaft zur wahrheitsbildenden Struktur. Damit wird der materiell-symbolische Raum zu einer wichtigen Referenz bei Sinnstiftungspraktiken und damit auch in der Herstellung von Subjekten.

Abschliessend befrage ich Löws Ansatz auf seine Möglichkeiten, sozialen Wandel zu deuten. Mein Untersuchungsgegenstand, eine soziale Bewegung, berührt im Kern die Frage nach Veränderung. Inwiefern ist sozialräumliche Transformation in Löws Konzept theoretisch denkbar?

Die Möglichkeit von Veränderung

Das Potential zur Veränderung von (An-)Ordnungen steckt im Durchbrechen routinierter Praktiken. Für die Verhandlung von Veränderung setzt

---

39 Löw kritisiert Bourdieu für seine Theoretisierung von Raum. Die Kritik zielt auf die zwei unterschiedlichen Raumbegriffe, die Bourdieu entwickelt, wobei der materiell-physische Raum einseitig über soziale Strukturen konstituiert wird. Der Grund, weshalb das Modell so angelegt ist, ist Bourdieus Verwendung eines absoluten Raumbegriffs (Löw 2001, 182).

Löw auf Giddens. Im Gegensatz zu Bourdieu, der die habituellen Zwänge und die habituelle Steuerung des Körpers hervorhebt, betont Giddens die reflexive Steuerung des Handelns.[40] Bei Bourdieu setzt Wandel den Bruch mit dem Habitus und damit einen bewussten Akt der Reflexion voraus. Während Bourdieu bevorzugt Unterwerfung thematisiert, wechseln sich in Giddens' Ansatz Zwang und Chance ab. Strukturen, die als Regeln und Ressourcen gedacht werden, lassen Veränderung eher zu. Sozialer Wandel wird ermöglicht, indem ein kollektiver Rückgriff auf relevante Regeln und Ressourcen vorgenommen und diese verändert werden. Nicht zuletzt stellt körperliches Begehren und ein dadurch induzierter Bruch mit routinierten Handlungsformen ein Potential für Veränderung dar. Dieser Punkt wird in der Analyse der sozialen Bewegung und ihrer Ausdrucksformen von Bedeutung sein.

Löw unterstellt, dass mit der Trennung von Strukturen und Strukturprinzipien die beiden Positionen vereinbar werden: Strukturen, obwohl auch diese langlebig sind, sind nicht im gleichen Maß mit Unterdrückungsverhältnissen verbunden wie Strukturprinzipien. Sie sind nicht habitualisiert und damit ist Veränderung leichter denkbar. Einschränkend vermerkt Löw, dass Veränderung immer eine relative Komponente hat, da die Bekämpfung einzelner Strukturen gleichzeitig die Reproduktion anderer Strukturen impliziert. Strukturprinzipien wie Klasse und Geschlecht gehen mit sozialer Ungleichheit einher, womit Veränderung erst in langwierigen, kollektiven Umlernprozessen möglich wird. Strukturen können von gesellschaftlichen Teilgruppen eher missachtet werden als Strukturprinzipien, die den eigenen Körper habituell durchdringen (Löw 2001, 188 f.) Begrifflich fasst Löw räumliche Ansätze des Wandels und dadurch hervorgebrachte unorthodoxe Raumformen mit den Bezeichnungen Gegenkultur und Heterotopie.

Gegenkulturelle Räume entstehen als Negativentwurf zur Dominanzstruktur und tragen das Potential des Wandels in sich. In jeder Übertretung liegt jedoch auch die Gefahr, dass existierende Strukturen gefestigt werden. Diesen Prozess beschrieb Cresswell in der Analyse von Transgressionen (Cresswell 1996). Löws Verwendung von Gegenkultur greift auf eine Definition von Ilse Modelmog zurück (Modelmog 1994). Modelmog definiert Gegenkultur explizit als eine mehrheitlich von Frauen gewählte Praxis. Neben Reflexivität sind für Modelmog Leidenschaft, Neugier und Imagination entscheidende Triebkräfte für die Initiierung gegenkulturellen Wandels. Der Begriff der Gegenkultur hat etwas Verführerisches, und Modelmogs ganzheitlicher Ansatz hebt sich von herkömmlichen bewegungstheoretischen Ansätzen ab. Dennoch halte ich ihn für wenig adäquat, da er mit seiner Ausrichtung auf Frauen auch die weiblichen Stereotype – Leidenschaftlichkeit, Neugier und Imagination im Gegensatz zu einer systematischen Analyse – auflädt.

---

40 Giddens formuliert zwei Faktoren, die Handeln entscheidend einschränken: Zum einen das Unbewusste, zum andern die unbeabsichtigten Folgen von Handeln.

Den Begriff der Heterotopie verwendet Löw übereinstimmend mit Foucaults Konzept (Foucault 1991, 68). Sie führt ebenfalls die Metapher vom Spiegel auf, der auf eine Position jenseits derjenigen verweist, auf der man sich befindet und die unvermeidlich ist. Heterotope Räume sind bei Löw als Illusions- oder Kompensationsräume konzipiert (Löw 2001, 227).

Kernpunkte

Ich fasse Raum in Anlehnung an Martina Löw als relative (An-)Ordnung von Lebewesen und sozialen Gütern. Der Prozess des (An-)Ordnens orientiert sich an reproduzierten Strukturen im Raum: Raum wird als strukturierende Ordnung und als Prozess des Anordnens gedacht. Die Konstitution von Raum bringt zudem systematisch Orte hervor. Strukturen werden in repetitiver Praxis reproduziert und in Institutionen verankert. Handeln und Struktur sind von den Strukturprinzipien Geschlecht und Klasse durchzogen – als Habitus durchdringen sie das praktische und das diskursive Bewusstsein. Damit steht der Körper im Zentrum der Konstitution von Raum. Institutionen sorgen dafür, dass (An-)Ordnungen über das eigene Handeln hinaus wirksam bleiben. Der (An-)Ordnungsprozess ist analytisch in *spacing* und Syntheseleistung getrennt. Über die doppelte theoretische Modellierung als Platzierung und Verknüpfungsleistung setzt Löw die Spannung von Raum, die sich aus Materialität und Symbolik nährt, analytisch um. Über die analytische Trennung von Strukturen und Strukturprinzipien unterlegt Löw ihre Raumsoziologie mit einem kombinierten Ansatz, der sowohl bei Giddens als auch bei Bourdieu anlehnt. Zentrale Punkte hierbei sind, dass nachhaltiger sozialer Wandel nur über Reflexivität herbei geführt werden kann. In Giddens' Ansatz ist die Reflexivität gegenüber der habituellen Struktur stärker betont. Zudem legt Löw Wert auf die Trennung von Handlung und dem Handlungsmotiv.

3.5 Raum in dieser Publikation

»Perhaps we could imagine space as a simultaneity of stories-so-far.« (Massey 2005, 9)

Die Alltagsvorstellung von Raum ist, wie Läpple berechtigterweise feststellt, stark von der physikalischen Vorstellung eines euklidischen Behälterraums kolonisiert – obwohl dies eigentlich nicht mit der Erfahrung des gelebten Raums in Übereinstimmung gebracht werden kann (Läpple 1991, 164). Trotzdem liegt es nicht auf der Hand, sich gedanklich aus dem Behälterraum zu lösen. Das Nachdenken über Raum hat etwas Verstörendes. Es ist mir ein Anliegen, dieses Potential zur Verunsicherung zu nutzen, es zu testen und auszureizen. Meine Vorstellung läuft darauf hinaus, bestimmte Festlegungen dessen, wie wir Raum denken, beschreiben und kategoriell damit arbeiten, zu unterlaufen, »[to] unearth some of the influences on hegemonic imaginations of ›space‹, wie Doreen Massey jüngst schrieb

(Massey 2005, 17). Wie passend das von Massey verwendete Verb ist, zeigt sich wenn man berücksichtigt, wie sie die Geographie im vorhergehenden Abschnitt als Wissenschaft vorgestellt hat, die den Dingen nahesteht, ihnen auf den Grund geht, sie festmacht, verankert, »erdet«. »Unearthing« meint, sich einen neuen Standpunkt aussuchen, vielleicht auch, herkömmliche Setzungen zu lösen. Massey verbindet damit eine Perspektive, durch die die Dinge neu betrachtet werden sollen. Dasselbe deutet Bourdieu an, wenn er vor einem naiven Empirismus warnt und stattdessen dazu aufruft, »sich in paradoxem Denken zu üben, einem Denken, welches gegen den Strich des gesunden Menschenverstandes und der guten Absichten bürstet« (Bourdieu 1998, 17). Nigel Thrift, der sich auf Wittgenstein bezieht, formuliert: »Using this [dynamic, S.B.] sense of place I can then argue that place is alive and well and that understanding place should be a crucial concern of the social sciences and humanities. But this can only happen if we stop looking at things in the usual way. And that is difficult« (Thrift 1999, 296). Ed Soja spricht in diesem Zusammenhang von der Operation des *thirding*: In einer Interpretation Lefebvres meint er damit eine radikale Offenheit und eine Bewegung jenseits bekannten und etablierten Wissens, eine Expedition in »andere Räume« als in die uns bekannten, realen und imaginierten Räumen, die sowohl ähnlich sein als auch deutlich von ihnen abweichen können (Soja 1999, 269).[41]

Die Frage, die mich im Rahmen dieser Dissertation umtreibt, situiert sich im Rahmen dieses Perspektivenwechsels, auch wenn mich der versammelte Aufmarsch klangvoller Referenzen im vorhergehenden Abschnitt zurückschrecken lässt. Was ich erwarte, ist, dass ein konsequenter, räumlicher Zugang eine Hilfestellung bietet, die Bürste gegen den Strich zu führen. Die Kunsthistorikerin Irit Rogoff formuliert das Vorhaben für ihr eigenes Fachgebiet:

»Clearly space is always populated with the unrecognized obstacles which never allow us actually to ‹see› what is out there beyond what we expect to find. To repopulate space with all of its constitutive obstacles as we learn to recognize them and name them is to understand how hard we have to strain to see, how complex the work of visual culture.« (Rogoff 2000, 35)

---

41 Sojas Lefebvre-Interpretation wird allerdings von Schmid als eine durch ein »kreatives Missverständnis« hervorgebrachte Anwendung kritisiert. Dies hänge mit der zum Teil zu wenig kontextualisierten Adaption von Lefebvres Begriffsschema zusammen, welches innerhalb seiner Theorie Träger eng bestimmter Bedeutungen ist. Diese Bedeutungen erfuhren im postmodernen Kontext, in dem Soja arbeitet, zum Teil definitorische Verschiebungen. Zwar gesteht Schmid Soja eine äusserst produktive empirische Anwendung der Konzepte von Lefebvre zu. Doch die von Soja entwickelte Ontologie des Raums basiert gemäss Schmid auf einem reifizierenden, undynamischen und undialektischen Verständnis, und selbst wenn Soja es im Rahmen von *thirdspace* um die dialektische Komponente erweitert hat, vermag er diese nicht aufzulösen (Schmid 2004, 56).

Dieses Zitat zeigt die Richtung an, die mir für meine Arbeit vorschwebt: genau hinzusehen, mich angestrengt zu bemühen (*strain*), jenseits des Erwarteten Erkenntnisse hervorzubringen, namentlich ein Bemühen, das auch in den diskurstheoretisch angelegten Programmen verankert ist. Eine Kunst, die an klassisch geographische Vorgehensweisen, an das geographische Handwerk anknüpft: an das Bemühen, Dinge in den Blick zu bringen, die durch konventionelle Arrangements, alltagstheoretische Verständnisse und Verständigungen ins Abseits geraten sind, unhinterfragt bleiben und selbstverständliche Handlungsgrundlagen bilden. Dass eine räumliche Sichtweise dies vermag, ist eine Vorannahme für diese Arbeit. Über die Hilfestellung des räumlichen Blicks nehme ich mir heraus, zumindest ansatzweise etablierte Deutungen zu unterlaufen, nicht unmittelbare Lesarten versuchsweise vorzunehmen, unorthodoxe Interpretationen erahnen zu können. Dieser – bei aller Relativierung immer unbescheiden, immer anspruchsvoll klingende – Vorsatz beruht auf der Prämisse, dass dem Räumlichen eine hohe Kapazität zur Integration und Naturalisierung sozialer Konstrukte innewohnt. Mit andern Worten, der Raum ist eine Grösse, die sich dem Denken der sozialen Konstruiertheit trotz dessen *mainstreaming* in den Sozialwissenschaften entzieht, und dies scheinbar persistenter als andere Konstituenten sozialer Wirklichkeit.

Von den Prämissen, die Doreen Massey ihrem Raummodell zu Grunde legt, ist mir diejenige die Wichtigste, die Raum als stets im Entstehen begriffen definiert. Weil Raum ein Produkt von Beziehungen ist und in der materiellen Praxis verwurzelt ist, ist Raum nie vollendet. Die Analyse aus einer Verbindung von Geschichten anzugehen, scheint mir höchst plausibel. Diese Perspektive verlangt die enge Verbindung von raum zeitlichen Analysekategorien. Daneben fordert Massey, Raum als Produkt von Beziehungen über verschiedene Bezugsebenen hinweg zu denken. Damit greift sie der derzeit angefachten Diskussion in der Geographie um die Adäquatheit von analytischen Bezugsebenen, den *scales,* vor (Marston, Jones und Woodward 2005). Schliesslich entwirft Massey Raum als Möglichkeit von Heterogenität, Koexistenz und Vielfalt in der Gleichzeitigkeit, womit sie ein politisches Postulat aufstellt.

Diese Arbeit vereinigt eine Kombination von mehreren Zugängen. Ihre Ausgangslage ist einerseits eine Reflexion über die in den Sozialwissenschaften zur Anwendung kommenden Raumkonzepte und, spezifischer, über den Gewinn, den Mehrwert, den die konsequente Einforderung einer theoretisch zugespitzten räumlichen Perspektive den *genderstudies* bringen kann. Empirisch bearbeite ich ein raum zeitlich klar definiertes Gebiet: die bewegte Stadt Bern in den 80er Jahren. Ich trete an die Ereignisse mittels bestimmter TatOrte heran, die ich mit Bezug auf Doreen Massey als Schnittpunkte unfertiger Geschichten lese und die aus der Konstitution von Raum in einem bestimmten historischen Kontext hervorgegangen sind (vgl. Löw 2001; Massey 2004; 2005, 54). Es handelt sich um Geschichten, die sich in die Orte einschreiben und durch die Orte geschrieben werden – gemäss hooks' einleitendem Zitat, wo Orten ein Agens zukommt. Diese Orte bekommen über die Wahrnehmung der von mir befragten Akteure und Akteurinnen der untersuchten Dokumente ein Gepräge, dessen Beschaffenheit im Zentrum meiner Untersuchung steht. Der Zugriff über den Raum soll naheliegende, aber deshalb nicht notwendigerweise »richtigere« Deutungsmuster verunsichern. Die Ereigniszusammenhänge der 80er-Bewegung werden als raumkonstitutive soziale Praktiken angenähert. Die Analyse mit dem Fokus auf die räumliche Konstituiertheit der Bewegung soll Aspekte in den Blick rücken, die mit einer herkömmlichen Bewegungsanalyse möglicherweise verdeckt würden.

Kernpunkte

In dieser Publikation untersuche ich die Materialisierung und Verflüchtigung von Räumen. Ich arbeite mit einem Raumbegriff, der Raum sowohl als materielles Substrat als auch in seiner symbolischen Qualität integriert. Ich lehne mein Raumkonzept bei Martina Löw an, die Raum als relationale (An-)Ordnung von sozialen Gütern und Lebewesen an Orten theoretisch fasst. Den Vorgang des (An-)Ordnens trennt sie analytisch in die Komponenten der Platzierung und der Syntheseleistung. Mich interessiert das alltägliche Geografiemachen, ich beobachte, wie sich diese (An-)Ordnungsprozesse in einem konkreten historischen Kontext entfalten und in welcher Weise sie in gesellschaftliche Sinngebungsprozesse impliziert sind. Dabei erfährt die handlungstheoretische Ausrichtung von Löws Anlage in meiner Verwendung eine leichte Modifikation. Um den geografischen Möglichkeiten als »unbounded meeting ground« (Rogoff 2000, 10) von epistemischen Formen, der historischen Ebene, des Erlebens und den Sinnstrukturen gerecht zu werden, halte ich den Einbezug einer diskursorientierten Raumperspektive für zwingend. Ich möchte den Blick auf die räumliche Gestaltungskraft bei der Herausbildung von Subjektivitäten richten und herausfinden, wie Raum als Ressource für Wissensysteme und im Rahmen von Machtbeziehungen wirksam wird. Dies bedeutet eine etwas andere Lesart der Bedingungen, unter denen *spacing* und Syntheseleistungen vollzogen werden. Während Löw neben den Regeln und Ressourcen habituelle Dispositionen und Strukturprinzipien berücksichtigt, beziehe ich die diskursive Produktion von Bedeutung – als Wissen, Sinnhaftigkeiten und Normen – mit ein. Ich halte diese Verschiebung für kompatibel, da die verwendeten Theorieansätze alle eine Verbindung der Struktur- und Handlungsebene anstreben und ihnen ein relationales Verständnis von Macht aneignet. Ich befrage meine Daten danach, wie sich Frauen und Männer als politische Subjekte in den Ereignis- und Handlungszusammenhängen positionieren. Räume übernehmen eine Funktion im Dispositiv, indem sie als Knotenpunkte die Verbindung von Diskursen zu relevanten Wissensordnungen mitbestimmen.

Meine Analyse baut auf den Konzepten der TatOrte und Handlungs-Räume auf. Durch die Konstitution von Raum werden Orte hervorgebracht

– es sind die TatOrte, sie sind der Schnittpunkt der untersuchten Ereigniszusammenhänge. Diese TatOrte sind Schnittstellen unfertiger Geschichten und bilden den Schauplatz politisch-kultureller Kämpfe. Je nach Verlaufsform der im TatOrt geronnenen Geschichten gehen neue HandlungsRäume aus den Ereignissen hervor.

Die geografische Herangehensweise verstanden als Verhandlung von Zugehörigkeiten sowie der sozialwissenschaftliche Perspektivenwechsel auf die räumliche Qualität der Ereigniszusammenhänge sind meine Instrumente bei der Untersuchung von Herstellung und Verflüchtigung von Räumen im Rahmen der Berner 80er-Bewegung.

Raum ist, wie bereits mehrfach angedeutet, alles andere als ein »unschuldiges« Konzept. Im Schlussteil dieser Reflexionen zum Raumkonzept stelle ich einige geographische und soziologische Arbeiten vor, die auf der Grundlage von relationalen und konstruktivistischen Raumkonzepten aufgebaut sind.

3.6 Raum als soziales Konstrukt und Wissenssystem

»Space, as we have understood it, is always differentiated, it is always sexual or racial, it is always constituted out of circulating capital and it is always subject to the invisible boundary lines which determine inclusions and exclusions.« (Rogoff 2000, 35)

In der Geographie hat sich mittlerweile auch im deutschsprachigen Raum das Paradigma der sozialen Konstruiertheit von Raum und die damit verbundene Verschiebung geographischer Untersuchungsgegenstände und theoretisch-methodischer Vorgehen durchgesetzt, das gilt zumindest für die meisten kulturgeographischen Abteilungen. Einen Eindruck davon vermitteln die Diplomarbeiten, die an Benno Werlens Lehrstuhl in Zürich beziehungsweise Jena seit einigen Jahren abgeschlossen wurden und die so unterschiedliche Themen wie (räumliche) Sozialisation von Jungen und Mädchen, Geschlechterkonstruktionen in der DDR im Vergleich zur BRD, Konstruktionen bestimmter Regionen, imaginative Geografien von Shoppingcenters und die Konstruktionen von »Landschaft« in der Umweltdiskussion enthalten.[42] Auch die Liste der Diplomarbeiten am Geographischen Institut der Universität Bern am Lehrstuhl von Doris Wastl-Walter spricht die Sprache des konstruktivistischen Raumverständnisses.[43]

Dies bedeutet aber noch nicht, dass die Vorgabe, Raum als soziales Konstrukt zu konzipieren und empirisch mit den dafür entwickelten Instrumenten zu arbeiten, auch konsequent umgesetzt wird. Seit der zweiten Hälfte der 90er Jahre sind zahlreiche Arbeiten entstanden, die Raum als

---

42 Ich bedanke mich bei Andrea Scheller für diesen Hinweis, 03/02/2006.
43 http://www.giub.unibe.ch/sg/ (Februar 2006).

Ergebnis und Voraussetzung sozialer Praxis verhandeln. Die meisten dieser Arbeiten gehen ethnographisch vor. Wird der Fokus auf Fragen der Repräsentation und der symbolischen Bedeutung von Raum gerichtet, kommen diskursanalytische und dekonstruktivistische Ansätze zum Zug. Grundsätzlich zeigt sich meines Erachtens die Schwierigkeit, den Anspruch, Raum beziehungsweise Ort als Analyseinstrument in der Forschungspraxis einzusetzen, konsequent einzulösen. Häufig traf ich Arbeiten an, die sich zwar explizit mit Raum und Räumen befassen, jedoch nicht eigentliche Raumkonstruktionsprozesse mit einbeziehen. Vielmehr arbeiten sie auf der Ebene von Raumaneignung oder Raumwahrnehmung, wodurch Raum tendenziell wieder verdinglicht wird. Eine andere Form, mit dem Raumbegriff zu arbeiten, ohne auf seine materiell-symbolische Qualität einzutreten, wird mit der Perspektive auf die räumlichen Bezugsebenen erreicht.

In den folgenden sechs Unterkapiteln habe ich Arbeiten zusammengestellt, die auf der Basis der sozialen Konstruiertheit von Raum angelegt sind. Ich verstehe diese Zusammenstellung als kommentierte Liste, die erweiterbar ist. Ich bezog mich selektiv auf meist neuere Texte, die mir als Grundlage gedient haben. Als Mittel der Systematisierung für die Darstellung wählte ich die verschiedenen räumlichen Bezugsebenen: vom Körper bis zur globalen Ebene imaginierter Geographien.

3.6.1 KÖRPER

Die Geografie des Körpers ist eine Forschungsrichtung, die im Kreuzpunkt von diskursiver Wende und Geschlechterforschung einen Boom erfahren hat. Wie Adrienne Rich in treffender Weise festhielt, ist der Körper »the geography closest in« (1986, 212). Die unmittelbarste Raumerfahrung wird also von jedem Menschen – Männern und Frauen – über den Körper erzeugt. Der Körper markiert die Grenze zwischen dem Selbst und dem Anderen und ist zudem Träger der Merkmale, an die soziale Platzanweiser wie Geschlecht, Ethnie, Alter, soziale Herkunft, Gesundheit, *ability* geknüpft sind. Die Erfahrung des eigenen Geschlechts ist ebenso wie die Erfahrung von Fremdsein, Krankheit und Gesundheit eine genuin körperliche Erfahrung. Forschungsarbeiten zu Behinderung, Schmerz, Körperkulten wie *tatooing* oder *Bodybuilding*, zu Schwangerschaft sowie die von den *queer studies* initiierten Untersuchungen zu Sexualität greifen den Körper im Sinne der unmittelbaren Geografie auf. Die Ergebnisse zeigen auch, wie kulturelle Imaginationen über den Körper festgeschrieben werden (Conlon 2004; Longhurst 1995; 2001; Longhurst und Johnston 1998; Teather 1999; Valentine 2001). Gill Valentine hat die Erfahrungen übergewichtiger Menschen in einer Analyse eingefangen, die zeigt, wie stark das räumliche Empfinden von klaren, wenn auch unausgesprochenen Normen und Regulativen gelenkt wird. Der Raum, der einer Person zusteht, ist sozial normiert. Der medial verstärkte Normierungsdiskurs nimmt unterschiedliche Formen an. Zuschläge für Sitzplätze in Flugzeugen oder Theatern sind ebenso Teil des diskursiven Dispositivs wie die Gesundheitsbehörde mit ihren öffentlichen Kampagnen oder die Bekleidungsindustrie mit den normierten Kleidergrössen. Räumliche Maßstäbe wie Sitzgrössen werden zum Kriterium, und dies, indem ihnen in gewisser Weise eine ontologische Gültigkeit zugeschrieben wird (Valentine 1999a).

Einige der geographischen Beiträge berücksichtigen Körper eher im Sinne einer bisher vernachlässigten Bezugsebene und weniger als genuine Kategorie der Erfahrung und der sozialen Welt. Neil Smith beispielsweise hat das Konzept der Bezugsebene, *scale*, in einer kritischen Rezeption von Taylors Modell um den Körper ergänzt (Smith 2004).

Der Körper wird zudem als Träger von Krankheiten thematisiert, indem der Einfluss von gesundheitsschädigenden Faktoren im Raum untersucht wird. Mit Hilfe von GIS-Studien konnten in einem Projekt in New York örtliche Häufungen von Brustkrebsfällen nachgewiesen und damit der Zusammenhang von Umwelteinflüssen und Krebsvorkommen erhärtet werden (McLafferty 2002). In anderen Beispielen wird Krankheit als spezifische Form räumlicher Praxis thematisiert, etwa wenn Raum der Krankheit selbst immanent ist, wie im Fall von Agoraphobiae. Eine solche Untersuchung über *spatial disorders* legten Segrott und Doel vor (Segrott und Doel 2004). In ihrer Untersuchung zur Gehörlosigkeit thematisieren Valentine und Skelton die Rolle der Sprache in der Herstellung und Beanspruchung von öffentlichem Raum am Beispiel von Gehörlosen, die sich via Zeichensprache verständigen. Sie zeigen, wie sehr die Beteiligung an Öffentlichkeit und damit auch der Zugang zu öffentlichem Raum über Sprache – und zwar über die Lautsprache – geregelt wird. Sowohl in der Informationsbeschaffung als auch in der Alltagskommunikation werden Ausschlusspraktiken wirksam, die Hörbehinderte marginalisieren. Gleichzeitig stellen Valentine und Skelton ein starkes Bestreben der Gemeinschaft von Gehörlosen fest, eigene, ausschliessliche und positive »stille Räume« herzustellen (Valentine und Skelton 2001).

3.6.2 Haushalt/Zuhause/home

Das Zuhause wurde im Zusammenhang mit Untersuchungen zu den Kategorien öffentlich/privat zum geographischen Forschungsgegenstand. Das Zuhause als Gegenentwurf zur männlich besetzten Öffentlichkeit, als Schauplatz geschlechterspezifischer Arbeitsteilung, aber auch als Ort von Problemen wie häuslicher Gewalt gehört zu den Kernthemen feministischer Forschung. Die Arbeiten, deren Fokus sich auf das Zuhause richten, sind unterdessen sehr zahlreich, und die hier präsentierte Liste ist deshalb nicht vollständig.

Sally Marston verweist in ihrem Aufsatz zu *scale* auf ihre eigenen empirischen Forschungen zu der Bezugsebene des Haushalts (Marston 2000, 235). Geraldine Pratt interessiert sich für die philippinischen Hausangestellten in kanadischen Mittelklassehaushalten (Pratt 2004). Johnston und Valentine dekonstruieren bürgerliche Konzeptionen des Zuhause anhand von Untersuchungen über die Beziehung lesbischer Frauen zu ihrer Herkunftsfamilie beziehungsweise dem damit verbundenen materiellen Zuhause (L. Johnston und Valentine 1995). Massey beschreibt die Durchdringung von Arbeits- und Familienwelt am Beispiel von Angestellten der Cambridge Hightechindustrie (Massey 1998a). Valentine (Valentine 1999b) und Alison Blunt (Blunt 2005) konstruieren das Zuhause als Verhandlungsraum intra familialer Beziehungen. Das Zuhause als emotionale Errungenschaft inmitten von Konstruktionen von Männlichkeit, Heldentum und Krieg beschreiben Careen Yarnal und Lorraine Dowler und ihre Mitarbeiter und Mitarbeiterinnen in ihrem Sammelband um die Herstellung moralischer Geografien (Dowler, Carubia und Szczygiel 2005; Yarnal, Dowler und Hanson 2003). Männlichkeit als Konstrukt in Abgrenzung vom weiblich geprägten Zuhause und einer ausschliesslich männlichen Sphäre des Privaten ist das Thema von Dowlers Artikel um männliche Freundschaft und Nationalismus in Nordirland (Dowler 2002). In diesem Artikel zeigt Dowler, wie gefestigte Verständnisse von (männlicher) Öffentlichkeit und (weiblicher) Sphäre des Privaten durchbrochen werden.

Lauren Berlant und Michael Warner entwickeln die These der Intimisierung staatlicher Politik in ihrem Artikel zu aktuellen Diskursen rund um Staatsbürgerkonzepte und Sexualität. Sie beanstanden die gezielte In-Wert-Setzung des Privaten als Ort von Intimität und (Hetero-)Sexualität als Normierungsmittel rechtskonservativer Politik. Ziel des Artikels ist es, die gewohnten Denkmuster von Sexualität als Intimität zu durchbrechen. Intimität wird dem Artikel zufolge als Phantasiezone erzeugt, in der traditionelle bürgerliche Beziehungen wiederhergestellt und von den verwirrenden und aufwühlenden Zerstreuungen und Widersprüchen des Kapitalismus und der Politik befreit wird. Die Intimisierung der Herstellung von staatsbürgerlicher Zugehörigkeit nennen Berlant und Warner *love plot*:

»Heteronormative forms of intimacy are supported, as we have argued, not only by overt referential discourse such as love plots and sentimentality but materially, in marriage and family law, in the architecture of the domestic, in the zoning of work and politics.« (Berlant und Warner 1998, 562)

Das Zuhause als geschütztes Labor der Erzeugung von willfährigen Staatsbürgern und Staatsbürgerinnen erhält eine zentrale Rolle im neokonservativen politischen Kontext. Dies bedeutet eine markante Wende im liberalen Staatsdenken, das sich durch seine Zurückhaltung gegenüber dem Privaten auszeichnet. Das neu geweckte staatliche Interesse an intimen Geografien steht im Gegensatz zum Rückzug des Staates aus öffentlichen Aufgaben. Mit Blick auf meinen Untersuchungsgegenstand ist die staatliche Regulierung privater Verhältnisse daher spannend, weil die 80er-Bewegung gerade dadurch provozierte, dass sie für »alternative« Wohn- und Lebensformen kämpfte. Zwar beanspruchte die Bewegung auch die Strasse, ihr zentrales Anliegen bezog sich jedoch auf Formen des Zusammenlebens, und gerade dies machte sie so provokativ.

3.6.3 Strasse und Wohnviertel

Gill Valentine wählt die Strasse, um die heterosexuelle Bestimmung öffentlicher Räume zu analysieren. Raum, so ihr Schluss, wird immer sexualisiert und ist stets sexuell aufgeladen. Dies mag nicht unmittelbar einleuchten, besteht doch die Sexualisierung von Raum auch in der Absenz sexueller Praxis und in der Zuweisung sexuellen Ausdrucks auf bestimmte Raumsegmente oder in der Ausgrenzung abweichender Sexualität. Wiederum liegt der Fokus hier auf der normierenden Qualität räumlicher Struktur. Valentine entwirft das Konzept des sexuell durchdrungenen Raums über die Dekonstruktion der Binarität von öffentlicher und privater Sphäre, die seit der Entstehung der bürgerlichen Gesellschaft für eine klare diskursive und materielle Verortung von Sexualität im privaten Bereich – namentlich im verschlossenen Schlafzimmer der bürgerlichen Eheleute – gesorgt hat (Valentine 1993; 1996b). Umso deutlicher wird die räumliche Festlegung sexueller Identität, wie von Identitätskonzepten ganz generell, wenn diese Kategorien aufgelöst werden. Sexualität ist körperlich und räumlich festgemacht, *embodied* und *emplaced* – einverleibt und verortet. Demnach erschliessen sich Orte unter anderem über ihre sexuelle oder asexuelle Prägung den Raumnutzern und Raumnutzerinnen. In dieser Hinsicht unterscheiden sich Räume über ihren sexuellen Ausdruck, dessen Bedeutung und Zulässigkeit von Ort zu Ort variiert. Auch sind nicht alle Formen sexuellen Ausdrucks für jeden Ort denkbar, das heteronormative Regulativ wirkt über räumliche Strukturen. Der geografische Ansatz, Raum über seine sexualisierten Zuweisungen zu denken, weicht von einer psychoanalytischen Interpretation ab, da diese einen individualisierenden Zugang zu sexualisierten Räumen vornimmt. Den beiden Ansätzen ist gemeinsam, dass die sexuelle Aufladung des Raums dem Subjekt nicht notwendigerweise bewusst sein muss. Die Analyse sexueller Geografien löst die »Natur« von Sex auf, indem sie sie auf die normalisierenden Regulative räumlicher Strukturen zurück führt. Sex und Sexualität gehören zu den Konstituenten von Raum, sie sind Teil der Geschichten, die Orte (be-)schreiben und aus denen Orte geschrieben werden. In der ausufernden öffentlichen Sichtbarkeit und in ihrer systematischen Ausblendung, die gleichzeitig stattfinden, erscheinen Sex und Sexualität innerhalb täglicher Interaktionen ebenso wie in Form kultureller Repräsentationen und der Vermittlung symbolischer Normen (Mitchell 2000, 173). Die Sexualisierung des Raums tritt besonders angesichts der Darstellung nicht hegemonialer Sexualität hervor. Das Konzept sexualisierter Räume basiert auf ihrer Konstruktion als heterosexuelle Räume – *straight spaces*. Dies wiederum öffnet die Möglichkeit von Übertretungen der im Raum eingelassenen Normen, wobei aus dem Raum ein transgressives Mittel wird (Hubbard 1999, 35). Die Zusammenführung von Sexualität und Raum wurde bereits Mitte der 80er Jahre in einem Beitrag von Lauria und Knopp vorgenommen (Lauria und Knopp 1985). Knopp bearbeitete die Thematik unter dem Aspekt der ambivalenten Aspekte kapitalistischer Urbanität auf abweichende sexuelle Orientierungen

(Knopp 1992; 1995). Der Fokus dieser und nachfolgender Untersuchungen verschob sich nach und nach von Fragen geschlechtsbezogener und sexueller Ungleichheit hin zu Konzepten von Identitäten, Subjektivitäten und Performanzen, deren vielfältige Muster und Ausdrucksformen sowie der räumlichen und zeitlichen Kontingenz, mit der sie (fast ausschliesslich städtische) Räume prägten. Hubbard seinerseits richtete in seiner Untersuchung zu Prostitution den Blick auf die moralische Geografie heterosexueller Räume (Hubbard 1999).

Liz Bondi untersuchte Gentrifizierungsprozesse in zwei Edinburgher Stadtviertel in einer dichten Lektüre der gebauten Materialität sowie über die diskursanalytische Bearbeitung der relevanten Planungsdokumente. Dabei macht sie geltend, dass im Gentrifizierungsprozess Ideen von Eroberung (männlich) und Zähmung (weiblich) die vorgenommenen Stadtentwicklungsmaßnahmen mit kulturellen Bedeutungen aufladen (Bondi 1998, 187). Sie entwickelt einen komplexen analytischen Nexus von *sex, gender* und Sexualität auf der Basis von Butler. Zudem führt sie eine psychoanalytische Neubestimmung der gängigen, in der Stadtforschung verwendeten Konzepte von *sex, sexuality* und *gender* durch, wobei sie deutlich macht, dass das Analysekonzept *sex/gender* um einiges komplexer ist als das, was in der feministischen Stadtforschung praktiziert wird. Mit ihren Schlussfolgerungen deckt sie Geschlechterkonstruktionen auf, welche die legitimatorischen und die materiellen Massnahmen der Stadterneuerung untermauerten. Gentrifizierung hat im Kern damit zu tun, dass romantisierte Versionen der Ortsgeschichte mittels Kunstgegenständen und symbolisch aufgewerteten Erinnerungsräumen aktiviert werden, wobei Belange sozialer Identität und von sozialem Status von höchster Bedeutung sind. Wie Bondi schreibt: »In so doing, gentrification transforms history into heritage, and untamed urban wilderness into domesticated urban landscapes« (1998, 195). In diesen Domestizierungsprozess werden spezifische Formen von Weiblich- und Männlichkeitskonstruktionen eingebunden. Bondis Ziel war es, eine Verunsicherung bezüglich herkömmlicher und unmittelbarer Deutungen von Geschlecht zu bewirken. Ihre Analyse zeigt, dass die gängigen Repräsentationen von Geschlecht für scheinbar klar zugewiesene Konzepte wie Eroberung und Domestizierung umgedreht werden können (Bondi 1998).

Anke Strüvers Untersuchung zum Hamburger St.Pauli-Viertel fragte nach der »räumlichen Identität« in einem Viertel, dem der Ruf als verruchter Ort und Zone des Zwie- und Rotlichts anhaftet. Strüver unterscheidet mit ihrem Konzept der räumlichen Identität zwischen einem strategischen Kollektiv als Identitätspolitik und der differenzlogischen, anti-essentialistischen und relativistischen Identitätskonzeption, die Vielfalt und Heterogenität einschliesst. In dieser Begriffslogik stellt sie einen Raumaneignungsprozess im Sinne einer politischen Strategie fest (Strüver 2001).

Eine weitere Analyse, die die Strasse oder das Umfeld des Quartiers und den öffentlichen Raum einschliesst, stammt von Ellen Bareis. Bareis widmet sich der Privatisierung öffentlicher Räume, die häufig in Form juridischer »Umwidmung« oder von Investorenprojekten wie Einkaufszentren auftritt. Diese Erscheinungen führen zu neuen Formen der Raumregulation. Die neuen Erlebnisräume mit Gewinnorientierung lehnen sich ästhetisch und architektonisch stark an den Symbolen der häuslichen Privatheit, Intimität und Erholung an, in der westlichen Gesellschaft weiblich konnotierte Räume. Bareis sieht in derartigen Stadtentwicklungsprojekten eine unheilige Allianz zwischen feministischen Forderungen nach Sicherheit und den Ansprüchen privatisierter Räume nach Kundenfreundlichkeit. Sie diagnostiziert gleichzeitig eine Veränderung von Raumregulationen und eine Transformation vergeschlechtlichter Subjektpositionen (Bareis 2003, 3 f.).

Stuart Aitken schliesslich widmet sich der Herstellung von Gemeinschaftlichkeit (*community*) im Rahmen diskursiver Überhöhung von »Normalbiographien« beziehungsweise »Normalfamilien« in Stadtentwicklungsprogrammen. Er kommt zum Schluss, dass sich Mütter, Väter und Kinder häufig in einer Art räumlichen Falle wiederfinden, dem »suburban spatial entrapment« (Aitken 1998; 2000, 70).

Der Verstärkung einschränkender Weiblichkeitsvorstellungen, die in den in zahlreichen Einzelentscheiden wurzelnden suburbanen Bauräumen zum Ausdruck kommt, ist Betty Friedans zur feministischen Ursprungsgeschichte gehörende Studie gewidmet (Friedan 2001): Sie thematisiert Agglomerationen als Orte gezähmter Weiblichkeit, wo die gut ausgebildeten Mittelstandsfrauen Teil des Einfamilienhaustraums geworden sind – was Unternehmen mitunter sogar veranlasst, Büros an den Stadtrand auszulagern, um diese Frauen als Arbeitnehmerinnen zu gewinnen – anstelle der meist schwarzen, häufig alleinerziehenden und fallweise renitenten Innenstadtbewohner und Innenstadtbewohnerinnen.

Sprachlich wird der Einfluss des amerikanischen Städtebaus durch die in den 70er Jahren populär gewordene Umschreibung »Grüne Witwe« festgemacht.

»[Weiblichkeitskonzepte] sind wirkmächtige Grundlagen einer Planungspolitik, die bspw. Gebiete mit einem überduchschnittlichen Anteil an allein erziehenden Frauen als problematisch definiert und deshalb durch planerische Massnahmen ›ausgewogene Bevölkerungsstrukturen‹ herzustellen versucht. Das Bild der ›grünen Witwe‹ ist zwar inzwischen passé, da sich die Trennung zwischen Hausfrau und erwerbstätiger Frau – insbesondere durch den hohen Anteil teilzeitbeschäftigter Mütter – nicht mehr aufrecht erhalten lässt, dennoch zeigt dieses Bild, wie sehr gesellschaftliche Geschlechterverhältnisse und Vorstellungen von Weiblichkeit in Stadtstrukturen eingeschrieben sind« (Becker 2004, 658).

Kulturgeschichtliche Aufarbeitungen solcher Einschreibungsprozesse haben Frank (2003) und, grundlegend, Weigel (1990) vorgelegt.

3.6.4 Arbeit

Eine Reihe von geographischen Arbeiten ist auf die Analyse der Beziehungen zwischen dem Arbeitsplatz, dem »Heim«, der Konstruktion von Arbeit als Erwerbsarbeit und den dadurch konstituierten Männlichkeiten und Weiblichkeiten ausgerichtet (so etwa Hanson und Pratt 1995; Kobayashi 1994; Forschungsbeispiele aus internationalen Zusammenhängen bringen Laurie et al. 1999; Massey 1996; McDowell 1999; 2004; McDowell und Sharp 1997; Pratt 1998 und Spain 1992). In der Soziologie ist der Konstruktionszusammenhang zwischen Arbeitsteilung und Geschlechterrollen/Geschlechteridentität eingehend bearbeitet worden, hier möchte ich stellvertretend nur auf Angelika Wetterer und Carol Hagemann-White hinweisen (Hagemann-White und Sander 2003; Wetterer 2002). Ebenso hat sich die historische Forschung traditionell mit Arbeitsteilung und Geschlecht über die verschiedenen Epochen hinweg befasst (Magnin 1996; Wecker, Studer und Sutter 2001).

3.6.5 Die Stadt

Gesellschaftliche Entwicklungen nehmen ihren Anfang häufig im komplexen Milieu der Stadt. Eine urbane Situation ist durch ihr Innovationspotential gekennzeichnet, nicht überraschend ist deshalb, dass die Stadt ein beliebtes geographisches Forschungsfeld abgibt. Liz Bondi und Damaris Rose schreiben der feministischen Stadtforschung das Potential zu, traditionelle Analyseachsen, die die gegenseitigen Konstituierungsprozesse von Geschlecht und dem *Urbanen* verschleiern, zu durchbrechen. Sie liefern einen Überblick über neuere feministische und geografische Stadtforschung im angelsächsischen Raum seit Elizabeth Wilsons bahnbrechender Kritik an der herkömmlichen feministischen Tradition (vgl. Bondi und Rose 2003; Wilson 1993). Ebenfalls überblicksartig gehalten ist der Beitrag von Ruth Becker, der den deutschsprachigen Raum einschliesst (Becker 2004).

Im Bereich der *Queer*-Forschung – die besonders interessant ist, weil sie gesellschaftliche Entwicklungen sozusagen im Labor progressiver Randgruppen vorwegnimmt – sind eine Reihe von Aufsätzen zu nennen, darunter jene von Gill Valentine, David Bell und Jon Binnie (Bell und Binnie 2004; Bell und Valentine 1995). Über Frauenthemen, Weiblichkeitsvorstellungen und die Geografie des öffentlichen und privaten Raums in historischer Perspektive forscht Mona Domosh (Domosh und Seager 2001). Tim Cresswell (1996), Don Mitchell (2003) und Byron Miller (1994) publizierten zu urbanen Widerstandspraktiken. Weitere Studien dazu finden sich in der Sondernummer des GeoJournal von 2002 unter dem Titel »Right to the city« (Staeheli, Dowler und Wastl-Walter 2002) sowie im entsprechenden Band mit den *conference proceedings* (Wastl-Walter, Staeheli und Dowler 2005). Von klassischen Fragestellungen der Frauenforschung nach Angsträumen verschiebt sich der Fokus geschlechtertheoretischer Stadtforschung heute auf die Untersuchung der Geografien der Angst im Verhältnis zu den Geografien der Gefahr, so bei Leslie Kern und Renate Ruhne (Kern 2005; Ruhne

2003). Das Verhältnis zwischen der Geografie der Angst und der Geografie der Gefahr kann am Beispiel des Waldes nachvollzogen werden: Mit Wald verbinden sich assoziativ Begriffe wie dunkel, unheimlich, Natur, Gefahr, Dickicht, düster, unheilvoll, geheimnisumwittert, Nebel, gespenstisch. Das ist tendenziös, denn der Wald könnte auch ganz anders konnotiert werden, beispielsweise mit »Naturparadies« und »Erholungsraum«. Trotzdem ist die Konnotisation von Unheil und Wald gängig. So erweckt der reale Raum des Waldes möglicherweise Angst – auch wenn die Wahrscheinlichkeit, dass im Wald real eine Gefahr lauert, um ein Vielfaches kleiner ist als an den meisten Orten des Alltags.

Die Schaffung von städtischem Raum durch Kulturproduktion verfolgen Lange und Steets für das Beispiel Frankfurt am Main (Lange und privaten/privatisierten Räumen prominentes Thema in der politischen Geographie und in der Sozialgeographie (Schenker 1996; Smith 1996; Staeheli 1996; Tonkiss 2003; Valentine 1996a).

Diskursanalytische und kulturgeschichtliche Untersuchungen zu Stadtentwicklungsprozessen zeigten auf, dass die Entstehung und Transformation von Städten und des urbanen Raums elementar durch geografische Imaginationen einschliesslich der darin verankerten Geschlechterkonzeptionen gesteuert wurde und wird (Frank 2003; Weigel 1990); und, viel beachtet, (Wilson 1993). Untersuchungen zu modernen Stadtentwicklungs- und Planungsprozessen sind mittlerweile recht häufig, stellvertretend erwähne ich die Arbeiten von Ulla Terlinden, Kerstin Dörhöfer sowie von Christine Bauhardt (Bauhardt al. 1997; (Dörhöfer 1998); Terlinden 2002; weitere Hinweise dazu in Becker 2004).

Ruth Finchers Thema ist die Konstruktion von Devianz und die Marginalisierung bestimmter sozialer Gruppen in spezifischen Stadtteilen. Da sie eine der wenigen dekonstruktivistischen Studien im Gebiet der Stadtforschung vorlegt, führe ich diese etwas detaillierter aus. Fincher widmet sich der Konstruktion von urbanen Gebieten als soziale (Un-)Orte sowie der damit verknüpften Markierung bestimmter Bevölkerungsgruppen, ihrer Kriminalisierung und Marginalisierung (Fincher 1998). Sie zeigt, wie Problemdiskurse über einschlägige Wohnviertel in westlichen Grossstädten mittels hoch vergeschlechtlichter und rassendifferenzierender Interpretationen statistischer Daten produziert werden. Fincher kritisiert Studien, die eine ursächliche Verbindung zwischen ausserehelicher Schwangerschaft im Teenageralter, Drogenabhängigkeit, Kriminalitätsraten und schwarzer Hautfarbe nahelegen. Den meist jugendlichen Frauen und Männern wird als Ergebnis dieser Konstruktionsleistung jegliche Fähigkeit abgesprochen, sich selbst aus ihrer momentanen Situation weiterzuentwickeln. Die Betroffenen werden diskursiv immobilisiert. Im Diskurs wird zudem gerne verschwiegen, dass der Zugang zu ökonomischen Ressourcen für die betroffenen Jugendlichen durch bedeutsame Transformationen des Arbeitsmarkts in jüngster Vergangenheit deutlich erschwert wurde. Zudem wird ausgeblendet, dass die Anzahl der Teenageschwangerschaften bei schwarzen Jugendlichen weitgehend stabil ist, während sie bei weissen Teenagern zunimmt. Der Anteil an Einelternhaushalten ist im Übrigen in den USA landesweit im Steigen begriffen und keineswegs auf die schwarze Bevölkerung beschränkt. Es handelt sich hier also um normative Konstruktionen, die innerstädtische Armut letztlich auf abweichende Familienformen zurückführen. Implizit reaffirmiert diese Verknüpfung von hoher männlicher Arbeitslosigkeit und weiblich geführten Haushalten das Ernährer-/Hausfraumodell als Mittel zur Armutsbekämpfung. Fincher hält fest, dass Individuen zwar ihre Lebensläufe selbständig aushandeln, dass dieser Verhandlungsprozess jedoch stereotypisierten Annahmen über die Produktion und Regulation von urbanen Räumen unterliegt. Es gibt also für die adäquate Lebensform in den je zugewiesenen Lebensabschnitten einen entsprechenden räumlichen Ausdruck ebenso wie die Abweichung davon. Eine kritische Sichtweise legt die normativen Annahmen frei, welche die Zulässigkeit bestimmter Lebensformen an spezifische Lebensabschnitte knüpft und gleichzeitig auf diese beschränkt. Finchers Absicht besteht nicht darin, tatsächliche Schwierigkeiten zu verharmlosen, sondern aufzuzeigen, inwiefern sich der »Problembezirk« als ein Produkt aus kategorialen Zuschreibungen, verkürzten Schlussfolgerungen und normativen Vorannahmen erweist, welches seinerseits letztlich die Distinktionsbemühungen der vornehmlich weissen Mittelschicht stützt. Als Ergebnis entsteht gemäss Fincher ein klassischer No-go-Bezirk, eine »schlechte« Adresse. Das Ghetto, wohin die bedrohlich wirkenden Gruppen unterschichtet werden, wird zu einem Raum, den die Mittelschicht als Distinktionsmassnahme zu meiden lernt.

Kernpunkte
Identitätskonstruktionen beziehungsweise Subjektpositionen werden via Ab- und Ausgrenzungsprozesse vollzogen, wobei räumlichen (An-)Ordnungen eine wichtige Bedeutung zukommt. Dies führt zu folgenden Fragen: Wer ist autorisiert, sich in gewissen Räumen aufzuhalten, und wer nicht? Wer bestimmt über die Aufenthaltsrechte anderer? Wie werden Zugehörigkeiten räumlich organisiert? Welches Verhalten gilt als abweichend? Wo wird das Fremde, wo das Eigene verortet? Inwiefern spiegeln sich darin gesellschaftliche Machtverhältnisse, angefangen bei der soziologischen Mikroebene der Familie, der Schule oder des Arbeitsplatzes bis hin zu den globalen Imaginationen von Kolonisatoren gegenüber Kolonisierten und westlichem Sendungsbewusstsein gegenüber so genannten Schurkenstaaten?
   Im letzten Unterkapitel zu den Anwendungen konstruktivistischer Raumkonzepte bespreche ich die globale Bezugsebene. Diese wird häufig über den dekonstruktivistischen Ansatz der geographischen Imaginationen gefasst, welcher an postkolonialen Theorien und ihrer Kritik kolonialer Wissens- und Machtsysteme anknüpft. Kapitel 3.6.6 gibt eine Richtung an, wohin die geographische Forschung in diesem Rahmen gehen könnte.

3.6.6 Geografische Imaginationen

Die erste und wichtigste Referenz postkolonialer Ansätze in der Geographie ist der palästinensisch-amerikanische Literaturwissenschaftler Edward Saïd. Er beschrieb die Produktion des Orients als Ergebnis von Verwissenschaftlichung und der Romantik des 18. und 19. Jahrhunderts auf der Basis der Foucault'schen Terminologie. Im Wissen-Macht-System, das Saïd zufolge mittels dieser kolonialen Diskurse errichtet wird, werden den Individuen spezifische Orte innerhalb eines diskursiven Regimes zugewiesen. Auf diese Weise wird eine ausschliessende Geografie erzeugt (Gregory 2000; Saïd 2003). Saïd schrieb seine Autobiographie unter dem Titel: »Am falschen Ort« (im Original: »Out of Place«), eine sicher zutreffende Umschreibung für einen in Ägypten und in Jerusalem aufgewachsenen Palästinenser (Saïd 2000). In seinem Buch beschreibt er die Erfahrung, wie das ehemalige Zuhause plötzlich zum Gefängnis mutierte. Diese Erfahrung einer dramatischen Verschiebung geografischer Imaginationen teilt Saïd mit allen Palästinensern und Palästinenserinnen. Saïds in den 70er Jahren verfasstes Werk »Orientalism« setzt sich mit den geografischen Imaginationen des Westens über den Orient auseinander und zeigt, wie der Orient als das fundamental Andere des Westens gedacht, gelehrt, wahrgenommen sowie als Ziel westlicher Sehnsüchte konstruiert worden ist. Die Konstruktion von Raum und die dadurch verursachten Schliessungsprozesse, die Saïd dokumentiert, laufen über materielle, symbolische, normative und politisch-ökonomische Praktiken. Grenzziehungen schaffen immer ein »Wir« gegenüber den »Andern«, sie integrieren selektiv soziale Differenz oder schliessen diese aus. Die Möglichkeit von Entwicklung, Veränderung und Bewegung wird den Orientalen (ähnlich wie den in Ruth Finchers stadtgeographischer Fallstudie beschriebenen Jugendlichen) abgesprochen. Obwohl Saïd keine Geschlechteranalyse macht, beschreibt er Orientalismus als eine exklusiv männliche Praxis der Raumproduktion (Saïd 2003, 207 f.). Der Orient wird »penetriert«, »zum Schweigen gebracht«, »in Besitz genommen« (»penetrated, silenced, possessed«, 211). Die Beziehung zwischen Orient und Okzident wurde umfassend sexualisiert: »The veils of an Eastern bride« war als Ausdruck in der Alltagssprache des späten 19. Jahrhunderts gebräuchlich (222). Saïd fokussiert auf den metaphorischen Gehalt, nicht auf die Praxis kolonialer Politik.

Anne Laura Stoler dagegen beschreibt in ihrer Aufarbeitung der britischen Kolonialgeschichte in Südostasien geografische Imaginationen als vergeschlechtlichte Konstruktionen zur Untermauerung kolonialer Herrschaft (Stoler 1996). Anhand medizinischer Diskurse zu Reproduk-tion, Sexualität und Heirat untersucht die Historikerin, inwiefern die imperialistische Autorität der Kolonialstaaten und ihre rassistische Grundlage geschlechterdifferenzierend operierten. Stoler weist nach, dass das koloniale Verhältnis neu aufgelegt wurde, als in den Kolonien ab den 1920er Jahren weisse Frauen Einzug hielten. Die Konstruktion des sexuell aggressiven und bedrohlichen indigenen Mannes entsteht in der Gegenüberstellung zu der schutzbedürftigen, moralisch integren weissen Frau in dieser Zeit. Gemäss Stoler diente sie der Wiederherstellung der in die Krise geratenen Vorherrschaft der weissen Kolonialherren. Stoler zeichnet eine Verschiebung der kolonialen Beziehungen von einer eher assimilativen zu einer segregativen Politik nach, welche über den medizinisch-eugenischen Sexualdiskurs sowie den Rassendiskurs gesteuert wurde. Die Konstruktion der permanenten sexuellen Bedrohung war notwendig, um die imperiale Machtstellung des weissen Mannes unter den Bedingungen der Modernisierung neu zu installieren: »Sex in the colonies was about sexual access and reproduction, class distinctions and racial demarcations, nationalism and European identity – in different measure and not all at the same time« (251).

Die Positionierung europäischer Frauen war nicht einfach ein Ergebnis kapitalistischer Entwicklung, sondern resultierte aus einem Zu-sammenspiel von Klassenpolitik, imperialer Moral, männlichem Herr-schaftsanspruch und dem Anspruch auf koloniale Kontrolle.

Derartige geografische Imaginationen, von dem von Saïd problematisierten Orientalismus über die geschlechter- und rassenkonstituierende Kulturgeografie der kolonialen Praxis bis hin zu Samuel Huntingtons »Clash of Civilizations« (Huntington 1996), sind handlungswirksame Produktionen von Welt- und Menschenbildern beziehungsweise neuen »Weltordnungen«, in der die gerechten Staaten von so genannten »Schurkenstaaten« abgegrenzt und die dominanten Machtverhältnisse reinstalliert werden.

Dass solche Imaginationen auch auf der Ebene demokratischer Strukturen des Zusammenlebens wirksam werden, zeigt eine Untersuchung der schweizerischen Einbürgerungspraxis in aus-gewählten Gemeinden (Hächler 2002). In der Schweiz hat die populistisch auftretende, rechts-konservative Volkspartei, die in der Landesregierung vertreten ist, in einigen Gemeinden durchgesetzt, dass Einbürgerungsentscheide dem Volk vorgelegt werden. Dabei greifen die Parteivertreter und Parteivertreterinnen auf ein zweifelhaftes Verständnis von direkter Demokratie zurück, wobei sie einen verfänglichen Diskurs um Bürgernähe und Selbstbestimmung produzieren.[44] Die Entscheide, bei denen regelmässig Personen aus dem Balkan gegenü ber allen anderen Einbürgerungswilligen das Bürgerrecht verweigert wurde, spiegeln die geografischen Imaginationen der Stimmberechtigten wider. Das Bild vom Balkan rechtfertigt den Ausschluss einer Gruppe von Personen einzig aufgrund ihrer Herkunft, ihres Namens und ihrer Zugehörigkeit. Objektivierbare Kriterien in Form von Argumenten werden durch dieses Verfahren verunmöglicht und die Menschen und ihre Geschichte werden gezielt ausgeblendet.

In der Tradition dekonstruktivistischer Konzeptionen von Raum sind eine Reihe von Projekten zu erwähnen, die diskursorientiert arbeiten und

---

44 Vgl. unter anderem NZZ, 29/8 sowie 16/10/2003

sich mit Repräsentationen beziehungsweise mit der geopolitischen Produktion von Räumen durch internationale Akteure beschäftigen. Paul Reuber und Günther Wolkersdorfer analysieren heute wirksame geografische Imaginationen in Geopolitik und Globalisierungsdiskursen (Wolkersdorfer 2004; Reuber 1999). Weitere Literaturhinweise finden sich bei Agnew, Mitchell und Toal (2003). Hierbei handelt es sich um eine kritische Analyse von Reterritorialisierungsvorgängen, die inmitten eines scheinbar hegemonialen Globalisierungsdiskurses weltweit geografische Imaginationen prägen und politische Prozesse steuern. Diese Arbeiten dekonstruieren die Begründungslogik, Raum für die Herstellung politischer Machtfelder zu instrumentalisieren.

3.7 Fazit

»And if [...] we lose the beauty of the ‹whole thing› when we downcast our eyes to the ›dirt and rocks‹, at least we have the place – the only place – where social things happen, things that are contingent, fragmented and changeable.« (Marston 2000, 26)

Die in den vorangehenden Unterkapiteln zusammengestellte Liste geographischer Forschungspraxis verfügt über zwei Auffälligkeiten. Erstens wird Raum als alltägliche Konstruktionsleistung beschrieben. Über den Einsatz räumlicher Kategorien werden Marginalisierungsprozesse sichtbar gemacht. Der Zugang der Autoren und Autorinnen richtet sich dabei auf die wechselseitige Konstruktion von Identität und Raum oder auf räumlich organisierte Ein- und Ausschlussprozesse in der Tradition politischer Ungleichheitsforschung. Das Konzept »Raum« übernimmt in diesem Rahmen sowohl interpretative als auch repräsentative Funktionen. Dies ist nicht überraschend, arbeitet Identitätspolitik doch häufig anhand von räumlichen Konzepten und, noch viel mehr, von räumlichen Metaphern. Raum dient der Veräusserung von Identität. Dies bestärkt die oben genannte Vermutung der starken Stellung von Raumkonzepten im Zusammenhang mit *cultural studies* in ihrer Ausrichtung auf die Konstitution von Identität. Erst die Verräumlichung von identitären Kategorien versieht diese mit Bedeutung, macht sie erschliessbar und damit gesellschaftlich und politisch relevant. Eine wichtige Rolle spielt dabei die Produktion von Wissen, die ebenfalls raumbezogen funktioniert.

Zweitens sind die raumperspektivischen Arbeiten auch durch den bereits benannten Trend, der Hinwendung zur »Materialität«, gekennzeichnet. Dies führt zu der Frage, wie sich soziale Konstruk-tionsprozesse beziehungsweise die diskursive Herstellung von Realität materialisieren, wie sie in den Raum hinein sedimentieren, die individuelle Ebene verlassen und sich institutionell verankern. Gudrun-Axeli Knapp sprach von der »Mühsal der Ebenen«, als sie eine Übersetzung der Analyse geschlechterdifferenzierender Prozesse von der Mirkoebene auf übergeordnete Bezugsskalen forderte (zit. in: Wetterer 2002, 23). Daran schliesst sich das Bestreben sowohl von feministischer Seite als auch von den Sozialwissenschaften nach einer zeitgemässen Fortsetzung von Ungleichheitsforschung, einer Erweiterung des Sozialkonstruktivismus sowie eine Auseinandersetzung mit traditionellen soziologischen Kategorien wie »Klasse« an. Raum als Standpunkt der Reflexion, Analyseinstrument und Dimension sozialer Praxis bietet eine Möglichkeit, die angesprochenen Spannungsverhältnisse zwischen den Ebenen sowie der unterschiedlichen Struktur von Kategorien in Wert zu setzen. Ich halte daran fest, dass die ernsthafte Auseinandersetzung mit Raum sinnvoll ist, da man sonst Gefahr läuft, blinde Flecken zu produzieren und bestehende Machtstrukturen zu untermauern. Zudem verfügen die erwähnten sozialen Platzanweiser über räumliche Ausdrucksweisen oder sind in spezifischer Art in räumliche Strukturen eingelassen. Raum sorgt demnach für die Materialisierung und Naturalisierung sozialer Ordnung und Bedeutungsgebung besorgt.

4 Zwischen Deontologisierung und onto-formativer Kraft: Geschlecht

»Die Frage ist nicht, ob es Geschlecht gibt. Natürlich gibt es Geschlecht. Die Frage ist vielmehr, wie existiert es: als wesensmässige, überhistorische und/oder transkulturelle Erfahrung oder als Effekt der Formierung und Verschränkung verschiedener Wissensbereiche.« (Hark 2001b, 359 f.)

Sabine Harks kompromisslose Haltung hat mich angesprochen. Ihre Art, ohne Umschweife zur Sache zu kommen, deren Benennung im wissenschaftlichen und im politischen Kontext weiterhin irritiert, überzeugte mich. Sie markiert damit eine Grenze, hinter die ich nicht zurückgehen will. Sie geht von der Prämisse aus, dass sich das System der heterosexuellen Zweigeschlechtlichkeit in die individualisierte und pluralisierte Gegenwartsgesellschaft hinein fortgepflanzt hat und diesbezüglich keine markante Verschiebung der Relevanztopographie erfolgte.

Aufgrund des pointierten wissenssoziologischen Zuschnitts birgt das Eingangszitat Material für Kontroversen. Hark schränkt die Möglichkeiten, über Geschlecht nachzudenken, markant ein, indem sie sich auf Geschlecht als Moment der Wissensbildung festlegt. Die Beschäftigung mit eben diesen Möglichkeiten, Geschlecht zu denken und mit Geschlecht zu arbeiten, hat die Entstehung dieser Studie permanent begleitet. Dieses Kapitel spiegelt in Ausschnitten diese Auseinandersetzungen, die namentlich im Rahmen des Graduiertenkollegs *shifting gender cultures*[1] stattgefunden haben.

Das vorliegende Kapitel legt zunächst meine Konzipierung von Geschlecht im Schnittpunkt von diskursorientierten und dekonstruktionslogischen Ansätzen dar. Darüber hinaus verfolgt die Darstellung das Ziel, Geschlecht mit der räumlichen Dimension zu verknüpfen und zu ermessen, wie diese Verbindung für eine sozialwissenschaftliche Analyse wirksam gemacht werden kann. Leitend ist die Frage nach einer dekonstruktivistischen Fassung von Geschlecht, um die Entstehung, Materialisierung und Verflüchtigung von Räumen im Kontext der Widerstandsbewegung der 80er Jahre als – unter anderem – geschlechterkonstituierende soziale Praxis fassbar zu machen.

Die Aufbereitung der für mich in diesem Zusammenhang bedeutungsvollen Diskussionsstränge ist eine Suche von eklektischem Charakter. Sie hat den Anspruch, anschlussfähige Konzepte für eine geschlechtergeografische Herangehensweise zu befragen. Die Befragung des sozialwissenschaftlichen Gegenstands »Geschlecht« beginnt in der Soziologie und führt von dort über einen Anriss laufender philosophischer, historischer, literatur-

---

1 Graduiertenkolleg *shifting gender cultures*, Universitäten Bern und Fribourg, 2002–2005.

und kulturwissenschaftlicher Debatten in die Geographie hinein. Hier ist weniger die Anbindung an eine oder mehrere Traditionen im Sinne einer disziplinären Verortung das Ziel als die Klärung der paradigmatischen Orientierung für diese Buchpublikation.

Im Sinne einer Referenz an einen Denker, der Geschlecht zumindest ansatzweise als relationales Konzept entworfen hat und dessen Schriften sich zudem für die soziologische Begriffsbildung von Raum als ergiebig erwiesen haben, setzt die Aufbereitung von Geschlecht zu Beginn des 20. Jahrhunderts bei Georg Simmel ein.

4.1 Geschlecht als relationale Kategorie

Die ambivalenten gesellschaftlichen und kulturellen Kräfte der Moderne, die ausufernde und pulsierende Stadt Berlin und deren »Geistesleben« bilden die Folie, vor der Georg Simmel seine Problemstellungen, darunter zum Verhältnis der Geschlechter, entwarf (Simmel 1984).[2] Simmel setzte sich 1911 mit der Veröffentlichung seiner relationalen Deutung des Geschlechterverhältnisses von den zeitgenössisch vorherrschenden Lehrmeinungen ab (Simmel 1998). Anders als Émile Durkheim, der das moderne Geschlechterverhältnis als eine moralisch bedingte Arbeitsteilung infolge des komplementären Wesens und der im Vergleich zum Mann inferioren kulturellen Stellung der Frau beschrieb (Luhmann 1996), verortete Simmel die Geschlechterdifferenz in den grundsätzlich hierarchisch organisierten sozialen Beziehungen. Er verglich das Verhältnis zwischen Mann und Frau mit demjenigen zwischen Herrn und Sklaven und entwickelte die These des »heimlichen männlichen Maßstabs«. Dieser These zufolge ist die soziale Praxis von Männern und Frauen Normen unterworfen, die zwar neutral scheinen und mit dem Anspruch objektiver Gültigkeit operieren, jedoch letztlich männlichen Interessen dienen. Mit seiner Kritik an der Objektivierung des Männlichen zum allgemein Menschlichen nimmt Simmel gemäß Peter Döge und Michael Meuser einen aktuellen Ansatz vorweg, indem er nach der sozialen Herstellung, den Folgen sowie den normativen Implikationen dieser Differenz fragt (Döge und Meuser 2001; Kuhn 1994).[3]

Einschränkend ist anzumerken, dass Döge und Meuser einer allgemein verbreiteten, äusserst wohlwollenden Interpretation von Simmels Analyse folgen, vor der auch ein Teil der feministischen Rezeption nicht zurückschreckte. Anne Witz offeriert eine kritische Lesart, in der sie Simmels Ge-

---

2 Zu biographischen Einzelheiten siehe Nedelmann (Nedelmann 2003).
3 Seine streng herrschaftssoziologisch ausgerichtete Analyse hält Simmel allerdings nicht konsequent durch. Als »Rückfälle« in Geschlechtermetaphysik bezeichnen Döge und Meuser gelegentlich auftauchende Prämissen einer ahistorischen Geschlechterdifferenz. Simmel mischt demnach einen deskriptiv-analytischen mit einem normativen Zugang. Besonders deutlich wird dies dort, wo er Frauen als ausschliesslich über ihre Geschlechtlichkeit bestimmte Wesen definiert, während Männer ihre Geschlechtlichkeit über die Beziehung zu der Frau und lediglich als eines von zahlreichen Wesenselementen entwickeln (Döge und Meuser 2001).

schlechtermodell als Dualismus unvereinbarer Geschlechtswesen darstellt. Dieser Entwurf gründe in einer rein männlichen Ontologie des Sozialen und behalte Männern letztlich die Gestaltbarkeit des sozialen Feldes vor. Während die Frauen »to the metaphysical wastelands of his philosophical imagination« verbannt würden, entliesse er die Männer »into the more fertile and productive workings of his sociological imagination« (Witz 2001, 355). Den Einwand von Anne Witz nicht außer Acht lassend lese ich Simmels Kritik am männlich unterlegten Objektivitätsbegriff dennoch als einen für spätere, sozialkonstruktivistisch inspirierte Perspektiven fruchtbaren Beitrag. Das relationale Modell benennt die binäre Codierung der gesellschaftlichen Ordnung und deutet die dichotome Qualität von Geschlecht und seine Funktion als sozialer Platzanweiser an. Auf diese Funktion war das Erkenntnisinteresse der Interaktionsforschung der 60er Jahre ausgerichtet. Diese Forschungsrichtung widmete sich bereits damals dem Verhältnis zwischen biologischem und sozialem Geschlecht.

4.2 Das Verhältnis von sex und gender

Die Interaktionisten und Interaktionistinnen untersuchten die Bemühungen von Individuen, sich konform zu ihrer Geschlechterrolle und kompetent in dem ihnen zugewiesenen Ort zu verhalten. Diesem Forschungsansatz ist der erste Teil von Kapitel 4.2 zum Verhältnis von *sex* und *gender* als dem Dreh- und Angelpunkt geschlechtertheoretischer Ansätze gewidmet. Das zweite Unterkapitel, Kapitel 4.2.2, beschäftigt sich im Anschluss daran mit dekonstruktionsorientierten Bestimmungen des Verhältnisses von *sex* und *gender*. Im dritten Teil stelle ich zeitdiagnostische Geschlechteranalysen vor, die sich zwischen der Dethematisierung und der Neusituierung der Kategorie Geschlecht in Gesellschaftsanalysen bewegen.

4.2.1 Symbolischer Interaktionismus und Ethnomethodologie

Die gesellschaftswissenschaftliche Geschlechterforschung steht zunächst vor dem Paradox, dass aus einem überaus komplexen Sortierungsprozess individueller geschlechtlicher Merkmale lediglich zwei Geschlechter hervorgehen. Die Interaktionsforschung sucht nach den Steuerungsfaktoren für diese Vereindeutlichung, der sich Individuen unterwerfen, um als kompetente Akteure und Akteurinnen in sozialen Situationen zu bestehen. Im Mittelpunkt des symbolischen Interaktionismus, der seine theoretischen Wurzeln bei George Herbert Mead und Alfred Schütz hat, stehen die vielfältigen Aushandlungs- und Interpretationsprozesse, welche die alltägliche Wirklichkeit herstellen.

Der symbolische Interaktionismus entwirft ein interpretatives Schema, wonach soziale Wirklichkeit aus dem wechselseitig aufeinander bezogenen und interpretierenden Handeln von Individuen hervorgeht. Gemäß diesem Schema setzt erfolgreiche Interaktion die laufende Interpretation der Handlungen des Gegenübers voraus. Gesellschaftliche Interaktionsprozesse werden über Selbstwahrnehmung und Verhaltensantizipation gesteuert: Man sieht sich nicht nur mit eigenen, sondern auch mit den Augen der Anderen. Die Orientierung am Gegenüber formt sich nicht nur an einer konkreten Person, sondern auch an einem organisierten, generalisierten Anderen. Soziales Handeln ist gemäß diesem Modell theoriegeleitet und über Symbole vermittelt. Ziel der Analyse von Interaktionsprozessen ist es also nicht, ein Tatmotiv zu entschlüsseln, da Handlung primär durch die Orientierung an dem Anderen erzeugt wird. Vielmehr geht es darum, die Herstellung sozialer Wirklichkeit im interaktiven Prozess zu verstehen (Treibel 1995). Dies führte die Interaktionsforscher und Interaktionsforscherinnen zu dem Schluss, dass erfolgreiche Kommunikation umfangreiches Wissen voraussetzt, sie also überaus störungsanfällig ist. Die Konstitution von Raum ist an der Hervorbringung dieses Wissens beteiligt. Die räumlichen (An-)Ordnungen, die in die Verständigungsprozesse impliziert sind, bilden eine wichtige Ressource für die Herstellung von Bedeutung. Auch Geschlecht bildet in diesem laufenden Bezugnehmen eine zentrale Referenz, und es fällt nicht schwer, die Irritation nachzuvollziehen, die bei uneindeutigen Geschlechtsmerkmalen oder beim Übertreten geschlechtlicher Codes hervorgerufen wird.

Die Geschlechtszugehörigkeit wird im beschriebenen Modell weit gehend über Konventionen interaktiver Praxis geregelt. Individuen eignen sich das notwendige Wissen an, um sich adäquat im gesellschaftlichen Kontext zu inszenieren. Auf diese Weise ist auch die Geschlechtszugehörigkeit geregelt. Es obliegt dem Individuum, sich in seinen Handlungen als das »richtige« Geschlecht zu erkennen zu geben und in gleicher Weise das Geschlecht des Gegenübers zu entschlüsseln. Die kompetente Verkörperung des »richtigen« Geschlechts ist eine grundlegende Voraussetzung der Subjektkonstitution. Sie ist, mit anderen Worten, eine Schlüsselkompetenz für die Entwicklung eines Selbstverhältnisses und bildet damit den Zugang zur Individualität.

Harold Garfinkels ethnomethodologische Untersuchungen warfen ein Licht auf die komplexen Voraussetzungen, die die Bewältigung alltäglicher Situationen erfordert. Seine Krisenexperimente verdeutlichten die hohe Ritualisierung der Alltagskommunikation, die auf stummen Regeln aufbaut. Wie fragil die impliziten Vereinbarungen sind, auf denen das Alltagsleben beruht, erfahren insbesondere marginalisierte Mitglieder von Gesellschaften. Besonders limitiert ist die gesellschaftliche Toleranz dann, wenn ein Individuum seinen Geschlechtsstatus verändern will. Dies belegte Garfinkel in seiner Studie über die Transsexuelle Agnes, deren *passing*-Prozess er akribisch dokumentierte. Das Bemühen von Agnes um geschlechtliche Kompetenz führte zu einer Überdosierung geschlechtlich codierten Verhaltens. Damit lenkte sie die Aufmerksamkeit ihrer Interaktionspartner und Interaktionspartnerinnen verstärkt auf ihre Geschlechtszugehörigkeit, statt davon abzulenken (Garfinkel 1984).

Ebenso wie die empirischen Studien der Ethnomethodologie leisten Foucaults Arbeiten eine Entselbstverständlichung der biologischen Fundierung der Zweigeschlechtlichkeit. Zudem liefern Foucaults Analysen Belege für die historische Wandelbarkeit der Geschlechterordnung. Auch Foucault bedient sich einer Geschichte geschlechtlicher Transgression für seine Theoriebildung. Anhand der Fallanalyse des Hermaphroditen Abel Barbin behandelt er die Entstehung moderner Sexualdiskurse:

»Biologische Sexualtheorien, juristische Bestimmungen des Individuums und Formen der administrativen Kontrolle haben seit dem 18. Jahrhundert in den modernen Staaten nach und nach dazu geführt, die Idee einer Vermischung der beiden Geschlechter in einem einzigen Körper abzulehnen und infolgedessen die freie Entscheidung der zweifelhaften Individuen zu beschränken. Fortan jedem ein Geschlecht, und nur ein einziges. Jedem seine ursprüngliche sexuelle Identität, tiefgründig, bestimmt und bestimmend; was die Merkmale des anderen Geschlechts betrifft, die unter Umständen in Erscheinung treten, so können sie rein zufällig sein, oberflächlich oder sogar einfach trügerisch.« (Foucault 1998, 8)

Aber die Biologie – gemäß Foucault seit dem 18. Jahrhundert alleine zuständig für die »tiefgründige« Bestimmung der sexuellen Identität – liefert keine Eindeutigkeiten, denn mindestens vier Dimensionen sind für die Geschlechtszugehörigkeit maßgebend: die äusseren und die inneren Geschlechtsorgane, die Hormonproduktion sowie die Chromosomen. Bei der Geburt wird anhand der primären Geschlechtsorgane eine Einteilung gemäß der bipolaren Zweigeschlechtlichkeit vorgenommen. Das Individuum wird fortan verpflichtet, entweder ein Mann oder eine Frau zu sein, und diese Verpflichtung formt jede gesellschaftliche Interaktion: Eine Frau ist nicht natürlicherweise weiblich, sondern sie verhält sich kompetent in der Anpassung an Weiblichkeitssymbole (Hirschauer 1999). Im Alltag kommt es zur permanenten Geschlechtsarbeit *(doing gender)*, die von all jenen, die sich mit dem hegemonialen Geschlechtskörper identifizieren, kaum reflektiert wird. Für Leute wie Agnes bedeutet *doing gender* eine permanente Bewährungsprobe. Zudem verfehlt die bemühte Selbstdarstellung von Transsexuellen häufig den Effekt, weil sie überdosiert ist.

Susanne Kessler und Wendy McKenna führten in den 70er Jahren die ethnomethodologische Methode anhand eigener Untersuchungen weiter. Ihre Ergebnisse bestätigen das komplexe Verhältnis von Geschlechtszugehörigkeit und kompetentem geschlechtlichem Verhalten. Alle Individuen vereinen sowohl weibliche als auch männliche Aspekte, und die Merkmale können »oberflächlich oder sogar einfach trügerisch« sein, dennoch wird *gender* alltagstheoretisch als dichotome Kategorie verwendet. Die Geschlechtszuschreibung (im Gegensatz zu der bei der Geburt erfolgten Geschlechtszuweisung) erfolgt dichotom und immer in Erwartung der im Alltag nicht sichtbaren Genitalien (Kessler und McKenna 1992). Der symbolische Interaktionismus entwirft Geschlecht also als soziale Konstruktion in einem Interaktionsprozess von Geschlechtsdarstellung und Geschlechtswahrnehmung. Durch die permanente Konstruktionsleistung wird der Geschlechtsunterschied häufig dadurch verstärkt, dass Geschlechterarrangements getroffen werden, die das Stereotyp bestätigen (etwa, indem grosse Frauen grössere Männer als Partner wählen).

Damit lässt sich festhalten, dass in den mikrosoziologischen Ansätzen des symbolischen Interaktionismus der Übergang von der Frauen- zur Geschlechterforschung bereits in den 60er Jahren angelegt ist. Die Geschlechterdifferenz ist weder ausschliesslich natürlich noch kulturell bestimmt, sondern sie ist eine Konstruktion, die in der alltäglichen Interaktion auf die erwartete, implizit vorausgesetzte natürliche Geschlechterdifferenz rekurriert. Die Ursprungslogik des Geschlechterunterschieds in die Natur zu verlagern und damit den zutiefst sozialen Charakter von Geschlecht zu verschleiern, erweist sich als besonders wirksame Strategie, um die Geschlechterordnung zu stabilisieren. Dies zeigt sich etwa daran, dass Transsexuelle ihre Geschlechtsumwandlung damit begründen, schon immer dem anderen Geschlecht zugehörig gewesen zu sein. Ihre Nichterfüllung der (sozialen) Geschlechtsvorgabe binden sie ursächlich an ein abgeleitetes Biologiekonzept, an einen »Irrtum« der Natur, an eine transzendente biographische Wahrheit jenseits des Körpers.

Kernpunkte

Als Effekt des gesellschaftlichen Sortierungsprozesses geht aus der Geschlechterdifferenz ein hierarchisches Modell hervor, worin Geschlecht als fundamentales gesellschaftliches Ordnungsprinzip eingesetzt ist. Das männliche Geschlecht wird als Primärkonstruktion, das weibliche als Abweichung davon gedacht. Die besondere Wirksamkeit dieser Ordnung liegt darin, dass die androzentrische Natur des Referenzrahmens nicht transparent wird. Dies führt dazu, dass in der gesellschaftlichen Wahrnehmung nur Frauen ein Geschlecht zu haben scheinen.

Das Erkenntnisinteresse des symbolischen Interaktionismus und der Ethnomethodologie richtet sich nicht auf Geschlecht als Ergebnis sozialisatorischer Prozesse, sondern auf die Konstruktionsbedingungen von Geschlecht in gesellschaftlichen Zusammenhängen. In einer Neuinterpretation von Goffman, Garfinkel sowie Kessler und McKenna führten solche Erkenntnisse zu einer konstruktivistischen Wende in der Geschlechtertheorie (Garfinkel 1984; Goffman 2001; Kessler und McKenna 1992). Geschlecht und Geschlechterdifferenz werden fortan als Effekte sozialer Konstruktionsprozesse verstanden, die zur Reproduktion und Legitimation herkömmlicher Geschlechterhierarchien dienen und nicht ursächlich diese Verhältnisse bestimmen. Der heimliche Tausch von Ursache und Wirkung wird damit rückgängig gemacht.

Während ethnomethodologische Herangehensweisen die analytische Trennung des biologischen und sozialen Geschlechts zulassen, legen poststrukturalistische Entwürfe eine Wiedererwägung nahe. Das biologische Substrat selbst wird dem konstruktivistischen Akt unterzogen.

4.2.2 Geschlechtertheorien und linguistic turn

Das Verhältnis von *sex* und *gender* war Gegenstand einer Debatte, die in den 70er Jahren mit dem Artikel »The Traffic in Women« von Gayle Rubin ihren Anfang nahm (Rubin 1975). Der Artikel, der laut Rubin eine Reaktion auf die Unfähigkeit des Marxismus war, Probleme der Geschlechterbeziehungen und der Unterordnung von Frauen aufzugreifen (Rubin und Butler 1994), führt *gender* als Kategorie in die sozialwissenschaftlichen Disziplinen ein. Die Frauenforschung wurde durch die Geschlechterforschung teilweise hinterfragt, abgelöst und ergänzt. *Gender*, verstanden als das sozial konstruierte Geschlecht, war über ein Jahrzehnt lang die dominierende Analyseperspektive, den Fragen nach Kapitel kam deutlich geringeres Interesse zu. In der subjekt- sowie sozialisationstheoretischen Ausrichtung der unter diesem Paradigma laufenden Forschung dominierte die Frage nach der Geschlechterdifferenz, etwa bezüglich des weiblichen beziehungsweise männlichen »Arbeitsvermögens« als Motiv für die geschlechtsspezifische Segregation des Arbeitsmarkts (Beck-Gernsheim 1981). Das Erklärungspotential dieser identitätslogischen Argumentationen wurde jedoch nicht ausgeschöpft, zumal die »Vereigenschaftlichungen«, zu der diese Forschungen Anlass gaben, zur Verfestigung von herkömmlichen Geschlechterstereotypen beitrugen. In der Folge riefen mehrere Soziologen und Soziologinnen zu einer theoretischen Umorientierung auf. Markiert wird diese Wende durch Knapp, die Geschlecht von der Eigenschaftsperspektive wegführte und es als ein »positionelles Phänomen« diskutierte (Knapp 1988, 11).

In der Folge wird Geschlecht als Strukturkategorie und Allokationsmechanismus verhandelt. Die Frage nach der Qualität der Geschlechterdifferenz weicht jener nach der hierarchischen Organisationsform sozialer Beziehungen, wobei die Kategorien »männlich« und »weiblich« als soziale Platzanweiser fungieren (Wetterer 1993). Subjekttheoretische Ansätze machen einer gesellschafts- und strukturtheoretischen Herangehensweise Platz. Die Verschiebung ist also eine doppelte, wie Andrea Maihofer zusammenfasst: erstens vom Geschlecht auf die Geschlechterverhältnisse und deren strukturelle Einbettung und Verortung; zweitens von Geschlecht als »Produkt« sozialisatorischer Prozesse hin zur Herstellung von Männlichkeit und Weiblichkeit sowie den Effekten, die diese soziale Konstruktion erzeugt: »Mit anderen Worten: Um Geschlecht nicht mehr als einen Modus der Essenz zu denken, als ein substantielles Wesen der Individuen, wird es nun als (situative) Praxis bzw. Effekt von gesellschaftlichen Konstruktionsprozessen gefasst« (Maihofer 2002, 16).

Für mein Anliegen ist diese theoretische Verschiebung von grosser Wichtigkeit, da mit ihr die Bedeutung des Raums in der Konzipierung von Geschlecht eine neue Qualität erhält. Dies gilt für die räumliche Bedingtheit von Geschlecht als sozialem Platzanweiser ebenso wie im individuellen Nachvollzug des für die jeweilige Gesellschaft als natürlich geltenden geschlechtsspezifischen Verhaltens. Durch massgebliche theoretische Entwicklungen und auch durch den angloamerikanischen Einfluss erfuhren die skizzierten Trends eine weitere Akzentuierung. Die breite Rezeption poststrukturalistischer, postmoderner, psychoanalytischer sowie postkolonialer Theorien setzte im Rahmen der linguistischen Wende Subjektkonzepte durch, die die Fragmentierung subjektiver Identitäten und deren Steuerung über im Diskurs hergestellte Normen in den Blick rückten. Markiert wird dies in der Geschichte durch den paradigmatischen Artikel von Joan W. Scott, »Gender – a useful category for historical analysis« (Scott 1986), dessen Einfluss weit über die Geschichtswissenschaft hinausreichte (vgl. Honegger und Arni 2001). Nützlich – »Useful« – ist die Kategorie Geschlecht bei Scott unter der Bedingung, dass der Fokus auf die Herstellung der Geschlechter gelenkt wird und dass diese Herstellung über mehrere, ineinander verschränkte Dimensionen gedacht wird: eine symbolische, normative, institutionelle und eine subjektive Dimension (Scott 1986). Scott betont die Notwendigkeit, zwischen dem analytischen Instrumentarium und dem zu analysierenden Material zu unterscheiden, und benennt damit eine Kernproblematik der Geschlechtertheorie: die doppelte Setzung der Kategorie Geschlecht als Erkenntnismittel und Erkenntnisgegenstand oder deren Herstellung in der sozialen Praxis. Scott weist darauf hin, dass Geschlecht als organisierendes und strukturierendes Prinzip gesellschaftlicher Ordnung auf die wahrgenommenen Unterschiede (»perceived differences«) zwischen den Geschlechtern rekurriert. Es geht ihr nicht um eine Begründung der Geschlechterdifferenz, sondern um die systematische, diskursive Logik, nach der die Geschlechterordnung organisiert wird. Scott dekonstruiere die Produktion der sexuellen und geschlechtlichen Differenz, indem sie »sämtliche Identitätsunterstellungen, einschliesslich der Geschlechtsidentität«, auf ihre »Voraussetzungen, Ausschlüsse und Verwerfungen« hin befragt, wie Sabine Hark das Verfahren beschreibt (Hark 2001b, 365).

Die dekonstruktive Fassung von Geschlecht lenkt den Blick auf die Entstehungsprozesse von Geschlechtern und die Formen der Naturalisierung vergeschlechtlichter Strukturen – und darüber hinaus von Differenz an und für sich. Scott denkt Differenz als ein primäres Produktionsmoment sowie als eine Bezeichnungspraxis von Macht. Unter Bezug auf Foucault geht Scott in der Theoretisierung von Geschlecht über die Problematik der sexuellen Differenz hinaus. Sie fragt, wie Differenz produziert wird, was deren Qualität ist, wie Differenz in der sozialen Wirklichkeit erscheint und wie sie einen Wahrheitsanspruch erzeugt. Dadurch arbeitet sie die konstruktive und somit instabile Natur von Differenz als soziales Strukturprinzip heraus und beschreibt gleichzeitig Differenz als Effekt sozialer Praxis des *doing difference* (West und Fenstermaker 1996). Das Ergebnis ist eine Perspektive, die die Kluft zwischen Mikro- und Markoebene überbrücken soll.

Die Debatten um fragmentierte Identitäten und diskursiv bestimmte Subjektpositionen gipfelten in den Auseinandersetzungen um die »Auflösung«

oder den in den 60er Jahren von Foucault postulierten »Tod des Subjekts« (Foucault 1974), womit identitätslogische Zuschreibungen von Geschlecht endgültig hinfällig zu werden scheinen.[4]

Vier Jahre nach Scotts Nachvollzug des *cultural turns* in den Geschichts- und Sozialwissenschaften setzte Butler mit »Gender Trouble« einen weiteren Meilenstein in der Entwicklung der Geschlechtertheorien (Butler 1990). Obwohl bei Scott bereits angelegt, führte erst Judith Butlers Subsumierung von *sex* im Konzept von *gender* zu einer grossen Verunsicherung der geschlechtertheoretischen Forschungsgemeinde. Selbst wenn bereits Kant über die Unmöglichkeit, zum »Ding an sich« vorzustossen, philosophisch reflektiert hatte, nahm erst Butlers deontologisierender Zugriff für manche die Gestalt der Aushöhlung des feministischen Subjekts an. Butler sah sich mit dem Vorwurf konfrontiert, die Grundlage feministischer und der Geschlechterforschung zu unterminieren.[5] Der Geschlechterforschung wurde damit auf den ersten Blick sozusagen der Boden unter den Füßen weggezogen. Das wortwörtliche *Unbehagen* angesichts dieser Bodenlosigkeit ist sinnbildlich repräsentiert durch die Erschütterung, die die feministische Wissenschaftsgemeinde mit dem Erscheinen von Judith Butlers »Gender trouble« ergriff (Butler 1990).

Das Erkenntnisinteresse der sich neu abzeichnenden dekonstruktivistischen Perspektive richtet sich nicht auf die Beschaffenheit von Identität, sondern erschliesst die Bedingungen, unter denen Subjektivität als Konstituens menschlicher Seinsweisen gedacht wird. Es geht ihr also nicht um die Fragen: »Was ist Identität?« oder »Wie sieht Identität aus?«, sondern um die Fragen, wie Identität hergestellt wird und welche Funktion Identität in der Positionierung des Selbst einnimmt. Im Kern interessiert sich Butler dafür, wie über die Produktion von Identität ein Wahrheitsanspruch gestellt und wie über diesen Wahrheitsanspruch Macht generiert wird. Nachdem sie in »Gender trouble« über Materialität als Fiktion nachdenkt, reflektiert sie in »Körper von Gewicht« ausdrücklich über Materialität, das

---

4 Foucault selbst rückte in späteren Stellungnahmen, so in seinen Vorlesungen am Collège de France von 1980/81 (Foucault 2004), von dieser radikalen Position ab – die zudem falsch verstanden oder zumindest dekontextualisiert worden war. Nach seinem »Abschaffungspostulat« führte Foucault das Subjekt als Selbstverhältnis (Ethik des Selbst) umgehend wieder ein. Im Rahmen seiner Machttheorie interessiert ihn, wie Wissensformationen soziale Praktiken und damit auch die individuelle Handlung anleiten. Seine Fragestellung läuft letztlich darauf hinaus, wie sich Subjekte Normen aneignen. Foucault fragt weder nach dem Warum, noch nimmt er innere Subjektkonflikte in den Blick.

5 Judith Butlers theoretische Neubestimmung von *gender*, in die sie auch deutsche Philosophie einarbeitete (Hegel und Nietzsche, aber insbesondere auch Freud gehören neben den französischen Strukturalisten sowie Poststrukturalistinnen zu ihren wichtigsten Referenzen) erzeugte im deutschen Sprachraum eine besonders hohe Resonanz. Die Debatte wurde sehr heftig geführt (siehe Duden 1993; Landweer 1993). Im Zentrum der Rezeption stand die Auflösung der Kategorie *sex* und ihre Überführung in *gender*. Weniger beachtet wurde Butlers Auseinandersetzung mit der heterosexuellen Normierung geschlechtlicher Subjektkonstitution (vgl. Villa 2003).

heisst, sie befasst sich mit der »Realität« des Imaginären. Gemäß ihrem dekonstruktivistischen Verständnis unterzieht sie den Begriff der Materialität einer kritischen Genealogie, um die darin abgelagerten Macht- und Herrschaftsverhältnisse aufzuzeigen. Wegen der ihm inhärenten patriarchalen Geschichte ist dieser Begriff laut Butler desavouiert (Butler 1999). Butler begreift materielle Körper nicht als etwas Vorgängiges, nicht als Leinwand, auf die Diskurse projiziert werden. Stattdessen widmet sie sich der Frage, wie Körper Gestalt annehmen. Wie Foucault begreift Butler die Körper als ein Erzeugnis der produktiv gedachten Macht. Den Geschlechtskörper konzipiert sie als materielle Wirkung von Machtdynamiken. Im Rahmen dieser Materialisierung setzt auch die Bedeutungsverleihung ein, die Signifikation. Gewicht verleihen *(to matter)* umfasst also bei Butler gleichzeitig materialisieren und *Bedeutung verleihen*. Robert Connell spricht von »körperreflexiver Praxis«, mittels welcher Individuen »bedeutungsvolle Körper und verkörperte Bedeutungen« ausbilden (Connell 2006, 84). Bedeutung verleihen – die deutsche Sprache fängt die Flüchtigkeit und Veränderbarkeit von Bedeutung und die Fragilität, mit der sie an Objekte und Praktiken geknüpft wird, klar ein.

Die Debatte entkrampfte sich weitgehend, nachdem Butler im Nachfolgeband von »Gender trouble« eine Genealogie von Materialität vorlegte (Butler 1999). So konnte sie insbesondere das Missverständnis ausräumen, wonach bei ihr die Kategorie der Erfahrung des sexuellen Selbst nicht einfliesse, wie Paula-Irene Villa erläutert (Villa 2003). Dennoch gehört Butlers Konzeption von *sex* und *gender* weiterhin zu den kontroversesten. Vermutlich hängt dies damit zusammen, dass sich die theoretische Auflösung der Biologie als Referenzgrösse für die Herstellung von Geschlecht gegen alltagstheoretische Erklärungsmodelle sperrt. Politisch wurde ihre Theorie sowohl begrüßt als auch abgelehnt. Begrüßt wurde sie, weil Butler die Dekonstruktion vorangetrieben und die Naturalisierung gesellschaftlicher Ordnung angegriffen hatte, abgelehnt wurde sie wegen der Befürchtung, sie höhle die politische Mobilisierungsbasis der feministischen Bewegung aus. Jüngst formulieren Kritiker und Kritikerinnen Bedenken, weil sie in Butlers Theorie vornehmlich ein Veränderungspotential hinsichtlich gesellschaftlicher Normen erkennen. Angesichts der aktuellen Verflüchtigung gerade dieser Normen verschwinde die politische Angriffsfläche für eine derartige Gesellschaftskritik, und sie sei, im Gegenteil, mit ihrem Aufruf nach der performativen Verschiebung geschlechtlicher Normen geradezu unheimlich konform zum vorherrschenden neoliberalen Diskurs (siehe stellvertretend für diese neomarxistisch orientierten feministischen Bezüge Soiland 2003).

KERNPUNKTE

Die in Kapitel 4.2.1 und 4.2.2 geschilderte theoretische Entwicklung bewegt sich von einer identitätslogischen Konzeption weg zu einer interaktionistischen beziehungsweise dekonstruktionslogischen Theoretisierung von Geschlecht. Mit Identitätslogik ist ein Ansatz gemeint, der Geschlecht als individuelle Eigenschaft von universeller Gültigkeit festschreibt. Die Vereigenschaftlichung von Geschlecht kann sowohl über sozialisatorische als auch über biologisch determinierte Prozesse modelliert werden. Im Gegensatz dazu wird Geschlecht in den jüngeren theoretischen Positionen nicht als Merkmal gefasst und damit auch nicht verdinglicht. Stattdessen sind die Begriffe Frau und Mann vorerst leere Kategorien, die in der sozialen Interaktion gefüllt werden und über weitere soziale Platzanweiser gebrochen sind. Für die diskursorientierten Ansätze bedeutet dies, dass Geschlecht als Teil einer Wissensordnung Machtverhältnisse organisiert.[6] Die Zuweisung zu einer Genusgruppe oder die Bestimmung des Verhältnisses zwischen den Genusgruppen finden in diesem Überblendungsbereich zwischen objektiven Strukturen und subjektiven Sinnhaftigkeiten zu ihrer spezifischen Ausprägung und zu ihrer nachhaltigen Verankerung in der gesellschaftlichen Ordnung. Raum und die räumliche Betrachtung objektiver Strukturen und subjektiver Sinnhaftigkeiten bilden eine wichtige Schnittstelle, über die die komplexe Herstellung von Geschlecht als sowohl diskursive wie auch interaktive Praxis nachvollzogen werden kann.

Professionalisierungs- und Spezialisierungsprozesse innerhalb der Geschlechterforschung brachten seit der Entkörperungs- und (Re-)Materialisierungsdebatte eine Fülle von empirischen Arbeiten rundum Geschlecht, Geschlechterbeziehungen, Geschlechterdifferenz, Geschlechterordnung und Geschlechterverhältnissen hervor und trieben gleichzeitig die theoretische und empirische Weiterentwicklung von Geschlechterkonzepten voran. Die Dynamik im Forschungsfeld führte zu Verständigungsproblemen innerhalb der Zunft, die nie eine einheitliche war, und generierte gleichzeitig einen breit verwendeten, unspezifischen und theoretisch verkürzten *Gender*-Begriff. *Gender* – ursprünglich aus der sozialkonstruktivistisch und in ihrer poststrukturalistischen Tradition stark epistemologisch angelegten *Sex/gender*-Debatte hervorgegangen – wurde und wird mittlerweile ebenso für identitätspolitische Diskussionen um Differenz und Ungleichheit unter Frauen wie auch in zeitdiagnostischen Analysen der Postmoderne eingesetzt und bis zur Unkenntlichkeit verzerrt. Nicht zuletzt bedienen sich diverse wissenschaftliche Disziplinen des Begriffs, indem sie ihn additiv und theoretisch unterbelichtet an ihre Forschungskonzepte anhängen, wo er den antiquiert wirkenden Begriff Frau, der im Übrigen deutlich an Erklärungskraft eingebüßt hat, ersetzen soll.

---

6   Zum Verhältnis bzw. den Unterschieden zwischen interaktionsbezogenen und diskurstheoretischen Geschlechterkonzepten siehe Maihofer (2004c, 40).

Mit Pluralisierungs- und Spezialisierungstendenzen im Feld der Geschlechterforschung kamen auch Strömungen auf, die eine Verschiebung der Relevanztopographie zu erkennen glaubten und den Erkenntniswert von Geschlecht – *usefulness* – generell in Frage stellen. Das nächste Unterkapitel diskutiert diese Tendenzen unter der Frage, wie der Erklärungswert der Kategorie Geschlecht für Gesellschaftsanalysen in den Sozialwissenschaften verhandelt wird.

4.2.3 Dethematisierung von Geschlecht und paradoxe Geschlechterverhältnisse

Aus zeitdiagnostischen Analysen gehen unterschiedliche Erzählungen um die Geschlechterverhältnisse in Gegenwartsgesellschaften hervor. Neben Dethematisierungs- und Deinstitutionalisierungsthesen (Heintz et al. 2001) vertreten modernisierungstheoretische Ansätze die Ansicht, heutige Gesellschaften hätten eine eigentliche Geschlechterrevolution durchlaufen. Fortschreitende Individualisierung und die allgemeine Pluralisierung von Lebensläufen in den westlichen Gesellschaften werden als Gründe für die vollzogene Geschlechtergleichheit herangezogen. Vertreter und Vertreterinnen modernisierungstheoretischer Positionen wie etwa Ulrich Beck und Elisabeth Beck-Gernsheim halten *gender* für einen analytisch wertlosen Begriff, da kollektive Soziallagen der Vergangenheit angehörten (Beck 1986; Beck und Beck-Gernsheim 1994). Gegenwartsgesellschaften seien, so die Systemtheoretikerin Ursula Pasero, nicht mehr stratifikatorisch, sondern funktional differenziert, womit die Zeit systematischer, kategorialer Ausschlüsse überwunden sei (Pasero et al. 2003). Die Fortschrittsorientierung der theoretischen Architektur solcher Ansätze neige dazu, Beharrungstendenzen und soziale Ungleichheitserscheinungen auszublenden, halten Geschlechterforscher und Geschlechterforscherinnen diesen Standpunkten entgegen.[7] Dennoch: Dethematisierungs-, Dezentrierungs- und Deinstitutionalisierungsthesen finden über die modernisierungs- und systemtheoretischen Positionen grosse Verbreitung und stellen die Selbstverständlichkeit, mit der die Kategorie Geschlecht als zentrale Analyseperspektive sozialwissenschaftlicher Studien verwendet werden kann, nachhaltig in Frage (Heintz 1993).

Empirische Studien, etwa zur Berufswahl und zum Arbeitsmarkt, widersprechen den dargelegten Tendenzen. Die Ergebnisse der Professionsforschung legen nahe, dass trotz des Aufholvermögens der Frauen in der Bildung die Segregation des Arbeitsmarktes erst wenig durchbrochen worden ist (exemplarisch Imdorf 2005; Liebig 1997; Wetterer 2002). Solche Arbeiten kommen vielmehr zu dem Schluss, dass gegenüber Veränderungen

---

7 Ulrich Beck wird dafür kritisiert, dass er die Individualisierung der Frauen in den 60er Jahren ansetzt und dabei zwei Dinge unterschlägt: erstens die klassenspezifische Differenzierung dieses Prozesses und zweitens die Tatsache, dass die Familienform der 50er und 60er Jahre eine historisch spezifische Ausprägung der Familie war (Knapp 2001, 26).

der Geschlechterverhältnisse eine grosse Resistenz besteht und dass tradierte Unterschiede nachhaltig in die männlichen und weiblichen Lebensläufe eingelassen bleiben. Als Ursache der Marginalität von Frauen in hoch qualifizierten Berufen gilt die Funktion von Geschlecht als Statuskategorie und eines Allokationsmechanismus bei der Reproduktion der Hierarchien.

Angelika Wetterer ist gegenüber der These des Relevanzverlusts skeptisch und lenkt ihren Fokus auf Widersprüchlichkeiten und Brüche in aktuellen Geschlechterkonstellationen. Geschlechterdifferenz wirkt in Wetterers Perspektive als handlungsleitendes Moment, welches in der Alltagspraxis ständig reproduziert und resignifiziert wird. Das daraus resultierende »ausserordentlich stabile und gleichzeitig flexible Klassifikationsprinzip« (Wetterer 2002, 17) basiert demnach auf den naheliegenden Unterteilungspraktiken des täglichen Lebens. Diese geben vor, Folge der (biologisch begründeten) Geschlechterdifferenz zu sein, als deren Ursache sie theoretisch begriffen werden müssen (Goffman 2001). Als »Rhetorische Modernisierung« bezeichnet Wetterer die Gegenläufigkeit von diskursiven Geschlechterarrangements und sozialen Praktiken (Wetterer 2003). Sie hat damit den Individualisierungsverfechter Ulrich Beck auf ihrer Seite, der einräumt, dass die bleibende Geschlechterasymmetrie eine Folge der »Verhaltensstarre der Männer bei verbaler Aufgeschlossenheit« sei (zit. in: Koppetsch und Burkart 1999, 3).

Helga Krügers Institutionenansatz gründet ebenfalls auf Widersprüchlichkeiten und Ungleichzeitigkeiten. Sie verfolgt die These, dass das institutionelle Gefüge weiterhin geschlechterdifferenzierende[8] Lebensläufe ausformt, und dass dies weitgehend unberührt von den progressiven individuellen Selbstbildern geschieht, die im Gegensatz zu den retardierenden institutionellen Praktiken stehen (Born, Krüger und Lorenz-Meyer 1996). Diese Position umreisst eine Widerspruchskonstellation, die sich aus der engen Koppelung von Strukturbildungsprozessen und Bedeutungsgenerierung – der institution-ellen Reflexivität – ergeben.

Gudrun-Axeli Knapp relativiert die These des Bedeutungsverlusts ihrerseits, indem sie festhält, dass es sich um gesellschaftlich induzierte, epistemologisch und politisch reflektierte Bedeutungsverschiebungen im gemeinsamen Feld von *sex und gender* handle (Knapp 2001, 37). Knapps Anliegen, *gender* in eine Perspektive sozialer Ungleichheit zu fassen, wird durch ihr Bemühen sichtbar, die Vermittlung von Geschlecht mit gesellschaftlichen Strukturkategorien wie Rasse – ich werde im Folgenden von *race* sprechen – und Klasse sowie deren Verzerrungen im transatlantischen

---

8 In der Deutung Erving Goffmans und Harold Garfinkels sind geschlechtsspezifische Alltagspraktiken an der Urheberschaft des sozialen Konstruktionsprozesses beteiligt, der die asymmetrischen Geschlechterverhältnisse hervorbringt (zit. in: Wetterer 2002). Angelika Wetterer schlägt daher vor, statt von geschlechtsspezifischen von geschlechterkonstituierenden oder nach einem Vorschlag Gildemeisters und Roberts von geschlechterdifferenzierenden Wirkungsweisen zu sprechen (Wetterer 2002, 19).

Diskurs aufzudecken. Hierbei spielt Klasse eine Sonderrolle, entzieht sich diese Strukturkategorie doch einer Form der Kulturalisierung, wie sie Geschlecht und *race*/Ethnizität längst durchlaufen haben. Klasse ist eine Begriffskonstruktion, die sich von der ökonomischen Struktur herleitet und somit eine grundsätzlich andere theoretische Aufhängung hat. Im Unterschied zu *gender* und *race* lässt sich Klasse aufgrund seiner historischen Wurzeln und seiner theoretischen Anbindung nicht in eine Eigenschaft auflösen. Damit verbleibt nach Knapp auch das kritische Potential beim Klassenbegriff, ein Potential, welches *gender* und *race*/Ethnizität im Kontext von Diversitätsdiskursen abhanden zu kommen drohe. Sie schliesst mit ihren Überlegungen an Leslie McCall an, die sich im Bereich soziologischer Ungleichheitsforschung situiert (McCall 2005). Ähnliche Überlegungen, wie sie in den aktuellen Texten Knapps zu finden sind, stellt auch Lisa Adkins an. Ihr geht es um den Versuch, kulturalistische Ansätze mit klassischen soziologischen Zugriffen fruchtbar zu verbinden (Adkins 2002; 2004).

Maihofer und Knapp arbeiten beide an einer gesellschaftstheoretischen Reformulierung des Geschlechterkonzepts. Während bei Maihofer die dekonstruktionstheoretische Anlehnung stärker ausgearbeitet ist und ein unmittelbarer Bezug zu Butlers Geschlechtertheorie besteht, strebt Knapp eine Anbindung an soziologische Ungleichheitstheorien an, ohne dabei auf identitätslogische Zuschreibungen zurückzugreifen. Geschlecht ist im identitätslogischen Verständnis etwas, das man hat, nicht etwas, was man tut.[9]

Andrea Maihofer kritisiert Knapps und Klingers theoretische Auseinandersetzung mit dem Konzept der Intersektionalität (Knapp und Klinger 2005). Sie wirft Knapp und Klinger vor, dass ihr Vorstoss, sozialwissenschaftliche Analyseperspektiven zu stärken, hinter den aktuellen Stand der Debatte zurückfällt, da im Intersektionalitätsansatz eine Polarisierung von Bezugsebenen, dem Mikro- und dem Makrobereich nämlich, angelegt sei. Ihre Kritik macht Maihofer an der Begrifflichkeit fest, die Knapp und Klinger verwenden. Diese sprächen bei der intersektionellen Situierung von Subjekten von »Betroffenheit«. Damit entwerfen sie eine Opfer-Täter-Logik. Eine solche Logik aber entfällt gemäß Maihofer, wenn Identität als Herrschaftseffekt verhandelt wird. Bei der Herstellung von Selbstverhältnissen durchlaufen alle den Zwang zur Normalisierung, es gibt daher keine Täter oder Opfer wie im Konzept der Repressionsmacht.[10]

---

9   Identitätslogische Fassungen des *gender*-Begriffs sind seit den 60er Jahren zu einer wichtigen Mobilisierungsstrategie im Rahmen der vor allem in den USA verbreiteten *identity politics* geworden. Nancy Fraser beschrieb diese Entwicklung als Übergang vom Distributionsparadigma zum Annerkennungs- oder Repräsentationsparadigma der feministischen Bewegung, nicht ohne zu kritisieren, dass die feministische Bewegung mit diesem strategischen Wechsel wichtige Mobilisierungspotentiale und Angriffsflächen (etwa die normative, staatliche Ebene) preisgab (vgl. Fraser und Honneth 2003).

10 Andrea Maihofer in einem Vortrag auf der Vernetzungstagung *gender studies* Schweiz, Fribourg, 18. Januar 2007.

Andrea Maihofers Konzeption von Geschlechtsidentität als Herrschaftseffekt bietet sich für den Einbezug der räumlichen Dimension an. Raum ist Teil des Wissens, welches die Produktion von Geschlecht steuert. Ebenso lassen sich Prozesse der Subjektkonstitution als raumkonstitutive Prozesse denken. Mit anderen Worten: Im Prozess, durch den Individuen zu Geschlechtern werden, sind räumliche Anteile enthalten. Deshalb stütze ich mich in dieser Publikation primär auf Maihofer. Knapps Nachdenken über die intersektionelle Vermittlung von identitätskonstitutiven Kategorien interessiert mich, da sie durch die substantielle theoretische Erweiterung des *Gender*-Begriffs dessen Profil für die differenzierte Analyse gesellschaftlicher Ordnung schärft. Ich werde ihren Ansatz für die Operationalisierung der Geschlechteranalyse im empirischen Teil meiner Arbeit beiziehen.

Kapitel 4.2.3 begann mit der Frage nach dem Erkenntnispotential von Geschlecht für Gegenwartsanalysen im Kontext einer zunehmend individualisierten Gesellschaft. Ich beende das Teilkapitel mit der Skizzierung einiger kritischer Positionen sowie Maihofers Stellungnahme.

Geschlecht:
Umstrittene Kategorie der Gesellschaftsanalyse

Gerade weil empirische Untersuchungen Widersprüchliches zu Tage fördern, halten Koppetsch und Burkart das Geschlechterverhältnis für eine Schlüsselkategorie der Vergesellschaftung des Individuums. Die kompetente geschlechtliche Integration in ein soziales Milieu ermöglicht dem Individuum die Verknüpfung unterschiedlicher Lebensbereiche und stabilisiert die kulturelle Ordnung. Das Umgekehrte – die Verletzung geschlechtlicher Kodierungen, eine Transgression der über Herkunft oder Milieu vermittelten Geschlechtercodes, die inkompetente Selbstinszenierung im Raum oder unzulässige räumliche (An-)Ordnungen – lässt diesen Stabilisierungseffekt besonders deutlich hervortreten (Koppetsch und Burkart 1999, 14).

Wie auch immer die soziologische Bestandsaufnahme die Funktion von Geschlecht letztlich bewertet, das Bild, welches von der sozialen Wirklichkeit entsteht, ist von hoher Komplexität. Die von den Modernisierungstheoretikern und Modernisierungstheoretikerinnen gestellte Frage drängt sich auf, ob es überhaupt noch möglich und zulässig ist, von geteilten Problemlagen einer Genusgruppe auszugehen. Die Annahme, dass Geschlecht als Analysekategorie in jedem Fall wichtig sei, kann nicht mehr als unmittelbar gegeben vorausgesetzt werden. Dieser Sachverhalt spiegelt sich in und ausserhalb der Geschlechterforschung. Andrea Maihofer fasst die Positionen der zahlreichen Kritiker und Kritikerinnen zusammen: Das Festhalten am Differenzdenken sei tendenziell eine Reproduktion der traditionellen Geschlechterstereotype, es bedeute eine unzulässige Homogenisierung von Weiblichkeit durch die Verwischung ethnischer und klassenspezifischer Merkmale und unterschlage die komplexen und kontingenten Formen weiblicher Seinsweisen. Zudem verstärke die Normierung von Weiblichkeit das bürgerliche Modell der weissen, heterosexuellen Frau, treibe biologistische und essentialistische Festschreibungen weiter und festige damit die Vorstellung einer innerpsychischen Ganzheit von Individuen. Schliesslich lieferten sich Frauen durch die Betonung von Differenz unweigerlich der Hierarchisierung aus (Maihofer 2001, 61).

Auch in der Geographie sind gegen die Verwendung der Kategorie Geschlecht solche Einwände erbracht worden. Jürgen Hasse hält fest: »Traditionell für triftig gehaltene Anhaltspunkte der Orientierung in den sozialen Systemen sind flüchtig geworden« (Hasse 2002, 9).

Jürgen Hasse schreibt mit Blick auf urbane Lebenszusammenhänge:

»Während die Vermehrung gesellschaftlicher Zonen individueller Selbstverfügung auch tatsächlich einen Zuwachs an Selbstbestimmung bedeuten kann, geht mit der Pluralisierung der Identitätsfragmente doch zugleich auch eine methodische Flexibilisierung möglicher systemischer Zugriffe auf die Individuen einher.« (Hasse 2002, 10)

Ich habe hier Hasse zitiert, weil er die Subjektbildung in einen geografischen Deutungsrahmen setzt, allerdings ohne eine geschlechterdifferenzierende Analyse vorzunehmen. Hasse lokalisiert die postmaterialistischen Bedingungen der Subjektbildung spezifisch in den Städten. Sein Entwurf des Subjekts, welches in einem sich verflüssigenden Prozess seine Identitäten frei komponiert, kopiert und *sampelt*, gründet in einer ökonomischen Logik. Hasse argumentiert, dass die kapitalistische Verfasstheit der Gegenwartsgesellschaft ebenso flexible Subjekte hervorbringt, wie sie selbst für die Unterhaltung des Produktionsprozesses – »als immer wieder neu codierbare ökonomische Ressource« (Hasse 2002, 9) – braucht. Gleichzeitig wird dieses multi-egoistische Subjekt zu einem politisch schwer kalkulierbaren Faktor, ebenso sehr wie es zu einem städtischen Dynamisierungsmoment geworden ist. Die Vervielfältigung der Normen erzeugt in den Individuen den Eindruck der Absenz von Normen und erleichtert damit »systemische Zugriffe« (Hasse 2002, 10), indem diese innerhalb von Individualisierungsdiskursen verschleiert werden.[11]

Gemäß Maihofer hält jedoch mit der Verabschiedung der Geschlechterperspektive eine Reihe von Problemen Einzug, und zwar sowohl auf analytisch-deskriptiver als auch auf normativ-kritischer Ebene. Sie verteidigt den analytischen Wert der Geschlechterperspektive, kritisiert aber auch bestimmte Tendenzen ihrer Verwendung. So lehnt Maihofer eine rein konstruktivistische Geschlechtertheorie ab und bemängelt die einseitige Rezeption von Goffmans Ansätzen in der Geschlechterforschung. Sie beabsichtigt, in einer Neuinterpretation Goffmans sowie durch die Verbindung von Goffmans Ansatz mit Sozialisationstheorien, diese Einseitigkeit zu

---

11 Eine verwandte Argumentation verwendet Tove Soiland in ihrer Kritik an Butlers *Gender*-Theorie. Diese sei zu stark an der normativen Ordnung orientiert, eine Ordnung, die es in Gegenwartsgesellschaften so nicht mehr gebe. Deshalb laufe, wer immer sich Butlers Theorie bediene, politisch ins Leere (Soiland 2003).

durchbrechen. Sozialisationstheoretische Zugänge seien in der Geschlechterforschung gleichsam mit einem Tabu belegt worden, kritisiert Maihofer. Eine auf der konstruktivistischen Oberfläche verbleibende Analyse blende die Genese der individuellen Geschlechtlichkeit und deren gelebte Realität und Materialität aus (Maihofer 2002). Häufig, so ihre Haltung, werde nur noch der Konstruktionsprozess an sich untersucht, nicht mehr dessen Auswirkung auf Individuen. Aus Furcht vor essentialisierenden Zuschreibungen vermieden es die gängigen Theorien zu fragen, wie Machtverhältnisse in und durch die Individuen wirksam werden. Maihofer strebt eine umfassende Analyse an, die die Sedimentierung der Geschlechterverhältnisse in objektive Strukturen und subjektive Sinnhaftigkeiten integriert. Sie nimmt sich vor, das praktizierte Verhältnis zu sich selbst, als Mann oder Frau, als Materialisierung in einer Vielzahl von Denk-, Gefühls- und Handlungsanweisungen zu theoretisieren (Maihofer 2001, 62 f.). Sie setzt ihre Theorie der Existenzweise an der Schnittstelle zwischen objektiver Struktur und subjektiver Sinnherstellung an. Maihofers Bemühen, die Materialität und gelebte Realität vergeschlechtlichter Subjekte beschreibbar zu machen, interessiert mich, da in ihnen die Möglichkeit angelegt ist, die Herstellung und die gelebte, erfahrbare Realität von Geschlecht systematisch mit der räumlichen Dimension zu verbinden. Aus diesem Grund gehe ich in Kapitel 4.2.4 ausführlicher auf Maihofers theoretischen Ansatz von Geschlecht als Existenzweise ein. Danach werde ich ausgewählte Aspekte von Judith Butlers Subjekttheorie beleuchten, um im Anschluss zum Verständnis von Geschlecht in dieser Publikation und zu der Anbindung an raumsoziologische Überlegungen zu kommen.

4.2.4 Geschlecht als Existenzweise

»Aber solange das System der heterosexuellen Zweigeschlechtlichkeit die hegemoniale Form des Existierens ist, als ›Frau‹ oder als ›Mann‹ zu existieren also gesellschaftlich hegemonial vorgegeben ist, gibt es nur unterschiedlich konforme oder subversive Varianzen des Existierens als ›Männer‹ und/oder ›Frauen‹. In eben diesem Sinne ist es gemeint, wenn ich sage, ›Weiblichkeit‹ und ›Männlichkeit‹ sind für unsere Gesellschaften nach wie vor hegemoniale Existenzweisen und der Begriff der ›Existenzweise‹ steht für diese Einsicht.« (Maihofer 2004b, 38)

Mit »Geschlecht als Existenzweise« grenzt sich Andrea Maihofer zunächst von den sozialkonstruktivistischen Positionen ab, die seit Ende der 80er Jahre die Geschlechterforschung dominieren und die Forschungsperspektive von der Geschlechterdifferenz auf das Geschlechterverhältnis, von subjekttheoretischen Ansätzen zu gesellschafts- und strukturtheoretischen Positionen hin verschoben (Maihofer 1995, 82; 2002).[12] Maihofer versteht ihre Überlegungen als Beitrag zu einer feministischen Geschlechterforschung. Sie entwickelt das Konzept der Existenzweise[13] im Bestreben, von der Essenz geschlechtlicher

Subjekte wegzukommen und dennoch die Materialität und gelebte Realität des vergeschlechtlichten Selbst theoretisch zu fassen. Ihr geht es massgeblich um die Effekte der beschriebenen Herstellungsprozesse von Geschlecht in den Individuen, also darum, »dass Individuen durch gesellschaftliche Vereindeutlichungsprozesse nicht nur ständig vergeschlechtlicht werden, sondern es dann – im Zuge dieser Prozesse – in irgendeiner Weise auch sind« (Maihofer 2004b, 37). Der Begriff der Existenzweise soll dem Rückfall in ein essentialisierendes Geschlechterverständnis vorbeugen: »Es geht mir dabei um eine andere Vorstellung von ›Sein‹, ein Sein, das nicht als eine vorgegebene, unveränderliche Wesenheit der Individuen gedacht wird, vielmehr als ein je historisch und gesellschaftlich-kulturell bedingtes Sein, als ein Modus der Existenz also und nicht der Essenz.« (Maihofer 2004b, 37).

Maihofer denkt sich also die Konstruktionsprozesse von Geschlecht als die Art und Weise, wie Männer zu Männern und Frauen zu Frauen werden. Und diese Prozesse will sie gründlich unter die Lupe nehmen. In Abgrenzung vom interaktionistischen Ansatz des *doing gender* geht Maihofer von der Prämisse aus, dass Geschlecht mehr ist als eine Eigenschaft. Geschlecht ist aber auch mehr als eine Begleiterscheinung von Handlung. Sie kritisiert die Tendenz strukturalistischer Ansätze, subjektive Aspekte von Geschlecht, dessen Materialisierung und In-Wert-Setzung durch das Individuum auszublenden. Die sozialkonstruktivistische Tradition des *doing gender* beinhaltet für Maihofer eine theoretische Engführung, die darin besteht, dass Geschlecht ausschliesslich als Effekt, also als Wirkung von Handlung modelliert wird. Die Folgen für Individuen, die Art und Weise, wie sich Geschlecht in Subjekten materialisiert, wie Individuen nicht nur als vergeschlechtlichte Subjekte produziert werden, sondern diese auch sind, sei damit unzureichend abgedeckt (Maihofer 2004c, 35). Vielmehr gelte es, eine Sprache zu finden dafür, wie Geschlechterverhältnisse nicht nur durch, sondern auch in den Individuen reproduziert werden. Maihofer geht es also einerseits um den Wert der Erfahrung. Andererseits schafft sie mit dieser theoretischen Neuausrichtung eine Verbindung zu Foucaults Machttheorie. Sie hält die Kombination von Subjektkonstitution und Macht für besonders fruchtbar, weil gemäß Foucault durch die Subjektivierung sozialer Normen die Produktivität gesellschaftlicher Hegemonien so wirksam werde (Maihofer 2002, 18).

---

12 Wie erwähnt ist Maihofers Kritik am Sozialkonstruktivismus auf eine bestimmte Tradition bezogen und kann keineswegs auf das gesamte sozialkonstruktivistische Paradigma hin angewendet werden. Dieses hat seit der ursprünglichen Formulierung von Simone de Beauvoir innerhalb der Geschlechtertheorien nicht nur einen festen Platz inne, sondern hat eine Fülle von Ausprägungen und theoretischen Differenzierungen erfahren.

13 Ursprünglich leitet Maihofer ihre Begrifflichkeit von Althussers Existenz von Ideen ab. In einem späteren Text verweist sie darauf, dass sie das Konzept für kompatibel hält mit Beauvoirs existenzialistischer Fassung von Seinsweise. Diese begründet individuelle Seinsweisen mit der jeweiligen spezifischen, historisch-kulturellen Situation (Maihofer 2004b).

Maihofer nimmt sich eine gesamtgesellschaftliche Analyse vor, in der die Herstellung von Geschlechtern über die interaktionistische Ebene hinaus verfolgt wird. Auf diese Weise wird auch eine über den Raum vermittelte kulturelle Perspektive eingeschlossen. Ausgehend von Butlers Subjekttheorie, entwickelt Maihofer ihre gesellschaftstheoretische Perspektive auf die Frage hin, wie Geschlechter gemacht werden. Die Frage ist in diesem Sinn zwar nicht neu, wird aber »gesellschaftstheoretisch entscheidend radikalisiert«.[14] Sie macht die Zumutung zur Ausgangslage, auf die jedes Individuum in der westlichen Gesellschaft trifft. Diese Zumutung ist Teil des hegemonialen Modus der Existenz, wie Maihofer schreibt. Die Zumutung verlangt, ein imaginäres und kohärentes Selbstverhältnis auszubilden.[15] Moderne Individuen sind über kulturelle Vorgaben veranlasst, ein so genanntes Selbstverhältnis zu entwickeln. Dies ist eine belastende Vorgabe, zumal der Selbstentwurf laufend assimiliert werden muss. Von derselben Zumutung geht auch Butler aus, wobei sie die heterosexuelle Verfasstheit dieses Selbstverhältnisses hervorhebt: Die individuelle Verpflichtung der Subjektwerdung ist in einen heteronormativen Rahmen eingespannt (Butler 1990). Mit andern Worten, es geht darum, als Individuen auf eine Weise zu handeln, zu fühlen und zu denken, die sie über die Situation hinaus für andere wie für sich selbst identifizierbar machten, und zwar einzigartig, unverkenn- und unverwechselbar (Dausien 2000). Aus einem kulturellen Überangebot an Möglichkeiten ist das Individuum gezwungen, eine Auswahl zu treffen, die zwar zu aktuellen Bedürfnissen passt, gleichzeitig aber kollektiven Sinnstrukturen – deren Horizont die Heteronormativität bildet – nicht zuwiderläuft.

Hasse, der sich den Subjektkonzepten in der Geographie widmet, spricht treffend vom Wechselspiel zwischen flexiblem Selbstentwurf und kulturellen, ökonomischen und technologischen Realisierungsangeboten (Hasse 2002). Butler würde diese Realisierungsangebote vermutlich als diskursiv verfasste Rahmenbedingungen bezeichnen, während Maihofer vom hegemonialen Diskurs, dem hegemonialen Geschlechtskörper[16] und den davon abgeleiteten Denk-, Fühl- und Handlungspraxen spricht.[17] Die individuelle Anknüpfung an »objektive« Sinnstrukturen als Voraussetzung für einen tauglichen Selbstentwurf ermöglicht und fordert bestimmte, geschlechter-

---

14 So begründete Maihofer ihren Ansatz in der Summerschool des gesamtschweizerischen Graduiertenkollegs, Zürich, 09/09/2004. Persönliche Konferenznotizen.
15 Diese Auslegung ist mit der neueren Identitätsforschung kompatibel. Jürgen Straub definiert Identität als Struktur des Selbst- und Weltverhältnisses von Menschen, die unter den Bedingungen der Moderne – also spezifischen Erfahrungen von Differenz, Alterität und Kontingenz – virulent werden. Es handelt sich um eine auf der psychoanalytischen Konzeption von Erikson begründete, subjekttheoretische Fundierung des Identitätsbegriffs. Identität wird als die Kompetenz, Einheit und Kontinuität herzustellen, definiert. Identität umfasst keine gegebenen, qualitativ vorzufindenden Eigenschaften. Die Herausforderung für das Individuum besteht im Bewahren von Unterschieden sowie in der Synthetisierung von Dissonanzen (Straub 1998).

differenzierende Körper-, Denk und Handlungspraxen. Diese sind in jeder sozialen Situation geschlechtlich codiert. Folgende, willkürlich zusammen gestellt Liste, illustriert Beispiele möglicher Geschlechtskodierungen von Denk-, Fühl- und Handlungspraxen:

- jemandem beim Sprechen in die Augen schauen,
- Bier trinken
- bei der Vernissage die adäquaten Themen anschneiden
- beim Sitzen die Beine (nicht) spreizen
- bestimmte Labels, Farben und Modelle tragen oder diese meiden
- beim Bewerbungsgespräch die richtige Mischung von Führungsanspruch und Teamorientiertheit treffen
- bestimmten Räumen zu bestimmten Zeiten ausweichen oder sie frequentieren
- sprachlich – in Ausdruck und Tonalität – Raum und Publikum beanspruchen
- sich in die Schlange vor der Damentoilette einreihen
- Musik interpretieren
- Musik komponieren.

Butlers Anliegen ist es, kulturelle, somatisierte Vorgaben mittels der dekonstruktivistischen Analyse sowie unter dem Einbezug psychoanalytischer Erkenntnisse zu deontologisieren (Butler 1991; 2002; Villa 2003). Nach der kritischen Rezeption von »Gender trouble« sah Butler sich veranlasst, ausführlich über Materialität im Sinne von Körperlichkeit, körper-

---

16 Ich finde den Begriff der Hegemonie verfänglich. Er suggeriert ein hierarchisches Machtverhältnis, das im Widerspruch zu Foucaults produktivem Machtbegriff zu stehen scheint. Zudem sind die hegemonialen Diskurse, die Maihofer ins Spiel bringt, nur im Modell hegemonial. Was dem Diskurs sein hegemoniales Gepräge verleiht, ist seine »ontoformative Kraft« (siehe Kapitel 4.2.6). Die Verhältnisse in der sozialen Praxis sind, wie historische Analysen zeigen, viel komplexer. Maihofer weist auf diese Komplexität hin, sie spricht von der »historisch spezifischen Verbindung von Wissensformen, Wahrnehmungs- und Erfahrungsweisen«, die in »männliche« und »weibliche« Handlungsweisen, Körperformen, Habiti, Sensibilitäten sowie Denk-, Fühl- und Handlungsweisen übersetzt werden (Maihofer 1995, 92). In Ermangelung eines Ausdrucks, der die Differenziertheit besser einfängt, verwende ich dennoch »hegemonial«, wie dies Maihofer oder auch Michael Meuser in ihren Gesellschaftsanalysen tun (Meuser 1998). Der Begriff hat den Vorteil, dass, auch wenn es den hegemonialen Diskurs oder den hegemonialen Geschlechtskörper gar nicht gibt und ihn nie gegeben hat, ziemlich eindeutige Vorstellungen davon existieren, wie er sein sollte.

17 Maihofer verwendet den Begriff Handlungspraxen und nicht etwa Handlungspraktiken. Ich interpretiere diese Begriffswahl dahingehend, dass sie sich damit von der allgemeineren Verwendung der sozialen Praxis oder der Handlungspraxis und damit von einer interaktionistischen Ebene abgrenzt. Für das Verständnis ihres Ansatzes ist es zentral, dass die Denk-, Fühl- und Handlungspraxen mehrere Bezugsebenen einschliessen und nicht ausschliesslich im Rahmen sozialer Interaktionsprozesse gedeutet werden.

licher Erfahrung und somatisiertem Wissen nachzudenken (Butler 1997). Maihofer entwickelte ihren Ansatz dahingehend weiter, dass sie nicht nur deontologisierend, sondern mit dem Konzept der »ontoformativen Kraft«, die Geschlecht in Individuen entfaltet, in gewisser Weise re-ontologisierend vorgeht. Eine weitere Spannung zwischen Butler und Maihofer liegt in der jeweiligen Perspektive. Während Butler die materiellen Wirkungen normativer Geschlechterkonstitutionen auf der Ebene der psychischen und symbolischen Materialität untersucht, legt Andrea Maihofer zusätzlich eine historische Perspektive an. Sie geht von der Tatsache aus, dass die Art, wie wir heute über Körper sprechen und eine körperliche Wahrnehmung pflegen, im 18. Jahrhundert wurzelt. Vergeschlechtlichte Subjektwerdung handelt also nicht ausschliesslich von Zuschreibungen durch den hegemonialen Diskurs, sondern dreht sich ebenso um Selbststilisierungen und -affirmierungen der bürgerlichen Klasse und ihrer im Kontext der Modernisierung herausgebildeten Lebensweise (Maihofer 1995, 105). Diese Perspektive führt auf die grundlegende Widerspruchskonstellation der westlichen Moderne zurück, in der Gleichheit und Apartheid in derselben Begründungslogik untergebracht und damit mindestens zwei Kategorien von sozialer und politischer Berechtigung geschaffen wurden. Gleichheit – Freiheit – Brüderlichkeit: »Das Pathos verdeckt die Absicht«, wie Beatrix Mesmer formulierte.[18] Das bedeutet unter anderem, dass der soziale Ort von Individuen oder die Vorherrschaft einer Statusgruppe nicht mehr wie in der Vormoderne über die Reinheit des Blutes, sondern über die Disziplinierung der Körper bestimmt ist, wie Foucault nachgezeichnet hat (Foucault 2003a; siehe auch Pratt 2004, 34). Die Disziplinierung der Körper lässt sich, wie sich ebenfalls den Arbeiten Foucaults entnehmen lässt, sehr gut über den Raum organisieren. Neueren Untersuchungen zufolge wird bei der Herrschaftsausübung die räumliche Komponente gegenüber der körperlichen gegenwärtig noch verstärkt, wie etwa an der verbreiteten Videoüberwachung von öffentlichen Räumen abzulesen ist (Bareis 2003).

Kernpunkte

Die patriarchal-hierarchische Codierung der sozialen Ordnung hat sich mit dem bürgerlichen Geschlechterdiskurs durchgesetzt. Dieser Diskurs umfasst eine komplexe »historisch spezifische Verbindung von wissenschaftlichen und alltäglichen Wissensformen, Wahrnehmungs- und Erfahrungsweisen des Körpers sowie eine Vielzahl an ›männlichen‹ und ›weiblichen‹ Denk-, Gefühls- und Handlungsweisen, Körperformen, Habitus und Sensibilitäten« (Maihofer 1995, 92). Die Evidenz der biologisch-anatomischen Natürlichkeit unserer Körper ist ein Effekt der männlichen oder weiblichen Existenzweise.

---

18 Referat von Beatrix Mesmer anlässlich der Ringvorlesung des Interdisziplinären Zentrums für Frauen- und Geschlechterforschung, Universität Bern, 14. Mai 2003. Literatur zu der Widerspruchskonstellation im Rahmen der europäischen Staatenbildung im 19. Jahrhundert findet sich bei Bock (2000) Blattmann (1998), Frevert (1986) und Habermas (1989; 2002).

Das Nachdenken über somatisierte soziale Praxen führt mich zu den Überlegungen Pierre Bourdieus über die männliche Herrschaft. In Kapitel 4.2.5 skizziere ich Bourdieus Modell der männlichen Herrschaft und widme einen Abschnitt der Frage, wie mit Bourdieus Begriffen die Veränderung der Geschlechterverhältnisse theoretisch angelegt werden könnte.

4.2.5 EXKURS: BOURDIEU UND DIE MÄNNLICHE HERRSCHAFT

Bourdieu konzipiert Männlichkeit und Herrschaft als das Paradigma aller Herrschaftsformen und Ziel jeder kollektiven Sozialisationsarbeit.[19] Die Inkorporierung sozialer Strukturen arbeitet er am Beispiel der symbolischen Herrschaft exemplarisch ab. Männliche und weibliche Verhaltensformen entspringen dauerhaften Dispositionen, die im Habitus verankert sind und mittels welcher die Subjekte die ihnen zugewiesene Position in der sozialen Ordnung kompetent besetzen. Männliche Herrschaft gründet auf dem symbolischen Kapital und wird über die geschlechtliche Arbeitsteilung in Wert gesetzt. Die weibliche Funktion besteht hauptsächlich in der Anreicherung des symbolischen Kapitals für den Mann. Die habituelle Unterordnung der Frauen ist weder einem »falschen Bewusstsein« geschuldet, noch ist sie freiwillige Knechtschaft. Beide Geschlechter entwickeln eine ihrer Position im Herrschaftsverhältnis angemessene, standesgemässe Disposition: den Habitus. Der Habitus verbindet individuelles Handeln mit der objektiven Struktur. Soziale Praxis entspringt also weder den dem Individuum nicht zugänglichen objektiven Strukturen noch einer rational gefassten individuellen Entscheidung, sondern dem Habitus. Als »strukturierte strukturierende Struktur wie Bourdieu schrieb, bildet das Habituskonzept den Kern der Boudieu'schen Gesellschaftstheorie (Krais und Gebauer 2002; Painter 1997).

Der Habitus ist somatisiert, das heisst, Individuen integrieren soziale Normen über habituelles Verhaltens, sie eignen sich ein verkörpertes Wissen an, welches die soziale Praxis in hohem Maß steuert. Habitus ist sowohl das Produkt als auch der Produzent von sozialen Differenzierungen. Die Stärke des Konzepts liegt in seinem Potential, vermittelnd zwischen individueller und gesellschaftlich-kollektiver Ebene zu wirken sowie die Dualisierung von Körper und Geist aufzuheben, die auch die feministischen Debatten über eine lange Tradition hinweg geprägt hat (Krais und Gebauer 2002).

---

19 Interessanterweise haben sowohl Bourdieu als auch Foucault eine starke Affinität zur ethnographischen Tradition, womit sie eine hohe Anschlussfähigkeit für feministische Herangehensweisen versprechen. Gemeint sind jene sozialkonstruktivistischen Ansätze der Mikrosoziologie, die in dem auf Schütz/Mead zurück führenden und in Goffmans Arbeiten zum Tragen kommenden symbolischen Interaktionismus und Garfinkels ethomethodologischen Studien, ihre Wurzeln haben (Treibel 1995).

Kritisiert wird das Konzept für seine unzureichende Modellierung von sozialem Wandel, der starken Verhaftung im Klassenkonzept und der begrifflichen Unschärfen und Überschneidungen mit Konzepten aus der kritischen Theorie.[20] Offen bleibt, inwiefern unter den Bedingungen einer individualisierten Gesellschaft die habituelle Männlichkeitskonstitution Veränderungen unterliegt. Ein Wandel der weiblichen Stellung ist letztlich nur über eine Verschiebung der Produktions- beziehungsweise Tauschverhältnisse des symbolischen Kapitals in spezifischen sozialen Feldern möglich (Bourdieu 2005b; Döge und Meuser 2001). Beim Habitus handelt es sich um ein Konzept, welches Persistenzen besser zu erklären vermag als Wandel. Der Habitus öffnet kaum Spielraum für abweichendes Verhalten, dies im Gegenzug etwa zu Butlers Performanzkonzept, welches Bedeutungsveränderungen in so genannten *slippages* als leichte Verschiebungen der Artikulation modelliert (Butler 1990). Zudem bleibt Geschlecht in Bourdieus Theorie eine nachgeordnete Kategorie, das heisst, Bourdieus primäres Interesse richtet sich nachhaltig auf die vertikale Differenz, welche dem Klassenbegriff sehr nahekommt. So hat die vertiefte Auseinandersetzung mit der »männlichen Herrschaft« Bourdieus Konzept des sozialen Raums und dessen Strukturierung über die Kapitalien nicht berührt. Eine tatsächliche Verschränkung von Geschlecht mit Klasse und Milieustruktur deutete Bourdieu höchstens an, hat sie jedoch weder empirisch noch theoretisch konsequent bearbeitet.

Das Habituskonzept ist Bourdieus Antwort auf die Frage, warum Individuen sich in Prozesse einbinden lassen, die gegen ihre eigenen Interessen gerichtet sind. Der Habitus erzeugt ein über den Körper vermitteltes Wissen, welches die Beherrschten in ihre eigene Unterwerfung einbindet. Wie »schmeichelnde Spiegel« (Woolf 1999) sind die Frauen als aktive Zuschauer und Zuschauerinnen bemüht, den Männern ein vergrössertes Bild ihrer selbst zurückzuwerfen. Der Habitus hat also eine somatische und damit auch räumliche Dimension und steuert Haltung und Verhalten, indem er diese über klar definierte geschlechtliche Modi codiert. Zum universellen Prinzip erhoben und in objektivierte Strukturen eingelassen, wirkt der Habitus als Filter, der die individuelle Wahrnehmung der sozialen Ordnung lenkt. Die Trennung in männliche und weibliche Selbstverständnisse, Subjektpositionen, Verhaltensweisen, Haltungen und Deutungen ist eine »politische Mythologie«, die auch die Leibeserfahrung und die Sexualität grundlegend durchdringt (Bourdieu 1993, 128).[21]

Bourdieus Theoretisierung der männlichen Herrschaft erklärt also zwei Dinge: Zum einen vermittelt der Habitus zwischen Struktur und Handlung und erklärt die Einbindung von Individuen in Herrschaftsverhältnisse. In »die männliche Herrschaft« bezieht Bourdieu (2005b) diesen

---

20 Dieser letzte Kritikpunkt stammt aus einem Referat, das Knapp im Rahmen des Berner Graduiertenkollegs *scripts and prescripts* am 27/01/2006 in Bern gehalten hat. Eintrag im Forschungstagebuch.
21 Eine Spurensuche über die Inkorporierung sozialer Ordnung legte Ulle Jäger vor, die das »leibhaftige Geschlecht« an Bourdieus Sozialtheorie anbindet (Jäger 2004).

Ansatz auf die Asymmetrie der Geschlechterordnung. Zum anderen bietet das Habituskonzept eine Möglichkeit, die Somatisierung von Differenzmerkmalen und Verhaltensweisen theoretisch zu fassen. Mit dem Habitus werden Geschlechterunterschiede von der konstruktivistischen Oberfläche gelöst und als verkörperte habituelle Dispositionen erkennbar.

Wie aber wirkt der Zusammenhang zwischen leiblicher Subjektivität und der hegemonialen Konstituierung des Geschlechtskörpers? Wie erklärt sich der ontologische Status der gelebten Materialität vergeschlechtlichter gesellschaftlich-kultureller Praxis im Individuum? Wie vermeidet man den Rückfall »in metaphysische Essentialismen herkömmlichen philosophischen, psychoanalytischen oder eben sozialisationstheoretischen Denkens« (Maihofer 2002, 20)? Diesen Fragen begegnet Maihofer mit dem Konzept der »ontoformativen Kraft« des hegemonialen Diskurses.

4.2.6 Die ontoformative Kraft des hegemonialen Diskurses

»Der hegemoniale Geschlechtskörper umfasst ein komplexes Repertoire an normierenden und disziplinierenden Wissensformen, ›männlichen‹ und ›weiblichen‹ Denk-, Gefühls- und Verhaltenspraxen, körperlichen Sensibilisierungen, sexuellen Praktiken, Gesten, Haltungen bis hin zu spezifischen Körperformen.« (Maihofer 1995, 95)

Die Frage, wie Individuen zu Geschlechtern werden, beantwortet Maihofer mit dem Zusammenwirken des hegemonialen Geschlechtskörpers und der Subjektwerdung, die als gesellschaftliche Zumutung Teil des Individualisierungsprozesses ist. Der hegemoniale Geschlechtskörper stellt das Repertoire bereit, das für individuelle Subjektkonstitutionen zur Verfügung steht. Maihofer bedient sich der These von der »Verschränkung von Körper und Leib« Gesa Lindemanns, die wiederum auf Ethnomethodologie und Mikrosoziologie aufbaut (Lindemann 1995). Gemäß Lindemann besteht die gesellschaftliche Zumutung darin, aufgrund körperlicher Merkmale, derer sich der hegemoniale Geschlechterdiskurs bedient, ein Geschlecht zu sein, welches das Individuum subjektiv nicht ist. Das sozial verfasste objektivierte Geschlecht verschränkt sich mit dem Leib und führt dazu, dass sich Individuen »automatisch« als das Geschlecht wahrnehmen, das der Körper im hegemonialen Diskurs bedeutet. Die Zumutung bedeutet in diesem Fall also: das Geschlecht des eigenen Körpers zu sein. Das objektivierte Geschlecht wird zur Bedingung für das leibliche Geschlecht (Maihofer 1995, 95). Zwar wird die »Verschränkung des Leibes in den Körper« dort besonders offenkundig, wo sie konflikthaft ist, etwa bei transsexuellen Individuen. Sie zieht aber allgemein eine Reihe von Verhaltensmöglichkeiten und -anforderungen, Möglichkeiten und Zwängen hinsichtlich gesellschaftlicher Positionierungen nach sich (Lindemann 1993).

Die Verschränkung von Körper und Leib beschreibt somit das spannungsreiche Verhältnis von objektiviertem Geschlecht und subjektiv leiblicher Erfahrung – in den Worten Maihofers von »gesellschaftlich-hegemonialem und individuell-subjektivem Geschlechtskörper« (Maihofer 1995, 96). Dieses Verhältnis theoretisiert Maihofer als produktiven Prozess, in dem körperliche Materialität und Realität hergestellt werden. Der produktive Prozess sorgt für eine historisch spezifische Ausprägung von »Männlichkeit« und »Weiblichkeit«, die nicht beliebig veränderbar ist und gemäß der Dominanz eines Diskurses und seiner Reichweite in die Individuen hinein wirkt.

Damit kristallisieren sich die Unterschiede zwischen ethnomethodologischen Ansätzen und denjenigen von Butler, Lindemann und Maihofer deutlich heraus: Während ethnomethodologische Ansätze psychische Strukturen nicht berücksichtigen, arbeitet Butler gezielt mit psychoanalytischen Theoremen und bezieht die Konstitution des vergeschlechtlichten Subjekts auf die normative Struktur. Butler spricht von der Materialität des biologischen Geschlechtskörpers, Lindeman wiederum führt Geschlechtskörper und sozialen Körper zusammen. Dagegen legt Maihofer das Gewicht auf die Verankerung der Materialität des Geschlechtskörpers in der Realität des so genannten sozialen Geschlechts.

Geschlecht ist eine über einen hegemonialen Diskurs vermittelte, formvielfältige, kontextuell gebrochene und kontingente Norm, der Maihofer eine ontoformative Kraft zuschreibt. Diese Kraft verwandelt Individuen in geschlechtliche Wesen. Mit »ontoformativ« beschreibt Maihofer das Werden von Geschlecht im Individuum. Trotz seiner Formbarkeit erhält der Geschlechtskörper einen ontologischen Status, er wird zum Sein, als vergängliche, veränderbare, aber hegemonial geprägte Erfahrung. Der Begriff des Ontoperformativen bezeichnet die Wirklichkeit, die über die soziale Praxis erzeugt wird. Geschlecht entwickelt eine ontologische Qualität und entfaltet sich im Individuum als gelebte Materialität – der hegemoniale Geschlechtskörper findet zu seiner individuellen Ausprägung. Ontoformativ spricht vom Sein, welches in jedem Werden angelegt ist. Die Entschlüsselung des ontoperformativen Vorgangs ist laut Maihofer eine der zentralen Fragen, die sich die Geschlechterforschung stellen muss (Maihofer 2002, 20).[22]

Gemäß der Herangehensweise von Maihofer ist Geschlecht mehr als lediglich eine analytische Kategorie oder eine Strukturkategorie. Geschlecht ist eine gesellschaftlich-kulturelle Existenzweise. Dieses Konzept schliesst Materialität und Substanz mit ein und fragt auch nach den subjektiven Aspekten vergeschlechtlichter Existenz. Dennoch grenzt Maihofer sich klar gegen essentialistische Begriffe ab. Stattdessen setzt sie auf sozialisationstheoretische Modelle und versucht, in einer Neuinterpretation der Theorien Goffmans von der primär über die *Doing-gender*-Ansätze gesteuerten Rezeption seines Werks wegzukommen.

---

22 Der Begriff ontoformativ wird sowohl von Maihofer als auch von Robert Connell mit Bezug auf Karel Kosík verwendet (Kosík 1970).

KERNPUNKTE
Geschlecht ist eine über einen hegemonialen Diskurs vermittelte, formvielfältige, kontextuell gebrochene und kontingente Norm. Geschlecht als Existenzweise theoretisch zu fassen und empirisch zu untersuchen heisst, Geschlecht als Gesamtphänomen zu begreifen und damit eine Antwort auf die Frage zu suchen, wie Individuen zu Geschlechtern werden. Geschlecht wird als gesellschaftliches Phänomen begriffen, als ein System, welches Gesellschaften von Grund auf organisiert. Maihofer betrachtet gesellschaftliche Phänomene in ihrem Zusammenhang mit der Herstellung von Geschlecht und damit als konstitutive Elemente des gegenwärtigen Geschlechterdiskurses. Sie entwickelt das Konzept der Existenzweise im Bestreben, von der Essenz geschlechtlicher Subjekte wegzukommen und dennoch die Materialität und gelebte Realität des vergeschlechtlichten Selbst theoretisch zu fassen. Existenzweise beschreibt, wie hegemoniale Geschlechterverhältnisse nicht nur durch, sondern in den Individuen selbst wirksam werden.

Setzt Maihofer somit Butlers deontologisierendem Zugriff und der dominierenden Debatte der 90er Jahre einen re-ontologisierenden Entwurf gegenüber? Lassen sich diesbezüglich Parallelen suchen zu laufenden Auseinandersetzungen in der Geographie, woher ebenfalls der Ruf nach einer neuen Ontologie – etwa in Marston, Jones und Woodward derjenige nach einer »flachen Ontologie« ertönt (2005)?

Faszinierend an dieser Position finde ich Maihofers Setzung, dass Norm und Erfahrung zusammenfallen, ohne dabei ineinander aufzugehen – womit auch die wesentliche Bedeutung von »Existenzweise« angesprochen ist. Die innere Logik des hegemonialen Diskurses – die Grammatik, als die er sich in die soziale Welt einlässt – wird im Individuum nicht ungebrochen gespeichert. Vielmehr wird das Individuum als einzigartige Kombination verschiedenartiger, ineinandergreifender Diskurse, in die sich auch die räumliche Struktur einschreibt, imaginiert. Individuen vollziehen demnach einen andauernden Interpretationsprozess der Normen, mit denen sie konfrontiert sind und der teilweise unbewusst abläuft. Die Konstitution von Raum findet innerhalb von normativen Strukturen statt. Die individuelle Auseinandersetzung mit Normen, die durch einen mehrfach gebrochenen Diskurs vermittelt sind, ist somit individuell und eigensinnig. Dem Individuum steht ein begrenzter Spielraum zu, hegemoniale Sinnvorgaben autonom nachzuvollziehen und sie eigensinnig zu reproduzieren. Diesen Nachvollzug werde ich im Kontext dieser Arbeit als »HandlungsRaum« bezeichnen.

Ich eröffnete dieses Kapitel mit einem Zitat von Sabine Hark. Bevor ich mich geographischen Bestimmungen von Geschlecht zuwende, möchte ich die theoretischen Überlegungen zu Geschlechterkonzeptionen mit einem Blick auf Harks diskurstheoretischen Ansatz vorerst beschliessen.

4.2.7 Geschlechterdifferenz jenseits biologischer und kulturalistischer Mythologisierung

Aus Harks Konzeption der Geschlechterdifferenz, die diskurstheoretisch fundiert ist, lassen sich zusätzliche Möglichkeiten für die Anbindung meines theoretisch-methodologischen Standpunkts ableiten. Es gibt bei Hark keine vordiskursive Realität, keine Form der Geschlechterdifferenz, welche nicht diskursiv vermittelt wäre. Dennoch greift ihr Ansatz direkt auf die sozialen Beziehungen zu und ermöglicht es meines Erachtens, die Geschlechterdifferenz als gelebte Erfahrung zu denken. Gemäß Harks diskurstheoretischem Ansatz macht die Geschlechterdifferenz Erfahrung möglich und organisiert diese, während sie gleichzeitig im Wechsel von semiotischen, materiellen und institutionellen Verhältnissen entsteht und durch Bezeichnungs- und Aushandlungspraxen, die ineinander verwoben sind, formiert und materialisiert wird (Hark 2001b, 360). Geschlechterdifferenz entsteht im diskursiven Gefüge, dem Dispositiv, das bei Hark als eine Verflechtung von semiotischen, materiellen und institutionellen Verhältnissen entworfen ist. Dieses Gefüge bestimmt die Überzeugungskraft von geschlechterdifferenzierender Erfahrung, deren Entstehung gleichzeitig durch diese Verknüpfung von Diskursen generiert wird. Entscheidend für die Verwendung dieses Ansatzes in meiner Arbeit ist, dass Hark davon absieht, Diskurs ausschliesslich als eine Verknüpfung von Zeichen zu deuten. Vielmehr betont sie, dass sowohl materielle als auch institutionelle Grössen in die Bezeichnungspraxis, die die Gegenstände, von denen sie spricht, selbst herstellt, einbezogen sind.

Hark versteht Geschlecht demnach nicht als Repräsentation biologischer oder kulturalistischer Mythen, sondern als:

1. soziosymbolische Matrix, die soziale Beziehungen und kulturelle Ordnungen produziert,
2. als ein innerhalb der symbolischen Ordnung hergestelltes, kulturelles Konstrukt und als Effekt
3. und Zeichen von Machtrelationen.

Das Bild der Matrix entwirft die Repräsentation als relationales Verhältnis, das Ordnungen produziert. Die Geschlechterdifferenz wird darin durch die symbolische Ordnung verortet sowie als Prozess und Produkt von Machtbeziehungen erzeugt. Das Programm, das Hark davon ausgehend entwirft, scheint mir ambitiös und sehr einleuchtend:

»Damit ist ein diskurstheoretisch wie dekonstruktivistisch informiertes Programm avisiert, wie die Differenz der Geschlechter gedacht werden kann, ohne diese – ob gewollt oder nicht – immer wieder an ihren natural gedachten Grund kausal rückzukoppeln und ohne Natur schlicht durch Kultur zu substituieren. Nämlich nicht durch die Ersetzung des biologischen oder evolutionistischen Mythos durch einen kulturalistischen, in denen die Geschlechter im ersten Fall als ›zivilisatorische Elaborate eines biologischen Substrats‹ und im zweiten Fall etwa als ›bloße Interaktionsprodukte‹ (Runte 1996, 45) gedacht werden, sondern durch die dekonstruktive, doppelte Geste der gleichzeitigen Umkehrung und Verschiebung des Natur/Kultur-Dualismus. Die Geschlechterdifferenz ist weder in Natur noch gänzlich in Kultur verankert.« (Hark 2001b, 361)

Ziel dieses dekonstruktionslogischen und diskurstheoretischen Programms ist es also, Geschlecht als ein kulturell bestimmtes Konstrukt zu denken, dem eine Platzanweiserfunktion inhärent ist. Teil der kulturellen Konstruktion ist ein Naturalisierungsgestus, der die Erzeugung der Geschlechterdifferenz als Konstruktion verschleiert – Hark spricht von Mythologisierung – und sie damit als immobil und herrschaftslegitimierend ausweist.

Im Unterschied zu Maihofers Auslegungen finde ich bei Hark zahlreiche Hinweise zur methodischen Umsetzung des von ihr postulierten diskurstheoretischen und dekonstruktionslogischen Geschlechterkonzepts. Ein zweiter Aspekt, der Harks Herangehensweise für meine Arbeit anschlussfähig macht, ist ihr Fokus auf die Voraussetzungen, Ausschlüsse und Verwerfungen, die Identitätskonstruktionen produzieren. Die geografische Herangehensweise, die ich für diese Arbeit gewählt habe, richtet sich auf die Zu- und Ungehörigkeiten, die über die raumkonstitutiven Prozesse der untersuchten Ereignisse und im physischen Raum, an den TatOrten, sowie in der Herstellung des *Urbanen* erzeugt werden.

Meine theoretische Begründung des Geschlechterkonzepts ist vom Bemühen geleitet, einen Brückenschlag in die Geographie zu leisten und damit » eine Kartographie des Alltags zu erstellen, die versucht, zumindest einen Teil des komplexen Gewebes eines bestimmten Terrains zu (re-)konstruieren« (Grossberg 199), zit in: Lutter und Reisenleitner 2002, 72). Die Klärung der Frage, was denn ein analytischer Einbezug von Geschlecht leisten soll, geschieht daher im Hinblick auf den möglichen Erkenntniswert, den das dadurch generierte Geschlechterkonzept für eine raumsensible Analyse mitbringt.

Nach diesen Reflexionen zur diskursorientierten Konzeption von Geschlecht diskutiere ich die räumliche Konstruktion von Geschlecht. Ich gehe davon aus, dass der materielle Raum Teil des Dispositivs ist, welches Diskurse zu spezifischen Sinnhorizonten verknüpft.

4.3   Geschlecht räumlich denken

Im Winter 2003 warb der grösste Schweizer Detailhändler mit einer groß angelegten Kinowerbekampagne für eines seiner Produkte. Im Werbefilm wird ein Flirt inszeniert, der darin endet, dass sich der junge Mann entsetzt zurückzieht, weil die Frau ihm aufs Herren-WC gefolgt ist und sich breitbeinig neben ihn ans Pissoir gestellt hat.

2 – Filmstill aus »Boy or Girl« © Migros 2004

Das Beispiel bildet geschlechtsspezifisch zugewiesene Räume als einen Ausdruck dafür ab, wie Geschlechterdifferenz als tief in die sozialen Strukturen eingelassenes Ordnungsprinzip funktioniert. Geschlecht ist, in Kombination mit anderen Faktoren der sozialen Zuweisung wie Nationalität, Alter, *ability* (im Gegensatz zu *disability*), Ethnizität oder Klasse eines der am stärksten verankerten Ordnungsprinzipien moderner Gesellschaften. Geografien der Differenz untersuchen, wie soziale Determinanten in ihrer wechselseitigen Wirkungsweise Menschen ver-Orten – mit andern Worten, wie räumliche und soziale Strukturen bei der Positionierung und der Konstituierung von Subjekten ineinander greifen. Räumliche und soziale Strukturen sind demnach Bestandteile eines Diskurses, der Subjekte konstituiert und durch den Subjekte positioniert werden. Raum – im Sinne von Territorium, Ausstattung, Verkehrsanlage, Architektur, aber auch als Symbol, materialisierte Erinnerung, Wahrnehmung, Bezugspunkt oder Ästhetik – ist ebenso Bestandteil der diskursiven Struktur wie Sprache, Institutionen oder Wissenssysteme. Der materielle Raum formt einen Teil der Grammatik aus, die soziale Interaktion strukturiert.

In ihrer geschlechtersensitiven Bearbeitung von Lacan[23] schreibt Blum ebenfalls über Toiletten (Blum 1998, 277):

---

23 Blum befasste sich mit psychoanalytischen Zugängen und ihrer Verhandlung der räumlichen Dimension und stieß dabei auf eine häufige Verwendung räumlicher Metaphern. Die Diskussion von Fallbeispielen aus der Psychoanalyse veranlassen sie zu der Feststellung, dass Geschlechtsidentität eng verschränkt ist mit der Art, wie der Körper räumlich reguliert wird (Blum 1998).

»Always on the look-out for invaders (though never consciously), we police our public bathrooms – to sustain gender's territorial boundaries.«

Über die territoriale Festschreibung von *gender* hinausgehend lässt sich die Verbindung von Geschlecht und Raum noch viel grundlegender – nämlich als jeder sozialen Praxis inhärent – theoretisch fassen. Die kompetente Bewegung des Körpers im Raum gehört ebenso zur Herausbildung der eigenen Subjektposition wie die Definition dieser Position als männliche oder weibliche. Das, was Butler als die zentrale Zumutung[24] moderner Gesellschaften bezeichnet, die Entwicklung eines kohärenten Verhältnisses zum Selbst, funktioniert wesentlich über die kompetente, geschlechterdifferenzierte Inszenierung des eigenen Körpers und damit unmittelbar über den Raum. Der Körper wird damit zum ersten TatOrt – er ist räumliche Urerfahrung und, ganz im Sinne von Adrienne Rich, »geography closest in« (Rich 1986, 212). Die kompetente Verkörperung des Selbst beweist die erfolgreiche Bewältigung der elementaren Zumutung der Selbstmodulation, und sie ist der Schlüssel zur Handlungsfähigkeit. Räumliche Kompetenz ist somit eine existentielle Kompetenz, wie Osborne und Rose schreiben, »the fashioning of ourselves as humans is accomplished, in part at least, by the fashioning of our intimate spaces of existence« (Osborne und Rose 2004, 209).

Räume übernehmen demnach eine wichtige Funktion bei der Bewältigung der elementaren Zumutung der Moderne: Sie verOrten Subjekte und unterstützen oder unterminieren deren Konstituierung. TatOrte eröffnen Identitätsangebote und steuern Zugehörigkeiten von Individuen. Als HandlungsRaum materialisiert sich der räumliche Diskurs in den Subjekten: Grenzen und Möglichkeitsbedingungen subjektiver Handlungen bilden einen HandlungsRaum aus. Soziale Praxis wird in vorgefundene HandlungsRäume eingebettet oder an einen HandlungsRaum geknüpft. Im eingangs beschriebenen Werbespot signalisiert der TatOrt Toilette den HandlungsRaum, den die junge Frau sich nimmt, und markiert damit gleichzeitig die Übertretung, derer sie sich schuldig macht.

Die Tatsache, dass ein Grosshändler, der in der Schweiz ein bedeutendes Marktsegment abdeckt, in seiner Werbung die Geschlechterdifferenz prominent platziert, ist bemerkenswert. Ich lese es als Hinweis darauf, dass die symbolische Ordnung an Überzeugungskraft eingebüßt hat und alternative Zuordnungen von Geschlecht, Körpern und materiell-symbolischem Raum denkbar sind. Die gezeigte Koketterie verweist jedoch auch auf die gleichwohl engen Schranken des geschlechtlichen Handlungsspielraums, weil sie letztlich die traditionelle Geschlechterdifferenz in ihrer Normalität untermauert.

---

24 Gesa Lindemann formuliert bezogen auf Geschlecht, dass die Zumutung darin bestehe, das Geschlecht des eigenen Körpers zu sein (Lindemann 1993).

3 – Piktogramm Toilette

Diese Normalität bewirkt auch, dass ich mich, ohne nachzudenken, hinter der Tür mit der »Dame« anstelle. Geschlechtergetrennte Toiletten sind eines der scheinbar nebensächlichen Beispiele dafür, dass die Zweigeschlechtlichkeit »ein ebenso stabiles wie flexibles Klassifikationsverfahren bereit- und darstellt – stabil, was die Grundstruktur der binären Unterscheidung anbelangt, flexibel, was deren Anwendung im Einzelfall betrifft« (Wetterer 2002, 17). Dieses Ordnungsprinzip lebt von der Annahme, dass die grundsätzliche Unterscheidung von Gegenständen und die räumliche Trennung auf einer tatsächlich existierenden Verschiedenheit zwischen Männern und Frauen beruhe und daher ebenso normal wie funktional sei. Die eben genannten Ordnungsmittel – große, dunkle Regenschirme versus kleine, bunt gemusterte, links oder rechts verlaufende Reissverschlüsse und Knopfleisten, herber oder süßlich-blumiger Parfumduft bis hin zu »männlichen« Ingenieurwissenschaften gegenüber weiblichen Sprachfächern – geben vor, einer Differenz der Geschlechter Rechnung zu tragen, die zwar kulturell überprägt sein mag, letztlich aber von einem ursächlichen, ja vorsozialen Unterschied zwischen Männern und Frauen herrühre.

Genau umgekehrt deuten zwei soziologische Klassiker und Experten fürs Alltägliche den Sachverhalt. Harold Garfinkel und Erving Goffman unterstellen, dass die ganzen Unterteilungsbemühungen letztlich Aspekte des sozialen Konstruktionsprozesses sind, der jene Differenz der Geschlechter hervorbringt, als deren Folge er gilt. Mit andern Worten: Nur weil die Geschlechterdifferenz in Alltagshandlungen repetitiv hergestellt wird und dadurch in tägliche Routinen eingelassen ist, »gibt« es diese Differenz überhaupt (Wetterer 2002, 18). Garfinkel und Goffman unterstellen also anhand ihrer Untersuchungen zu Transsexualität sowie zu dem Arrangement der Geschlechter eine Umkehrung der alltagstheoretischen Begründungslogik (Garfinkel 1984; Goffman 2001). Auf das Beispiel der Toilette zurückkommend, formuliert Goffman dies so:

»Hier hat man es [...] mit einem Fall von institutioneller Reflexivität zu tun: Die Trennung der Toiletten wird als natürliche Folge des Unterschieds zwischen den Geschlechtsklassen hingestellt, obwohl sie tatsächlich mehr ein Mittel zur Anerkennung, wenn nicht gar zur Erschaffung dieses Unterschieds ist.«(Goffmann 1994, zit. in: Wetterer 2002, 27)

Garfinkels und Goffmans These von der in alltäglichen Interaktionszusammenhängen reproduzierten Zweigeschlechtlichkeit erklärt jedoch die Persistenz der geschlechterdifferenzierten sozialen Ordnung beziehungsweise ihre Verankerung auf anderen als der mikrosoziologischen Bezugsebene nicht. Um (Re-)Produktionsprozesse der Zweigeschlechtlichkeit in institutionellen Zusammenhängen und damit hinsichtlich ihrer Verstetigung zu verfolgen, könnte der Einbezug der Analysekategorie Raum erhellend sein. Es braucht zusätzliche Erklärungsfaktoren, um die Mechanismen der »sozialen Fortpflanzung der Zweigeschlechtlichkeit« in ihrer eigentlichen Komplexität zu verstehen (zit. in: ebd., 24).

Die »institutionelle Reflexivität« (Goffmann 1994a, zit. in: Wetterer 2002, 27; Goffman 2001) ist demnach jener Mechanismus, der an der Schnittstelle zwischen sozialer Struktur und alltäglicher Interaktion dafür sorgt, dass die Geschlechterdifferenz gesellschaftlich so organisiert wird, dass sich die institutionellen Praktiken – das getrennte Benutzen von Toiletten – in Beweise für die Natürlichkeit der Geschlechterdifferenz verwandeln (Wetterer 2002, 27). Diesen Übersetzungsmechanismus, der gleichzeitig der Verschleierung gesellschaftlicher Hierarchien dient, thematisiert auch Bourdieu im Zusammenhang mit der Stabilisierung des Habitus. Bourdieu entwickelt seine Kapitaltheorie zur Erklärung der Persistenz von sozialer Ungleichheit. Die ungleiche Ausstattung mit Kapitalien setzt sich gemäß Bourdieu über Generationen hinweg fort, wobei einige Kapitalformen besonders wertvoll sind für den sozialen Aufstieg. Obwohl eine gewisse Konvertierbarkeit der Kapitalien möglich ist, wobei das ökonomische Kapital die volatilste Kapitalform ist, wirken gerade über die Kapitalien Schliessungsprozesse, die bestehende Hierarchien erhalten. Über die Somatisierung des Habitus wird die ungleiche Kapitalausstattung naturalisiert. Bourdieu nennt hier das Beispiel, dass Frauen häufig nicht gerne Bier mögen. Er deutet dies als habituelle Somatisierung, da das Biertrinken traditionell ein von Männern besetzes Ritual ist, das Ausschliesslichkeit produziert (Bourdieu 2005a).

Ob es die Institutionen, die einverleibte Struktur oder das diskursive Feld sei: Sie können theoretisch als Produzenten eines Wissenssystems und intersubjektiven Sinnsystems gedeutet werden. Dieses Wissenssystems unterhält die so genannte »Fortpflanzung der Zweigeschlechtlichkeit« (zit. in: Wetterer 2002, 24). In diesem Zusammenhang gerät die räumliche Organisation einer Gesellschaft ins Blickfeld. Der materielle Raum ist intrinsischer Teil von Wissenssystemen. Räumlichen (An-)Ordnungen und den daraus hervorgehenden TatOrten und HandlungsRäumen kommt innerhalb dieser Wissensbildung eine zentrale Rolle zu. Der materielle Raum ist ein ausgesprochen effektiver Naturalisierer. Er übernimmt eine wichtige Rolle bei der Umdrehung der Beweisführung für die natürliche Logik der symbolischen Ordnung. Der materielle Raum lässt sich hervorragend als Beweis für die Natürlichkeit gesellschaftlicher Ordnungen instrumentalisieren.

Martina Löw deutet die räumliche Verfassheit einer Gesellschaft aus der Perspektive von räumlichen (An-)Ordnungen.[25] Die Idee der (An-)Ordnung bezeichnet vorerst eine Struktur, damit wird jedoch die Frage aufgeworfen, wer räumliche (An-)Ordnungen verfügt und unter Verwendung welchen Wissens. Löw fragt, was angeordnet wird (Dinge, Ereignisse, Körper, Symbole) und wer anordnet (mit welchem Recht, mit welcher Macht, unter Bezugnahme auf welches Wissenssystem?). Anhand dieser Fragen widmet sie sich der Konstitution von Raum. Sie zeichnet nach, wie sich Räume verflüchtigen, materialisieren oder verändern und dabei strukturell auf die Gesellschaft wirken. Umgekehrt integriert sie die gesellschaftliche Qualität von Raum in ihr Modell, indem sie die Konstitution von Raum als Ergebnis von Platzierungsvorgängen und Syntheseleistungen in einem strukturierten Feld entwirft.

Löws Fragen sind im Zusammenhang mit dem Erkenntnisinteresse meiner Arbeit, den räumlichen Strategien, Geschlechterbeziehungen und der räumlichen Hinterlassenschaft der Berner 80er Jahre, sehr anregend. Ich untersuche die Berner 80er-Bewegung aus der Perspektive ihres räumlichen Manifests. Ihre Anliegen und ihre Kritik waren raumkonstitutive Praktiken, die TatOrte bilden bis heute eine bewegungsspezifische Hinterlassenschaft. Die TatOrte wiederum entfalteten ein starkes Identifikations- und Widerstandspotential. Über die Besetzung prominenter TatOrte erschlossen sich die Bewegten neue HandlungsRäume oder machten über die Besetzung von Häusern auf die Verengung und Limitierung der HandlungsRäume für Jugendliche aufmerksam.

Löw verfolgt mit ihrem relationalen Raumkonzept die Absicht, die Gegenüberstellung von Handlung und materieller Struktur zu durchbrechen. Ihr Ansatz streicht den prozesshaften Charakter der räumlichen Dimension heraus. Diese wird als geronnene soziale Strukturen gefasst, welche die in der Interaktion, der Konzeption und der Repräsentation wirksam werdenden kulturellen Regelsysteme reflektieren und sie gleichzeitig reproduzieren. Die Wahrnehmungen und Empfindungen, gemäß denen soziale Güter und Lebewesen zu Räumen zusammengefasst werden, sind über die Kategorien Geschlecht und Klasse strukturiert (Löw 2001). Die TatOrte, die die 80er-Bewegung hervorgebracht hatte, vermochten aus objektivierten Strukturen herausgelöst für neue Interpretationen geöffnet zu werden. Diese Öffnung erwirkte die Bewegung über das Bespielen von materiellen Räumen. Unter Bespielen verstehe ich die spielerische Verknüpfung von Räumen zu Formen, die quer zur Struktur stehen. Das spielerische Element ermöglicht diese Distanzierung von der Struktur. Auf diese Weise erspielen sich die Akteure und Akteurinnen gleichsam neue HandlungsRäume.

Löws Konzept der (An-)Ordnung baut auf einer handlungsorientierten Basis auf, konsistent dazu ist ihr Subjektmodell bei Giddens angelehnt. Zentrales Element darin ist, dass Menschen fähig sind, über ihre raum-

---

25 Siehe Kapitel 3

wirksame soziale Praxis zu reflektieren. Sowohl bei Giddens als auch bei Bourdieu ist der Aspekt der Routine oder des praktischen Sinns nicht zu vernachlässigen. *Spacing* und Syntheseleistung sind die Akte, die den Raum gemäß Löw ausbilden, wo also im Modell das Werden des Raums an menschliches Handeln geknüpft wird. Diese Handlungen werden bei Löw in hohem Maße über Routine und den praktischen Sinn gesteuert. Damit ist ein wesentlicher Punkt der wissenschaftlichen Auseinandersetzung mit der Kategorie Raum angesprochen, die ich hier als ontologische Falle des Raums bezeichnen möchte: Gemeint ist, dass sich die räumliche Praxis häufig der Reflexion entzieht, weil sie einverleibt und über den praktischen Sinn organisiert ist. Räumliche (An-)Ordnungen werden nicht als solche erkannt, die darin sedimentierten diskursiven Strukturen werden als ontologische Tatsachen hingenommen. Ein Beispiel hierfür ist die Divergenz zwischen den Geografien der Angst (Valentine 1989) und den Geografien der Gefahr als Evidenz dafür, dass räumliche Verbote für Frauen, sich in der Nacht alleine in bestimmten Räumen zu bewegen, stärker dem Gebot einer traditionellen sozialen Ordnung entsprechen als einer tatsächlichen, statistisch nachweisbaren erhöhten Gefahr, die zu der Ausstattung bestimmter Räume gehört.[26]

Damit komme ich zum Kern des im vorliegenden Kapitel anvisierten Ziels: Wie lässt sich Geschlecht fassen, um die Entstehung, Materialisierung und Verflüchtigung von Räumen im Kontext der Widerstandsbewegung der 80er Jahre als – unter anderem – geschlechterkonstituierende soziale Praxis zu spiegeln?

4.4 Fazit

»Denn Geschlecht ist zugleich mehr und weniger als wir daraus machen. Es ist mehr als bedeutete Materie, die leichthin durch Resignifizierung überwunden werden kann, es ist aber auch weniger als die Meisterstruktur, die alles determiniert und der deshalb nicht zu entkommen ist. Wir sollten Geschlecht daher zum Gegenstand kontextualisierter und kontextualisierender Lesarten machen, die die Komplexität der Verhältnisse und Diskurse nicht zum Verschwinden bringt.« (Hark 2001b, 367)

Zum Schluss der Überlegungen über die Konzeption von Geschlecht möchte ich auf Sabine Hark zurückkommen, die bereits eingangs des Kapitels zitiert wurde. Ich nehme ihre Sichtweise zum Anlass, die Elemente eines für die Untersuchung von Räumen, ihrer Materialisierung und Verflüchtigung im Kontext der 80er-Bewegung angepassten, konsistenten Konzepts von Geschlecht noch einmal zu formulieren. In meiner Arbeit diskutiere ich die Berner 80er-Bewegung aus der Sicht ihrer räumlichen Hinterlassenschaft.

---

26 Ganz abgesehen davon, dass männliche Gewalt im öffentlichen Raum dadurch im Sinne eines zu kalkulierenden Risikos normalisiert wird und gleichzeitig häusliche Gewalt unter dem Schleier des Privaten verborgen bleiben soll.

Damit siedle ich meinen Untersuchungsgegenstand an der Schnittstelle zwischen objektiven Strukturen und subjektiven Sinnhaftigkeiten an. Ich beabsichtige eine systematische Verschränkung von Konzepten von Raum und Geschlecht sowohl auf theoretischer Ebene als auch im Rahmen einer empirischen Untersuchung. Systematisch heisst, dass ich diese Verknüpfung laufend und hinsichtlich einer doppelten Perspektive vornehme:

Erstens verwende ich Raum und Geschlecht als Konzepte der Sozialgeografie und prüfe sie auf ihre Reichweite und Implikation im Rahmen einer Forschungsfrage. Ich setze hierbei voraus, dass die Konstitution von Raum eine Triebkraft bildet, die überzeugende Wahrheiten über Geschlechterverhältnisse – im Sinne von handlungsleitenden Strukturen – herstellt. Umgekehrt sedimentiert das Wissen über die Geschlechterordnung in diskursive Strukturen, wovon räumliche (An-)Ordnungen einen Teil bilden.

Zweitens erscheint Geschlecht als herzustellende, umkämpfte Kategorie, als mit-, in- und gegeneinander laufende Konstituente der Subjektposition in gesellschaftlichen Ereignis- und Handlungszusammenhängen. Diese Arbeit stellt sich in die Tradition derjenigen Positionen, die gegen identitätslogische kategoriale Bestimmungen anschreiben und sich stattdessen für die Herstellungsbedingungen von differentiellen Kategorien interessieren. Indem diese Herstellungsbedingungen konsequent auf ihre Räumlichkeit mitgedacht werden, eröffnet sich meines Erachtens eine Anzahl von nicht ausgeschöpften Möglichkeiten. Diesen Möglichkeiten möchte ich anhand meiner Untersuchung zu den physisch umkämpften Räumen der Stadt Bern in den 80er Jahren nachgehen.

Die vorher beschriebenen Setzungen bestreiten in keiner Weise den Erfahrungswert von Geschlecht als soziale Wirklichkeit und ihrer Verkörperung im und durch den materiell-symbolischen Raum. Mit dem gewählten Ansatz wird die Kontingenz vergeschlechtlichter Erfahrung und ihrer Verräumlichung betont. Geschlecht bildet kleine und grosse, flüchtige und permanente Existenzweisen aus, die unterschiedliche räumliche Ausprägungen annehmen.[27] Mit andern Worten, Geschlecht bindet sich an die spezifischen Ereignis- und Handlungszusammenhänge, die den Gegenstand der von mir erzählten Geschichten bilden. Diese Geschichten laufen in den für die Untersuchung ausgewählten TatOrten ineinander. Die Reitschule, das Zaff oder die Frauenvilla an der Gutenbergstrasse sind TatOrte mit einer hohen Identifikations- und Erinnerungswirkung. Die Geschichten erzählen, mit welchen Bedeutungsträgern Geschlecht versehen wird, wie Geschlecht imaginiert, inszeniert, materialisiert, in den Raum eingelassen und über den Raum erzeugt wird und in welcher Weise Subjekte über Geschlecht und Vergeschlechtlichung in sozialen Handlungsfeldern positioniert werden.

---

27 Geschlecht verstanden als gesellschaftlich-kulturelle Existenzweise begreift den Vorgang der Herstellung von Geschlecht als einen gesamtgesellschaftlichen Prozess.

KERNPUNKTE
Ich begreife transgressive Akte im materiellen Raum, die Forderung nach Traumhäusern, den Alltag des Besetzens und die Anrufung urbaner Lebensformen durch die Inszenierung von FreiRäumen als sozial-räumliche Praktiken, die, während sie die Grenzen des *Urbanen* verhandeln, ebenso in die »soziale Fortpflanzung der Zweigeschlechtlichkeit« (Hirschauer in: Wetterer 2002, 24) involviert sind. Die FreiRäume der 80er-Bewegung sind gleichzeitig als materialisierte Verhältnisse in die Erinnerung, die politische Auseinandersetzung, das urbane Selbstverständnis und nicht zuletzt in die städtische Physis im Sinne der Entstehung und Verflüchtigung von Räumen eingelassen. Das Konzept der Geschlechterordnung wird im Rahmen dieser Arbeit mit Wissensformen verknüpft, die konstitutiv sind für das *Urbane*.

4.5 Zum Verständnis von Geschlecht in dieser Publikation

Die theoretische Bestimmung von Geschlecht, die diese Arbeit steuert, liegt im Schnittpunkt von diskursorientierten und dekonstruktionslogischen Geschlechterkonzepten. Die Anbindung an Martina Löws Konzept der Konstitution von Raum erfolgt über die strukturelle und habituelle Verfasstheit, die Löw für die Verknüpfungsleistung von Gütern und Lebewesen zu Räumen voraussetzt.

Vier wesentliche Bezugspunkte sind wegleitend für die Konzipierung von Geschlecht im Rahmen meiner Untersuchung zu den Geografien der Berner 80er-Bewegung. Im Anschluss lege ich drei produktive Spannungsverhältnisse dar, die aus dem gewählten Zugriff hervorgehen. Zum Schluss ergänze ich die Überlegungen mit dem Blick auf die Operationalisierung von Geschlecht in dieser Publikation.

4.5.1 Herstellung und Materialisierung von Geschlecht

Ich lehne mich an Maihofers diskurs- und gesellschaftstheoretische Überlegungen an. Sie fragt, wie Gesellschaften über das System der heterosexuellen Zweigeschlechtlichkeit organisiert sind (Maihofer 2004c, 34). Ich setze voraus, dass die symbolische Ordnung in den Raum eingelassen und teilweise räumlich bestimmt ist. Maihofers Interesse gilt der Frage, wie Individuen zu Geschlechtern werden und wie sich dies in den Individuen materialisiert. Ich werde diese Frage selbstverständlich nicht beantworten. Sie ist vielmehr eine Art übergeordnete Kategorie, die die Untersuchungsanlage und die Perspektive der Auswertung massgeblich mitsteuert. Diese Perspektive umfasst den materiellen Raum, der immer auch ein symbolischer Raum ist. Mich interessiert einerseits, inwiefern Raum die Sinngebungs- und Materialisierungsprozesse, die in der Subjektivierung impliziert sind, mitprägt. Andererseits versuche ich im Rahmen meiner Arbeit, eine analytische Perspektive von Raum zu entwickeln. Dies bedeutet, dass ich die

Gesprächsinhalte auf deren räumliche Qualität hin befrage. Eine Kategorie, die ich dabei anlege, ist die Kategorie des *Urbanen*.

4.5.2 Intersektionelle Positionierung

Die jüngeren Überlegungen Gudrun-Axeli Knapps zu Intersektionalität wurden zu einer wichtigen Anregung für die Bestimmung der geschlechtertheoretischen Ausgangslage meiner Arbeit (Knapp 2005). Knapp hat sich der Aufgabe gewidmet, im Zusammenhang mit den so genannten *travelling concepts* die theoretische Fassung von *gender* kritisch zu beleuchten und die Weiterentwicklung des Konzepts im Sinne einer gesellschaftstheoretischen Perspektive voranzutreiben.[28] Die feministischen Theorien warfen mit ihrem Erkenntnisinteresse für geschlechtlich bestimmte Ungleichheitslagen Fragen von gesamtgesellschaftlicher Relevanz auf, deren theoretische Erfassung weit über das hinausgeht, was die ursprünglich zur Verfügung stehenden analytischen Instrumente waren. Allein deshalb ist die Vermittlung mit weiteren Differenzkategorien und die Erweiterung um gesellschaftstheoretische Positionen naheliegend.

4.5.3 Bezugsebenen und wahrgenommene Geschlechterdifferenz

Als dritten Bezugsrahmen setze ich in dieser Publikation ein Verständnis von Geschlecht voraus, welches aus einem komplexen Geflecht von Beziehungen besteht, die sich auf unterschiedlichen Bezugsebenen entfalten und mehrdimensional sind. Diese Dimensionen lassen sich über verschiedene Analyseperspektiven erschliessen. Die Konzeptualisierung von Geschlecht lehnt sich an die klassische Grundlage an, die Scott in den 80er Jahren formulierte. Differenz oder Regulierung von Geschlechterbeziehungen sind bei Scott niemals ausschliesslich symbolischer Natur. Einen Schwerpunkt setzt sie bei der Frage, wie Differenz neutralisiert und naturalisiert wird (Scott 1996b).[29] Es sei vorweggenommen, dass ich innerhalb dieser Naturalisierungsprozesse dem materiellen Raum eine entscheidende Rolle zuschreibe: Raum ist nicht nur häufig verantwortlich für die Produktion, sondern auch für die Naturalisierung von Differenz. Gleichzeitig, und dies thematisiert Scott ebenfalls, können räumliche Transgressionen ebenso wie

---

28 Knapps Konzepte sind ausserdem zur wichtigen Referenz für die Operationalisierung von Geschlecht im konkreten Forschungsprozess geworden – vgl. Analyseperspektiven von Geschlecht.

29 Scott entwickelte ihre Arbeit in den letzten Jahren in eine psychoanalytische Richtung – einige ihrer neueren Titel – etwa »Millenial fantasies« oder »Fantasy Echo« deuten darauf hin (Scott 2001a; b). Scotts Anbindung an die Psychoanalyse ist eine Reaktion auf die Problematik der Subjektkonstruktion innerhalb der Diskurstheorie. Die Psychoanalyse liefert laut Scott wichtige Anregungen, die Subjektebene, die in der Diskurstheorie häufig nur als Leerstelle wahrgenommen wird, zu bearbeiten. Diese Informationen stammen aus einem Seminar mit Joan W. Scott im Graduiertenkolleg *shifting gender cultures* der Universitäten Bern-Fribourg in Bern, 6.-7. März 2003.

imaginierte Übertretungen die Konstruiertheit und Instabilität der die soziale Ordnung herstellenden Grenzen aufzeigen, wie Cresswell gezeigt hat (Cresswell 1996).

4.5.4 Geografie und Zugehörigkeit

Der vierte Bezugspunkt, auf den das hier verwendete Geschlechterkonzept ausgerichtet ist, ist die Geschlechtergeografie. Unter dieser Subdisziplin versammelte Ansätze sind in sich vielfältig, und ich werde sie an dieser Stelle nicht systematisch ausbreiten. Vielmehr habe ich mir durch dieses Feld eine Spur gelegt, um Herangehensweisen für eine diskurstheoretisch begründete und dekonstruktionslogisch orientierte Konzeption von Geschlecht zu entwickeln.

Eine geografische Reflexion der geschlechtertheoretischen Ansätze soll diese ergänzen, ihre Prämissen hinterfragen und ihre theoretische Weiterentwicklung unterstützen. Um dies leisten zu können, analysiere ich das empirische Material mit Blick auf die Konstruktion von Zugehörigkeit und Ungehörigkeit. Die Analyse von Schliessungsprozessen im zunehmend komplexen Geflecht von politischer und sozialer Berechtigung ist eines der Felder jüngerer feministisch geographischer und geschlechtergeographischer Forschungen.

Weiter bemühe ich mich, die Analyseachsen des TatOrtes und des HandlungsRaums und die verwendeten Codes konsequent geschlechterdifferenziert anzulegen. Aus der Verknüpfung geschlechtertheoretischer und raumtheoretischer Bezüge sollen Instrumente abgeleitet werden, die die Herstellung von Geschlecht und diejenige von Raum als Bedingung und Ergebnis sozialer Praxis konsequent ausleuchten und zueinander in Beziehung setzen. Die komplexe Produktion von Zugehörigkeiten soll im Schnittpunkt räumlicher Strategien und geschlechterdifferenzierender sozialer Praxis kritisch analysiert werden.

4.6 Spannungsverhältnisse

In der vorgestellten Anlage liegen mindestens drei produktive Spannungen. Erstens steckt, wie bereits angedeutet, zwischen Knapps Intention, Geschlecht vermehrt für die Untersuchung sozialer Ungleichheit zu konzipieren, und Maihofers Perspektive von der Integration von Geschlecht in gesellschaftlichen Normierungsprozessen eine Uneinigkeit.

Zweitens bleibt offen, wie sich der dekonstruktivistische Zugriff von Hark, die für die feministische Analyse ein konsequent deontologisierendes Vorgehen fordert, zu Maihofers Anlage der onto-formativen Kraft von Geschlecht verhält.

Das dritte Spannungsverhältnis bezieht sich auf Löws handlungstheoretisches und bei Bourdieus Sozialtheorie angelegtes Modell der Konstitution von Raum als Ergänzung zu den diskurstheoretischen und dekonstruktionslogischen Geschlechterkonzepten, die ich im vorangehenden Kapitel dargelegt habe. Die Konstitution von Raum, die Löw als (An-)Ordnungsprozesse imaginiert, verknüpfe ich deshalb mit Materialisierungs- und Signifikationseffekten aus einem diskurstheoretischen Verständnis.

Damit habe ich drei Spannungsverhältnisse benannt, die die Konzeption von Geschlecht in dieser Publikation markieren. Ich versuche diese Spannungsverhältnisse mittels der räumlichen Perspektive in der Analyse fruchtbar zu verbinden.

4.7 ANALYSEPERSPEKTIVEN VON GESCHLECHT

In Kapitel 4 stellte ich Überlegungen zu der theoretischen Bestimmung von Geschlecht im Rahmen aktueller Forschungsansätze in den *genderstudies* an. Wie ich bereits erwähnte, sind aus der feministischen Theoriebildung Problemstellungen hervorgegangen, deren Relevanz von gesamtgesellschaftlicher Reichweite ist. Die Vielfalt und Komplexität der theoretischen Anbindungen der Kategorie Geschlecht spiegelt den inter- und transdisziplinären Zugriff auf »Geschlecht«. Die in Kapitel 4 entwickelte theoretische Orientierung einschliesslich der resultierenden Spannungsverhältnisse bilden den Rahmen für die Konzeption von Geschlecht in meiner Arbeit. Im Anschluss bearbeite ich Knapps Vorschlag für die Operationalisierung der Analyseperspektive Geschlecht, die in meiner Arbeit zur Anwendung kommt. Für die Operationalisierung muss die komplexe theoretische Anlage auf klare analytische Achsen heruntergebrochen werden. Knapp (Knapp 2003) geht von vier Analyseperspektiven für die empirische Untersuchung von »Geschlecht« aus:

- Geschlechterdifferenz,
- Geschlechterbeziehungen,
- Geschlechterordnung,
- Geschlechterverhältnis.

Für die vorliegende Arbeit ist der dritte Begriff, also der Begriff der Geschlechterordnung, besonders wichtig. Die Ebene der *Geschlechterordnung*, umfasst die strukturell verfestigten Bereiche im Unterschied zu den alltagspraktisch immer wieder neu verhandelten Geschlechtsunterscheidungen. Fragen nach der Geschlechterordnung suchen in der Regel nach normativen Konfigurationen, ritualisierten Praktiken und kulturellen Konventionen. Der Blick richtet sich auf kulturelle Ordnungsmuster, die sich entlang der Trennlinie »Geschlecht« herausgebildet und sedimentiert haben. Als Beispiel führt Axeli Knapp Rollensettings, Interaktionsordnungen und diskursive Formationen/Wissensordnungen an. Entscheidend ist, dass es sich hier um das Gewordene handelt, um die gesellschaftlichen Positionen von Geschlecht, die sich historisch und kulturell über die Zeit und den Raum herausgebildet und strukturell verfestigt haben. Von besonderem Interesse ist die Verknüpfung von Axeli Knapps Analyseperspektiven mit der räumlichen Dimension.[30]

Bei der *Geschlechterdifferenz*, und dies ist die zweite in meiner Arbeit berücksichtigte Analyseperspektive, werden geschlechtliche Selbst- und Fremdverständnisse erfasst. Die Zuschreibungen zu Personen oder Genusgruppen umfassen Fragen nach der Geschlechtsidentität oder -zugehörigkeit. Geschlechterdifferenz wird im Zusammenhang mit Sozialisationsprozessen untersucht. Methodisch wird die Herstellung der Geschlechterdifferenz beispielsweise in Interviews, wo Aussagen über geschlechtstypisches oder geschlechtsabweichendes Verhalten getroffen werden. Hierbei werden die fliessenden, prozesshaften Aspekte, die in alltagspraktischen Inszenierungen von Geschlechtsunterschieden zum Ausdruck treten, diskutiert. Ich setze diese Analyseebene für die Untersuchung der geschlechterdifferenzierenden Praktiken an den TatOrten ein.

Geschlechterbeziehungen meint Formen der interpersonalen Relationen zwischen Männern und Frauen. Verhalten und Interaktion zwischen Personen werden ebenso erfasst wie institutionalisierte Beziehungsformen und damit klassisch soziologische Themen wie Familie, Ehe und andere Vergesellschaftungsformen. Forschungsbeispiele wären etwa Befragungen von Personalverantwortlichen über die Präferenzregeln, wie sie Meuser unternommen hat (Meuser 1998). Die Untersuchungen von Hagemann-White über Interaktionsmuster zwischen dem medizinischen Personal in Spitälern warfen ein Licht auf die Verflechtungen von hierarchischen Beziehungen zwischen Berufsgruppen ebenso wie von geschlechterkonstituierenden Statusunterschieden (Hagemann-White und Sander 2003).

Knapp begreift die Geschlechterordnung als Wissensformationen, die in einem Ausschnitt der Gesamtgesellschaft ausgehandelt werden, bei Foucault beispielsweise die Analyse der Psychiatrie als ein relevanter Gesellschaftsausschnitt, wobei diese Aussagen über die Verfasstheit der gesamten Gesellschaft zulässt. Knapp verweist auf unterschiedliche Akzentuierungen bei der Verwendung des Begriffs Geschlechterordnung. Während einerseits die strukturell verfestigten Bereiche im Unterschied zu den alltagspraktisch immer wieder neu verhandelten Geschlechtsunterscheidungen betrachtet werden, geht es in der Regel um »normative Konfigurationen, ritualisierte Praxen und kulturelle Konventionen. Der Blick richtet sich auf kulturelle Ordnungsmuster, die sich entlang der Trennlinie ›Geschlecht‹ herausgebildet und sedimentiert haben.«[31]

---

30 Nach einem Diskussionspapier von Gudrun-Axeli Knapp, diskutiert im Seminar zu Geschlechterkonzepten, 17./18. Juni 2004.
30 Nach einem Diskussionspapier von Gudrun-Axeli Knapp, diskutiert im Seminar zu Geschlechterkonzepten, 17./18. Juni 2004.

5 Verfahrensweisen: Diskurs- und Dekonstruktionsorientierung

Diese Arbeit situiert sich im Rahmen diskursorientierter und dekonstruktionslogischer Ansätze innerhalb der Geschlechtertheorie, wie sie seit den 90er Jahren in den Sozial- und Geisteswissenschaften und damit auch in der Geographie diskutiert werden. Für mein Anliegen, eine sozialwissenschaftliche Analyse mit einer konsequenten räumlichen Herangehensweise zu verknüpfen und die dafür verwendeten Raumkonzepte theoretisch zuzuspitzen, stellen diskursorientierte Methodologien und eine dekonstruktivistische Perspektive geeignete Verfahrensweisen bereit. Maasen(2003) hält fest, dass eine kritische Diskursanalyse dekonstruktivistische und konstruktivistische Ansätze kombiniert. Ich verwende für meine Arbeit eine diskursorientierte Perspektive und kein stringent diskursanalytisches Programm. Deshalb halte ich es für wichtig, den dekonstruktionslogischen Bezug, den diese Perspektive beinhaltet, in einem eigenen Unterkapitel zu erläutern. Im folgenden Unterkapitel nähere ich mich dem Dekonstruktionsbegriff unter Einbezug feministischer und geographischer Zugänge an, da diese das theoretische Gerüst meiner Arbeit bilden.

5.1 Was ist Dekonstruktion?

Die Begriffsschöpfung De/Kon/struktion verweist auf die analytischen Prozesse, die unter diesem Namen kombiniert werden sollen: Destruktion/Zerstörung einerseits, Konstruktion/Aufbau andererseits.

Der Begriff geht auf den 2004 verstorbenen französischen Philosophen Jacques Derrida zurück, der damit eine Verfahrensweise bezeichnet, die weder Methode noch Theorie sein soll, sondern vielmehr einer Haltung gleichkommt. Diese Haltung entwickelte er in seiner kritischen Auseinandersetzung mit der abendländischen Metaphysik und mit Bezug auf Heidegger (Kroll 2002, 61; Wartenpfuhl 1996). Dekonstruktion setzt sich als Begriffsschöpfung aus den Termini Destruktion und Konstruktion zusammen und entspricht der Heidegger'schen Grundlage. Eine von Heidegger abweichende Position übernimmt Derrida allerdings in Bezug auf die Kontextualität: Dekonstruktion beinhalte immer eine dem spezifischen Kontext angepasste Perspektive. Deshalb lehnt er es ab, bei Dekonstruktion von Methode zu sprechen, da eine solche beliebig übertragbar sein müsste. Dekonstruktion setzt zwei Bedingungen voraus: erstens die Erweiterung des Textbegriffs, der sich auf die Realität als Ganzes bezieht. Zweitens führt die Erkenntnis, dass es eine Vielzahl von Texten gibt, zur Anerkennung von Heterogenität beziehungsweise zur Verneinung von Homogenität und damit zur Weigerung, einen fixen Standpunkt einzunehmen (Wartenpfuhl

1996, 195f.). Dekonstruktion bezieht sich also nicht auf das Allgemeine, sondern auf eine Vielzahl von spezifischen Kontexten. Das Ziel ist nicht die individuelle Bezugsebene, sondern etwas, was darüber hinausgeht, wie die Sprache oder, wie Wartenpfuhl schreibt, die diskursiven Felder, die das Individuelle konstituieren. So verstanden erfordert die dekonstruktivistische Arbeit einen ständigen Perspektivenwechsel, welcher sich dem zu dekonstruierenden Gegenstand anpasst (Wartenpfuhl 1996, 196).

Derridas Herangehensweise ist primär eine Analyse der in der westlichen Denklogik verhafteten Zentrumsstruktur und ihrer Sinn gebenden Funktion – die Metaphysik oder Ursprungslogik abendländischen Denkens. Die metaphysische Sinngebungspraxis, die einen dem Wesen, der Existenz oder der Identität primordialen Sinn voraussetzt, ist der westlichen kulturellen Seinsweise inhärent. Der in der deutschen Sprache verwendete Ausdruck »Bedeutung verleihen« durchbricht diese ontologisierende Festschreibung zwar verbal auf geradezu instruktive Weise, gleichzeitig wird diese durch binäre Anordnungen, die das Denken organisieren, immer wieder gestützt: Dichotome Paarungen wie Körper/Geist, Natur/Kultur oder Frau/Mann suggerieren ontologische Gegensätze. Das Denken in Dichotomien bis hin zur Konstitution einer eigenen Identität unterliegt einem Gewaltverhältnis: Die Ausrichtung am für die Moderne konstitutiven »(Phal-)Logozentrismus« mündet in einer scharfen Ausgrenzung all jener Identitäten, die in Abgrenzung zum modernen Selbstverständnis stehen (Kroll 2002, 61). Während Logos für die umfassende Präsenz des vernünftigen Wortes steht, bezeichnet Phallos die männliche Deutungsmacht. Die Existenz des jeweiligen binären Gegenpols besteht darin, die Macht des Zentrums zu untermauern (Kroll 2002, 61). Der Kern des dekonstruktivistischen Arguments besteht in der Erkenntnis, dass Bedeutung erst über die Erzeugung von Differenz geschaffen wird. Genau darin liegt der räumliche Akt, das *spacing* (Massey 2005). Diese permanenten Sinngebungs- und Verschiebungsmechanismen werden auch als »Spiel der Differenz« bezeichnet (Frei 1997). Die Dekonstruktion ist in der zu dekonstruierenden Struktur verhaftet, da es in Derridas Denkschema kein Ausserhalb gibt. Gerade die permanente Analyse der eigenen Bedingtheit durch die metaphysische Ursprungslogik bildet die Herausforderung der Dekonstruktion (Wartenpfuhl 1996, 197). Der dekonstruktivistische Blick erkennt die Vorläufigkeit von Identitäten und Bedeutungen und beteiligt sich selbst am Spiel der Differenz und seiner Verschiebungen, wobei ein De-Naturalisierungseffekt angestrebt wird.

Für dieses Spiel hat Derrida den Neologismus *différance* geschaffen. Rückführend auf den lateinischen Stamm *differre* beinhaltet *différance* sowohl die Funktion »aufschieben« als auch »verschieden sein«. Derrida rückt das Nichtgedachte, das Verdrängte, all das, was der Text verschweigt, sublimiert oder idealisiert, in den Fokus. Mit dem Wechsel vom e zum a vollzieht Derrida die Temporalisierung der Kategorie Raum. Damit legt er gemäss Massey das räumliche Moment poststrukturalistischer Ansätze im Grundsatz bereits fest: Der Akt der Verräumlichung dekonstruiert herkömmliche Vereinheitlichungen. Mit andern Worten, um Dekonstruktion betreiben zu können, ist es zwingend, von einer räumlichen Perspektive auszugehen (Massey 2005, 49). Diese Perspektive funktioniert allerdings nur, wenn die strukturalistische Erblast, mit der die Kategorie Raum behaftet ist, abgestreift wird.

Die strukturalistische Konzeption entwirft die Kategorie Raum als immanenten Gegensatz zur Kategorie Zeit und schreibt alle Eigenschaften, die nicht auf die Zeit zutreffen, dem Raum zu. Damit steht die Kategorie Raum für Immobilität, für einen statischen, synchronen Rahmen, der von den Ereignissen unberührt verharrt. Im Licht dieser Deutung erhält der Raum einen reaktionären Kern. Raum wird demnach als geschlossenes kausales System imaginiert, welches abseits des Politischen steht. Es ist dieser geschlossene Raumbegriff, den Massey seit langem – zuletzt in dem 2005 erschienenen Werk »For Space« – demontiert. Es ist ihr ausdrücklich ein politisches Anliegen, die Dichotomisierung der Kategorien Zeit und Raum aufzulösen und damit Raum von jenem Pol der binären Struktur, die mit Unbeweglichkeit, Macht, Kohärenz und Repräsentation verknüpft ist, zu distanzieren (Massey 2005, 47). Solange Raum eine Art Residualkategorie bleibe, deren Definition indirekt abgeleitet werde, gebe es keinen Ausweg aus den Fallen strukturalistischer Vorstellung. Diese Vorstellung belege im Übrigen auch die Zeit mit problematischen Attributen – etwa dem teleologischen Prinzip, der Kontinuität als linearer Aneinanderreihung historischer Ereignisse sowie der ungebrochenen Akkumulierung von Bedeutung. Die poststrukturalistischen Theorien vollzogen unter Bezugnahme auf Foucault und eben durch Derridas genuin räumliche Herangehensweise einen eigentlichen *spatial turn* (Massey 2005, 49).

Zwei Erkenntnisse nehme ich aus der vorhergehenden Diskussion der Dekonstruktion für meine Arbeit mit: Erstens erzielt das dekonstruktivistische Verfahren durch die Aufmerksamkeit auf laufende Bedeutungsverschiebungen einen De-Naturalisierungseffekt. Zweitens ist die Dekonstruktion eine Haltung, die eine räumliche Logik hat. Das Erzeugen von Differenz besteht im Herauslösen von Bedeutungsträgern und Bedeutungszuweisung. Diese Praxis vergleicht Massey mit der Entwicklung einer räumlichen Perspektive.

5.2 Kritische Rezeptionen

Eines meiner Motive für die Auseinandersetzung mit Derridas Dekonstruktion war deren breite Verwendung in geographischen Raumdiskussionen. Aus diesem Kontext stammt auch die Kritik, die ich an dieser Stelle bespreche. Zugleich mit ihrer Würdigung von Derridas Modell wirft Massey diesem eine implizit negative Anlage von Differenz vor, die im Gegensatz zur positiven Würdigung der Heterogenität ihres eigenen Raumansatzes steht. Im dekonstruktivistischen Verfahren wird Differenz Massey zufolge erst durch eine negative Konstruktion von Pluralität anerkannt, durch die Konstruktion des »Einen« und einen Prozess des Wegschiebens, der Externalisierung des »Anderen«. Eine weitere Schwierigkeit liegt gemäss Massey in der Textbezogenheit des Konzepts (2005, 52f.). Massey verfolgt daher die philosophischen Projekte von Spinoza, Bergson und Deleuze, bei denen sie Anregungen für eine Neukonzipierung der Kategorie Raum als positiv bewertete Heterogenität vorfindet. Aus diesen Quellen kombiniert sie ihren Ansatz, der von der Imagination einer Welt im Werden und der Anerkennung von Raum als einer Sphäre koexistierender Multiplizität ausgeht. Sie kondensiert diesen Ansatz in ihrem Raumkonzept, welches Ort *(place)* als Schnittstelle von unfertigen Geschichten *(stories so far)* konzipiert (Massey 2005, 54). Für Massey bleibt die Dekonstruktion im epistemologischen Bereich verhaftet und löst damit ihren eigenen Anspruch nach Intervention und Inversion des erkenntnistheoretischen Terrains nicht ein. Damit nimmt sie den Aufruf von Marston und ihren Kollegen nach einer Verschiebung zu einer ontologischen Perspektive vorweg (Marston, Jones und Woodward 2005). Sie schreibt: »What is at issue is almost a shift of physical position, from an imagination of a textuality at which one looks, towards recognising one's place within continuous and multiple processes of emergence« (Massey 2005, 54).

Dennoch brachten dekonstruktivistische Ansätze wichtige Erkenntnisse und zogen teilweise einen emanzipatorischen Effekt nach sich. Dekonstruktion als politisches Projekt verfolgt das Ziel, herkömmliche Deutungsmuster kritisch zu befragen, Konzepte zu transformieren und gegen ihre eigenen Voraussetzungen zu richten, und damit Destabilisierungs- und Denaturalisierungsprozesse in Gang zu bringen. Eine besondere Erschütterung erfährt dabei das in der herkömmlichen Denktradition als autonome Entität gedachte Subjekt. Es wird dezentriert und als ein Effekt der vielfältigen, von einer durch die Zentrumslogik autorisierten Macht gesteuerten Ein- und Ausschlussprozesse rekonstruiert. Für die Freilegung dieser verdrängten, negierten und unterdrückten Aspekte von Subjektivität und ihrer gesellschaftsrelevanten Dimensionen bietet die Dekonstruktion adäquate Analyseinstrumente an. Damit bildet die Dekonstruktion zusammen mit der Diskurstheorie die Basis des *cultural turn* (Gebhardt, Reuber und Wolkersdorfer 2003, 14).

Die dekonstruktivistischen Ansätze schienen einer jüngeren Generation von Feministinnen der 90er Jahre attraktiv zu sein. Die Radikalität, mit der sich mittels dekonstruktivistischer Analysen bestehende Deutungsangebote zerlegen lassen, birgt politischen Sprengstoff. Mit Judith Butler haben diese Strömungen eine Vertreterin in der Wissenschaft gefunden, welche diese Ansätze aufgreift und sie aus dem Blickwinkel einer feministischen Philosophie heraus bearbeitet: Es scheint, dass damit der Feminismus endgültig das etwas angestaubte Bild einer rotzigen Emanzipationsbewegung aus den 70er Jahren abgestreift und sich von der marxistisch angehauchten Umverteilungslogik verabschiedet hat. Die Debatten rund um die dekonstruktivistischen Ansätze begründeten auch im deutschsprachigen Raum ein neues feministisches Selbstverständnis und eine Vielzahl an Reaktionen und theoretischen Weiterentwicklungen (Duden 1993; Maihofer 1995). Dass die Debatte stark emotional aufgeladen war, hatte mit bestimmten, vor allem im deutschsprachigen Raum entstandenen Interpretationen von Butlers Thesen zu tun, in deren Kontext eine völlige Auflösung der Kategorie Frau befürchtet wurde. Auch wenn diese Auslegung unter anderem durch Butlers Reaktion auf die Kritiken (vornehmlich in »Bodies that Matter«, Butler 1999) mittlerweile in den Hintergrund getreten ist, stand die dekonstruktivistische Wende in der feministischen Theoriebildung bis zum heutigen Zeitpunkt im Mittelpunkt heftiger Auseinandersetzungen, die im Rahmen der sich institutionell verfestigenden *genderstudies* eine Kluft zwischen den sich den *cultural studies* zurechnenden Positionen und differenztheoretisch ausgerichteten Ansätzen der sozialen Ungleichheitsforschung bilden. Ob das »Spiel der Geschlechter« in der Sackgasse steckt, wie aus kritischen Positionen verlautet (Soiland 2003), werden wohl erst künftige, insbesondere auch empirische Arbeiten, die die ganze Bandbreite sozialer Seinsweisen von Frauen und Männern spiegeln, zeigen.[1]

5.3 Dekonstruktion, Diskurs und Feministische Theoriebildung

Um die wissenschaftlichen Positionen nach dem *cultural turn*, welchen sich die vorliegende Untersuchung zuordnet, deutlicher herauszuarbeiten, widmet sich der folgende Abschnitt den Verbindungen zwischen dekonstruktivistischen und diskursbasierten Ansätzen und skizziert deren Verknüpfung in der feministischen Theoriebildung. Es ist an dieser Stelle weder Ziel noch Anspruch, eine umfassende Würdigung der komplexen Theorielage vorzunehmen.

Die Gemeinsamkeit von diskurslogischen und dekonstruktivistischen Konzepten liegt in ihrem Fokus auf den bedeutungsgenerierenden Strukturen der Gesellschaft, also der Konzentration auf die Frage, wie Bedeutungen über soziale Praktiken hergestellt werden. Untersucht werden nicht die Sinngebungspraktiken selbst, wie in den interaktionistischen und ethnomethodologischen Ansätzen, sondern deren Herstellung. Der Blick richtet sich auf das Verhältnis von Zeichen und Dingen, »les mots et les choses« bei Foucault (Foucault 1966; 1974). Eine zweite Gemeinsamkeit betrifft die Autonomie des Subjekts, die, in der Tradition des Strukturalismus stehend, in beiden Ansätzen radikal zerlegt wird. Als Effekt werden damit auch identitätslogische Zuschreibungen von Geschlecht aufgelöst. Auf sehr unterschiedliche Weise wird dagegen das Machtkonzept theoretisiert. Foucault lehnt die Existenz einer Zentrumsinstanz, die Macht generiert und über Bedeutungen herrscht, ab. Er konzipiert Macht als vielstimmige Wirkung, die sich aus konkurrierenden Diskursen ent-

---

1 Siehe dazu die Debatte, die in der Schweiz geführt wird und deren Auseinandersetzungen in Teilen in der »Wochenzeitung WOZ« niedergelegt sind: http://www.woz.ch/dossier/gender.html (09/05 Mai 2005).

faltet. Butler entlehnt die Zentrumslogik bei Derrida und spricht von der Matrix der Zwangsheterosexualität.

Die feministische Rezeption der Dekonstruktionsdebatte ist von einer gewissen Verwirrung geprägt. Angelika Wetterer erkennt eine Art Etikettenschwindel (Wetterer 2002, 21) in der geschlechtertheoretischen Anwendung der Dekonstruktion. Gemäss Wetterer sind längst nicht alle Arbeiten, für die ein dekonstruktivistischer Ansatz beansprucht wird, im Sinne der Dekonstruktion angelegt. Mit ihrer Kritik hat Wetterer vor allem die Unterschlagung der epistemologischen Unterschiede von Dekonstruktion und den auf Garfinkel und teilweise Goffman zurückführenden sozialkonstruktivistischen und diskurstheoretischen Ansätzen im Auge, welche »nach dem Herstellungsmodus von Zweigeschlechtlichkeit sowie nach der soziokulturellen Reproduktion von Geschlechterdifferenz« (Wartenpfuhl 1996, 191) fragen. Brigitte Wartenpfuhl ihrerseits erkennt in Wetterers Analyse eine Reproduktion des von ihr angeprangerten Kurzschlusses, Dekonstruktion mit ethnomethodologischem Konstruktivismus zu vermengen (Wartenpfuhl 1996, 191). Sie weist darauf hin, dass in der Begriffsgeschichte sowie in Nachzeichnungen der feministischen Theorieentwicklung häufig ein unmittelbarer Sprung von differenztheoretischen Ansätzen zur Dekonstruktion vorgenommen wird, wobei sozialkonstruktivistische Ansätze ausgeblendet und als eigenständige theoretische Konzepte mit spezifischem Erkenntnisinteresse kaum registriert werden (1996, 192). Der in der deutschsprachigen feministischen Tradition breit verwendete Konstruktivismusbegriff ist eigentlich einem empirischen Programm – nämlich der Ethnomethodologie, und hierbei vor allem Garfinkel – verpflichtet (Garfinkel 1984). Im Gegensatz zu dekonstruktivistischen Ansätzen, die die Subjektkonstitution im Kontext von hegemonialen gesellschaftlichen Machtverhältnissen und damit zusammenhängenden Normalisierungsprozessen untersuchen, fragen konstruktivistische Ansätze nach der interaktiven Konstruktion von Zweigeschlechtlichkeit. Im Zentrum steht die These, dass Geschlecht »nicht etwas ist, das Individuen haben oder sind, sondern etwas, das sie tun« (Wartenpfuhl 1996, 192). Es mag mit der starken Präsenz dieser Tradition zu tun haben, dass gegenwärtig in der Geschlechterforschung die angebliche Limitierung des auf Goffman und Garfinkel zurückzuführenden Sozialkonstruktivismus auf alltägliche Interaktionsprozesse angezweifelt wird. Maihofer, selbst als Kritikerin eines oberflächlich betriebenen Sozialkonstruktivismus in Erscheinung getreten (Maihofer 1995, 82), interessiert sich für die Frage, wie Individuen zu Geschlechtern werden. Damit geht sie über die interaktionistische Position hinaus: Sie arbeitet mit Geschlecht nicht als etwas, was Menschen haben oder tun, sondern als eine Form der Subjektivierung, als eine Existenzweise. Dabei stützt sich ihr Verständnis einer Bedeutung generierenden, hegemonialen Struktur auf einen bei Foucault angelehnten, sehr breiten Diskursbegriff. Diskurse als privilegierte Orte der Wahrheitsproduktion umfassen hierbei sowohl Sprache als auch

»Denk- und Handlungspraxen, Denkweisen und Gefühlslagen, Körperformen, Habitus und Sensibilitäten«(Maihofer 1995, 81).
Damit bin ich bei der für diese Arbeit gültigen, sozialwissenschaftlich geformten Konzeption von Diskurs angelangt. Diskurse sind verbindliche Deutungen für soziale und politische Ereigniszusammenhänge. Ihre Herausbildung lässt sich besonders gut im Rahmen von Konflikten beobachten. Eine diskursorientierte Analyse verfolgt die Entstehung, Verbreitung und Institutionalisierung von Diskursen. Sie ist weniger an den kulturellen Regelsystemen als an deren Entstehung und den Formen ihrer Verbreitung interessiert (Maasen 2003).

6 Methodologische Überlegungen zum vorliegenden Material

»You can't hold places (things, anything) still. What you can do is meet up with them, catch up with where another's history has got to ›now‹, and acknowledge that ›now‹ as itself constituted by that meeting up. ›Here‹, in that sense, is not a place on a map. It is that intersection of trajectories, the meetingup of stories; an encounter. Every ›here‹ is a here-and-now« (Massey 2004, 111)

Mein Anliegen ist es, die in der 80er-Bewegung zum Ausdruck gebrachten widerständigen Praktiken auf ihre raumkonstitutive Qualität und deren Einbettung in diskursive Prozesse der Wahrheitserzeugung zu untersuchen. Dieser Verschränkung näherte ich mich mittels einer Kombination von ethnographisch orientierten Verfahren einerseits und diskursanalytischen Herangehensweisen andererseits an. Das Ziel bildete die »Suche nach den vielfältigen, heterogenen und (auch in sich) widersprüchlichen Praktiken [...], in denen städtische Räume (re-)signifiziert, hierarchisiert und angeeignet sowie Subjektpositionen, Identitäten und gesellschaftliche Kräfteverhältnisse verhandelt werden« (Wucherpfennig 2002, 308). Als Kategorie, an der diese konkurrierenden Praktiken analytisch fassbar werden, wählte ich die Produktion des *Urbanen* im Kontext der Berner 80er-Bewegung. Ich gehe davon aus, dass die strittigen Auslegungen darüber, welche Lebensformen adäquat sind und wie diese verortet werden, in eine Verschiebung des urbanen Selbstverständnisses münden. Diese Verschiebung wird anhand von drei Parametern des urbanen Raums lesbar: der Differenzen, der Grenzen und der Netzwerke.[1]

Im folgenden Abschnitt erläutere ich die Grundlagen des diskursorientierten Verfahrens, welches die methodischen Leitplanken für die vorliegende Arbeit bereitstellt. Das Verfahren lehnt sich an eine soziologische Auslegung der Diskursanalyse an, worin Diskurse als verbindliche Deutungsangebote für Ereignisse und soziale Sinn- und Handlungszusammenhänge verstanden werden (Schwab-Trapp 2001). Michael Schwab-Trapp stützt seinen Ansatz auf Foucault und entwickelt von diesem Ausgangspunkt eine eigenständige und pragmatisch auf soziologische Fragestellungen ausgerichtete Begrifflichkeit entwickelt. Vorangestellt ist ein kurzer Abriss über Verwendungen diskursanalytischer Herangehensweisen in geographischen Forschungsarbeiten.

---

1 Siehe Kapitel 7

6.1 Diskursanalytische Ansätze in der Geographie

In der Geographie lassen sich zahlreiche Anwendungen diskursanalytischer Verfahren unterscheiden. Unter dem Namen *geographical imaginations* ist ein Programm diskursorientierter geographischer Forschung entstanden, welches sich ursprünglich auf das Werk Edward Saïds bezieht, insbesondere auf seine Analyse über die diskursive Produktion des »Orients« (Gregory 1994; 2000; Saïd 2003). Besonders wirkungsvoll arbeiten Vertreter und Vertreterinnen der *critical geopolitics* mit diskursanalytischen Anwendungen (Lossau 2003; O'Tuathail 1996; Reuber 1999 oder, im Überblick, Agnew, Mitchell und Toal 2003; Gebhardt, Reuber und Wolkersdorfer 2003b). Auch die feministische Kritik der *critical geopolitics*, die sich einer postkolonialen Tradition verschreibt, arbeitet bevorzugt diskurs-analytisch (Sharp 2003).

Diskursanalytische Programme sind im Weiteren auch in der feministischen Geographie aufgegriffen worden, wie Gillian Rose (2001) oder Liz Bondi und Damaris Rose dokumentieren (Bondi und Rose 2003). Linda McDowell verwendet diskursanalytische Zugänge, um Identität und Ort als Konstitutive sozialer Praxis in der Arbeitswelt anzusprechen (McDowell 2004). Bondi wiederum legt in einer Kombination dekonstruktionslogischer und diskursanalytischer Verfahren die geschlechterdifferenzierende Qualität von Gentrifizierungsprozessen frei, wobei sie Planungsdiskurse ebenso einbezieht wie die Geschichte, die in den entsprechenden Quartieren sedimentiert ist (Bondi 1998). Ruth Fincher untersucht anhand der Berichterstattung und der Politikdebatte über ein Wohnquartier, wie diskursive Verbindungen zwischen ethnischer Zugehörigkeit, der sozialen Herkunft der Bewohner und Bewohnerinnen, ihrem Alter und ihren Lebensgeschichten geschaffen werden. Diese Verbindungen unterfüttern alltagstheoretische Bewertungen von Attributen wie »jung«, »schwarz«, »allein erziehend« oder »erwerbslos« sowie ihre räumliche Zuordnung zu bestimmten Wohnvierteln (Fincher und Jacobs 1998).

In der Entwicklungsforschung werden Konzepte von Weiblichkeit und Männlichkeit, der »indigenen Bevölkerung« sowie Begriffe von Staat, staatlicher Macht, Entwicklung und Erster beziehungsweise Dritter Welt dekonstruiert und im Hinblick auf die Steuerung politischer Entscheide befragt (Baden und Goetz 1997; Brigg 2002; Laurie 2005; Mohanty 1991; Radcliffe 1998). Als Pionier diskursorientierter Herangehensweise an soziale Bewegungen im Süden gilt der Ethnologe Arturo Escobar (Escobar 1995). Norman und Anne Long erstellten eine Analyse entwicklungstheoretischer Positionen, die damit zu den Klassikern des diskurstheoretischen Ansatzes im Bereich der Entwicklungsforschung gerechnet werden (Long und Long 1992).

Innerhalb der Forschungstradition über soziale Bewegungen sind diskursorientierte Ansätze als *framing*-Ansätze zur Anwendung gekommen (Hellmann und Koopmans 1998, 110f.; Sandberg 2006). *Frames* leisten die Mobilisierung der Bewegung und stiften das Kollektiv, geben aber ebenso

Deutungsvorlagen für die öffentliche Meinung. Dabei entspinnt sich eine Konkurrenz um die Deutungs- und Definitionsmacht von Ereignis- und Handlungszusammenhängen. Mehrere Akteurgruppen ringen um die öffentliche Auslegung des Ereigniszusammenhangs, womit das Engagement zu einem Ausdruck (»Korrelat«) von Machtkämpfen wird. Mit der inhaltlichen Verschiebung von der Verteilungs- zur Anerkennungslogik (Fraser und Honneth 2003), die die Neuen Sozialen Bewegungen ab den späten 80er Jahren kennzeichnet, bot sich auch eine entsprechende, auf die diskursive Konstruktion von Identitäten abzielende Analyse an, wie bei Snow, Soule und Kriesi (2004) nachzulesen ist.

Schliesslich ist Foucault mit seinem analytischen Programm seit dem durch Butler initiierten Paradigmenwechsel zu einem der zentralen Pfeiler feministischer Forschung sowie den *genderstudies* allgemein avanciert. Bekannte Vertreter und Vertreterinnen des diskursorientierten und dekonstruktivistischen Paradigmas sind etwa Joan W. Scott, Donna Haraway und Teresa de Lauretis. Der Korpus diskursanalytischer Arbeiten hat in diesem Kontext einen unübersichtlichen Umfang erreicht.[2]

6.1.1 DAS DISKURSORIENTIERTE VERFAHREN IN DIESER PUBLIKATION

Da es mir in dieser Publikation darum geht, Geschlechterkonzepte und Raumkonzepte in einer geografischen Herangehensweise zu verknüpfen, wählte ich eine diskursorientierte Herangehensweise. Die spezifische Herausforderung, die dieses Erkenntnisinteresse auszeichnet, besteht darin, dass Geschlecht und Raum sowohl Erkenntnismittel als auch Erkenntnisgegenstand sind. Sabine Hark formulierte die erkenntnistheoretische Herausforderung für den Fall der Geschlechterforschung als Paradox, welches darin bestehe, »ein weibliches Subjekt vorauszusetzen und zugleich zu dekonstruieren, die Kategorie Frau also schon im Moment ihrer theoretischen Aufrufung auch in Frage zu stellen und zu destabilisieren« (Hark 2001b, 362). Dasselbe gilt auch für die Kategorie Raum. Für die feministische Theoriebildung ist eines der wichtigsten Ziele nach wie vor, hegemoniale Repräsentationen von Geschlecht zu dekonstruieren, und dies auch innerhalb des Feminismus selbst. Eine feministische Herangehensweise ist, nach Hark, immer de-ontologisierend (2001b, 367f.). Ein zweiter Grund für die Wahl einer diskursorientierten Herangehensweise besteht darin, dass die Herstellung von Geschlecht und Raum im Kontext der Erzeugung von Herrschaftsverhältnissen miteinander in Beziehung gesetzt werden kann. Beide Kategorien, Geschlecht und Raum, sind im diskursiven Dispositiv an der

---

2 Konstruktivistische Perspektiven, die zum Teil eine Diskursorientierung einnehmen, sind im Band von Helduser versammelt (Helduser et al. 2004). Zu einem Einstieg verhelfen die Überblicksliteratur und Aufsatzsammlungen zu den *gender studies* (Bauer und Neissl 2002; Becker und Kortendiek 2004; Becker-Schmidt und Knapp 2000; Braun und Stephan 2000; Hark 2001a; Heintz et al. 2001; Kroll 2002; Mogge-Grotjahn 2004; Villa 2003; Wesely 2000).

Herstellung von Wissen und von Machtverhältnissen beteiligt. Schliesslich hält Hark diskursorientierte Verfahren und ihre dekonstruktivistische Basis für paradigmatische Verfahren für die Produktion von kritischem, selbstreflexivem Wissen (2001b, 366).

Im Gegensatz zu den im vorhergehenden Abschnitt aufgelisteten Referenzen arbeitet Tim Cresswell in seiner Studie zu Transgression und räumlichen Aneignungen mit dem Ideologiebegriff (Cresswell 1996). Er untersucht die konstitutive Rolle von Orten in der Ideologieproduktion. Im Unterschied zu Cresswell halte ich den Ideologiebegriff einerseits für historisch zu stark im Materialismus verhaftet. Besonders problematisch ist das darin angelegte Machtverständnis einer klar linearen, *top-down* gerichteten Macht. Ideologie ist seit Marx zudem negativ besetzt. Cresswell formt seinen Ideologiebegriff als System der Bedeutungsvermittlung in einem Machtgeflecht, in welchem Ideologie immer im Dienst der Macht operiert. In Cresswells Ansatz werden materielle Räume mit bestimmten Ideologien »angefüllt« und damit in den Dienst von hegemonialen oder gegenhegemonialen Kämpfen *(counter-hegemonic struggles)* gestellt (1996, 13). Ich halte das Diskurskonzept für vielschichtiger, es ist nicht einseitig auf Repression oder binär angelegte Ein- und Ausschlussprozesse bezogen. Der Diskursbegriff aus der Foucault'schen Tradition ist für die Analyse räumlicher Konflikte anschlussfähig, da ein Diskurs nicht ausschliesslich Reden meint, sondern auch Handlungspraktiken, Gefühle, Denkweisen und Körperpraktiken einschliesst. Ich integriere die räumliche Perspektive über die theoretische Fassung von Raum als Knotenpunkt im Dispositiv, also der Vernetzung von Diskursen zu wahrheitsbildenden Wissenssystemen. Über den diskurstheoretischen Zugriff wird Raum jenseits von naturalisierenden und essentialisierenden Konzepten theoretisch begründet.

Die Wahl eines diskursorientierten Ansatzes ist damit einerseits inhaltlich begründet, da sie die Verbindung von räumlicher und geschlechteranalytischer Perspektive unterstützt. Andererseits ist diese Ausrichtung konform zu der theoretischen Anbindung, die diese Arbeit sucht. Im Vordergrund steht dabei die feministische Theoriebildung, die seit den späten 80er Jahren mit diskursorientierten Ansätzen eine fruchtbare Allianz eingegangen ist. Seit Scotts Artikel zur Kategorie Geschlecht (Scott 1986) haben diskursive Verfahren in der Literatur eine ausgesprochen hohe Verbreitung und Vertiefung erfahren. Foucault offeriert der Geschlechtertheorie eine radikal historische Methode und ein effektives Instrumentarium, um die eigene Theoriebildung kritisch in den Blick zu nehmen. Scott prägt den nachmals berühmt gewordenen Satz:

»Gender is a constitutive element of social relationships based on perceived differences between the sexes, and gender is a primary way of signifying relationships of power« (1986, 1067, Hervorh. S.B.).

Mit der analytischen Differenzierung von Geschlecht als Analysekategorie auf vier Ebenen – symbolische, normative, institutionelle und subjektive Ebene – öffnete Scott (1986, 1067f.) die Geschlechtertheorie nicht nur neuen Fragestellungen, sondern stellte auch einen neuen Interpretationsrahmen vor. Diskursanalytische Verfahren und de-ontologisierende Sichtweisen haben seither Auftrieb in der Geschlechtertheorie. Scotts Artikel markiert den Beginn der erhöhten Reichweite des *Gender*-Begriffs, der seit seiner Einführung durch die Anthropologin Gayle Rubin in den 70er Jahren von der Ethnomethodologie herkommend eine hohe sozialwissenschaftliche Verbreitung erlangte (Rubin 1975; West und Zimmerman 1987). Scotts Artikel zeigt, dass das Terrain für eine diskursorientierte und dekonstruktionslogische Analyse in den *genderstudies* schon vor Butlers wegweisendem Buch, in welchem sie die Essenz von Geschlecht als innerem Kern von Identität in Frage stellt (Butler 1990), vorbereitet war. Besonders willkommen, aber auch umstritten, sind diskursorientierte und dekonstruktionslogische Ansätze in der Geschlechterforschung deshalb, weil sie dazu anhalten, den eigenen Erkenntnisgegenstand – Geschlecht – zu zerlegen. Kontrovers sind diese Ansätze zudem, weil sie die feministische Wissensproduktion und deren gesellschaftliche und politische Rolle hinterfragen. »Die diskurstheoretische Reformulierung von Geschlecht als ein durch Repräsentationsstrukturen erzeugter Sinneffekt« anerkennt Sabine Hark als »produktive Verknüpfung« (Hark 2001b, 357). Andere bekämpfen diese Position als Fallstrick für feministische Politik.

In der an Foucault angelehnten Deutung kann somit Geschlecht ebenso wie andere verkörperte Effekte als diskursives Regime theoretisch gedacht werden. Mit andern Worten, unsere Erfahrung, unsere Körper, unser Begehren, unser Handeln, unsere sozialen Beziehungen ebenso wie die kulturelle Ordnung werden durch Diskurse geformt und erweisen sich somit als diskursiv erzeugte Gegenstände. Dadurch verlieren diese nicht an Authentizität:

»Damit wird nicht die Realität oder auch die Materialität von Geschlecht bestritten, sondern die ganz andere Behauptung, dass es sich ausserhalb jeder diskursiven Bedingung des Auftauchens – etwa als innerster, authentischer Kern des Individuums, der vor und jenseits aller Sozialität liegt – konstituieren könnte« (Hark 2001b, 359f.).

Eher verhalten gegenüber den diskursorientierten und dekonstruktionslogischen Analysen sozialräumlicher Prozesse äussert sich Doreen Massey. Ihr Anliegen, die Konzeption von Raum in den Dienst der positiven Bewertung von Differenz und Heterogenität zu stellen, sah sie mit den diskurslogischen Verfahren schlecht bedient. Sie unterstellt, dass in der dekonstruktivistischen Logik Differenz negativ bewertet werde. Diskursive Verfahren seien zwar ein wirksames Mittel gegen Essentialisierungen, räumt Massey ein, selbst offerierten sie aber keine positiven Alternativen.

»Thus in the particular case of space, it may help us to expose some of its presumed coherences but it does not properly bring it to life. It is that liveliness, the complexity and openness of the configurational itself, the positive multiplicity, which is important for an appreciation of the spatial.« (Massey 2005, 13)

Masseys Pädoyer für Lebendigkeit im Hinterkopf, soll in den folgenden Abschnitten das Diskurskonzept für diese Arbeit angepasst werden. Ich beginne mit der Kontextualisierung der Foucault'schen Diskurstheorie sowie der Erläuterung einiger ihrer wichtigsten Elemente. Der zweite Teil ist der Diskussion eines an Foucault orientierten Diskursbegriffs gewidmet. Anschliessend werde ich das Diskurskonzept für diese Arbeit entwickeln. Weil es sich um eine dem Gegenstand angepasste, sozialwissenschaftlich geprägte Modifikation handelt, vermeide ich die Begriffe Diskursanalyse und Diskurstheorie, die eine klare theoretische Verortung haben. Ich spreche wahlweise von Diskurskonzept, diskursorientiertem Ansatz oder diskursorientierter Herangehensweise.

6.1.2 Kontext und Elemente diskurstheoretische Positionen

Im Jahr 1966, dem *année lumière* des Stukturalismus in Frankreich, erschienen Foulcaults »les mots et les choses«, Lacans »Écrits« und Barthes' Aufsatz »Introduction à l'analyse structurale des Récits«. Gleichzeitig veröffentlichten Berger und Luckmann in New York »Social Construction of Reality«. Derrida publizierte seine Grammatologie 1967, und 1969 folgte Foucaults »Archéologie du savoir« (Sarasin 2003). Trotz gewichtiger Unterschiede konvergieren die französischen Texte in ihrer Auffassung bezüglich des Verhältnisses von Realität und Zeichen, »die dem Zeichen den bloßen Abbildcharakter abspricht und ihm im Gegenzug die Funktion der Konstruktion sowohl gesellschaftlicher Wirklichkeit als auch der erkannten, geordneten Natur auflädt« (Sarasin 2003, 12). Der Ansatz von Berger und Luckmann weicht insofern davon ab, als es den Autoren um die sprach- und handlungsvermittelte Konstruktion sozialer Wirklichkeit geht, wobei sie sich nicht auf Saussure, sondern auf die Phänomenologie Husserls und Schütz' stützen. Diskurstheorie ist eine Weiterentwicklung der »Theorie des Zeichens«, welche Saussure entwickelt hat. Die Innovation bestand darin, dass es keine Signifikate gibt, die den auf sie verweisenden Signifikanten in irgendeiner Weise präexistent sind. Jacques Derrida trieb die Theorie der laufenden Bedeutungsverschiebung von Zeichen weiter. In der Diskurstheorie findet in Abwesenheit eines Ursprungs oder Zentrums nur noch ein Austausch unter Zeichen statt – alles wird zum Diskurs, »das heisst zum System, in dem das zentrale, originäre oder transzendentale Signifikat niemals absolut, ausserhalb eines Systems von Differenzen, präsent ist« (Sarasin 2003, 32). Dies bedeutet keine Einbuße an reeller Erfahrung, sondern vielmehr, dass es ausserhalb der Sprache (bei Saussure) und des Diskurses (bei

Foucault) keine Möglichkeiten der Wahrnehmung von Wirklichkeit gibt. Auch wenn Foucault sich später vehement gegen eine Zuordnung zum Strukturalismus wehrte, sind die strukturalistischen Anlagen in seinen frühen Werken kaum zu übersehen. Die ersten Veröffentlichungen Foucaults stehen im philosophiegeschichtlichen Kontext des im Frankreich der 50er und 60er Jahre äusserst einflussreichen Strukturalismus. Spätere Publikationen weisen dagegen eine Öffnung gegenüber poststrukturalismuskritischen Elementen auf (R. Keller 2004). Foucaults Hinwendung zur Gouvernementalität als Selbststeuerung von Individuen im Rahmen kapitalistisch liberaler Politik sind eine logische Fortsetzung der unter dem Begriff »Biopolitik« erstellten Arbeiten zur Kontrolle des »Volkskörpers« im 19. und beginnenden 20. Jahrhundert. Diese Ansätze haben nichts an analytischer Schärfe eingebüsst. Sie lassen sich auch im aktuellen Kontext der Terrorismusbekämpfung analytisch fruchtbar machen, wie eine kritische Revision der Ansätze Foucaults für die Gegenwart von Nancy Fraser zeigt (Fraser 2003).

Grundsätzlich geht es Foucault um eine neue Methodologie, um die Historizität des Wissens und der Wissenssysteme zu analysieren. Sarasin unterscheidet drei unterschiedliche Varianten von Diskursanalysen. Erstens gibt es die sprachgeschichtliche Version, in welcher Diskurs als linguistische Konnotation begriffen wird, zweitens die auf Derrida und Lacan rekurrierende Variante, die die »Nichtfixierbarkeit« von Sinn zum Inhalt hat. Darin ist Diskurs die Bezeichnung für die mit der Dekonstruktion nachgewiesene Unmöglichkeit eines stabilen Sinns. Schliesslich gibt es Versionen, die sich im engeren Sinn auf Foucault beziehen. Auf diese dritte Variante werde ich im Folgenden eingehen.

»Diskurse bewegen sich nach Foucault in einem ›Zwischenbereich‹ zwischen den Worten und den Dingen, wo diese eine kompakte Materialität mit eigenen, beschreibbaren Regeln darstellen, um auf diese Weise die gesellschaftliche Konstruktion der Dinge ebenso zu steuern wie dem sprechenden Subjekt einen Ort zuzuweisen, an dem sich sein Sprechen und seine Sprache entfalten können.« (Sarasin 2003, 34)

Foucault sucht nach kompakten historischen Aussagen, den so genannten *énoncés*. In Abgrenzung zur hermeneutischen Tradition ist er nicht an den vom Diskurs verborgenen, tiefer gelegenen Sinn sprachlicher Äusserungen interessiert. Im Unterschied zu Derrida ist Foucault auch nicht an dem unendlichen Spiel des Verweisens interessiert, sondern er sucht nach der »historischen Begrenztheit« und »faktischen Knappheit« einzelner Aussagen und Aussageserien (Sarasin 2003, 34). Die Instrumente seiner Diskursanalyse stellte Foucault in der »Archäologie« vor, in der er in einem Rückblick auf die vorliegenden Materialstudien – etwa zur klinischen Medizin – sein methodisches Vorgehen reflektierte und systematisierte, wobei er nie eine Rezeptur zur schrittweise Anwendung erstellte (Foucault 1973). Er verstand seine Arbeiten vielmehr als Werkzeugkiste, die gegenstandsbezogen verwendet werden kann. Als eines der Ziele der »Archäologie« bezeichnen Kenall und Wickham (zit. in: R. Keller 2004, 47) die »kartographische Beschreibung der Beziehungen zwischen dem Sagbaren und dem Sichtbaren« – ein Reizsatz für die Geografin, wie so manche geografische Anleihe der postmodernen Literatur. Was eine solche »kartographische Beschreibung« meinen könnte, skizziere ich im nächsten Abschnitt.

6.1.3 Diskurse als Modi der Wirklichkeitserzeugung

Foucault verwendete den Diskursbegriff auf sehr vielfältige Weise. Die Definition, die sich am häufigsten findet, ist jene, wonach Diskurse regelgeleitete Praktiken sind, die systematisch die Gegenstände bilden, von denen sie sprechen. Sprechen ist dabei als Tätigkeit, als soziale Praxis zu verstehen (Foucault 1981; 2003b, 74). Diskurse sind Aussagegruppen, die sich durch eine Regelmässigkeit der Objekte, Äusserungstypen, Begriffe sowie thematische Entscheidungen auszeichnen. Die Archäologie ist damit die systematische Beschreibung der Diskurse, die die Praxis nach bestimmten Regeln organisieren. In seiner Diskurstheorie interessiert sich Foucault vor allem für die Praktiken der Ausschliessung. Was zu einer bestimmten Zeit und in einem spezifischen Kontext als wahr anerkannt wird, hängt mit den kulturellen und historisch vorherrschenden Verfahren zur Wahrheitsfindung und Wissensproduktion und den in dieser Logik konstruierten Sprecherpositionen zusammen (Foucault 1978). Ein Diskurs stellt demnach die – historisch kontingenten – Regeln bereit, nach denen festgelegt wird, worüber von wem zu welchem Zeitpunkt gesprochen werden kann (Kroll 2002). Der Diskurs generiert ein Raster, worüber das Verstehen, das Ordnen und das Hierarchisieren der Wahrnehmung von Realität organisiert sind (Hark 2001b, 362). Es handelt sich um ein Set verstreuter Aussagen, die nach einem bestimmten Muster gebildet werden. Sarah Mills (2203) erläutert dies am Beispiel der Bibel als einem relativ verbreiteten Text. Dieser untermauert westliche Werte und Regeln, während andere religiöse Texte mit abweichenden Deutungsmustern marginalisiert werden.

Das Verhältnis zwischen Diskurs und Realität ist nicht linear, Diskurse gehen auch nicht in Sprache auf, vielmehr bilden Diskurse ein System, das die Wahrnehmung strukturiert – denn, so argumentiert Foucault, die Welt erschliesst sich uns nicht von selbst, sondern jede Materialität erschliesst sich über diskursive Vermittlung, sie kann nur innerhalb der diskursiven Verfügbarkeiten gedeutet werden (Mills 2003). Es ist also die Welt der Worte, die die Welt der Dinge schafft, wie Sarasin mit Verweis auf Lacan schreibt. Kein Klassifikationsschema, kein Diskurs, wenn er auch noch so vertraut scheint, ist je von der Sache selbst abgeleitet, sondern er schafft erst die Ordnung der Dinge und damit einen Wahrheitseffekt. Die sinnhafte, soziale Realität ist eine Wirkung der von Sprechenden verwendeten semiotischen Strukturen (Sarasin 2003, 36). Für das diskursorientierte Verfahren, das ich verwende, ist es zentral, dass die Herstellung von Sinn und Wahrheit nicht nur sprachlich, sondern über

Denk-, Fühl- und Handlungspraktiken und namentlich über materiellen Raum erzeugt wird.

Die Konzipierung von Diskurs als ein System, welches Ermöglichungs- und Ausschlusskriterien generiert, ist zentral in Foucaults Denken. Mills betont, dass man Diskurse weniger als ein Set von Aussagen mit einer gewissen Kohärenz verstehen soll, denn als ein komplexes Set von Praktiken, die diese Aussagen in Umlauf halten, ebenso wie Praktiken, die sie von andern abgrenzen und sie aus der Zirkulation heraushalten. Diskurse sind weder für oder gegen die Macht, sie sind komplex angelegt – sie sind ein Instrument und gleichzeitig ein Effekt von Macht (siehe Kapitel 6.1.4). Damit bildet das Diskurskonzept eine analytische Alternative zum negativ angelegten Ideologiebegriff, der Macht im Sinn von Unterdrückung fasst. Für die Untersuchung der 80er-Bewegung wie überhaupt jeder sozialer Bewegung gilt damit, dass der Blick auf die diskursiven Konstellationen wesentlich dazu beiträgt, das Werden und die Bedeutung einer sozialen Bewegung ebenso wie die politische Verhandlung ihrer Anliegen zu verstehen. Was zu welcher Zeit als zulässig erachtet wird, und was nicht, welche Aktionen als gefährlich gelten und warum ein Akt als Transgression gewertet wird, ist konstitutiv für die soziale Bewegung selbst. Bei Cresswell sind diese Prozesse kaum expliziert, sondern liegen als Blackbo im Dunkeln. Was Cresswell als Transgression beschreibt, unterliegt tatsächlich einer Deutungsverschiebung der Grenze zwischen öffentlich und privat. Dass die von ihm untersuchten Graffitis als Schändung bewertet werden, erfolgt im Rahmen einer diskursiven Verschiebung, die eine Privatisierung des öffentlichen Raums impliziert. Nur weil diese Verschiebung stattfindet, kann der Übertritt auch als solcher wahrgenommen werden: als ein Übertritt in eine privatisierte Sphäre. Zudem blendet Cresswell Aspekte von Geschmacks- urteilen und Lebensstilen aus: Die Personen, die über transgressive Aktionen sprechen, sind von ganz unterschiedlicher Herkunft und verfügen über differenzierte Kapitalausstattungen. Entsprechend müsste Cresswell – und als ein bekennender Bourdieu-Anhänger erstaunt diese Lücke – die soziale Konstituiertheit von Geschmack in seine Analyse einfliessen lassen.

Diskursorientierte Verfahren lassen sich also für die Untersuchung von Schliessungsprozessen einsetzen. Nach den definitorischen Erläute- rungen zu Foucaults Diskursansatz drängt sich ein Abschnitt zu seinem Machtbegriff auf.

6.1.4 Produktive Macht

Die wesentlichen Pfeiler, auf die Foucault seine Konzeption von Macht stützt, sind die Verbindung von Macht und Wissen sowie die dezentral, relational und produktiv gedachte Macht. Foucault fragt nicht danach, wer Macht besitzt, denn er versteht Macht als konstitutiven Teil von Institutio- nen und Sprecherpositionen. Insofern gibt es keinen Machtbesitz, sondern nur die Ausübung von Macht (Foucault 1978, 54).

Foucault formuliert eine Kritik am juridischen Machtmodell, in welchem Macht als Besitz gedacht wird. Dieses Modell entwirft eine zentralistische Macht, die vom Zentrum nach »unten« fliesst und ausschliesslich repressiv wirkt. Die Vorstellung von Macht als Besitz ist laut Foucault eng mit der Idee, dass Macht von einer zentralen Quelle ausgeht, gekoppelt. Dabei seien die verschleierten Machtwirkungen auf der Ebene von Familie, Körper, Wissen und Technologie unterschlagen worden. Foucault schlägt vor, Macht als eine Kraft zu denken, die ausserhalb von Grenzen, Staaten und Klassen situiert ist. Macht ist kein Besitz, sondern eine Strategie, Macht wird ausgeübt, nicht besessen. Das heisst auch, dass Macht über den sozialen Körper verteilt wird (Foucault 1978).

Foucaults relationales Machtkonzept lenkt den Blick auf durch Machtgefüge generierte Subjektivierungspraktiken, anstatt auf die Subjekte selbst fixiert zu sein. Eine nach diesem Machtmodell vorgenommene Analyse von kulturellen Praktiken fragt, wie Subjekte im Rahmen von Machtverhältnissen produziert werden. Diese Machtverhältnisse sind in Foucaults Theorie eng mit der Wissensproduktion verflochten. Das Wissen-Macht-Gefüge ist der Schlüssel zu Foucaults Verständnis von Herrschaftsprozessen (Foucault 1977). Foucaults selbst bearbeitete die Prozesse der Sozialdisziplinierung, die mit dem Aufkommen der Humanwissenschaften im 19. Jahrhundert eine neue Qualität erreichten und sich auf die Regulierung von Körpern und die psychische Verfassheit von Individuen richtete.

Foucaults Machtanalyse, die auf der soziologischen Mikroebene beginnt, ermöglicht es, zu zeigen, wie globale Machtausübung funktioniert. Foucault offeriert keine kausalen oder funktionalen Erklärungen der Wirkungsweise von globaler Macht, sondern liefert historische Beschreibungen der Bedingungen, die bestimmte Formen der Dominanz ermöglicht haben. Leitend ist hierbei die Frage, wie der Übergang von den absolutistischen Herrschaftsystemen zu den liberalen Staaten funktionierte. Auf diese Weise erkennt er Wirkungsweisen von Macht, die traditionellen politischen Theorien entgehen. Foucault erstellt ein historisches Machttableau, das zeigt, wie unterschiedliche Machtformen in der westlichen Welt operieren.

Das deutsche Wort Macht übersetzte er konsequent mit *pouvoir*, nicht mit *puissance* – womit er die Betonung auf die gestalterische Kraft von Macht legte. Foucault vermied es, die Effekte der Macht negativ zu beschreiben, stets strich er die produktive Seite der Macht heraus: Macht produziert Objektbereiche und Wahrheitsrituale. In Foucaults Vokabular sind Widerstand und Emanzipation weniger Befreiung von Macht als Bemächtigungsformen innerhalb des machtgeladenen Feldes. Trotzdem sagen Kritiker und Kritikerinnen, Foucault sei in seinen historischen Analysen von dieser Vorgabe abgerückt und habe eher die negativen Aspekte der Macht untersucht (Elden 2001).

Die Kritik an Foucaults Machtkonzeption lautet dahingehend, dass Foucault für die Frage, warum Widerstand ausgeübt werden solle, keinen normativen Rahmen setzt (Elden 2001, 106). Sozialisationsprozesse werden bei Foucault lediglich als Konditionierungen begriffen, und Rechtsstrukturen erscheinen bei ihm primär als Herrschaftsinstanzen. Einen Raum für kollektive Willensbildung sieht er nicht vor. Foucaults Antwort an jene Kritiker und Kritikerinnen, die beanstanden, mit seiner Konzentration auf Mikrophysik habe er die staatlichen Beiträge zur Organisierung von Macht vernachlässigt, heisst Gouvernementalität. Regieren in der Gouvernementalitätsperspektive bedeutet, das Feld eventuellen Handelns der Anderen zu strukturieren. Mit dem Gouvernementalitätskonzept restituiert er auch das handelnde Subjekt an die Sozialtheorie: Macht kann nur auf freie Subjekte ausgeübt werden, die sich gemäss dem Prinzip der Selbstregulierung selbst steuern (Ziai 2003).

Kernpunkte

Foucault ging mit der Entwicklung seines regulativen Machtverständnisses der Frage nach der Einbindung von Individuen in Herrschaftsstrukturen nach.

Der Nutzen von Foucaults Machtkonzeption für die Untersuchung einer sozialen Bewegung liegt auf der Hand: Sein Verständnis von Macht als Bemächtigungsform eröffnet einen differenzierten Blick auf Prozesse der Machtausübung sowie Widerstandsbewegungen. Zudem lässt sich dieser Machtbegriff wie von Foucault vorgedacht für die Analyse von Schliessungsprozessen einsetzen. Diese finden nicht nur entlang traditioneller Achsen von Herrschaftsdifferenzen wie etwa den Staatsgrenzen statt, sondern in zahlreichen Formen von Wissensbildung und Verhaltensweisen des Alltags. Der Diskurs selbst wirkt ermächtigend, und daher laufen soziale Kämpfe um die Teilhabe an Diskursen ab.

Foucaults Konzeption von Macht erweist sich einerseits als brauchbar, weil er einen produktiven Machtbegriff entwickelt, andererseits wegen seiner engen Koppelung von Wissen und Macht. Dies ist der Schlüssel für den Einbezug von Raum als Analyseperspektive. Materielle Räume übernehmen im diskursiven Modell die Funktion von Ressourcen für die Wissensbildung. Dadurch sind Räume in Herrschaftsverhältnisse eingelassen.

Um die Anbindung des diskursorientierten Ansatzes an meine theoretische Positionierung deutlich zu machen, fasse ich im folgenden Abschnitt einige der Kernelemente diskurstheoretischer Ansätze zusammen.

6.2 Diskurs in sozialwissenschaftlichen Fragestellungen

Ich orientierte mich bei der Verwendung des Diskursbegriffs in dieser Publikation an Andrea Maihofers integrativem Diskursverständnis. Andrea Maihofer verwendet Diskurs im Sinne von »Denk-, Gefühls- und Handlungsweisen, Körperpraxen, Wissen(schafts)formen, Institutionen, gesellschaftliche Macht- und Herrschaftsverhältnisse, Naturverhältnisse, Kunst, Architektur, innere Struktur von Räumen etc.« (Maihofer 1995, 80). Diskurse können sowohl global bedeutsam sein als auch lediglich für eine Gruppe gelten. Maihofers Verständnis setzt sich von einem in der Geographie eher verbreiteten textlastigen Diskursbegriff ab. Diese Textlastigkeit als Erbe des linguistischen Ursprungs der Diskursanalyse wurde zwar kritisiert (vgl. Schwab-Trapp 2001); empirische Arbeiten sind aber dennoch sehr häufig auf Textanalysen ausgerichtet. Weil in meiner Arbeit Raum eine Analyseperspektive bildet, ist der konzeptuelle Einbezug der räumlichen Dimension als diskursives Element von grosser Wichtigkeit. Ich verstehe materiellen Raum als einen Knotenpunkt des Dispositivs, in dessen Geflecht die Stadtberner 80er-Bewegung ihre politischen Anliegen platzierte. Diskurse produzieren Deutungsvorgaben für Ereignisse und Handlungszusammenhänge, und räumliche Strukturen sind in diese Deutungsvorgaben impliziert. Angemessenes wird vom Unangemessenen unterschieden, Normales vom Abweichenden getrennt, Übertretungen benannt und allenfalls sanktioniert. Der Diskurs, so Foucault, »ist dasjenige, worum und womit man kämpft; er ist die Macht, deren man sich zu bemächtigen sucht« (Foucault 2003b, 11; vgl. auch Schwab-Trapp 2001, 263). »Der Begriff des Diskurses setzt die Öffentlichkeit und Konflikthaftigkeit diskursiver Prozesse voraus«, schreibt Schwab-Trapp (Schwab-Trapp 2001, 263). Im Rahmen der von mir untersuchten Ereignisse sind sowohl die Öffentlichkeit als insbesondere die Konflikthaftigkeit gegeben. Der Diskurs konstituiert sich um auch die Begriffe der Zugehörigkeit und legt fest, wie die Grenzen des *Urbanen* in der Auseinandersetzung um die Definitionsmacht und mittels konkreter räumlicher (An-)Ordnungen neu gezogen werden.

6.2.1 Diskursanalyse als sozialwissenschaftliche Methode

»[In der Analyse des diskursiven Feldes] handelt [es] sich darum, die Aussage in der Enge und Besonderheit ihres Ereignisses zu erfassen; die Bedingungen ihrer Existenz zu bestimmen, auf das Genaueste ihre Grenzen zu fixieren, ihre Korrelationen mit den anderen Aussagen aufzustellen, die mit ihm verbunden sein können, zu zeigen, welche anderen Formen der Äusserung sie ausschliesst.« (Foucault 2003b, 43)

In diesem Unterkapitel gehe ich der Frage nach, wie sich das in den vorangehenden Abschnitten entwickelte Diskurskonzept in ein methodisches Verfahren einbauen lässt. Anschliessend erläutere ich, wie das diskursorientierte Verfahren meine Datenanalyse gesteuert hat.

Die Konturen einer sozialwissenschaftlichen Anwendung der hier knapp vorgestellten Elemente der Foucault'schen Diskurstheorie haben unter anderen Michael Schwab-Trapp, Sabine Maasen sowie Reiner Keller ausgearbeitet. Die Geographin Gillian Rose nutzte diskursanalytische Verfahren für die Interpretation visueller Materialien (Rose 2001). Nicht fehlen darf der Hinweis auf Chris Philo, der sich eingehend mit Foucault beschäftigt hat, diskurstheoretische Verfahren jedoch weniger im Sinne konkreter Anwendungen, sondern auf ihre Bedeutung und Reichweite in der Geographie und insbesondere geographischer Konzeptionen von

Raum befragte (Philo 1992). Schliesslich halten sich die bereits mehrfach erwähnten Vertreter und Vertreterinnen eines Zweigs der politischen Geographie, insbesondere der *critical geopolitics*, häufig an diskursanalytische Verfahren. Die verwendeten diskursanalytischen Verfahren weisen zwar eine hohe Heterogenität auf, zeichnen sich jedoch auch durch eine gros se Textlastigkeit aus. In der Aufbereitung des diskursorientierten Verfahrens für die vorliegende Arbeit kommen vor allem die Sozialwissenschaftler und Sozialwissenschaftlerinnen zu Wort.

Eine grundlegende Abgrenzung zu herkömmlichen interpretativen Verfahren liegt darin, dass Foucault es ablehnte, nach »verborgenen« Bedeutungen hinter dem Gesagten, dem Diskursiven, zu suchen. Es bedarf eines eigentlichen Entlernungsprozesses, um sich dem Sog der Suche nach dem tieferen Sinn entziehen zu können, wie Sabine Maasen festhält (Maasen 2003). Foucaults Skepsis gegenüber herkömmlicheren »entdeckenden« Vorgehensweisen in der Analyse rührt von seiner Abwendung von hermeneutischen oder auch phänomenologischen Positionen her, welche einen tieferen Sinn hinter einer Äusserung vermuten. Diskursanalytische Perspektiven bestreiten das teleologische Prinzip, wonach ein den Dingen immanenter Sinn darauf wartet, entdeckt zu werden (Rose 2001, 139). Foucault streift mit dieser Haltung das Erbe des humanistischen Selbstverständnisses und dessen oppressive Definitionsmacht ab (Sawicki 1991, 225).

Die »Enge« und »Besonderheit« von Aussagen zu bestimmen bedeutet, darüber nachzudenken, warum diese und nicht eine andere Aussage an ihrer Stelle erschienen ist. Im Vordergrund stehen die Strukturen des Diskurses sowie die Art, wie diese kombiniert und zu einem Macht-Wissen-System verknüpft werden. Im Rahmen dieser Verknüpfungsleistungen lassen sich räumliche Tatsachen schaffen. Mit Foucault lässt sich Diskursanalyse als »das Bemühen verstehen, die formellen Bedingungen zu untersuchen, die die Produktion von Sinn steuern« (Sarasin 2003, 33). Oder, in der Formulierung von Maasen: »Das Resultat diskursiver Übung ist genau dies: dass man auch bei scheinbar nicht zusammengehörenden Themen und Praktiken eine Wissensordnung vermutet, die sie unter einem bestimmten Aspekt organisiert« (Maasen 2003, 119). Diese Wissensordnungen werden auch durch die Konstitution von Raum organisiert.

Das Handwerk diskursorientierter Herangehensweisen besteht darin, der Verlockung, Kontinuitäten herstellen zu wollen, zu widerstehen und ebenso aufmerksam für die in der diskursiven Struktur angelegten Brüche zu sein. Es ist die Abwendung von einer »naiven« Form des Verstehens (Sarasin 2003, 29). Die Aufgabe der Analyse besteht darin, Aussagen ihrer »Quasi-Evidenz« zu entreissen, wie Foucault in der »Archäologie« festhält (Foucault 1973, 40). Vier Ebenen steuern gemäss Foucault das in der »Archäologie« festgehaltene Verfahren: die durch die diskursive Formation erzeugten Gegenstände, die Äusserungsmodalitäten, die Begriffe und die Strategien (1973, 42). Diskurse bringen die Gegenstände hervor, die sie beschreiben, bestimmen das Feld und den Gebrauch der zur Beschreibung dieser Gegenstände verwendeten Begriffe, sie legen die Art und Weise fest, wie diese Begriffe geäussert werden können, und determinieren schliesslich die Handlungsmöglichkeiten der Diskursteilnehmer und Diskursteilnehmerinnen (Schwab-Trapp 2001, 262). Gillian Rose legt Wert auf den Einbezug des sozialen Kontexts, in welchem die Produktion von Diskursen steht (Rose 2001, 159). Positionen von Sprechern und Sprecherinnen gehören ebenso dazu wie die Frage, an wen sich die untersuchten diskursiven Produkte richten könnten.

Schwab-Trapp hält fest, dass Diskurse häufig aus Konfliktsituationen heraus für eine Analyse zugänglich werden, da sie erst in diesem Moment an die Öffentlichkeit treten und als öffentliches Gut wirksam werden. Diskursanalyse ist per se eine Prozessanalyse – das heisst, sie verfolgt Entstehung und Veränderung von diskursiven Deutungen für politische Ereignis- und Sinnzusammenhänge. Meine Arbeit setzt Ende der 70er Jahre ein und verfolgt die Deutung und Veränderung des *Urbanen* angesichts von lokalen Konflikten, die sich bis in die 90er Jahren hinein erstrecken. Diskurse untersuchen im Weiteren, wie Handeln legitimatorisch begründet wird – in meinem Fall betrifft das sowohl die meist jugendlichen Aktivisten und Aktivistinnen als auch die herausgeforderte städtische Behörde. Die Inanspruchnahme von Räumen, die sowohl verbal artikuliert als auch in der Praxis des Widerstands, in der Inzivilität oder in der Eroberung von FreiRäumen betrieben wurde, erzielt gleichzeitig einen Wahrheitseffekt. Schliesslich ist Diskursanalyse als Fallanalyse angelegt, das heisst, sie untersucht spezifische diskursive Ereignisse, die sie nach Möglichkeit vergleichend aufbereitet. Im nächsten Abschnitt geht es darum, wie diese methodischen Überlegungen operationalisiert werden.

6.2.2 Techniken des diskursanalytischen Verfahrens

Wie werden diese Anleitungen nun für eine konkrete sozialwissenschaftliche Untersuchung umgesetzt? Maasen empfiehlt, beim ersten Herantasten an das Material das eigene Erstaunen als Maßstab zu nehmen. Die Überraschung angesichts eines Phänomens, eines Ereignisses bilde einen möglichen Einstieg in die analytische Arbeit. Bei Schwab-Trapp handelt es sich um einen Konflikt. Das Phänomen, an welchem sich die eigene Wahrnehmung entzündet, ist nicht selbstverständlich, sondern es ist diskursiv hergestellt. Das bedeutet, dass die Einheit, in der es auftritt, nicht von vornherein gegeben ist. Als zweiten Schritt empfiehlt Maasen den Hinweis aus der »Archäologie«, den Gegenstand aus der Distanz zu betrachten, ihn dabei zu isolieren und zu verfremden (Foucault 1981, 21). Im Foucault'schen System ist der Aufruf enthalten, sich von den Details in den vorgefundenen Daten leiten zu lassen und dabei möglicherweise vom Pfad abzukommen. Dies eröffnet die Freiheit, unkonventionelle Interpretationen zu erproben (Rose 2001, 154).

Das Verfahren weist somit Ähnlichkeiten auf mit dem von Barbara Duden als »Krebsgang« bezeichneten Vorgehen, in welchem vertraute Begriffe losgelassen werden. Der Blick ist jedoch weiterhin darauf gerichtet, da es sich ja um eine Rückwärtsbewegung handelt. Damit wird die Verfremdung während der analytischen Bewegung erfahrbar. Auch dafür hat Duden eine Bezeichnung, sie spricht davon, sich vorsichtig unter die »fremden Himmel« – das heisst in ihrem Fall, in eine historisch verfremdete Realität – zu begeben.[3] Die Übung der Distanznahme ist ein zentraler Teil des diskursanalytischen Verfahrens (Maasen 2003). Auch wenn der »Krebsgang« nicht Jahrhunderte zurückführt, sondern lediglich 25 Jahre, so sind Los- und Ein-Lassen zentrale methodische »Operationen«, um das Material sprechen zu lassen: Los-Lassen der vertrauten, im wahrsten Sinne naheliegenden Deutungsmuster, sich Ein-Lassen auf die leicht verschobenen, verfremdeten Sinn- und Deutungszusammenhänge der späten 70er und frühen 80er Jahre. Die Technik des »Krebsgangs« ist in Kapitel 9 näher beschrieben, wo die Jugendunruhen der 80er Jahre in den aktuellen historischen Kontext eingebettet werden. Schwab-Trapp erstellt einen allgemeinen Orientierungsrahmen, der sich um die Konzepte der Diskursformationen, des Diskursfeldes, der Diskursgemeinschaften sowie diskursiver Strategien organisiert. Ausgehend von einem anhand eines Konflikts sichtbar gewordenen Diskurs analysiert er die Herausbildung institutionalisierter Sichtweisen für Handlungszusammenhänge. Dadurch wird laut Schwab-Trapp ein kultureller Wandel in Gang gesetzt (Schwab-Trapp, 266). In Abweichung von der Foucault'schen Methodologie schlägt Schwab-Trapp vor, Diskursformationen als das Ergebnis von konfliktiven Ereignissen zu fassen, deren Effekt die Verknüpfung von aktiven Diskursen – seien sie heterogen oder verwandt, benachbart oder kontrovers – ist (Schwab-Trapp 2001, 267). Ich verstehe Tat-Orte als ein Beispiel für solche Verknüpfungen. Schwab-Trapp nimmt zudem eine inhaltlich bestimmte Definition diskursiver Formationen vor, womit er sich von der eher formal bestimmten Logik Foucaults distanziert:

»Entsprechend begreife ich diskursive Formationen als institutionalisierte und legitimierungsfähige Formen des Sprechens über spezifische Themenfelder und Gegenstandsbereiche, in denen verschiedene thematisch gebundene Diskurse aufgegriffen, in Beziehung zueinander gesetzt und auf spezifische Weise organisiert werden.«(Schwab-Trapp 2001, 267)

In meiner Arbeit bilden diese Gegenstandsbereiche die Wohn- und Kulturräume in der Stadt und deren Nutzung, die über eine Reihe von legitimatorischen Strategien geltend gemacht werden. Eine wichtige Rolle spielt in der Interpretation Schwab-Trapps der Bezug auf die Vergangenheit beziehungsweise auf die Art, wie diese in Diskursen aktiviert wird und damit in der neu zu bildenden diskursiven Formation die Gegenwart in ein bestimmtes Licht rückt. In der vorliegenden Untersuchung ist die Vergan-

---

3 Barbara Duden in einem Seminar zu Hermeneutik, im Rahmen des Graduiertenkollegs *shifting gender cultures* am 28.-29. August 2003.

genheit neben ihrer sprachlichen Artikulation ganz zentral im Raum – am TatOrt – als in der Substanz niedergelegter, verfestigter und unmittelbar abrufbarer Konflikt manifest.

Die Arenen diskursiver Auseinandersetzung bezeichnet Schwab-Trapp als Diskursfelder. Diskursfelder bestimmen im Wesentlichen die Chance der Diskursteilnehmer und Diskursteilnehmerinnen, gehört zu werden und sich gegen konkurrierende Deutungsangebote durchzusetzen. In der feldspezifischen Diskursordnung müssen sich Akteure und Akteurinnen als Produzenten und Produzentinnen von Diskursen situieren. Dabei können Akteure und Akteurinnen durchaus in verschiedenen Diskursfeldern agieren. Die Mitglieder der Verhandlungsdelegation der Reitschule pendelten jeweils zwischen dem politisch besetzten Diskursfeld mit den Behörden und demjenigen der Reitschulanhänger und Reitschulanhängerinnen.

Diskursgemeinschaften sind die Kollektive, die innerhalb und zwischen Diskursfeldern konkurrierende Deutungen entlang spezifischer Diskurse bilden. Diskursgemeinschaften können sich aufgrund kollektiv geteilter Deutungen zusammenschliessen oder aufgrund ihrer gemeinsamen Wurzeln zu Gemeinschaften werden. Diskursive Gemeinschaften zeichnen sich demnach durch eine gemeinsame Diskurspraxis aus. Diese Diskurspraxis umfasst die Sprache ebenso wie weitere Merkmale der Zugehörigkeit. Für die sozialen Bewegungen sind hier in erster Linie Kleidung, Musikstil, Sprache, Wohnformen, Arbeitshaltung und Beziehungsmodelle zu nennen. Diskursgemeinschaften können auch durch eine formale gesellschaftliche Strukur verbunden sein, wie im Fall von Parteien, NGOs, Arbeitgeberverbänden und so weiter. Ebenso wie sich innerhalb diskursiver Felder Diskursordnungen durchsetzen, entwickeln diskursive Gemeinschaften solche Ordnungen. Dies lässt sich an habituellen Formen der Konsensfindung und der sprachlichen und Argumentationsstruktur für den untersuchten Fall nachweisen. Ein Wandel innerhalb diskursiver Gemeinschaften setzt sich als veränderter Gebrauch von bisher gültigen Argumenten durch. Einzelne Akteure und Akteurinnen treten aus den diskursiven Gemeinschaften heraus und als diskursive Eliten an die Öffentlichkeit. Diskursive Eliten verfügen über das kritische symbolische Kapital, um ihren Deutungsangeboten in der Öffentlichkeit die nötige Resonanz zu verleihen (Schwab-Trapp 2001, 272). Vom symbolischen Kapital ihrer Repräsentanten und Repräsentantinnen profitieren Diskursteilnehmer und Diskursteilnehmerinnen derselben diskursiven Gemeinschaft, weil sie an der Urheberschaft bestimmter diskursiver Themensetzungen, Deutungsangebotes oder Wendungen teilhaben. Hierbei gilt auch das Umgekehrte: Werden Teile der Gemeinschaft diskreditiert, zieht das die ganze Gruppe in Mitleidenschaft. Dies lässt sich bei der Berner Bewegung am Beispiel der Vorplatzproblematik zeigen. Eine Gruppe von alkohol- und drogenabhängigen Frauen und Männern hatte sich schon bald nach der zweiten Besetzung der Reitschule auf dem Vorplatz niedergelassen. Die zunehmende Problematik von Alkoholkonsum und Gewalt brachte die Betreiber und Betreiberinnen der Reitschule an den Rand einer Zerreissprobe. Die gut sichtbaren Vorplatzbewohner und Vorplatzbewohnerinnen repräsentierten in der öffentlichen Wahrnehmung die ganze Reitschule, und so wurde die Reitschule im politischen Diskurs als Unruheherd und Problemraum verhandelt.

Diskursive Strategien schliesslich umfassen bei Schwab-Trapp Techniken der Legitimierung sowie diskursive Abgrenzungs- und Kopplungsmanöver.

Zusammenfassend unterscheidet man im Rahmen eines sozialwissenschaftlich angelegten diskursanalytischen Verfahrens Diskursfelder, Diskursgemeinschaften und diskursive Strategien. Diese fügen sich meist als Konflikt in bestimmte Konstellationen, wo sie der Analyse zugänglich werden. Die Konstellationen bestimmen darüber, wer sich eines Diskurses legitimerweise bedienen kann, sie legen die Reichweite des Diskurses fest und seine Situierung zu anderen Diskursfeldern. Schwab-Trab vergleicht sein analytisches Modell der Diskursformationen mit einer Strukturanalyse: Ebenso wie eine Sozialstrukturanalyse wird die Analyse diskursiver Ordnung dafür verwendet, diskursive Prozesse zu ordnen und sie zu beschreiben (2001, 271). Im nächsten Abschnitt bespreche ich die Anwendung dieser Analysekategorien auf meine Daten.

6.3 Bearbeitung und Auswertung

Die Verbindung von Diskursanalyse und *grounded theory* ist hier relevant, da meine Arbeit an der Schnittstelle von ethnographischer Forschung und diskurstheoretisch orientierter Untersuchung angelegt ist. In seiner praxisnahen Darstellung des von ihm entwickelten sozialwissenschaftlichen Modells der Diskursanalyse stützt sich Schwab-Trapp auf den Ansatz der *grounded theory* (Strauss und Corbin 1996) und das forschungsleitende Verfahren des *theoretical sampling*. Dieses Konzept ermöglicht die quellenkritische Beurteilung des Materials sowie die Einschätzung der relativen Bedeutung einzelner Diskursbeiträge (Schwab-Trapp 2003, 169).

Wie die meisten Kommentatoren diskursanalytischer Verfahren betont auch Schwab-Trapp, dass eine diskursanalytische Vorgabe letztlich auf einer methodischen Vielfalt aufbaut, es also kein limitiertes Repertoire an tauglichen Ansätzen gibt. Diskursanalyse ist in den meisten Anwendungen vielmehr als Programm denn als methodisch stringentes Verfahren diskutiert worden, so auch bei Flick oder bei Keller (Flick 2003; R. Keller 2004). In dieses Verständnis passt auch Schwab-Trapps relativ breit angelegter Definitionsrahmen für diskursanalytische Verfahren:

»Die Diskursanalyse untersucht Deutungen für soziale oder politische Ereignis- und Handlungszusammenhänge, die in zumeist öffentlich ausgetragenen Auseinandersetzungen produziert werden.« (Schwab-Trapp 2003, 170)

Wichtig ist hierbei, den Unterschied zu einer sozialwissenschaftlichen Deutungsmusteranalyse, die viel stärker strukturanalytisch arbeitet und dabei beispielsweise objektiv-hermeneutisch vorgeht, zu bedenken. Schwab-Trapp empfiehlt als Vorbild für eine diskursorientierte Forschung beziehungsweise die Konstruktion der diskursanalytischen Kategorien die von Glaser und Strauss entwickelten Kategorienbildungsverfahren, die entlang der Datenauswertung generiert werden. Die gegenstandsnahe Theorieentwicklung bildet den Kern dieses Verfahrens (Schwab-Trapp 2003, 171; Strauss und Corbin 1996). Die Auflösung des Forschungsprozesses in klare sequentielle Abfolgen ist dieser Methodologie inhärent, denn Glaser und Strauss begreifen die Datenauswertung als integralen Bestandteil der Datenerhebung. Das heisst, im diskursanalytischen Verfahren werden vorerst inhaltsbezogene Kategorien erstellt, geordnet und strukturiert und zu induktiven Konzepten geformt. Von diesen leiten sich Fragen und Hypothesen ab, die sich an den weiteren Untersuchungsergebnissen reiben, wodurch die Konzepte modifiziert werden. Dieses Verfahren wiederholt sich als iterativer Prozess. Dasselbe Vorgehen wendet Bettina Dausien für ihre biographischen Analysen an (Dausien 1994).

Nach Schwab-Trapp sind die konkret zu stellenden, an das Material anzupassende Fragen folgende:

»Welche Deutungen für politische und soziale Ereignisse und Handlungszusammenhänge werden entwickelt? Welche sind geteilt, welche besonders umstritten?

Welche Argumente werden vorgebracht? Welche Argumente werden von welchen Sprecherpositionen übernommen und weiter entwickelt?

Wer sind die Träger diskursiver Beiträge und wie lassen sie sich zu spezifischen Diskursgemeinschaften zuordnen? Wie stehen sie zueinander, wo entstehen Koalitionen?

An wen richten sich die diskursiven Beiträge?

Was markiert den Beginn, was das Ende diskursiver Auseinandersetzungen?« (Schwab-Trapp 2003, 173)

Diese Fragen leiteten die Lektüre und Relektüre meiner Datensammlung an. Ich liess mich zudem vom Versuch leiten, sie durch die stete Aufmerksamkeit nach dem materiellen Raum und der räumlichen Qualität der diskursiven Sinnproduktionen zu ergänzen. Dies heisst, dass in einem von meinen Gesprächspartnern und Gesprächspartnerinnen vorgebrachten Argument TatOrte beschrieben und als Träger diskursiver Bedeutung eingesetzt wurden. Argumente, die zwischen Sprecherpositionen ausgetauscht werden, deutete ich als raumkonstitutive Prozesse: Im Aufgreifen eines Arguments entwickeln sich neue HandlungsRäume.

Für die praktische Bearbeitung des Materials hielt ich mich an das von Gillian Rose erstellte Sieben-Punkte-Programm, das meines Erachtens das intensive Lesen, Bearbeiten und wiederholte Lesen der Daten vor ihrer sorgfältigen Verdichtung zu Kategorien knapp und treffend umschreibt:

- »looking at your sources with fresh eyes,
- immersing yourself in your sources,
- identifying key themes in your sources,
- examining their effects of truth,
- paying attention to their complexity and contradictions,
- looking for the invisible as well as the visible,
- paying attention to details« (Rose 2001, 158).

Die Quellen, die ich beizog, auf die ich mich, gemäss der Anleitung von Rose, »einliess« und in welche ich »eintauchte«, werden im letzten Teil dieses Kapitels vorgestellt.

6.3.1 Das Material

Die Grundlage für die Ausarbeitung dieser Studie bildeten 32 Interviews, die ich mit ehemaligen Beteiligten an den verschiedenen Phasen der 80er-Bewegung führte. Die Interviews dauerten zwischen vierzig Minuten und zweieinhalb Stunden, und ich führte sie nach einem semistrukturierten Leitfaden. Sie fanden an unterschiedlichen Orten statt – in meinem Büro, in einem Restaurant, im Hof der Reitschule, bei den Informanten und Informantinnen, an deren Arbeitsplatz oder bei mir zu Hause. Ich überliess die Wahl des Ortes den Gesprächspartnern und Gesprächspartnerinnen, mit denen ich mich jeweils telefonisch in Kontakt gesetzt hatte. Unter den Interviewten waren Frauen und Männer, die bei der Besetzung des Tramdepots und der ersten Reitschulbesetzung dabei gewesen waren, die die Hausbesetzungswelle ab 1984 mit ausgelöst hatten und die die Zeit des Zaff und anschliessend des Zaffaraya miterlebt hatten. In diese Zeit fällt auch die Frauenhausbesetzung, die einige meiner Interviewpartner und Interviewpartnerinnen mitgeprägt hatten. Eine Gruppe von Gesprächspartnern und Gesprächspartnerinnen ist der »mittleren« Generation zuzurechnen, die sich ab 1987 oder etwas später während der zweiten Besetzung der Reitschule an der Bewegung und an der Hausbesetzungsaktion von 1993 beteiligt hatte, die namentlich der neu gewählten Rot-Grün-Mitte-Regierung ein Signal vermitteln sollte. Für diese Phase suchte ich mir zusätzlich Gesprächspartner und Gesprächspartnerinnen aus der schwul-lesbischen Arbeitsgruppe, die sich zu Beginn der 90er Jahre in der Reitschule formierte. Vier Interviews führte ich schliesslich mit jungen Leuten, die gegenwärtig in Bern in besetzten Häusern leben. Auf Seiten der Behörde führte ich mit einer Person ein Gespräch, die in den 80er Jahren in der Stadtregierung sass. Dazu kamen je ein Gespräch mit einem Mitglied der städtischen Exekutive und mit einer Person, die im Stab der zuständigen Behörde mit den Dossiers Hausbesetzungen, Zaffaraya und Reitschule betraut war.

Parteipolitisch siedeln sich diejenigen Personen, mit denen ich sprechen konnte, im links-liberalen Spektrum an. Von den bürgerlichen Politikern und Politikerinnen zeigte sich leider niemand bereit, mit mir über die damaligen Ereignisse zu sprechen. Abgesehen davon erhielt ich zwei weitere Absagen, die eine aufgrund von gesundheitlichen Problemen, die andere, weil die angefragte Person sich nicht für die wissenschaftliche Aufarbeitung der betreffenden Ereignisse interessierte. Eine Person zögerte, weil sie das verstärkte Interesse an ihrer privaten Geschichte als unangenehm empfand und sich »wie im Streichelzoo«[4] fühlte. Sie liess sich dennoch auf ein Gespräch mit mir ein. Einige der von mir angefragten Personen musste ich zu ihrer Teilnahme überreden, weil sie ihr Engagement in der 80er-Bewegung für zu wenig bedeutend hielten. Dies galt für jene, die nicht von Anfang an, das heisst, bei den ersten Demonstrationen für ein Autonomes Jugendzentrum und der ersten Reitschulbesetzung 1981, dabei gewesen waren. Diese Haltung wirft ein Licht auf eine bewegungsspezifische Dynamik. Diejenigen, die später zur Bewegung stiessen und sich über das Zaff, das Zaffaraya oder die zweite Reitschulbesetzung 1987 mobilisieren liessen, fühlten sich von den Aktivisten und Aktivistinnen der ersten Stunde nicht ganz ernst genommen.

Schliesslich muss dieses Sample auch vor dem Hintergrund eingeschätzt werden, dass diejenigen Personen, mit denen ich sprach, die »erfolgreiche« Seite der Bewegung vertreten. Sie gehörten zu der Gruppe, die an den Herausforderungen, die sie sich durch ihre Beteiligung an der Bewegung stellten, nicht gescheitert sind. Alle meine Gesprächspartner und Gesprächspartnerinnen trauern um Freunde und Freundinnen und Mitstreiter und Mitstreiterinnen, die an Drogen oder den Folgen von Alkoholkonsum gestorben sind. Einige leiden unter massiven Beeinträchtigungen, so dass es nicht möglich war, mit ihnen zu sprechen. Die Personen, mit denen ich sprach, hinterliessen auf mich einen starken Eindruck. Die meisten bewerteten ihr Engagement in der Bewegung positiv, der Kampf hat sie stärker gemacht.

Diese Präzisierungen sind für die Validität meiner Quellen von Bedeutung. Mir ist es aber auch wichtig, dass jene Leute, die an ihrem Kampf zerbrochen sind, nicht vergessen werden.

Zusätzlich zu meinen eigenen Gesprächsdaten waren mir über Arbeiten von Studierenden weitere Transkripte zugänglich, insbesondere durch die Lizentiatsarbeiten von Katharina Gfeller zum Zaffaraya (Gfeller 2004) sowie jene von Sabine Kobel zu »alternativen« Wohnformen in Bern (Kobel 2005). Zudem lagen aus dem im Sommersemester 2002 durchgeführten Seminar zu Hausbesetzungen am Geographischen Institut der Universität Bern Interviewdaten aus Gesprächen mit Hausbesetzern und Hausbesetzerinnen und Politikern und Politikerinnen vor, die ich selektiv als Vergleichsmaterialien oder als Ergänzung zu schwach abgedeckten Bereichen

---

4 Rahel Streit
5 Http://www.woz.ch/dossier/80er.html (Februar 2007)

in meinem Sample verwendete. Schliesslich sind im Archiv der »Wochenzeitung WOZ« ebenfalls Interviewdaten mit ehemaligen Beteiligten, die der Ethnologe Heinz Nigg geführt hat, abgelegt.[5]

Die Wahl der Gesprächspartner und Gesprächspartnerinnen traf ich mittels des Schneeballprinzips: Nach dem Gespräch fragte ich meine Informanten und Informantinnen jeweils, mit wem sie an meiner Stelle noch sprechen würden. Gemäss der Vorgabe des theoretischen Samplings strebte ich keine repräsentative Auswahl an, sondern stellte die Gespräche entlang von konzeptuellen Überlegungen zusammen, sofern dies möglich war. Relevant für die grundlegenden Kategorien waren die Ereigniszusammenhänge sowie die Positionen der befragten Leute im Bewegungskontext, die ich zunächst in einem offenen Samplingprozess kombinierte (Strauss und Corbin 1996). Die Datenauswahl orientiert sich am Ansatz des theoretischen Samplings, welches im Unterschied zum statistischen Sampling nicht die Repräsentativität der Stichprobe zum Ziel hat, sondern die vorgefundenen Konzepte konturiert. Theoretisches Sampling ist demnach nicht darauf gerichtet, möglichst generalisierbare Aussagen zu erzeugen, sondern die Daten spezifisch auf theoretische Konzepte auszurichten (Strauss und Corbin 1996, 161). In einer Diskursanalyse kann sich die Auswahl auf besonders vehement auftauchende Diskurse konzentrieren, in meinem Fall sind diese Diskurse häufig um TatOrte herum organisiert. Im Weiteren kann sich die Analyse auf eine »Karriere von Argumenten« beziehen, das heisst auf den Verlauf und die Übersetzung, die bestimmte Deutungen von Ereignis- und Handlungszusammenhängen erfahren. Schliesslich ergibt sich eine weitere Strukturierungs- und Einschränkungsmöglichkeit aus den Positionen und Beziehungen der Positionen untereinander, die Diskursteilnehmer und Diskursteilnehmerinnen einnehmen. Es können also gezielt Beiträge aus konkurrierenden oder koalierenden Positionen hinzugezogen werden.

Ich verschriftlichte die digital gespeicherten Tondokumente in einer der Sprechweise nachempfundenen Sprache. Dabei versuchte ich eine Balance zu halten zwischen Lesbarkeit und Authentizität. Der Sprachduktus der Dialektsprache führt manchmal zu dem Effekt, die Sprecher und Sprecherinnen inkompetent wirken zu lassen. Diesen Eindruck möchte ich keinesfalls erwecken. Weil sich aber die Bewegung sprachlich profilierte und eine eigene Sprechweise entwickelte, war es mir wichtig, den Effekt der Sprache nachvollziehbar zu machen. Ausdrücke, die für die Szenesprache besonders charakteristisch sind oder für die es keine adäquate Übersetzung gibt, wurden im Original belassen und in den Fussnoten in eckigen Klammern übersetzt. Folgende Zeichen verwendete ich in der Transkription:

…	Sprechpause à ca. drei Sekunden
(…)	von mir vorgenommene Auslassungen
[] [xxx, S. B.]	Einfügungen oder akkustische Kommentare, die ich als Interviewerin vorgenommen habe
»… bla bla	Ausschnitt mitten in einem Erzählstrang

Die Basis für die Wahl der ausschlaggebenden Ereigniszusammenhänge lieferten meine Archivstudien im Berner Stadtarchiv, im Archiv des Grünen Bündnisses sowie im Zeitungsarchiv der Schweizerischen Nationalbibliothek. Zudem erhielt ich die Möglichkeit, Akten aus verschiedenen Privatarchiven zu konsultieren und arbeitete einige Tage im Archiv der Reitschule. Im Stadtarchiv bearbeitete ich die zu den Themen des Autonomen Jugendzentrums, der Münsterplattform, der Reitschule, des Zaffaraya und der Hausbesetzungen angelegten Dossiers. Zudem stellte ich Antrag auf Zugang zu den Gemeinderatsakten mit den Beschlüssen zu den entsprechenden Ereignissen, der bewilligt wurde. Etwa ein Dutzend Bundesordner mit Akten der Polizei wurde mir ebenfalls zugänglich gemacht. In den Protokollen der städtischen Legislative suchte ich die Sitzungen im zeitlichen Umfeld der Unruhen und Konflikte für meine Dokumentation heraus. Bezüglich der Medienberichterstattung verfuhr ich ebenso nach dem offenen Sampling. Im Archiv des Grünen Bündnisses bearbeitete ich zwei Archivschachteln mit Dokumenten zu Hausbesetzungen und Wohninitiativen sowie der Initiative für Hüttensiedlungen und der Zwischennutzungsinitiative.

Aus den vielen Bestandteilen dieses Materialbergs kristallisierten sich diejenigen Geschichten heraus, die hier erzählt werden, über die die TatOrte konstituiert werden und die als Strukturgeber diese Arbeit organisiert haben.

Für den Schlussteil dieses Methodenkapitels habe ich mich mit dem Erinnern beschäftigt. Wie Doreen Massey im Eingangszitat vermerkte, ist jedes »Hier« auch ein »Jetzt«. Über die Beziehung vom »Jetzt« zum »Vorher« möchte ich im folgenden Abschnitt nachdenken.

6.4 Erzählen: Die Nachträglichkeit als Organisation von Erfahrung

Menschen, Männer und Frauen, erinnern sich. Kinder, die heranwachsen, verlassen den Gegenwartsraum und bewegen sich mit zunehmendem Alter in Erinnerungs- ebenso wie in Zukunftsräumen. Das Pendeln zwischen zeitlichen Strukturen ermöglicht ihnen auch, sich selbst als Subjekte wahrzunehmen.

Erzählte Erinnerung wird sprachlich hergestellt. Wie können Subjekte – Forscher und Forscherinnen und so genannte Forschungsobjekte – mit Erinnerung arbeiten? Die Beantwortung dieser Frage sprengt selbstverständlich den Rahmen dieser Arbeit. Dennoch soll dieser Abschnitt eine Einschätzung der spezifischen Qualität von abgefragter Erinnerung ermöglichen und der Frage nachgehen, wie sich Bedeutung und Erinnerung laufend zu einem Gewebe von unterschiedlichen Zeitlichkeiten vermengen.

Das etymologische Wörterbuch erinnert daran, dass das Wort von einem althochdeutschen Raumadjektiv abgeleitet ist: innaro – innerer. Erinnern bedeutete ursprünglich »machen, das jemand etwas inne wird« (Kluge 2002, 254). Ich bin immer wieder erstaunt, wie sehr die Wörter selbst erinnern, wie in der verbalen Substanz Er-Innerung abgelegt, Er-Innerung vollzogen worden ist. Methodisch mit Erinnerungen arbeiten heißt sich mit diesem »Inne-machen« zu befassen. Im folgenden Abschnitt denke ich über einige methodische Aspekte dieser kontrollierten Erinnerungsarbeit, die eine grundlegende Technik der vorliegenden Studie bildet, nach. Ausgelöst wurde dieses Nachdenken durch die in Anlehnung an Judith Butler gestellte Frage »Wie nehmen Körper Gestalt an?«. Hierbei ging es um die Produktion von Körper und Raum, die ich in Kapitel 3 in Bezug auf Raum als ineinander verflochtene und sich gegenseitig konstituierende Prozesse von Materialisierung und Signifikation dargestellt habe. Signifikationsvorgänge laufen auch in Gesprächen ab, die Vergangenheit beschreiben und begreifbar machen. Wörter sind dabei weit mehr als Bedeutungsträger: Sie generieren selbst Bedeutung und transportieren in ihnen abgelegte Erinnerungsreste[6] zu neuen Verwendungen hin. Sie sind Symbole, immaterielle Oberflächen, die immer schon mit Bedeutungen aufgeladen sind, bevor und während sie neue Bedeutungen aufnehmen.

6.4.1 »ICH HATTE SEITHER NIE MEHR EIN SOLCHES GEFÜHL«[7]
Durch ein Gespräch werden Erinnerungen aktiviert, sie werden über den Gesprächsrahmen organisiert, aus der Gegenwart heraus neu belebt, umgearbeitet und für die aktuelle biographische Situation anschlussfähig gehalten: mit Sinn versehen. »Inne machen« ist die eigentliche Leistung zur Herstellung von Lebensläufen und beim Zusammenfügen der Bestandteile, einzelnen Lebensausschnitten. Vielleicht ist es angebrachter, von Zuschnitten zu sprechen, denn anders als in narrativen Interviews veranlasse ich mein Gegenüber jeweils, spezifische Ereignisse auf bestimmte Themen hin aufzuarbeiten. Die Schilderung der Erfahrung, um die es mir in diesen Gesprächen geht, wird über eine situationsinhärente Sinngebungspraxis gesteuert. Massgebliche Parameter dieser Sinngebungspraxis sind der biographische Ort der befragten Person einerseits, die unmittelbar mit diesem biographischen Ort verknüpften und von dort aus verfügbaren Diskurse sowie die von mir als Gesprächsleiterin festgelegten Referenzpunkte andererseits. Erinnern ist eine Tätigkeit, die aus der Gegenwart heraus eingeleitet wird und in die Gegenwart mündet. Die Gegenwart bildet die wesentliche Referenz für den Gang in die Vergangenheit – Barbara Duden spricht in einem treffenden Bild von »Krebsgang«.[8] Sie beschreibt damit die Bewegung, mit der wir Vergangenes aufstöbern, als einen Rückwärtsgang, wo-

---

6   Erinnerungsreste und Erinnerungsspuren sind von Freud verwendete Begriffe, die einen Bezug zum Konzept der Nachträglichkeit aufweisen. Im Rahmen dieser Arbeit kann ich nicht weiter auf diese Zusammenhänge eingehen. Die Begriffe werden hier denn auch in einer von der Freud'schen Terminologie unabhängigen, »freien« Auslegung verwendet. Ich bedanke mich bei Anna Bally für den Hinweis auf die Verwendung von Nachträglichkeit bei Freud.
7   Simone Ballmoos
8   Barbara Duden, Seminar zu Hermeneutik, vgl. Fussnote 3.

bei der Blick in der Gegenwart verhaftet bleibt. Die Richtung ist zwingend festgelegt, die Referenzen sind unmissverständlich und die Metapher lässt auch keinen Zweifel daran, dass sich die Vergangenheit nicht gleich einer Probebohrung an einer beliebigen Stelle in die Sedimente selektiv ermitteln lässt. Sie erschliesst sich erst in der vorsichtigen Rückwärtsbewegung, Schicht um Schicht.

Gudrun-Axeli Knapp beobachtete im Rahmen ihrer Forschung zum Frauenstudiengang im Fach Wirtschaftsingenieurwesen in Wilhelmshaven, dass die Schilderungen ihrer Gesprächspartnerinnen sich dadurch auszeichneten, dass sie zwischen verschiedenen Zeiträumen hin und her sprangen, wobei sich die Erinnerung aus dem Kontext der Gegenwart heraus entfaltete. Knapp geht noch weiter: »Man gewinnt sogar den Eindruck, dass die später gemachten Erfahrungen die Tendenzgehalte der ganzen Rekonstruktion bestimmen« (Knapp und Gransee 2003, 77). So kann sich das Motiv für eine Entscheidung beispielsweise aus Erfahrungen zusammensetzen, die zum Teil erst nach erfolgter Entscheidung stattgefunden haben, nichtsdestotrotz werden sie argumentativ in den Begründungszusammenhang eingefügt. Biographische Erfahrungen treffen gemäss Knapps Analyse auf einen – zeitlich häufig erst später vorgefundenen – Deutungsrahmen, der eine Umschrift von Erfahrungen bewirkt. Die verschiedenen Zeitpunkte – der Moment des Erlebnisses, der später verfügbare diskursive Rahmen, der Zeitpunkt des Interviews – spannen die Antwort in eine spezifische Logik ein.

Die Logik der Nachträglichkeit wird durch den Prozess der Reflexivität zusätzlich strukturiert: Ein diskursiver Rahmen wird beansprucht, um ein Problem zu benennen oder Argumente für die eigene Situation abzuleiten, selbst wenn persönliche Erfahrungen zum Thema fehlen. Die undifferenzierte Übertragung von Argumenten oder die Verwendung von Motiven, die einem von der Problemlage stark abweichenden Zusammenhang entspringen, können Teile der (unbewussten) Strategie bilden. Knapp spricht in diesem Zusammenhang von der Dialektik politischer Aufklärung. Gemeint ist die Ambivalenz, dass durch politische Aufklärungsprozesse, zum Beispiel durch den Feminismus, Konzepte und Instrumente für die Problembenennung generiert werden, die einerseits dazu beitragen, die politische Aufmerksamkeit auf ein bestimmtes Problem hin zu schärfen. Andererseits verleitet das Deutungsangebot zu einer Verflachung und Entdifferenzierung von komplexen Problemlagen oder vermag gar den Blick auf die komplizierteren Sachverhalte zu verstellen (Knapp und Gransee 2003, 82).

Zusammenfassend besteht demnach die Signifikationsleistung des Subjekts darin, Erinnerungen in einer bestimmten Weise zusammenzufügen und mit Bedeutung zu versehen, wobei eben dieses »Bedeutung Verleihen« durchaus aus einer vom ursprünglichen Ereigniszusammenhang abweichenden Perspektive vorgenommen werden kann, ja muss, weil der diskursive Rahmen der Sinngebung in der Gegenwart wurzelt: Der Horizont ist gleichsam verschoben worden. Auch hierfür hat Barbara Duden eine eingängige Metapher geschaffen: Sie spricht vom »sich unter fremde Himmel« begeben. Die vertrauten Orientierungsformen, die Sternbilder der Kindheit, lösen sich unter dem »fremden Himmel« in ein undurchdringbares Muster von Licht und Dunkel auf.[9] Sich erinnern ist eine Bewegung, die zwischen Zeiträumen pendelt; die Gestalt der Erinnerung wird über einen bestimmten biographischen und zugleich über den durch das Interview geschaffenen rhetorischen Ort bestimmt. In einem narrativen Interview legen demnach biographische Kategorien eine diachrone Organisation von zeitlich weit gespannten Handlungs- und Erfahrungsverläufen an, die individuell stark variieren: Die eigene Biografie formt ein generatives Prinzip zur Herstellung sozialer Wirklichkeit (Dausien 2000, 107f.). »Inne machen« ist das generative Prinzip, welches die soziale Wirklichkeit als persönliche, gewordene und konstruierte Wirklichkeit beschreibt.

Bezogen auf Bedeutungsträger – diese können materiell oder immateriell sein – bestätigen diese Überlegungen, dass der Signifikationsvorgang nicht einseitig und unumkehrbar verläuft, sondern einer Dialektik unterliegt. Es handelt sich also nicht, um auf das Beispiel eines materiellen Körpers zurückzukommen, um eine »unschuldige« Oberfläche, der eine Bedeutung einzugravieren ist. Die Bewegung der Sinngebung ist vielmehr zirkulär – etwas war immer schon da, eine Ahnung, eine Neigung, eine verschüttete Geschichte von Bedeutungszuschreibungen und Bedeutungstransfers. Diese werden stetig überschrieben und neu aufgelegt, aus der Blickrichtung des aktuellen Horizonts finden laufend Resignifikationen statt. Zentral scheint mir hier die Voraussetzung, dass sich Körper und Bedeutung, Materialität und Immaterialität, Zeichen und Bezeichnetes, Signifikant und Signifikat vollkommen durchdringen – eine Feststellung, deren Wichtigkeit beim Nachdenken über den Raum kaum überschätzt werden kann. Mit andern Worten, die Auseinandersetzung mit Raum erleichtert Denkprozesse, die dazu anhalten, gar nicht erst zu trennen, was eigentlich zusammen gehört, und damit der cartesianischen Falle sozusagen ein Schnippchen zu schlagen. Westliche Denktraditionen wurzeln häufig in solchen Trennungsvorgängen, die deshalb problematisch sind, weil Dinge getrennt werden, die ontologisch gar nicht zu trennen sind.[10]

Damit bin ich von der Kernfrage dieses Teilkapitels – der Nachträglichkeit und Reflexivität – abgewichen. Mit dem Thema der Nachträglichkeit hat sich Freud intensiv beschäftigt, das Wort gehörte zu seinem »begrifflichen Apparat«, auch wenn eine theoretische Ausarbeitung fehlt und es letztlich Lacan war, der die Bedeutsamkeit des Begriffs bei Freud hervorstrich (Laplanche und Pontalis 1991, 313).[11] Freud ging davon aus, dass Erinnerungs-

---

9 Barbara Duden anlässlich des Seminars »Hermeneutik« am Graduiertenkolleg *shifting gender cultures* der Universitäten Bern und Fribourg, August 2003.
10 Es handelt sich hier um eine Wiedergabe und den Versuch der Anwendung einer Diskussion, die wir anlässlich der Zürcher *summerschool* der Graduiertenkollegien Schweiz im September 2004 mit Andrea Maihofer führten.

spuren und vergangene Erfahrungen aufgrund neuer Eindrücke umgeformt werden, womit auch ihr psychischer Sinn und ihre Wirksamkeit eine Veränderung erfahren. Nachträglichkeit entwickelt sich aus dem Zeitlichkeitskonzept Freuds und aus seinem Verständnis der psychischen Kausalität. Die Psychoanalyse hat bekanntlich eine Dezentrierung des Subjekts erwirkt, indem das Konzept des Unbewussten eingeführt und hierbei zentral auf infantile Erfahrungsräume zugegriffen wurde. Dieser Schwerpunkt auf frühkindliches Erleben, der in der späteren Entwicklung der Psychoanalyse verstärkt wurde, ist zugleich zu einer Art Achillesferse der psychoanalytischen Theorie geworden. Der psychoanalytische Ansatz wurde kritisiert, weil das menschliche Schicksal in diesem Verständnis in wenigen Lebensmonaten oder je nach Auslegung sogar bereits in der intrauterinen Phase besiegelt sei. Umso wichtiger erscheint vor diesem Hintergrund der Standpunkt Freuds, wonach das Subjekt seine Erfahrungen laufend umarbeitet, und dass erst diese Umarbeitung den eigentlichen Sinngebungsprozess einleitet. Anders ausgedrückt: Die Wirksamkeit beziehungsweise der pathogene Einfluss, den die im Unterbewussten sedimentierten Erfahrungen entfalten, sind eine Folge von aktuellen Umarbeitungsvorgängen. Freud mahnt allerdings auch zu differenzieren, da nicht alle Erfahrungen in gleicher Weise resignifiziert werden, sondern selektiv jene Eindrücke, die im Moment des Erlebens nicht oder nur unvollständig in einen Bedeutungszusammenhang integriert werden konnten – das prototypische Beispiel hierfür ist das Trauma. Die Umarbeitung erfährt eine Beschleunigung durch aktuelle Ereignisse, die dem Subjekt die Überwindung gewisser Bedeutungsstufen erlauben und damit den Anstoss bilden, alte Erfahrungen neu zu durchdringen. Schliesslich ist das Phänomen der Nachträglichkeit über die Intervalle der sexuellen Entwicklung gesteuert, die der Mensch gemäss Freuds Denkschema durchläuft.

Kernpunkte

Die Männer und Frauen, die ich interviewte, erinnern sich aus einem Anlass, der durch meine Arbeit künstlich gestiftet wurde. Meine Gesprächspartner und Gesprächspartnerinnen haben sich alle mit unterschiedlicher Begeisterung bereit erklärt, mir die Geschichten ihres Engagements in der Berner 80er-Bewegung zu erzählen. Diese Geschichten sind durch den künstlichen Horizont ebenso strukturiert wie durch den diskursiven Rahmen, über den die aktuelle Lebenssituation der Auskunftspersonen abgesteckt wird. Es handelt sich bei der Erinnerungsarbeit um eine (Teil-)Konstruktion des eigenen Lebenslaufs. Das Geografienmachen ist eng mit dem Biografienmachen verflochten; diese Schnittstelle interessiert mich. Im Erinnern und in der er-innerten Erzählung liegen immer eine Chance und zugleich ein Zwang zum Selbstentwurf und zur Selbstreflexion (Dausien

---

11 Für den Hinweis auf dieses in der Psychoanalyse bedeutende Konzept danke ich Anna Bally.

2000, 100). Bedeutung verleihen unterliegt dem Rhythmus der beschriebenen Pendelbewegung, die in der Gegenwart beginnt und in die Vergangenheit hineinschwingt. Die Bedeutungsträger sind nie »unschuldig«, in ihnen sind Erinnerungsspuren[12] abgelegt, die wir – im Krebsgang – verfolgen und unter Einbezug der durch die fremden Firmamente hervorgerufenen Orientierungsschwierigkeiten und Unzulänglichkeiten unserer Interpretation untersuchen können.

»Ich hatte seither nie mehr ein solches Gefühl«, Simone Ballmoos' titelgebende Aussage verdeutlicht die Stellung des Erinnerungsgegenstands vor dem künstlichen Horizont des Jetzt. Sie gibt den von mir erfragten Ereignissen den Status von Singularität und weist ihnen einen hohen emotionalen Wert zu. Diese Bewertung ist gemessen an ihrer heutigen Stellung schlüssig, fühlt sie sich doch den politischen Idealen, die die Bewegung damals vertrat, noch immer verpflichtet, auch wenn sie heute mit ganz anderen Mitteln dafür kämpft. Wie viele meiner Gesprächspartner und GesprächspartnerInnen hat Simone Ballmoos ihre Erfahrungen in der Bewegung zu Ressourcen für ihre heutige Tätigkeit gemacht und erinnert sich aus einer erfolgreichen Position. In der kompromisslosen Einschätzung des »nie mehr« liegt auch ein Stück Verklärung, die sie sich, gerade weil sie gut positioniert ist, leistet. Andere von mir befragte Personen verhandeln ihre Beteiligung an der Bewegung eher beiläufig, fast entschuldigend, oder ironisch abgeklärt. Auffällig viele jedoch, selbst wenn sie heute weit weg von den damals geknüpften Beziehungen und Realitäten stehen, messen der Bewegung und ihrer eigenen Rolle darin für ihr späteres Leben eine hohe Bedeutung zu. Ich werte dies als Hinweis dafür, dass die Bewegung in Bern markante Spuren hinterlassen hat.

---

12 Erinnerungsspuren, Erinnerungsreste – auch dies sind von Freud verwendete Begriffe, auf die ich im Rahmen dieser Arbeit nicht weiter eingehen kann. Sie werden hier denn auch in einer von der Freud'schen Terminologie unabhängigen Auslegung verwendet.

7 Grenzen des Urbanen

Der Fremdwörterduden weist die Begriffe urban beziehungsweise Urbanität als auf Personen bezogene Eigenschaften aus, die sich an einem Ort von hohem Öffentlichkeitscharakter, in der Stadt, ausbilden.[1] *Urbane* Menschen heben sich offenbar durch ihre Bildung und Weltgewandtheit vom Durchschnitt, vom Ruralen, dem Lokalen verpflichteten, dem Begrenzten oder: vom Anderen, dem Weiblichen, dem Besonderen ab. Diese Deutung wirft ein Licht auf die Positionierung des *Urbanen* als geographische Bezugsebene *(scale)*: Das *Urbane* bezieht sich auf die Welt, es löst sich aus dem lokalen Kontext und orientiert sich an der Welt.

Nicht zufällig findet sich das Attribut »weltmännisch«/»weltmännische Art« in dieser Definition, wird doch der öffentlich-städtische Raum im bürgerlichen Diskurs als Männerraum gedacht. Der Gegensatz zu weltmännisch müsste ja wohl auf »hausfrauisch« lauten. Der »Weltmann«, ein »Mann von Welt«, ist »gewandt im Auftreten«, ist die Erklärung im Duden. Der Gegensatz ist klar im Zeichen[2] abgelegt: Der Mann verkörpert das autonome Subjekt, er tritt auf dem öffentlichen Parkett auf, er exponiert sich unter seinesgleichen, er misst sich im fairen Wettbewerb auf dieser paradox ausgestalteten Bühne der exklusiven Öffentlichkeit.[3] Als Teilha-

---

1 »Urban«: ›lat. städtisch‹: 1. gebildet u. weltgewandt, weltmännisch. 2. für die Stadt charakteristisch, in der Stadt üblich. Urbanität die; - ›lat.‹: 1. Bildung, weltmännische Art. 2. städtische Atmosphäre.« Duden 2001, Band 5; 7. Neu bearbeitete und erweiterte Auflage. Dudenverlag, Mannheim.

2 Ich verwende hier bewusst das Wort »Zeichen«, um das vom Linguisten Ferdinand de Saussure modellierte »Spiel der Differenzen« anzudeuten, wobei de Saussure mit Zeichen mehr als ein Wort, nämlich die fragile Einheit von Lautbild und Vorstellung meinte. Der Signifikant *(signifiand)* das bezeichnende Moment, hat keine inhärente Bedeutung. Die Bedeutung ergibt sich ebenso wenig aus der eindeutigen Zuordnung des Signifikanten zum Signifikat. Die Bedeutung schält sich erst über eine Position im Feld der Signifikanten heraus, also über die Differenz zu anderen, in bestimmten Verhältnissen positionierten Signifikanten. Für eine genauere Darstellung von de Saussures semiologischen Modellen und Reflexionen im Hinblick auf die Geographie (siehe Frei 1997; Ringgenberg 1999).

3 Arbeiten zu den Topoi Öffentlich und Privat füllen mittlerweile ganze Regale. Da das Thema im Zusammenhang mit einer geographischen Perspektive bedeutsam ist, komme ich weiter unten darauf zu sprechen. Zum Paradox des öffentlichen Raums, der sich als transparente Zone inszeniert, wobei es sich in Wirklichkeit um eine hoch geschlossene, durch vielfältige Zulassungsbedingungen markierte Sphäre handelt, siehe Ebrecht (1989), die damit an Habermas anknüpft. Gemäss diesen Studien liegt der Ursprung bürgerlicher Öffentlichkeiten in Geheimgesellschaften der Aufklärung, wie Massey am Beispiel der sich herausbildenden der Wissenschaft illustriert (1994). Zu Frauenöffentlichkeiten siehe Klaus (1994).

ber an politischen Institutionen ist er öffentlich wirksam, gestaltend und staatstragend. Er ist die Inkarnation des neu entworfenen bürgerlichen Subjekts. Die Industrialisierung macht ihn zum Alleinernährer, zumindest im Modell. Dieser braucht ein Gegenüber, das ihm treu zur Seite steht und ihn mit allem Notwendigen ausstattet, dessen seine Karriere bedarf: die Nur-Hausfrau. Ich habe dieses Kapitel mit dem Vorsatz zu schreiben begonnen, Urbanität als Kategorie und HandlungsRaum für die vorliegende Arbeit enger zu fassen, und schon auf der zweiten Seite lande ich bei einem Lieblingsthema: Bei der geschlechtsspezifischen Arbeitsteilung. Etwas irritiert tippe ich vor den Titel »Exkurs« ein – falls ich wirklich vom Thema abweiche, habe ich dies zumindest angekündigt. Doch diesmal glaube ich nicht, im Dickicht herumzuirren und meine Zeit auf Nebenpfaden zu verplempern. Dass mich der Weg unweigerlich zu Geschlechterrollen und Geschlechtsidentität führt, ist letztlich bewusst herbeigeführte Bewegung durch das Spektrum der Analyseperspektiven Geschlecht und Raum.

Ziel dieses Kapitels ist es, das Konzept von Urbanität sozialgeschichtlich einzuordnen und für diese Arbeit begrifflich zu bestimmen. Dazu gehört die Aufgabe, zu zeigen, dass die Stadt als physischer Körper und das *Urbane* als HandlungsRaum zutiefst vergeschlechtlicht sind. Mit andern Worten, der urbane HandlungsRaum konstituiert sich auch über Geschlecht. *Urbane* Kultur impliziert eine – verhandelbare – Geschlechterordnung. Claudia Wucherpfennig beschreibt die Verknüpfung von konservativen Ordnungsvorstellungen mit der Stadtentwicklung wie folgt: »Eine zentrale Strategie zur Durchsetzung und Aufrechterhaltung ökonomischer Interessen und restriktiver Ordnungsvorstellungen seitens der Betreiber und Betreiberinnen und kommunaler Behörden ist es dabei, Stimmungen und Atmosphären zu schaffen, die am Mythos der idyllischen Kleinfamilie anknüpfen« (2002). Das Nachdenken über die Hausfrau steht also nicht am Rand, sondern im Zentrum der für die Verwendung in dieser Publikation verfolgten Bestimmung des *Urbanen*.

7.1 Exkurs: Die Hausfrau

Der Exkurs zum Thema Hausfrau scheint mir aus drei Gründen notwendig. Zum einen verkörpert diese Figur wie keine andere den vergeschlechtlichten Charakter des Urbanitätskonzepts. Daran schliesst sich der zweite Grund an: Die Hausfrau bildet einen bürgerlichen Habitus und entspringt damit gleichzeitig einem Konzept, welches eine zentrale Auseinandersetzung historischer und geographischer Geschlechterforschung bildet: die Zuweisung von öffentlichen und privaten Räumen und ihre Verflechtung in diskursive Wahrheitsproduktionen. Nicht zuletzt, dies ist der dritte Grund, ist »die Hausfrau« ein immer wiederkehrender Topos im hegemonialen bürgerlichen Diskurs, der auch den Hintergrund zu den sozialen Bewegungen der 80er Jahre bildet. »Die Hausfrau« versinnbildlicht die Wohlstandsgesellschaft und ihre Werte, gegen die die meist jugendlichen Bewegten der 80er Jahre Sturm liefen. Ganz besonders jene aktiven Frauen, die in den 80er Jahren Mütter wurden, setzten alles daran, nicht in die ausgetretenen Pfade ihrer eigenen Mütter und Grossmütter zu geraten.

»Meine Mutter muss nicht arbeiten.« – Dies ist der Satz, an den Merith Niehuss ihre Kindheitserinnerung und die elementare Unterscheidung zwischen »Arbeit« und der Tätigkeit, die durch die »nicht arbeitenden« Mütter verrichtet wurde, knüpft. Sie bringt eine weitere Phantasie ins Spiel, die auch in meiner eigenen Erinnerung Resonanz erzeugt: Die Mischung aus Mitleid und Befremden im Wissen um jene Kinder, die in der Krippe betreut wurden, weil ihre Mütter arbeiten mussten (Niehuss 1999, 45). Das Wissen um diesen Unterschied zu »den Anderen« schlug sich in einer Art kindlichem Standesbewusstsein nieder und wurde in meiner Spielwelt wohl 100 Mal reinszeniert.

»Also mir ist das egal, wenn es staubig ist. Aber wenn dann jemand kommt, mit dem Finger über die Möbel fährt und sieht, dass es staubig ist, dann ist mir das schon peinlich.« Bernadette, 48 Jahre, verheiratet, Angestellte (Ehemann leitender Angestellter), ein Kind, ein Haus im Grossraum Paris. (Kaufmann 1999, 298)

Der Topos Hausfrau hat in den letzten 30 Jahren eine massive Verschiebung erfahren. Vom stolzen Mittelstandssymbol (Magnin 1996) der Nachkriegszeit passierte er die Wirtschaftskrise der 70er – zumindest in der Schweiz – relativ unbeschadet und wurde schliesslich zur rechtfertigungsbedürftigen Position der »Nur-Hausfrau« in der Jahrtausendwende. Auch diese Verschiebung findet eine Entsprechung in meiner Phantasie. Feministische Forschung und die jahrelange Auseinandersetzung mit der Geschlechterthematik formen den Anspruch, primäres Ziel sei die Vervielfältigung von Möglichkeiten weiblicher Lebensentwürfe. Es ist keine Frage, dass die Hausfrau Teil dieser Vielfalt ist.

Trotzdem nagt an mir jeweils ein Unbehagen und eine leise Abwehr stellt sich ein, wenn eine Kollegin verkündet, sie habe sich entschieden, einige Jahre ausschliesslich ihrem Kind zu widmen. Ich werfe mir mangelnde Toleranz vor und bin dennoch nicht frei von der Verengung, die der feministische Diskurs in meiner Interpretation erfährt.

»Es kostet mich einiges, mich dranzumachen, aber wenn ich erstmal dabei bin, dann ist es ok, dann wird das durchgezogen!«, sagt Constance, 34 Jahre, verheiratet, arbeitslos, zwei Kinder, Wohnung im Stadtzentrum. (Kaufmann 1999, 299)[4]

---

4 Die Zitate aus Jean-Claude Kaufmanns Hausfrauenstudie (1999) sind in diesem Teilkapitel illustrativ verwendet.

Der Anteil an erwerbstätigen Frauen in der Schweiz ist in den 90er Jahren stetig gestiegen. Sahen sich erwerbstätige Frauen in den 30er Jahren dem Vorwurf des »Doppelverdienertums« ausgesetzt und stieg ihre Erwerbsquote in den 50er Jahren vor allem aufgrund der ausländischen Bevölkerung an, weist die Schweiz heute die europaweit höchsten Zahlen weiblicher Erwerbstätigkeit aus. Im Jahr 2004 standen nahezu 60 Prozent der weiblichen Bevölkerung im Arbeitsprozess, demgegenüber lag die Erwerbsquote für Männer bei 76Prozent. Im Jahr 1991 lagen die Zahlen bei 56 Prozent respektive 80 Prozent Die überwiegende Mehrheit der arbeitenden Mütter sind Teilzeitangestellte, die Quote liegt bei knapp 60 Prozent gegenüber 11 Prozent bei den Männern.[5] Wird die »Nur-Hausfrau« von der einst als »Rabenmutter« verbrämten arbeitenden Frau und Mutter verdrängt? – Studien legen nahe, zumindest für die Schweiz, dass die Entwicklung vielmehr in Richtung »Hausfrau plus« geht: Bei bleibend hohem Anteil an Verantwortung für die Hausarbeit übernehmen heutige Mütter zunehmend Erwerbsarbeit (E. Bühler 2001).[6]

Niehuss weist darauf hin, dass es eine real existierende Hausfrau möglicherweise gar nie gegeben hat, und wenn, dann nur für sehr kurze Zeit und innerhalb eines eng begrenzten Milieus (ebenso argumentiert Knapp, 2001). Die diskursive Überhöhung setzt schon zu Beginn des 20. Jahrhunderts ein, als das Profil der Hausfrau an ihre soziale Herkunft gebunden war. Erst das Wirtschaftswachstum der Nachkriegszeit, welches auch die Arbeiterschichten erfasste, bewirkte eine gewisse Nivellierung der Lebensgewohnheiten. So setzte sich die Technisierung der Haushalte und damit auch der bürgerliche Diskurs in der gesamten westlichen Welt durch. Die Hausfrau und ihr Komplementärwesen, der Ernährer, wurden zum angestrebten Ideal und bewirkten gerade dadurch eine (scheinbare)[7] Angleichung der sozialen Schichten, zumal das Dienstbotenwesen aus der Gesellschaft verschwand.[8] Die Hausfrau empfängt strahlend ihren Mann, die zwei Kinder, wie aus dem Ei gepellt, stehen Hand in Hand vor dem schmucken Einfamilienhaus. Die Szene, nicht zuletzt durch den Retro-trend der letzten Jahre verklärt und nostalgisch aufgewertet, entbehrt nicht einer starken Zugabe an Biederkeit, verstaubten Rollenklischees und erdrückendem Konformismus. Solche Phantasien prägen das Alltagsverständnis einer ganzen Epoche.[9] Die historische Forschung hat bis heute zu wenig getan,

---

5 Alle Zahlen sind aus dem Jahr 2004, Bundesamt für Statistik: http://www.bfs.admin. ch/bfs/portal/de/index/themen/einkommen_und lebensqualitaet/gleichstellung. html (Juli 2005).

6 Vgl. auch die aktualisierte online-Ausgabe: http://www.bfs.admin.ch/bfs/portal/de/ index/regionen/gleichstellungsatlas.html (Januar 2007).

7 Dass die Angleichung tatsächlich eher rhetorischer Natur war weist Ute Frevert mit ihren Zahlen zu Deutschland nach, gemäss denen eine Mehrheit der Frauen bereits in den späten 50er Jahren erwerbstätig war (Frevert 1986). MacDowell verweist darauf, dass in Grossbritannien zwischen 1850 und 1950 über ein Drittel aller Frauen erwerbstätig waren (McDowell 1999, 75).

8 Für eine kurze Zusammenfassung zu Frauenleitbildern in der Schweiz der 50er Jahre vgl. Bieri (2000).

dieses sehr einseitige Bild zu differenzieren. Lebensentwürfe von Frauen und Männern waren im »langen Jahrzehnt« der 50er Jahre (J. Tanner 1992) alles andere als widerspruchsfrei.[10]

»Also das ist dann wirklich toll, dieser riesige Stapel von Taschentüchern, alle sauber geordnet und auf die gleiche Grösse zusammengelegt, und wenn ich die dann in meinen Schrank lege, das ist wirklich ein toller Moment...«, so Lola, 22 Jahre, nichteheliche Lebensgemeinschaft, Studentin, kleine Wohnung. (Kaufmann 1999, 300)

Dennoch wirkt das Bild bis in die Gegenwart, es transportiert Optimismus und den Glauben an eine »heile Welt«. Diese wird jedenfalls evoziert, und mein Befremden stellt sich umgehend ein, wenn die »Neue Zürcher Zeitung« an dem Tag, an welchem ich dies schreibe, ein Foto anlässlich der Ernennung des Kandidaten Roberts für das Oberste Gericht der USA durch den Präsidenten veröffentlicht.

4 – Bush ernennt Roberts, NZZ, 01/07/2005

---

9 Dass sie auch für heutige Lebensentwürfe anschlussfähig sind, zeigen Beispiele aus der Populärkultur, so jene von Jamie und Jools Oliver, die ihr Paar- und Familienleben als verklärten Nachruf auf die 50er Jahre öffentlich inszenieren.
10 Siehe dazu auch das Dissertationsprojekt von Nicole Gysin: »Fernsehgeschichte als Geschlechtergeschichte. Fernsehen und Gender in der Schweiz der ›langen 50er-Jahre‹«. Http://www.gendercampus.ch/projects/graduiertenkolleg/List/Projektdatenbank/ViewD.aspx?ID=26 (letzter Zugriff: 22/06/2012).

Zu sehen ist George W. Bush, der die Wahl begründet, zu seiner Linken der gekürte Kandidat. Rechts, ein wenig abseits im Bild, steht die Ehefrau Roberts im rosa Deux pièces. Sie beugt sich zu den zwei Kindern, welche herausgeputzt und mit etwas überraschtem Blick dorthin blicken, wo ich das Heer der Fotografen und Fotografinnen und Kameraleute vermute. Hier wird nicht nur ein Mann in einen Posten gehievt, sondern einem Modell gehuldigt. Der ganzen Welt wird vorgeführt, worin ein erfolgreicher Lebenslauf besteht. Gleichzeitig macht die Bildkomposition deutlich, dass es sich bei Ehefrau und den Kindern um eine Art »dekorativen Zusatz« handelt, wobei die Karriere des Mannes gleichsam mit Frau und Kindern bestückt und dadurch geadelt wird.

Nicht anders als in den 50er Jahren ist das Vorzeigemodell nur für einen ausgewählten Ausschnitt der Gesellschaft umsetzbar. Heute beschäftigt vor allem die Frage, wer all die Arbeit übernehmen soll, wenn die Hausfrau verschwindet.

»Jetzt suche ich die ideale Frau ... haha, ich meine natürlich: ich suche die ideale Putzfrau.« Yann, 33 Jahre, lebt allein, Handwerker, Sozialwohnung. (Kaufmann 1999, 302)

Der Einzug der Frauen in den Erwerbsbereich wurde nicht mit dem gleichzeitigen Vordringen der Männer in den Haushalt beantwortet. Gegenwärtig scheinen sich mindestens vier Entwicklungen abzuzeichnen, die hier nur schematisch skizziert werden: erstens die unter dem euphemistischen Emblem »Vereinbarkeit« gefassten Probleme, die häufig zu Mehrfachbelastungen führen und nicht selten gesundheitliche Folgen – mehrheitlich bei Frauen – nach sich ziehen. Staat und Wirtschaft betreiben einen energischen Diskurs, wobei der Grund für diese Kehrtwende wohl weniger im Anliegen für die Chancengleichheit als in der demographischen Entwicklung zu suchen ist. Frauen sollen helfen, die zur Neige gehenden Rentengelder aufzustocken. Zweitens findet die geringfügige Beteiligung von Männern im Haushalt ihren Ausdruck in den von Gleichstellungsstellen lancierten Kampagnen, welche Männer zur Übernahme von Verantwortung in Haushalt und Familie anregen sollen, jedoch nur lauen Erfolg verzeichnen. Drittens gibt es zahlreiche Frauen, die sich entscheiden, keine Kinder zu haben. Dies ist ein Weg, den besonders viele Akademiker und Akademikerinnen wählen. Diese Tatsache ist ausschlaggebend dafür, dass klassenbewusste Politiker und Politikerinnen darin einen eigentlichen Geburtsstreik erkennen und damit ihr Motiv für einen engagierten, jedoch neokonservativ eingefärbten Familiendiskurs finden (Michalitsch 2005). Viertens wird die Hausarbeit vertikal an statustiefere Frauen weitergereicht. Dies ist eine Entwicklung, die von feministischen Beobachterinnen als Entsolidarisierung kritisiert wird. Die Beschäftigung von Putzfrauen oder von Kinderhütefrauen ist längst kein Oberschichtenphänomen mehr. Ob dem heute zum Mainstream gewordenen Doppelverdienermodell eine längere Existenz beschieden sein wird, wird vor allem die Arbeitsmarktentwicklung zeigen.

Tatsächlich scheint die Schwierigkeit heute weniger darin zu liegen, dass Frauen und Männer sich zu wenig in den Arbeitsmarkt integrieren, als viel mehr darin dass es an Jobs mangelt, die existenzsichernd sind und über eine längerfristige Perspektive verfügen.[11]

»Es gab da wirklich so eine Verlagerung in Richtung Beruf, ich bin immer mehr in den Beruf gerutscht. An manchen Abenden suche ich nach einem Vorwand, um nicht nach Hause zu gehen«, lässt sich von Marie-Alix vernehmen, 37 Jahre, nichteheliche Lebensgemeinschaft, leitende Angestellte, zwei Kinder, ein Haus im Grossraum Paris.(Kaufmann 1999, 301)

Die 80er-Bewegung muss also auch im Kontext der normalisierenden Diskurse ihrer Zeit gedeutet werden. Im Bestreben, eigene Formen des Zusammenlebens zu entwickeln, konzentrierten sich die Aktivisten und Aktivi-stinnen auf städtische Räume. Die Stadt wurde als Bühne bespielt, und die Beteiligten gaben sich einen dezidiert urbanen Anspruch (Schmid 1998b). In diesem Selbstverständnis lag auch eine grundsätzliche Kritik des bürgerlichen Paradigmas einer strikten Trennung von öffentlichen und privaten Räumen.

7.2 Öffentlicher Raum und das private Leben

Ich greife den Faden entlang der Grundthese dieses Kapitels erneut auf: Das *Urbane* ist diskursiv an die Entstehungsperiode der europäischen Industriestädte sowie der darin inhärenten Widerspruchskonstellationen geknüpft. Damit spiegelt die Definition des Dudens den klassischen Geschlechtergegensatz als ein sprachliches Konstrukt mit materiell-räumlicher Verlängerung. Das Strukturprinzip »männlich-weiblich« bildet eine Klammer, die sowohl Denken und Sprache als auch Bewegung und Handlung im materiellen Lebensumfeld konsequent umschliesst. Mit andern Worten, das *Urbane* erweist sich als Konstrukt, welches sowohl auf materielle soziale Beziehungen als auch auf symbolische Repräsentationen baut (McDowell 1999, 71).

Damit transportiert der Begriff die dichotome Grundstruktur, die historischen Stadtentwicklungsprozessen inhärent ist. Eine Geschichte der Stadt, die Geografien einer urbanen Gruppierung können nicht geschrieben und die Reflexion über Geschlecht und Raum nicht betrieben werden,

---

11 Dieser Exkurs zum Thema Hausfrau ist notgedrungen sehr holzschnittartig blieben. Es gibt in der Schweizer Geschichtsforschung sowie in der Sozialgeographie und der Soziologie mittlerweile eine Fülle von Beiträgen, die Geschlechterrollen und Geschlechtsidentitäten zum Thema haben, wobei eine theoretische Bestimmung der »Hausfrau« nicht in jedem Fall geleistet wird. Neben der bereits zitierten Literatur bieten nachstehende Angaben eine mögliche Vertiefung: BFS 1999; E. Bühler 2001; Kaufmann 1999; Rickenbacher-Fromer 2001; Wecker, Studer und Sutter 2001. Ein für die Schweizer Frauenbewegung wichtiges Buch mit emanzipatorischer Zielsetzung in den 50er Jahren ist die Streitschrift »Frauen im Laufgitter« von Iris von Roten (Roten 1992).

ohne einen der wichtigsten Schauplätze geographischer und geschlechterhistorischer Debatten aufzurollen: die gesellschaftliche Ordnungslogik von öffentlichem und privatem Raum. Der folgende Abschnitt stellt einen Streifzug durch die Literatur zu dieser fundamental bürgerlichen binären Ordnungsvorstellung dar. Arbeiten zu diesem Thema sind sehr zahlreich, es kann daher in dieser Publikation nurmehr darum gehen, einige Eckpfeiler der Diskussion zu präsentieren.[12]

Die Kreation dieses Gegensatzes mit seinen enormen Auswirkungen auf das Leben von Männern und Frauen wurzelt in der Konstituierungsphase der bürgerlichen Gesellschaft. Die vormoderne Gesellschaft lebte in einer Welt, die weder privat noch öffentlich war. Die dörfliche Gemeinschaft kannte keine Grenze zwischen den beiden Zonen, und viele Alltagshandlungen spielten sich in der Öffentlichkeit ab. Der öffentliche Raum im Mittelalter war ein überschaubarer, sozial kontrollierter Raum – obwohl es auch Nischen und Freiräume gab, etwa im Garten oder im Wald. Die räumliche Segregation der Gesellschaft war nicht in erster Linie entlang der Geschlechtergrenze, sondern entlang von Standesgrenzen organisiert. So unterschied sich die Geografie des Lebens einer adligen Frau im Wien des 17. Jahrhunderts deutlich von derjenigen der städtischen Unterschichtsfrauen (Pils 2003).

Die Veränderung des Verhältnisses von »öffentlich-privat« hängt mit der sich verändernden Rolle des Staates zusammen. Im Mittelalter war der Staat relativ schwach und das Wohlergehen des Individuums hing vom Kollektiv oder vom schützenden Patron ab. »Man besaß nichts – nicht einmal den eigenen Körper, was nicht unter Umständen gefährdet war und durch die Bereitschaft zur Unterwerfung und Abhängigkeit gesichert werden musste« (Ariès 1991, 17). Eine Trennung von Öffentlichkeit und Privatem war nicht denkbar, niemand hatte ein privates Leben. Das Konzept der strikten Trennung zwischen dem öffentlichen, von Männern besetzten Raum und dem Privatraum, in welchem sich die Frauen von der Öffentlichkeit abgeschirmt im Kreis ihrer Familie betätigten, ist Träger eines Gesellschaftsentwurfs, der in Abgrenzung zum Ancien Régime erstellt wurde (Ariès 1991).

---

12 Vorausgesetzt ist die vergeschlechtlichte Natur der Konzepte »öffentlich« und »privat«, die in zahlreichen historischen, geographischen und soziologischen Studien nachgewiesen wurde. Einflussreich war der Ansatz von Habermas zur Konstruktion bürgerlicher Öffentlichkeit (Habermas 2002). Unter den kritischen Stimmen gegenüber Habermas' grundlegendem Werk waren zahlreiche feministische Vertreterinnen, darunter sehr prominent Nancy Fraser (1997). Historische Präzisierungen kamen von Nicole Castan (1991) und der Geographin Mona Domosh (Domosh und Seager 2001). Den politisch umstrittenen Wert des öffentlichen Raums diskutieren Mitchell (1996b) und Ruddick (1996) im Sonderband von »Urban Geography«. Mitchell hält in seiner später veröffentlichen Aufsatzsammlung fest, dass das »Recht« auf die Stadt und auf einen breiten, demokratischen Zugang zum öffentlichen Raum historisch stets ein prekäres Recht war und durch die heute zunehmende Privatisierung öffentlicher Räume weiterhin prekarisiert wird (Mitchell 2003). Staeheli (1996) nimmt ihrerseits begriffliche Abklärungen im Hinblick auf die geographische Relevanz der Konzepte vor. Ein regionales Beispiel bearbeitet Schenker (1996).

Mit den höfischen Gesellschaften entwickelte sich eine Vorform des späteren Beamtenstaats. Die Beziehung zur Obrigkeit und zum Staat an sich war aber weiterhin durch die traditionellen Gruppensozietäten strukturiert, es bildete sich eine Art Klientelnetz. Erst in einem nächsten Schritt gelang es der staatlichen Zentralmacht, die sich in Frankreich paradigmatisch unter Louis XIV. herausbildete, das gesamte Recht für sich zu beanspruchen – Klientelbeziehungen wurden durch offizielle Ämter ersetzt. Im 17. Jahrhundert setzte sich in Europa eine neue Form des Staats durch, der das Gewaltmonopol suchte, die Abhängigkeit der Individuen voneinander intensivierte und regulierte, der mit dem Hof eine neue Form der Gesellschaftlichkeit schuf und der gleichzeitig einen Verhaltenscodex entwickelte, der die Kontrolle der Triebsphäre, die Beherrschung der Gefühle und die Erhöhung der Schamschwelle beinhaltete. Der Habitus der Höflinge wurde bald zum Modell für die ganze Gesellschaft. Entstanden waren deutliche Verhaltenskategorien: in der Öffentlichkeit zugelassenes, ziemliches Verhalten gegenüber anstössigen Formen. Die Disziplinierungsinstanzen wurden von den Menschen verinnerlicht, Norbert Elias bezeichnete dies als »Prozess der Zivilisation«. Unter Rückgriff auf Elias formuliert Elisabeth Klaus ihre Definition des Öffentlichen:

»Öffentlichkeit verstehe ich demzufolge als jenen Prozess, in dem Regeln und Normen des gesellschaftlichen Zusammenlebens festgelegt werden. Die Analyse von Öffentlichkeit befasst sich dann mit den Verständigungsprozessen, als deren Ergebnis Verhaltensweisen erlaubt oder verboten, gesellschaftlich gutgeheissen oder missbilligt werden.« (Klaus 1994, 75)

In Europa fand sukzessive eine Entprivatisierung der Öffentlichkeit statt, mit dem Ergebnis, dass der private Raum im Übergang zum 18. Jahrhundert vollkommen vom öffentlichen Raum getrennt war. Der private Raum, in den die Frauen abgedrängt wurden, wurde zum Synonym für die Familie (Ariès 1991), während der als politische Raum, als »Diskurssphäre des Staatsbürgers« entworfene öffentliche Raum Frauen, da sie nicht Staatsbürgerinnen waren, vorenthalten blieb (Klaus 1994, 73). Gleichzeitig bildete sich das männliche Erwerbsmonopol heraus.

Der als exklusiv weiblich geschaffene private Raum kann sich sowohl als Ort der Selbstverwirklichung wie auch der Entrechtung, des Missbrauchs und der Selbstverleugnung entpuppen (Valentine 1993). Weil aber der private Raum und die Hausarbeit »undertaken ›for love‹«, wie eine von McDowell zitierte Studie aus den 30er Jahren formuliert, mit weiblichen Stereotypen in Übereinstimmung gebracht wurden, wurden beide entwertet und blieben theoretisch unbearbeitet (McDowell 1999, 73). Dieselben Worte verwendeten Gisela Bock und Barbara Duden in ihrem Aufsatz »Arbeit aus Liebe/Liebe als Arbeit« (Bock und Duden 1976). So wie sich der private Raum der Errichtung des modernen Staates verdankt, wurde damit eine Form von Öffentlichkeit geschaffen, die sich von der vom Staat besetzten Öffentlichkeit distanzierte. Sie beruhte auf dem öffentlichen Gebrauch der Vernunft durch Privatpersonen. Die veränderte Rolle des Staates ist für Roger Chartier einer der wichtigsten Prozesse, die die Schranken zwischen öffentlichem und privatem Raum verschoben haben. Daneben nennt er die neue Verinnerlichung der Frömmigkeit sowie die zunehmende Alphabetisierung (Chartier 1991).

Die Existenz des privaten Raums bedeutete aber auch eine Emanzipation von familiären Zwängen, es bedeutete, sich die Bekannten, mit denen man sich treffen wollte, frei zu wählen. Modernes privates Leben fand in Distanz zum Staat, aber auch abseits traditionellen Brauchtums als anonyme Sozialität statt. Anonym heisst in diesem Kontext jedoch nicht unkontrolliert, denn innerhalb der Personenkreise, die miteinander verkehrten, kannte man sich gut. Heiraten, eine zutiefst öffentliche Sache, wurde zur privaten Angelegenheit. Während sich öffentlicher und privater Raum im Verlauf des 17. Jahrhunderts durchdrangen, verlagerte sich das private Leben während des 18. Jahrhundert in die Familie (Chartier 1991, 406-409).

Die Schaffung der bürgerlichen Öffentlichkeit unterliegt einem Paradox: Sie findet ihren Ursprung nämlich in den bürgerlichen Geheimgesellschaften der Aufklärung, wie Habermas in »Strukturwandel der Öffentlichkeit« schreibt (Habermas 1975, 50f.). In hoch privater Atmosphäre entzogen sich die gebildeten Bürger und Bürgerinnen des 18. Jahrhunderts dem absolutistischen Zugriff des feudalen Staates. Was zum Motor und später zu einem der fundamentalen Merkmale der bürgerlichen Demokratie werden sollte und in den Verfassungen als Versammlungsfreiheit nieder- gelegt war, begann in aller Heimlichkeit. Der Ritus wirkte als Provokation auf die Repräsentanten feudalabsolutistischer Herrschaft. In der Logik der geheimen Gesellschaften war auch der Verweis der Frauen in eine neu als intime und von der Familie allein belebte Privatsphäre enthalten (Ebrecht 1989, 31f.). In ihrer Untersuchung zur Geselligkeit in der Aufklärung zeichnet Brigitte Schnegg allerdings ein differenzierteres Bild der Teilhabe von Frauen am Aufbau der neuen Gesellschaftsordnung, die zum Teil in diesen Stätten der Geselligkeit wurzelt (Schnegg 2002). Sie tut dies, in dem sie das soziale Milieu der Aufklärung im gesellschaftlichen Nahbereich der informellen Beziehungsebenen lokalisiert – und damit Frauen in den Blick nimmt: »Die weibliche Präsenz war im informellen Kontext ebenso verbreitet wie selbstverständlich« – wenn auch nicht die Regel, wie Schnegg einschränkend vermerkt (2002, 391). Diese gemischten Räume waren nicht ausschliesslich eine Folge der beginnenden Trennung öffentlichen und privaten Raums, sondern wurden oft gezielt herbeigeführt: »Die spezifische Atmosphäre eines aufgeklärten geselligen Umgangs unter Männern und Frauen stellte eine Alternative sowohl zur Konventionalität ständischer Gesellschaften als auch zu den männerbündischen Strukturen der Aufklärungssozietäten dar« (Schnegg 2002, 391). Gemäss Schneggs Analyse gilt es zu beachten, dass sich die Gesellschaft der Aufklärer und Aufklärerinnen nicht abseits der traditionellen Formen von Geselligkeit, sondern als Teil von ihr formierte. Aufklärerische

Geselligkeit pendelte zwischen Nähe und Distanz zu traditionellen Geselligkeitsformen, wobei die Interpretation der geselligen Umgangsformen stark vom Ort bestimmt wurde, in den sie eingelassen waren. So waren beispielsweise die Unterschiede zwischen dem patrizisch und durch die französische Geselligkeitskultur geprägten Bern und dem zünftisch-handwerkerischen Zürich beträchtlich. Nicht zuletzt der französische Einfluss führte dazu, dass sich Julie Bondeli in Bern als femme des lettres einen Ruf erarbeitete, der weit über die Stadtgrenzen hinaus reichte, während in Zürich die exklusiv männliche Tradition überwog und geschlechtergemischter Geselligkeit mit grosser Skepsis begegnet wurde. Man fürchtete die »Effeminierung« der Männer und die »Schwächung der virilen republikanischen Tugenden« (Schnegg 2002, 396). Die informellen Männerbünde, die einen antiurbanen, antiaristokratischen und antiweiblichen Diskurs führten, knüpften zwar an alte Traditionen an, konnten aber ihr Programm für einen neuen Gesellschaftsentwurf mit dem zentralen Ziel der Überwindung der ständischen Gesellschaft durchsetzen. Ganz anders das der patrizischen Tradition entstammende geschlechtergemischte Modell, welches gemeinsam mit dem Ancien Régime verschwinden sollte. Die Trennung von öffentlichem und privatem Raum ist konstitutiv für den bürgerlichen Gesellschaftsentwurf. Da die durch den Markt geschaffene Öffentlichkeit nur eine unvollständige Integration bedeutete, ermöglichten öffentliche Räume eine spielerische Erweiterung von Freiräumen, in der die kontrollierte Übertretung von Grenzen geduldet und die Dehnbarkeit von Werten und Normen unter Beweis gestellt wurde. Diese subversiven und karnevalesken Rollenexperimente wurden laut Frank (2003) über die Klassengrenzen hinaus betrieben. Damit wurden Männerbünde gestärkt, denn der Rückzug in die Anonymität blieb den Bürgern vorbehalten. Der Radius der Bewegungsfreiheit blieb für eine ehrbare Dame arg beschnitten. Es war ihr kaum möglich, ein Gasthaus zu betreten, ohne ihren Ruf zu schädigen, und die Dunkelheit setzte einsamen Spaziergängen von Frauen ein sofortiges Ende. Frauen in der Öffentlichkeit wurden im Handumdrehen zu öffentlichen Frauen gestempelt, die Grenze zur Prostitution war schnell übertreten. Aufgrund dieser Deutung wurden zwei Vorgaben wirksam, die Frauen in der Öffentlichkeit betrafen: Einerseits galt es, respektable Frauen zu schützen, andererseits benötigte die Aufsicht über »gefallene« Frauen unmittelbare Kontrolle (Domosh und Seager 2001; Frank 2003, 114).

Das vorangehende Teilkapitel nahm einen historischen Rückblick auf das Verhältnis von öffentlichem und privatem Raum vor, welches für die bürgerliche Gesellschaft konstitutiv ist und damit eine zentrale Folie für den von der 80er-Bewegung imaginierten »alternativen« Gesellschaftsentwurf bildet. Weil dieser Gesellschaftsentwurf aus der Stadt heraus entwickelt wurde und sich die Bewegung ein dezidiert urbanes Selbstverständnis gab, sind die Verbindungen der Konzepte »öffentlich« und »privat« mit dem Konzept des *Urbanen* wichtig für diese Arbeit. Das nächste Teilkapitel ist dem *Urbanen* gewidmet.

7.3 Das Urbane als Lebensform

Das Konzept des *Urbanen* transportiert die Dichotomien von öffentlich-privat und männlich-weiblich. Städte waren wichtige Motoren der effektiven Trennung wie der Transgression dieser Verhältnisse. Im von einschneidenden sozialen, wirtschaftlichen und politischen Umbrüchen geprägten 19. Jahrhundert wirkten Städte als Symbolträger der alten Herrschaft und bildeten als Verdichtungsräume der wachsenden sozialen Gegensätze häufig die Brennpunkte der politischen Auseinandersetzungen. Grossstädte wurden ebenso sehr idealisiert wie dämonisiert, sie waren Sinnbilder von Fortschritt sowie der neuen geopolitischen Ordnung und wurden als Verkörperung des degenerativen Wertewandels, als Unruheherde und als zentralistische Gefahr imaginiert (Corana Hepp 1987, zit. in: Brunn 1992, 26).

Ziel dieses Abschnitts ist eine Schärfung der Begriffe urban/Urbanität, denen in dieser Publikation zentrale Bedeutung zukommt. Urbanität manifestiert sich im Raum unter bestimmten Gegebenheiten, kann aber nicht ausschliesslich über planerisch-materielle Gestaltung erzeugt werden.

Die heute in einem breiten Bedeutungsfächer verwendete Definition von Urbanität geht auf Wolfgang Siebel zurück, der sich mit Bezug auf Park und Simmel für eine lebensstilorientierte Bestimmung von Urbanität entschied (Siebel 1994). Seit den 70er Jahren wird Urbanität als Ausdruck der Konsumgesellschaft modelliert. Castells hatte mit seiner Definition des kollektiven Konsums die Stadt als die Verdichtung des Angebots des Wohlfahrtsstaats im Hinterkopf (Castells 1977). Stefan Krätke hält eine rein konsumbezogene Urbanitätsdefinition für überholt und legt Wert auf den Einbezug der Produktionsseite. Urbanität beinhalte die Überschneidung und Durchdringung vieler Formen des Geografiemachens im städtischen Kontext, schreibt er (Krätke 2001).

Kernpunkte

Für die Untersuchungsanlage dieser Arbeit ist ein Urbanitätsbegriff zweckmässig, der das *Urbane* nicht als Zustand, sondern als Postulat modelliert. Das *Urbane* ist eine gesellschaftliche Verfasstheit, die angerufen und angestrebt werden kann. Das *Urbane* ist der Anspruch an einen Handlungs-Raum, der die Verschiebung von Grenzen, Differenz und Netzwerkbildung ermöglicht. Das *Urbane* ist niemals erreicht, sondern immer im Werden begriffen. *Urbane* Errungenschaften wie eine geteilte, heterosoziale und differente Öffentlichkeit sind prekär und niemals garantiert (Lefebvre 1968; Mitchell 2003). Ebenso ist das Geschlechterverhältnis in urbanen Kontexten Ergebnis von Verhandlungen unter bestimmten Wissens- und Machtbedingungen. Die Kategorie Geschlecht bildet gleichsam eine der Grenzen, über die Trennungen vollzogen werden, die aber auch Verbindungen schaffen können.

Die Vorstellung von Männern und Frauen als gegensätzliche Wesen sowie die Zuweisung bestimmter Rollen sind konstitutive Elemente der Deutung und Konstruktion von Städten. Wie Susanne Frank zeigt, wurden die durch die antiken Gründungsmythen tradierten Geschlechterkonstruktionen in Bezug auf die Stadt nicht nur konserviert, sondern im Umbruch zur industriekapitalistischen Grossstadt wiederbelebt (Frank 2003, 30). Bevor ich auf die Epoche eingehe, in der der für heutige Städte zentrale Umbruch von der einer mittelalterlichen Gesellschaftsordnung zur Industriekapitale vollzogen und die bis heute wirksame Deutung von Urbanität begründet wurde, möchte ich zu Beginn dieses Kapitels in einem sehr kurzen Streifzug auf die antiken Stadtgründungsmythen und die dabei generierten Verflechtungen von Stadt und Geschlecht eingehen. Das anschliessende Teilkapitel verfolgt die inhaltliche Bestimmung des Urbanitätsbegriffs bei Georg Simmel, einem der wenigen Soziologen, die sich um die Integration der Kategorie Raum in gesellschaftswissenschaftliche Analysen bemüht haben. Wie viele seiner Zeitgenossen und Zeitgenossinnen war es ihm ein Anliegen, die krisenhaften Umwälzungen, die der Strukturwandel des 19. Jahrhunderts mit sich brachte, zu beschreiben und zu deuten. Dieser Strukturwandel zog nicht nur rasante Veränderungen der Siedlungs- und Sozialstruktur, der Lebens- und Arbeitsbedingungen nach sich, sondern brachte eine nachhaltige Erschütterung des tradierten Werte- und Normensystems.[13] Die mit diesem Modernisierungsschub transportierten Wirkungen prägen die westlichen Gesellschaften bis heute.

7.3.1 Urbanität und Geschlecht

Susanne Frank arbeitete den bis heute wirksamen Verweisungszusammenhang von Stadt- und Geschlechterbildern auf, indem sie die massgeblichen Diskurse, aber auch die Materialisierung des urbanen Raums selbst seit der Antike betrachtet (Frank 2003). Gemäss ihrer These werden hier »nicht nur Bilder von Stadt und Geschlecht, sondern auch Rollen von Mann und Frau in und ausserhalb der Stadt entworfen und zu einer ›Topographie‹ (Weigel) oder ›Geographie‹ der Geschlechter fest verbunden« (ebd., 25; Weigel 1990). Franks Untersuchung verbindet sich scheinbar gut mit dem Anliegen dieser Arbeit, gesellschaftliche Phänomene im Hinblick auf die darin implizierte »Herstellung von Geschlechtern« zu deuten (Maihofer 1995, 82).

Städte können demnach als Raumkonstitutionen, die gleichzeitig Geschlecht hervorbringen, gedeutet werden. Mythologisch unterlegte Stadtgründungen sowie der Akt mittelalterlicher Stadtplanungen können ebenso

---

13 Ich schliesse mich der gemäss Frank weit verbreiteten begrifflichen Unterscheidung zwischen Verstädterung und Urbanisierung an, wobei Verstädterung einen quantitativen Prozess bezeichnet, der das Wachstum des Bevölkerungsanteils in Städten im Verhältnis zur Gesamtbevölkerung misst, während Urbanisierung einen qualitativen Prozess umschreibt, der die Diffusion einer städtischen Lebensform meint – als Beispiele nennt Frank Demokratisierung, Bürokratisierung oder die Verbreitung der Massenkommunikation (Frank 2003, 31).

als materielle Wirkung einer Machtdynamik und damit der Untermauerung männlicher Herrschaft begriffen werden. Gleichzeitig wurde Urbanität im 19. Jahrhundert als eine Möglichkeit der Emanzipation und Befreiung von autoritären Strukturen gerade von Frauen, Intellektuellen und Künstlern der Zeit begrüßt. Die Metropolen brachten neue homo- und heterosoziale Orte und in ihnen neue Frauentypen hervor, beispielsweise die selbstbewusste Arbeiterin, die Angestellte, die gut ausgebildeten höheren Töchter, die Suffragetten. Diese Lebensentwürfe fliessen im Topos der Neuen Frau zusammen. Frank folgert, dass Frauen die industrialisierte und tertiarisierte Stadt als Emanzipationsraum nutzten, wobei der Grad ihrer emanzipatorischen Tätigkeit je nach Herkunft und Alter variierte. Die Herausbildung neuer Frauentypen sowie der neuartigen Präsenz von Frauen an den heterosozialen Orten des urbanen Milieus sind Indizien für diese Entwicklung. Das männlich-bürgerliche Etablissement reagierte, indem es die »sittliche Verwahrlosung« anprangerte. Frauen wurde die Schuld des drohenden Niedergangs von Rasse, Klasse und Nation angelastet. Die sorgfältig arrangierte Sozialstruktur geriet ins Wanken, da auch respektable Frauen ihren Ort in der Öffentlichkeit einforderten und damit kraft ihrer bloßen Präsenz zu Störfaktoren der gesellschaftlichen Ordnung wurden (Domosh und Seager 2001). Die öffentlichen Kontroversen kreisten um das Verhältnis von Stadt, Geschlecht, Sexualität und gesellschaftlicher Ordnung, und an der Neuen Frau entzündeten sich die Debatten besonders heftig (Frank 2003, 108). Eine Eigenschaft der Neuen Frau – im Übrigen ein hochgradig stilisiertes und widersprüchliches soziokulturelles Konstrukt – erregte besonderen Anstoss: ihre Fähigkeit, sich in öffentlichen Räumen selbstbewusst und unabhängig zu bewegen. Offenbar war der »new female style of being at home in the city« (Walkowitz 1992, zit. In: Frank 2003) den Hütern der bürgerlichen Ordnung ein Dorn im Auge. Die industrialisierte Grossstadt wird gemäss der Analyse von Frank zum Schauplatz einer fundamentalen Gesellschaftskrise, die ihren Ausdruck in einer Krise des Geschlechterverhältnisses und seiner räumlichen Ordnung findet: »In der modernen Grossstadt, so die zeitgenössische Wahrnehmung, verloren zwei wesentliche Ordnungsfaktoren der bürgerlichen Gesellschaft ihre Präge- und Durchschlagskraft: Stadt und Geschlecht« (Frank 2003, 117).

Frank vertritt die These, dass es in Reaktion auf die wahrgenommenen Zerfallstendenzen hinsichtlich Stadt und Geschlecht zu einer »Repolarisierung der Geschlechtscharaktere im öffentlichen Raum der Stadt« kam (ebd., 20). Dieses Ansinnen drückte sich in einem engagierten Virilitätsdiskurs und, als dessen Komplementärelement, einem Mütterlichkeitsdiskurs aus, wobei die Bestrebungen zunahmen, die Ideologien mittels der Separierung von Sphären im öffentlichen Raum einzulassen. Die »Rückgewinnung bürgerlich-männlicher Souveränität« manifestierte sich in einem Programm, welches »die städtischen Räume, Plätze und Orte sowie die jeweils zugeordneten Tätigkeiten scharf voneinander zu scheiden und binär zu codieren« vorsah (ebd., 121). Zahlreiche Frauenverbände unterstützten dieses Ansinnen, so zum Beispiel die »Freundinnen junger Mädchen«, die europaweit Agenturen der Bahnhofshilfe gründeten, welche junge Frauen bei ihren Reisen sicher von einem Zug zum nächsten geleiten sollten (Bieri und Gerodetti 2007; Gerodetti und Bieri 2006). All diese Anstrengungen führten dazu, dass der Aufenthalt von Frauen im öffentlichen Raum verstärkter Beobachtung und verschärfter Kritik bis hin zu Kriminalisierung ausgesetzt war. Frank sieht darin die Bestätigung, wie mythisch unterlegte Konstruktionen von Weiblichkeit und Männlichkeit nicht nur das Problem beschrieben, sondern wie sich diese imaginären Geschlechtergeografien als Lösungsstrategien anboten und letztlich im Raum verfestigten.

Trotz einiger holzschnittartiger Zuweisungen ist Franks Studie von Interesse, weil sie über die Verbindung von Subjektivierung und der Konstitution von Raum reflektiert. Ausgehend von ihrer These, dass das Recht auf eigenständige Interpretation von Raum – der HandlungsRaum – und damit auf eigensinnige Lebensstile immer neu erstritten und gegenüber hegemonialen Deutungen des Raums durchgesetzt werden muss, deute ich die räumlichen Auseinandersetzungen der 80er Jahre.

Frank interpretiert den industriellen Umbruch im 19. Jahrhundert als eine Verlagerung zentraler Referenzsysteme menschlicher Subjektkonstitution. In der Grossstadt werden Subjekte über Individualisierungs-, Fremdheits- und Massenerfahrung konstituiert (Frank 2003, 38). Zudem dürfte in der zu Beginn des 20. Jahrhunderts verbreiteten Aversion gegenüber der Grossstadtentwicklung ein Klassenbewusstsein beziehungsweise die Angst vor Statusverlust stecken, schliesslich waren die Massen von Einwanderern und Einwandererinnen Angehörige der Arbeiterschaft, womit die prägende Verbindung von Stadt und Bürgertum buchstäblich unterwandert wurde. Die mit »Vermassung« und »Individualisierung« bezeichneten Phänomene standen für die Furcht vor der Proletarisierung. Tatsächlich war die Verstädterung in erster Linie ein Phänomen des industriellen Strukturwandels, der eine umfangreiche Völkerwanderung, namentlich vom Land in die Stadt, zur Folge hatte. Was Historiker und Historikerinnen heute als »soziale Frage« behandeln, war das Ergebnis einer dramatischen Unterversorgung mit städtischen Einrichtungen der Arbeiterschichten. Zusammengedrängt auf engstem Raum hausten die meist grossen Familien in feuchten Mietshäusern, deren überteuerte Mieten sie zwangen, zusätzliche Kostgänger und Kostgängerinnen bei sich einzuquartieren. Die sanitären Anlagen waren nicht nur völlig unzureichend, sondern fehlten oftmals vollständig.

Die wissenschaftliche und literarische Produktion der Jahrhundertwende ist ein Ausdruck dafür, wie das Phänomen des *Urbanen* die Gemüter beschäftigte (ebd., 25). Ein Beispiel dafür ist Georg Simmel. Der Umriss des *Urbanen* als ein Konzept, das die Erfahrung von Fremdheit und Anonymität enthält, wird bei Georg Simmel zum prägenden Phänomen der grossstädtischen Lebensform (Frank 2003, 40).

7.3.2 Merkmale grossstädtischer Verfasstheit

Simmel geht in seinem Essay »Die Grosstädte und das Geistesleben« (1984) der Frage nach, was die »Innerlichkeit« der Grossstädte ausmacht. Er untersucht die Grossstädte als »Produkte des spezifisch modernen Lebens« und damit als vermittelndes Moment zwischen »individuellen und überindividuellen Inhalten« des Lebens (1984, 193). Insofern grenzt er sie gegen das Kleinstädtische, dessen gleichmässigeren Rhythmus sowie die stärker aufs Gemüt ausgerichteten Beziehungen ab. Die »Steigerung des Nervenlebens«, gepaart mit dem »intellektualistischen Charakter des grosstädtischen Seelenlebens« sind somit die Merkmale grossstädtischer Verfasstheit bei Simmel (1984, 193). Die rationalistische Bewältigung des urbanen Lebens erklärt Simmel folgerichtig als Schutzmechanismus gegen die drohende Entwurzelung und Persönlichkeitsstörung durch die Einwirkungen der Stadt. Eine dieser Einzelerscheinungen ist die Expansion der Geldwirtschaft, eine andere die Verbreitung von Taschenuhren, da ohne genaueste Präzision das komplex organisierte Leben zusammenbrechen würde. Es ist die Kombination der rationalen Denkweise, der Geldwirtschaft und der Berechenbarkeit städtischen Lebens, die zum Ausschluss von »irrationalen, instinktiven, souveränen Wesenszügen und Impulsen« und damit zur Abneigung städtischen Lebens durch Männer wie Nietzsche führen (Simmel 1984, 197). Mit seiner pessimistischen Annäherung an die Erfahrung des Städtischen stand Simmel nicht alleine da. Der negativ gefärbte Blick auf »die Stadt« nährte sich aus der von vielen Zeitgenossen und Zeitgenossinnen als bedrohlich empfundenen Herausbildung von Grossstädten, die sowohl Motor wie auch Ergebnis der Industrialisierung im Europa des 19. Jahrhunderts waren. Die Grossstadt erwies sich als prominenter Kristallisationspunkt kulturpessimistischer Diskurse jener Zeit, von denen der Volkskundler Thomas Hengartner einige zusammenstellt, darunter die soziologischen Klassiker Simmel, Durkheim, Weber und Tönnies.

Mit der *Chicago School* gewannen funktionalistische Ansätze wissenschaftliche Überzeugungskraft. Louis Wirth legte das *Urbane* als Ausdruck bestimmter Lebensweisen fest (Hengartner 1999). Zeitgleich mit den genannten Diskursen entwickelte sich die geographische Stadtforschung vorerst als ein Studium der städtischen Formen und ihrer historischen Entwicklung. Die Physiognomie der Stadt bildete den Orientierungsrahmen bei Stadterhaltungs- und Stadterneuerungsprozessen.

In den 30er Jahren setzten sich in der Geographie funktionale Ansätze durch, Christaller oder Bobek waren ihre Vertreter. Die Geographie setzte

---

14 Der Exkurs stützt sich im Wesentlichen auf die von Stuart Elden vorgelegten umfassenden Studien zu Henri Lefebvres Werk, seinem Bezug zu der zeitgenössischen Philosophie sowie spezifisch zu seiner Auseinandersetzung mit dem Urbanen (Elden 2001; 2004b).

15 1968: »Le droit à la ville; 1970: Du rural à l'urbain; La révolution urbaine; 1972: La pensée marxiste et la ville; 1973: Espace et politique, Droit à la ville II; 1974: La production de l'espace«.

sich bis in die 60er Jahre kaum mit dem »Lebensraum Stadt« und dem »urbanen Menschen« auseinander. Die Stärkung einer sozialwissenschaftlich geprägten Humangeographie seit den 60er Jahren schlug sich auch in den Fragestellungen der Stadtgeographie nieder. Verschiedene gesellschaftliche Zugehörigkeiten von Gruppen, deren Ver- und Entflechtungen, und raumwirksame Handlungen, räumliche Muster in den Grunddaseinsfunktionen sowie Flächenansprüche und Konflikte im Zusammenhang mit »gruppenspezifischen Aktionsräumen« verschoben den Fokus der geographischen Stadtforschung (Gebhardt, zit. in: Gebhardt, Meusburger und Wastl-Walter 2001, 496).

Die Stadt wurde als Bedeutungsträger für den zivilisatorischen Aufbruch, für die liberalen Werte des Westens, die Geburtsstätten des kulturellen Selbstverständnisses schlechthin gedeutet. Als Zentren des wirtschaftlichen Umbaus infolge der industriellen Revolution im 19. Jahrhundert rückte die Stadt auch als Verdichtungsraum sozialer Probleme ins Bewusstsein von Sozialwissenschaften und Politik. Wie im vorangehenden Abschnitt geschildert, wurden Stadtentwicklungsprozesse eingangs des 20. Jahrhunderts von den Soziologen mit Skepsis oder gar offener Abneigung kommentiert. Ende des 19. Jahrhunderts beschäftigten sie sich ausschliesslich mit der Physiognomie der Stadt, in den 20er und 30er Jahren begründeten Christaller und Bobek eine Forschungsrichtung der funktionalen Beziehungen von Städten zu ihrem Umland und eine der wirtschaftlichen Nutzungsformen und sozialen Tätigkeiten in der Stadt – eine Form der Analyse, die den heutigen Geographiestudierenden weiterhin vermittelt wird. Ein typischer Ableger dieser Forschungsanlagen ist die Zentralitätsforschung (Gebhardt, Meusburger und Wastl-Walter 2001).

Den Schluss von Kapitel 8 bildet ein Exkurs über einen Experten des *Urbanen*, der seine Karriere als Spezialist des ländlichen Raums begonnen hatte. Henri Lefebvre, der im Zusammenhang mit seinen raumtheoretischen Überlegungen eine wichtige Referenz für diese Arbeit darstellt, sieht in der Stadt die relevante Raumformation der modernen kapitalistischen Gesellschaft.

7.3.3 Exkurs: Henri Lefebvres räumliche Geschichte

Lefebvres praktische Studien über das ländliche und städtische Leben sind ein wichtiger, in der Rezeption jedoch stiefmütterlich behandelter Aspekt von Lefebvres Arbeiten. Die Herangehensweise, die Lefebvre hierbei entwickelt, bezeichnet Stuart Elden als *spatial history* (Elden 2004b, 129).[14]

Ursprünglich ein Soziologe des ländlichen Raums, machte sich Henri Lefebvre mit sieben kurz aufeinander folgenden Publikationen[15] zu Stadt und dem Alltag des Städtischen Anfang der 70er Jahre, am Ende seiner wissenschaftlichen Karriere, einen Namen als Stadtforscher. Anstoss zu einer vertieften Auseinandersetzung war der »Niedergang« des Städtischen – eine Diagnose, mit der Lefebvre durchaus nicht alleine war. Angesichts einsetzender De-Industrialisierungsprozesse, die durch die Erdölkrise von 1973 verschärft wurden, beklagten Intellektuelle wie Marc Augé, Michel Foucault oder Michel de Certeau das Verschwinden des *Urbanen* (Augé 1996; Certeau 1988; Foucault 1991). Für die Schweiz lasse ich als emblematischen Vertreter des romantisierenden Städteideals Adolf Muschg sprechen:

»Was ist aus den Städten geworden, den klassischen Brütern der Zivilisation? Ihre Herzen leeren sich, während die Regale überlaufen; zwischen den Slums und Shantytowns und den bewohnbaren Tresoren gehen immer besser sichtbare Mauern hoch. Was einmal eine Stadt war, ist jetzt ein Standort, ein touch down, ein meeting place, ein Basislager, eine Servicestation für ein paar Überflieger, die die Welt mit ihren shareholder values beherrschen und die Stadt nur noch brauchen, um sich darin zu zeigen. Alles ist Stadt auf diesem Planeten, und nichts ist mehr urban.« (Zit. in: U. Keller 2000, 7)

Erstes Manifest von Henri Lefebvres Hinwendung zum Städtischen wird »Le Droit à la Ville«, das 1968 erscheint. Sein normatives Konzept postuliert dieses Recht als Bedingung für eine Erneuerung von Demokratie und Humanismus (Hess 2000). Die Serie zu Phänomenen des Städtischen kulminiert in »La production de l'espace«, »un livre charnière dans l'ensemble de son œuvre«, wie Hess meint (ebd., XV), weil es die Grundzüge der regressiv-progressiven Methode legt, mit der Lefebvre Geschichte und Soziologie zu vereinen suchte.

Wenn Lefebvre von der »urbanen Gesellschaft« oder auch vom *Urbanen* spricht, meint er damit keine spezifisch städtische Struktur, sondern eine durch und durch urbanisierte Gesellschaft. Der Ursprung dieser urbanisierten Gesellschaft ist die Industrialisierung. Zwar zieht er die Bezeichnung »urbane Gesellschaft« allen anderen zeitdiagnostischen Begriffen vor. Er hielt das Phänomen der urbanen Gesellschaft für etwas Virtuelles, er bezeichnete damit vielmehr eine Tendenz, eine Orientierung, als ein Faktum. Damit wird die zentrale Bedeutung des Konzepts des *Urbanen* in Henri Lefebvres Theoriebildung deutlich.

Ein Merkmal von Lefebvres Analysen ist, dass er eine konsequent historische Perspektive einfordert. Hiermit überwindet er das klassische Problem des französischen Strukturalismus, in welchem Geschichte weitgehend ausgeblendet wurde. Lefebvre bindet sowohl diachrone als auch synchrone Perspektiven ein. Er baut sein Raumverständnis auf seinem historischen Modell auf, gemäss dem jede Produktionsweise einen spezifischen Raum hervorbringt. Um die historische Entwicklung der Gesellschaft darzustellen, entwickelt Lefebvre ein Drei-Phasen-Modell, aufgeteilt in die ländliche, die industrielle und die städtische Phase. Jeder der drei Phasen ordnet er ihre eigene Raum-Zeit-Organisation zu.

Zwar kann man Lefebvre nicht als Poststrukturalisten bezeichnen, doch sind in einem Teil seiner Arbeit poststrukturalistische Herangehensweisen angelegt – darunter die Idee des Lesens von Landschaften, die er anhand seiner Untersuchungen zum ländlichen Raum entwickelte. Dies tritt hervor, wenn er anhand der Gebäudearchitektur Schlüsse zieht zu der Intention und Wirkungsweise der entsprechenden Bauten, wenn er über die Rolle der Kirche als einzigem öffentlichen Raum in den von ihm untersuchten Pyrenäendörfern nachdenkt oder wenn er die materielle, symbolische und normative Dimension der Pyrenäen selbst als Abgrenzung von und Verbindung zu Spanien erläutert. Lefebvre tritt dafür ein, dass Stadt als ein System von Zeichen gelesen und dadurch auch verstanden werden kann. »The city can be read because it writes, because it was writing«, interpretiert Elden (Elden 2004b, 148). Einmal mehr ist Lefebvres Analyse zwischen Strukturalismus und Phänomenologie zu situieren. Lefebvre beschreibt einen neuen Weg, der sich nicht ausschliesslich auf die phänomenologische Beschreibung der Stadt bezieht, andererseits auch nicht rein semiotisch bleibt. Stattdessen versucht er einen philosophischen Zugang zu entwickeln, der das Ziel hat, Stadt ganzheitlich zu begreifen.

Obwohl auch sein Werk über Paris in der Beobachtung und in historischer Analyse gründete, blieb Lefebvre gegenüber der städtischen Entwicklung kritisch – kritischer als gegenüber der ländlichen. Dies rührt vor allem daher, dass das Städtische in seiner Sicht untrennbar mit dem Aufstieg der bürgerlichen Klasse und damit den typisch modernen Ausbeutungs- und Entfremdungsprozessen zusammenhängt. Für Paris arbeitet er den Prozess auf, wie die grossen Boulevards im Interesse der Kriegsführung angelegt wurden, um die Artillerie und die Truppen rasch durch die Stadt zu führen. Die Truppenbaracken wurden strategisch so angelegt, dass die Kontrolle der Arbeiterviertel sichergestellt wurde. Die Folge war, dass sich die Arbeiterviertel entleerten und die Familien an den Rand der Stadt gedrängt wurden. Die Marginalisierung der Arbeiterklasse in Paris ging mit der Eingemeindung zahlreicher Arrondissements einher. Zeitgleich siedelten grosse Fabriken ihre Produktionshallen an den Stadträndern an, und Tausende von Arbeitern verloren ihre Stelle und wurden aus ihren Wohnungen im Stadtzentrum gedrängt. Der Aufstand damals galt der Freiheit, dem Recht auf die Stadt. Freiheit hatte, laut Lefebvre, eigentlich nur in der Stadt eine Bedeutung. Von dieser Analyse floss viel in das Werk »Le droît à la ville« (ebd., 150; Lefebvre 1968). Lefebvre vertritt die Überzeugung, dass der Prozess, durch den das Bürgertum die bestehenden Räume aufschnitt und nach seinen Bedürfnissen neu arrangierte, bis in die Gegenwart andauert.

Lefebvre knüpft an verschiedene Themen städtischer Verfasstheit an: die Mieten und die Verteilung von Lebensraum, Marginalisierung, Ghettoisierung, Segmentierung und die räumliche Organisation. Mit diesen Themen analysiert er die Machtbeziehungen, die über den materiellen Raum gestaltet werden. Die Komplexität und Brisanz der städtischen Themen sind für Lefebvre der Grund, warum die Meinung über grosse Städte negativ geprägt ist, wie etwa in Ausdrücken wie *tentacular towns* oder *moloch cities* deutlich wird (Elden 2004b, 143).

Zentral ist bei Lefebvre seine Modifikation des marxistischen Ansatzes, in dem er den materiellen Raum und die Ökonomie als sich gegenseitig konstituierende Kräfte theoretisiert: Lefebvre unterscheidet den Urbanismus als eine übergeordnete Struktur und das *Urbane* als die soziale Praxis, die Gesellschaft selbst. Die urbane Realität ist nicht einfach ein Ergebnis des ökonomischen Wandels, sondern sie modifiziert als urbane Praxis ihrerseits das Produktionssystem – wenn sie auch nicht in der Lage ist, es vollständig zu verändern. Lefebvre versteht die Einflussfaktoren als gegenseitig, er distanziert sich vom Modell des einseitigen *Top-down*-Effekts. Produktivkräfte operieren zwar im materiellen Raum, sie werden aber gleichzeitig auch durch den materiellen Raum begrenzt. Die moderne Stadt ist nicht nur das Ergebnis produktiver Kräfte oder der Ort, an dem das Kapital konzentriert ist, sondern hat selbst tiefe Einwirkungen auf die Produktionsapparate und die Produktionsbeziehungen.

Urbanismus äussert sich gemäss Lefebvre in der Planung, der er einen repressiven Charakter zuschreibt. Urbanistische und architektonische Zugänge haben nach Lefebvre einen Hang zur Geometrie. Das wissenschaftliche Selbstverständnis der Planungsinstanz verschleiert den repressiven Akt ihres Zugriffs auf das *Urbane*. Lefebvre kritisiert, dass Planungsentscheide oft aufgrund von technokratischen Abwägungen getroffen werden. Der technologische Zugang ist zudem ideologisiert und mystifiziert Entscheidungsvorgänge. Lefebvre tritt für eine Technokratie im Dienst des Alltags ein. Er vergleicht Städte an der US-amerikanischen Ost- und Westküste, die vor beziehungsweise nach dem Aufkommen des Autos entstanden sind. Dabei beobachtet er, wie die Planung von einer Obsession für Parkplätze bestimmt war. Er selbst entwirft Strassen nicht lediglich als Verbindungslinien und Passageräume, sondern als Treffpunkte, Verbindungen zwischen sozialen Räumen wie Cafés und Markthallen, damit die Strasse zum Theater werden kann, in welchem alle Menschen zugleich Schauspieler und Schauspielerinnen und Zuschauer und Zuschauerinnen sind. Elden schreibt, die Strasse habe für Lefebvre eine dreifache Funktion: »an informative function, a symbolic function, a ludic[16] function« (Lefebvre 1970, 29, zit. in: Elden 2004b, 145). Genau diese Funktionsvielfalt nutzte die Berner 80er-Bewegung, die die Strasse rituell besetzte, indem sie jeden Donnerstagabend einen Demonstrationszug in die Altstadt organisierte. Die Aktivisten und Aktivistinnen begingen die Strasse und nutzen sie dadurch als öffentliche Plattform, auf der sie sich als Bewegung inszenierten.

Zum Schluss gehe ich auf drei analytische Kategorien ein, die Lefebvre für die Konstitution des *Urbanen* benannte. Es sind die Kategorien Differenz, Grenzen und Netzwerkbildung. Diese drei Kategorien dienen mir bei der Analyse als Indikatoren, wie sich die Qualität des *Urbanen* durch die Berner 80er-Bewegung verschoben hat.

---

16 spielerisch

Differenz

Das *Urbane* ist der bevorzugte Herstellungsraum von Differenz. Es handelt sich um differente materielle Räume, die in hoher Dichte angeordnet sind und welche die Differenz zwischen dem Selbst und dem Anderen besonders augenfällig werden lassen. Das *Urbane* ist durch Differenz gekennzeichnet und das gehäufte Auftreten von Differenz dient als Indikator für städtische Lebensformen. Das Aufeinanderprallen von Differenzen ist der Ursprung einer urbanen Situation, aus der kreative Momente hervorgehen. Städte sind Zentren der kulturellen Innovation und des sozialen Wandels. Sie weisen eine hohe Dichte und Heterogenität der Lebensformen auf. Urbaner Raum beherbergt eine hohe kulturelle Vielfalt.

Grenzen

Der urbane Raum breitet sich auf diffuse Art und Weise aus und ist meist nicht klar von »ruralen« Räumen abgegrenzt. Politische Grenzen lassen sich nachzeichnen, topographische sind häufig erkennbar. Gebiete werden jedoch auch durch kulturell-symbolische Grenzen durchschnitten – so beispielsweise durch Sprach- und Dialektgrenzen, Mentalitätsgrenzen, Zeitungsgrenzen, Einzugsgebietsgrenzen von Radiostationen, Kuhrassen, Abstimmungsbezirke, Einzugsgebiete kultureller Treffpunkte, Einzugsgebiete von Schulen, territoriale Eingrenzungen von Gangs, öffentliche und private Räume, hohe und weniger hohe Bodenpreise, denkmalgeschützte Räume und Baubrachen und so weiter.

Netzwerke

Das *Urbane* materialisiert sich als Verdichtungsraum von Knotenpunkten. In städtischen Räumen laufen Netzwerke globaler Unternehmen ebenso zusammen wie jene sozialer Netzwerke (Pendler und Pendlerinnen, Konsumenten und Konsumentinnen, Wohnungssuchende, Touristen und Touristinnen), Verkehrsnetzwerke (öffentliche Verkehrslinien, Nachtbusse, Flughafen), familiäre Netzwerke, Handelsnetzwerke, Bildungsnetzwerke (Migrationstreffpunkte, Banken, Versicherungen, Schulen, Universitäten) oder partikuläre Netzwerke von Marktfahrern und Marktfahrerinnen, Zahnarztkunden und Zahnarztkundinnen, Antiquitätenliebhaber und Antiquitätenliebhaberinnen, Eishockeyfans, Museumsbesucher und Museumsbesucherinnen und so weiter.

Kernpunkte

Ungeachtet des romantisierenden Untertons, den Lefebvres Überlegungen zur Stadt und der städtischen Verfasstheit begleiten, ist sein Zugang für diese Arbeit relevant. Das theoretische Modell des sozialen Raums, auf dem Lefebvres stadtphilosophische Arbeiten beruhen, bedingt eine konsequente Verschränkung sozialer und räumlicher Prozesse. Die grundlegende Annahme ist die, wonach alle Formen sozialer Praxis vom Raum – gemeint ist hier der Raum als materiell-symbolische Kategorie – durchdrungen sind.

Eine räumliche Analyse der Stadt begreift den städtischen Raum nicht einfach als eine Bühne, auf der politische Kämpfe ausgetragen werden, sondern der Raum selbst wird zum Objekt dieses Kampfes. Auch die rein formelle Eingrenzung des Städtischen, etwa durch Einwohnerzahlen oder bestimmte Zentralitätsindikatoren, sind passé. In Erweiterung von Lefebvres Perspektive betrachte ich Raum als konstitutiven Teil der Sinngebungspraktiken, die in städtischen Konflikten eine Rolle spielen. Konstitutiv für die städtische Verfasstheit – also das *Urbane* – sind in Lefebvres Modell die Aspekte Differenz, Grenzen und Netzwerke.

Mit »Le droît à la ville« meint Lefebvre vor allem das Recht auf Zentralität. Dies unterlegt er mit einem kurzen Abriss über die Funktion der Zentralität in antiken und mittelalterlichen Städten. In gegenwärtigen Städten wirkt das Stadtzentrum heute als ein Ort des Ausschlusses auf ökonomischer Basis, da es zunehmend zum Ort des Konsums geworden ist. Diese Entwicklung behält das Stadtzentrum jenen Leuten vor, die Geld in der Tasche haben und es ausgeben wollen. Besucher und Besucherinnen, Zuschauer und Zuschauerinnen, Straßenmusiker und Straßenmusikerinnen, Drogenabhängige, kurz, all jene, die ohne Konsumationsabsicht ins Zentrum kommen, werden zunehmend daraus verbannt. Während die veränderten Produktionsbedingungen früher zu einer Zunahme der Attraktivität des Zentrums führten, handelt es sich heute um Dezentralisationsbewegungen. Lefebvre untersucht diese Phänomene mit Bezug auf Klasse. Mit seiner normativen Setzung »Le droît à la ville« (Lefebvre 1968) umreißt Lefebvre das Recht auf die Stadt als eine Grundform des Rechts, die nicht dem Eigentumsrecht entspricht: als Recht der Freiheit und der individuellen Sozialisation, als Recht auf Teilhabe und Aneignung. Mit Blick auf die von der 80er und ihren Folgebewegungen lancierten Angriffe auf das liberale Eigentumsrecht erhält Lefebvres Postulat eine besondere Relevanz im Rahmen dieser Arbeit.

7.4 Fazit

Ziel dieses Kapitels war es, das Konzept des *Urbanen* historisch und sozialgeschichtlich einzuordnen sowie den Begriff der Urbanität für diese Arbeit zu umreissen. *Das Urbane* ist eine Vergesellschaftungsform, die historisch häufig mit Umbruchvisionen in Verbindung gebracht wurde. Deren Bewertung hängt von der Position ab, von der aus sie vorgenommen wird: Meine Zusammenstellung führt sowohl Angst um Statusverlust und die entsprechend negative Bewertung als auch die Anrufung und Nutzung des *Urbanen* als Emanzipationsraum und Forum für gesellschaftliche Experimente an. Ebenso lässt sich in zeitgenössischen Diskursen über Urbanität die Verhandlung um gesellschaftliche Ordnung nachzeichnen, die sich in der räumlichen (An-)Ordnung, etwa im Verhältnis von öffentlichen und privaten Sphären, abbildet.

Ich habe in diesem Kapitel im Weiteren die Kategorie Geschlecht als konstitutives Element des *Urbanen* diskutiert. Geschlecht ist verortet, und die historische Verschiebung von Geschlechterverhältnissen spiegelt sich in Planungs- und Stadtentwicklungsdiskursen. Die städtische Physis ihrerseits fordert geschlechtlich kompetentes Verhalten und naturalisiert die geschlechterdifferenzierende symbolische Ordnung. Mit dieser doppelten Befragung nach der Verfasstheit des Städtischen sowie seiner geschlechterdifferenzierenden Qualität kann mein Forschungsinteresse für die Raumwirksamkeit der 80er-Bewegung und ihren Einfluss auf die Qualität des *Urbanen* in die Frage umformuliert werden, wie Städte Gestalt annehmen. Die auf diese Weise als Echo auf das von Judith Butler aufgeworfene Problem der Körper umformulierte Frage lässt sich als Materialisierungsprozess von Städten deuten. Mit andern Worten, ich beobachte die Herstellung und Verflüchtigung von Räumen als einen vielschichtigen Signifikationsprozess. Die Materialität der Stadtkörper ist demnach mehr als eine Oberfläche, auf der nachträglich Deutungen eingraviert werden.[17] Materialisierung und Signifikation – Bedeutung verleihen – hängen eng zusammen, worauf Maihofer hinweist (Maihofer 1995). Darin involviert sind zahlreiche Bezugsebenen, von der lokalen bis zur globalen Stufe, ebenso wie die subjektive, normative, institutionelle und symbolische Dimension.

Die behandelten Ereignisse der 80er-Bewegung und die damit im Zusammenhang stehenden Prozesse untersuche ich als Konstituenten des *Urbanen*. Die Herausbildung von Urbanität im eigentlich kleinstädtischen Berner *setting* ist eines der Paradoxe des hier vorgelegten Gegenstands. Die widerständigen Praktiken, die den Inhalt der Fallanalysen bilden, werfen die Frage nach der urbanen Verfasstheit der Stadt Bern und nach den Verschiebungen der urbanen Grenzziehung in Bezug auf Differenzen, Grenzen und Netzwerke auf.

---

17 Ebensowenig sind Körper einfach eine Projektionsfläche für gesellschaftliche Deutungen. Diese Sichtweise ist, gerade in Lehrbüchern, immer noch verbreitet. So beispielsweise bei Gill Valentine: »The body is a surface upon which cultural values, morality and institutional regimes are inscribed« (Valentine 2001, 33). Zwar verweist Valentine an derselben Stelle auf die diskursive Konstituierung des Körpers, und aus dem Satz allein lässt sich keine chronologische Abfolge entnehmen – im Sinne von: Körper sind die »anwesende Materialität«, die als Projektionsfläche für diskursive Konstrukte dienen. Dennoch erweckt die axiomatische Positionierung von Körper als Oberfläche unvermeidlich diesen Eindruck.

8 Sedimentierung und Transgression

Die 80er-Bewegung gilt gemäss bewegungstheoretischer Klassifizierung als »städtische Alternativbewegung« und wird damit den Neuen Sozialen Bewegungen zugeordnet. Es wäre demnach naheliegend, die bewegungstheoretischen Ansätze zur Grundlage für die nähere Bestimmung meines Untersuchungsgegenstands zu machen. In meiner Arbeit diskutiere ich die Berner 80er-Bewegung als eine raumwirksame Bewegung, die ich zudem aus einer räumlichen Perspektive, das heisst mit Blick auf die bewegungsimmanenten räumlichen (An-)Ordnungen, interpretiere. In diesem Kapitel nehme ich die Begründung sowie die Abgrenzung von bewegungstheoretischen Positionen vor.

Trotz sehr unterschiedlicher inhaltlicher Anliegen ebenso wie strategischer Positionen gehört die 80er-Bewegung zusammen mit der Anti-AKW-Bewegung, der Neuen Frauenbewegung, der Friedens- oder der Umweltbewegung zu den Neuen Sozialen Bewegungen. Die genannten Bewegungen sind sowohl deren Parallel- als auch Nachfolgebewegungen, zudem schliessen sich Teile einzelner Bewegungstypen vorübergehend und ereignisbezogen zusammen. Dies war beispielsweise bei der Tschernobyl-Demonstration 1986 der Fall, die in Bern eine starke Mobilisierung erreichte. Den zur Wahl vorgeschlagenen Gesellschaftsentwürfen war der Anspruch an dezentralisierte und basisdemokratische gesellschaftliche Organisation sowie an eine ökologisch verträgliche und bedürfnisorientierte Produktion gemeinsam. Den meisten dieser Bewegungen eignet ein explizit städtisches Selbstverständnis an (Brand 1998, 63; Kriesi 1984; am Beispiel Zürichs: Schmid 1998b).

In der Deutung von Alberto Melucci lancieren Neue Soziale Bewegungen eine Verschiebung vom idealtypisch von der Arbeiterbewegung vertretenen Umverteilungsanspruch zu einer offensiven (Wieder-)Aneignung von Raum, Zeit und sozialen Beziehungen (Melucci 1980). Der Konstruktion einer kollektiven Identität kommt damit höchste Bedeutung zu. Die horizontale Mobilisierung, die an die Stelle der vertikalen tritt, richtet ihre Anliegen nicht ausschliesslich an den Staat. Vielmehr zeichnen sich die Neuen Sozialen Bewegungen durch äusserst flexible Anpassungen an die Dynamik politischer Konstellationen und die Bezugsebene aus. Der Geograph Byron Miller befasste sich mit der Verhandlungsstrategie sozialer Bewegungen im Verhältnis zu diesen Ebenen – in seinem Beispiel Bundesstaat und Nationalstaat. Für Miller gehört die Identifizierung der relevanten *political opportunity structures* zu den Kernstrategien, mit welchen sich eine Bewegung die notwendige Reichweite verschafft. Die Bezugnahme auf die ausschlaggebende politische Ebene ist in Millers Sicht der Schlüssel zum Erfolg, den eine soziale Bewegung erzielt (Miller 1994).

Eine virtuose Anpassungsfähigkeit in der Reaktion auf und die Herausforderung der massgeblichen politischen Konstellation kann auch für den Fall der Berner Bewegung nachgewiesen werden. So formierten sich nach den Berner Wahlen 1992, als eine Rot-Grün-Mitte-Mehrheit in die Stadtregierung einzog, zahlreiche Gruppen, die in einer orchestrierten Aktion zehn Häuser gleichzeitig besetzten. Die Bewegung rief sich damit lautstark in die Erinnerung derjenigen Personen, die ihnen politisch näher standen als die abgewählten Bürgerlichen. Dazu kam, dass die siegreiche Mehrheit sich im Wahlkampf für mehr günstigen Wohnraum in der Stadt ausgesprochen hatte. Dieses Versprechen forderte die Bewegung – und es handelt sich hierbei um eine Nachfolgebewegung der Anfang der 80er aktiv gewordenen Generation, die ihre Wurzeln im Reitschulkontext hatte – ein.[1]

In dieser Publikation sehe ich, wie erwähnt, davon ab, die untersuchten Phänomene im Interpretationsraster Neuer Sozialer Bewegungen zu behandeln. Zum einen ist dies dadurch begründet, dass ich die Zuordnung zu einem Bewegungsparadigma als einschränkend empfinde. Zwar ist die Differenzierung und theoretische Spezialisierung dieser Forschungsrichtung ausgesprochen groß und lässt sich kaum überblicken. Dennoch ist es unvermeidlich, sich durch die Anknüpfung an ein Bewegungsparadigma in die unvermeidliche Struktur-Handlungs-Dualität hinein zu begeben. Genau dies soll meine räumliche Herangehensweise umgehen. Dies bringt mich zum zweiten Grund für die theoretische Ausrichtung dieser Untersuchung. Mein Fokus auf die Ereignisse der 80er Jahre ist lokal gelenkt. *Place* beziehungsweise das Konzept der TatOrte bilden das analytische Raster, nach dem ich Daten erhob und auswertete. Byron Miller, der sich intensiv mit soziologischen Bewegungstheorien auseinandersetzte, fordert den Einbezug von *place* als entscheidende Grösse bei der Analyse sozialer Bewegungen: »Context, as I understand it, entails the funnelling of influences from across a variety of scales, ranging from the local to the globalthrough particular places« (Miller 2001).

Miller gesteht *place* die Funktion zu, die Kontingenz von Ereignissen zu begreifen, indem die relevanten Einflussgrössen gleich einem Trichter im Ort zusammenströmen. Millers Verständnis der influences bezieht sich vor allem auf die Durchdringung eines Ortes mit verschiedenen geografischen Bezugsebenen, den *scales*.[2]

Mein Datenmaterial umfasst die alltägliche Widerstandspraxis und die darin enthaltenen Forderungen nach »Freiräumen«. Diese wurden durch die Besetzung von Wohn- und Kulturräumen zur Entfaltung non-konformer Projekte des Zusammenlebens sowie der Kulturproduktion abseits des kommerziellen Mainstreams zum Ausdruck gebracht. Die Bewegten haben

---

1 Interview mit Marianne Berger
2 Dadurch vollzieht Miller eine Beschränkung seines *place*-Ansatzes, der meines Erachtens sein Argument eher schwächt.

ihre Freiheitsansprüche konkretisiert: Die Räume sollen frei sein von hergebrachten hierarchischen Strukturen, von Ausbeutungs- und Repressionsverhältnissen, aber auch frei von vorgegebenen Ordnungsmustern sowie Normen, die sexuelle Beziehungen regeln.

Die staatliche Ebene als Achse des Protests rückt, wenn auch marginal, in den Blick. Die Bewegung bediente sich zwar der rhetorischen Formel, die einen umfassenden gesellschaftlichen Wandel einforderte. Der missionarische Zug war jedoch weniger ausgeprägt, als es in der 68er-Bewegung der Fall gewesen war (Gilg und Hablützel 1986, 899). Ein Journalist erinnert sich:

»Viele, die auf ein 68er APO-Revival gehofft hatten, zogen sich im Winter 1980/81 ernüchtert zurück. Die Jugendrevolte 80 war anders – theoriefeindlich, jeder bevormundenden Strukturbildung völlig abhold und nicht (mehr) primär auf gesamtgesellschaftliche Veränderung ausgerichtet, sondern selbstbezogen auf das Schaffen von ›autonomen Freiräumen‹, von Inseln und Reservaten innerhalb der als übermächtig beklagten Ordnung.« (Der Bund, 17/05/2000)

Die 80er-Bewegung verschrieb sich einer Praxis der Inzivilität (Franz 2004, 50; Tripp 1998), einer auf der Mikroskala praktizierten Verweigerung und Herausforderung kultureller Ordnung. Diese Verweigerung inszenierten die Bewegten durch die Überschreitung (Transgression) von Regeln, etwa die Weigerung, für die Betreiber und Betreiberinnen der Reitschulkneipe ein Wirtepatent zu erwerben. Inzivilität ist ein Mittel, bestehende gesellschaftliche, politische und ökonomische Strukturen zu hinterfragen. Sehr häufig beruhte diese Transgression auf einer räumlichen Praxis, wie im Beispiel der Donnerstagsdemos oder von den Hausbesetzungen. Transgression bedeutet gemäss Cresswell eine Überschreitung normativer Setzungen auf Zeit (Cresswell 1996).

Gleich anschliessend nehme ich eine grobe Einordnung der von mir empirisch bearbeiteten Ereignisse innerhalb der Bewegungsforschung vor. Dies geschieht vor der Frage, inwiefern die Deutung der Bewegung aus einer räumlichen Perspektive vorgenommen werden kann und welche Veränderungen sich aus dieser Form der Deutung ergeben. Vorangestellt ist eine Zusammenfassung wichtiger bewegungstheoretischer Ansätze. Für diese Darstellung stütze ich mich im Wesentlichen auf zwei Autoren, Kai-Uwe Hellmann und Karl-Werner Brand, die beide als Herausgeber beziehungsweise Autoren des Forschungsjournals »Neue Soziale Bewegungen« verantwortlich zeichnen (Brand 1998; Hellmann 1999; Hellmann und Koopmans 1998).

Eine umfassende Bearbeitung soziologischer Bewegungsforschung für den geographischen Gebrauch hat Byron Miller vorgelegt (Miller 2000). Sein Interesse gilt dem Mehrwert, den eine geographisch angelegte Untersuchung spezifischer Bewegungsereignisse hervorbringen kann. Im Zentrum geht es

Miller um die kritische Bedeutung des materiellen Raums sowie des Raums in der Bedeutung von räumlichen Bezugsebenen. Vom Entscheid, ob und in welcher Form Menschen sich kollektiven sozialen Bewegungen anschliessen, bis hin zu der Konstituierung als handelnde Subjekte selbst geht Miller davon aus, dass der Raum soziale Praxis wesentlich mitbestimmt. Schliesslich hat ein Beitrag von Lise Nelson mein Interesse geweckt, worin sie sich die Aufgabe stellt, eine soziale Bewegung nicht bezüglich des Kollektivs, der Motive, Mobilisierungsfaktoren und deren Errungenschaften zu untersuchen, sondern deren räumliche Hinterlassenschaft und damit die nachhaltige Wirkung der Bewegung sichtbar zu machen (Nelson 2003).

8.1 Klassische Erklärungsmodelle der Bewegungstheorie

Die Französische Revolution gilt als erste soziale Bewegung im modernen Sinn, wobei die Bewegungskader die eigene Transformation zur staatstragenden Schicht zu bewältigen hatten. Die neue Elite vererbte das Bewegungs- und Widerstandspotential an die erstarkende Arbeiterbewegung (Brand 1998, 65). Schon dieser Prototyp aller sozialer Bewegungen macht deutlich, dass soziale Bewegungen ebenso sehr Produkt sozialer Modernisierungsprozesse sind, wie sie selbst diese Prozesse auslösen und vorantreiben. Soziale Bewegungen entstehen also aus sozialen Verwerfungen heraus, und sie verschieben das gesellschaftspolitische Koordinatensystem nachhaltig (Rucht 1994, 123).

Karl Marx begründete das erste Paradigma für die theoretische Modellierung von sozialen Bewegungen. Seine geschichtsphilosophische Deutung des Bewegungsphänomens erkennt in bestehenden Spannungen und Widersprüchen, in seinem Fall zwischen Arbeit und Kapital, den eigentlichen Keim zu Neuerungen (Hellmann 1999, 93). Marx' Verständnis von sozialen Bewegungen wurzelt im Fortschrittsdenken der Aufklärung. In diesem Rahmen wird Bewegung nicht im Sinne von kollektivem Agieren, sondern im Sinn von Vorandrängen und Fortschreiten der Geschichte, also vom Bewegtsein der Geschichte selbst, verstanden. Bei Marx ist Geschichte naturgemäss über Klassenkämpfe vermittelt und kommt erst zu einem Ende, nachdem die Menschheit zum bewussten Subjekt ihrer eigenen Geschichte geworden ist – in der sozialistischen Gesellschaft. Die unterdrückte Mehrheit der Arbeiterklasse muss ein Klassenbewusstsein entwickeln und zur »Klasse für sich« werden (Brand 1998, 64).

Marx' Einfluss liegt in der Verortung der sozialen Bewegung auf der Makroebene sowie in der Thematisierung ihrer Beziehungen zu gesellschaftlichen Kernkonflikten. Marx' Modell der Bewegung als eines um einen gesellschaftlichen Kernkonflikt herum organisierten Trägers des Fortschritts prägte das Bewegungsverständnis der europäischen Linken bis zu den Selbstverständnisdebatten der 68er sowie den Deutungsversuchen der neuen sozialen Bewegungen (Brand 1998, 65).

Eine entgegengesetzte, aber dennoch einflussreiche Position ging aus den Arbeiten von Gustave Le Bon hervor. Le Bon deutet die Eruption sozialer Bewegungen als ein massenpsychologisches Phänomen, wobei das aufgrund der einschneidenden Modernisierungsprozesse verunsicherte Individuum seine Orientierung verliert und in der Masse Halt sucht. Den Verlust der Handlungssicherheit kompensiert es über den Protest. Massgeblicher Hintergrund für diese Theorieentwicklung waren die durch Arbeiterbewegung und öffentliche Demonstrationen genährten Ängste des Bürgertums im Ersten Weltkrieg und danach (Brand 1998).

Der Unterschied zwischen den beiden Auffassungen könnte kaum grösser sein: Während Marx das handelnde Kollektiv als Elite entwirft, die sich gegen gesellschaftliche Widersprüche auflehnt, entsteht im psychologischen Ansatz Le Bons kollektives Handeln aus irrationalen und affektiven Reaktionen, die sich ohne klare Zielsetzungen entfalten. Diese Ansätze sind anschlussfähig für konservative »Drahtzieher«-Hypothesen, die eine manipulierbare Masse voraussetzen. Sie haben sich zudem im *Collective-behaviour*-Ansatz niedergeschlagen, der sich in den USA, wo Marx weniger rezipiert wurde, entwickelte. Während der *Collective-behaviour*-Ansatz die Spannungen, Widersprüche und Enttäuschungen als Auslöser kollektiven Aufruhrs ins Zentrum rückt, sind die Diskrepanz von Anspruch und Wirklichkeit in einer Gesellschaft massgebend für die Wahrscheinlichkeit kollektiver Unzufriedenheit im *Relative-deprivation*-Ansatz. Das Konzept der relativen Deprivation weist die marxistisch beeinflusste These zurück, dass eine objektive Verschlechterung der Lage per se zu Unzufriedenheit und Protest führe.

Beide Ansätze gerieten wegen ihres psychologischen Bias und der ihnen aneignenden Irrationalität in die Kritik (Hellmann 1999, 95). Diese richtete sich auf die Erklärungsfaktoren für das Entstehen von sozialen Bewegungen. Auslöser für soziale Bewegungen waren demnach strukturelle Verschiebungen, zu Protagonisten und Protagonistinnen der Bewegung wurden Personen, die von solchen Verschiebungen überproportional betroffen waren. Fehlten diese strukturellen Erklärungsfaktoren, wurde die Verwicklung in Unruhebewegungen als Ausdruck abweichenden oder individuell-pathologischen Verhaltens gedeutet. Mit diesen psychologisierenden und aus einer »normativen Ordnungsperspektive« heraus formulierten Kritik wurden die Anliegen der sozialen Bewegung entwertet (Brand 1998,67)[3]

---

3 Die Irrationalismus-Annahme wurde aber nicht von allen Ansätzen geteilt – insbesondere nicht von den symbolischen Interaktionisten *(collective behaviour)* noch von den psychologisch orientierten Frustrations-Aggressionsmodellen der *relative deprivation*.

8.2 Sozialwissenschaftliche Wende in der Bewegungsforschung

In den 70er Jahren situierte sich die Bewegungsforschung zwischen *Rising-demand-* und *Need-defence-*Ansätzen, in deren Rahmen die Bewegungen »als Reaktion auf neue strukturelle Problemlagen und Selbstgefährdungspotentiale hoch technisierter (post)industrieller Wachstumsgesellschaften interpretiert« werden (Brand 1998, 68). Den potentiellen Aktivisten und Aktivistinnen wird ein hoher Sensibilisierungsgrad für die Folgelasten des Modernisierungsprozesses attestiert.

Alain Touraines Interpretation steht für den Versuch, die Wende im Bewegungsdiskurs sozialwissenschaftlich zu interpretieren. Touraine insistiert, dass soziale Bewegungen nur in Bezug auf die zentralen kulturellen Muster und strukturellen Herrschaftsbeziehungen des jeweiligen Gesellschaftstypus wirklich verstanden werden könnten – damit setzt er sich vom *Resource-mobilisation-*Ansatz ab, der rein strategisches Organisationshandeln postuliert. Auf diese Weise kann Touraine auch die Verschiebung von den ökonomisch orientierten zu den soziokulturell ausgerichteten Vorstößen in den 60er beziehungsweise. 70er Jahren erklären (Touraine 1984).

Die neue Ausrichtung ist durch eine Verschiebung von abstrakten, politökonomischen Zusammenhängen zu den individuellen Situationen und zum Alltagsleben gekennzeichnet. Diese Akzentuierung der theoretischen Modelle erklären die Autoren und Autorinnen mit ihrem empirischen Gegenstand selbst: Die Ausrichtung der Bewegung änderte sich aufgrund der enttäuschten Hoffnung, tief greifende Veränderungen gesellschaftlicher Makrostrukturen herbeiführen zu können. Die poststrukturalistische Gesellschaftskritik trägt die Skepsis gegenüber Fortschrittskonzepten mit und imaginiert Gesellschaft als weitgehend anonymen Zwangszusammenhang. In diesem Kontext ist Widerstand nicht mehr auf das revolutionäre Subjekt, sondern auf Subversion zurückzuführen: Nicht-angepasste, ausgegrenzte, am Gefühl der Heterogenität und Differenz festgemachte Kräfte der Phantasie und des Begehrens sind massgebliche Bewegungsmomente. Die Neuen Bewegungen vertreten in dieser Interpretation so genannte postmaterielle Werte.

Diese Sichtweise lenkte den wissenschaftlichen Blick auf die Normalität und die Normativität des Alltags. Thematisch verschiebt sich der Schwerpunkt von der Kapitalismus- zur Fortschritts- und Modernisierungskritik. Krisenbewusstsein und ökologische Katastrophenängste färbten den gesellschaftskritischen Diskurs, der durch die Folgeprobleme der technisch-industriellen, bürokratischen und militärischen Systeme genährt wurde. Gemeinsam mit der inhaltlichen Verschiebung veränderten sich auch die Handlungs- und Organisationsmodelle. Man setzte auf innovative Mittel der Kommunikation und Artikulation, inszenierte sich spektakulär im öffentlichen Raum und schuf sich gleichzeitig TatOrte der eigenen Selbstverwirklichung (Brand 1998, 68).

Ein weiterer Vertreter der gesellschaftstheoretisch orientierten Bewegungsforschung ist Michel Foucault. Statt nach dem auslösenden Motiv zu suchen, analysierte er die Strukturen, die Widerstand überhaupt ermöglichen. Auffällig ist das in diesem Zusammenhang verwendete militärische Vokabular, womit Foucault seine Abgrenzung zu den marxistischen Ansätzen klar markiert. Foucault erachtet die Beziehungen zwischen Krieg, Konflikt und Kampf als kritisch und wirft der marxistischen Interpretation vor, zu wenig darauf geachtet und stattdessen die Verfasstheit der Klasse allein in den Fokus gestellt zu haben. In »Überwachen und Strafen« rückt Foucault die Armee und die Figuren des Kampfs als konstitutive Elemente moderner, strafender Gesellschaften in den Blick (Foucault 1977).

Innerhalb des Paradigmas der Neuen Sozialen Bewegungen unterscheidet Kai-Uwe Hellmann fünf Ausrichtungen (Hellmann 1999, 95f.). Es handelt sich um den *Structural-strains*-Ansatz, den *Collective-identity*-Ansatz, den *Framing*-Ansatz, den *Resource-mobilisation*-Ansatz sowie den *Political-opportunity*-Ansatz.

Wie für so manche analytische Trennung gilt auch hier, dass sich empirisch vorgefundene soziale Bewegungen nie eindeutig einem Ansatz zuordnen lassen. So bezeichnet zwar der *Collective-identity*-Ansatz eine insbesondere in den späten 80er Jahren in den USA prominent gewordene Protestform, die häufig über die Aneignung von diffamierenden sozialen Zuschreibungen funktionierte, wie am Beispiel der *Gay*-Bewegung illustriert werden kann. Die Konstruktion einer kollektiven Identität ist jedoch für jede Bewegung ein entscheidender Mobilisierungsfaktor. Gekennzeichnet und geformt wird das Kollektiv mit entsprechenden Gründungsmythen, rituellen Praktiken, Symbolen, Kleidung und der Angleichung von Verhaltensmodi. Der Wiedererkennungseffekt wird über Szenenorte (TatOrte) sowie »populationsspezifische Massenmedien« (Hellmann und Koopmans 1998, 100), die die Ereignisse im Sinne der Beteiligten kommentieren, aktiviert. Für die 80er-Bewegung lassen sich zahlreiche derartige Praktiken nachweisen.

Ich werde im Folgenden den *Framing*-Ansatz und den *Political-opportunity*-Ansatz näher erläutern. Diese zwei Konzepte enthalten Anknüpfungsmöglichkeiten für die Anlage meiner eigenen Untersuchung. Mit dem *Political-opportunity*-Ansatz bespreche ich zudem ein Konzept, welches in der Geographie durch die Arbeiten Byron Millers Verbreitung erfahren hat.

8.2.1 Framing-Ansatz

Der *Framing*-Ansatz stellt die Deutungs-, Definitionsmacht sowie die kulturelle Hegemonie in den Fokus. *Frames* leisten die Mobilisierung der Bewegung ebenso wie diejenige der öffentlichen Meinung, wobei unterschiedliche *frames* in Konkurrenz zueinander stehen. Zwar geht es beim *framing* ebenso um die Stiftung des Kollektivs, im Unterschied zum *Collective-identity*-Ansatz liegt die Betonung jedoch auf der diskursiven Steuerung dieser Kräfte, während in der Deutung von *collective identity* von einer intrinsischen Bindung an die Bewegung ausgegangen wird.

Erfolgreiches *framing* operiert über verschiedene Ebenen. Die zur Mobilisierung herbeigezogenen *frames* basieren auf der überzeugenden Darstellung der gesellschaftspolitischen Relevanz eines Problems und dem Aufzeigen von Lösungsmöglichkeiten. Der *frame* nimmt das Engagement der Betroffenen auf, darüber hinaus leistet er aber auch einen Bezug auf allgemeine Wertesysteme. Der *frame* muss eine Kapazität für den diskursiven Brückenschlag *(bridging)* aufweisen, das heisst, er muss auch *frame*-externe Werthorizonte ansprechen (Hellmann und Koopmans 1998, 102). Nur so erhält der Mobilisierungsrahmen eine bestimmte Reichweite, womit die Überzeugungsleistung verbessert wird. Ein *frame* wird auch für die Vereinheitlichung nach innen zum kritischen Instrument: Er leistet die interne Verdichtung und Verflechtung *(interrelatedness)* von Personen, Anliegen und TatOrten (Hellmann und Koopmans 1998, 102). Eine weitere Anforderungen an einen *frame* ist die empirisch glaubwürdige Deutung der im *frame* fokussierten Ereignisse. Empirisch glaubwürdig heisst, die durch den *frame* generierten Erzählungen müssen für die Betroffenen und deren Erfahrungshorizont nachvollziehbar sein sowie eine gewisse dramaturgische Qualität und mitreissende Wirkung aufweisen, um den Sachverhalt überzeugend darzustellen. Schliesslich unterliegt der *frame*, um strukturelle Veränderungen wie die Verschiebung von der lokalen auf die globale Bezugsebene oder inhaltliche Verschiebungen wie die Aufladung sozialer Konflikte durch ethnische Kategorien zu integrieren, dem Anspruch an hohe Flexibilität.

Der Framing-Ansatz hebt hervor, inwiefern die Mobilisierung von Anhängern und Anhängerinnen und öffentlicher Meinung von der Kompetenz abhängt, den Rahmen für die öffentliche Aufmerksamkeit zu schaffen. Die Resonanz der Bewegung hängt davon ab, ob die Interpretation von Ereignissen zu gunsten des Protests gesteuert wird. Erfolgreiches *framing* kann als Ressource interpretiert werden. Im Gegensatz zum Ressourcenmobilisierungsansatz (*Resource-mobilisation*-Ansatz) handelt es sich aber eher um die Kompetenz, die Public Relations gezielt zu bewirtschaften.

8.2.2 Political-opportunity-Ansatz

Der *Political-opportunity*-Ansatz geht auf Sidney Tarrow zurück, der ihn aus einer Kritik am Ressourcenmobilisierungsmodell und insbesondere dessen rein strategisch angelegtem Handlungsbegriff entwickelte. Der Ansatz markiert die interpretative Verschiebung innerhalb der Bewegungsforschung von einem ökonomisch orientierten zu einem soziokulturell ausgerichteten Deutungsrahmen. Der *Political-opportunity*-Ansatz wendet sich den politisch verhandelbaren Strukturen, den *opportunity structures* zu. Auch wenn Protest nicht politisch sein oder sich an staatliche Handlungsträger richten muss, zielt er doch auf eine Öffentlichkeit und strebt letztlich politische Entscheidungen an. Der *Political-opportunity*-Ansatz fragt also nach den Opportunitäten eines sozialpolitischen Systems für den Protest. Diese Opportunitäten sind in den Kontext staatlicher Strukturen, aber auch im Rahmen von Gegenbewegungen eingebettet. Varianten des

Ansatzes beziehen Fragen der Regimestruktur bezüglich dessen Offenheit oder Geschlossenheit mit ein, prüfen die Konventionalität des jeweiligen Systems der Interessenvermittlung, untersuchen das Muster der politischen Kultur sowie den Politikstil und dokumentieren die kulturelle Resonanz, die die Bewegung erzeugt.

Kernpunkte

Bewegungen seien ein »soziologischer Schmetterling«, schreibt Hellmann in Anspielung auf die Tendenz dieses Phänomens, sich laufend einer genaueren Bestimmung zu entziehen (Hellmann 1999, 106). Eine seriöse Bewegungsforschung fordert den Umgang und die Auseinandersetzung mit mehreren Theoriesprachen, die über die Mikro-Makro-Ebene gestreut sind und sowohl gesellschaftstheoretische Fragen einbinden als auch methodologisch überschneidende Ansätze verwenden beziehungsweise in methodologische Randbereiche vorstossen. Beispiele für solche multioptionalen Vorgehensweisen finden sich etwa bei Hanspeter Kriesi, Dieter Rucht oder Sidney Tarrow (Rucht 1994; Snow, Soule und Kriesi 2004; Tarrow 1989).

Im letzten Teil dieses Kapitels werden drei geographische Herangehensweisen vorgestellt. Zuerst steht der bereits mehrfach diskutierte Beitrag von Byron Miller zur Debatte. Anschliessend skizziere ich Cresswells Transgressionskonzept und Lise Nelsons Ansatz, soziale Bewegung auf ihre räumliche Hinterlassenschaft hin zu bearbeiten. Ohne ihn zum Geographen machen zu wollen, aber im Sinne einer Würdigung seines Einflusses für die Geographie, schliesse ich das Kapitel mit einem Blick auf Henri Lefebvres bewegungstheoretische Position.

8.3 Beispiele aus der geographischen Bewegungsforschung

Trotz einer generellen Verschiebung des Fokus von Umverteilungs- zu Anerkennungsstrategien und unter dem Motiv des insbesondere von feministischen Gruppen vertretenen Anspruchs »the personal is political« richten die Protagonisten und Protagonistinnen Neuer Sozialer Bewegungen ihre Politik weiterhin auf staatliche Strukturen. Hierbei operieren sie innerhalb einer Vielfalt von politischen Ebenen und reagieren dynamisch auf Machtverschiebungen zwischen solchen Bezugssystemen – beispielsweise vom Staat zu der lokal regionalen Stufe. Die Mobilisierungsstrategien der Neuen Sozialen Bewegungen müssen, um sich durchzusetzen, für die sich verändernden geografisch-historischen Rahmenbedingungen gerüstet sein. Die Untersuchungen von Byron Miller zeigen diese Anpassungsfähigkeit der Neuen Sozialen Bewegung anhand von Friedens- und Anti-Atom-Bewegungen.

8.3.1 Politische Opportunität und geographische Bezugsebenen

Miller kritisiert bisher erschienene geographische Arbeiten zu sozialen Bewegungen dahingehend, dass sie sich einseitig auf diejenigen Strömungen ausrichteten, die eine Anerkennungsstrategie verfolgten, und die Herausbildung kollektiver Identität anstrebten. Dagegen seien *Rational-choice-*, Akteur- und ressourcenorientierte Ansätze sowie der von ihm selbst zentral gewichtete *Political-opportunity*-Ansatz nur unzureichend vertreten. Dies führe zu analytischen Defiziten und verhindere, dass sich die Geographie aktiv an der interdisziplinären Debatte um soziale Bewegungen beteilige.

Miller untersucht den Zusammenhang zwischen sich wandelnden Strukturen der politischen Partizipation, wobei er einen modifizierten Ansatz der *political opportunity structures*[4] anwendet, und ihrer Adaption durch neue soziale Bewegungen. Im Gegensatz zu Sidney Tarrows ursprünglichem Konzept betont Miller hierbei die Wechselwirkungen zwischen ökonomischen und kulturellen Faktoren, untersucht die Quellen und Auswirkungen der Widerstandsbewegungen und, besonders zentral, beleuchtet die Interdependenz der verschiedenen Bezugsebenen (Miller 1994; 2000).

Im Rahmen von Entscheidungsprozessen ist es für Neue Soziale Bewegungen existentiell, eine starke *(meaningful)* Stimme – eine Sprecherposition – zu erringen. Miller illustriert dies am Beispiel der Friedensbewegung in Cambridge, Kanada. Diese passte ihre Mobilisierungsstrategien den veränderten Rahmenbedingungen an und forderte je nach Situation den Staat oder den Lokalstaat heraus. Auf diese Weise konnte die Bewegung bedeutenden Einfluss erringen. Das Erfolgsrezept erkennt Miller in der Aufmerksamkeit für die dialektische Koppelung der geographischen Bezugsebenen.

Die eigentliche Schwelle, die Neue Soziale Bewegungen mit ihren Anliegen überwinden müssen, sind ökonomische Sachzwänge des politischen Alltagsgeschäfts. Nur zu oft werden Zugeständnisse bei den Budgetverhandlungen wieder rückgängig gemacht. In diesem Kontext sieht Miller die 90er Jahre mit ihrer starken Ökonomisierung politischer Kultur als besonders schwierigen Kontext für die Errungenschaften sozialer Bewegungen.

Millers Beispiele zeigen, dass die symbolische, also auf öffentliche Meinung abzielende Kampagne zwar eine notwendige, aber nicht hinreichende Voraussetzung für *meaningful empowerment* ist. Neben der Bewirtschaftung der öffentlichen Meinung müssen vorteilhafte *opportunity structures* geschaffen oder diese auf der einschlägigen Bezugsebene genutzt werden (Miller 1994, 404).

---

4 Zum Konzept der *political opportunity structures*, einem Ansatz, den Tarrow aus der Kritik an Ressourcenmobilisierungsmodellen entwickelte, siehe neben Miller (1994) den Überblick bei Hellmann (1999).

Einige Stimmen kritisieren Millers Arbeit aufgrund seines eigenen Anspruchs: Zwar sei seine argumentativ ausreichend belegte Forderung nach dem Einschluss räumlicher Kategorien in sozialwissenschaftliche Untersuchungen sozialer Bewegungen mehr als berechtigt. Hingegen werde er seinem eigenen Anspruch, die Rolle von Raum und Ort in der täglichen Ausübung der Widerstandspraxis und in der Identitätsentwicklung der Bewegung zu integrieren, nicht gerecht, insbesondere deshalb, weil er sein empirisches Material eher illustrativ als theoriebildend verwende. In seiner kritischen Würdigung von Millers Analyse fordert Steve Herbert Antworten auf die Frage, wie Kontext – Raum, Ort und politisch-geographische Bezugsebene – die Alltagspraxis tatsächlich forme (Herbert 2001). Diese Forderung erscheint mir unmittelbar einleuchtend. Noch ist die Geographie mit ethnographischen Arbeiten in der Bewegungsforschung unterrepräsentiert. Weitere empirische Studien werden benötigt, die Millers These, dass der Kampf um Räume, der Kontext von Orten sowie die Frage der politisch-geographischen Bezugsebene soziale Bewegungen konstitutiv beeinflussen, untermauern oder differenzieren.

8.3.2 Transgressionen

Cresswell entwirft den Transgressionsansatz als eine Möglichkeit, den materiellen Raum (Cresswell spricht von *place* und meint damit einen bedeutungsgeladenen Ausschnitt aus dem abstrakten Raum) als Mittel der Ideologieproduktion zu denken. Materielle Räume sind gemäss diesem Ansatz in gesellschaftliche Normalisierungsprozesse eingebunden.

»[...] Transgression [...] serves to foreground the mapping of ideology onto space and place, and thus the margins can tell us something about ›normality‹. (Cresswell 1996, 9)

Transgressionen machen das »Normale« sichtbar, indem sie dessen Grenzen überschreiten. Ich ziehe den Begriff der Transgression demjenigen des Widerstands vor, da mit Widerstand häufig von Anfang an eine Intentionalität konnotiert ist, die im Begriff Transgression nicht enthalten ist. Transgressionen brechen die Normalität der Dinge auf und machen ihre konstruktive, historische und veränderliche Qualität sichtbar. Die Ordnung der Gesellschaft wird dadurch problematisiert. Die Anordnung von Räumen und Orten kann demzufolge als Metanarration verstanden werden, als ein Text, der etablierte Meinungen transportiert. Monumente mit klaren symbolisch-funktionalen Zuweisungen sind ebenso in der Metanarration enthalten wie die so genannten »alternativen« Orte. Das bedeutet, dass soziale Bewegungen Machtverhältnisse in Frage stellen und neue Geografien hervorbringen.

»The qualities of space and place that make them good strategic tools of power simultaneously make them ripe for resistance in highly visible and often outrageous ways. The creation of property leads to the existence of trespass. The notion of »in place« is logically related to the possibility of being »out of place«. (Cresswell 1996, 164)

Cresswells Fallbeispiele umfassen Ereignisse, in denen Menschen gegen sozialgeografisch festgelegte Verhaltensweisen antreten. Er untersucht eine städtische Graffitibewegung, ein Frauencamp in einem militärischen Sperrgebiet sowie künstlerische Produktionen im öffentlichen Raum. Die von ihm gewählten Beispiele zeichnen sich durch ihre Herausforderung gängiger Erwartungen aus. Orte sind demnach nicht nur Instrumente bei der Formation ideologischer Strategien, sondern ebenso Arenen oppositioneller Bewegungen.

»In each case individuals and groups sought to question and resist the ›way things are‹ by (mis)using and appropriating already existing places and by crossing boundaries that often remain invisible. [...] In each case the existing landscape is brought into question and alternative ones are hinted at.« (Cresswell 1996, 175)

Cresswell beschreibt seine Beispiele als eine Form der parasitären Aneignung von Räumen, die in einer bestimmten Beziehung zur Macht stehen. Mit solchen Aktionen werden etablierte Geografien herausgefordert. Dies ist gleichzeitig die Stärke und die Schwäche von Transgressionen: Sie stellen in jedem Fall eine Reaktion auf etablierte Machttopographien dar, ebenso sind sie selbst durch die etablierten Grenzen der Macht bedingt.

Transgressive Akte bewegen sich in einem Balanceakt zwischen der Notwendigkeit, Aufmerksamkeit und einen Schockeffekt hervorzurufen, und der Sensibilität, ernst genommen zu werden. Transgressionen haben den Effekt, dass die an einen Raum herangebrachten Erwartungen umgedreht werden, der Raum damit in gewisser Weise neu erfunden wird und eine permanente »häretische« Geografie kreiert. Cresswell schreibt: »The power of transgression lies in its ability to reveal topographies of power that surround us. The limits to transgression lie in the fact that it is not enough to constantly deconstruct and destabilize« (Cresswell 1996, 176).

Die Kritik an Cresswells Ansatz habe ich bereits in Kapitel 5 in Abgrenzung zum Diskursansatz diskutiert. Sein Anliegen war es, die konstitutive Rolle von Raum (wobei er von *places* spricht) in der Ideologieproduktion zu eruieren. Das von ihm verwendete Ideologiekonzept beinhaltet eine Engführung, insbesondere in Bezug auf das darin implizierte Machtkonzept. Dieses ist dichotom angelegt, repressionsorientiert und im Sinne von Macht als Eigentum gedacht. Cresswell stellt seinen Ideologiebegriff als Bedeutungsvermittlung in einem Machtgeflecht vor, wobei Ideologie immer im Dienst der Macht operiert. In Cresswells Anlage werden Räume mit bestimmten Ideologien »angefüllt« und damit in den Dienst von »*hegemonic*« oder »*counter-hegemonic struggles*« gestellt (Cresswell 1996, 13). Das Ideologiekonzept eignet sich somit nicht für die Analyse einer Neuen Sozialen Bewegung, die eigene Strategien der Macht entwickelt und auch an machtvollen Strukturen partizipiert, etwa, indem sie ihre Anliegen in ein ansprechendes *framing* einfasst.

Der Diskursbegriff in der Foucault'schen Tradition ist für die Analyse räumlicher Konflikte anschlussfähig, da ein Diskurs nicht ausschliesslich Reden meint, sondern auch Handlungspraktiken, Gefühle, Denkweisen und Körperpraktiken einschliesst. Die Integration der räumlichen Perspektive stelle ich, und das ist zentral, über die theoretische Fassung von Raum als Knotenpunkt im Dispositiv, also der Vernetzung von Diskursen zu wahrheitsbildenden Wissenssystemen, her. Über den diskurstheoretischen Zugriff wird Raum jenseits von naturalisierenden und essentialisierenden Konzepten theoretisch begründet.

Eine weitere Schwäche des Transgressionsansatzes liegt in seiner unzureichenden Deutung der Prozesse, die die von ihm untersuchten Sachverhalte überhaupt zu transgressiven Ereignissen machen. Cresswell spricht von Normalisierungsprozessen, bindet diese aber nicht in den sozialpolitischen Kontext ein, in welchem sie stattfinden. Damit kreiert er blinde Flecken in seiner Analyse.

Trotz dieser kritischen Anmerkungen ist der Transgressionsansatz eine wichtige Referenz für meine Arbeit, weil sie sich ebenfalls mit oppositionellen Bewegungen befasst, um damit Verschiebungen der Normalität – in meinem Fall des *Urbanen* – zu deuten. Besetzer und Besetzerinnen betreten ein kulturelles und politisches Spannungsfeld, dessen Konturen häufig erst durch deren *Überschreitung* deutlich werden: *transgressions* werden als empirische Ereignisse gedeutet, deren Erklärungspotential im Hinblick auf nichtartikulierte, gleichsam unbewusst wirkende gesellschaftliche Werte, Normen und Regulationssysteme genutzt werden kann (Cresswell 1996).

8.3.3 Die Sedimentierung bewegungspolitischer Anliegen

Lise Nelson greift Millers Forderung nach vermehrten geographischen Analysen sozialer Bewegungen auf und unterstützt ihre eigenen Untersuchungen durch den Einbezug von *place* – den TatOrten. Nelsons Studie ist an Geographen und Geographinnen und Nichtgeographen und Nichtgeographinnen mit Interesse an sozialen Bewegungen, *citizenship* und »contemporary political-cultural change« gerichtet (Nelson 2003, 562). Mit ihrer Fallanalyse aus Cherán, Mexico, erstellt sie ein ethnographisches Modell für die Untersuchung von langfristigen Folgewirkungen von sozialen Bewegungen oder, wie Nelson schreibt, »disruptive political agendas« (Nelson 2003, 562). Sie untersucht, wie in einer Zeitspanne von zehn Jahren die Anliegen und politisch konstruierten Subjektivitäten in die örtliche soziale und politische Landschaft »hineingewoben« wurden (Nelson 2003,

562). Statt für das Entstehen, den Erfolg und die Taktik der Bewegung interessiert sie sich für die nachhaltigen Auswirkungen im politischen Raum des Dorfes. Sie versteht soziale Bewegung hierbei als Moment, welches eine Ausweitung konventioneller demokratischer Praxis herbeiführt und als so genannte Gegenöffentlichkeit die Herstellung von neuen sozialen Identitäten und politischen Allianzen bewirkt. Bezug nehmend auf die Diskurstheorie von Laclau und Mouffe hält Nelson die Analyse von Diskursen über soziale Bewegungen sowie deren räumliche Taktiken für Kernaspekte aktueller politischer und sozialer Geographie. Diese Analyse bedingt eine akribische ethnographische Untersuchung.

Im mexikanischen Dorf Cherán, das den Untersuchungsgegenstand von Nelsons Arbeit bildet, wurde 1988 der Bürgermeister, ein Mitglied der staatlichen Regierungspartei, von der Bevölkerung verjagt. Eine anschliessende Volkswahl machte einen alternativen Kandidaten zum Dorfoberhaupt. Um die neue Autorität zu schützen, wurde der zentrale Dorfplatz während zehn Monaten nach dem Sturz besetzt (Nelson 2003, 559). In dieser Volksverteidigung übernahmen die Frauen des Dorfes eine zentrale Rolle und lancierten damit eine qualitativ neue Form der politischen Praxis auf lokalem Niveau. Konkret schreibt Nelson der Bewegung zu, a different sense of the relationship between political authorities and gendered citizens, the role of citizens in collective decision-making processes, and the scope of acceptable governing practices by elected officals« (Nelson 2003, 560) generiert zu haben. Die Folge war, dass neben dem traditionellen Verständnis des »Politischen« eine Erweiterung um wirkungsvolle Alternativen zur Verfügung stand. Die Protestbewegung in Cherán war sowohl für Männer als auch Frauen ein einschneidender Moment ihrer Biographie, in welchem sich ihr Politikverständnis nachhaltig wandelte, wie Nelson zeigt. Für Frauen war dies zusätzlich revolutionär, weil sich damit das Verständnis von Weiblichkeit als grundsätzlich apolitischer Identität veränderte. Diese Verschiebung betraf ihr moralisches Recht auf die Verteidigung ihres Dorfes und ihrer Position darin, nicht jedoch ihre soziale Stellung gegenüber den Männern. Das neue politische Selbstverständnis empfanden viele – Frauen und Männer – als befreiend und bedeutsam für ihre persönliche politische Geschichte, da sie dezidiert Besitzansprüche an die politische Verfasstheit ihres lokalen Umfelds stellten.

Die politischen Identitäten, die 1988 konstituiert wurden, haben sich seither massgeblich verändert. Nelsons Erkenntnisinteresse richtet sich darauf, wie und wodurch sie verändert wurden und inwiefern die ursprünglich formierten politischen Identitäten unterschiedlich in die politische und soziale Arena hineinsedimentiert wurden.

Gemäss Nelson ist *place* geeignet, die mittel- und längerfristigen Folgen sozialer Bewegungen – also sozusagen ihre Nachhaltigkeit – zu ermitteln. Nelsons Arbeit enthält keine Schicksalsgeschichte sozialer Bewegung in Gestalt von Aufbau, Höhepunkt und Niedergang. Indem sie die Bewegung selbst dezentriert, untersucht die Autorin »Sedimentationsprozesse« und die räumliche Qualität der Hinterlassenschaft der Bewegung (Nelson 2003, 559). Damit knüpft sie an eine ältere Position von Massey an, die *place* in seine Schichtungen zerlegt und als historisch sedimentierte Ablagerungen bespricht (zit. in: Staeheli 2003, 162).

Mit dem Sedimentierungsbegriff schafft Nelson eine Linse, die Zeit und Raum verbindet, um die politisch-kulturellen Folgewirkungen sozialer Bewegungen zu eruieren. Um der räumlichen Dimension des Sedimentierungskonzepts gerecht zu werden, fokussiert die Autorin explizit auf die örtliche *(in place)* Sedimentierung. Hierbei fasst sie *place* als »*a symbolic and material locus of identity and meaning*« *(2003, 559)*. Es ist das Konzept des TatOrts, im untersuchten Fall das Dorf Cherán, welches ihrer Untersuchung Kohärenz verleiht.

Nelson wendet folgende Definition von Sedimentierung an:

»Sedimentation is premised on the spatiality of social relations, defined not only in material terms but as constitutive of social meaning and a medium through which ›difference‹ is constructed and maintained. [...] To emphasize the spatiality of sedimentation processes is to trace the multilayered, uneven, and often contradictory impacts of collective action, which are always in a process of renegotiation by a diverse set of actors – in their homes, in the streets, in the plaza, and in political meetings and elections.« (Nelson 2003, 561)

Es geht um einen Prozess, bei welchem Diskurse, die Nelson als Identitäten, politische Vokabulare und Praktiken fasst, die im Rahmen einer sozialen Bewegung entfaltet worden sind, »übersetzt« und durch eine Verschiedenheit von Akteuren und Akteurinnen *in place* sozial angebunden werden. Das Konzept der Sedimentierung ist deshalb griffig, weil es die Veränderung abbildet und gleichzeitig auch Unebenheiten in der Entwicklung beleuchtet. Ein zentraler Aspekt hierbei ist die räumliche Qualität von Sedimentierung.

In einem politikwissenschaftlichen Kontext, in welchem Untersuchungen über soziale Bewegungen häufig stehen, ist der reflektierte Gebrauch des *Place*-Konzepts wenig verbreitet, wie Lynn Staeheli kritisiert. Besonders augenfällig ist, dass es keine Brücke zwischen theoretisch-akademischen Zugängen zu Orten, ihrer alltagstheoretischen Festlegung und den handfesten Auseinandersetzungen vor Ort gibt. Zumindest im politikwissenschaftlichen Zusammenhang ist es bisher nicht überzeugend gelungen, *place* als grundlegende Kategorie des Handelns – als TatOrt – zu integrieren und das Konzept aus partikularistischen und lediglich die Repräsentation des »Lokalen« übernehmenden Konzeptualisierungen zu lösen (Staeheli 2003).

Traditionelle *Social-movements*-Ansätze wurzeln in einem europäisch-amerikanischen Verständnis und betonen die Kämpfe bezüglich Bedeutung, Macht und Identität im Kontext der kollektiven Organisation und des Widerstands. Die poststrukturalistische und kulturell orientierte Forschungsrichtung ist deutlich jünger, die theoretische und empirische

Erforschung von längerfristigen politisch-kulturellen Auswirkungen sozialer Bewegungen ist ein relativ neues Forschungsgebiet. Die Forscher und Forscherinnen sind dazu übergegangen, längerfristige Auswirkungen sowie innere Differenzierungen von Bewegungen zu untersuchen. Im Bemühen, Wirkungsweisen sozialer Bewegungen differenziert aufzuschlüsseln, kommt dem TatOrt eine zentrale Rolle zu. Die widersprüchlichen, vielfältigen und über verschiedene Ebenen hinwegreichenden Spuren der Auswirkungen von Widerstandspraktiken sind am TatOrt konserviert. Sedimentierung und *place* werden demnach zu Kerngrössen für die Analyse sozialer Bewegungen im Sinne ihrer Wirkungsweise:

»In sum, the concept of ›sedimentation in place‹ elucidates how the policital vocabularies and identities from 1988–89 settled unevenly into Cherán's social and political landscapes. Place rather than ›the movement‹ becomes the key theoretical and methodological starting point. This shift casts a wider analytical net, making visible the uneven and contradictory effects of the 1988–89 electoral mobilizations. The important contributions of research on ›social movements‹ notwithstanding, I argue that in many cases analytically decentering the movement – and thinking instead about the place-based sedimentation of movement discourses – can provide a rich and nuanced understanding of the longer term and contradictory impacts of collective mobilization and protest.« (Nelson 2003, 564)

Im Fallbeispiel von Nelsons Untersuchung drängt sich die auf den TatOrten aufbauende Feinanalyse der Wirkung der 1988er-Bewegung auf, weil auf den ersten Blick zehn Jahre später der proklamierte *cambio* verebbt zu sein scheint. Die klientelistische Politikpraxis wurde von der alten auf die neue Führungselite vererbt, und die Politik wurde fast vollständig remaskulinisiert. Die klassische Führerfigur einschliesslich der unhinterfragten Kontrolle und Autorität wurde reinstalliert, wobei die 1988 geprägte Rhetorik diesen Prozess verhüllt. Der Bürger, die Bürgerin werden neu als »Kunde oder Kundin« adressiert, was im Wesentlichen eine rituelle Beteiligung an »demokratischen« Prozessen, deren Endergebnis bereits im Vorfeld von der Führungsriege orchestriert wurde, bedeutet. Der »Bürger« wurde im Wesentlichen vergeschlechtlicht *(re-gendered)*. Trotzdem zeigt Nelsons Untersuchung, dass sich das Selbstverständnis der Bürger und Bürgerinnen sowie der Bezug zu Autorität qualitativ verändert haben (Nelson 2003, 566). Nelson argumentiert, dass die politischen Identitäten und Diskurse von 1988 nicht einfach verschwunden sind, sondern in eine Vielfalt von politischen und sozialen Räume hineinsedimentiert sind und dass diese weiterhin mobilisiert werden, um die alten politischen Strukturen zu verändern.

Nelson stützt ihr Argument durch die ethnographische Untersuchung der Auswahlprozesse von Kandidierenden in den Quartieren zehn Jahre nach der politischen Wende. Diese Analyse enthülle »the complex geography of power and politics in Cherán, as well as the uneven sedimentation of the political discourses and identities unleashed in 1988« (Nelson 2003, 658). In den quartierbezogenen Nominierungs- und Auswahlverfahren trifft Nelson auf eine der Partizipation verpflichtete und transparent durchgeführte politische Praxis, die von einem hohen Demokratiebewusstsein der Bevölkerung zeugt. So wurde in einem der Quartiere ein Verfahren eingerichtet, das auch jenen die Stimmabgabe ermöglichte, die nicht lesen konnten. Ihre Beobachtungen führen Nelson zu dem Schluss, dass das politische Bewusstsein von 1988 seine Wirkung entfaltet, auch wenn sich dies in den offiziellen Wahlergebnissen nicht spiegelt. Die Errungenschaften der Initiative von 1988 sind somit in die politische Landschaft Cheráns sedimentiert. Dies führt gemäss Nelson dazu, dass die Berechenbarkeit politischer Autorität in Frage gestellt wird.

Vor dem Hintergrund eines massiven Schwunds weiblicher Teilnahme an den formalen politischen Entscheidungsprozessen untersuchte Nelson die Rolle der Frauen in der Politik. Die Rückkehr der Frauen zu ihren täglichen Beschäftigungen gehört zum politischen Selbstverständnis der Frauen in Lateinamerika ebenso wie die Tatsache, dass dieselben Frauen in Ausnahmesituationen auf die Strasse und an die Öffentlichkeit drängen. Doch auch angesichts der Retraditionalisierung der Geschlechterrollen stellt Nelson fest, dass der Rückgang der weiblichen Partizipation an öffentlich-politischen Entscheidungsprozessen nach 1988 nicht das ganze Bild wiedergibt. Vielmehr beobachtet sie, dass 1988 nachhaltige soziopolitische Netzwerke geflochten wurden. »These female networks, visible only through ethnographic analysis attentive to women's stories and the changing meanings of place and community, continue to shape local politics and communal decision-making« (Nelson 2003, 575). Unter Berücksichtigung der *Social-movement-network*-Theorien von Melucci und Whittier deutet Nelson das Überdauern weiblicher Netzwerkbildung als Beitrag zur Mobilisierung und zu der Diffusion relevanter Informationen. Die im Arbeitsalltag angesiedelten Knotenpunkte – etwa bei den öffentlichen Wasserstellen und an den Wäschetagen – beschreibt Nelson als effiziente Informationsdrehscheiben, die seit den Ereignissen von 1988 deutlich politischer geworden seien. Zudem ermöglichte diese Netzwerkbildung die Formierung von Interessengruppen über politische Haltungen hinweg. So schreibt sie es diesen Netzwerken zu, dass in einem Quartier in der Vorphase der Nominierung eine 30-Prozent-Quote für Kandidatinnen durchgesetzt wurde. Nelson bezeichnet diese Vorgänge als »ungleiche Sedimentierungsvorgänge« (»uneven sedimentation«, Nelson 2003, 579). Einen weiteren Effekt der Politisierung erkennt Nelson in der Geschichte einer Frau, die mittels Regierungsgeldern zu einer eigenen Schweinezucht kam. Nicht nur hatte sie über die Vernetzung mit den politisch aktiven Frauen von diesen Geldern gehört, sondern sie setzte deren Ausschüttung durch, indem sie ein Treffen mit einem Staatssekretär organisierte. Zwar handelte sie aus ökonomischem Druck, doch der Antrieb rührte von ihrem früheren Engagement im politischen Veränderungsprozess her.

Ihr politisches Selbstverständnis war dadurch nachhaltig geprägt worden und veranlasste sie zu diesem Schritt:

»The fact that a group of women in 1997, largely illiterate, were taking their demands to those institutions and authorities at various scales represents a profound shift in the parameters of women's political actions, as compared with their activities and expectations prior to 1988.« (Nelson 2003, 577)

Nelsons Analyse zeigt, dass sich die politische Kultur Cheráns verändert hat, auch wenn diese Veränderung sich nicht unmittelbar in der politischen Konstellation spiegelt. Die Verschiebungen im Verhältnis von sozialer und politischer Berechtigung – *citizenship* – und politischer Autorität können nur mit akribischen, ethnographischen Untersuchungen erfasst werden. Diese Analyse macht deutlich, dass die politischen Identitäten und Diskurse konstant verschoben werden. Nelson nennt diese Erscheinung Sedimentierung. Nelson schlägt vor, den Einfluss einer sozialen Bewegung an den Schnittstellen zwischen formellen und informellen Abläufen, zwischen »sozialer Bewegung« sowie »Teilnehmenden« und »Nichtteilnehmenden« zu messen. Diese »dezentrierte« (Nelson 2003) Perspektive fängt sowohl die Einschränkung ein, die die traditionellen politischen Praktiken bedeuten, als auch die Errungenschaften, die an den Rändern der politischen Macht entstehen und die in ihrem Fallbeispiel aus einem Prozess, der 1988 ausgelöst wurde, stammen. Nelson schafft in der Verschiebung von der Analyse sozialer Bewegung hin zur Perspektive auf die längerfristigen und bleibenden Effekte auf der Basis von *place* und dem Konzept der »ungleichen Sedimentierung« ein Instrument, welches prüft, wie die so genannten *ripple effects* – Nebenerscheinungen – der Bewegung sich in politischer und sozialer Hinsicht auswirken.

Nelson ruft mit ihrer Studie einerseits zu einer neuen analytischen Implementierung von *place* im Sinne von politisch-sozialen Landschaften als Untersuchungseinheit auf. Andererseits sind Nelsons Ergebnisse ein Anreiz, weitere ethnographische Untersuchungen sozialer Bewegungen zu lancieren und auf diese Weise die Errungenschaften dieser Bewegungen zu beleuchten. Nelsons Beobachtung der ungleichen Sedimentierungsprozesse politischer Errungenschaften sowie der Auswirkungen auf individuelle Selbstverständnisse mögen eine Redimensionierung dessen bedeuten, was soziale Bewegungen häufig für sich in Anspruch nehmen: den Anstoss für grundsätzliche Prozesse sozialen Wandels. Folgerichtig nennt Nelson ihre Erkenntnisse denn auch »ripple effects« (Nelson 2003, 578). Nelsons Modell zeigt Möglichkeiten auf, wie Effekte sozialer Bewegungen differenziert bewertet werden können. Zudem steckt darin die stumme Aufforderung an die Forscherin, sich nicht anzumaßen, über Erfolg oder Scheitern einer Bewegung zu urteilen.

8.4 Fazit

In diesem Kapitel stellte ich einige der wichtigsten Zugänge aus der sozialwissenschaftlichen Bewegungsforschung vor in der Absicht, den räumlichen Ansatz, den ich in meiner Arbeit verfolgen will, davon abzugrenzen. Dabei wurde deutlich, dass aus dem *Framing*-Ansatz sowie aus dem Ansatz der *political opportunity structures* Elemente für die Analyse der 80er Bewegung hinzugezogen werden können. Der *Political-opportunity*-Ansatz ist durch die Arbeiten von Miller in der Geographie verbreitet. Er lässt sich gut mit dem Ansatz der Bezugsebenen *(scale)* kombinieren, wodurch der geographische Mehrwert für die Analyse sozialer Bewegungen einleuchtend dargestellt werden kann. Millers räumlicher Ansatz ist weitgehend auf die Analyse der Bezugsebenen und die Formen, wie soziale Bewegungen auf diese Ebenen rekurrieren, beschränkt. Im Gegensatz zu Nelson nimmt er keine Raumanalyse vor, die Raum in seinen verschiedenen Qualitäten – materiell, symbolisch, normativ, subjektiv – aufnimmt. In dieser Hinsicht ist Nelsons Analyse für meine Arbeit interessant. Indem sie sich auf die räumliche Hinterlassenschaft der sozialen Bewegung in ihrem Beispiel konzentriert, die sie als Sedimentierung bezeichnet, weist die Autorin zahlreiche Veränderungen der politischen Kultur und der individuellen Selbstverständnisse nach. Diese sind zwar im formalen politischen Prozess nicht gespiegelt, bedeuten aber eine nachhaltige Veränderung der informellen politischen und wirtschaftlichen Verhältnisse und insbesondere eine qualitative Veränderung von Subjektpositionen. Ihr Fallbeispiel zeigt, wie aus diesen Verschiebungen neue HandlungsRäume hervorgehen.

9 Wohltemperierte Stadt

Die Berner 80er-Bewegung erschliesst sich vor dem historischen Kontext, in den sie eingebettet war, und es ist massgeblich dieser Kontext, der die Konturen der Bewegung mitprägte. Die 80er-Bewegung artikulierte sich über transgressive Akte, markierte öffentliche Präsenz und rief sich über die Beanspruchung von Räumen in Erinnerung. Mit eigensinnigen Praktiken vertrat die Bewegung einen Katalog von Anliegen, der den Entwurf einer erneuerten Gesellschaft in sich trug. Das Selbstverständnis der Bewegung leitete sich massgeblich über die Abgrenzung von den gesellschaftlichen Verhältnissen, die den Aktivisten und Aktivistinnen durch ihre Eltern und das institutionelle Umfeld vermittelt wurden, ab. Eine Umfrage des Magazins »Der Spiegel« ergab im Jahre 1980, dass bis zu 15 Prozent der Jugendlichen bereit gewesen wären, aus der Gesellschaft »auszusteigen« (Lindner 1996, 325). Die Männer und Frauen, die sich in der Bewegung engagierten, strebten eine Veränderung der gesellschaftlichen Rahmenbedingungen an, sie signalisierten eine Übersättigung mit den Werten der Konsumgesellschaft und propagierten Formen des Zusammenlebens, die im gegebenen Umfeld anstössig waren. Sie errichteten FreiRäume, in denen sie ihre eigenen Modelle bezüglich gemeinsamer Arbeit, Beziehungen und Politik entwickelten. Die Freiheit dieser »alternativen« Räume bestand namentlich aus der Abwesenheit von den als zwanghaft und starr empfundenen Normen sowie aus den für die Jugendlichen sinnentleerten Werten der Elterngeneration.

Dieses Kapitel ist den historischen Rahmenbedingungen und dem gesellschaftlichen Hintergrund der Bewegung gewidmet und verfolgt das Ziel, diejenigen Konturen des gesellschaftspolitischen und wirtschaftlichen Umfelds zu vermitteln, welche die Bewegung hervorgebracht haben. Entstehung, Motive und Anliegen der 80er-Bewegung können nur in enger Verbindung zum damaligen gesellschaftlichen Kontext eingeschätzt werden.

Die Rückblende auf die Schweizer Nachkriegsgeschichte wird zwangsläufig holzschnittartig bleiben. Es geht hier nicht um eine nuancierte Gegenüberstellung historischer Epochenanalysen, sondern um die Einbettung der 80er-Bewegung in den sozialpolitischen Kontext der Schweiz und im Speziellen der Städte, um die städtische Politik, die Diskurse um das *Urbane* und der damit in Verbindung stehenden sozialen und politischen Praktiken.

Ich beginne in den 50er Jahren und arbeite mich weitgehend chronologisch bis in die frühen 80er Jahre vor. Dabei werden jeweils wirtschaftliche, politische und gesellschaftliche Aspekte beleuchtet. Wichtigste Grundlage für diese Zusammenstellung bildet das Kapitel von Peter Gilg und Peter Hablützel aus Im Hofs »Geschichte der Schweiz und der Schweizer« (Gilg und Hablützel 1986). Zudem orientierte ich mich an den Arbeiten des Wirtschaftshistorikers Jakob Tanner (J. Tanner 1992; 1994; 1998). Eine wichtige Referenz bildet zudem der Forschungsbericht »Individualisierung und Pluralisierung? Sozialstruktur, Lebensstil und kulturelle Praxis in der Schweiz 1950-2000« von Albert Tanner (A. Tanner 1999).

9.1 Fortschrittsoptimismus und die Magie der fünf Ks

Seit den 50er Jahren präsentierte sich die Schweiz als Modellnation westlicher Prägung, die die Amerikanisierung des Lebensstils sprichwörtlich verkörperte (J. Tanner 1992). In das Wirtschaftswunder der Nachkriegszeit startete sie gegenüber den in den Krieg involvierten Staaten mit einem Vorsprung. Angesichts einer massiven Kapitalvernichtung, der weitgehenden Zerstörung des Produktionsapparats, hoher Arbeitslosigkeit sowie der Schwächung der organisierten Arbeiterschaft hatten die wirtschaftlichen Rahmenbedingungen für die europäischen Nachbarn einen Tiefpunkt erreicht. In der Schweiz, wo die Infrastruktur weitgehend intakt geblieben und, nicht zuletzt aufgrund der Kriegswirtschaft, genügend Kapitalreserven angehäuft worden waren, liess der wirtschaftliche Take-off nicht auf sich warten. Angetrieben durch die hohe Auslandsnachfrage erlebte die Schweiz zwischen 1945 und 1974 eine nie da gewesene Wachstumsphase (Gilg und Hablützel 1986).

Dass die Nachkriegszeit eine historische Periode ist, die bezüglich Wandel und Wachstum vergangene Jahrhunderte in den Schatten stellt, ist eine unter Historikern und Historikerinnen weitgehend geteilte These, für die unterschiedliche Begriffe geprägt wurden. »Die langen 50er Jahre« stehen für Prosperität, das fordistische Produktionsmodell brachte eine erhebliche Steigerung der Massenkaufkraft und eine epochenverdächtige Erweiterung der Handlungsräume, die für breite Bevölkerungsteile – jedoch namentlich für Frauen und Männer in sehr unterschiedlicher Qualität – galt (Pfister 1996). Angesichts eines beispiellosen ökonomischen Wachstums entschärften sich die Verteilungskonflikte, und ein Deregulierungsschub minimierte wirtschaftspolitische Eingriffe des Staates zu gunsten der Bildung von Kartellen und Verbänden, die sich somit eine starke Position sicherten. Die Deregulierung behielt sich allerdings zwei Ausnahmen vor: die Landwirtschafts- und »Fremdarbeiter«-Politik (J. Tanner 1998, 252). Der Grundkonsens, dass es Aufgabe des Staates sei, das schrumpfende Gewerbe der Landwirtschaft zu stützen und dessen negative Folgen, beispielsweise die Landflucht, zu vermeiden, wurde durch den starken Industrialisierungsdruck in der Agrarproduktion sowie durch den Rückgang der Möglichkeiten staatlicher Interventionen generell geschwächt (Moser 1998). Der Fordismus erhielt in der Schweiz durch die Sozialpartnerschaft[1] eine eigene Prägung, die zum wohltemperierten Klima (siehe unten), in welchem sich das Wachstum und letztlich auch die sich anbahnenden Krisen entwickelten, massgeblich beitrug. Tanner charakterisiert die Schweizer Wirtschaftspolitik seit der Gründung des Bundesstaates 1848 als »Mythologisierung des Markts« bei gleichzeitiger »Abdankung der Politik« (J. Tanner 1998, 239). Grundlegend sei hierbei eine Verschiebung der Konzepte von Staat und Markt, wobei der »kühne Intentionalitätsüberschuss« liberalistischer Prägung ersetzt werde durch »den Glauben an die Selbstheilungskraft und die Selbstregulation der Wirtschaft (J. Tanner 1998, 240).

Gilg und Hablützel erkennen vier Tendenzen, die die Entwicklung der Schweiz seit dem Zweiten Weltkrieg auszeichnen (Gilg und Hablützel 1986, 823f.):

Erstens machen die Autoren einen beschleunigten Wandel der sozialen, kulturellen, ökonomischen und politischen Verfasstheit des Landes aus. Zweitens identifizieren sie eine verstärkte Interdependenz der Schweiz und der Welt, und drittens erkennen sie unter den Bedingungen des Wandels einen gesteigerten Organisationsgrad von Wirtschaft und Gesellschaft. Viertens halten Gilg und Hablützel die Auflösung der herkömmlichen Bindungen und die Entflechtung sozialer Systeme, die dem Individuum bis dahin Halt und Orientierung vermittelten, für ein wichtiges Merkmal der Nachkriegsentwicklung.

Die wechselseitige Beeinflussung dieser Tendenzen trug ein beträchtliches Spannungspotential in sich. Die Sinngebungspraktiken leiteten sich nicht länger von herkömmlichen Wertträgern wie Nation, Heimat, Familie, Ehe oder Beruf ab. Neue Beziehungen zwischen Geschlechtern und Generationen verlangten nach der Anpassung von Deutungen und Wertbezügen, und diese rieben sich an den Ordnungsstrukturen, deren Beharrungstendenz gegenüber einem raschen Wandel überwog. Damit stand gemäss Gilg und Hablützel auch die Kohäsion der Gesellschaft in Frage. Die gesellschaftlichen Transformationsprozesse krempelten dieses Land, welches nach dem Zweiten Weltkrieg weiterhin von einem stark agrarisch geprägten Selbstverständnis gesteuert wurde, buchstäblich um. Der Wandel war einseitig auf Industrie und Technik aufgebaut, in dessen Schatten sich, in viel gemässigterem Tempo, geschlechterdifferenziert und regional sehr ungleich verteilt, ein kultureller Wandel abspielte. Während technische Grossprojekte wie der NationalStraßenbau flott vorangetrieben wurden und in den Städten auf dem Reissbrett phantastische, an Metropolen erinnernde Visionen entstanden, erlitten sozialreformerische Vorlagen wie das Frauenstimmrecht regelmässig Schiffbruch an der Urne (Voegeli 1997).[2]

---

1   Basierend auf der Friedensvereinbarung von 1937 zwischen Industriellen und Arbeiterschaft der Metallindustrie löste sich die seit den 20er Jahren heftig akzentuierte Gegnerschaft von Patrons und Angestellten in eine vertraglich besiegelte, einvernehmliche Zusammenarbeit auf, die unter anderem auf dem Streikverzicht der Arbeiterschaft beruhte (Humbel 1987).

Die traditionellen Geschlechterverhältnisse auf dem Arbeitsmarkt, im Bildungssystem oder in der Familie blieben, ganz abgesehen vom Ausschluss der Frauen aus den politischen Entscheidungsprozessen, ausgesprochen stabil (Magnin 1996). Der strapazierte Mütterlichkeitsdiskurs wurde in den 50er Jahren emsig unterhalten, namentlich von den Frauenverbänden. Die Nachkriegszeit leitete für Frauen eine Phase der Nullmodernität ein, in der im Widerspruch zur zunehmenden Beteiligung der Frauen am Erwerbsleben in verklärter Retrospektive am familiären Schonraum mit der Frau am Herd festgehalten wurde (Broda, Joris und Müller 1998).

Tanner umschreibt die Mentalität der Zeit als »wohltemperierten Realismus und solides Zukunftsvertrauen« (J. Tanner 1992, 351). Der Begriff der Wohltemperiertheit steht für die in der föderalistischen Kultur und mittels der direktdemokratischen Institutionen ausgehandelte Balance. Der Begriff fasst das Ergebnis von Reformstau und Wirtschaftsboom meines Erachtens treffend. Wohltemperiertheit entspricht einem Zustand, der »das lange Jahrzehnt« der 50er Jahre, um einen weiteren Begriff von Tanner zu verwenden, prägte und überdauerte. Es war eine Phase der funktionalen Integration von Konservatismus und Modernität (Blanc und Luchsinger 1994, 9). Die Klammer für diese Wohltemperiertheit bildete die Formel der fünf Ks, bestehend aus »Konsum«, »Konformität«, »Konsens« und »Kompromiss«, die im System der Konkordanz politisch verstetigt wurden (J. Tanner 1992). Nicht zuletzt blieb die Temperatur wohl auch infolge der Reallohnsteigerung um rund 40 Prozent, die sowohl für Arbeiter als auch Angestellte galt, konstant, so dass sich der »Scheinkonsens« (Siegenthaler 1996, 17) halten konnte.[3] Diese Formel blieb weit über die 50er Jahre hinaus bestehen. Die Parteizusammensetzung der Konkordanzregierung, deren bürgerliche Mehrheit durch christlich-soziale Positionen im Hinblick auf gewisse, vor allem gesellschaftspolitische Themen Kompromisse ermöglichte[4], löste sich erst im Dezember 2003 auf, als die Schweizerische Volkspartei ihren Anspruch auf einen zweiten Bundesratssitz einlöste und damit eine rechtsbürgerliche Wende einläutete. Über die vom neu zusammengesetzten Gremium verfochtene stramme Linie wurde seither eine Politik wirksam, die Asylgesetze mehrfach verschärfte, Steuererleichterung

---

2   Voegeli weist darauf hin, dass der diskursive Kontext des Kalten Krieges die Argumente gegen das Frauenstimmrecht neu unterfütterte. ›Gleichschaltung‹, ›Vermassung‹, ›Totalitarismus‹ sind nur einige der Bezeichnungen, die gegen die politische Partizipation der Frauen vorgebracht wurden (Voegeli 1997, 61).
3   Für weitere volkswirtschaftliche Kennziffern der Zeit siehe J. Tanner (1994).
4   So wurde etwa unter der – im Dezember 2003 abgewählten – CVP-Bundesrätin eine Vorlage für die erleichterte Einbürgerung von Zweit- und Drittgenerationsausländer und -ausländerinnen ausgearbeitet, die allerdings am Volksvotum vom 26. September 2004 scheiterte – siehe dazu die Auswertung des Abstimmungsergebnisses in der NZZ, 20/11/2004. Die ebenfalls auf die ehemalige Justizministerin zurückgehende Vorlage über das Partnerschaftsgesetz, das homosexuelle Paare heterosexuellen Ehepaaren rechtlich näherstellt, wurde vom Volk im Juni 2005 angenommen.

für Bessergestellte anregte[5] und im Umweltbereich beträchtliche Abstriche machte. Mit anderen Worten, obwohl bereits ab Mitte der 60er Jahre Bruchstellen am Wachstumsethos in Form von kritischen Positionen sichtbar wurden, markiert letztlich erst der Dezember 2003 das definitive Ende der Wohltemperiertheit schweizerischer Konkordanzpolitik.

In den 50er und 60er Jahren durchdrang die Mentalität der Wohltemperiertheit sämtliche gesellschaftspolitischen Prozesse, und gemeinsam mit dem kommunistischen Feindbild sorgte sie für den inneren Zusammenhalt des Landes. Ein Scheinkonsens, wie Hansjürg Siegenthaler einschränkend bemerkt, der zudem »die fatale Neigung gezeigt [hat], die schon fast suchtartige Neigung, mit dem Dissens aufzuräumen und das Regelwerk der Konkordanzdemokratie in einen Demos konkordanter Gemüter zu transformieren. Und weil dies nicht gelang, hat man dissentierende Geister – dies immerhin eine greifbare Wirkung des ›Kalten Krieges' – propädeutisch fichiert« (Siegenthaler 1996, 17).[6]

Gilg und Hablützel (1986) unterteilen die Nachkriegsentwicklung in verschiedene Perioden, die sie »Normalisierung«, »geordneter Wandel« und »krisenhafter Wandel« nennen. Diese Perioden reichen von der nach der Kriegs- und Krisensituation zurück gedrängten staatlichen Lenkung von Wirtschaft und Gesellschaft Ende der 40er Jahre über das unhinterfragte Wachstum und die durch den Kalten Krieg bestimmte Ordnung der 50er und 60er Jahre. Diese Ordnung hat die Schweiz allzu lange daran gehindert zu erkennen, dass ihr Potential nicht in der Vereinheitlichung liegt, »sondern in der Fähigkeit, mit der Pluralität von Überzeugungen umzugehen« (Siegenthaler 1996, 17).

Räumlich äusserte sich das bevorzugte Gesellschaftsmodell in einem ausgeprägten Suburbanisierungsboom. Dezentrale Industrialisierungszonen prägten das Bild schweizerischer Landschaften, während die Städte einen expandierenden Dienstleistungssektor zu beherbergen hatten – namentlich Zürich wuchs zum internationalen Finanzplatz heran. Junge Familien verwirklichten in den grünen Zonen ausserhalb der zu Dienstleistungszentren und durch explodierende Bodenpreise unbewohnbar gewordenen Städte den Traum des Eigenheims (Frey 1990). Über die geschlechterdifferenzierenden Grundlagen sowie Auswirkung der diesbezüglichen Planung und Lebensrealität sind eine Reihe von Untersuchungen entstanden.[7]

---

5   Das »Steuerpaket«, das als Bescherung insbesondere für Hausbesitzer und Oberschichtsangehörige (zum Beispiel in Form von verminderten Stempelabgaben bei Börsengeschäften) maßgeschneidert war, scheiterte am Widerstand der Kantone, die, erstmals in der Geschichte des Bundesstaates, vom Kantonsreferendum Gebrauch machten und in der Volksabstimmung vom 17. Mai 2004 siegreich blieben (vgl. NZZ, 18/05/2004).

6   Der so genannte Fichenskandal wurde 1989 aufgedeckt und enthüllte, dass nahezu 900'000 Schweizer Bürgerinnen und Bürger (bei einer Bevölkerung von 6,5 Millionen) während Jahrzehnten polizeilich überwacht worden waren (Taz Magazin, 19/10/2002).

Der Fortschrittsglaube und seine technokratische In-Wert-Setzung hatten über die »langen 50er Jahre« hinweg Bürgerliche und Sozialdemokratie geeint, welche eine eigentliche Wachstumskoalition schmiedeten (Stahel 2000). Der motorisierte Individualverkehr wurde gefördert, ExpressStraßen verbanden die Autobahnen direkt mit den Stadtzentren. Raumplanerische Lenkungsversuche scheiterten im Verhandlungsstadium, da sie den liberalen Kräften zu interventionistisch, den konservativen zu modernistisch waren. Risse in der Koalition wurden angesichts wachsenden Misstrauens gegenüber einer technokratisch bestimmten Modernisierung sichtbar. Die Rede ging von der »Unwirtlichkeit der Städte«, und die 68er- Bewegung lancierte einen umfassenden Diskurs über den Lebensraum und die Öffentlichkeit der Stadt.

9.2 Reibungsflächen

Schon die heftigen Auseinandersetzungen rund um die Landesausstellung 1964 hatten gezeigt, dass die kollektiven Deutungsmuster des Landes zunehmend erodierten. Eine geplante Befragung des Expo-Publikums wurde durch den Bund von politisch brisanten Themen gesäubert, und jede Veröffentlichung der Resultate wurde verboten. Die bundesrätliche Zensur betraf so unterschiedliche Bereiche wie die Armee, die Neutralität, die Bodenpolitik, das Verhältnis der Schweiz zur Europäischen Wirtschaftsgemeinschaft oder das Thema Schwangerschaftsabbruch – Fragen zu diesen Themen mussten entweder vollständig fallengelassen werden oder sie wurden in unverfängliche Formulierungen überführt (Sidler 1998, 45). Die Schweiz schien angesichts des sich entfaltenden Wertepluralismus in eine »Krise der schweizerischen Selbstbeschreibung« hinein- zuschlittern, eine Entwicklung, die Ende der 60er Jahre in ein eigentliches »helvetisches Malaise« münden sollte (Eisenegger 1998, 171). Diese Krise äusserte sich nicht zuletzt in der Konjunktur des Überfremdungsdiskurses, der in den 60er Jahren eine besonders starke Resonanz erzielte und den Diskurs um die »nationale Eigenart« belebte (Romano 1998, 143ff.)[8]

Das Ende der einvernehmlichen Zusammenarbeit und damit auch das Ende der »langen« Dekade zeichneten sich deutlich ab, bevor die Ölkrise der

---

7 Die Figur der Vorstadtbewohnerin ging als »grüne Witwe« und Beweis dafür, wie stark vorgefertigte Weiblichkeitskonstrukte in die Raumplanung einfliessen, in die wissenschaftliche Diskussion ein. »Realsoziologisch« ist sie mittlerweile von geringer Bedeutung, weil Lebensentwürfe, die den traditionell-modernen Familien- und Weiblichkeitsvorgaben entsprechen, seltener geworden sind (Becker 2004, 658). Siehe für einen diskursiven Ansatz Bell und Haddour (2000) und für monolithische Geschlechterkonstruktionen im Zusammenhang mit suburbanen Zonen Dowling (1998). Eine aktuelle soziologische Untersuchung zum Wohnen in der Vorstadt verfasste jüngst Marianne Rodenstein (2006).

8 Wobei, wie Romano schreibt, diese »Eigenart« inhaltlich schwer fassbar ist. Klarer steht die negative Fassung da, es handle sich um ein sehr exklusives Bewusstsein, das sich über Jahrhunderte entwickle und dessen Erwerb Ausländern und Ausländerinnen enorme Anstrengungen abverlange (Romano 1998, 149).

70er Jahre den endgültigen Schlussstrich unter eine vergleichsweise stabile Phase der Wohlstandsmehrung setzte. Schon vor der Ölkrise machte sich ein grundsätzliches Unbehagen am Fortschrittsglauben und am Machbarkeitsideal breit, welches bis ins konservative Spektrum hineinreichte und ein Reformklima einleitete. Der vor dem Hintergrund eines geteilten Feindbildes aufgebaute Scheinkonsens bröckelte zusehends. Die sprunghaft steigende Anzahl unkonventioneller Artikulationen ab 1968 deuteten Vertreter und Vertreterinnen der älteren Generation als »Zeichen an der Wand«, und man machte sich auf Unheilvolles gefasst. Statt einer prosperierenden Gesellschaft offenbarte sich ein klaffender Graben zwischen den Generationen, und statt der »ausgleichenden Ordnung« stosse man auf »morschen Zunder« (NZZ, 19/05/1968, zit. in: Zweifel 1998, 196).

Die Krise wurde durch ein erneutes wirtschaftliches Wachstum überbrückt, welches von der Herausbildung neokonservativer Strömungen auch in der jüngeren Generation begleitet wurde. Dennoch sprechen Gilg und Hablützel von einem Andauern der Krise und davon, dass diese durch die Persistenz ungelöster sozialer Probleme verschärft worden sei sowie dadurch, dass sich oppositionelle Kräfte unversöhnlich gegenüber- stünden und damit die politische Handlungsfähigkeit bremsten (Gilg und Hablützel 1986, 824f.).

9.3 Das wirtschaftliche Umfeld der 70er und frühen 80er Jahre

Gilg und Hablützel vertreten die These, dass die Schweiz, die mit einem Vorsprung in die nachkriegszeitliche Wirtschaftsentwicklung gestartet war, durch die Krise der 70er Jahre besonders heftig erschüttert worden sei. Das Ausmaß der Krise lässt sich quantitativ anhand des Rückgangs des Bruttosozialprodukts belegen, der in der Schweiz im Vergleich zu den übrigen OECD-Mitgliedstaaten wesentlich höher ausfiel und sogar die Negativwerte der 30er Jahre übertraf (Gilg und Hablützel 1986, 845). Die Gründe für diese heftige Krisenanfälligkeit führen die Autoren auf verpasste Reformen sowie die grosse Auslandsabhängigkeit der Wirtschaft zurück. Besonders betroffen waren die Bereiche Beschäftigung und Investitionstätigkeit. Tanner führt als zusätzlichen Faktor den monetären Stabilisierungskurs der Schweizerischen Nationalbank an, den diese infolge des Zusammenbruchs des Bretton-Wood-Systems verfolgt hatte (J. Tanner 1998, 253).

Die Kehrseite der nichtinterventionistischen liberalen Staatsidee, die sich in der Schweiz besonders erfolgreich durchgesetzt hatte,[9] war, dass dem während der Hochkonjunktur gemäss einer strengen Ausgabendisziplin geführten Staat während der Rezessionsphasen die Hände gebunden waren und die Regierung daher nicht antizyklisch eingreifen konnte. Es fehlten nicht nur die Mittel, sondern auch die wirtschaftspolitischen Befugnisse, um korrigierend im ökonomischen Gefüge zu intervenieren und die dringend notwendigen Reformprozesse einzuleiten. Dazu kam, dass sich die reformbedürftige Infrastruktur nur unter erheblichem Mehrkostenaufwand ausbauen liess (Gilg und Hablützel 1986). Trotz des enormen Rückgangs um rund 10 Prozent der Arbeitsplätze – etwa 300'000 – blieb die Arbeitslosigkeit tief, denn die Verluste wurden über eine Verdrängung ausländischer Arbeitskräfte sowie von Ehefrauen, Jugendlichen und Rentnern vom Arbeitsmarkt aufgefangen und damit auch statistisch verdeckt. Jedoch erhöhte gerade die Verschlechterung der Berufs- und Bildungschancen von Jugendlichen die gesellschaftlichen Spannungen.[10]

Die Reallohnentwicklung steigerte sich in den 70er Jahren zwar weiterhin, allerdings hatte sich die Kurve merklich abgeflacht (Gilg und Hablützel 1986, 886). Die in einem Klima der Saturiertheit aufgewachsenen Jugendlichen stiessen mit ihren Träumen und Zukunftsplänen im deutlich härter gewordenen Wirtschaftsklima zunehmend an Grenzen. Gleichzeitige Verschiebungen in den sozialen Verhältnissen – etwa eine erhöhte Scheidungsrate – trugen dazu bei, dass die durch die Diskrepanz zwischen der Erwartung und den real angetroffenen Verhältnissen ausgelösten Frustrationen durch das soziale Umfeld abgefedert wurden. Eine Mehrung von Fällen psychosozialer Störungen, Drogenabhängigkeit und Suizidgefährdung bei Jugendlichen war die Folge (Lindner 1996, 257).

Nach der wirtschaftlichen Erholung ab 1977 brach die Konjunktur 1981 erneut ein, und diesmal schlug sich der Abschwung in einer Arbeitslosenziffer von 1 Prozent nieder. Angetrieben von der weltwirtschaftlichen Erholung verzeichnete auch die Schweiz ab 1983 wieder massive Wachstumszahlen. Das Ziel der Vollbeschäftigung konnte allerdings nicht mehr verwirklicht werden; Arbeitslosigkeit gilt seither als strukturell »eingebauter« Faktor der Volkswirtschaft (Gilg und Hablützel 1986, 849). Wirtschaftlich gesehen reichten der Schatten der Krise der 70er und ihre Nachbe-

---

9 Im »Index of Economic Freedom« von 1997 rangierte die Schweiz mit den USA gleichauf auf Rang 5 – zwar nach Hongkong, Singapur, und den andern »asiatischen Tigern«, aber vor sämtlichen europäischen Volkswirtschaften (vgl. J. Tanner 1998, 239). Im Bericht von 2006 ist die Schweiz allerdings um zehn Ränge nach hinten gerutscht. Sie musste sich namentlich von Irland, das gegenwärtig auf Rang drei figuriert, und Dänemark überholen lassen. Dem Bericht ist zu entnehmen, dass vor allem die protektionistischen Maßnahmen im KMU- und Landwirtschaftsbereich sowie die langsam funktionierende, konsensorientierte Politik zu dieser Schwächerstellung geführt hätten. Zwar hat sich die Schweiz im Vergleich zum Vorjahr in den Kategorien fiskale Belastung und Regierungspolitik verbessert, hat dabei aber gleichzeitig im Bankenbereich, wo der grosse Einfluss der Kantonalbanken bemängelt wird, Punkte eingebüßt.
10 Ich verfüge hier nur über empirische Studien aus Deutschland, wo sich der Lehrstellenmarkt zur fraglichen Zeit negativ entwickelte und so die ohnehin sensible Übergangsphase junger Leute zwischen Schule und Einstieg ins Berufsleben erschwerte. Zur gleichen Zeit führten die deutschen Universitäten Studienplatzbeschränkungen ein, womit der Protest der 68er-Generation einer Krisenstimmung gewichen war (Lindner 1996, 255). Wie erwähnt verlief die Entwicklung in der Schweiz nicht so ausgeprägt negativ, zumindest nicht für die Jugendlichen schweizerischer Herkunft.

ben bis in die 80er Jahre hinein, was als ein Motiv der vor allem in der Punk-Bewegung zum Ausdruck gekommenen No-future-Stimmung gelten kann. Gleichzeitig färbte ab 1983 eine sehr optimistische wirtschaftliche Stimmung eine, zum Teil auch von der Bewegung mitbetriebene Perspektive, wonach sehr vieles möglich sei, und namentlich die goldenen Wirtschaftsprognosen verhalfen den an der Bewegung Beteiligten massgeblich zu ihrem Handlungsspielraum.

Diese Entwicklung spiegelt sich auch in den Biographien meiner Informanten und Informantinnen. Einige von ihnen durchliefen Phasen der Arbeitslosigkeit, die zum Teil mit ihrem Engagement in der Bewegung verknüpft waren. Der Kontext damaliger Arbeitslosigkeit unterscheidet sich jedoch scharf vom gegenwärtigen Verständnis von Arbeitslosigkeit. Während heute der Diskurs der Selbstverantwortung intensiv bewirtschaftet wird und Arbeitslosigkeit gerade für die überproportional betroffene junge Generation von Erwerbstätigen eine fatale Sackgasse bedeuten kann, war Arbeitslosigkeit in den 80er Jahren nahezu frei von Schuldzuweisungen und wurde, zumindest von den von mir befragten Betroffenen, durchaus als Chance genutzt, die eigenen Berufsperspektiven neu auszurichten. Ein Bestreben, das zudem – ebenfalls gemäss meinen Interviewpartnern und Interviewpartnerinnen – von den zuständigen Stellen wirksam unterstützt wurde. Angesichts des sich erst anbahnenden Phänomens der »Sockelarbeitslosigkeit« fühlten sich die damals Betroffenen offenbar gut betreut, und den meisten gelang nach einer Aus- oder Weiterbildung der Sprung in ein neues Berufsfeld.[11]

9.4 Das sozialpolitische Umfeld der 70er und 80er Jahre

Individualisierungs- und Pluralisierungstendenzen, als Aufweichung klassen- und regionsspezifischer Lebensmuster bereits in den 50er Jahren einsetzend, prägten die durch einen beispiellosen sozialen Aufstieg der einheimischen Arbeiterschaft sowie durch eine Angleichung an die Angestellten gekennzeichneten 70er Jahre. Die Angleichung bezieht sich insbesondere auf die Löhne und damit auf den Konsum sowie den Zugang zu sozialer Sicherheit.[12] Nach dem Zweiten Weltkrieg hatte die Schweiz über ein äusserst lückenhaftes System zur sozialen Sicherung verfügt. Nur eine Minderheit ausserhalb des öffentlichen Dienstes besaß eine Pensionskasse, die staatlich subventionierten Krankenkassen waren nur etwa der Hälfte der Bevölkerung zugänglich, ebenso die Leistungen der Arbeitslosenkasse. Staatliche Altersvorsorge sowie Kinderzulagen waren nicht flächendeckend eingerichtet. Im Krieg war bereits eine Erwerbsersatzordnung in Kraft getreten, welche Lohnausfälle für

---

11 Interview mit Lorenz Hostettler
12 Wiederum gibt es einen geschlechtsspezifischen Bias: Frauen, die von den Gewerkschaften tendenziell schlechter erfasst wurden, holten gegenüber höheren Lohnkategorien und Männern langsamer auf (Gilg und Hablützel 1986, 877).

geleisteten Militärdienst entschädigte. Nach dem Krieg wurden die staatlichen Alters- und Hinterlassenenversicherung (AHV), die Invalidenversicherung (IV) eingeführt sowie das Pensionskassensystem sukzessive aufgebaut, während eine Mutterschaftsversicherung sowie einheitliche Familienzulagen weiterhin auf ihre Umsetzung warten liessen (Gilg und Hablützel 1986, 871f.).[13] Die Wohlstandsgesellschaft was also bis Ende der 60er für breite gesellschaftliche Schichten Realität geworden, eine Entwicklung, welche sich auch in der seit Mitte des Jahrzehnts gestiegenen Staatsquote ausdrückte (Siegenthaler 1984, 508).

Die Verbürgerlichung der Arbeiterschaft machte vor der Verbürgerlichung der Normen nicht Halt, und seit die Löhne gestiegen und real zu Familienlöhnen geworden waren, erlebte die traditionelle Arbeitsteilung zwischen den Geschlechtern eine Renaissance. Gerade in den unteren sozialen Schichten wurde die Nichterwerbstätigkeit der Frau zur Norm: Die in der Schweiz besonders nachhaltig verankerten bürgerlich-mittelständischen Werthaltungen, verstärkt durch eine rurale Prägung, leiteten eine Retraditionalisierung der betroffenen Gesellschaftsschichten ein, wie die Untersuchung von Albert Tanner zeigt (A. Tanner 1999).

Die Vermutung ist angebracht, dass die Schweiz die Krise der 70er Jahre in gewisser Weise verschlafen hat. Kleinere gesellschaftliche Wandlungsprozesse setzten sich unbesehen durch, so etwa das Wohnen in Wohngemeinschaften in den Städten, wo die Wohnungen der remigrierten Ausländer und Ausländerinnen billig zu haben waren (Schmid 1998b). Verwerfungen im gesellschaftlichen Grundkonsens schien die Politik nicht wahrzunehmen, stattdessen wurden Stellvertreterdebatten – etwa über die Zuwanderung – geführt.[14] Bei potentiell konfliktträchtigen Vorlagen wie etwa dem legalisierten Schwangerschaftsabbruch erzielten die Gegner nur knappe Mehrheiten, im genannten Fall waren es 51,7 Prozent.[15] Solche Ergebnisse hätten damals als Hinweis für die Spannung, die sich offenbar aufbaute, gedeutet werden können. Die scharfen Gegensätze gärten ein ganzes Jahrzehnt lang vor sich hin, bevor sie mit besonderer Wucht eruptierten. Die Spannung sollte sich zu Beginn der 80er Jahren auf mehreren Schauplätzen gleichzeitig entladen.

Heftig aufgerüttelt wurden die wohltemperierten Verhältnisse durch eine Reihe von sozialen Bewegungen, die sich ab Mitte der 60er Jahre zunehmend Öffentlichkeit verschafften. Namentlich die Anti-Atom- und die Umweltbe-

---

13 Eine einheitliche Kinderzulage wurde in der Schweiz im Jahr 2009 eingeführt. Die Volksabstimmung vom 26. November 2006 hieß den notwendigen Gesetzesentwurf gut, siehe http://www.admin.ch/ch/d/pore/va/ 20061126/index.html (Februar 2012).
14 Allein zwischen 1969 und 1977 wurden vier Abstimmungsvorlagen eingereicht, deren Ziel die Beschränkung der ausländischen Bevölkerung in der Schweiz war, http://www.admin.ch/ch/d//pore/va/vab_2_2_4_1.html (Februar 2012).
15 Http://www.admin.ch/ch/d/pore/va/19770925/index.html (Februar 2012)
16 Einstiegsliteratur zur Frauenbewegung siehe beispielsweise Voegeli (1997) oder Broda, Joris und Müller (1998); zur Anti-AKW-Bewegung in der Schweiz siehe Epple-Gass (1997) und Kupper (1998); die jurassische Bewegung ist im Aufsatz von Eisenegger behandelt (1998) sowie bei Hauser (1998).

wegung, die Frauenbewegung, die Friedensbewegung sowie verschiedene linkspolitische Bewegungen gehören dazu; im Schweizer Kontext ist zudem die jurassische Separatistenbewegung erwähnenswert.[16] Die Mobilisierung muss auch in Bezug auf die Veränderung des Medien- und Pressewesens betrachtet werden, namentlich dessen zunehmende Unabhängigkeit von politischen Parteien sowie die Notwendigkeit, sich in einer ausdifferenzierten Medienlandschaft zu behaupten. Unter den neuen publizistischen Rahmenbedingungen, die Mark Eisenegger unter den drei Stichworten Skandalisierung, Personalisierung und Boulevardisierung fasst, erhöht sich für Tabu- und Regelbrüche als taktische Bestandteile sozialer Bewegungen die Chance auf Medienresonanz und damit letztlich auch die Möglichkeit, vom regionalen Ereignis zum Phänomen nationaler Tragweite[17] aufzusteigen (Eisenegger 1998, 162). Die oben beschriebene Sinnkrise der etablierten Politik und des schweizerischen Selbstverständnisses vertiefte sich angesichts der schwächer werdenden Klammer der Ost-West-Polarisierung und des einsetzenden antiamerikanischen Diskurses. Damit wurde ein fruchtbares Klima für die Aktivitäten peripherer Gruppen vorbereitet.

Brüche im »nationalen Grundkonsens« zeichneten sich schon angesichts der unterschiedlichen Bewältigungsstrategien der Wirtschaftsentwicklung ab. Besonders virulent wurden Spaltungserscheinungen jedoch im Zusammenhang mit neu entstandenen Umwelt- und Energieproblemen. Die enorme Zunahme energieintensiver Produktion sowie die sich mit steigendem Wohlstand wandelnde Lebensform der Konsumgesellschaft hatten zu einer erhöhten Belastung der Luft und zur Verknappung der natürlichen Rohstoffe insgesamt und gleichzeitig zu einem Bewusstsein von der Endlichkeit und Verletzlichkeit natürlicher Lebensgrundlagen geführt. Angestossen wurde dieser Diskurs bereits in den 60er Jahren, etwa mit Rachel Carsons »Silent Spring« (Carson 1962) und nachhaltig mit der Veröffentlichung des Club of Rome (Meadows et al. 1972). Diese Publikation bereitete kurz vor dem Wirtschaftseinbruch das Terrain für eine kritische Diskussion von Wachstum und Modernisierung, welcher sich anfänglich vor allem in Auseinandersetzungen um den Bau von Atomkraftwerken sowie Endlager für radioaktiven Sondermüll niederschlug. Mit der Anti-Atom-Bewegung, die sich in der Schweiz 1963 formierte, kündigten sich laut Tanner die Konturen eines neuen Jahrzehnts an (J. Tanner 1992), welches stark durch soziale Bewegungen gekennzeichnet sein würde, und zwar sowohl rechts als auch links auf dem politischen Spektrum. Der Widerstand gegen den NationalStraßenausbau begann sich dagegen erst in den 70er Jahren zu regen (Gilg und Hablützel 1986, 859). Solche Strömungen fanden eine Fortsetzung in Diskursen um das Waldsterben und um sauren Regen in den 80ern,

---

17 An dem von Eisenegger bearbeiteten Beispiel des Jurakonflikts ist diese Verschiebung dadurch erfolgt, dass der Konflikt zum Keil der »Willensnation Schweiz «auszuwachsen drohte. Die befürchtete Solidarisierung der Romandie mit den Separatisten kann nicht nachgewiesen werden, vielmehr muss von einer Deutschschweizer Projektion ausgegangen werden Eisenegger (1998, 170).

und auch die Frage der atomaren Energieproduktion wurde neu lanciert. In der Schweiz hatte das Volk diesbezüglich über drei Vorlagen abzustimmen. 1984 stand die Initiative »Zukunft ohne Atomkraftwerke« zur Debatte, die bei der Abstimmung einen beachtlichen Ja-Stimmen-Anteil von 45 Prozent verbuchen konnte. 1990 waren es einerseits eine Vorlage über den Atomausstieg, die 47 Prozent Zustimmung verzeichnete, sowie eine Moratoriumsvorlage, die eine Mehrheit von 54,4 Prozent fand. Ebenfalls angetrieben durch eine ökologische Politisierung dürften die Abstimmungserfolge von 1987 gewesen sein. So setzten sich die so genannte »Rothenthurm-Initiative«, in welcher es um den Moorschutz ging, sowie ein Kredit für ein Gesamterweiterungskonzept der Eisenbahnen, der so genannten »Bahn 2000«- Vorlage, mit je 57 Prozent Ja-Stimmen durch.[18]

Die 68er-Bewegung wandte sich gegen überholte Traditionen und prangerte die unglaubwürdig gewordenen Werte der Elterngeneration, die Leistung und Konsum in den Vordergrund stellten, an. Die Bewegten von 68 gingen im Wesentlichen von der Frage aus, wie das durch Medien, Sozialisation und Konsum geformte »falsche Bewusstsein« im Sinne Marx' durchbrochen werden könnte. Mit der Notwendigkeit strategischer Neuorientierung erlebte die soziale Bewegung aber auch Umdeutungen. So wurden der studentischen Avantgarde in der wissenschaftlichen Bearbeitung verschiedene Rollen zugeschrieben, darunter als Stadtguerilla, Parteigründung, Randgruppenstrategie, Marsch durch die Institutionen, Entwicklung »alternativer« Lebensformen, Demokratisierung der Gesellschaft und so weiter (Brand 1998, 65).

Gerade in Frankreich, das wirtschaftlich ausgesprochen stabil dastand, bildeten soziokulturelle Motive den Auslöser für den Ausbruch der Bewegung. Verknöcherte Strukturen, bürokratische Verhärtungen, autoritärer Handlungsstil, Versteinerung der Institutionen – all dies brachte das Fass zum Überlaufen. Im Fall Frankreichs war allerdings der entscheidende Punkt, dass sich die Studenten und Studentinnen mit der Arbeiterschaft verbündeten. Als der Chef der kommunistischen Partei die protestierenden Studenten und Studentinnen als »Grossbürgersöhne« (Gilcher-Holtey 1994, 379) verunglimpft hatte, glaubte noch niemand an eine breite Solidarisierung. Wenige Stunden später war die Allianz zwischen Studierenden und den Gewerkschaften Realität geworden. Ausgehend von den Universitäten verschafften sich die 68er-Bewegten mit ihrer antietatistischen, antiautoritären und antiinstitutionellen Haltung durch ihre Körper, ihre Kleidung und durch ihre Präsenz auf öffentlichen Plätzen jene Öffentlichkeit, die sie brauchten, um ihre missionarisch-revolutionären Ideen unter die Leute zu bringen. Der städtische Raum spielte hierbei eine entscheidende Rolle. Die Strasse ermöglichte die Begegnung von Studierenden und Arbeiterschaft, dies war eine notwendige Grundlage für die Reichweite der 68er-Bewegung. Zudem setzte die 68er-Bewegung die

---

18 http://www.admin.ch/ch/d/pore/va/liste.html (Februar 2012)

Stadt als Imaginationsrahmen für den gesellschaftlichen Wandel, den sie vertrat, voraus. Die 68er-Bewegung hatte eine dezidiert urbane Komponente, indem sie lautstark und farbig gegen die als repressiv empfundene soziale Kontrolle, den Konformismus, die Normierung und Regulierung des Alltagslebens Stellung bezog und mitten in den Städten demonstrierte. Die Exponenten und Exponentinnen der 68er-Bewegung kritisierten das vorherrschende Modernisierungsverständnis und entwarfen »alternative« Konzepte des Zusammenlebens, des Umweltverhältnisses sowie der Sexualität. Die Städte gaben das Experimentierfeld ab und beherbergten die neuen Lebensformen.[19]

Der Pariser Mai 1968 verkörpert die Bemühungen der Bewegung, die Innenstadt wieder zu einem öffentlichen Raum zu machen (Schmid 1998, mit Bezug auf Lefebvre 1970). Eine direkte Folge der Modernisierungskritik, gekoppelt mit der einbrechenden Krise der 70er Jahre, ist eine durch negative Volksentscheide vorgenommene Trendwende in der städtischen Planungspolitik. Für Zürich, aber auch für Bern, ist dies anhand von Abstimmungsergebnissen dokumentiert: Gross angelegte Verkehrsprojekte wie im Fall Zürichs eine U-Bahn oder in Bern eine vierspurige Autoachse mitten durch die Innenstadt wurden nach einer längeren Periode des Ausbaus abgelehnt (Bähler et al. 2003; Schmid 1998b). Mit Protestaktionen gegen den Abbruch von alter Bausubstanz und der Verdrängung von Wohn- durch Büroraum integrierten die »alternativen« Kräfte ab Mitte der 70er Jahre eine Antigentrifizierung.[20] Mit ihrer gezielten Anrufung des *Urbanen* ist die 68er-Bewegung eine Vorläuferin der 80er-Bewegung, auch wenn letztere sich in vielerlei Hinsicht von den 68ern abgrenzt.

Vor dem wirtschaftlichen Einbruch 1973 hatte sich die Schweiz von einer industriellen Arbeitsgesellschaft zu einer Konsumgesellschaft gewandelt, in der die Vergesellschaftung stärker über Lebensführung und Lebensstil als über beruflichen Status vollzogen wird. Die Identifikation mit bürgerlichen Werten bildete neben der weiterhin gepflegten und in den 80er Jahren eher verstärkten antikommunistischen Haltung einen wichtigen Integrationsfaktor der schweizerischen Gesellschaft. Auf der anderen Seite erlosch angesichts der steigenden Konsumkraft der unteren Schichten die Distinktionswirkung ehemaliger bürgerlicher Statussymbole (A. Tanner 1999). Die offene Ablehnung dieser Symbole mündete in einer kulturkritischen Haltung, die für die 80er-Bewegung, die von einer bürgerlichen Jugend getragen wurde, zu einer Anknüpfungsmöglichkeit

---

19 Dies ist nur ein äusserst begrenztes Schlaglicht auf die 68er-Bewegung, deren Anliegen eine Vielfalt von Themen aufgriffen und unterschiedlichste Strategien zu deren Verwirklichung verwendeten. Eine eingehende Analyse liefert die Monographie von Gilcher-Holtey (Gilcher-Holtey 1995).
20 Bezüglich Zürich und Bern sind in den frühen 70er Jahren erste Hausbesetzungen dokumentiert (Blick, 08/05/1973). Nach einer Pause kam es in Bern 1977 wiederum zum Widerstand gegen den Abbruch einer Quartierbeiz sowie gegen die Sanierung von günstigen Wohnungen (Bieri 2003).

wurde. Die 68er-Bewegung vertrat ebenso jene kulturkritische Haltung. Tanner hält fest, dass das bürgerliche Wertesystem, obwohl es in den 70er Jahren zu einer Orientierung unter anderen herabgesetzt wurde, im Unterschied zu anderen europäischen Ländern in der Schweiz weiterhin dominierend blieb (A. Tanner 1999, 5). Die jugendlichen Bewegten situierten sich zu Beginn der 80er Jahre in einem Umfeld, das kritische Haltungen kultivierte, dies gehörte zum Habitus der Mittelschicht. Die beschriebene Lockerung bürgerlicher Wertesysteme fand dennoch nur wenig Verbreitung.[21] Tanners Untersuchung zeigt, dass lebensstil- und kulturorientierte Haltungen und Praktiken konjunkturabhängig sind. So gewannen Freizeit und Kultur als sinnstiftende Tätigkeiten in den 80er Jahren an Bedeutung, dennoch blieben aller nonkonformistischen Strömungen zum Trotz materialistische Grundhaltungen weiterhin dominant. Weiter weist Tanner nach, dass Individualisierung als ein Phänomen der mittleren und oberen Bevölkerungsschichten gedeutet werden muss und zudem stark lebenszyklisch bestimmt ist. Er schreibt:

»So waren es vor allem die Geburtenjahrgänge 1945–1958 bzw. 1960–68, die ihre (jugendliche) nonkonformistische Haltung länger bewahrten bzw. in den 80er Jahren sogar wieder stärker hervorkehrten. Ihr Bedürfnis, eigenständige Ansichten zu vertreten und allem eine persönliche Note aufzusetzen, war jedoch nur teilweise mit sogenannten postmateriellen Werthaltungen verbunden.« (Tanner 1999, 9)

Dieses Teilkapitel zeigte die relative Stabilität der bürgerlichen Werte in der Schweiz trotz zahlreicher Reibungsflächen auf. Die Wirtschaftskrise der 70er Jahre bedeutete zwar einen Einschnitt in die wohltemperierten Schweizer Lebensverhältnisse. Dadurch erfolgte jedoch keine breite Abwendung von den grundlegenden Werten, im Gegenteil. Die Individualisierung nahm zu, blieb jedoch, wie Tanner nachweist, auf die Mittelschicht beschränkt. Gerade dort leistete man sich auch eine kritische Haltung. Die Aktivisten und Aktivistinnen der 80er-Bewegung stammten zum grossen Teil aus solchen mittelständischen Haushalten.

9.5 Leerstellen besetzen: die 80er-Bewegung

In diesem Teilkapitel fasse ich einige Merkmale der 80er-Bewegung zusammen. Ich werde dabei besonders jene Aspekte hervorheben, die die 80er-Bewegung als eine urbane Bewegung ausmachen.

---

21 Die Veränderung von Leitbildern weist Tanner in seiner Studie an der veränderten Haltung zur Arbeit nach (1999). Während sich die Haltungen bezüglich Arbeitsethos und Arbeitsstolz über 25 Jahre hinweg auf ziemlich gleichem Niveau bewegen, unterscheiden sich die Angaben der Jugendlichen deutlich, indem sie in diesen Kategorien durchwegs die tiefsten Werte aufwiesen – ein Befund, der sich erst während der Krise der 90er Jahre leicht verschob.

5 – »Grönland«. Archiv der Reitschule, ohne nähere Angabe

Zu Beginn der 80er Jahre flammten die Jugendunruhen in mehreren europäischen Städten, aber auch in der Schweiz, namentlich in Zürich, Basel, Lausanne und Bern, heftig auf. Die Bewegung war, ungleich der 68er, theoriefeindlich,[22] antihierarchisch, selbstbezogen und in erster Linie darauf aus, Freiräume zu schaffen; Punk war die Begleitmusik der »Betonkinder«, die Töne, die die Gefühle der Aufgebrachten stimmig artikulierten und den Untergang beschwörten.[23] Die Bewegung prangerte die verkrusteten Strukturen an und setzte starke Bilder ein, um die Situation der Jugendlichen zu illustrieren. So wurde die gesellschaftliche Verfasstheit als »Packeis« bezeichnet, und man wähnte sich im eiskalten Grönland. »Nieder mit den Alpen, freie Sicht aufs Mittelmeer« war ein weiteres Bild, das die Stimmung prägnant einfing. Und es ist auch eines, das für Bern besonders zutreffend und darum auch besonders schwierig war, ist doch die Alpenkette hinter der Silhouette von Berns Altstadt ausgesprochen identitätskonstitutiv.

Damit war Bern in den 80er Jahren vor dezidiert urbane Herausforderungen gestellt, die Breyvogel als eine Reaktion auf den Mangel an urbaner Verfasstheit deutet: »Diese urbanen Revolten waren keine Revolten gegen die Verstädterung, sondern gegen den Mangel an städtischen Lebensformen in der Stadt« (Breyvoegel 1983, zit. in: Lindner 1996, 414).

---

22 Interview Rolf Neuenschwander
23 Der Bund, 17/05/2000

Die Stadt war mehr als eine Bühne der Widerstandsbewegungen, sie war sozusagen Ursprung und Ziel. Abseits der verregelten Räume wollten die Jugendlichen Inseln der Improvisation aufbauen. Freiraum hiess dabei nicht rechtsfreier Raum, sondern der FreiRaum begriff sich eigentlich als eine Rückkehr zum authentisch Städtischen, zu Vielfalt, Heterogenität und Spontaneität. Dabei rückt das Alltagsleben als Ort der Kreativität ins Zentrum (Lindner 1996, 418).

Die Forderung nach urbanen Werten war treibendes Moment und eine wichtige identifikatorische Kategorie der Bewegung. Die Territorialität der 80er-Bewegung war keinesfalls eine Zufälligkeit oder ein Nebenprodukt: Sie war massgeblicher Kern der Mobilisierung und der Sicherung der nachhaltigen Verankerung der Forderungen und Anliegen. Urbanität hatte sich seit den 70er Jahren zum Synonym für Krise gewandelt: Verkehrsmisere, Kumulation von so genannten Problemgruppen in der Bevölkerung, Verfall von Quartieren bei parallel laufender Aufwertung mit massiven Verdrängungseffekten, Polarisierung, Disparitäten – all das waren Entwicklungen, die durch zunehmende Funktionalisierung und Reglementierung immer weniger steuerbar schienen. Solche Auseinandersetzungen wurden auch in Bern geführt, wo sie, trotz des vergleichsweise kleinen städtischen Maßstabs durch das direktdemokratische System eine hohe Öffentlichkeit erfuhren. Die Stadt Bern wurde deutlich stärker geprägt durch die 80er-, als durch die 1968er-Bewegung.

»Grundsätzlich waren die 1980er-Unruhen in der Schweiz heftiger und dauerten länger als diejenigen der 68er-Bewegung. In keiner anderen Schweizer Stadt war der Kampf um die Realisierung von selbst verwalteten Kulturräumen nach 1980 so hartnäckig und langwierig wie in Bern.« (Bähler et al. 2003, 201)

Die Gründe dafür sehen die Autoren und Autorinnen einerseits in einer verglichen mit jener der 68er-Bewegung weniger politisch-intellektuellen Zielsetzung. Die gezielte Ausrichtung der 80er-Bewegung auf das Alltägliche als HandlungsRaum, ihre konkreten (stadt-)politischen Forderungen zur Aufwertung der Lebensqualität oder zur Schaffung von günstigem Wohnraum für »alternative« Lebensformen, dazu der deutliche Akzent auf kulturelle Anliegen machten die 80er-Bewegung zu einer weit inklusiveren Bewegung als die stark über intellektuelle Eliten definierte 68er-Bewegung. Andererseits gelang es den Behörden nicht wie 1968, rasch begrenzte kulturelle Freiräume zu schaffen und damit eine Einbindung der Bewegung zu erreichen. Schien das Ziel zum Greifen nahe – so 1987, als nach einer breiten Solidarisierungswelle aus der Bevölkerung die Reitschule an das Betreiberkollektiv übergeben werden konnte –, spalteten sich erneut Untergruppen ab. Die 80er profitierten wohl von den bereits in die Jahre kommenden Protagonisten und Protagonistinnen der 68er-Bewegung, die mittlerweile ihre Karrieren in Politik, Verwaltung und Kultur aufgebaut hatten. Von gewissen Schlüsselstellen wurden dann auch Signale der Solidarität oder zumindest des Verständnises gegenüber den Bewegten ausgesendet, und es gab die Bereitschaft, beispielsweise bei Fragen des Rechts, nicht stur auf ordnungsrechtlicher Auslegung von Gesetzen zu beharren.

Vor diesem Hintergrund werfe ich im folgenden Abschnitt einen Blick auf Bern als TatOrt und den urbanen HandlungsRaum.

9.6 Bern als Dorf und Zustand: Stimmungsbild aus der Hauptstadt

»Wenn Bern sich von seiner Krankheit lösen würde, könnte alles anders sein. So wie Basel die Hauptstadt der Industrie und Zürich die Hauptstadt des Geldes ist, so könnte Bern die Hauptstadt der Ideen sein: ein einziger großer Thinktank, ein intellektuelles Laboratorium, das Berkeley der Alpen. Aber die Berner schauen lieber den Young Boys beim Verlieren zu und den Zaffarayas beim Kiffen.«[24]

Im Zentrum von Kapitel 9.6 steht Bern als Kontext, als HandlungsRaum für die in den 80er Jahren virulent gewordenen Auseinandersetzungen um Raum in der Stadt. Mein Versuch, die Stadt in irgendeiner Weise objektiv zu charakterisieren, ist von Anfang an zum Scheitern verurteilt. Eher handelt es sich um ein Stimmungsbild. Es ist eine Collage, durch Beiträge inspiriert, die nicht den Anspruch erheben, das diskursive Spektrum repräsentativ abzubilden. Vielmehr sind es Strömungen der Oberfläche der in der Öffentlichkeit ausgetragenen und greifbaren Töne und Misstöne – Töne, die ein Misstrauen erweckend einheitliches, um nicht zu sagen, einseitiges Bild vermitteln:

Toni Brunner kommt für die dreiwöchigen Sessionen des Parlaments in die Hauptstadt oder wenn Kommissionssitzungen es erfordern. Nationalrat Toni Brunner, der aus einem St. Galler 5000-Seelen-Ort anreist, tut seine Überzeugung kund: »Bern ist ein Dorf« (Gaberell 2004). Das muss kein Nachteil sein, sondern bietet, wie das Kulturmagazin »ensuite« festhält, eine geradezu einzigartige Bereicherung für eine Hauptstadt.[25]

Nicht einmal Dorfstatus gewährt der »Exilwahlberner« und Autor des »Magazins des Tages-Anzeigers« der Bundesstadt. Vielmehr ist Bern eine Krankheit, ein Zustand – und ein schwer auszuhaltender dazu. Dieser Zustand kündige sich bereits mit der »Anfahrt vom Grauholz hinunter ins Berner Becken«, die »dem Abstieg in den Krater eines erloschenen Vulkans gleicht«, an.[26] Die Krankheit ist ansteckend und der Zustand verführerisch – die Berner und Bernerinnen seien verliebt in ihre eigene Gemütlichkeit, die abgründige Poesie der Stadt. Die Wesensart gleiche dem Hobby, dem die meisten Berner und Bernerinnen im Sommer frönen: sich in der Aare treiben lassen. »Heute die

---

24 Magazin des Tages-Anzeiger, 22/01/2005
25 Ensuite, Dezember 2004
26 Magazin des Tages-Anzeiger, 22/01/2005

Erkenntnis: Wer sich treiben lässt, muss nicht schwimmen. Hätten die Berner einen See, sie würden ertrinken«[27], schreibt der der Krankheit Entronnene aus Zürich. Fatal dabei ist: Verliebte wirken nun mal verführerisch.

»Bern ist verliebt, verliebt in seinen Sandstein, den unverrückbaren, der Zeugnis gibt von alter Größe. Bern ist verliebt in seinen Dialekt, den süss-singenden, urigen, keine Stadt hat so viele lebende Heimatdichter, in keinen modernen Printmedien finden sich so viele Mundartausdrücke wie in Berner Zeitungen. Bern ist verliebt in seine Verlierer, die kauzigen Altstadt-Kleingewerbler, den alten Coiffeurmeister am Kornhausplatz, die Antiquitätenhändler in den feuchten Kellergewölben; verliebt in Bümpliz, das Verliererquartier, dessen Vorstadthässlichkeit schon Züri-West auf ›Bümpliz-Casablanca‹ romantisiert haben zu einer falschen Suburbia-Coolness, die niemand bestätigen wird, der wirklich dort lebt; verliebt in die Young Boys,[28] diesen zuverlässigen Lieferanten der Enttäuschungen, die der Berner zum Glücklichsein braucht. Bern ist verliebt in seine Bluessänger, Kuno, Endo, Polo und Büne, die der Stadt auf ewig ihren sentimentalen Soundtrack vorspielen. Bern ist verliebt in seine ›grünen Oasen‹, Aare-Gürtel, Marzili, Elfenau, Rosengarten, aus denen es doch zu neunzig Prozent besteht, besser wäre es, die Stadt verliebte sich in ihre wenigen urbanen Oasen zwischen all dem Grünzeug, Bahnhofplatz, Bollwerk, Eigerplatz.«[29]

Bern ist, ungleich Zürich, nicht *little big city* sondern *little city*. Im Gegensatz zu der Finanzmetropole hegt Bern kaum großstädtische Ambitionen, dennoch werden Berns Schauplätze wegen ihrer symbolischen Tragweite immer wieder zum Brennpunkt des Interesses – zuletzt etwa nach dem Weltwirtschaftsforum in Davos 2003. Lokale Ereignisse gewinnen auf diese Weise schnell überregionale Bedeutung – ein Umstand, den in Unruhezeiten sowohl die Widerständigen als auch die Behörden für sich auslegen.

Mit seinen gut 127'000 Einwohnern und Einwohnerinnen rangiert Bern als viertgrösste Stadt hinter Zürich (338'000), Genf (175'000) und Basel (166'000).[30] Das Bundesamt für Statistik reiht Bern zwar unter die fünf Grosstädte ein – zu den genannten kommt noch Lausanne hinzu – damit stehen die Schweizer Städte aber gemessen an europäischen Maßstäben exotisch da.[31]

Die föderalistische Tradition hat die städtischen Zentren in der Schweiz politisch stets zurückgebunden. Berns Vergangenheit als Pa-

---

27 Magazin des Tages-Anzeiger, 22/01/2005
28 Lokaler Fussballclub
29 Magazin des Tages-Anzeiger, 22/01/2005
30 Http://www.bern.ch/stadtverwaltung/prd/stadtentwicklung/statistik(Februar 2012)
31 Der statistisch massgebliche Stadtbegriff setzt das zuständige Bundesamt bei einer Einwohnerschwelle von 10'000 an. Über historisch verbriefte Stadtrechte können aber auch Orte mit wesentlich tieferen Bevölkerungszahlen als Städte gelten. Über formale oder funktionale Definitionen können weitere Kriterien der Stadt/des Städtischen gefasst werden (Egli 2004).

trizierstadt, die Position als Bundeshauptstadt, ihre Situierung nahe der Sprachgrenze sowie die Eingebundenheit in einen ländlichen Kanton bestimmen den Handlungsspielraum der Stadt massgeblich. In politischen Sachfragen bricht häufig ein Stadt-Land-Graben auf, der die wahre Distanz, die die Geographie zwischen Zentrum und Peripherie legt, unweigerlich zeigt: Die Stadt Bern wird regelmässig von ihrem Umland überstimmt. Diese Diskrepanz zwischen Stadt und Land hat sich in der jüngeren Vergangenheit zusätzlich akzentuiert. Namentlich die Abstimmungsvorlage für eine Tramanbindung des Westberner Stadtteils Bümpliz im Mai 2004 liess die Ressentiments der ländlichen Regionen, die sich angesichts des städtischen Führungsanspruchs in ihren eigenen Bedürfnissen vernachlässigt fühlen, klar zum Ausdruck kommen. Die Staumauer am Grimsel, gegen deren Erhöhung sich verschiedene stadtbasierte Umweltverbände zur Wehr setzen, ist ein Sinnbild für den Konflikt zwischen Stadt und Land, wie Jean-Martin Büttner im »Tages-Anzeiger« schreibt.[32] Eine ähnliche Konfliktlinie zwischen städtischer und ländlicher Bevölkerung zeichnete sich ab, als sich jüngst eine grosse amerikanische Firma aus dem Bereich der Medizinaltechnik für einen Standort im Kanton Fribourg interessierte. Ihr Augenmerk fiel auf ein landwirtschaftlich genutztes Gebiet, das im Sinne des Firmeninteresses im Schnellverfahren umgezont wurde. Umweltverbände setzten sich für den Schutz des Gebiets ein, während die Bewohner und Bewohnerinnen der Region den Einzug des Unternehmens begrüßt hätten und einen wirtschaftlichen Impuls für die Region erwarteten. Die Firma entschied sich zuletzt für einen Standort in Irland.[33]

Der Kanton hat die Stadt mehrfach an die Zügel genommen, weil das von der Regierung vorgeschlagene Budget in der Volksabstimmung wiederholt gescheitert war. Bern trägt schwer an den Zentrumslasten, die durch eine ungünstige Pendlerbilanz noch verschärft werden. Zwischen 1990 und 1999 schrieb die Stadt trotz der Verminderung der Fehlbeträge in der zweiten Hälfte der 90er Jahre rote Zahlen, die Verschuldung wuchs im Jahr 2001 auf 370 Millionen Franken an. Seit 1993 ist Berns Regierung rot-grün dominiert, während vier Jahre zuvor die bürgerlichen Parteien vier von sieben Sitzen belegt hatten. Bis 1984 hatten sich drei bürgerliche Kandidaten und drei linke sowie ein Kandidat der so genannten Mitte die Regierungsgeschäfte geteilt.[34]

Was die Lebensqualität betrifft, schneidet Bern vergleichsweise sehr gut ab. Wie alle Schweizer Städte figuriert Bern insbesondere bei den Einkommen in den vorderen Rängen. In internationalen Erhebungen bekommt

---

32 Tages-Anzeiger, 28/03/2006
33 Tages-Anzeiger, 20/12/2005
34 Http://www.bern.ch (August 2003); Bähler et al. 2003
35 Im Englischen werden für Sicherheit jeweils zwei Begriffe – *safety* und *security* verwendet; wobei *safety* eher die persönliche Sicherheit im Sinne subjektiven Sicherheitsempfindens meint, während *security* auf öffentliche Sicherheit im Sinne auch einer politisch garantierten Stabilität von Strukturen zielt.

Bern bezüglich Sicherheit[35] regelmässig ausgezeichnete Noten, so etwa im internationalen *Quality-of-life-survey* einer privaten Beratungsfirma vom Jahr 2005.[36] Die Sicherheit ist hoch, das politische Klima unaufgeregt bis konstruktiv – wohltemperiert –, die Arbeitsplatzbedingungen vor allem auch für die Patrons zufriedenstellend. In einer Erhebung, den die vier statistischen Ämter Berns, Zürichs, Basels und St. Gallens vergleichend durchgeführt haben, kommt die grosse Zufriedenheit der Bevölkerung mit ihrem jeweiligen Wohnort zum Ausdruck. Besonders positiv für Bern werden etwas unspezifisch die »Schönheit« der Stadt benannt, ebenso die überschaubare Grösse. Das Dörfliche geht aus der Befragung als Standortvorteil hervor. Bezeichnenderweise gehört das kulturelle Angebot in Bern nicht zu den genannten Vorzügen, anders als dies etwa in Basel oder Zürich der Fall ist.[37] Neben dem Hang zur Selbstthematisierung attestiert Jean-Martin Büttner der Stadt Bern eine Neigung zum »Protestantisch-Verschämten« sowie einen »Hang zur Mitte«.[38] »Eine schöne, wenn auch ausgekernte Provinzstadt, die gerne wichtiger wäre, als sie ist, aber etwas Angst hat vor dem Großen,«[39] schreibt Büttner an anderer Stelle.

Im Zusammenhang mit der Einstein-Euphorie des Jahres 2005 beschreibt der »Tages-Anzeiger« Einsteins Qualitäten sozusagen als die Kontrastfolie zu dem, was Bern ausmacht:

»Die Ironie der heutigen Vereinnahmung und Versteinerung [Einsteins, S.B.] liegt auch nicht im Widerspruch zur damaligen Aufnahme. Sondern darin, dass der brillante Querkopf an jeder Straßenecke für Qualitäten gelobt wird, die Bern als Stadt und Zustand sonst eher abgehen: Misstrauen gegen jegliche Autorität, Unkonventionalität im Denken, unerschrockener Individualismus und vor allem: die Bereitschaft zum totalen Bruch mit der Tradition.«[40]

Auch ein anderer berühmter, und erst posthum adoptierter Sohn der Stadt merkt primär deren Trägheit und die verschlafene Behaglichkeit an. Bei seiner Rückkehr soll Paul Klee über die Stadt, die ihn und sein Werk zu Lebzeiten schnöde abgelehnt hat, gesagt haben, alles sei »beim Alten geblieben, [...] alles gleichförmig, gut bürgerlich, ewig, normal«.[41]

Bern ist also kein Pflaster, auf dem Urbanität von selbst gedeiht. Urbanität, wie in Kapitel 7 dargelegt, setzt Reibung voraus, Heterogenität, Ungelöstes, Unfertiges, Nichtzielgerichtetes und eine offene Neugier auch für das Deviante, Abartige, eine Bereitschaft, sich dem sich ausserhalb gebräuchlicher Kategorien Befindlichen zu stellen. Trotz mancher Anstrengung etwa bei der baulichen Umgestaltung von Plätzen streift die Stadt

---

36   Http://www.mercerhr.com/pressrelease/detailsjhtml?idContent=1173105 (Februar 2012)
37   Http://bern.ch/leben_in_bern/stadt/statistik/bevoelkerung/befragung (Februar 2012)
38   Tages-Anzeiger, 16/11/2004
39   Tages-Anzeiger 20/06/2005
40   Tages-Anzeiger 20/06/2005
41   Tages-Anzeiger, 20/06/2005

den provinziellen Habitus nicht leicht ab und erweckt keineswegs den Eindruck einer »unfertigen« Stadt, die gestalterisch offen und der Generierung urbaner Situationen zugänglich ist. Daran rüttelt auch die Werbekampagne der Rot-Grün-Mitte-Stadtregierung nichts, die auf ihre Plakate das zutiefst urbane Versprechen »Räume werden wahr« drucken liess.

Vor diesem Hintergrund lässt sich die Aussage des ehemaligen Berner Polizeikommandanten einordnen, in dessen Erinnerung die Jugendproteste zu Beginn der 80er Jahre völlig aus heiterem Himmel gekommen sind.[42] Die Signale, die die Behörde und die Öffentlichkeit hätten wahrnehmen können, wurden schlicht ignoriert. Vermutlich hielt man, was in den folgenden Jahren die Stadt aufrütteln sollte, für undenkbar. Ebenso verhält es sich mit der Verarbeitung der Ereignisse. Die Schleifung des Hüttendorfes Zaffaraya »war für die Stadt ein traumatisches Erlebnis [...]« berichtet die bis heute in der Reitschule aktive Agnes Hofmann. Ganz ähnlich lässt sich der Berner Kulturverantwortliche Christoph Reichenau vernehmen: »In einer kleinen Stadt schlägt jeder harte Eingriff eine Wunde, die lange nicht heilt.«[43] Und schliesslich formuliert Lukas Bärfuß, Regisseur und ehemaliger Reitschulaktivist, die These der geschlossenen Gesellschaft:

»Bern ist eine kleine Stadt mit einer geschlossenen Gesellschaft und damit auch stärker auf den Konsens angewiesen. Hier stammen die Häuserbesetzer und Reitschulbetreiber oft von Beamten ab, sind also Kinder der Mittelklasse. Insofern erwies sich der Streit zwischen Jugend und Obrigkeit immer auch als Familienstreit zwischen den Generationen und damit nicht so sehr als ein Kampf zwischen Geld und keinem Geld wie bei der Zürcher Jugendbewegung.«[44]

6 – Wahlkampagne Rot-Grün-Mitte, 2004

Bern bildet den Kontext der in dieser Untersuchung fokussierten Jugendbewegung. Da diese Arbeit vom Versuch geleitet wird, die Berner Bewegung mit Blick auf ihre raumkonstitutive Qualität zu untersuchen, ist mit HandlungsRaum die für ein Individuum oder ein Kollektiv wirksame handlungsleitende Struktur gemeint, die diskursiv und damit über den

---

42 Der Bund, 08/06/2000
43 Tages-Anzeiger, 21/11/2005
44 Tages-Anzeiger, 21/11/2005

materiell-symbolischen Gehalt von Räumen erzeugt wird und vermittels der sowohl Verknüpfungen wie auch Grenzziehungen und Schliessungen gedacht werden können.

Der zweite Teil dieses Kapitels widmet sich diesem HandlungsRaum, der Stadt Bern, wie sie in den Gesprächen mit Teilnehmern und Teilnehmerinnen der Bewegung ins Spiel gebracht wurde. Meist wurden diese Antworten über einen Impuls von mir eingebracht, etwa indem ich nach dem Unterschied von Bern und Zürich oder anderen Städten im Rahmen der Unruhen fragte.

9.7 IN DER AARESCHLAUFE

»Und Bern ... ... ich sage immer, die Aare-Schlaufe, gibt Bern eine Geborgenheit. Und die Geborgenheit, verbunden mit der Geschichte, wo ganz viele Leute jetzt aus diesem linken Flügel verbindet, und die Grösse von Bern, dass man sich auch immer wieder trifft, zufälligerweise, aber auch wiederum die Geschichten kennt, der einen, und der andern. Hat eine besondere Geborgenheit, hat einen besonderen Zusammenhalt.«[45]

Geborgenheit und Geschichte(-n), die Aare-Schlaufe markiert den TatOrt, welcher den Zusammenhang – den Zusammenhalt – stiftet. Selbst wenn es in Bern »gchlöpft« und »gräblet«[46] hat: Die Aare fliesst weiterhin gleichförmig um die Stadt herum, umschliesst die Stadt und symbolisiert Sicherheit und Orientierung. Die Aare fliesst und windet sich um die Altstadt herum. Regula Keller imaginiert den Ort Bern als Schnittpunkt von Geschichten, wie er im Entwurf von Doreen Massey steht. Sie benennt damit einige der Kernpunkte, die mehrere Gesprächspartner und Gesprächspartnerinnen anmerken. Es ist die kritische Grösse, die eine Intimität schafft, die über ideologische Gräben hinwegsieht – nicht aus Grosszügigkeit oder weil Berner und Bernerinnen sich durch eine besondere Offenheit auszeichneten. Eher geht es um die Nähe, ja Intimität, die die ineinander laufenden Geschichten herstellen und dadurch einen Zwang zur Überbrückung von politischen Standpunkten schaffen:

»Auch wenn man irgendwie, wenn man politisch ein wenig, einen anderen Hintergrund, man hat zusammen verkehrt, man ist zusammen in den Spunten gesessen, man hat zusammen geredet, man hat Sitzungen gemacht zum Teil, es hat manchmal auch ein wenig Lämpen[47] gegeben, aber man hat irgendwie immer noch zusammen. (…) In Bern ist es immer irgendwie, eben, bist am gleichen Ort gewesen wie, … man hat einfach auch, weil das kleiner gewesen ist, hat man gut zusammen ein Bier trinken können. Oder ist im Lorraine-Bädli[48] auch zusammen gewesen, hat dann auch nicht über Politik geredet, einfach so, das hat dann auch nicht so eine Rolle gespielt.«[49] Daneben wird eine vage umrissene Berner Wesensart ins Spiel gebracht.

---

45 Regula Keller
46 [gerumpelt, alles drunter und drüber geraten]
47 Schwierigkeiten

Sie wird mit »Bhäbigkeit«[50] bezeichnet, also Gleichgültigkeit? Manuel Frey entscheidet sich dagegen, nein, Behäbigkeit, eine Haltung, die sich im »jaa, isch scho guet«[51] ausdrückt, oder im »jaa, leben und leben lassen« sowie »es hat alles Platz gehabt, irgendwie«[52]. »Simpler«, im Vergleich etwa zu Zürich, findet Marianne Berger, »gesittet«, wie es sich für eine Beamtenstadt gehört, meint Ursina Lehmann, »provinziell«, urteilt Helene Ineichen. Man habe sich bemüht, zu verstehen, wirklich ernsthaft bemüht, ohne es lediglich auf einen faulen Kompromiss herauslaufen zu lassen, erinnert sich K.N. von der Stadtbehörde. Man habe Verhandlungen geführt, und die massgeblich Beteiligten hätten durch ihre Interpretation der Situation viel zum Verständnis beigetragen. Dabei habe man versucht, Orte zu schaffen: »... jetzt sollen die Gelegenheit haben, ihre eigenen Behausungen zu bauen, aber immerhin, am Schluss hat man etwas hin gebracht, und das steht jetzt, und wie immer es genutzt wird, ist den Leuten gleichgültig.«[53] Auch das Ziel, die Reitschule »einfach irgendwo in die Ordnung, in die Ordnung einzubeziehen«, habe man mit »längerer Geduld« verfolgt. Die »längere Geduld«, die Berner Behäbigkeit, mit der am Versuch, die Ereignisse zu verstehen, gearbeitet worden sei, hätte letztlich Erfolg gebracht. Ein Potential dafür, Verständnis wachsen zu lassen, wird dem HandlungsRaum Bern auch von Ursina Lehmann attestiert:

»Es hat ja niemand ausserhalb von Bern verstanden, warum sich dermaßen viele Leute auf dem Thema Zaffaraya haben mobilisieren lassen, und natürlich auch noch auf dem Thema Reithalle, oder. Aber ich denke, es hat wirklich beides gebraucht. Für die Selbstverwirklichung und Autonomie in Wohnfragen, ich denke, dass es in Bern ein sehr grosses Verständnis dafür gibt in den Mitte- und Linksparteien, oder. (...) Ich habe immer das Gefühl, Bern ist zu klein, als dass man sich wirklich zerstreiten kann mit irgendjemandem. Also das heisst, man muss immer über alles schlussendlich zu reden versuchen, so, dass man sich irgendwann begegnen kann, weil man sich sowieso immer begegnet. Und Zürich ist gross genug, dass man das nicht muss, man kann brechen.«

48 Öffentliche Badeanstalt an der Aare; in Bern ist der Eintritt in die Freibäder gratis, eine Tradition, die trotz mehrerer Anläufe der Stadtregierung, das Baden kostenpflichtig zu machen, aufrechterhalten wird. Deshalb sind die Bäder ein beliebter Treffpunkt, der sich zudem durch eine hohe soziale Durchmischung der Besucher und Besucherinnen auszeichnet.
49 Marcel Fischer
50 Behäbigkeit, Trägheit; Manuel Frey
51 Man muss sich dieses ›ja, ist schon gut‹ in der Berner Intonation, dem sehr offenen und lang gezogenen a im ja, dem stark untermalten sch im stimmlich höher gelegten ›scho‹ und dem weich auslaufenden guet vorstellen, um die intendierte Wirkung nachzuempfinden.
52 Zitatausschnitte: Marcel Fischer
53 K.N. spricht hier von der via Felsenau, einem Bauprojekt, das für und von Jugendlichen betrieben und von der Stadt unterstützt wurde. Http://www.viafelsenau.ch/flash.html (die Website ist heute vor allem eine Eventagenda; vom Wohnprojekt ist nur wenig zu sehen; April 2012).

Damit bringt Ursina Lehmann eine Charakteristik des politischen Kampfes in Bern auf den Tisch: Die Auseinandersetzungen sind in aller Härte und mit grosser Ausdauer geführt worden. Nie aber gab es einen Bruch, selbst nach einem Mord auf dem Vorplatz der Reitschule sind die Gespräche weitergeführt worden. Die Berner Aktivisten und Aktivistinnen grenzten sich dezidiert von Zürich ab. Meine Gesprächspartner und Gesprächspartnerinnen sind sich einig, dass der Ton in Zürich härter war, dass aber auch die Grösse der Zürcher Szene viel schneller für Abspaltung gesorgt habe, wodurch Energien in die Kommunikation zwischen den Fraktionen abgezweigt worden seien. Marcel Fischer, selbst eine Zeit lang in Zürich aktiv, erinnert sich:

»Und in Zürich ist zum Beispiel immer mehr, man hat sich immer mehr zu trennen begonnen, also, es hat wirklich zwei Szenen gegeben, die zum Teil einfach wirklich nicht mehr zusammen geredet haben, die nachher, entweder hat man zu dem gehört oder zu dem, und, da hat es nichts zwischen drin gegeben, und da ist auch zum Teil die Auseinandersetzung viel viel härter geführt worden. Also wirklich zum Teil sehr hart.«

Die spezifische Organisation der Bewegung und das »heftigere« Klima werden auch mit den Wohnformen, den weniger klar identifizierten und beanspruchten TatOrten in Verbindung gebracht. Am Kontrast zu Zürich wird die Integrationskraft der TatOrte als territorialer Marker der Bewegung und als Identität und Zugehörigkeit stiftendes Moment besonders deutlich, nicht nur in der Benennung der gemeinsam bespielten TatOrte, sondern auch in der Abgrenzung von anderen Stadtbereichen. So wird die Altstadt als »Ausland« bezeichnet.[54] Marcel Fischer:

»In Zürich hat es lange nicht so den – die Leute haben viel vereinzelter gewohnt. Es hat nicht das, wie eine Lorraine, wie das Zaffaraya, das gab es eben nicht. Die Leute wohnten sehr zerstreut. Zum Teil schon in Kreis 4 und so, aber, so in Wohnungen, so, es war viel vereinzelter, auf eine Art. (…) Das Klima war in Zürich schon immer viel heftiger. Also ich hätte nie in Zürich gewollt, wir haben das immer – ich war viel in Zürich, (…) aber das war so ein hartes Klima also so, das hat dort zum Teil wirklich auch politisch, haben die nichts zusammen gemacht.«

Diese Sichtweise teilen zwei weitere Gesprächspartnerinnen. Spaltungen und Trennungen aufgrund unterschiedlicher politischer Haltungen oder bestimmter »ideologischer Schienen« seien in Zürich viel schneller und konsequenter vollzogen worden.[55] Eine Interviewpartnerin unterstellt, dass die Berner und Bernerinnen tendenziell mit Bewunderung nach Zürich geblickt hätten, wo die Unruhen ihren Anfang und ein beeindruckendes Ausmaß erreicht hatten. Sich von vornherein in den Schatten der Zwinglistadt zu stellen

---

54 Lorenz Hostettler

deutet auf das provinzielle Berner Selbstverständnis.[56] Schliesslich ist, wie bereits erwähnt, die Selbstthematisierung der Berner Verfassheit ein Ritual, das offenbar auch vor den Angehörigen der Bewegung nicht Halt macht. Dazu gehört eine Tendenz zur Nabelschau, vielleicht ist auch das ein Ausdruck des provinziellen Dispositivs. Die Berner »Kleinheit« hat aber laut einem Zürcher den Vorteil, dass das eigene Engagement eine Resonanz erzeugt, was Bern zu einem attraktiven Lernfeld mache:

»Und wir in Bern haben eigentlich die Reitschule gehabt als Zentrum, wo wir sehr viel machen konnten. Und mir ist das eigentlich so vorgekommen, als ob Bern viel mehr wirklich eine Stadt ist, wo man sich selbst verwirklichen kann, wo man selbst etwas anreissen kann, durchziehen kann, auf die Beine stellen. In Zürich ist mir das nie so vorgekommen, und ich habe auch immer noch eigentlich das Gefühl, heute ist Bern eigentlich eine Stadt, wo man sehr viele Möglichkeiten hat, etwas auf die Beine zu stellen und zu machen. Und auch das Publikum ist natürlich ein anderes als in Zürich. Hier in Bern ist man eigentlich zum Teil auch noch so dankbar. Also, endlich gibt es wieder mal etwas Neues, es gibt wieder etwas Interessantes, die Leute kommen eigentlich, kommen das schauen, kommen das besuchen, und sind zum Teil also ein sehr dankbares Publikum. Was mir in Zürich nie so begegnet ist.«[57]

Diese Aussagen sind Aussensichten auf Zürich und sollen auch als solche gelesen werden. Die verwendeten verbalen Abgrenzungsstrategien dienen hier nicht dem Zweck, die Zürcher Bewegung zu charakterisieren, sondern sie sollen perzipierte Berner Eigenheiten deutlicher profilieren, im Sinne von Fischers »es ist hier, es ist hier immer anders gewesen«.[58]

Einzigartig für Bern ist die Reitschule. Das »alternative« Kulturzentrum hat seinen Symbolwert auch im neuen Jahrtausend aufrechterhalten. Das Symbol steht für eine hartnäckige und schliesslich siegreiche Bewegung. Die Reitschule ist ein Beweis nicht nur dafür, dass die Anliegen der Bewegung berechtigt waren, sondern dass sie auch in tragfähige Strukturen überführt werden konnten. Noch heute figuriert die Reitschule prominent im Erinnerungsrepertoire der ehemals Bewegten, als Symbol des Triumphs für die Bewegten und als ständige Mahnung für die Öffentlichkeit: »Dir chöit üs nid eifach uf d'Chappe schiisse.«[59] Die Reitschule wird aber auch als Symbol für eine letztlich klug austarierte Stadtpolitik reklamiert, der es weitgehend gelang, überbordende und ausserhalb des politisch legitimen Rahmens zum Ausdruck gebrachte Forderungen zu kanalisieren. Oder, wie eine Lokalzeitung im Rückblick auf die Ereignisse der 80er Jahre festhält: »Bern wurde also doch bewegt – bloss nicht ›subito‹. Gut Ding will eben

---

55 Marianne Berger und Ursula Lehmann
56 Nicole Studer
57 Manuel Frey
58 Marcel Fischer

Weile haben. Gerade in Bern. ›Nume nid gschprängt‹, lehrt die Sandsteinburg – ›süsch tätschts‹.«⁶⁰

Die Berner Bewegung ist ohne die Reitschule nicht denkbar. Diese ist Wahrzeichen und primäre Errungenschaft, ihre Eroberung hat mindestens zwei Generationen von bewegten Jugendlichen mobilisiert, hervor- gebracht, absorbiert und auf die Strasse getrieben. Ebenso schafft es die Reitschule bis heute, die Gemüter in der städtischen Legislative in Aufruhr zu versetzen; traditionell tut sich der Graben zwischen Reitschulbefürwortern und Reitschulbefürworterinnen und den Gegnern und Gegnerinnen tief zwischen bürgerlichen und sozialliberalen Positionen auf. Die Reischule war seit ihrem Bestehen als ›alternatives‹ Jugend- und Kulturzentrum Berns bevorzugter Zankapfel und Gegenstand des Befremdens und der Entrüstung bei Passanten und Passantinnen und Passagieren und Passagierinnen in Hunderten von Zügen, die an der nahe beim Bahnhof gelegenen Reitschule vorbeifahren. Sie war Ort der Anziehung für Gruppen und Personen am Rand der Gesellschaft und der Legalität; Langzeitversuchslabor für die Entwicklung und Gestaltung von Freiräumen; anfällig für gewaltsame Konflikte und Kontrollverlust; nostalgische Reminiszenz an den Kampf um eine bessere Gesellschaft; und sie bleibt Maßstab und Hindernis für jede (jugend-)politische Folgebewegung; schweizweite Adresse für ein nicht vollständig der Kommerzialisierung unterworfenes Kulturangebot; Raum der politischen Agitation; Kennzeichen für die Möglichkeiten und die Limitierung politischer Verhandlungen um die Bedürfnisse spezifischer sozialer Gruppen, sowie, in all diesen Facetten, Teil des Stadtberner Selbstverständnisses. Diesem schillernden TatOrt ist Kapitel 13 gewidmet. Die Reitschule ist das Kennzeichen der Berner Bewegung und darüber hinaus, im negativen und positiven Sinn, auch zum identitätsstiftenden Ort für die Stadt geworden. Ich werde deshalb der Konstitution des HandlungsRaums Reitschule unter Einnahme einer historischen Perspektive im empirischen Teil nachgehen.

Die Collage der Stadt Bern, die ich in Kapitel 9 angefertigt habe, hat zwei Dinge besonders deutlich gemacht. Zum einen hat Bern mit seiner städtischen Verfasstheit zu kämpfen. Das *Urbane* wird der Bundesstadt aberkannt, und die gesammelten Textstellen vermitteln den Eindruck, die Stadt übernehme die ihr zugeschriebenen Attribute des Provinziell-Verschämten. Dennoch ist Bern zweifellos urban und verfügt über urbane Orte. Diese wurden zum Teil als (An-)Ordnung der 80er-Bewegung entworfen. Nach einer Überleitung zum empirischen Teil werden diese (An-)Ordnungen in den nachfolgenden Kapiteln besprochen.

---

59 [Ihr könnt uns nicht einfach auf die Kappe (Mütze) scheissen.] Gemeint ist: Ihr könnt uns nicht einfach auf den Füßen rumtrampeln, unsere Anliegen ignorieren; Claude Gasser.
60 [»Nur nicht so schnell, sonst knallt's«]. Der Bund, 17/05/2000, Nr. 115, 25

10 Schnittstellen zwischen Theorie und Methode

Die Reflexionen über geografische Herangehensweisen und die Konstitution von Raum sowie deren Vermittlung mit geschlechtertheoretischen Konzepten führen mich zu den Fragen, wie Widerstand entstehen kann, welche Kräfte entfesselt beziehungsweise eingebunden werden und nicht zuletzt wie nachhaltig die hervorgerufenen Verwerfungen in einem bestimmten Kontext wirksam werden oder ob, im Gegenteil, Unruhen und politische Agitationen lediglich im Sand verlaufen. Zugespitzt: Die Kritik an herkömmlichen geografischen und soziologischen Deutungsmustern führt letztlich zur Frage nach den Bedingungen der Möglichkeit sozialen Wandels oder, um im geographischen Vokabular zu bleiben, zur Frage nach der Herstellung und der Transformation sozialen Raums.

Das Nachdenken entlang dieser Frage eröffnet faszinierende Möglichkeiten. Der Aufruf, immer wieder nach neuen, angepassten Deutungsrahmen zu forschen, die sich der gelebten Situation sozusagen anschmiegen – und nicht umgekehrt –, macht den Ansatz von Marston und ihren Kollegen, die die Abschaffung von *scale* und die Entwicklung einer ontologischen Perspektive fordern, reizvoll für mich (Marston, Jones und Woodward 2005). Das Bekenntnis zu einer Theorie, die sich der Komplexität der »im Feld« vorgefundenen sozialen Wirklichkeit öffnet, finde ich aufregend – auch wenn in den zum Teil etwas umständlichen und zweifellos sorgfältigen Herleitungen des zweiten Teils von Marstons Artikel diese Bodenhaftung etwas aus dem Blick gerät. Letztlich geht es um eine ganzheitliche Analyse von Ausschnitten und Momenten sozialer Wirklichkeit, in deren Dienst theoretische Modelle treten sollen. Diese Modelle müssen abseits der ausgetretenen Pfade geografischer Theoriebildung immer wieder neu erfunden und auf den Gegenstand hin entworfen werden – in diesem Insistieren und im Erinnern an die Wurzeln der kritischen Geografie liegt meines Erachtens das schöpferische Potential von Marstons Text – auch wenn Marston und ihre Kollegen mit diesem Aufruf weder die Ersten noch die Einzigen sind. Sie mahnen:

»Theory should not ignore the diverse intermesh of languages and desires, the making of connections between bits of bodies and parts of objects; sentences half-caught, laws enforced prejudicially and broken accidentally: for it is here, in the middle of the event – at the sites of singular composition rarely resembling discrete and unitary objects – that one finds the production of social space.« (Marston, Jones und Woodward 2005, 423)

Auch wenn das Autorenkollektiv offen lässt, wie diese »sites of singular composition« zu identifizieren sind, geschweige denn, wie die »Ereignismitte« methodisch eingefasst und systematisiert werden soll, so umschreibt das Zitat treffend eines meiner Anliegen. Wie in der zitierten Passage beschrieben, lassen sich Ereignisse nicht als lineare Abfolgen beschreiben und analysieren. Vielmehr sind es Teile von Körpern und Objekten, falsch Verstandenes, vorlaut Geäussertes, zufällige Behördenentscheide, vorschnelle Beschlüsse, halbfertige Anträge, unbeabsichtigte Nebenwirkungen, politisches Kalkül und karrierespezifische Opportunismen, welche die Geschichten komponieren, die, unfertig und mit offenem Ausgang, sich am ausgewählten Ort kreuzen.

Es sind solche Geschichten, an denen ich im Rahmen dieser Arbeit weiter schreibe. Sie hinterlassen eine emotionale Spur, die durch die Gespräche mit den Beteiligten wieder zum Vorschein kommt. Diese Spur ist manchmal verschüttet und undeutlich, manchmal aufdringlich und auffällig. Sie liegt in den Personen, und es ist gleichzeitig eine Spur, die im Städtischen, im urbanen Raum, in der Materialität eingelassen ist, und es ist nicht zuletzt eine Spur, der ich selbst eine bestimmte Krümmung gegeben habe. Ohne mir dessen ganz sicher zu sein, vermute ich im Ansatz von Marston, Jones und Woodward den Versuch, über den dekonstruktivistischen Deutungsrahmen hinauszugelangen.[1] Diese Vermutung leitet sich aus dem Umstand ab, dass das Autorenkollektiv in der Verflüssigung der Kategorien – einem klassisch dekonstruktivistischer Zugang – kein Mittel sehen, die von ihnen aufgeworfenen Schwächen des *Scale*-Konzepts zu überwinden. Interessant sind insbesondere die Konturen der Alternative, die sich, ausgehend von dieser Kritik, abzeichnen:

»If discarding vertical ontologies requires us to evacuate the epistemological baggage attendant to typologies that ›cover‹ over the situated complexities of the world (Law 2004), overcoming the limits of globalizing ontologies requires sustained attention to the intimate and divergent relations between bodies, objects, orders and spaces. Given these, we propose that it [is, S.B.] necessary to invent – perhaps endlessly – new spatial concepts that linger upon the materialities and singularities of space.« (Marston 2000, 20)

---

1 Dieser Eindruck stammt von Kaffeepausengesprächen mit Literaturwissenschaftlerinnen; findet sich in neueren Texten der Geschlechterforschung, in Gestalt eines starken Interesses an der Materialität (zum Beispiel Maihofer 2004a) – wobei dies allein selbstverständlich keine Abwendung vom dekonstruktivistischen Paradigma bedeutet, sondern innerhalb und als Anwendung der Dekonstruktion praktiziert wird –, so auch bei Butler in »Körper von Gewicht« (Butler 1999). Dazu kommen die anhaltende Skepsis von Historikern und Historikerinnen – ebenfalls auf dem Flur (Brigitte Schnegg) – sowie neuere Texte aus der Soziologie, die den Verlust traditioneller soziologischer Kategorien und Fragestellungen – etwa jene nach der sozialen Ungleichheit – in den Vordergrund rücken (Adkins 2004). Solche Kritiken gibt es in der neueren Kulturgeografie selbstverständlich auch ausserhalb der *Scale*-Debatte, vertreten etwa durch Mitchell (2000; 2003).

Das Bekenntnis zu radikaler Partikularität, welches im Zitat zum Ausdruck gebracht wird, befreit und beunruhigt mich zugleich. Denn letztlich werde ich mich der wissenschaftlichen Konventionalisierung nicht entziehen können. Zwar will ich die »emergent events« nicht mit vorgefassten Kategorien ersticken, bemühe mich, wirklich hin zu hören und den »unfertigen Geschichten« in zwar minimaler, aber aufrichtiger Weise gerecht zu werden. Dennoch ist mein Blick verstellt, und dies nicht nur, weil ich mich an die reglementarischen Bedingungen halten muss, die für das Verfassen einer wissenschaftlichen Arbeit gelten,[2] sondern auch, weil ich wissenschaftliche und alltagstheoretische Deutungsmuster längst verinnerlicht habe. Der »process of unlearning«, den Rogoff einfordert (Rogoff 2000, 3), ist angezeigt. Und er erweist sich als schwieriges Unterfangen. Gestützt durch die jüngsten Entwicklungen in der politischen Geographie, die Konstitution von Dingen und Orten, Ordnungen und Räumen mit innovativen analytischen Mitteln zu untersuchen, wende ich mich im nächsten Teilkapitel den emotionalen Geografien zu.

10.1 Emotionale Geografien der 80er-Bewegung

Ich nahm mir vor, in meiner Arbeit eine räumliche Analyseperspektive zu verwenden, weil ich dieses »Entlernen« vorantreiben wollte und mir von der Kategorie Raum erhoffte, einen Destabilisierungseffekt herbeizuführen. Eine Kombination des räumlichen Ansatzes mit einer Geographie der Emotionen führt möglicherweise »näher« an die die »intimate und divergent relations between bodies, objects, orders and spaces« (Marston, Jones und Woodward 2005, 20). Emotionen sind ebenso intim wie sie kulturell codiert sind, als solche sind sie in den *orders* materialisiert. Und sie sind ebenso körperlich-materiell wie symbolisch konstituiert. Zudem – und dies ist vorerst eine Vermutung – liefern sie womöglich einen Schlüssel dafür, was »new spatial concepts that linger upon the materialities and singularities of space« sein könnten. Schliesslich verbindet sich der emotionale Bezug unmittelbar mit dem räumlichen Ansatz, sind doch Orte ausgezeichnete Vehikel für Gefühle und Träger emotionaler Zuschreibungen. Dies zeigen sprachliche und literarische Bilder, die häufig aus einer Verbindung von räumlichen mit emotionalen Kategorien bestehen. Diese emotionale Potenz von Raum wird in der Kunst und dort namentlich im Film erfolgreich genutzt (Büchler 2003).

Materieller Raum ist ein Kondensationskern für Emotionen. Emotionen materialisieren sich als Raum, durch die konkrete Anbindung von Gefühlen an die Materialität wird aus einem Raum ein TatOrt. Meine Gesprächspartner und Gesprächspartnerinnen liessen mich, rückblickend, an ihren Gefühlen teilhaben, die sie damals, im Verlauf der Ereignisse der 80er, erlebt hatten.

---

2 Etwa so, wie einer der zahlreichen Ratgeber zum Vefassen wissenschaftlicher Arbeiten rät (vgl. Dunleavy 2003).

E-motion und *motion* stehen einander linguistisch nahe. Das Konzept der Bewegung – *motion* – war ein ständiger Begleiter des Entstehungsprozesses dieser Arbeit, insbesondere im Kontext des Graduiertenkollegs und der im Umfeld des Netzwerks der Geschlechterforschung angelegten Untersuchungen.[3] Kluge verweist für Emotion auf den lateinischen Ursprung, der bei *emovere* liegt und »herausbewegen«, »emporwühlen« meint (Kluge 2002, 243), während *promovere* die Vorwärtsbewegung beinhaltet. Der Stamm findet sich in einer ganzen Reihe von Wörtern wieder – etwa dem Moment, dem Motiv, dem Motor und dem Mobil, aber auch der Meute (Kluge 2002, 723). Der Titel dieses Teilkapitels erhält dadurch eine Verdoppelung: »herausbewegte«/»emporgewühlte« Geografien der 80er-Bewegung, sozusagen bewegte Geografien der 80er-Bewegung. Das passt – auch wenn es auf diese Weise unelegant wirkt. Ich bin der Ansicht, dass die 80er-Bewegung in Bern aufwühlend gewirkt hat. Das Wort Emotion führt weiter als die Form ohne die Vorsilbe ex; die Bewegung ist gerichtet, es wird impliziert, dass etwas an die Oberfläche geholt wird, dass aus einer geschlossenen, vielleicht ehemals stabilen Struktur etwas entwichen ist. Im Verb steckt ein aktives Moment, die heutige Verwendung impliziert eher das Eruptive, Unvermittelte, Unkontrollierte – alles Elemente, die auch die soziale Bewegung, von der hier die Rede ist, kennzeichnen. Emotion als Konzept führt mich also einerseits zu den Beweggründen – den *Motiven* – der einzelnen Personen, meiner Gesprächspartner und Gesprächspartnerinnen. Andererseits lässt es sich auf die Stadt übertragen, und in beiden Fällen stellt sich die Frage, was es denn genau ist, was da »herausbewegt« und »emporgewühlt« wird, und woher das, das hervorbricht, denn eigentlich stammt.

Andererseits gibt es da noch den leisen Zweifel, warum diese Hinwendung zur emotionalen Dimension in der Disziplin gegenwärtig so prominent ist. Stehen Geographie und die geographische Forschung auch nach zahlreichen *turns* immer noch für Unbeweglichkeit, der Raum für das Unbewegte? Ist die Zeit allein für das Werden, das Verändern, die Geschichte, den Fortschritt zuständig, während Raum mit Stillstand, Reproduktion, Nostalgie, Emotion, Ästhetik und dem Körper gleichgesetzt wird? »Es entsteht der Eindruck, ›die Zeit schreite fort‹, während der Raum nur herumlungert« (Massey 1993b, 118). Lässt sich der Anspruch, die Dynamik sozialer Wirklichkeit und den Aspekt des Wandels anhand geografischer Ansätze zu verstehen, nicht einlösen? Ist der Weg über einen räumlichen Ansatz kein Ausweg aus dem sozialwissenschaftlichen Dilemma zwischen Handlung und Struktur, zwischen Individuum und Gesellschaft – wie ich gerne nahelegen würde? Eröffnet der Weg über die Gefühlswelt neue Möglichkeiten der adäquateren Repräsentation der sozialen Wirklichkeit? Oder geht es viel eher um eine Kritik an der »gemainstreamten« sozialwissenschaftlichen Geographie nach dem *cultural turn*?

---

3 »*Gender in motion*« war der Titel sowohl des vorgeschlagenen Nationalen Forschungsschwerpunkts wie auch der Abschlusstagung der dreijährigen Graduiertenkollegen.

»The call is to stop separating the world out into meaningful representations on the one hand and ephemeral sensations on the other, and to become attentive instead to truths folded into the fabric of the world itself.« (Dewsbury 2003, 1908)

Dewsbury's Aufruf bezieht sich auf das Ansinnen, den Graben zwischen strukturorientierten und handlungsorientierten Ansätzen zu schliessen. Er verweist auf das methodische Problem, Emotionen letztlich »dingfest« zu machen: Sie gelten als flüchtig, kurzlebig und sind somit wenig zuverlässige Indikatoren für die Verfasstheit der zu untersuchenden sozialen Wirklichkeit. Dies zeigt sich auch bei meinen Interviewdaten: Emotionen lassen sich nur gerade dort erahnen, wo die Worte aufhören. Sehr häufig sind die Pausen die emotional stärksten Momente der Interviews. Diese lassen sich in meinem Text nicht adäquat wiedergeben.

Dass die Suche nach den »truths folded into the fabric of the world itself« keine einfache ist, nimmt Dewsbury vorweg. Der Reiz des Zitats steckt in diesem letzten Teil, der mich, in seinem leisen Anflug von Masslosigkeit, erschreckt – was durchaus Dewsburys Absicht entsprechen dürfte. Um die Wahrheit kann es hier nicht gehen. Dewsbury spricht denn auch nicht von Wahrheit, sondern von Wahrheiten, was mir viel näher ist. Sehr schön ist dieses fabric. Ohne den ganzen konstruktivistischen Baukasten ins Bild rücken zu müssen, stellt ein einziges Wort vieles klar. Der Satz endet mit der ganzen Welt, der Welt an sich, »the world itself«, ich wittere ein phänomenologisches Ansinnen, sehe mich aber getäuscht: Dewsburys Bibliographie wimmelt von Deleuze, da sind noch Bergson und Agamben. Ich weiss zu wenig, fluche innerlich darüber, dass ich all die Jahre an der Uni noch immer keinen Deleuze zu Ende gelesen habe.

Dewsbury spricht also von Wahrheiten, die in den Falten des Gewebes, das die Welt ausmacht, stecken sollen. Ich fühle mich ertappt in meinem Bestreben, meine theoretischen Instrumente zuzuspitzen, mich näher an die vermuteten und doch gemiedenen Wahrheiten heranzutasten. Mit dem Forschergeist, irgendwelchen Geheimnissen auf die Spur zu kommen und zu entdecken, habe ich mich nie identifiziert. Ist das Emotionale die Spur, die jenseits der kulturellen Konstruiertheit führt? Woodward – mit Rückendeckung von Massumi – scheint es darauf anzulegen. Er qualifiziert die »Orte des Affekts« als etwas Ursprüngliches, er spricht, als wolle er Dewsbury eine Antwort geben, von »unfolding« (Woodward 2012). Ganz entgegen meiner Sozialisierung im Wissenschaftsfeld, die mir nahelegte, Wahrheiten allenfalls zu konstruieren und diesen Prozess zu reflektieren, niemals aber welche zu finden, mache ich mich nun doch hinter die Falten des ominösen Gewebes. Ich muss offen lassen, wie Dewsbury seine »truths folded into the fabric of the world« gelesen haben wollte und nehme das Zitat zum Anlass, über die Möglichkeiten und Grenzen eines Zugangs, der sich ernsthaft mit der emotionalen Dimension auseinandersetzt, und seiner Anbindung an geografische Debatten nachzudenken.

11 Tatorte und Handlungsräume

11.1 Einleitung in den empirischen Teil

Der empirische Teil befasst sich mit den TatOrten, die aus der Berner 80er-Bewegung hervorgegangen sind. TatOrte spielten eine wichtige Rolle für das Selbstverständnis der Bewegung. Ihnen wird als Erinnerungsorte eine bleibende Präsenz in der Stadt Bern geschaffen. Die TatOrte sind als Metonyme der Bewegung, auch dann, wenn sie gar nicht mehr existieren, in der kollektiven Erinnerung eingelassen und in die städtische Physiognomie sedimentiert.

Im folgenden empirischen Teil dieser Arbeit befasse ich mich mit der Herausbildung von TatOrten, die als Ergebnisse aus der raumkonstitutiven sozialen Praxis der Berner 80er-Bewegung hervorgegangen sind. Ich gehe davon aus, dass die (An-)Ordnungen, die die Aktivisten und Aktivistinnen vorgenommen haben, TatOrte hervorgebracht und neue HandlungsRäume gestaltet haben. Ein solcher HandlungsRaum ergäbe sich beispielsweise durch die Verschiebung der Grenzziehung des *Urbanen*.

Die TatOrte, die zur Sprache kommen, sind das Zaff, das Zaffaraya, die Reitschule, der Vorplatz und die Frauenvilla an der Gutenbergstraße, auch als »Traumhaus« bezeichnet.

Ich verzichte auf eine Chronologie der Ereignisse, diese wird, wo notwendig, in den entsprechenden Abschnitten nachgeliefert. Eine umfassende chronologische Darstellung der 80er-Bewegung ist online über das Archiv der »Wochenzeitung« für ein interessiertes Publikum greifbar.[1]

Einführend stelle ich die Konzepte des TatOrts und des HandlungsRaums vor, die die Analyseperspektive auf die Ereigniszusammenhänge der Berner 80er-Bewegung bilden. In den folgenden Kapiteln werden dann die TatOrte, die ich untersucht habe, behandelt.

11.2 TatOrte schaffen TatSachen

»Most forms of social theory have failed to take seriously enough not only the temporality of social conduct but also its spatial attributes. At first sight nothing seems more banal and uninstructive than to assert that social activity occurs in time and space. But neither time nor space have been incorporated into the centre of social theory: rather they are ordinarily treated more as ›environments‹ in which social conduct is enacted.« (Giddens 1979, 202)

---

1 http://www.woz.ch/dossier/80er.html (Februar 2012)

Die Verschmelzung der beiden Worte Tat und Ort leitet sich davon ab, dass Orte erst wahrgenommen werden, wenn sie durch unser Tun zu bedeutungsvollen Orten geworden sind. Ich modelliere TatOrte entlang von Doreen Masseys *Place*-Begriff, der die dynamische Qualität betont und Orte als Schnittstellen von unfertigen Geschichten fasst. Diese Geschichten bilden die Ereigniszusammenhänge, die ich in dieser Publikation untersuche.

TatOrte und HandlungsRäume bilden eine methodologische Anlage, um den Untersuchungsgegenstand, die Berner 80er-Bewegung, räumlich zu fassen. TatOrte sind materielle Lokalitäten, territoriale Einheiten, kartierbare Punkte auf dem Stadtplan. Es sind Knotenpunkte, wo sich die untersuchten Ereignis- und Handlungszusammenhänge artikulieren. TatOrte werden angerufen, beansprucht, belegt, geräumt, verklärt, abgesperrt, belebt, bewohnt, bespielt, gestaltet, symbolisch aufgeladen, verkauft, vermessen, beschrieben, vernichtet. Sie beherbergen, schützen, verraten, begrenzen, erzeugen, provozieren, beharren, konservieren, identifizieren und stören Visionen des Städtischen. Sie sind massgebend darin, die Grenzen des *Urbanen* zu markieren und Zugehörigkeiten räumlich zu binden.

TatOrte sind Mittel und Fixpunkte für die Identifikation mit einem Anliegen, einer Forderung, einer Stimmung, einem Begehren. Sie sind Ausdruck von Normen und Regulativen, Ergebnis von Planungsprozessen und kontingente Erscheinungen von Wissenskonstellationen. Sie sind Ergebnis des täglichen Aushandelns zwischen räumlicher Nutzung, der In-Wert-Setzung räumlicher Struktur, räumlicher Kompetenz und räumlicher Übertretungen. Sie entstehen und verflüchtigen sich im politischen Prozess. In den TatOrten sind Erinnerungen eingelagert, die wie ein geologisches Substrat in die Materie eingeflossen sind und daran ablesbar bleiben. TatOrte sind die Produzenten von Wahrheiten. Sie sind in handlungsleitende Sinnstrukturen integriert. TatOrte schaffen TatSachen – und umgekehrt. Soziale Praxis entspringt an bestimmten TatOrten und konstituiert diese gleichzeitig mit. Damit sind TatOrte auch als Orte zu verstehen, wo sich Bedeutungsgebung und Materialisierung verschränken (Maihofer 1995).

Die Berner TatOrte ermöglichen die Anbindung der räumlichen Perspektive an konkret lokalisierbare Substanz, an ein Territorium, über welches Ansprüche materalisiert werden. Um die Geschichten der Berner 80er-Bewegung als raumkonstitutive Ereigniszusammenhänge zu erfassen, suchte ich mir drei verschiedene TatOrte aus: zum einen die städtische Reitschule als wiederkehrender Kristallisationspunkt der Ereignis- und Handlungszusammenhänge, die die 80er-Bewegung verbinden. Zum anderen steht die Besetzung der Gutenbergstraße durch eine Frauengruppe im Fokus. Im Unterschied zur Reitschule besteht sie heute nicht mehr, jedenfalls nicht in ihrer materiellen, territorialen Existenz. Ihre Geschichten verlaufen sich zwischen neu geschaffenen TatOrten und den Biographien ehemals beteiligter Frauen. Der dritte TatOrt ist die Münsterplattform, die Pläfe. Die Pläfe ist der erste städtische Ort in Bern, der Ende der 1960er Jahre mit der Forderung nach Zugehörigkeit durch Jugendliche belegt wurde. Eine historische Rückblende zeigt, dass die Münsterplattform ein Brennpunkt unterschiedlichster raumkonstitutiver Ansprüche bildete. Auf der Münsterplattform, diesem maximalen Ausdruck patrizischen Selbstverständnisses, wurde auch zum ersten Mal die Forderung nach einem Autonomen Jugendzentrum für Bern gestellt. Daneben werden weitere TatOrte erwähnt, weil sie Teil der Geschichten sind, die ich in dieser analysiere. Es sind dies das Zaff, das Zaffaraya und der Vorplatz.

11.3 Wissensordnungen als HandlungsRäume

Mit HandlungsRaum ist die für ein Individuum oder ein Kollektiv wirksame handlungsleitende Struktur gemeint, die über den materiell-symbolischen Gehalt von Räumen erzeugt wird und die als Verknüpfungen, Grenzziehungen und Schliessungen gedacht werden kann. Die Rückbindung der Ereignis- und Handlungszusammenhänge der Berner 80er-Bewegung an das Konzept des HandlungsRaums sorgt für eine gezielte Aufschlüsselung der Ereignisse und deren Bewertung im Kontext der Stadt Bern. Als HandlungsRaum bezeichne ich die räumlich unterlegte Wissensordnung, die der Konstitution von Raum inhärent ist. Diese Wissensordnung, die Subjekte positioniert und deren Handeln einrahmt, ist diskursiv ausgebildet. Der HandlungsRaum muss und soll in keiner Weise als einheitlich gedacht werden, sondern es handelt sich um konkurrierende Vorstellungen – diskursive und institutionalisierte Praktiken der Grenzziehung – um Schliessungsprozesse und daraus resultierenden Verbindungen im Sinne von Zu- und Ungehörigkeiten, die in einer spezifischen Folge und Abhängigkeit voneinander stehen.

12 Tatorte – Die Pläfe

Ich habe mir für diese Arbeit vorgenommen, die Berner 80er-Bewegung auf ihre räumliche Hinterlassenschaft hin zu untersuchen. Darum bearbeite ich die Ereigniszusammenhänge entlang der TatOrte. Ich beginne bei einem Tat-Ort, der schon lange bevor die 80er-Bewegung auftrat, zu einer bedeutsamen Arena der Konstruktion des *Urbanen* wurde, und zwar sowohl in materieller als auch in symbolischer Hinsicht.

12.1 Die Pläfe

Nach der Hausbesetzung am Forsthausweg von 1973 war es in Bern ruhig geblieben. Mit der Wirtschaftskrise zerstreute sich dieser erste Anflug einer Besetzerbewegung sofort wieder. Die Schweiz löste einen Teil der durch die Wirtschafskrise entstandenen Probleme durch die massive Unterschichtung von Ausländern und Ausländerinnen. Damit wurde erreicht, dass trotz des einschneidenden konjunkturellen Einbruchs Schweizer Arbeitskräfte in weit geringerem Maße von Arbeitslosigkeit betroffen waren, als dies im benachbarten Ausland der Fall war.

Im Schatten der Krise vollzogen sich still die gesellschaftlichen Transformationsprozesse, die zum Teil von der 68er-Bewegung ausgelöst worden waren. Der Prozess spielte sich unter der Oberfläche ab, ohne dass dabei die kleinstädtische Selbstwahrnehmung oder die öffentliche Meinung in Bern herausgefordert worden wären. Wohnpolitische Anliegen gaben kein Motiv für Widerstand her, billiger Wohnraum war einfach zu haben – zum Beispiel die von den zurückkehrenden Ausländer und Ausländerinnen verlassenen Arbeiterwohnungen. Für unkonventionelle Wohnformen und Experimente gab es plötzlich Spielraum.

In diesem Kapitel werfe ich einen Blick zurück auf die Anfänge der Berner Bewegung und ihre TatOrte. Die TatOrte der späteren 80er Jahre wurzeln in räumlichen Auseinandersetzungen, die sich bereits in den 70er Jahren abzuzeichnen beginnen. Wie ich zeigen werde, sind die Konflikte von Anfang an stark an bestimmte TatOrte gebunden und werden auch an und über diese ausgetragen. An den Orten entzündet sich ein Diskurs um Zu- und Ungehörigkeiten, adäquate Formen der Nutzung sowie die Art und Weise, wie den Nutzungsübertretungen begegnet werden soll. Der erste Teil des Kapitels ist dem eigentlichen Geburtsort der Berner Jugendbewegung gewidmet. Die Münsterplattform, im Berner Jargon liebevoll Pläfe genannt, schildert das Aufeinandertreffen der wohltemperierten Selbstverständlichkeit Berns und der sich dieser Selbstverständlichkeit entziehenden Jugendlichen besonders anschaulich.

12.1.1 TatOrt Pläfe: Unliebsame Kontraste

»Seit längerer Zeit stellen wir fest, dass die Münsterplattform – früher gepflegte Promenade und Gartenanlage im Kern der Altstadt – immer mehr zu einem Tummelplatz für verwahrloste Jugendliche geworden ist. Vom Frühjahr bis im Herbst hinterlassen diese Benützer, insbesondere nach ihren nächtlichen Zusammenkünften, jeweils eine unbeschreibliche Unordnung und dazu werden die Grünanlagen derart in Mitleidenschaft gezogen, dass die Stadtgärtnerei im letzten Jahr teilweise auf Neuanpflanzungen verzichtet hat.«[1]

Auf der historischen Suche nach Brüchen in der wohltemperierten Berner Verfasstheit sticht der eingangs zitierte Brief der Gemeinnützigen Baugenossenschaft hervor. Die Münsterplattform, eine Parkanlage mit Blick auf die Aareschlaufe und auf das lauschige Mattequartier, einstiges Armen- und Rotlichtviertel mit eng gebauten Riegelhäusern, blieb seit Anfang 1968 rund um die Uhr geöffnet. Die nächtliche Öffnung war auf positives Echo gestossen. In seinem Antwortschreiben an die Gemeinnützige Baugenossenschaft vom 28. Juni 1976 räumt der Polizeidirektor allerdings ein, dass die unproblematische Phase offenbar vorbei sei:

»Seither haben sich die Verhältnisse tatsächlich wesentlich geändert, und aus Berichten der Sicherheits- und Kriminalpolizei wie auch der Stadtgärtnerei geht hervor, dass die Anlage immer mehr zu einem Drogenkonsum- und Drogenumschlagplatz geworden ist, mit all den daraus sich ergebenden negativen Erscheinungen.«[2]

Aufgrund dieses Sachverhalts beantragte die Polizeidirektion beim Gemeinderat die nächtliche Schliessung der Pläfe[3], nachfolgend ein Ausschnitt aus der Begründung:

»Die Anlage ist immer mehr zu einem Drogenkonsum- und Drogenumschlagplatz geworden. Vielfach werden dort auch lediglich die Kontakte zwischen Dealern, Verkäufern und Käufern, aufgenommen, und die Geschäfte werden anderswo getätigt. Es scheint, dass diesbezüglich die Plattform international bekanntgeworden [sic] ist. Nach ausländischem Muster hat sich die Unsitte verbreitet, tags und nachts auf dem Rasen he-

---

1 Brief der Gemeinnützigen Baugenossenschaft zur Schliessung der Münsterplattform, 30/03/1976. In: Archivschachtel M11b, Materialien der Stadtpolizei. Bern, Stadtarchiv.
2 Antwortschreiben der Polizeidirektion an die Gemeinnützige Baugenossenschaft, 28/06/1976. In: Archivschachtel M11b, Materialien der Stadtpolizei. Bern, Stadtarchiv.
3 Koseform für die Münsterplattform. Möglicherweise geht die sprachliche Aneignung der »gepflegten Parkanlage« (vgl. Eingangszitat) einher mit ihrer Nutzung als Treffpunkt für Jugendliche ab der zweiten Hälfte der 70er Jahre.

rumzuliegen, gruppenweise zu diskutieren, zu musizieren und sogar dazu Haschisch oder andere Drogen zu rauchen bzw. zu konsumieren. Die gepflegten Rasen- und Blumenanlagen der Plattform wurden dadurch arg in Mitleidenschaft gezogen.«[4]

Am 9. Juni 1976 bewilligte der Gemeinderat den Antrag der Polizeidirektion. Nachdem man in den 50er Jahren im Stadtparlament noch darüber diskutiert hatte, ob die Münsterplattform als Parkplatz frei gegeben werden könne, prägten mittlerweile andere Nutzungskonflikte den Diskurs. Ein Diskurs, der die zunehmenden Spannungen zwischen kleinbürgerlicher Wertorientierung und den Ansprüchen einer sich als »alternativ« verstehenden Jugend frei legte.

Mit Blick auf die Begrifflichkeiten des Eingangszitats der Baugenossenschaft soll der atmosphärische Gehalt, den ich in Anlehnung an Jakob Tanner Wohltemperiertheit genannt habe, noch schärfer herausgearbeitet werden. Ich beabsichtige, die im Zitat auftauchenden Begriffe in einem diskursiven Feld zu lokalisieren. Der Gegenstand, der in diesen Diskurselementen konstituiert wird, ist das Urbane, die Stadt als Verdichtungsform und Lebensraum des Ungleichen, des Heterogenen, der Differenzen. Ich postuliere hier einen Ursprungskonflikt in der Gegenüberstellung dieses urbanen Versprechens und der wohltemperierten Verfasstheit. Die Wohltemperiertheit bildet den Kontrast, gegen den die 80er-Bewegung ihren Gesellschaftsentwurf lancierte. Dieser Gesellschaftsentwurf enthält einen urbanen Anspruch, indem er vielfältige Formen des Zusammenlebens und damit eine Verschiebung der Grenzen, eine Einforderung von Differenz sowie die Bildung von Netzwerken integriert.[5] Die Münsterplattform ist eine idealtypische Materialisierung der Wohltemperiertheit, und darum war ihre Besetzung durch die Jugendlichen so wirksam. Ich möchte diese These anhand einer vertieften begrifflichen Bearbeitung des Zitats untermauern.

Beim Verweilen auf der »gepflegten Promenade und Gartenanlage im Kern der Altstadt« stellt sich Wohlbefinden ein.[6] Der Teilsatz enthält fast ausschliesslich räumliche Begriffe – die »Promenade«, die »Gartenanlage«, der »Kern der Altstadt«. Es sind Raumbilder, die in die Vergangenheit weisen die Promenade beispielsweise, die zum Lustwandeln einlädt, einem durch und durch gehobenen, im 19. Jahrhundert verbürgerlichten Vergnügen. Der Garten ist nicht nur ein Garten, sondern eine *Gartenanlage*, sorgfältig angeordnet, um die Gemüter zu erfreuen. Derart angelegte Gärten stammen aus vorbürgerlichen Zeiten und spiegeln nicht zuletzt die Vorstellung einer wohl geordneten Gesellschaft, die sich, an der Schwelle

---

4   Antrag der Polizeidirektion an den Gemeinderat, 31/05/1976. In: Archivschachtel M11b, Materialien der Stadtpolizei. Bern, Stadtarchiv.
5   Vgl. Kapitel 9 zu Wohltemperiertheit
6   Brief der Gemeinnützigen Baugenossenschaft zur Schliessung der Münsterplattform, 30/03/1976. In: Archivschachtel M11b, Materialien der Stadtpolizei. Bern, Stadtarchiv.

zur Neuzeit, neue Formen der Disziplinierung – die Sozialdisziplinierung – zulegte und diese auch in der Landschaftspflege materialisierte. Der Kern der Altstadt schliesslich ist auch der Kern des Berner Selbstverständnisses und des heimatlichen Stolzes. In der Altstadt sind Hunderte Jahre von Geschichte sedimentiert, die patrizische Blüte und die republikanische Verfasstheit bilden das Fundament der repräsentativen Häuserzeilen.

Das Adjektiv »gepflegt« passt auf alle im Zitat bezeichneten Orte. Diese werden gepflegt und pflegen ihrerseits die Erinnerung. Das Selbstverständnis und die kleinbürgerliche Wertorientierung werden so in die Pflege integriert, die zitierten Orte sind Ausdruck räumlichen Wohlbefindens. Damit werden Stimmigkeit und gesellschaftlicher Status erzeugt, der Habitus findet eine räumliche Form. Die Promenade, die Gartenanlage und der Kern der Altstadt verkörpern das Ideal des »Am rechten Ort«, des In-place-Seins (Cresswell 1996). Aus dieser Optik kommt die ablehnende Reaktion gegenüber Jugendlichen und ihren »nächtlichen Zusammenkünften« nicht überraschend. Die räumliche Praxis, die die »gepflegte Gartenanlage« und die Promenade in einen »Tummelplatz« konvertieren, ist unmittelbar bedrohlich für dieses In-place-Sein. Der aufgebrachte Brief der Gemeinnützigen Baugenossenschaft wirft zudem ein Licht auf das Verständnis von »Gemeinnützigkeit« der Baugenossenschaft. »Verwahrloste Jugendliche« sind darin nicht eingeschlossen, sie sind am »gepflegten« Ort fehl am Platz. In der »Verwahrlosung« steckt der Gegensatz zum »Gepflegten«. Die Anwesenheit der »Verwahrlosten« entleert die »Pflege« ihres Sinngehalts. Dies wird durch den Entscheid der Stadtgärtnerei illustriert, die, wie im Eingangszitat vermerkt, »auf Neuanpflanzungen verzichtet hat«. Ein solcher Verzicht ist im Kontext der Stadtberner Politik von grosser Tragweite. Er bedeutet nicht nur die Aufgabe der Pflege der symbolstarken Orte, sondern auch einen Bruch mit der Tradition.

»Verwahrlosen« heisst unachtsam behandeln, vernachlässigen. Von wem und in welcher Beziehung die Jugendlichen wohl vernachlässigt sind, so dass sie sich auf der Münsterplattform in einer Weise ausbreiten, dass diese zum »Tummelplatz« wird. Das im »Tummelplatz« enthaltene Verb trägt die gleichen Wurzeln wie »taumeln«. Sich »tümmeln« bezieht sich auf Verhaltensweisen auf einem Spiel- oder einem Kampfplatz (Kluge 2002). Der andere Ausdruck, in dem das Wort auftaucht, ist das »Getümmel«. Dieses Wort hebt den Aspekt des Lärms und des Durcheinanders – also das Gegenteil von Ordnung – hervor. Die Hinterlassenschaft der sich tümmelnden Jugendlichen wird denn auch als »unbeschreiblich« klassiert. Im Antrag der Polizeidirektion an die Stadtregierung wird der Eindruck der Unordnung verstärkt, schliesslich galt es, die Maßnahme der Schliessung im Regierungsgremium durchzusetzen. Die Begründungslogik des polizeilichen Antrags baut auf zwei Elementen auf: Erstens wird der Drogenkonsum als kriminelle Handlung in den Vordergrund gestellt. Der Hinweis, allenfalls würden lediglich die Kontakte hergestellt, um den eigentlichen Handel andernorts abzuwickeln, assoziiert die Münsterplattform mit einer latenten Gefahr. Der konsequente Schritt ist der Ruf nach Kontrolle. Zweitens werden die zeitliche (»tags und nachts«) und räumlich-körperliche Grenzen (»herumliegen«) sprengende Aneignung der Münsterplattform als unschweizerisch markiert. Ausländisch wird gleichgesetzt mit unsittlichem, ungewohntem, ungebräuchlichem, von Tradition und Norm abweichendem Verhalten. Was der schreibende Polizeibeamte besonders schlimm findet: Die Plattform hat in dieser neuen Eigenschaft sogar internationale Bekanntheit erlangt.

Die Diskreditierung der Jugendlichen, die sich auf der Plattform treffen, geschieht in einem zeitgeschichtlichen Umfeld, das von grossen Ängsten gegenüber Ausländern und Ausländerinnen geprägt ist. Die Ablehnung der Schwarzenbach-Initiative gegen die Überfremdung von Volk und Heimat von 1970 lag einige Jahre zurück.[7] 1974 wurde das Volk abermals aufgerufen, zu einer Begrenzung der Zahl in der Schweiz lebender Ausländer und Ausländerinnen Stellung zu nehmen. Zwar fiel die Ablehnung der Initiative diesmal deutlicher aus.[8] Dennoch lässt die Tatsache, dass es innerhalb von wenigen Jahren bereits das dritte Mal war, dass in der nationalen Politik über die Begrenzung der Zahl der Ausländer und Ausländerinnen beraten wurde, auf die Virulenz der Problematik schliessen.[9] Weitere Initiativen dieser Art gelangten 1977, 1988 und 2000 zur Abstimmung.[10] Der Einbruch der Konjunktur, die das reformbedürftige Schweizer Wirtschaftssystem besonders heftig traf, sorgte dafür, dass solche Ängste eher verschärft auftraten – dies ungeachtet der Tatsache, dass im Schweizer Arbeitsmarkt der Konjunkturrückgang auf den Schultern der ausländischen Arbeitskräfte abgefedert wurde (vgl. Kapitel 9, Gilg und Hablützel 1986). Die Bezeichnung des jugendlichen Verhaltens als »ausländisch« ist ein Akt des *outplacing* einer Gruppe. Damit wird die Ungehörigkeit dieser Jugendlichen im doppelten Wortsinn markiert. Ihr im Blick der Betrachter unsittlich erscheinendes Benehmen entzieht ihnen das Aufenthaltsrecht auf der öffentlich zugänglichen Plattform.

Anstössig erscheint das »gruppenweise« ungehörige Verhalten, und auch dem Musizieren kann der Autor des Antrags nichts Positives abgewinnen. Interessanterweise verschwinden die jugendlichen Täter und Tä-

---

7 Die Schweizer (stimmberechtigt waren zu jenem Zeitpunkt nur die Männer)stimmten am 7. Juni 1970 zu 46 Prozent für, zu 54 Prozent gegen die Vorlage. Http://www.admin.ch/ch/d//pore/va/19700607/index.html, (Februar 2012).
8 Http://www.admin.ch/ch/d//pore/va/19741020/index.html (Februar 2012). Das Ergebnis lässt sich nicht direkt vergleichen, waren doch 1974 auch die Frauen stimmberechtigt.
9 Eine erste »Überfremdungsinitiative« war 1968 zurückgezogen worden.
10 Die Zustimmung nahm 1977 nochmals ab und lag bei 29 Prozent, http://www.admin.ch/ch/d//pore/va/19770313/index.html (Februar 2012). 1988 erhöhte sich der Ja-Stimmen-Anteil mit 32 Prozent nur unwesentlich, http://www.admin.ch/ch/d//pore/va/19881204/index.html (Januar 2007). Im Jahr 2000 erreichte die »Volksinitiative für eine Regelung der Zuwanderung« 36 Prozent der Stimmen, http://www.admin.ch/ch/d//pore/va/20000924/index.html (Februar 2012).

terinnen vollkommen aus der polizeilichen Schilderung. Wo die Gemeinnützige Baugenossenschaft immerhin »verwahrloste Jugendliche« ortet, sieht die Polizei nur noch »Dealer«, »Käufer« und »Verkäufer«. Dadurch wird die Situation entpersonalisiert, und es entsteht der Eindruck, die Münsterplattform werde von der »Unsitte« gleich einem unfassbaren Phänomen heimgesucht, wobei die »gepflegte Anlage« – wie schon im vorherigen Beispiel – »in Mitleidenschaft« gezogen wird. Es werden also weder Akteure oder Akteurinnen noch Motive verhandelt. Stattdessen sprechen die Polizeidokumente von »Erscheinungen«, von der Entstehung eines »Drogenumschlagplatzes« und von der Verbreitung einer ausländischen »Unsitte«. Diese Beschreibung evoziert das Bild einer Krankheit, von der die Plattform befallen wird; die Menschen, die ihn nutzen wollen, werden ausgeblendet. Und eine Krankheit muss man bekämpfen. Denn die Plattform wird »in Mitleidenschaft« gezogen. Davon ausgehend, dass die Betonung dem »Leiden« gilt, stellt sich die Frage, mit wem wohl gelitten wird: mit den Jugendlichen oder eher mit dem schmerzhaften Auge des irritierten Betrachters?

Das Mittel, das zur Linderung der »Mitleidenschaft« empfohlen wird, ist die Schliessung der Münsterplattform zwischen 22 Uhr und 7 Uhr, im Sommerhalbjahr bis 6 Uhr.[11]

Die verfügte Schliessung[12] erzeugte Widerstand. Beim Gemeinderat wurde im Anschluss an den Entscheid eine Petition mit 1534 Unterschriften hinterlegt. Der Initiator der Petition hielt das Vorgehen der Stadtregierung für kontraproduktiv. Es werde durch diese Maßnahme nicht gelingen, den »schwelenden Generationenkonflikt« zu entschärfen. Zudem werde der Drogenhandel nicht aufhören, sondern lediglich verschleppt werden.[13]

Diese Meinung teilte auch eine andere Bürgerin, wie sie dem Gemeinderat mitteilte:

»Sie war der einzige Platz in Bern, wo sich junge Leute relativ ungezwungen treffen konnten, wo es niemanden störte, wenn Musik gemacht und gesungen wurde. Nun sitzen die gleichen Leute statt an der (ziemlich) frischen Luft in verräucherten Wirtschaften, und statt zu singen oder Gitarre zu spielen, trinken sie Bier oder Wein, sie unterstehen ja dem Konsumzwang. [...] Stellen Sie sich vor, bewaffnete Polizisten mit Hunden würden Sie Punkt 22 h aus Ihrer ›Stammbeiz‹ werfen. [...] Eine Begründung für die Schliessung der Plattform, die ich einige Male gehört habe, lautet: es sei zuviel mit Drogen gehandelt worden. Ob das stimmt, kann ich nicht beurteilen, aber glauben Sie im Ernst, etwaige Verkäufer und Käufer seien

---

11   Gemeinderatsbeschluss Nr. 987, 09/06/1976. In: Archivschachtel M11b, Materialien der Stadtpolizei. Bern, Stadtarchiv.
12   Gemeinderatsbeschluss Nr. 987, 09/06/1976. In: Archivschachtel M11b, Materialien der Stadtpolizei. Bern, Stadtarchiv.
13   Brief von L.A. zur Petition, 15/07/2976. In: Archivschachtel M11b, Materialien der Stadtpolizei. Bern, Stadtarchiv.

auf die Plattform angewiesen? [...] Das einzige konkrete Resultat, dass die Schliessung der Plattform erzielt, ist, dass die Stadtregierung und Polizei die Berner Jugend immer mehr gegen sich aufbringt.«

Statt sich inhaltlich mit solchen Schreiben oder der Petition auseinander zusetzen, befasste sich die Polizei in der Folge mit der Briefschreiberin. Über die Frau wurde nichts Negatives gefunden. Als Tochter eines »Prof. Dr.« war sie unverdächtig – einzig ihre österreichische Herkunft wurde vermerkt. Der Initiator der Petition dagegen wurde als Linksextremist diskreditiert, der überall dabei sei, »wo öffentliche Institutionen und Behörden angegriffen oder verunglimpft werden«.[14]

Anhand des polizeilichen Dossiers über L.A. gelingt es, einen Eindruck von den gesellschaftspolitischen Konfliktfeldern zu vermitteln, deshalb verweile ich einen Moment lang bei der Akte des Herrn A. Die Auflistung der Demonstrationen, an welchen der 1938 geborene »Sozialarbeiter auf eigene Rechnung (!)« gemäss Polizeiakten teilgenommen hatte, ergibt ein Bild der brisanten politischen Themen, die in der Öffentlichkeit verhandelt wurden:

»Herr A. war in der Vergangenheit an praktisch allen Demonstrationen in Bern und z.T. in der übrigen Schweiz beteiligt. So konnte er u.a. identifiziert werden, als er sich in Lausanne am Krawall gegen die Teilnahme Portugals am Comptoir Suisse beteiligte. In Bern können folgende bedeutende Veranstaltungen bzw. Kundgebungen linksextremer Färbung genannt werden, an denen A. an vorderster Front stand, die Beteiligten aufhetzte und z.T. Polizeibeamte fotografierte:

- Besetzung des soziologischen Instituts
- Strafprozess gegen die Besetzer des soziologischen Instituts
- Demonstration gegen die Unterdrückung in Spanien
- Wahlveranstaltung der revolutionären marxistischen Liga (LMR) in Bern
- Prozess Div Ger 3 in Thun gegen den bekannten LMR-Aktivisten Peter Sigerist [sic]
- Chile-Demonstration in Bern
- Anti-Frauenkongress im Gäbelbachzentrum mit Demo vor dem Kursaal
- Häuserbesetzung am Forstweg
- Demonstration der Studentenschaft der Universität Bern gegen den Ausschluss von Jürg Bock
- Verschiedene RS-Vorbereitungskurse der Soldatenkomitees – als Dachorganisation figuriert die LMR
- Demonstration für die Freilassung sämtlicher politischer Gefangen in Spanien«.[15]

---

14 Brief des Chefs der Kriminalpolizei, Amherd an den Gemeinderat, 11/08/1976. In: Archivschachtel M11b, Materialien der Stadtpolizei. Bern, Stadtarchiv.
15 Brief des Chefs der Kriminalpolizei, Amherd an den Gemeinderat, 11/08/1976. In: Archivschachtel M11b, Materialien der Stadtpolizei. Bern, Stadtarchiv.

Diese Liste deutet auf die feinen Risse hin, die sich im viel zitierten gesellschaftlichen Grundkonsens, der die Schweizer Nachkriegsgeschichte massgeblich geprägt hat, langsam ausbreiteten (vgl. Kapitel 9). Wenn auch nur sporadisch und vermutlich von sehr kleinen Gruppierungen getragen, die zudem polizeilich engmaschig überwacht wurden, so sind diese Ereignisse dennoch als Ausdruck einer wachsenden Unzufriedenheit zu deuten.

Die Münsterplattform war ein Ort von hohem Öffentlichkeitsanspruch. Bezeichnend ist daher, dass sie dann zum Brennpunkt wurde, als die Verfügbarkeit von anderen Treffpunkten gering war. Sie war ein Zentrum für Jugendliche, bevor die Reitschule mit der Forderung nach einem Autonomen Jugendzentrum angepeilt wurde, und sie wurde nach der ersten Schliessung der Reitschule erneut zum Ort des Protests gewählt.

In einem Nachtrag zu einem »Rapport«, den der Münstersigrist 1982 an den Gemeinderat schickte, ist folgender Zwischenfall vermerkt:

»Die Bewegung verlangt Einlass in die Vesper. Es sind ca. 20-25 dieser Jugendlichen. Sie nehmen in unmittelbarer Nähe von Herrn Polizeidirektor Albisetti Platz. Einzelne sitzen erst nach mehrmaliger Aufforderung des Sigristen. Kurz bevor die Predigt beginnt (das Geläute ist zu Ende), steht einer der Jugendlichen auf und fordert die Gemeinde auf mitzuhelfen, dass die Jugendlichen wieder das AJZ zurückerhalten. Im weitere ›beschuldigt‹ er den Polizeidirektor – was genau gesagt wurde, entzieht sich meiner Kenntnis; hatte ich doch ›alle Hände‹ voll zu tun. Die Jugendlichen applaudieren ihrem Redner und gehen vereinzelt, während des Gottesdienstes, wiederum aus der Kirche.«[16]

Gut zehn Jahre später kehren die Jugendlichen an einen TatOrt zurück, dessen Symbolwert bereits in den 70er Jahren verhandelt wurde. Die Geschichtlichkeit und damit die Zeichenhaftigkeit der Pläfe wurden in Wert gesetzt und ergänzt. Zudem nutzen sie den Raum der Kirche und die Präsenz des Kirchgängers Marco Albisetti.[17] Die Jugendlichen entwickelten verschiedene Formen der Öffentlichkeit, um ihre Anliegen zu platzieren.

Die Reaktionen der Bevölkerung liessen nicht auf sich warten:

---

16 Nachtrag zum »Rapport über die jüngsten Vorkommnisse im und um das Münster«, Bern, 08/05/1982, geschrieben von Ernst Reusser, Sigrist. In: Archivschachtel M11b, Materialien der Stadtpolizei. Bern, Stadtarchiv.
17 Die Kirche organisierte am 30. Oktober 1982 eine Veranstaltung unter dem Titel »Der Schrei der Jugend«. Anlässlich der Veranstaltung sollten auch Vertreter und Vertreterinnen der Bewegung auftreten. Hinter den Kulissen gab es intensive Gespräche zwischen den kirchlichen Veranstaltern und der Polizei – es entstand ein Plan, der die Sicherheitsvorkehrungen im Falle eines Eskalierens minutiös festlegte.

»Betrifft: Offenhalten der Plattform für Anwohner der Untern Altstadt und Touristen

Lieber Marco
zu verschiedenen Malen war ich in letzter Zeit Zeuge abstossender Gebärdung Jugendlicher auf der Plattform. Durch das flegehafte [sic] Benehmen Unerzogener und das ›Besetzen‹ der Bänke und Sitzgelegenheiten wird es Müttern mit Kleinkindern und älteren Menschen verunmöglicht, die einzige Parkanlage der Altstadt zu benutzen. [...] Die angeführten Tatsachen, welche Dir ja sicher längstens bekannt sein müssen, bewirken, Dich zu bitten, dass die Plattform für unsere Anwohner und Besucher, Jung und Alt, offen gehalten werden können. Durch angemessene und geeignete Massnahmen soll der frühere friedliche Zustand wieder hergestellt werden; sämtliche Besucher und Benützer unserer Anlagen haben sich einer gleichen Ordnung zu unterziehen.«[18]

Im Schreiben an seinen Duzfreund, den Polizeidirektor, unterscheidet der Unterzeichnende zwischen Nutzungsrechten von »Anwohnern der Untern Altstadt« und »Touristen« gegenüber dem »Besetzen« der Zone durch »Unerzogene«. Der Briefschreiber tritt als Advokat für die Bedürfnisse von Müttern mit Kleinkindern sowie älteren Menschen auf, einer Gruppe, die besonders schutzbedürftig ist. Gleichzeitig instrumentalisiert der Briefschreiber diese Gruppe im Sinne seines eigentlichen Motivs: Er verlangt »geeignete Massnahmen«, um einen früheren Zustand wieder herzustellen. »Früher« wird als Zeit-Raum der geordneten Verhältnisse – als eine nostalgische Phantasie – angerufen – dies ungeachtet der Tatsache, dass die Plattform seit den 50er Jahren, als zum ersten Mal über eine Parkplatznutzung diskutiert wurde, Gegenstand divergierender Nutzungsansprüche war.
In der Polizeidirektion dachte man über Maßnahmen nach. Die Forderung nach einer Benutzungsordnung wurde jedoch von der Baudirektion mit der Begründung abgelehnt, es gebe schon zu viele Reglemente. Die Aktennotiz, die in der Dokumentation der Polizei über die Besprechung mit der Baudirektorin archiviert ist, hält fest, dass »dem Herumliegen durch Plattformbesucher wenig negative Bedetung zugemessen« werde, und dass man in der Baudirektion eher von einer »Zeiterscheinung« ausgehe.[19]
Besonders gewichtig scheint mir der letzte Satz des an den Polizeidirektor gewidmeten Briefs: »Sämtliche Besucher und Benützer unserer Anlagen haben sich einer gleichen Ordnung zu unterziehen.« Dies ist ein Schlüsselsatz, der die Haltung eines Teils der Berner Bevölkerung und der Behörden gegenüber der 80er-Bewegung beschreibt. Er konkretisiert ein wichtiges

---

18 Brief von H.U. Neuenschwander, 11/05/1982, an den Polizeidirektor. In: Archivschachtel M11b, Materialien der Stadtpolizei. Bern, Stadtarchiv.
19 Aktennotiz zur Sitzung über die Nutzung der Münsterplattform mit Baudirektorin Ruth Geiser-Imobersteg. In: Archivschachtel M11b, Materialien der Stadtpolizei. Bern, Stadtarchiv.

Element der Wohltemperiertheit. So lange es nicht möglich war, von dieser Haltung ein wenig abzuweichen oder über das Konzept der »Ordnung« zu verhandeln, war dem aggressiven und polarisierenden Charakter der Auseinandersetzungen nicht beizukommen.

Kernpunkte

Die *Pläfe* ist ein privilegierter Ort für die Konstruktion des urbanen Selbstverständnisses. Die Deutungsmacht der traditionellen Berner Elite wird durch die Inanspruchnahme der Jugendlichen angegriffen. Zwar verlegte sich die Jugendbewegung später auf andere, periphere Orte. Sie rückten die Münsterplattform jedoch immer dann ins Kreuzfeuer, wenn ihnen andere Orte des Zusammentreffens verweigert wurden. Der hohe Symbolwert der »Gartenanlage« und der »Promenade« sorgten jeweils für einen raschen politischen Temperaturanstieg.

Ich möchte im folgenden Teil die Rolle der Polizei besprechen, also der Behörde, die mit dem Ordnungsvollzug betraut ist und von der ich deshalb als »Ordnungshüterin« spreche.

12.2 Die Ordnungshüterin

Der Polizei kommt im Zusammenhang mit den sozialen Bewegungen der 80er Jahre und ihrer Folgebewegungen eine wichtige Rolle zu. Den Bewegten ging es primär um die Durchbrechung einer hegemonialen Ordnungsvorstellung, deren Überzeugungskraft aufgrund von Individualisierungstendenzen und eines einsetzenden Wertepluralismus nachliess. Die Polizei wurde in den Augen der Bewegten zum Symbol für jene gesellschaftlichen Ordnungsvorstellungen, welche sie engagiert bekämpften.

Ich halte die Rolle der Polizei für besonders kritisch in Bezug auf das Dispositiv, welches die Ereigniszusammenhänge rund um die Berner 80er-Bewegung einrahmte. Von der hohen Bedeutung der Polizei im Rahmen der Bewegung zeugen auch meine Interviewdaten. Alle meine Gesprächspartner und Gesprächspartnerinnen aus der 80er-Zeit äusserten sich unaufgefordert zur Rolle der Polizei. Ich ergänzte das Bild mit Quellen, die den Polizeiakten entstammen, sowie mit den entsprechenden Dokumenten aus den Gemeinderatsberichten und aus den Medien.

Ich beginne mit einer kurzen Diskussion zu Untersuchungen über die Polizei in der Geographie, der Soziologie und der Geschichte. In Kapitel 12.2.1 nehme ich anhand der empirischen Daten eine Analyse der Rolle vor, die die Polizei im Zusammenhang mit der Jugendbewegung gespielt hat. Ein Schwerpunkt dieses Abschnitts widmet sich der Veränderung der polizeilichen Einsatzdoktrin im Zusammenhang mit den Jugendbewegungen und Demonstrationen. In Kapitel 12.2.2 nehme ich die Rolle der Polizei erneut auf, diesmal jedoch aus dem Blickwinkel der Gespräche, die ich mit den Bewegten geführt habe. Zunächst binde ich die Institution der Polizei jedoch in eine diskursorientierte Analyseperspektive ein.

Institutionen wie die Polizei können als Teile von Dispositiven der diskursiven Produktion von Macht gefasst werden. Nach Foucault sind Dispositive heterogene Ensembles, welche »Diskurse, Institutionen, architektonische Einrichtungen, reglementierende Entscheidungen, Gesetze, administrative Massnahmen, wissenschaftliche Anweisungen, philosophische Annahmen oder philanthropische Schwätzerei, kurz: Gesagtes ebenso wohl wie Ungesagtes umfasst. [...] Das Dispositiv selbst ist das Netz, das zwischen diesen Elementen geknüpft werden kann.« (Foucault 1978, 119f.)

Gemäss Siegfried Timpf sind die bei Foucault angelegten Dispositive Verbindungen von Diskursen, Praktiken und Herrschaft, die ein wirkungsvolles Netz der Produktion von Wahrheiten und Subjektivierungen bilden (Timpf 2001, 69). Die Metapher des Netzes wird von Foucault verwendet, um darzustellen, wie heterogene Elemente zu einem Ensemble verbunden und dadurch in die Produktion von Wahrheit eingebunden werden. Das Netz ist instabil, zwischen diskursiven und nichtdiskursiven Elementen findet ein stetes Spiel der Positionswechsel und Funktionsveränderungen statt. Dispositive sind nicht einfach logisch den Diskursen übergeordnet, sondern sie verbinden Diskurse, Praktiken und Herrschaft bei permanenten Positionswechseln in eine netzförmige Verbindung.

In der Politischen Geographie und in der Stadtgeographie erschien seit den späten 90er Jahren eine Serie von Studien, die sich mit dem öffentlichen Raum, der Nutzungskonkurrenz und den *Zero-tolerance*-Strategien von Politik und Ordnungsdiensten beschäftigen. Die Autoren und Autorinnen dieser Studien zeichnen ein Bild eines zunehmend privatisierten und vermehrt kontrollierten öffentlichen Raums, dessen neoliberale Prägung und Kommerzialisierung zu einer Verdrängung von marginalen Gruppierungen führen. Argumentativ werden diese Strategien durch die neoliberale Standortrhetorik getragen. Diese konstituiert sich aus Sauberkeits- und Sicherheitsdiskursen, wobei letzterer in jüngster Zeit durch den Antiterrorismusdiskurs zusätzlich aufgeladen wurde (Mitchell 1996a; b; 2003; Mitchell und Staeheli 2003; Painter 1997; Smith 1996; Staeheli 2003). Der herausgeputzte und ästhetisch vereinheitlichte Stadtraum bedient die Interessen des Tourismus und der Konsumindustrie im Allgemeinen. Die Operationalisierung der in diesem Dienst entstandenen Leitbilder obliegt den Behörden, der Polizei und zunehmend privat geführten Ordnungsdiensten (Eick 1998).

Karin Gasser legte 2003 eine Deutungsmusteranalyse dieser Leitbilder und der Mittel ihrer Umsetzung durch die Polizei am Fallbeispiel der Stadt Bern vor. Sie deutet jüngste, im Rahmen des neuen Kantonalberner Polizeigesetzes ermöglichte Ordnungspraktiken als Ausdruck eines zunehmend einflussreichen ästhetischen Diskurses, den sie »City-Pflege« nennt. In ihrer Analyse zum so genannten »Wegweisungsartikel« und einem neuen Polizeileitbild kommt Gasser zu dem Schluss, dass es sich bei diesen Maßnahmen weniger um die propagierte Kriminalitätsbekämpfung handelt als um den Ausdruck des im Zusammenhang mit Standortwettbewerb, der Privatisierung öffentlicher Räume sowie der Kommerzialisierung des Stadtzentrums und des Bahnhofes wirksam gewordenen »Sauberkeitsdiskurses« (Gasser 2003).

Die Untersuchung von Urs Zweifel (1998) zeigt, dass die Rolle der Polizei bereits in den Anfängen der Bewegung um autonome Zentren in den späten 1960er Jahren kritisch war. Zweifel beleuchtet die Stellung der Polizei im Zusammenhang mit den Zürcher 68er-Unruhen unter dem Aspekt der sich akzentuierenden Differenz zwischen traditionellen Wertvorstellungen und den unkonventionellen Aktionsformen einer ideologiekritischen Generation (1998). Er kommt zu dem Schluss, dass die Polizeikräfte, die über zwei Jahrzehnte gewohnt waren, bestehende Gesetze »problemlos und buchstabengetreu« (1998, 195) durchzusetzen, unvorbereitet auf die neuen Artikulationsformen trafen. Die Taktik der »relativen Zurückhaltung« (1998, 195) stiess spätestens im Mai 1968 an ihre Grenzen.

Die eigentliche Zerreissprobe hatten jedoch die im Einsatz stehenden Polizeibeamten durchzustehen: Sie bekundeten denn auch zunehmend Mühe, sich an die Instruktionen zu halten. Die Spannung entlud sich nach einem »Monsterkonzert« mit Jimi Hendrix im Zürcher Hallenstadion. In der ausser Kontrolle geratenen Situation verprügelten Polizeibeamte wahllos Konzertbesucher und Besucherinnen. Die anschliessenden, als Globuskrawalle bekannt gewordenen Straßenschlachten müssen, so Zweifel, als direkte Konsequenz der polizeilichen Übertretungen interpretiert werden (Zweifel 1998, 188). Die Globuskrawalle waren über Jahre hinweg das Ereignis, welches als Kontrastfolie für polizeiliche und politische Auseinandersetzungen im Zusammenhang mit sozialen Bewegungen in der Schweiz herhalten muss. Die im Anschluss an diese Ereignisse ausgearbeiteten Einsatzkonzepte und Leitbilder enthielten den Grundsatz der Verhältnismässigkeit, betonten die Notwendigkeit, sich nicht provozieren zu lassen und Einzelaktionen unbedingt zu vermeiden (Zweifel 1998, 192). Diese Leitbilder waren für eine Entwicklung verantwortlich, die Polizeiarbeit über lange Zeit mit Symptombekämpfung gleichsetzte (Zweifel 1998, 194), indem technokratische Lösungsansätze gesucht und teilweise auch gefunden wurden, statt nach den Ursprüngen der Probleme zu suchen. Diese Haltung prägte das Zusammentreffen von Jugendlichen und Polizei zu Beginn der 80er Jahre.

12.2.1 Die Polizei im Richtungsstreit

Dispositive entstehen immer aus einer Krise heraus (Foucault 1978). Die Schweiz wurde anlässlich des »Monsterkonzerts« in Zürich sowie der dadurch ausgelösten »Straßenschlachten« beim Globusprovisorium und vor dem Bellevue in diesen Notstand versetzt. Diese Ereignisse hatten die Polizeikräfte in eine ambivalenten Position hineinmanövriert. Das oberste Gebot galt der Wahrung der Verhältnismässigkeit im Einsatz bei rhetorischer Markierung von Härte. Die im Einsatz stehenden Polizeikräfte mussten die Spannung aushalten.

In Bern stammte die Einsatzdoktrin der Verhältnismässigkeit bei maximaler verbaler Schärfe aus den 70er Jahren. Ein Hinweis darauf bietet die Anklage gegen den damaligen Polizeidirektor vor dem Berner Obergericht von 1972. Im Zentrum der Anklage stand die Weisung des Polizeidirektors, gegenüber den Nutzern und Nutzerinnen des Autonomen Jugendzentrums bei unmissverständlicher Signalisierung von Kompromisslosigkeit zurückhaltend vorzugehen. So sollten beispielsweise Anrufe von erbosten Bürgern und Bürgerinnen wegen Lärmbelästigung rapportiert werden, von einem Einsatz sei aber abzusehen, »was dem anrufenden Bürger aber unter keinen Umständen zu sagen sei«.[20] Die Weisung zur Zurückhaltung stand im Gegensatz zu der Haltung des Korps, wo die Meinung überwog, »man müsse diesen langhaarigen Jungen gegenüber von Anfang an mit aller Härte auftreten.[21] Die Anklagekammer erhielt als oberste Aufsichtsbehörde zufälligerweise Kenntnis von den Weisungen der städtischen Polizeidirektion und verlangte deren Richtigstellung beziehungsweise Aufhebung am 11. November 1971.[22] Als Antwort erhielt die Anklagekammer im Auftrag des Polizeidirektors ein Schreiben, in dem präzisiert wurde, dass die Weisungen restriktiv, nicht extensiv seien, dass diesem Sachverhalt aber erst im mündlichen Kommentar dazu Nachdruck verliehen worden sei. Zudem werde das Jugendzentrum ab sofort anderen »Etablissementen« gleichgestellt, wobei präventive Kontrollen nur ausnahmsweise stattfinden würden.[23]

Sogar der Bundesanwalt schaltete sich »informatorisch« in die Debatte ein, weil es im Zusammenhang mit dem »autonomen Jugendzentrum Lindenhofbunker« in Zürich negative Erfahrungen mit der Sonderstellung des Autonomen Jugendzentrums (AJZ) gegeben habe. In Zürich war demnach die Kluft zwischen Einsatzdoktrin und ausführenden Polizisten

---

20 Auszug aus dem Urteil der Anklagekammer des Obergerichts des Kantons Bern, 09/03/1972. In: Archivschachtel JZ, Jugendzentrum Gaswerkareal 1972-1984.
21 Entwurf einer gemeinderätlichen Stellungnahme bezüglich der Untersuchungen gegen den städtischen Polizeidirektor, 21/06/1972. In: Archivschachtel JZ, Jugendzentrum Gaswerkareal 1972-1984.
22 Der Präsident der Anklagekammer lud am 10. März 1972 zu einem »Instruktionskurs über subversive Tätigkeiten« ein. Das Programm vermittelt einen Eindruck von der Problemsicht der Anklagekammer:
 • Die Ideologie der neuen Linken (Dr. Peter Sager, Bern)
 • Subversive Organisationen (Dr. Robert Vögeli, Zürich)
 • Taktik der neuen Linken (Ernst Cincera, Zürich)
 • Abwehr der subversiven Tätigkeit (Bundesanwalt Dr. Walder, Bern)
 • Subversion und Agitation gegen die Industrie (Dr. Peter Funk, Bolligen)
 • Die Handhabung der Ordnung in der Gerichtsverhandlung (NN.)
 Aus: Einladung zu einem »Instruktionskurs über subversive Tätigkeiten« durch den Präsidenten der Anklagekammer des Obergerichts des Kantons Bern, 10/03/1972. Archivschachtel D2, Demonstrationen, Streiks, Arbeits- und Lohnkonflikte, Ausstände, Unruhen 1970-1972.
23 Auszug aus dem Urteil der Anklagekammer des Obergerichts des Kantons Bern, 09/03/1972. In: Archivschachtel JZ, Jugendzentrum Gaswerkareal 1972-1984.

bereits thematisiert worden. Die Kommandanten hätten sich den Weisungen, die sie als »ein Seich«[24] werteten, von Anfang an widersetzt, wie die gerichtliche Anklagekammer schreibt.[25]

Die Anklagekammer sieht in den Weisungen einen Verstoss gegen die Grundsätze des Rechtsstaats und sogar gegen den Grundsatz der Rechtsgleichheit. Ein weiterer Anklagepunkt betraf den Leiter des Gaskessels, der wegen eines Drogendelikts angeklagt und von seinem Posten suspendiert worden war. Die Weisungen erfolgten zu einem Zeitpunkt, als der Verdacht gegen den Leiter bereits dringend war. Das Obergericht befürchtete eine Gefährdung der Jugendlichen sowie »dass sich früh ein Einreißen der bestbekannten Züricher-Bunkerzustände abzeichnete und viele Beamte fast täglich Anfragen durch Eltern erhielten, die sich besorgt erkundigten, ob es im Jugendzentrum seriös zugehe und ob die Polizei denn auch zum Rechten sehe!«[26]

Die Weisungen des Polizeidirektors hinderten demnach die Polizei an ihrer Aufgabe, »zum Rechten« zu sehen. Dieser Fall weist auf die Schwierigkeit hin, sozialpolitische und ordnungspolitische Anliegen unter einen Hut zu bringen. Dieser heikle Balanceakt sollte die behördliche Auseinandersetzung mit der Jugendbewegung über lange Jahre hinweg begleiten. Der Tenor der in Reaktion auf die gerichtliche Untersuchung erstellten regierungsrätlichen Deklaration lautete denn auch dahingehend, dass eine Vermischung stattgefunden habe zwischen der »Ungesetzlichkeit« der Weisung und der »politisch-taktischen Frage, ob es richtig war, einer Institution wie dem Jugendzentrum gegenüber mit (sicherheits-)polizeilichem Einsatz zurückhaltend zu sein.«[27]

Argumentativ wird die harte Haltung über den Verweis auf Zürich und die »bestbekannten« Zustände dort gestützt. Wiederum wird hier diskursiv die Gefahr eines unbernerischen Zustands heraufbeschworen. Dadurch wird ein *othering* verfügt, eine Zuordnung schwieriger Verhältnisse in ein kontrastierendes Ausserhalb. Zürich steht für den Gegensatz, die negative Entwicklung, den Kontrast. Die Attribute »ausländisch« oder »zürcherisch« dienen als Negativfolien. Die Beamten sehen sich aufgrund der »fast täglichen« Anfragen durch besorgte Eltern persönlich in die Pflicht genommen, »zum Rechten« zu sehen und es nicht zu einem »Einreißen« kommen zu lassen. Das im Zitat verwendete Wort »Einreißen« könnte mit dem Wort »Einbrechen« ersetzt werden, es trägt das Bild einer nachgeben-

---

24 [Pisse]
25 Auszug aus dem Urteil der Anklagekammer des Obergerichts des Kantons Bern, 09/03/1972. In: Archivschachtel JZ, Jugendzentrum Gaswerkareal 1972–1984.
26 Auszug aus dem Urteil der Anklagekammer des Obergerichts des Kantons Bern, 09/03/1972. In: Archivschachtel JZ, Jugendzentrum Gaswerkareal 1972–1984.
27 Entwurf einer gemeinderätlichen Stellungnahme bezüglich der Untersuchungen gegen den städtischen Polizeidirektor, 21/06/1972. In: Archivschachtel JZ, Jugendzentrum Gaswerkareal 1972–1984.

den Unterlage, eines einstürzenden Fundaments in sich. Der Riss mag klein sein und nur an einer Stelle sitzen, er nimmt aber die ganze Spannung in sich auf. So käme es zur Instabilisierung grossen Ausmaßes. »Einreißen« heisst sich ausbreiten, Kreise ziehen, zur Gewohnheit werden. Das Wort lebt auch von viel aktiveren Bedeutungen wie um sich greifen, überhand nehmen, sich durchsetzen.[28] Dagegen muss man etwas tun, dem Prozess des »Einreißens« muss Einhalt geboten werden. Da es sich um »unerzogene« Jugendliche handelt, wird die Polizei hier als Verlängerung der elterlichen Gewalt imaginiert, als Ordnungshüterin, die den Erziehungsauftrag übernimmt. Das Obergericht zweifelt, ob angesichts der Bedrohung – die noch dazu nicht hausgemacht ist – das verordnete Vorgehen gerechtfertigt werden könne. Die Einschätzung des Sachverhalts unterscheidet sich damit zwischen der Polizei und sogar innerhalb der Polizei und den Regierungsverantwortlichen, ein Muster, das sich in den kommenden 35 Jahren häufig abzeichnen sollte.

Auch bei Ereignissen, die nicht im Zusammenhang mit dem autonomen Jugendzentrum standen, war die exponierte Rolle der Polizei Gegenstand der Kritik, so etwa bei Demonstrationen, wie aus einem Antwortentwurf der Polizeidirektion anlässlich der Interpellation Weyermann vom 23. März 1972 hervorgeht:

»Aus der Grundhaltung der Massenmedien [...] wie sie in den letzten Jahren immer wieder zum Ausdruck kam, muss geschlossen werden, dass die Bevölkerung von der Polizei gegenüber Demonstrationen ein großes Maß an Zurückhaltung und Toleranz erwartet, und dass schon ein nicht besonders hartes Eingreifen der Polizei bereits auf Kritik und Ablehnung stößt, als polizeistaatliche Methoden abgestempelt und als Bevormundung zurückgewiesen wird. Gestützt auf diese Erfahrungen lautete die Anweisung an die Polizei vorliegendenfalls wie bei verschiedenen andern Demonstrationen in früheren Jahren nicht auf Verhinderung oder Auflösung der Kundgebung mit allen Mitteln, sondern auf Zurückhaltung und Toleranz; eingegriffen sollte nur werden, wenn es zu Ausschreitungen und wesentlichen Sachbeschädigungen kommen würde.«[29]

Bei dem vom Antwortentwurf bezeichneten Ereignis handelt es sich um eine Demonstration der »Béliers«, einer Bewegung, die sich für einen unabhängigen Kanton Jura einsetzte – ein Thema von staatspolitischer Brisanz, die in Bern verstärkt zutraf, war der Jura doch Teil des Kantons Bern.[30] Vertreter und Vertreterinnen eines harten Durchgreifens handelten mit dem Ziel, einen anderen, einen früheren Zustand oder den eigenen – bernerischen

---

28 Duden 2004
29 Antwortentwurf der Polizeidirektion auf die Interpellation Weyermann bezüglich unbewilligter Bélier-Demonstration, 23/03/1972.
30 Nach einer Volksabstimmung wurde der französische Teil des Juras 1978 zum eigenen Kanton (Eisenegger 1998).

oder schweizerischen – Zustand wieder herzustellen. Ihre Phantasie war es, über Repression zu diesem als Ideal postulierten Zustand zurückzukehren. Dabei muss bei Demonstrationen und den öffentlichen Reaktionen darauf zwischen politischem Inhalt und Interessenvertretern und Interessenvertreterinnen differenziert werden. Wie die Berner Polizeiunterlagen zeigen, besteht gegenüber den damals durchgeführten Demonstrationen von italienischen und spanischen Arbeitsmigranten und Arbeitsmigrantinnen eine weit geringere Toleranz als bei anderen öffentlichen Anlässen. Die Fremdenfeindlichkeit hatte zu Beginn der 70er Jahre einen neuen Höhepunkt erreicht, die an der nur knappen Ablehnung der von James Schwarzenbach lancierten »Überfremdungsinitiative« (Romano 1998) ablesbar ist.[31]

Mit dem Wissen um die Stimmung in der Bevölkerung forderten Bürger und Bürgerinnen die Polizei zu härterem Durchgreifen auf, wenn sich Ausländer und Ausländerinnen öffentliche Präsenz verschafften, so etwa im folgenden Brief eines Bürgers vom Dezember 1970:

»[Ich erlaube mir, S.B.] Sie höflich, aber sehr dringend und erzürnt anzufragen, warum Sie Italiener und Spanier etc. gestatten, in Bern Krawalle zu veranstalten. Wo doch die Hälfte der Schweizer Stimmbürger für die Überfremdung Initiative [sic] und massiven Abbau der Fremden gestimmt hat?«[32]

Auch in anderen Fällen sind Äusserungen von Bürgern und Bürgerinnen zum Einsatzverhalten der Polizei verzeichnet, die Anteilnahme im Fall von gewalttätigen Auseinandersetzungen bezeugen. Häufig sind diejenigen Meinungen aktenkundig, die das polizeiliche Vorgehen als zu wenig hart einstufen. In den Stellungnahmen der Einsatzleitung wird die gespaltene Stimmung, die man innerhalb des Korps gegenüber der Zurückhaltungsdoktrin hegt, deutlich. Polizeiadjunkt Christen vermerkt in einem Antwortschreiben vom 12. Juni 1972, dass der Polizei grösste Zurückhaltung auferlegt und diese praktisch gezwungen sei, »sich zu verstecken«, um Provokationen zu vermeiden. Der Adjunkt macht keinen Hehl aus seinen Zweifeln an den Vorschriften:

»Wir wissen wie, wir Taktiker von der Polizei, aber das setzt voraus, dass man uns etwas mehr freie Hand lässt und uns insbesondere nicht zwingt, die Polizei zu verstecken (um ›nicht zu provozieren‹). In einem solchen Fall begleiten wir nämlich den Umzug mit starken Kräften, sind somit nicht gezwungen [sic], erst auszurücken, wenn das Malheur schon passiert ist.«[33]

---

31 Das Thema der »Überfremdung« wird innerhalb weniger Jahre mehrmals neu aufgelegt, wie ich in Kapitel 9 dargelegt habe.
32 Brief eines Bürgers, Dezember 1970. In: Archivschachtel D2, Demonstrationen, Streiks, Arbeits- und Lohnkonflikte, Ausstände, Unruhen 1970–1972.
33 Antwortbrief auf das Schreiben eines besorgten Bürgers, 07/06/1972, erstellt durch Polizeiadjunkt Christen, 04/07/1972. In: Archivschachtel D2, Demonstrationen, Streiks, Arbeits- und Lohnkonflikte, Ausstände, Unruhen 1970–1972.

Christen stellt polizeitaktische Kriterien über politische Erwägungen, die die Einsatzdoktrin bestimmen. Der Konflikt nährt sich demnach einerseits über die direkte Konfrontation des im Einsatz stehenden Polizisten mit einer Situation, in der er sich unter allen Umständen nicht provozieren lassen soll, andererseits, durch einen Kompetenzstreit, der von der Führungsetage des Polizeikorps aus lanciert worden ist. Das im Korps zum Ausdruck gebrachte Unbehagen erwirkte eine politische Reaktion. Auf eine Interpellation im Stadtparlament hin[34] lancierte der Gemeinderat auf Antrag der Polizeidirektion eine Verschärfung der polizeilichen Einsatzdoktrin.

Das Ersuchen um eine Verschärfung der polizeilichen Einsatztaktik wird durch den Bericht aus der Polizeidirektion mit einer Veränderung im Verhalten der Demonstrierenden begründet. Während man früher die Polizei habe provozieren wollen, um der Öffentlichkeit die Repression durch das Establishment vor Augen zu führen, würden Gewaltakte heute möglichst unmittelbar geplant und »blitzartig« ausgeführt, um der Bevölkerung die Ohnmacht der Behörden zu zeigen.[35] Die Verschärfung[36], so argumentiert der Bericht, erleichtere die Arbeit der Polizei keineswegs. Sie wird aber als notwendiger Schritt zur Verhinderung von Gewaltakten dargelegt. In diesen Passagen lässt sich der Entwurf eines neuartigen Typus von staatsfeindlichem Handeln nachvollziehen. Die Anpassung der polizeilichen Doktrin wird mit einer veränderten Disposition der potentiellen Demonstranten und Demonstrantinnen begründet. Womit mag es zusammenhängen, dass der Entwurf dieser neuen Form von Staatsfeindlichkeit gerade zum jetzigen Zeitpunkt entsteht? Wie passt es in das Dispositiv, dass das Ziel der Demonstrierenden nicht mehr ist, die Staatsgewalt als Repressionsapparat zu zeigen, sondern deren Machtlosigkeit öffentlich zu machen? Geht es hier wirklich um die Verhinderung von mehr Gewalt?

»Der Gemeinderat wird weitere Massnahmen prüfen, um Sicherheit, Ruhe und Ordnung in unserer Stadt im Hinblick auf die allgemeine Eskalation der Gewalt zu verbessern.«

---

34 Interpellation Weyermann, 29/03/1973 betreffend Demonstration, 24/03/1973 beim Hotel Alfa. In: Archivschachtel D2, Demonstrationen, Streiks, Arbeits- und Lohnkonflikte, Ausstände, Unruhen 1970–1972.
35 Polizeidirektion an den Gemeinderat, Interpellation Weyermann, 29/03/1973 betr. Demonstration, 24/03/1973 beim Hotel Alfa. In: Archivschachtel D2, Demonstrationen, Streiks, Arbeits- und Lohnkonflikte, Ausstände, Unruhen 1970–1972.
36 Die Verschärfung besteht unter anderem darin, unbewilligte Kundgebungen sofort aufzulösen. Ein weiterer Diskussionsgegenstand ist der Begriff der »Täterschaft« beziehungsweise »Mittäterschaft«, die beide weiter gefasst werden sollen. Als Mittäterschaft würde jegliche Beteiligung an »Zusammenrottungen« qualifiziert, selbst wenn die betroffene Person die inhaltlichen Zielsetzungen der »aufrührerischen Menge« nicht teile. Vertrauliches Protokoll der Konferenz der Polizeidirektion, 02/05/1973 betreffend Anzeigepraxis bei Demonstrationen. In: Archivschachtel D2, Demonstrationen, Streiks, Arbeits- und Lohnkonflikte, Ausstände, Unruhen 1970–1972.

»Die allgemeine Eskalation der Gewalt« ist eine Perzeption, die sich angesichts der zunehmenden gesellschaftlichen Antagonismen Mitte der 70er Jahre durchsetzte. Internationale Gewaltdebatten und Anschlagsserien durch die RAF in Deutschland dürften zu der Haltung, die den Staat als ausserordentlich schwach positioniert, beigetragen haben.

Dem Grundsatz der Verhältnismässigkeit werde in jedem Fall Rechnung getragen, versichert der Bericht.[37] Um die Verschärfung der polizeilichen Praxis voranzutreiben solle, wie aus einem vertraulichen Protokoll aus der Polizeidirektion hervorgeht, ein Bundesgerichtsurteil »provoziert« werden.[38]

Mit Marco Albisetti wurde 1981 ein Polizeidirektor gewählt, der nicht nur eine harte Haltung propagierte, sondern diese auch umgesetzt sehen wollte.[39] Albisetti ist der Name, der mit den gewaltsamen Auseinandersetzungen und mit dem Streit um Orte für Kultur und Wohnen in den 1980ern untrennbar verbunden ist. Albisetti steht für den repressiven Flügel der Stadtregierung. Magisch zog er den Zorn der Bewegten sowie mediale Aufmerksamkeit auf sich. Regelmässig wurde er durch die Bewegung verhöhnt, etwa durch die überlebensgrosse »Albiseppli«-Figur, die vor der Reitschule aufgehängt wurde (Böhner und Fankhauser 1998, 167). Ein Stabsmitarbeiter erinnert sich:

»Und irgendwo, die schillerndste Figur ist ja eigentlich jeweils der Marco Albisetti gewesen, der wie ... auseinandergefallen ist in zwei Bitzen.[40] Ich sags jetzt ganz klar so, beim persönlichen Gespräch, unter durchaus freundschaftlichen persönlichen Gesprächen, absolut offen. Und im funktionalen Auftreten als Polizeidirektor in einer ganz stobberness-artigen ... es ist eigentlich gar nicht hart, es ist einfach unbeweglich. Un-unbewegbar.«

Ausgerechnet dem »unbewegbaren« Polizeidirektor oblag es, der Ende der 80er Jahre erneut aufflammenden Bewegung polizeilich zu begegnen. Angesichts der bereits geschilderten schwierigen Vereinbarkeit der ordnungspolitischen Funktion, der öffentlichen Exposition, der Situation der im Einsatz stehenden Beamten, der Uneinigkeit im Korps und der Haltung des Gemeinderats schien es den Polizeidirektor selbst zu zerreissen. Die

---

37 Polizeidirektion an den Gemeinderat, Interpellation Weyermann, 29/03/1973 betreffend Demonstration, 24/03/1973 beim Hotel Alfa. In: Archivschachtel D2, Demonstrationen, Streiks, Arbeits- und Lohnkonflikte, Ausstände, Unruhen 1970–1972.
38 Vertrauliches Protokoll der Konferenz der Polizeidirektion, 02/05/1973 betreffend Anzeigepraxis bei Demonstrationen. In: Archivschachtel D2, Demonstrationen, Streiks, Arbeits- und Lohnkonflikte, Ausstände, Unruhen 1970–1972.
39 Albisetti wurde 1981 in den Gemeinderat gewählt. Er blieb als Vorsteher der Polizeidirektion bis 1992 in der Stadtregierung. Er starb 1995 (Bähler et al. 2003, 344). Damit deckte Albisetti beide »heissen Phasen« der Berner 80er-Bewegung als Polizeidirektor ab, er wurde von der ersten Bewegung sozusagen an die zweite »vererbt« und war damit stark markiert.
40 [Teile]

Situation wurde dadurch akzentuiert, dass die Polizei und damit auch deren Direktor in den 80er Jahren den eigenen Söhnen und Töchtern gegenüber standen. Dies waren nicht mehr die Demonstrationen der Ausländer und Ausländerinnen der 70er Jahre. Die 80er-Bewegung wurde von einer mittelständischen Schicht von Jugendlichen getragen. Dass dieser Polizeidirektor der Bewegung in seiner Funktion während über zehn Jahren als Projektionsfläche für alle alten und neuen Verfeindungen diente, ist ein Amtsschicksal, das ihn wohl seinerseits in die »Unbewegbarkeit« gedrängt hat.

Das Korps war gespalten und zwischen polizeilicher Führung und politischer Verantwortung tat sich ein Graben auf. Ein Vertreter der städtischen Behörde schildert seine Zusammenarbeit mit dieser hin- und hergerissenen Polizei. Seine Erzählung spiegelt die Ambivalenz der Zusammenarbeit mit der Polizeiabteilung wider.

»Die Polizei half einfach immer, machte mit. Aber überhaupt nie aus der Überzeugung, dass das jetzt richtig ist, oder. Sondern immer, entweder, weil sie einmal gefunden haben, wir können ja trotzdem nichts, und wenn wir intervenieren, lässt man uns trotzdem im Regen stehen. Und wenn man so vorgehen würde, wie wir wollen, dann kommen wir gemeinsam trotzdem nicht [weiter, S.B.], weil irgendwie könnt ihr das ja verhindern, oder. Was es auch immer wieder gab, dass man sagte, also dir zuliebe tun wir jetzt, aber eigentlich bin ich nicht überzeugt. Also, von dort denke ich, hat man wirklich nicht erreicht, was ich eigentlich hätte gedacht, dass man es erreichen sollte, nämlich eine gemeinsame Basis für Ziele, für eine offenere Haltung gegenüber etwas, womit man ja nicht einverstanden sein musste, sondern wo man nur einverstanden sein musste, dass es das geben darf. Aber ich mag mich noch besinnen[41], es hat Momente gegeben, also ich habe ja dann so eine Art einen Pikett-Dienst gehabt, und das ist manchmal halt wirklich am Sonntagmorgen um drei Uhr gewesen, wo dann einfach die Polizei anrief, und ich fuhr dorthin mit dem Velo, und dann wollten die mir also oft, da von der Polizeikaserne in die Reitschule, Polizisten mitgeben. Und ich sagte, erstens habe ich nicht Angst, also ich habe Angst vor Hunden und allen möglichen Sachen, aber nicht vor Leuten, dort, und zweitens also, es gibt überhaupt kein Ziel, das man erreichen kann, wenn man so kommt. Aber, was ich dort schon gemerkt habe, ist, die Einschätzung ist halt wahrscheinlich je nach Funktion, in der man drin steht, fast automatisch eine andere. Und ich denke, die Polizei ist nicht geschätzt worden, aber sie hat sich auch gar nie zu einer schätzenswerten Kraft gemacht. Die Polizei hat, wenn man dann als Nächstes angerufen hat und gesagt hat, jetzt brauchen wir jemanden, weil entweder etwas ist, oder weil sich Leute, ehm, völlig daneben aufführen, dann haben sie das Gefühl gehabt, nein, das ist eigentlich feindliches Gebiet, da wagen wir uns nicht hin, und also gehen wir auch nicht hin.«[42]

---

41 [Erinnern]
42 K.N.

Gemäss diesem Zitat hat die Polizei also am Mythos der feindlichen Territorien mitgearbeitet und war damit ebenso Urheberin der Spannung, die sich zwischen der Bewegung und der Behörde aufgebaut hatte. Der Kern der jahrelangen Problematik scheint im Widerspruch zu stecken, in dem die Polizei im Zusammenhang mit der Jugendbewegung gefangen war. Der politische Auftrag zur Zurückhaltung wurde pflichtgemäss, aber ohne innere Überzeugung übernommen. In ihrer Funktion als leitende Einsatzkräfte fühlten sich die Polizeikommandanten ihren Teamkollegen näher als den politischen Vorgesetzten, und sie schienen diesen Loyalitätskonflikt auch ziemlich offen auszutragen, wie das Gespräch mit K.N. zeigt.

Der Gesprächsausschnitt ist eine Erzählung, die die Wichtigkeit von Sprecherpositionen bei der Formierung eines Diskurses hervorhebt. In ihrer Funktion als Ordnungshüterin war es den Schaltstellen bei der Polizei nicht möglich, in der Reitschule etwas Anderes als Feindesland zu erkennen. Das Polizeigeleit, das sie dem Delegierten der Stadtbehörde offerierten, ist die logische Konsequenz dieser Perzeption. Die Reaktion der Polizei ist auch ein Beispiel, das zeigt, wie schnell das Andere zur Quelle von Angst wird. Ein behördlicher Vermittler mit Polizeigeleit hätte die Konfrontationen beidseitig verschärft. Brisant ist die Exterritorialisierung, die im letzten Zitatabschnitt vollzogen wird. Einen rechtsfreien Raum kann es nicht geben, und mit diesem Argument wurde die Reitschule von Anfang an bekämpft. Mit ihrer Erklärung zum »Feindesland« wurde die Reitschule genau zu dem gemacht, was sie politisch nie hätte sein dürfen. Die Polizei schwankte demnach zwischen Verschärfung und Verweigerung. Die Politik der Zurückhaltung, wie sie von den Behörden gefordert wurde, trug sie nur halbherzig mit.

Den politischen Amtsinhabern und Amtsinhaberinnen fiel es leichter, Zurückhaltung zu üben. Schliesslich waren ihre Söhne und Töchter, deren Freunde und Freundinnen oder zumindest deren Generation die Protagonisten und Protagonistinnen dieser Bewegung. Im folgenden Zitat schildert K.N. seinen Bezug zu den Personen, die er im Verlauf seiner zahlreichen Gespräche, die er mit ihnen führte, kennen gelernt hatte.

»Also, ich habe, ich habe eine wahnsinnig grosse persönliche Sympathie für die Leute, aber ich lebe in völlig andern Verhältnissen. Also hat es auch nicht die entfernteste, glaube ich, Anbiederung geben können, und irgendwann habe ich gemerkt, dass das möglicherweise ein wichtiger Punkt ist. Also dass man für etwas einsteht, für Interessenlagen einsteht, für, für Bedürfnisse von Leuten einsteht, wo man, wo man nicht das Gefühl hat, deswegen sei man jetzt ihr Kumpel – oder sei man in der gleichen Art bedürftig, oder, oder ehm, oder ausgerichtet, ja.«

Hierbei wird klar, dass es sich bei der 80er-Bewegung mehrheitlich um eine Mittelstandsbewegung handelte. Es waren die Söhne und Töchter aus dem bürgerlichen Durchschnittsmilieu, die die Kultur, der sie entstammten, zur

Projektionsfläche für ihre Unzufriedenheit machten. Zwar gab es Ausländer und Ausländerinnen der zweiten Generation, die sich beteiligten. All jene, die in irgendeiner Weise einen ungesicherten Status hatten, waren gezwungen, sich zurückzuhalten, da eine gesetzliche Übertretung für sie viel schwerwiegendere Folgen hat als für Schweizer Bürger und Bürgerinnen.

Im vorhergehenden Teilkapitel beleuchtete ich die Rolle der Polizei als eine der Knotenpunkte im Dispositiv um die Ereigniszusammenhänge der Berner 80er-Bewegung. Es stellte sich heraus, dass die Kluft zwischen politisch verfügter Einsatzdoktrin und der Überzeugung der ausführenden Polizeikräfte bis weit nach oben in der Hierarchie tief war. Es entsteht das Bild einer Ordnungshüterin, die die Einsätze gegen die Bewegung nur halbherzig mittrug, weil sie die Strategie nicht billigte. Aus den Quellen geht der Eindruck eines intensiven Bemühens hervor, die politische Strategie zu ändern und zu einer repressiveren Doktrin zu kommen. Die Polizeikräfte einschliesslich ihres Chefs schienen in dieser Kluft gefangen zu sein. Diese Feststellung ist wichtig in Bezug auf die lang andauernden und immer wieder heftig aufflammenden Proteste, die die 80er und ihre Folgebewegungen in der Stadt Bern auslösten.

Ein Perspektivenwechsel im nächsten Abschnitt schildert das Zusammentreffen von Polizei und Jugendbewegung aus der Sicht der »aufrührerischen Menge«[43] zu Beginn der 80er Jahre. Zudem wird auch die Sichtweise derjenigen Behörde repräsentiert, die die politische Verantwortung für die polizeiliche Einsatzdoktrin trug.

12.2.2 Feindschaften

»Die hat dann diesen cordon von der Schmier[44] hat sie durchbrochen, und ich weiss noch, wie eh, also da hat man schon so das Gefühl gehabt, das sind unsere Feinde. Also ich bin so auf die Straße runter, oder, und bin so vor einen Grenadi hin gestanden, ich habe den einfach angeschaut, oder, mit aller Verachtung, die ich aufbringen konnte. Weil die haben uns ja unseren Traum zerstört, irgendwie.«[45]

Über die Hausbesetzungen band die Bewegung ihre Artikulationsformen an konkrete TatOrte, sie trug einen territorialen Konflikt aus und suchte die Konfrontation mit und an der Öffentlichkeit. Diese Konfrontation nahm zu Beginn der 80er Jahre häufig die Form des Zusammentreffens mit der Polizei an, meist auf gewaltsame Weise. Ihr Selbstverständnis und nicht zuletzt ihren eigenen Mythos errichtete die Bewegung unter anderem über die Auseinandersetzungen mit der Polizei. Dabei profilierte sich die Bewegung

---

43 Vertrauliches Protokoll der Konferenz der Polizeidirektion, 02/05/1973 betreffend Anzeigepraxis bei Demonstrationen. In: Archivschachtel D2, Demonstrationen, Streiks, Arbeits- und Lohnkonflikte, Ausstände, Unruhen 1970–1972.
44 [Polizei, Bullen]
45 Sandra Feller

als Trägerin des Widerstands, während die Polizei das System und seine Mittel verkörperte. Es war der Bewegung immanent, die Polizei in dieser Feindeslogik, in einer antagonistischen Gegenüberstellung zu denken:

»Ja. Ich meine ganz im Achtzgi[46], ich meine in diesen zwei, drei Jahren des Anfangs, ist einfach nie so was, da ist einfach, das Gegenüber ist die Polizei, und die Bullen und die Schmier gewesen, oder, und man hat geschaut, dass man keins auf den Deckel kriegt, oder. (...) und nachher immer die, die verhandelten, und irgendwelche Leute von der Stadt, die halt damals vielleicht, ... mal freies Geleit aus einem Haus heraus, so Villa Stucki oder ... [unv] ja. Es ist eigentlich viel auf ein Katz-und-Maus-Spiel rausgelaufen, oder.«[47]

Helene Ineichen gibt Zeiteinheiten vor: »ganz im 80zgi« meint den Bewegungsursprung, ihren eigenen Ausgangspunkt als Aktivistin und mithin das, was sie für die genuine Bewegung und deren unverfälschte Motive hält. Sie grenzt sich ab von denen, »die verhandelten«, und gibt zu verstehen, dass sie dies für ein Aufweichen der Position hält. Das »Katz-und-Maus-Spiel« verweist auf die identitätskonstitutive Natur, der die Begegnungen zwischen der Polizei und der Bewegung unterworfen waren. Die Katze muss die Maus jagen, es ist Teil ihres Wesens, sie kann nicht anders. Beim »Katz-und-Maus-Spiel« erhielten sowohl die Aktivisten und Aktivistinnen als auch die Polizei ihre Rollen zugeschrieben, sie konnten sich ihr nicht entziehen. Im Bild des Katz-und-Maus-Verhältnisses mutet die Begegnung am Verhandlungstisch tatsächlich lächerlich an. Ein Spiel zeichnet sich dadurch aus, dass es imitiert, dass es Risiken simuliert und für Spannung sorgt. In der steten Konfrontation mit der Polizei, der sich die Bewegung hingab, indem sie ein wöchentliches Ritual von »Schiibe mache«[48] schuf, liegt ein rituell-spielerischer Charakter.

»Und das hat när[49] immer eh, verschiedene Fraktionen gegeben. Eben so eher die militante Fraktion, die immer ein wenig eben, das war ja Mode, dass man när, jede Woche ist ga crasche[50] in die Stadt, am Donnerstagabend. Also [das, S.B.] sind ja immer die institutionalisierten Demos gewesen, wo man immer hin ging, und dort hat man auch immer e chli[51] Scheiben gemacht und drein geschlagen, und das hat einfach quasi dazu gehört. Und dort hat es einfach so chli verschiedene Fraktionen gegeben ... Jaa. Das denke ich, das ist einfach so im, wirklich anfangs Achtzgi gewesen.«[52]

---

46 [Anfang 80er]
47 Helene Ineichen
48 [Scheiben machen bedeutet Scheiben zertrümmern]
49 [Nachher]
50 [»Ga crasche«: to crash bedeutet zerschmettern, zertrümmern]
51 [Ein wenig]
52 Lorenz Hostettler

Auch Lorenz Hostettler ordnet die rituellen Akte öffentlicher Gewalt den Anfängen zu. Die 80er-Bewegung konstituierte sich über diese rituellen Donnerstagabenddemos – zumindest gilt dies für die »militante« Fraktion, der sich sowohl Hostettler als auch Ineichen zuordnen.[53] Hostettlers Einschätzung, »das war ja Mode«, kommt überraschend. Moden sind vergänglich. Diese Charakterisierung lässt den Schluss zu, dass der politische Gehalt, der gerade von Hostettler und Ineichen, stets als wichtiges Motiv hervorgehoben wird, in den Ritualen, im Spiel in Formen überlief, die auf den ersten Blick wenig politisch erscheinen. Das wirft Fragen nach dem Politikbegriff auf. Und es wirft ein Licht auf die Mobilisierung, die sich nicht in politischer Überzeugungsarbeit erschöpft. Rituale und das Spiel zwischen verfeindeten Parteien entwickelten zu Beginn der 80er Jahre eine hohe Anziehung. Die Ritualisierung und das Spielerische sind Mobilisierungsstrategien, die die emotionale Ebene ansteuern.

Der Ausdruck des »Schiibe mache« wird von den Aktivisten und Aktivistinnen als Metonym für den Akt des Demonstrierens verwendet. Diese Benennung signalisiert eine Verschiebung – eine Verschiebung von den politischen Inhalten zum Affekt. Was bleibt, sind die zertrümmerten Scheiben – nach jeder Demonstration und auch in der Erinnerung. Die Demonstration transportiert ihre Inhalte als Zerstörung. Die Scherben auf der Straße sind das Mittel, die Kritik an der Konsumgesellschaft zu fassen. Und sie fassen sie nur unzureichend, wie die Reaktionen von Politik, Behörden und Öffentlichkeit deutlich machen. Sie produzieren einen Bedeutungsüberschuss, der zahlreichen Interpretationen offen steht und der die Antagonismen stärkt. Diese Aktionen schafften einen zusätzlichen Reiz, sie liessen, wie Davide Meroni beschreibt, den Adrenalinpegel anschwellen und trugen wesentlich dazu bei, dass das Verhältnis zwischen der Polizei und den Aktivisten und Aktivistinnen stets schwierig blieb.

Die Stellvertreterfunktion von »Schiibe mache« finde ich auffällig, sie ist unbedingt deutungsbedürfig. Sie als Signifikant für eine Entpolitisierung zu setzen, wäre aber falsch. Sie steht für die Flexibilisierung des in der Bewegung operationalisierten Politikbegriffs. Daneben deutet sie darauf hin, wie die Bewegung unterschiedlichste Kanäle der Mobilisierung bewirtschaftete. Sie ist aber auch ein Symbol für den kollektiven Rausch, das wöchentliche Fest, zu dem man eingeladen war und welches man gleichzeitig veranstaltete. Sie ist nicht zuletzt Ausdruck der heroischen Selbstinszenierung, die die 80er-Bewegung betrieb. »Schiibe mache« inszeniert die Bewegung als Bewegung der »Unzufriedenen« (Steiger 2002). »Schiibe mache« ist die Herausforderung, alles was »anständig« ist und damit die Wohltemperiertheit hinter sich zu lassen. Für Frauen wie Helene Ineichen war diese Inszenie-

---

53 Begriffsgeschichtlich verknüpft Militanz die Tätigkeiten Glauben und Kämpfen, bis ins 19. Jahrhundert war der Begriff ausschliesslich religiös besetzt. Erst im 20. Jahrhundert umfasste er auch politische Kämpfe, ist eher kollektiv gedacht und wird – vor allem im deutschen Sprachraum, im Gegensatz etwa zum Französischen – mit Gewaltbereitschaft assoziiert.

rung auch ein Angebot, tradierte Geschlechtergrenzen zu übertreten und bewusst mit Gewalt zu politisieren.

Zahlreiche Vorfälle liessen aus dem Spiel bitteren Ernst werden. Das Wissen darum verlieh den Auseinandersetzungen der Straße ihre Brisanz. Ursina Lehmann beleuchtet das Spannungsfeld, wenn sie diese Ereignisse als Highlights beschreibt, »die Highlights, natürlich irgendwelche Demos, wo es plötzlich wahnsinnig viele Leute hat gegeben, oder, wo die Bullen davon geseckelt[54] sind, also ich meine, das ist super.«

Im Gegensatz dazu stehen Zusammentreffen, die dunkel als Übertretung von beiden Seiten eingestuft werden, als »jenseitig«, wie sich Ursina Lehmann erinnert:

»Es gab klar natürlich immer wieder Einsätze, mit der Schmier, die jenseitig[55] gewesen sind, oder. Also jetzt, es hat natürlich auch Konflikte gegeben mit Ausserhalb, mit der Stadt, wo ich finde, wo sie sich überhaupt nicht mehr gespürt haben. Wir vielleicht auch nicht, aber sie auch nicht. [Murmelt]. Das machte beiden Seiten sehr wahrscheinlich Angst, oder.«

Spiele faszinieren deshalb, weil sie Emotionen frei legen. Wenn das Spiel in Ernst übergeht, ist die Angst ein nicht zu unterschätzender Faktor, und sie ist die Erklärung für zahlreiche Übertretungen und für die Anwendung von Gewalt, zu der es immer wieder kam. Die Angst lässt die Kontrolle zusammenbrechen, sie setzt die Opponenten unter Druck, beide Seiten lassen sich durch ihre eigene Verletzlichkeit steuern. Man habe den Stress der Beamten gemerkt, erinnert sich Lorenz Hostettler, und äussert ein gewisses Verständnis, die Polizeibeamten hätten ja tatsächlich sehr häufig ihretwegen ausrücken müssen. Diesen Stress sahen die Aktivisten und Aktivistinnen denn auch als Angriffsfläche. Die Ergebnisse waren, dass die Polizei »aufgerüstet« habe, dass die Reaktion hart und die Konfrontationen unerbittlicher geworden seien.

Die Begegnungen mit der Polizei fanden aber nicht nur auf der Straße statt. Als besonders invasiv und zermürbend erlebten die Bewohnerinnen und Bewohner die polizeiliche Präsenz in den besetzten Häusern. An diesen »schwierigen Orten«[56] sei die Polizei häufig aufgetaucht, »weil die Häuser alle immer auch schnell Leute angezogen haben, die sonst nirgends sein konnten, oder. Das hat nachher viel – auch Probleme mit sich gebracht, angefangen vom schieren Dreck, der überall war, bis nachher einfach zu Konflikten. Dann … Ja, die Drogenprobleme und, Polizei, einfach alles was das da so mit sich gebracht hat.«[57]

Ebenso wie für schwierige Personen wurden die besetzten Häuser zu Anziehungspunkten für die Polizei, »einfach alles, was das da so mit sich

---

54 [Davongerannt]
55 [Das Maß sprengen, über das tolerierbare Maß hinausgehen]
56 Nicole Studer
57 Nicole Studer

gebracht hat«. Nicole Studers Formulierung beleuchtet den Effekt, wie TatOrte selbst zum Drehpunkt neuer Geschichten werden und inwiefern die Kontrolle darüber, welche Geschichten sich entwickeln und wie neue HandlungsRäume daraus hervorgehen, nicht absolut ist. Die »Bullen« oder die »Schmier« waren die Inkarnation des Feindes, die Repräsentanten des zu bekämpfenden Systems. Im Frauenhaus organisierten sich die Besetzer und Besetzerinnen in Schichten, um sich für den Fall einer Razzia oder einer Personenkon-trolle vorzubereiten. An der Gutenbergstraße kam es insgesamt dreimal zu Personenkontrollen. Die Beamten kamen normalerweise am frühen Morgen. Sandra Feller erinnert sich:

»Und nachher gab es ziemlich am Anfang von der Besetzung eine Personenkontrolle, die war ziemlich heavy, dort waren wir etwa, wie viele Frauen waren wir wohl, 30 oder so, im Haus, die dort geschlafen haben. Und noch ein paar Kinder, dann kamen sie morgens um fünf, sind sie etwa zu zwanzig gekommen. Grossaufmarsch, oder. Und da uns kontrolliert. Und die Personalien aufgenommen, und das hat ja dann einen Hausfriedensbruch gegeben, oder. Und nachher ist natürlich auch sofort politisch diskutiert worden, mit diesem Hausfriedensbruch, den das gibt. Weil wir sagten, selbstverständlich zahlen wir die 150 Franken nicht, sondern wir gehen in den Knast. [Lacht].«

Die Personenkontrollen waren zermürbend; einige Besetzerinnen beschlossen nach der dritten Kontrolle, das Frauenhaus zu verlassen. Das Vordringen der Polizeibeamten in die privaten Räume hinterliess bei den Frauen Verletzungen. Sandra Feller spürt dies bis heute. Mehrfach versichert sie sich bei mir, dass ich die Namen aus den Interviewpassagen herausnehme oder in anonymisierter Form verwende. Wegen des Gefühls, Verfolgte des Staats zu sein – was durch die Fichenaffäre auch zutraf –, habe man es beispielsweise vermieden, Tagebuch zu schreiben.

»Ich kann es auch nicht mehr genau, also das Gemeine ist, man hat halt auch kein Tagebuch geschrieben. Nicht. Das ist, weil, das war alles zu gefährlich. (…) Da kannst du jetzt lachen, oder so, das ist, dann, damals, oder, hat man gedacht, man verrät etwas, wenn man das jetzt aufschreibt. Ich habe kein Tagebuch von dieser Zeit, von nachher und von vorher – aber ehm. Was dort abgegangen ist, oder, ich frage heute noch, werden die Namen rausgenommen, …… eh, es ist irgendwie, man hatte das Gefühl, wir machen etwas, also das war ja auch so, nicht. Eh, man ist ein Stück weit kriminalisiert worden.«

Manchmal fand die Bewegung in entscheidenden Momenten zu ihrer spielerischen Verfasstheit zurück. Dadurch löste sie konfrontative Situationen auf. Ein Beispiel ist die Frauenstrafbar, an die sich Sandra Feller erinnert:

»Dann hat es ja immer diese Strafbars gegeben. Die sind irgendwo in der Stadt nachher gewesen, das war auch immer sehr, sehr toll, und sehr aufregend, weil man wusste nie, wann kommt die Schmier. Und dann machten wir eine Frauenstrafbar, in, ich weiss ... dort unten, wo nachher das Zaffaraya, das erste war, eh, hat es so Kohle – Kohlelager gehabt, irgendwie Hallen mit Kohle. Und dann machten wir dort eine Riesenfrauendisco, ich weiss nicht, es kamen etwa 300 Frauen, das war dann auch geöffnet, und nachher kam die Schmier. Eh, wir müssten abstellen. Und dann stellten wir ab und wir liessen dann die Musik wieder laufen, eben wegen Nachtruhestörung, und dann kamen sie wieder und kamen wieder und wieder, und nachher, haben wir, ah, den Frauenchor gab es auch noch da, nicht. Also es gab ja wahnsinnig viel. Wir hatten auch noch einen Frauenchor, oder, dann traf man sich in der Reitschule, ... und die Frauen von dem Frauenchor waren natürlich alle auch an dieser Disco. Nicht, nicht abgemacht, da ist man einfach gewesen, man ging einfach, man ging an jede so Hundsverlochete[58], und hat sich getroffen, und nachher ist es ein Teil gewesen vom politischen Kampf und vom anderen Leben. Und nachher kam eben die Schmier, und das war einfach wunderschön. Dann kamen die also, und nachher fingen wir an, Abendstille singen. Abendstille überall [singt], im Kanon. Ich weiss nicht, wie lange wir Abendstille gesunden haben. [Lacht]. Und die Schmier stand einfach dort, wusste nicht mehr, was machen, oder. Das sind so Szenen, das war einfach superschön, so Zeug. Also so, das hat einem schon irrsinnig so ein Gefühl gegeben von so, ja, so.«

Ohne die »Schmier« wären die Strafbars keine Strafbars gewesen; die Polizei übernimmt also eine konstitutive Rolle für die Qualität des Ereignisses, das Sandra Feller schildert. Mit dem Wissen um die internen Spannungen im Korps erhält das Bild der Polizisten, die sich nach mehrfachem Ausrücken mit einer Gruppe von 300 singenden Frauen konfrontiert sieht, eine pikante Note.

12.3 Fazit: Gespaltene Ordnungskraft

Die Analyse der polizeilichen Funktion im Zusammenhang mit von der Bewegung vorgenommenen Übertretungen bestätigt, dass die Rolle der Polizei ausserordentlich ambivalent war. Während die seit Ende der 60er Jahre unter dem Einfluss der Zürcher Globuskrawalle modifizierte Polizeidoktrin Zurückhaltung einforderte und ordnungspolitische Übertretungen unter dem Gebot der Verhältnismässigkeit zum Teil nur minimal geahndet wurden, finden sich innerhalb des Polizeikorps sowie seitens der Bevölkerung traditionelle Formen des disziplinarischen Ordnungsverständnisses. Dieser Konflikt, den die Polizei weitgehend innerhalb ihrer eigenen Organisation austrug, führte letztlich dazu, dass

---

58 [Wörtlich: vulgär für Hundsbegräbnis; gemeint ist, jedes, wenn auch noch so belanglose Ereignis].

die eigentlichen Auseinandersetzungen um die inhaltlichen Forderungen der Bewegung und deren mögliche politische Implikationen lange Zeit nicht stattfanden. Die Lösungen, die mittels Polizeieinsatz herbeigeführt wurden, hatten technokratischen Charakter und blieben politisch angreifbar. Die Polizei hatte in der Auseinandersetzung mit der Bewegung etwas Schizophrenes. Grund dafür waren die Differenzen zwischen der in der Einsatzdoktrin geforderten Zurückhaltung und der Überzeugung der ausführenden Beamten sowie deren Vorgesetzten, man müsse härter durchgreifen. Diese Gespaltenheit stand der echten Lösungsfindung im Weg und dürfte mit ein Grund sein, weshalb sich in Bern die Ausläufer der 80er-Bewegung bis weit in die 90er Jahre hineinzogen und bis heute nicht ganz zur Ruhe gekommen sind.

Die bearbeiteten Dokumente zeigen im Weiteren, unterstützt durch entsprechende Interviewpassagen, dass dem emotionalen Gehalt des Ringens um eine Ordnung eine hohe Bedeutung zugemessen werden muss. Gerade weil die Bewegung sich so stark über Orte aufbaute, identifizierte und öffentlich machte, wurden Emotionen sicht- und diskutierbar. Die rituelle Beschreitung der Altstadt und die Schaufenster, die in Scherben zerfallen, sind ein Feldzug gegen die hegemoniale Produktion von Raum. In Leserbriefspalten war oft vom »Saubannerzug« zu lesen.[59] Dieser Vergleich illustriert, wie stark die Ängste waren, die durch die Bewegung aktiviert wurden. Der Saubannerzug ist ein Ausdruck von Widerstand gegen die staatliche Obrigkeit und von der Herausforderung ihres Gewaltmonopols. Die rituelle Beschlagnahmung der Altstadt, dieses Kerns des Berner Selbstverständnisses, weckte Wut und polarisierte Berns Öffentlichkeit. Keinen anderen Ort hätte dieser Wandel zum TatOrt so gefährlich und bedrohlich werden lassen, wie die Altstadt.

Die territoriale Verfasstheit der Berner Jugendbewegung, ihr räumlicher Anspruch und die Art und Weise, wie das Zusammentreffen der Demonstrierenden mit der Polizei unter öffentlicher Beobachtung stand, sind ausschlaggebende Faktoren für das Verhältnis, welches in Bern im Umgang mit den so genannten Unruhen entwickelt wurde.

---

59 Der Saubannerzug war ein mittelalterliches Manifest von Reisläufern und Freischärlern, die die Obrigkeit der Städte und der Organisation der Tagsatzung nicht anerkannten. Auf ihrem Banner waren ein Kolben und ein Eber abgebildet - beides Symbole für Eigenmacht und Selbsthilfe. Der »Zug des torchten Lebens« (des »tollen« Lebens) setzte sich aus ländlichen Knabenschaften zusammen, die als Selbstjustiz, Hüter von Tugend und Moral, Überwacher des Heiratsmarkts sowie als Veranstalter der traditionellen Feste fungierten und die Volksdemokratie der Innerschweizer Kantone repräsentierten. Der Saubannerzug drückt die Integrationskrise zwischen Städten und Länderorten aus und ist rein männlich besetzt (Schweizer 2003).

13 TatOrte – Die Städtische Reitschule

Dieses Kapitel beschreibt die Herausbildung des TatOrts Reitschule. Ich werde die Geschichten, die diesen Ort konstituieren, an losen Enden aufgreifen. Ich arbeite mit der sedimentierten Geschichte der Reitschule unter Bezug auf den Ansatz von Lise Nelson (2003). Nelson bezeichnet ihren Ansatz, mit dem sie eine räumliche Analyse einer sozialen Bewegung vornimmt, als Sedimentierung. Der Ansatz basiert auf dem Raumkonzept von Doreen Massey (2005), wie ich in Kapitel 3 erläutert habe. Unter Sedimentierung versteht Nelson einen sozialräumlichen Deutungszusammenhang, der sich über die Substanz manifestiert, sich also am Material, der physischen Struktur festmacht. Die Reitschule ist ein ausgezeichnetes Objekt, um Sedimentierungsprozesse zu analysieren.

Ich beginne chronologisch in der Gründungszeit Ende des vorletzten Jahrhunderts. Die heiss umkämpften Zeiten der 80er Jahre stellen die Reitschule erneut ins Rampenlicht öffentlicher Debatten, nachdem sie seit Mitte des 20. Jahrhunderts fast ausschliesslich als Abbruchobjekt gehandelt wurde. Meine Erzählung stützt sich einerseits auf historische Dokumente aus dem Stadtarchiv, auf Medienberichte sowie auf Aussagen derjenigen Leute, die den FreiRaum Reithalle in den 80er Jahren erobert haben. Zunächst leite ich mit einem Stimmungsbild ein, welches das politische Spannungsfeld, in das die Reitschule eingebunden ist, beleuchtet.

13.1 Berns liebster Zankapfel

»Die Leute haben genug von der Reithalle. Sie haben genug von dieser Sauordnung. Die einzige Lösung ist, dass man den Laden abreisst.«[1]

Am Wochenende vom 25./26. November 2005 entschieden die Betreiber und Betreiberinnen der Reitschule zum vierten Mal eine städtische Abstimmung für sich. Bürgerliche Initiativen hatten in der Vergangenheit wiederholt versucht, das »alternative« Kulturzentrum durch verschärfte Auflagen oder durch kommerzielle Nutzungsansprüche – etwa für ein Einkaufszentrum oder ein Parkhaus – zu Fall zu bringen. Während bei der letzten Abstimmung vor fünf Jahren das Resultat äußerst knapp war – es bestand eine Differenz von nicht ganz 100 Stimmen – fiel es diesmal deutlich aus. Die Bevölkerung Berns hat der Reitschule zum vierten Mal innerhalb von 15 Jahren ihre prinzipielle Unterstützung zugesichert.[2]

---

1 Lokaler Gewerbetreibender in: Das Magazin, Nr. 46, 16/11/1990, 41
2 Der Bund, 28/12/2005

Damit gibt es eine Atempause in der bewegten Geschichte des 1887 erbauten Gebäudes mit »großstädtischem Flair«, wie zeitgenössische Quellen schwärmten.[3] Die Reitschule wurde nach einer fast 20-jährigen Periode, in der sie offiziell als Abbruchobjekt galt, 1981 erstmals besetzt. Weil sich Gemeindebehörden und Betreiberkollektiv nicht auf ein Betriebskonzept einigen konnten und weil Sachbeschädigung sowie die Verlagerung der Drogenszene[4] ins Umfeld der Reitschule die öffentliche Meinung beeinflussten, wurde der Betrieb nach nur einem halben Jahr im April 1982 abgebrochen. Die Bewegung flammte Mitte der 80er Jahre wieder auf und organisierte sich in wohnpolitischen Initiativen. Nach der im Mai 1985 erfolgten polizeilichen Räumung des Zaff – ein dreistöckiges Haus im zentrumsnahen Villettenquartier – errichteten Jugendliche improvisierte Hütten und Zelte auf dem Gaswerkareal, einem verwilderten Grünstreifen am Aareufer. Kurz vor der endgültigen Räumung des Zaffaraya wurde die Reitschule 1987 erneut besetzt. Nach einer wochenlangen Protestwelle, die die Stadt polarisierte, lenkte der Gemeinderat ein und verfügte eine schrittweise Öffnung der Reitschule an Weihnachten 1987. Von diesen Ereignissen bis zu einem ersten Nutzungsvertrag (1993) und schließlich dem Leistungsvertrag (2004), den die Stadt mit der Reitschule abschloss, führte ein langer und steiniger Weg.

»Aus der Basler Stadtgärtnerei ist ein Stadtpark geworden, in Lausanne regt sich nur mehr wenig, und Genf hat sowieso andere Probleme. Unbeirrt steht einzig noch die Reitschule beim Berner Hauptbahnhof, eine märchenhafte Burg aus dem 19. Jahrhundert, von einem brutalen Eisenbahnviadukt und mehrspurigen Straßen gefangen gehalten. Sie wird vom Verkehr umbrüllt, von Dealern belästigt, von der Polizei überwacht und von den eigenen Benutzern voll gesprayt.«[5]

Gut sichtbar steht die »alternative« »Trutzburg« am Eingang zur Stadt neben den Bahngeleisen an der hoch frequentierten Strecke Bern-Zürich. Neben den Pendlern und Pendlerinnen lenken auch die Ausflügler und Ausflüglerinnen, die ins Berner Oberland unterwegs sind, ihren Blick unweigerlich unter die Eisenbahnbrücke auf das augenfällige, häufig mit Transparenten behängte oder mit Graffitis bedachte Gebäude. Der Kontrast zur ursprünglichen Intention der Bauherrschaft könnte schärfer nicht sein, auch wenn

---

3 Zitat aus der Bauzeit, 1897, in: Berner Rundschau, 20/11/1990
4 Das »relativ unkritische Verhältnis zu Drogen« (Marcel Fischer) war in der Tat ein Problem der Bewegung. Die TatOrte der Bewegung und ihre Inszenierung als FreiRäume entfalteten eine Sogwirkung auf Personen, die sich am Rand der Gesellschaft befanden. Zahlreiche Beteiligte an der damaligen Bewegung haben es wegen der Drogen »nicht geschafft«. Bis heute leistet die Reitschule einen Anteil Jugendarbeit und entlastet damit die öffentliche Hand. Auch gewalttätige Konflikte, die eine gesamtgesellschaftliche Ursache und Reichweite haben, werden sozusagen in den »eigenen vier Wänden« ausgetragen, wie Ursina Lehmann, eine ehemalige Aktivistin, bemerkt.
5 Tages-Anzeiger, 21/11/2005

der Anblick durchaus eine »malerische« Komponente aufweist: »Die Fassaden sind in Stein und Holzkonstruktion gedacht. Mit ihrer wirkungsvollen Silhouette (…) gewähren sie von allen Seiten, namentlich aber von der Bahnlinie und von der Engestraße aus gesehen, einen malerischen, freundlichen Anblick.«[6]

Diese Beschreibung leitet über zu einer Diskussion der politischen Entstehungsgeschichte der Reitschule, die ich im nächsten Teilkapitel schildern werde.

13.1.1 Die historische Reitschule

1898 musste die alte städtische Reitschule am Untern Graben, dem heutigen Kornhausplatz, dem neuen Theater- und Opernhaus weichen, welches auf Druck des Bürgertums im Herzen der Altstadt errichtet werden sollte. Das erstarkte Bürgertum leistete sich zur Jahrhundertwende ein standesgemässes Stadttheater, während für volkstümlichere Vergnügungen auf einen Standort ausserhalb der Stadttore ausgewichen wurde. Die Schützenmatte ist mit weit zurückreichender historischer Bedeutung unterlegt, wie dem Gutachten des Kunsthistorikers Hanspeter Rebsamen von 1987 zu entnehmen ist:

»Auf der topografisch-baulich klar definierten Terrasse zwischen Aarehang und Martinsrain vor dem nördlichsten Eingang in der Stadtbefestigung (Äusseres Aarbergertor) bestand seit dem 15. Jahrhundert die Schützenmatte – ein Schießplatz für Bogen, Armbrüste und später Handfeuerwaffen – die den Schießbetrieb begleitenden Volksbelustigungen konnten sich in Form von Rummel- und Chilbiplatz und Messebetrieb im Frühling und Herbst auch in völlig veränderter Umgebung bis in die Gegenwart retten. Dies ist zu betonen, sind solche Veranstaltungen doch Ausdruck jahrhundertealten typisch städtisch-gesellschaftlichen Lebens.«[7]

Gemäss Planung und auch zur Beschwichtigung derjenigen, die sich dem Abbruch der alten Reitschule hätten widersetzen können, sollte die neue Reitschule eine »volkstümliche« Anlage werden, ein Ort mit »grossstädtischem Flair«, wobei an Zirkus, an Einrichtungen für große Versammlungen und an Ausstellungen gedacht wurde.[8]

Die männlichen Stimmberechtigten der Stadt Bern genehmigten 1895 einen Kredit über 330'000 Franken.[9] Am neuen Standort, auf der Schützen-

---

6 Vortrag der Städtischen Baudirektion an den Gemeinderat betreffend die Erstellung einer neuen Reitschule auf der Schützenmatte, 1896. Zit. in: Der Bund, 13/10/1990.

7 Gutachten Rebsamen, in: Mitteilungsblatt der Bernischen Gesellschaft zur Pflege des Stadt- und Landschaftsbildes GSL, Nr. 12, Bern, Sommer 1998. Dokumentation Reitschule, Umschlag 1 (bis 1990). Bern, Stadtarchiv.

8 Gemeindebeschluss, 05/05/1895: »Verlegung der Reitschule von dem Kornhausplatz nach dem nordwestlichen Teil der Schützenmatte«. In: Verwaltungsbericht der Stadt Bern 1895, 55.

matte, wurde der Bau zwischen 1895 und 1897 im »Schlössli-Stil« gemäss den Plänen von Albert Gerster, einem zeitgenössischen »Stararchitekten« errichtet. Auch die Stahlkonstruktionen des Dachstuhls sowie die Malereien an den Fassaden wurden von renommierten Fachleuten der Zeit ausgeführt. Der Bau genügte neusten technologischen Standards, besonders eindrücklich war die 30 mal 70 Meter große Halle, die dank der Stahlkonstruktionen im Dach ohne Stützpfeiler errichtet werden konnte.[10]

Nach der Eröffnung 1897 bewahrheitete sich das Versprechen, mit welchem den Stimmberechtigten der Baukredit schmackhaft gemacht worden war: Die neue Reitschule wurde zum geselligen Ort, der Skandal um die Kostenüberschreitungen für den Bau – als »Schinduderei und Komödie« bezichtigt – war vergessen.[11]

Die zeitgenössische Presse reagierte enthusiastisch, das »Berner Intelligenzblatt« beispielsweise schrieb unter dem Titel »Perle für Bürger, Zirkus für das Volk«:

»Es geziemt sich, und wir können sagen im Namen des ganzen bernischen Publikums, dem Gemeinderat der Stadt Bern, dem Vorstand der städtischen Reitgesellschaft und dem Architekten des Neubaus, unseren Dank für die der Stadt gegebene Perle abzustatten.«[12]

In der Reithalle wurde geritten, zahlreiche Zirkusvorstellungen fanden statt, auch die Gründung des Zirkus Knie am 1. Juni 1919 wurde hier gefeiert. Die Anlässe reichten von Chrysanthemenausstellungen (1899) über die Ausstellung zum 100-Jahr-Jubliäum der städtischen Feuerwehr (1911) zu internationalen Ringkämpfen, über Kaninchenrammlerschauen (1924) und Schwerathletikmeisterschaften (1923) bis zu Skiturnkursen (1937/38). Im Jahr 1922 fand die regionale Gewerbeausstellung unter dem Motto »Truppenschau der einheimischen Kräfte« großen Anklang.[13] Das einfache Volk konnte das lebhafte Geschehen von der Neubrückstraße aus betrachten.

Regelmässig wurde die Reitschule Schauplatz von Abstimmungskampagnen, zum Beispiel 1912, als die Sozialisten gegen Kriegstreiberei antraten,

---

9 Das Abstimmungsergebnis betrug 1741 Ja-Stimmen gegenüber 1075 Nein-Stimmen. Berner Tagwacht, 09/11/1990; Der Bund, 08/11/1990; Verwaltungsbericht der Stadt Bern 1895, 55.
10 Mitteilungsblatt der Bernischen Gesellschaft zur Pflege des Stadt- und Landschaftsbildes GSL, Nr. 12, Bern, Sommer 1998. Dokumentation Reitschule, Umschlag 1 (bis 1990). Stadtarchiv Bern; sowie Berner Rundschau, 20/11/1990 anlässlich der Volksabstimmung zur Reitschul-Initiative der Schweizer Demokraten und der Nationalen Aktion.
11 Die Kreditüberschreitung betrug 120'000 Franken. Der Architekt musste angesichts der politischen Debatten sogar um sein Honorar bangen. Der Bund, 13/10/1990.
12 Berner Intelligenzblatt, 09/09/1897; zit. in: Berner Tagwacht, 09/11/1990
13 Berner Tagwacht, 09/11/1990; Der Bund, 08/11/1990

oder 1935, als sich Bundesrat Rudolf Minger am »Vaterländischen Volkstag« für die Erhöhung der Dienstzeit einsetzte.[14] Auch verschiedenen kulturellen Nutzungen stand die Halle offen; und sie diente als Messegelände. Ein vorläufiges Ende des gesellschaftlichen Treibens auf dem Reitschulareal bildete der 1937 beginnende Bau der Eisenbahnbrücke, welche die Einheit von Reitschule und Schützenmatte durchtrennte. 1941 fertig gestellt durchschnitt der Viadukt das Areal scharf. Das Gebäude und der Reithof, der heute als Parkplatz dient, wurden getrennt, was zu einer städtebaulichen Misere führte, welche der Planer Adrian Strauss 1998 als mosaikartige Struktur, die auseinanderzubrechen droht, beschreibt:

»Das ganze Gebiet zwischen dem grünen Aaretalhang und dem (ehemaligen) Bollwerk der Stadt bildet heute ein wirres Neben- und Durcheinander von Straßen, Parkplätzen, historischen Bauten, Bahnanlagen, Brücken, Grünbereichen, Fußgängerinseln, verlorenen Plätzen (z. B. Kleeplatz), von brachliegenden Arealen und zerschnittenen Restflächen ohne räumlichen und nutzungsmäßigen Zusammenhang.«[15]

Eingeschnürt durch die Eisenbahnbrücke und die stark befahrenen Verkehrsachsen galt die Reitschule seit 1947 inoffiziell, ab 1964 offiziell als Abbruchobjekt. Der öffentliche und der private Verkehr hatten längst unvorhergesehene Dimensionen angenommen, und die Reitschule verkam zu derselben Bedeutungslosigkeit wie das Reiten selbst. Bis 1981 wurde sie noch von Reiter und Reiterinnen genutzt, bis auch diese ausgesiedelt wurden. Im gleichen Jahr zog die Berner Bewegung ein.[16]

13.1.2 SEDIMENTIERTE GESCHICHTE

Die Vorgeschichte des TatOrts Reitschule kennzeichnet das Gebäude seit seiner Verlegung aus der Innenstadt als stark besetztes Symbol der Berner Stadtentwicklungsgeschichte. Der Ort wurde durch seine spezifische Planungs- und Baugeschichte geprägt, und er trägt das Erbe seines Entwurfs und seiner Nutzung als antielitäres, volkstümliches Gegenstück zum Stadttheater in die Gegenwart hinein. Die Entstehungsgeschichte der städtischen Reithalle als volkstümliche Entschädigung für seine Verdrängung durch den bürgerlichen Wunsch nach gehobener Kultur ist in die Gemäuer hineinsedimentiert.

Das bauliche Manifest der sozialen Differenz wurde zwar von renommierten Architekten und Ingenieuren ausgeführt. Trotzdem haftete der Makel des Standorts am vor die Stadttore verlegten Gebäude. Die zunehmende Einschnürung der Reitschule durch Verkehrsachsen kam einer Durchtren-

---

14 Der Bund, 08/11/1990
15 In: Mitteilungsblatt der Bernischen Gesellschaft zur Pflege des Stadt- und Landschaftsbildes GSL, Nr. 12, Bern, Sommer 1998. Dokumentation Reitschule, Umschlag 1 (bis 1990). Stadtarchiv Bern.
16 Berner Tagwacht, 09/11/1990

nung ihrer Lebensadern gleich. Bis heute sind die Rummelplätze anlässlich städtischer Ereignisse, lokaler Feiertage oder Gewerbemessen auf der Schützenmatte stationiert – der ursprünglich volkstümliche Nutzungszweck hat sich bis in die Gegenwart erhalten. Eingezwängt zwischen den Verkehrszubringern und der Eisenbahnbrücke ist der Parkplatz, der gleichzeitig als Car-Bahnhof für Busse nach Süden und Osten dient, zwar ausserordentlich zentral gelegen, für den familiären Sonntagsausflug »uf d'Schütz«[17] aber denkbar reizlos.

Im Verkehrsdreieck, in dessen Mitte einem Schloss auf einer Insel gleich die Reitschule steht, sind die Schausteller angekommen. Auf der Fahrt durch die Stadt Im Veloanhänger registrieren meine Kinder dies sofort und sie bestürmen mich: »Wann gehen wir an die Chilbi?«[18] – Meine stille Hoffnung, die Sache sei vielleicht schon vorbei, ist vergeblich. Der Ort ist so zentral, dass es keine Möglichkeit gibt, Tatsachen zu verheimlichen. Ich fühle die mütterliche Verpflichtung ebenso stark wie einen lebhaften Widerwillen. Ich verhandle und mache nur kleine Zugeständnisse. Die beiden stürzen sich ins Gewühl.

Warum fühle ich mich wohl jedes Mal so unangenehm berührt durch den Wunsch meiner Kinder? Warum empfinde ich die kurze Zeit, während der ich sie auf die »Chilbi« begleite, als unangenehm? Um gute Miene zu machen, muss ich mich zusammenreissen.

Es hat etwas mit dem Ort zu tun, er befremdet mich. Die schon oft zitierte eingeengte Lage zwischen drei stark befahrenen Straßen halb unter der Eisenbahnbrücke wirkt beklemmend. Die eng gestellten Stände und Bahnen, das grell-flackernde Licht und der hohe Lärmpegel verstärken den aufdringlichen Eindruck. Die »Chilbi« ist ein Treffpunkt von sehr jungen Leuten, die sich wie aus einer existentiellen Notwendigkeit heraus stets in geschlechtergetrennten Gruppen über das Gelände schieben. Im Halbdunkel der Brückenpfeiler, wo es scharf nach Ammoniak riecht, schleichen dunkelhäutige junge Männer herum. Dahinter befindet sich der Eingang zum Sous-le-Pont, der Reitschulkneipe. Er scheint weit weg, obwohl seit einigen Monaten farbige Leuchten ein verbindendes Element zum Parkplatz schaffen. Die Familien, die wir antreffen, sind meist nichteuropäischer Herkunft. Überhaupt besteht das Publikum keineswegs aus Personen, die im Bioladen einkaufen. Mein Gefühl, fehl am Platz zu sein, ärgert mich und noch mehr mein Wissen, dass es zwecklos ist, meine Kinder über dieses Gefühl hinwegtäuschen zu wollen.[19]

---

17 [Auf die Schützenmatte]. Dort gastieren jeweils im Frühling und im Herbst die Schausteller.
18 [Kirmes, Rummelplatz]
19 Eintrag im Forschungstagebuch, November 2005

Dem Ort ist wenig geblieben von der Vergnügungszone des Fin de Siècle. Die Schaustellenden beklagen sich über mangelndes Publikum, und die Chauffeure der internationalen Reisecars lassen sich in der lokalen Presse negativ verlauten:

»Die Reitschule gleicht einem Scherbenhaufen; dieses Bild stört uns ungemein, wir regen uns auf, und auch unsere Gäste enervieren sich deswegen.«[20]

Die Betreiber und Betreiberinnen des reitschuleigenen Restaurants haben aus der Notlage eine Tugend gemacht und die Unwirtlichkeit des Orts spielerisch in ein Qualitätsmerkmal übersetzt: Das Restaurant trägt den hübsch klingenden Namen Sous-le-Pont. »Unter der Brücke« aktiviert kontrastierende geografische Imaginationen. Lauschige Flussufer, rauschende Bäume auf sanft abfallenden Hängen, grünblaue Farben, der Geruch von Algen und das Geräusch des rollenden Kies. Sous-le-Pont aktiviert aber ebenso Bilder von zwielichtigen Treffpunkten, von dem feucht-kühlen Unterschlupf von Obdachlosen, Ansammlungen von Hundedreck und bräunlich aufschäumenden Wassern, welche sich brodelnd und Unheil verheissend um Brückenpfeiler winden. Wenn wir das Urbane als eine räumliche Qualität begreifen, die sich durch aufeinandertreffende Kontraste auszeichnet, so inszeniert sich das Restaurant Sous-le-Pont als ultimativ urbaner Ort.

KERNPUNKTE
Die erste Erzählung über den TatOrt Reitschule zeichnet diesen als einen Raum aus, der auf der Basis eines räumlichen Ausschlussprozesses hergestellt wurde. Weil die volkstümliche Reitschule dem Prestigeobjekt des Stadtberner Bürgertums weichen musste, wurde sie vor den Toren der Stadt errichtet. Die Reitschule war seit ihrer Entstehung das Motiv widersprüchlicher geografischer und politischer Imaginationen und wurde damit zum Kristallisationspunkt konfligierender Handlungsräume. Die Herangehensweise über TatOrt und HandlungsRäume entschlüsselt die Wirkungsweisen kollektiven Handelns und die verschiedenen, häufig ungleichen und widersprüchlichen Einflüsse, die zwischen beteiligten Akteurgruppen ausgehandelt und im Raum festgemacht werden.

Damit komme ich zu den jüngeren Geschichten, aus dem der TatOrt Reitschule hervorgeht.

13.1.3 Vom Unort zum städtischen Inventar
Mit der Bezeichnung Unort versuche ich den Zustand einzufangen, in dem die Reitschule während der Zeit, in der sie als Abbruchobjekt galt, gefangen war. Sie wurde besetzt, mit Stacheldraht umzäunt, wieder besetzt und war dabei permanent Gegenstand politischer Verhandlungen. Sie war Unort

---

20 Der Bund, 15/11/1990

in dem Sinne, dass sie einem Teil von Politik und Öffentlichkeit höchst ungelegen kam, dass sie unerwünscht war und man sie von Seiten der politischen Instanzen am liebsten von der Bildfläche verdrängt, ihre Spuren ausradiert, ihre Hinterlassenschaft ausgelöscht hätte. Für die Aktivisten und Aktivistinnen und ihre Forderung nach einem Autonomen Jugendzentrum war die Reitschule insofern ein Unort, als dass er über lange Zeit für sie nicht zugänglich war. Selbst als die Reitschule den Jugendlichen zum ersten Mal offiziell übergeben worden war, stellte sich heraus, dass es kaum zu bewerkstelligen war, den Unort in einen Ort zu überführen. Nach der sechsmonatigen Phase zu Beginn der 80er Jahre, als die Reitschule als AJZ genutzt worden war, war vor allem eines deutlich geworden: der Weg vom Unort zum TatOrt würde sehr viel Arbeit in Anspruch nehmen.

Vielleicht waren diese Schwierigkeiten, einen so großen Betrieb zu bewältigen, der Grund dafür, dass die Reitschule während gut fünf Jahren aus dem Fokus der Bewegung rückte. Die nachfolgenden Hausbesetzungen konzentrierten sich auf das westlich der Innenstadt gelegene Mattenhofquartier und, mit dem Zaffaraya, auf das Aareufer. Erst 1987 verdichteten sich die Ereignisse rund um die Reitschule erneut.

Der Berner Gemeinderat reicht ein Abbruchgesuch ein, welches vom Regierungsstatthalter mit Verweis auf das kantonale Baugesetz, welches den Schutz besonders schöner oder kulturgeschichtlich wertvoller Bauten vorschreibt, abgelehnt wird. Obwohl sich zwei Gutachten gegen einen Abbruch der städtischen Reithalle aussprechen,[21] zieht der Berner Gemeinderat sein Gesuch an die nächsthöhere Instanz, die kantonale Baudirektion, weiter. Gleichzeitig ist eine Volksinitiative anhängig, gemäss der die Reitschule zu einem Sportzentrum werden soll. Das Initiativkomitee setzt sich aus Parteimitgliedern der Nationalen Aktion sowie der Schweizer Demokraten zusammen.[22] Die Initiative »Sport statt Autonomes Jugendzentrum AJZ« wird am 26. Januar 1987 mit 6656 gültigen Unterschriften im Erlacherhof, dem Sitz der Stadtberner Regierung, deponiert.[23] Die Initianten und Initiantinnen umschrieben ihr Anliegen wie folgt:

»Mit der Gemeinde-Initiative der Nationalen Aktion werden zwei Fliegen auf einen Streich getroffen: Einerseits kann der stadtberüchtigte Schandfleck der ehemaligen städtischen Reitschule auf der Schützenmatte, die zu Beginn der achtziger Jahre durch Randalierer und Chaoten gewaltsam als ›Autonomes Jugendzentrum (AJZ)‹ missbraucht und zweckentfremdet wurde, endlich beseitigt werden; anderseits bietet das zentral gelegene Areal fast ideale Voraussetzungen für die Bedürfnisse von Lehrlingsturnen und Vereinssport!«[24]

---

21 Das eine Gutachten war denkmalpflegerischer, das andere kunsthistorischer Provenienz, Berner Tagwacht, 09/11/1990.
22 Beides Parteien der extremen Rechten mit dezidiert nationalistischer Ideologie.
23 Notwendig sind ein Minimum von 5000 Unterschriften bei städtischen Vorlagen.
24 Zit. in: Das Magazin, 16/11/1990, 36–44

Die Quellen zeugen vom ausschliessenden Verständnis einer vermeintlich allgemeinen Nutzung, die das Anliegen des Initiativkomitees steuert. Eduard Sommer, damals Fraktionschef der Schweizer Demokraten, lässt sich im »Magazin des Tages-Anzeigers« zitieren:

»Wir verlangen auch ein Ausmisten der Reithalle. Ausmisten bedeutet für mich, die Parasiten vom Guten zu trennen.«[25]

»Ausmisten« hängt hier nicht mit der Existenz von Pferdeställen zusammen, die ein Teil der Reitschulanlage sind. Vielmehr bezeichnet es eine Methode, die an das Ländliche anbindet und an eine landwirtschaftliche Praxis und damit eine unmittelbare Assoziation zu einem wichtigen Merkmal schweizerischer Identität darstellt. In seiner Stellungnahme bezeichnet Sommer die Reitschule als »Sammelbecken für arbeitsscheue Elemente« und fordert, man müsse »ufruume«[26]. »Eigentlich wollen wir ja die Leute wegputzen, nicht die Reitschule«[27], präzisiert er seinen Vorstoss.

Der Grundton dieser Rhetorik begleitet die Auseinandersetzungen um die jüngere Geschichte der Reitschule permanent. Solche und ähnlich klingende Wortlaute sind in den Stadtratsprotokollen reichlich vorhanden (vgl. Schweizer 2004). »Säuberung« ist ein gern verwendetes Bild,[28] »aufräumen«, »ausmisten«, »wegputzen«, »Sauordnung«, »Schandfleck« sind Teil des Repertoires. »Säubern« ist die Methode, um sich der Probleme zu entledigen. »Aufräumen« soll Unerwünschtes wegschaffen. Die verwendete Sprache erweckt die Illusion, es gäbe ein Gegenteil von »Unordnung« – eine stabile Ordnung, die nach neutralen Kriterien errichtet würde. Aus dem Alltag kann »aufräumen« als eine Praxis assoziiert werden, die für Erleichterung sorgt und Lichtblicke schafft. Der Zustand der Ordnung ist jedoch nicht von Dauer. Nach einer Weile pendelt sich ein mittleres Maß der »Unaufgeräumtheit« ein. Die Säuberungsrhetorik der Reitschulgegnerschaft abstrahiert davon und beschwört die Formel von »ausmisten«, »aufräumen«, »wegputzen«, »ausradieren«. Neben der landwirtschaftlichen Assoziation fallen die genannten Tätigkeiten in die Zuständigkeit der Hausfrau. Sie befasst sich mit »Flecken«, »Unordnung« und »Putzen«. Dass im Zusammenhang mit der Reitschule diese Aufgaben der Stadt angelastet werden, wirft ein Licht auf das Staatsverständnis der Reitschulgegnerschaft.

Ein weiteres Merkmal der Säuberungsrhetorik ist der Bezug. Alle genannten Ausdrücke richten sich auf Gegenstände, auf Dinge, sie werden mit Schmutz, unerwünschten Substanzen, mit Unordnung assoziiert. Der Kontext, in dem die Wörter verwendet werden, ist jedoch auf Menschen ge-

---

25 Zit. in: Das Magazin, 16/11/November 1990, 36–44
26 [Aufräumen]
27 Zit. in: Das Magazin, 16/11/1990, 36–44
28 Dem aus heutiger Sicht unweigerlich die Begriffsschöpfung der »ethnischen Säuberung« anhaftet, die im Jugoslawienkrieg in den 90er Jahren zu dramatischer Wirklichkeit wurde.

richtet. Diese werden kaum benannt, sondern als »arbeitsscheue Elemente« und »Parasiten« bezeichnet. Erst am Ende von Sommers Aussage werden daraus »Leute«, die man wegputzen soll.

Im Jahr 1988 veröffentlichte die städtische FDP[29] ein Thesenpapier zur Reitschule. Die Partei formuliert darin sowohl denkmalschützerische als auch gesellschaftspolitische Aspekte: »Abgesehen von der denkmalpflegerischen Komponente würde der ersatzlose Totalabbruch der Gebäulichkeiten auch keine Lösung der damit verbundenen politischen Probleme bringen.«[30]

Das Thesenpapier ist ein Indiz dafür, dass der Unort Reitschule in eine Übergangsphase tritt: Er wird zum politischen Traktandum. Die Autoren und Autorinnen des erwähnten Papiers kommen zu dem Schluss, dass die Reitschulgebäude insbesondere für die Nutzungen im Bereich der Kultur, der Gemeinschaft, oder als Begegnungszentrum, für Handel, Gewerbe, Gastronomie sowie für Sport geeignet seien – eine Liste, die die Frage aufwirft, wofür denn das Gebäude nicht geeignet sein soll. Die FDP schlägt eine gemischte Nutzung nach dem Modell »Quartier Latin« oder als Alternative eine Ladenstraße vor, wobei die Verfasser des Papiers zur ersten Variante neigen: »Als Nutzung ist eine Mischung aus kulturellen Nutzungen, Gemeinschafts- und Begegnungsräumen, Gastronomie, Gewerbe und Handel anzustreben. Dabei soll eine Kultur schwergewichtig der alternativen Kultur und dem Kunst- und Kleingewerbe sowie der Beizenkultur zugewiesene Betriebsform gewählt werden (›Quartier Latin‹). Die Gemeinschafts- und Begegnungsräume sollen in einem offenen Sinn geführt werden. Von ausschlaggebender Wichtigkeit sind klare Vorbedingungen, klare Rechtsverhältnisse, klare Führungsstrukturen und klare, individuelle Verantwortlichkeiten.«

Neben dem Prinzip der einheitlichen Führung und Verantwortung, dessen Einforderung hier in militärischer Manier verfasst ist (viermal der Gebraucht von »klar«), verlangt die FDP eine Haltung, »der kaufmännische Grundsätze nicht gänzlich fremd sind«. Unter Bezugnahme auf die Ereignisse zu Beginn der 80er Jahre sowie die erneute Besetzung 1987 räumt die FDP so genannten »alternativen« Gruppierungen das Recht auf Heimat in der Stadt ein:

»Die Stadt leidet unter der Tatsache, dass sich Gruppierungen, welche sich als alternativ verstehen und einen nicht zu vernachlässigenden Teil der Bevölkerung ausmachen, durch die offizielle Politik und insbesondere Kulturpolitik nicht

---

29 Die Freiheitlich-Demokratische Partei reklamiert für sich eine Position der Mitte und steht für eine klar liberalistische Wirtschaftspolitik und vertritt den Ruf nach möglichst geringer staatlicher Intervention. In gesellschaftspolitischen Fragen ist sie tendenziell progressiver, solange die staatlichen Aufgaben nicht erweitert werden müssen.
30 Thesenpapier zur Reitschule 1988, FDP der Stadt Bern. Dokumentation Reitschule, Umschlag 6, ab 1999. Bern, Stadtarchiv.

mehr repräsentiert fühlen. Es wäre richtig und für das Gedeihen der Stadt wichtig, wenn diese Gruppierungen wieder eine Heimat finden würden. Die symbolhafte Bedeutung der Reithalle in dieser Hinsicht ist nicht zu unterschätzen.«[31]

Im Thesenpapier zur Reithalle wird der Hochseilakt signalisiert, den die politischen Instanzen mit ihrer Annährung an die Reitschule in Angriff nahmen. Zwar wird – zumindest als rhetorisches Zugeständnis – das Recht auf Heimat auch für »alternative« Gruppen gewürdigt. Aus dem Unort Reitschule soll diese Heimat hervorgehen. Andererseits gesteht die Partei dieses Recht nur im Rahmen ausgeprägter Reglementierungen und im Sinne herkömmlicher Betriebskonzepte zu.

Als eines der zentralen Merkmale des FreiRaums gilt jedoch die Abwesenheit von Regeln. Auch wenn dieser Idealzustand in den realen FreiRäumen nicht umsetzbar ist, so ist die Einforderung eines von vornherein stark reglementierten Raums mit dem Konzept FreiRaum nicht kompatibel. Dadurch zeichnete sich einer der Streitpunkte ab, die die Reitschule in der politischen Auseinandersetzung während der 90er Jahre konstant begleiten sollte.

Im Folgenden werde ich der jüngeren Geschichte der Reitschule unter der Berücksichtigung spezifischer Auswahlkriterien nachgehen. Meine Aufmerksamkeit gilt der Art und Weise, wie die Forderungen der Jugendlichen artikuliert werden, angefangen mit den ersten Forderungen nach einem Jugendzentrum, die bis in die späten 60er Jahre zurückreichen. Im Weiteren werde ich besprechen, wie die Behörden reagierten. Die Erzählungen verdichten sich zu konkreten TatOrten. Ich interessiere mich dafür, wie in diesem Prozess HandlungsRäume imaginiert, hergestellt, eingeschränkt, aufgelöst und vernichtet werden.

Eine erste solche Verdichtung von Abläufen lässt sich am Berner Jugendzentrum im Gaswerkareal ablesen.

13.1.4 »Wir sind uns dabei bewusst, dass der Gemeinderat nicht zaubern kann ...«[32]

Das Bedürfnis nach einem Jugendzentrum wurde in Bern ebenso wie in anderen europäischen Städten Ende der 60er Jahre erstmals artikuliert. Eine Gruppe, die unter dem Namen »Aktionskomitee Berner Jugendhaus« an den Gemeinderat herantrat, reichte eine »Petition« – später wurde es »Gesuch« genannt für ein Jugendhaus ein. Darin stand unter anderem Folgendes:

»Wir, die unterzeichneten [sic] jungen Bernerinnen und Berner, möchten Sie höflich bitten, die Frage zu prüfen, ob es nicht möglich wäre, mit den Mitteln der Stadt ein günstig gelegenes Gebäude als Jugendzentrum einzurichten, das unse-

---

31 Thesenpapier zur Reitschule 1988, FDP der Stadt Bern. Dokumentation Reitschule, Umschlag 6, ab 1999. Bern, Stadtarchiv.
32 Undatiert, ca. 1968. Jugendzentrum Gaswerkareal 1968–1971. Unbeschrifteter Ordner, Polzeiakten. Bern, Stadtarchiv.

ren Bedürfnissen besser entgegenkommt als die heute bestehenden, nicht mehr genügenden städtischen Einrichtungen dieser Art. Wir stellen uns ein Haus vor, das mehrere große Räume und die notwendigen Installationen besitzt, um es uns zu ermöglichen, am Wochenende in gemütlicher Atmosphäre zu tanzen und während der Woche Jazzvorträge, Diskussionsabende und ähnliche Anlässe, wie sie von der Jugend gewünscht und geschätzt werden, durchzuführen.«[33] Der höflichen Bitte der »unterzeichneten Jugendlichen« wurde Gehör geschenkt. Gegen eine »gemütliche Atmosphäre« am Wochenende war nichts einzuwenden. Das Gaswerkareal wurde am 7. August 1968 per Gemeinderatsbeschluss für ein Jugendzentrum zur Verfügung gestellt.[34] Unterdessen war aber auch die Idee eines Autonomen Jugendzentrums propagiert worden, da sich die Jugendlichen gegen eine Angliederung des Jugendzentrums an die Vereinigung für Gemeinschaftszentren und Freizeitanlagen wehrten. Im Protokoll der Sitzung der AG Berner Jugendzentrum vom 28. November 1968 ist nachzulesen: »Ich halte es für wichtig, dass auf diese psychologische Nuance Rücksicht genommen wird. Dabei bin ich sicher, dass die Jungen den Begriff ›autonom‹ nicht im genau gleichen Sinn anwenden wie etwa ihre Bieler oder Zürcher Kollegen, sondern durchaus bereit sind, mit den Behörden zusammenzuarbeiten.«[35]

Der Begriff der Autonomie wurde gemeinsam mit der ersten Forderung nach einem Jugendzentrum aufgeworfen. Dabei reklamierten die Jugendlichen eine »bernische« Interpretation des Autonomiebegriffs. Die Präzisierung bezweckte die Abgrenzung von Biel und Zürich, wo es zu gewaltsamen Ausschreitungen und zu entsprechend negativen Schlagzeilen gekommen war. Immerhin schafften es die Beteiligten, ihre Bemühungen um ein Jugendzentrum vom Zürcher Globuskrawall abzugrenzen. Die »NZZ« lobte denn auch das Berner Modell als einen »Musterfall« für weitere autonome Zentren.[36] Das »Maßhalten« der Berner Jugend sei Anlass für die Behörden, »ohne viele Flugblätter und Schlägereien etwas in dieser Richtung [zu] erhalten«, schrieb die »Nationalzeitung«.[37]

Die Bemühungen der »Berner Jugend« wurden wohlwollend zur Kenntnis genommen:

33 Undatiert, ca. 1968. Jugendzentrum Gaswerkareal 1968–1971. Unbeschrifteter Ordner, Polizeiakten. Stadtarchiv Bern.
34 Gemeinderatsbeschluss Nr. 1522/1968, Beschluss, das Gaswerkareal als Jugendzentrum zur Verfügung zu stellen. Nachdem am 17. Oktober 1969 ein Kredit von 380'000 Franken gesprochen wurde, konnte das Jugendzentrum am 26. Oktober 1971, also gut zwei Jahre später, an die Jugendlichen übergeben werden. Bald stellte sich heraus, dass der Kredit viel zu niedrig veranschlagt war und die Kosten ein Mehrfaches betragen würden. Jugendzentrum Gaswerkareal 1968–1971. Unbeschrifteter Ordner, Polizeiakten. Stadtarchiv Bern.
35 Bericht über die Sitzung der AG Berner Jugendzentrum, 28/11/1968. Jugendzentrum Gaswerkareal 1968–1971. Unbeschrifteter Ordner, Polizeiakten. Stadtarchiv Bern.
36 NZZ, 21/12/1969
37 Nationalzeitung, 15/06/1970

»Dass sie diese Unterstützung auf anständige Weise zu erwirken wusste, muss ihr umso höher angerechnet werden, als dies nicht überall selbstverständlich zu sein scheint.«[38]

Als Schlüsselwort für meine Analyse in diesem Absatz drängt sich »anständig« auf. Dieses Wort fängt den Anspruch an adäquates Verhalten und die Einordnung in die Gesellschaft im Kontext der 70er Jahre nahezu perfekt ein.

Die anfängliche Begeisterung für die Sache des Jugendzentrums wurde alsbald durch Ernüchterung abgelöst, als den Verantwortlichen klar wurde, dass das Projekt zu gross war, um von den Jugendlichen alleine bewältigt zu werden. In einer handschriftlichen Notiz vermerkt ein Mitglied der Arbeitsgruppe Berner Jugendzentrum: »Die Tatsache bleibt, dass man von der anfänglichen Begeisterung für die Sache nicht mehr viel merkt und dass die Jugend ihre Chance, das Establishment mit einer bewundernswürdigen Leistung zu beeindrucken, verpasst hat.«[39]

Die Erwartungshaltung der Erwachsenen und der Politik umfasste also nichts weniger, als dass die Jugendlichen eine »bewundernswürdige Leistung« vorzulegen hätten, um »etwas in dieser Richtung«[40] zu erhalten. Das Jugendzentrum steht ihnen nicht einfach zu. Die Jugendlichen sind verpflichtet, eine Leistung zu erbringen. Sie sollen sich das Zentrum verdienen. Angesichts des mangelnden Widerhalls, den die in Aussicht gestellte und mehrfach verschobene Eröffnung des Berner Jugendzentrums beim Grossteil der Jugendlichen ausgelöst hatte, erwartete man eher die Errichtung eines harmlosen Freizeitgeländes anstelle eines »echten« Autonomen Jugendzentrums, also eines Ortes, wo sich die Jugendlichen mit ihresgleichen »wohl und frei« fühlen könnten.[41] Trotz den Bemühungen der Berner Jugendlichen, sich von den Zürcher Vorfällen abzugrenzen, war die Idee des Autonomen Jugendzentrums mit der exotischen Erscheinung seiner jugendlicher Nutzer und Nutzerinnen behaftet. Die Imagination des Jugendzentrums bewegte sich demnach zwischen »Jazzvorträgen in gemütlicher Atmosphäre«[42], einem »harmlosen Freizeitgelände«[43] und einem »echten« autonomen Jugendzentrum für Hippies und Langhaarige.[44]

Das Jugendzentrum im Gaskessel wurde den Jugendlichen am 26. Oktober 1971 übergeben.[45] Bis Ende der 70er Jahre hatte es allerdings seine Anziehungskraft für Jugendliche eingebüsst. Die Jugendlichen suchten

---

38 Vortrag des Gemeinderats im Stadtrat, 01/10/1969. Jugendzentrum Gaswerkareal 1968–1971. Unbeschrifteter Ordner, Polizeiakten. StadtarchBern.
39 Undatierte handschriftliche Notiz von G. S., ca. 1970. Jugendzentrum Gaswerkareal 1968–1971. Unbeschrifteter Ordner, Polizeiakten. Stadtarchiv Bern.
40 Undatierte handschriftliche Notiz von G. S., ca. 1970. Jugendzentrum Gaswerkareal 1968–1971. Unbeschrifteter Ordner, Polizeiakten. Stadtarchiv Bern.
41 Nationalzeitung, 15/06/1970.
42 Undatiert, ca. 1968. Jugendzentrum Gaswerkareal 1968–1971. Unbeschrifteter Ordner, Polizeiakten. Stadtarchiv Bern.
43 Nationalzeitung, 15/06/1970.
44 Nationalzeitung, 15/06/1970.

nach Räumen, wo sie ihre eigenen Projekte verwirklichen konnten und »in Ruhe gelassen« würden. Mangel herrschte auch an Übungsräumen, wo die Jugendlichen ihre Musik machen konnten. Dies galt auch für Zürich, welches in den späten 70er Jahren eine lebhafte Szene des underground, insbesondere Punk, beherbergte. Davon berichte ich im nächsten Unterkapitel.

13.1.5 »Wir sind die, vor denen uns unsere Eltern immer gewarnt haben«[46]

Die Zürcher Bewegung ist gut dokumentiert, deshalb verzichte ich an dieser Stelle auf eine umfassende Darstellung der Zürcher Bewegung und verweise auf Kriesi (1984). Zürich wird oft in einem Atemzug mit europäischen Schauplätzen wie Berlin, Frankfurt oder Hamburg genannt. Zu der Zürcher Bewegung liegen Analysen vor, die im Rahmen der Bewegungsforschung vorgenommen wurden (Kriesi 1984; Lindner 1996; Nigg 2001; Willems 1997). Mit einer groben Skizze, wie in Zürich die erste Forderung und der erste Kampf um ein Autonomes Jugendzentrum ausgetragen wurde, sollen im Teilkapitel 13.1.5 einige Parallelen zu Bern gezogen werden.

Mit den aufflammenden Unruhen zu Beginn der 80er Jahre erlebte die Schweiz eine Premiere, da es das Land zum ersten Mal von inneren Unruhen erfasst wurde, ohne dass der Anstoss dazu aus dem Ausland kam. Für die Unruhen rund um die Forderungen nach AJZ konnte auch das Deutungsmuster des Ost-West-Konflikts nicht herhalten. Die 80er-Bewegung entbrannte buchstäblich vor der eigenen Haustür.

Eine wichtige Funktion übernahm die Musik, insbesondere Punk. Zürich galt als heimliche Hauptstadt für Undergroundmusik, viele neue Bands entstanden dort. Diese kulturelle Lebhaftigkeit stand in eklatantem Gegensatz zu den vorhandenen Übungsräumen und Konzertlokalen. Die Atmosphäre war von einer No-future-Stimmung bestimmt, und man wandte sich gegen den Entwurf der Konsumgesellschaft. Die Gründung von Aktionsgruppen wie »Rock als Revolte« oder »Aktionsgruppe rote Fabrik« war Ausdruck der Kombination kulturpolitischer Anliegen (Kriesi 1984).

Im Jahr 1976 wurde in einer Volksabstimmung die Rote Fabrik zum Kulturzentrum bestimmt. Seither wurde politisch nichts unternommen, und die Rote Fabrik diente weiterhin als Lagerhalle für Pneus und Requisiten des Opernhauses. Für den Umbau des Opernhauses wiederum hatte die Stadtregierung einen Kredit von 61 Millionen Franken bewilligt. Die Abstimmung wurde auf Anfang Juni 1980 angesetzt.

Am 30. Mai versammeln sich rund 200 Jugendliche vor dem Opernhaus. Sie tragen Transparente mit der Aufschrift »Wir sind die Kulturleichen der Stadt«, es kommt zu ersten Zusammenstössen mit der Polizei. Am selben Abend findet im Hallenstadion ein Konzert von Bob Marley

---

45 Chronologie in: Aktionskomitee Berner Jugendhaus, undatiert. Jugendzentrum Gaswekareal 1968–1971. Unbeschrifteter Ordner, Polizeiakten. Stadtarchiv Bern.
46 Aufschrift auf Transparent (Häusler und Piniel 2005)

statt – die heimkehrenden Konzertbesucher und Konzertbesucherinnen schliessen sich den Demonstrationen an: »Get up, stand up, stand up for your rights!« Schnell schwillt die Demonstrationsmenge von 200 auf 2000 an, »Züri brännt«, die ganze Nacht und auch die darauffolgende finden Straßenkämpfe zwischen der Polizei und der aufgebrachten Menschenmenge statt. Die Polizei schießt mit Hartgummigeschossen und versprüht Tränengas, die Demonstranten und Demonstrantinnen bauen Barrikaden auf und schlagen Scheiben ein. Steine werden als »Waffe der Gefühle« eingesetzt.

Ende Juni öffnet das lange geforderte AJZ seine Tore, die Sozialdemokratische Partei (SP) der Stadt Zürich übernimmt die Trägerschaft und unterzeichnet den Mietvertrag. Am Eröffnungstag besucht Stadträtin Emilie Lieberherr die »autonome Zone« und bekennt sich dazu, an ein gewisses Maß von Selbstverwaltung zu glauben. Im September gibt es unter dem Druck der bürgerlichen Parteien im AJZ eine Razzia, das Zentrum wird gesperrt. Die Stimmung wird wieder militanter, es gibt Verhaftungswellen, erste Prozesse gegen Demonstranten und Demonstrantinnen werden vor Gericht geführt und die Demonstrationen mit bis zu 10'000 Teilnehmern und Teilnehmerinnen nehmen zu. Unter drei Autos von Bezirksanwälten explodieren Brandbomben. Eine junge Frau übergießt sich am Bellevueplatz mit Benzin und zündet sich an. »Züri brännt« (Häusler und Piniel 2005), bis ins Innerste. Ein schauerlicher Protest gegen das »eiskalte Klima« in der Stadt Zürich nimmt seinen Lauf.

Im Frühling öffnet das AJZ erneut, die Aufbauarbeit wird jedoch immer stärker zur Sozialarbeit, Suchtproblematik und Gewalt nehmen Überhand, der FreiRaum wird zum Auffangbecken für sozial Gescheiterte. Die Probleme häufen sich: Drogen, Gewalt, Kriminalität. Die Bewegung ist mit dem Betrieb des Hauses überfordert und zieht sich aus der Betriebsführung zurück. Am 23. März 1982 wird das AJZ mit Baggern dem Erdboden gleichgemacht (vgl. auch Schmid 1998a).

Die Zürcher Bewegung erzeugte eine vergleichsweise heftige Resonanz, die nationale und internationale Berichterstattung über Zürich war umfangreich. Mit dem Abbruch des AJZ und den politischen Anstrengungen zur Integration der Roten Fabrik ins städtische Kulturbudget hatte die Bewegung ihren Höhepunkt früh erreicht. Es gab auch in Zürich Ausläufer der Bewegung in Form von Hausbesetzungen. Dies drückte sich in der programmatischen Umbenennung der Bewegungszeitung von »Eisbrecher« in »Brächise« am 16. Januar 1981 aus.[47] Das Programm der Bewegung, die anfänglich die eisige Stimmung der Finanzmetropole angeprangert hatte, wurde neu auf die Wohnungsnot ausgerichtet (Stahel 2006).

In Kapitel 13.1.5 zeigte ich, dass die Zürcher 80er-Bewegung von einer Heftigkeit und Kompromisslosigkeit war, die in der Schweiz ihresgleichen

---

47 Siehe die Chronologie der 80er-Bewegung, Bern, in: Die Wochenzeitung WOZ, http://www.woz.ch/archiv/old/00/15/1117.html (Februar 2012).

sucht. Diese Bewegung war aber auch von kurzer Dauer. Ähnlichkeiten zu Bern sind jedoch beim Wechsel auf wohnpolitische Themen zu finden, der auch in Bern vollzogen wurde.

13.1.6 Szenenwechsel Zürich – Bern: Die Erstbesetzung der Reithalle

Auch in Bern wächst zu Beginn der 80er Jahre der Druck, städtische Räume als Treffpunkte für Jugendliche freizugeben. Dieses Kapitel zeichnet die Entwicklung nach, die die Berner Bewegung zu Beginn der 80er Jahre durchlaufen hat. Im Zentrum stehen die Erstbesetzung der Reitschule und ihre sechsmonatige Inbetriebnahme als »alternatives« Kulturzentrum zwischen Oktober 1981 und April 1982. Das Teilkapitel beleuchtet zudem die Folgen der ersten Räumung der Reitschule für die Bewegten.

Am 20. Juni 1980 findet die erste Demonstration für ›freie und autonome Bewegungszentren' statt. Konkret geht es um zwei vom Abbruch bedrohte Bauernhäuser in Bümpliz, einem Stadtteil im Westen Berns, sowie um das alte Tramdepot am Fuß der Berner Altstadt.[48] Unter dem Druck der Straße erarbeitet der Gemeinderat ein Konzept für ein Kultur- und Begegnungszentrum in der Reitschule. Von Autonomie ist darin allerdings keine Rede.

»Die Bewegung antwortet mit regelmäßigen Abendverkaufdemos, der Störung eines Karajan-Konzertes und der Besetzung leerstehender Häuser im Monbijou- und Breitenrainquartier. Die Polizei schreitet jeweils massiv ein.«[49]

Im Februar 1981 wird ein Haus an der Taubenstraße besetzt und als Provisorisches Autonomes Jugendzentrum (PAJZ) proklamiert. Im selben Monat genehmigt der Stadtrat 600'000 Franken für die Sanierung des Reitschuldachstocks und der darunterliegenden Stallungen, welche in der Folge versuchsweise als »Jugend-, Kultur- und Versammlungszentrum« genutzt werden sollen. Sanitäre Installationen werden eingerichtet, eine Ölzentralheizung eingebaut, die Küche erstellt. Unter Erbringung von erheblichen Eigenleistungen des künftigen Betreiberkollektivs werden die Räumlichkeiten umgebaut. Am 1. Oktober übergibt die Stadt die Reitschule an die Jugendlichen, die ihrerseits das besetzte PAJZ an der Taubenstraße räumen. Das PAJZ hatte als Mobilisierungsort für zahlreiche junge Männer und Frauen eine Rolle gespielt. Für einige meiner Gesprächspartner und Gesprächspartnerinnen bildete das PAJZ eine Art Einstiegstür in die Bewegung, obwohl sich die Verhältnisse dort bald als sehr schwierig entpuppten, worauf das Zitat von Nicole Studer hinweist: »Eben ja, es sind dann nachher einfach, einem Teil der Leute war es zu versifft und zu grob und zu brutal und zu unpolitisch geworden in diesem PAJZ ...«

---

48 Marcel Fischer; sowie Berner Tagwacht, 09/11/1990; Chronologie 80er-Bewegung, Bern, Die Wochenzeitung WOZ, http://www.woz.ch/archiv/old/00/15/1117.html (Oktober 2011).
49 Berner Tagwacht, 09/11/1990

Die Verlegung des AJZ von der Taubenstraße in die Reitschule ist also auch Anlass, die Strukturen von Grund auf neu zu überdenken. Dies schlägt sich vorerst in einer Namenänderung nieder: Aus dem AJZ wird das ABZ, das Alternative Begegnungszentrum. Allerdings werden die vom Gemeinderat erstellten »Grundsatzforderungen« vom Betreiberkollektiv als zu eng empfunden, etwa eine Alters- und Zeitbeschränkungen sowie das Ausstehen der Übernachtungserlaubnis. Zudem lehnt der Gemeinderat das von den Betreiber und Betreiberinnen vorgeschlagene Finanzierungs-, Trägerschafts- und Betriebskonzept ab.

Der Betrieb läuft trotzdem gut. Mit weit über 100 Arbeitsgruppen wird das Programm gestaltet und die Infrastruktur erstellt, am Wochenende sollen durchschnittlich etwa 2000 Personen in der Reithalle verkehren; unter der Woche leben ungefähr 100 Personen in den Räumlichkeiten.[50]

Im April 1982 wurde das Experiment eingestellt. Gründe waren die Weigerung des Betreiberkollektivs, sich gegenüber der Stadtregierung mit einem Vertrag an einen geordneten Betrieb zu halten sowie strafbare Handlungen im Umfeld der Reitschule. Nach Sachbeschädigungen, der Verlagerung der Drogenszene in das Reitschulumfeld sowie einem Brand schliesst der Gemeinderat im April 1982 das AJZ, lässt es mit Stacheldraht umzäunen und rund um die Uhr bewachen. Die dafür anfallenden Kosten werden in der linken »Berner Tagwacht« mit 2000 Franken pro Tag angegeben.[51] Dies bedeutet das vorläufige Ende eines Berner Jugend- und Kulturzentrums. Von den durch Behörden formulierten Nutzungsvorschlägen setzte sich keiner durch, und die Bewegung trat in den Hintergrund. Marcel Fischer konnte der Schliessung der Reitschule allerdings positive Aspekte abgewinnen:

»Also für uns, es war noch so schwierig. Gegen Schluss, als sie offen war, haben wir auch gemerkt, es hat unsere Kräfte recht absorbiert. Diese Reitschule, also immer das *fighten* um, dass man die Reitschule offen behalten kann. Also es ist ein Bügel[52], so etwas zu haben, sei es, die Beiz zu führen, sei es das Putzen, sei es, all die Sachen zu machen, das absorbiert auch. Und wir hatten nachher auch das Gefühl, es hindert einfach die politische Szene in Bern recht stark, wirklich auch politisch aktiv zu sein. Man war einfach beschäftigt mit seinem eigenen Chüechli[53] dort in der Reitschule. Darum sind wir irgendwann gar nicht mehr so unglücklich gewesen, dass die mal zu ist. Wir haben uns in die Lorraine zurückgezogen, und probierten ein wenig, neue Strukturen aufzubauen. Mit den Leuten, die sich auch wirklich ganz klar politisch begriffen haben, haben, versuchten wir uns zu vernetzen, die verschiedensten Grüppli.[54] Das ist noch relativ stark gekommen,

---

50   Berner Tagwacht, 09/11/1990
51   Berner Tagwacht, 09/11/1990
52   [Arbeit, im Sinne von viel/große Arbeit]
53   [Mit seinen eigenen Angelegenheiten]
54   [Grüppchen]

dass man sich eben auch mit Zürich, Basel vernetzt und Aktionen gemacht hat. Uns hat das eher gestärkt, nachher, eigentlich. Weil, eben, es hat einen schon absorbiert. Die Reitschule ist etwas, was die Leute teilzeitlich recht bindet, auch Leute, die eigentlich sonst andere politische Sachen machen würden. Andererseits macht man ja so eine Art Sozialarbeit. Also man holt ja die Leute von der Straße dort hinein und wirkt unter Umständen auch als Ventil. Und darum ist es vielleicht gar nicht so schlecht gewesen.«[55]

Kräfte, *fighten*, Bügel – Marcel Fischers Worte illustrieren die Anstrengung, die der Betrieb der Reitschule bedeutet, was es die Bewegung gekostet hat. Das Zentrum war von Anfang an groß angelegt, die Struktur war komplex, neben kulturellen und politischen Anliegen galt es, eine Reihe weiterer Bedürfnisse unterzubringen. Die Kräfte, die Marcel Fischer anspricht, mussten sowohl nach außen als auch nach innen gerichtet werden. Mit dem Begriff Sozialarbeit deutet Marcel Fischer eine weitere Dimension an, die der Reitschule im städtischen Kontext unmittelbar zukam. Sie wirkte als Ventil, entschärfte Spannungsfelder, die sich im sozialpolitischen Umfeld aufgebaut hatten. Die Reitschule wirkte als Auffangbecken für marginalisierte Gruppierungen, die mit den unterschiedlichsten Problemen kämpften, und sie schaffte einen neuen HandlungsRaum für Personen, die als *out of place*, als fehl am Platz gelten.

Marcel Fischers Aussage impliziert einerseits, dass sich die Reitschulbetreiber und Reitschulbetreiberinnen mit dieser zusätzlichen Aufgabe überfordert sahen. Andererseits gilt seine zentrale Sorge der politischen Arbeit sowie dem Umfeld, welches politische Initiativen hervorbringt. Die Reitschule bewirkte nicht nur eine tatsächliche Ent-Spannung der politischen Atmosphäre, sondern sie absorbierte die maßgeblichen Kräfte, die politische Aktionen entwickelt hätten. Diese Personen hatten sich in dem halben Jahr, in dem die Reitschule als Zentrum existierte, überengagiert, und der scheinbar ungewollte Rückzug kam nicht ungelegen. Die Besetzer und Besetzerinnen der ersten Stunde zogen sich zurück und konzentrierten sich vermehrt auf sich selbst. Es war die Zeit, die von verschiedenen ehemaligen Aktivisten und Aktivistinnen als »Babyboom« erinnert wird, es war die Hochzeit der WGs in der Lorraine und der nationalen und internationalen Vernetzung und der Konzentration auf neue politische Themen. Die Zeit von 1982 bis 1984, als die Hausbesetzungen dezentralisiert wurden, ist also sowohl durch eine Entpolitisierung als auch durch eine Re-Politisierung in Form der Aneignung neuer Themen geprägt. Eines davon war die Wohnungsnot.

»In den Jahren 1984 und 1985 wurden zahlreiche Häuser besetzt. Nach einer Reihe von Räumungen bildet sich auf dem Gaswerkareal das ›Freie Land Zaffaraya‹. Im März 1986 wurde die IKUR (Interessengemeinschaft

---

55 Marcel Fischer

Kulturraum Reitschule) ins Leben gerufen. Mit einem Fest wurde erstmals ein Nutzungs- und Betriebskonzept für die Reitschule zur Diskussion gestellt.«[56]

Ein anderes Thema waren Mütter, »Kindsväter« und Bébés. Nachdem die harten Konfrontationen zwischen der Bewegung, der Stadt und der Polizei von Anfang der 80er Jahre etwas verebbt und die fortan geschlossene Reithalle laufend bewacht wurde, schlugen die Protagonisten und Protagonistinnen der Bewegung neue Wege ein. Einige Frauen wurden schwanger, und die Diskussionen um das Zusammenleben nahmen eine neue Qualität an. Einige zogen sich in persönlichere Strukturen zurück und erprobten eine Politik der Intimität. Für die Formen des Zusammenlebens abseits der konfrontativen öffentlichen Politik gingen die Bewegten vorerst Mietverhältnisse ein. Als die Möglichkeiten, günstigen Wohnraum für große Gemeinschaften zu mieten oder zu erwerben immer kleiner wurden, vollzog auch die Berner Bewegung, ähnlich wie jene in Zürich, eine Neuausrichtung auf wohnpolitische Themen. Lorenz Hofstettler erinnert diese Zeit als die schönste und intensivste überhaupt:

»Die Goofen[57] waren klein, alle schliefen so aufgereiht, Matratzen nebeneinander, ›Grill‹ nannten wir das. Im Sommer gingen wir z'Alp[58], mit den Goofen, im Winter vor Hand ids Muul[59], etwas bügle[60]. Und alle lebten wir zusammen im Sächzgi«.[61]

Das Zitat enthält lediglich eine Beschreibung, keine Artikulation von Emotionen, und doch berührt mich sein Inhalt als eine starke Schilderung des bewegten Lebens. Es transportiert ein Lebensgefühl, eines, das sich jenseits von Militanz und harten politischen Parolen entfaltete. Es vermittelt den Eindruck von einer starken Gemeinschaft, die die Bewegten der 80er Jahre aufgebaut hatten, und die für die Beteiligten von substantiellem Wert war.

Das Zitat transportiert die emotionale Verfasstheit in räumlichen Bezügen: Jeden Sommer zogen die Väter mit ihren Kindern auf die Alp. Die Idylle ist greifbar, wenn ich mir die schlafenden Kinder in einer Reihe in der Sennenhütte vorstellte. Das »Sächzgi« – das Haus Nr. 60 an der Lorrainestraße – war während dieser Rückzugszeit der gemeinsame Wohnort der Aktivisten und Aktivistinnen, eine Drehscheibe bewegter Geschichten und ein TatOrt von besonders hoher Intensität. Die räumlichen Bezüge – die »Alp« und das »Sächzgi« – werden hier zum Transportmittel für die emotionale Qualität der Bewegung in jener Phase. Das Motiv und die Logik des

---

56 Berner Tagwacht, 09/11/1990
57 [Gören, Kinder – gemeint sind beide Geschlechter]
58 [Auf die Alp]
59 [Wir lebten von der Hand in den Mund]
60 [Arbeiten]
61 [Gemeint ist die Kommune an der Lorrainestraße 60]

politischen Engagements jeder Teilnehmerin, jedes Teilnehmers an der Bewegung steckt in dieser Aussage ebenso wie in all jenen, die den Einstieg in die Bewegung zu rationalisieren versuchen. Darin steckt meines Erachtens eine wichtige Erkenntnis über die Limitierung von Erkärungsansätzen aus den Theorien Neuer Sozialer Bewegungen. Diese fassen die Motive für das Engagement in einer sozialen Bewegung zwischen relativer Deprivation einerseits sowie Reaktionen auf die Dominanz moderner Funktionsprinzipien und Werthaltungen andererseits (siehe Brand 1998).[62]

Die Motive, die aus meiner Erhebung hervorgingen, passten nicht in diese Raster. Sie waren sperrig, und ein Unbehagen beschlich mich, wenn ich sie einer Kategorie zuweisen sollte. Zwar hatte ich mich von den klassischen Theorien sozialer Bewegungen für meinen Gegenstand abgegrenzt. Diese sind, gerade, was das Erklärungspotential für spezifische Ausprägungen – zum Beispiel für den Häuserkampf (Brand 1998, 73) – angeht, defizitär. Dennoch hat die Begrifflichkeit dieser Theorien eine große Reichweite entwickelt, und es fiel mir schwer, die von meinen Gesprächspartnern und Gesprächspartnerinnen genannten Motive innerhalb eigener Kategorien geltend zu machen. Wie ich in Kapitel 8 erläutert habe, bilden sowohl Elemente der Ressourcenmobilisierung als auch der *political opportunity structures* (Hellmann und Koopmans 1998; Miller 1994) und des *Framing*-Zugangs Konstituenten für das von mir angelegte Deutungsraster. Hätte ich mich jedoch ausschliesslich auf diese Theorien gestützt, wäre ich gezwungen gewesen, wesentliche Aspekte auszublenden. Zu diesen Aspekten gehören die emotional gesteuerten Motive. Die Konstitution von Raum ist maßgeblich von Emotionen bestimmt. In Löws Raumkonzept sind emotionale Momente integrierbar, da die Syntheseleistung, über welche die räumlichen (An-)Ordnungen verknüpft werden, durch Wahrnehmungs-, Erinnerungs- und Vorstellungsprozesse gesteuert wird (Löw 2001). Die Prozese der Wahrnehmung, Erinnerung und Vorstellung sind emotional aufgeladen. Umgekehrt wirken Räume als Reservoire für emotionale Empfindungen. Das Betreten von Räumen der Vergangenheit setzte auch in den Gesprächen starke Emotionen frei.

In diesem Teilkapitel rekonstruierte ich die für die Berner 80er-Bewegung indentitätskonstitutive Besetzung der Reitschule 1980 und ihre erste sechsmonatige Betriebszeit zwischen Oktober 1981 und April 1982. Das ehrgeizige Autonomiekonzept sowie die Überforderung der Betreiber und Betreiberinnen mit Personen aus sozial marginalisierten Gruppen verschärften die Konflikte mit den Behörden und führten zu der Schliessung der Reitschule. Interessant ist die Sicht meiner Interviewpartner und Interviewpartnerinnen, welche angesichts dieser behördlich verordneten Schliessung weniger Enttäuschung als Erleichterung empfunden haben.

---

62 Vgl. Kapitel 8

Die Geschichte der Reithalle, mit der dieses Teilkapitel begann, setzt 1987, einem Schlüsseljahr der Berner Bewegung, wieder ein.

13.1.7 Das Schlüsseljahr 1987

1987 schien das Schicksal der Reitschule besiegelt zu sein. Im Januar 1987 reichte die Nationale Aktion zusammen mit den Schweizer Demokraten ihre Abbruchinitiative ein, und der Stadtrat – die städtische Legislative – legte mit einem Auftrag für ein Abbruchkonzept an den Gemeinderat nach.

In diesem Kapitel beschreibe ich den politischen Kampf um die Reitschule im Rahmen ihrer zweiten Besetzung, welcher mit der Neueröffnung als Kulturzentrum endet. Die dazwischenliegende wohnpolitisch orientierte Phase der Berner Bewegung, die ab 1984 einsetzte, bespreche ich im Zusammenhang mit der Frauenhausbesetzung in Kapitel 15 sowie dem Zaffaraya, das im Kapitel 16 erwähnt wird.

Die Berner Bewegung konzentriert sich im Sommer 1987 auf das Zaffaraya, die Zeltstadt am Flussufer, die druch das Ultimatum der Stadtregierung von der Räumung bedroht ist. Mitten in der gereizten Stimmung, am 17. November 1987, lässt der Gemeinderat die Zeltstadt Zaffaraya nach dem Verstreichen mehrerer Ultimaten räumen (Gfeller 2004). Die dadurch ausgelöste, wochenlang andauernde Protestwelle droht Bern zu lähmen und zwingt den Gemeinderat zu einer schrittweisen Öffnung der Reitschule.[63] K.F. erinnert sich an die turbulente Zeit:

»Und dann ist diese Zaffaraya-Besetzung gekommen. Das hat mich alles gar nicht interessiert, aber als es dann so weit war, dass es natürlich ... Ich habe dann gesagt, ich gehe schauen, dass man da geht, Umsiedlung oder da. Und dann hat sich der bürgerliche Block engagiert, die wollten die Auseinandersetzung, die haben das gewollt, was am Schluss passiert ist, und der [Name eines Kollegen aus der Exekutive] hat es auch gewollt, das hat ihm Auftrieb gegeben. Und ich habe da mit großer Naivität, von allem Anfang an. Und dann haben wir mit ganz interessanten Leuten, von der Heilsarmee und mit allem, was da, so. Wir haben die verrücktesten Sachen probiert.«[64]

Die Aussage der Politikerin beleuchtet die Bemächtigungsstrategien der etablierten Politik. Im Wahlkampfjahr 1987 wandte sich die Politik den Ereignissen rund um das Zaffaraya und die Reitschule nicht nur im streng lösungsorientierten Sinn zu. Dies galt insbesondere für die bürgerlichen Parteien. 1988 begann die nächste Legislatur, und die bürgerliche Mehrheit, die vier Jahre zuvor einer langen Tradition der austarierten Stadtberner Regierungszusammensetzung ein Ende gemacht hatte, wollte bestätigt werden. Dazu war es notwendig, der Öffentlichkeit zu demonstrieren, dass

---

63 Berner Tagwacht, 09/11/1990
64 K.F

in Bern eine bürgerliche Regierung am Ruder war. Dies bedeutete, dass die städtische Reaktion auf die Unruhen hart und entschlossen sein sollte. Eine Ausweitung der Bewegung sollte mit allen Mitteln verhindert werden.[65] Die Rechnung ging nur vordergründig auf, wie K.F. mir erzählte. Nach der Räumung des Zaffaraya erreichte die Mobilisierung der Öffentlichkeit ein so hohes Mass, so dass die Regierung gezwungen war, einen Joker zu spielen. Angesichts von 10'000 Demonstranten und Demonstrantinnen war die Reitschule das Zugeständnis an die Jugendlichen sowie an die mit einem vielfältigen Kulturbetrieb und »alternativen« Wohnformen sympathisierenden Berner und Bernerinnen. Die Bereitschaft, in Sachen Reitschule nachzugeben, resultierte wohl zu gleichen Teilen aus der breiten Solidarisierung und dem Erfolg der von der Bewegung angewandten Zermürbungstaktik. Das Zaffaraya war immer wieder an neue Standorte gezogen. Entgegen der Prognosen war es ein Projekt, welches die Dimensionen eines Indianersommerzeltlagers bei weitem übertraf. Die zweijährige Odyssee des Zaffaraya, welches sich weder wegdrängen, wegverhandeln noch durch gutes Zureden in Luft auflösen liess (Gfeller 2004), hatte für diese beispiellose Solidarisierung gesorgt. Die Zaffarayaner und Zaffarayanerinnen hatten sich bei einem liberalen städtischen Publikum Respekt verschafft. Sie profitierten zudem von der romantisierenden Anbindung an die Einfachheit des Lebens in der Natur, die ihre Wohn- und Lebensform auch für bürgerliche und konservativ eingestellte Stadtberner und Stadtbernerinnen ermöglichte. Die Kombination dieser Faktoren brachte den Gemeinderat an den Punkt, von der Verdrängungstaktik auf eine Politik der Alternativen hin zu arbeiten.

Die zeitlichen Parallelen von der Räumung des Zaffaraya zu den Abbruchplänen für die Reitschule dürften die entscheidenden Vorlagen für die akzentuierte Polarisierung dieses heissen Berner Herbstes gewesen sein. Ende Oktober 1987 wird die Reitschule für eine Nacht besetzt. Rund 10'000 Personen beteiligen sich am 31. Oktober 1987 aus Solidarität zur Interessengemeinschaft Kulturraum Reitschule (IKuR) und Zaffaraya am behördlich bewilligten »Kulturstreik«.[66]

»Und nachher die Stürmung der Reitschule ist ja drei, vier Monate nach dem Zaff[67] flachgelegt worden war. An diesem Novemberweekend, ich kann dir das Datum nicht sagen, aber es ist an einem Novembersamstag,

---

65 K.F

66 Die namhaften kulturellen Institutionen verzichten in jener Nacht auf ihre Produktionen oder verlegen diese kurzerhand in die grosse Halle der Reitschule. Auch das Stadttheater beteiligt sich unter dem Bekenntnis, dass die Reitschule ein berechtigtes Anliegen und der richtige Ort für die Beherbergung eines bestimmten kulturellen Segments ist. Damit schliesst sich eine Art historische Kluft zwischen den beiden Institutionen.

67 Davide Meroni spricht hier nicht vom Zaff, dem besetzten und unterdessen längst abgebrochenen Haus im Mattenhof, sondern vom Zaffaraya, der Zeltstadt.

68 [Zeug und Sachen]

ist es abgegangen, wo es nachher die ganzen Konzerte gegeben hat, Züg u Sache.[68] Und nachher am fünfi, sechsi am Morgen, ist, weil es so viele Leute hatte, es hatte wahnsinnig viele Leute, ich weiss nicht wie viele – also, die große Halle ist bumshagelvoll gewesen, vorne dran hatte es Leute, und nachher ist um fünf, sechs Uhr die Stürmung gekommen.«[69]

Die Alternative stellten die Jugendlichen mit der Besetzung der Reitschule gleich selbst in Aussicht. Über den Kulturstreik vom Wochenende des 31. Oktober 1987 wurden Tausende von Personen für den Kampf um die Reitschule mobilisiert. Der Gemeinderat gab nach.[70] Die »Tagwacht« notierte das gemeinderätliche Einlenken wie folgt:

»Am 16. Dezember 1987 schliesslich stellt er der IKUR in einer schriftlichen Vereinbarung ›auf Zusehen hin‹ die Stallungen der Reitschule als Kultur- und Begegnungszentrum zur Verfügung.«[71]

Damit wurde der Schritt der Reithalle vom Unort zum städtischen Kultur- und Begegnungszentrum besiegelt. Wie ich einleitend in diesem Kapitel 13 vermerkte, hat sich das Zentrum trotz wiederholter Anfeindungen als Ort der »alternativen« Kultur und der Begegnung gehalten. Die Reitschule ist ein Raum, anhand dessen die räumliche Konstitution durch (An-)Ordnung beispielhaft vorgeführt werden kann. Dies gelingt besonders gut, weil die Wahrnehmungs-, Erinnerungs- und Vorstellungswelten, in welche die divergierenden Synthesen zum Raum »Reitschule« eingebettet sind, stark polarisieren. Während die Reitschule für die Bewegten der frühen und späten 80er Jahre den lang ersehnten Ort der Begegnung und der Ermöglichung von eigenen Vorstellungen des Zusammenlebens, gemeinsamen Arbeitens, politischen Engagements und der »alternativen« Kulturproduktion bedeutet, bleibt sie für manche ein Herd der Unruhe und der politischen Agitation, und verkörpert, wie einleitend zu Kapitel 13 vermerkt, den Inbegriff des Schandflecks.

13.1.8 Politische Folgen und neue Verhandlungsthemen

Mit dem für die Bewegung siegreichen Ende der zweiten Besetzung veränderte sich der politische Status der Reithalle. Dieses Teilkapitel ist dieser Veränderung, den damit in Beziehung stehenden Grenzverschiebungen sowie den Verhandlungen gewidmet, die die Stadt und die Betreiber und Betreiberinnen künftig führen mussten.

Mit dem Einzug der Bewegung in die alten Hallen hatte die Stadt ein doppeltes Bekenntnis für die Reitschule abgegeben. Sie bekannte sich zum Gebäude als städtischem Inventar, für dessen Instandhaltung sie die Verantwortung trug. Anderseits anerkannte sie damit das Bedürfnis und

---

69 Davide Meroni
70 Berner Tagwacht, 09/11/1990
71 Berner Tagwacht, 09/11/1990

die Berechtigung auf Räume für eigene kulturelle Produktionen und die politische Mobilisierung von Jugendlichen. Gleichzeitig wurden Grenzverschiebungen in bisherigen politischen Haltungen vorgenommen, die sich auf die Zukunft des Kulturzentrums negativ auswirken würden. Dies betraf vor allem die Auflösung der offenen Drogenszene im Kocherpark, welcher sich nahe am Bundeshaus befindet. Damit wurden die Drogenabhängigen räumlich in die Reitschule beziehungsweise auf den Vorplatz abgedrängt und diskursiv mit der Reitschule verhängt. Dies positionierte die Reitschule in der Öffentlichkeit ausgesprochen schlecht.

Andererseits war die Stadt daran interessiert, die Reitschule in geregelte rechtliche Strukturen zu überführen – ein Unterfangen, das, wie sich ein städtischer Delegierter der beauftragten Verhandlungskommission erinnerte, manchmal von »halsbrecherischer« Natur war.[72] Dabei galt es vorerst, das Eis zwischen den Verhandlungsparteien zu brechen:

»Also die ersten Begegnungen, die waren – sehr, sehr frostig. Das war, eh, extrem unangenehm, und wir waren Feinde in einem gewissen Sinn, als städtische Angestellte. Wir waren Eindringlinge in eine, in eine vereinnahmte, eben räumliche Situation in der Reitschule.«[73]

Das Ziel der Verhandlungen war ein doppeltes. Zunächst ging es darum, den Raum Reitschule zu legalisieren, »das ganze ›Gschmöis‹[74] oder, das man einfach in Gottes Namen muss, machen muss«.[75] »In Gottes Namen« signalisiert, dass es kein Entrinnen gibt, die Legalisierung musste zwingend durchgesetzt werden. Es ging hier um vermeintlich banale Sachen wie das Wirtepatent oder die Bewilligung, ein Kino zu betreiben und die entsprechenden Sicherheitsvorschriften einzuhalten – Dinge, gegen die sich die Reitschulbetreiber und Reitschulbetreiberinnen wehrten, weil sie mit der kollektiven Organisationsstruktur nicht vereinbar waren. Dieser Druck wuchs mit dem nach den Wahlen von 1992 erfolgten Wechsel zur Rot-Grün-Mitte-Regierung. Die Verhältnisse mussten dringend geordnet werden, weil die Rot-Grün-Mitte-Mehrheit hier viel verletzlicher war als die bürgerlichen Vorgänger. K.N. wertet den Aufwand, den man betrieben hat, um die Reitschule als Betrieb in das gültige Ordnungssystem einzufügen, als hoch, räumt aber ein, man habe zumindest »ihm doch den Anschein [gegeben] von der, ja von der Einhaltung, von dem gesetzten Recht«. Zudem war die Stadt bestrebt, eine Ordnung herzustellen, die, wie K.N. beschreibt, als »Schnittstelle« an die Öffentlichkeit und zu vergleichbaren Institutionen »nicht allzu zackig« ausfalle. Man nahm sich vor, »eine Ordnung härezbringe[76], die wie eine Art ›Befriedig‹ gewesen ist, also das heisst nicht, eine Ordnung, wo man ein bestimmtes Ordnungs-

---

72 K.N.
73 K.N.
74 [Zeugs]
75 K.N.
76 [Herzustellen, wobei »härebringe« noch stärker den Aspekt von Zwang beinhaltet]

prinzip reinverpflanzen will«. K.N. formuliert hier den Balanceakt, den es zu bewältigen galt, um die Reitschule in gültige Rechtsformen zu überführen. Er will den Eindruck vermitteln, dass die Ordnung, die es von der Reitschule zu übernehmen galt, nicht einseitig vorgegeben wurde. Das Interesse an dauerhaften und damit konformen Strukturen war die gemeinsame Ausgangslage. Es bleibt kein Zweifel, dass man die Interpretation dieser Rechtsordnung weit treiben musste, um diesem Anspruch gerecht zu werden:

»Man wollte nicht einfach sagen, wir bewegen uns ausserhalb des gesetzten Rahmens, sondern wir interpretieren den Rahmen so, dass er für das auch noch gerade taugt. Und das ist halt einfach aufwändig.«

Bis heute ist die Reitschule ein politischer Verhandlungsgegenstand geblieben, der regelmässig Konjunktur hat.

Die Volksinitiative »Sport statt Autonomes Jugendzentrum« war bereits vor der zweiten Inbetriebnahme der Reitschule als Jugend- und Kulturzentrum eingereicht worden. Sie kam nach einer bewegten politischen Diskussion, während der sie einmal für ungültig erklärt wurde[77], erst mit einer Verzögerung von drei Jahren zur Abstimmung. Den politischen Auseinandersetzungen waren juristische Unklarheiten vorausgegangen. Die Gebäude der Reitschule waren in zwei voneinander unabhängigen Gutachten für schützenswert erklärt worden, sie und waren zudem im Inventar des Länggassquartiers erwähnt. Aufgrund des Bernischen Baugesetzes galten sie deshalb, basierend auf ihrer historischen und architektonischen Bedeutung, für erhaltenswert. Unter dieser Voraussetzung war das Vorgehen im Falle einer Annahme der Initiative, die einen Abbruch der Reithalle vorsah, vollkommen unklar. Mit andern Worten, es war staatsrechtlich ungelöst, welches Verdikt – dasjenige des Volkes oder jenes des Denkmalschutzes beziehungsweise der Kunsthistoriker und Kunsthistorikerinnen – höher gewichtet würde. Eine Ungültigkeitserklärung des unbequemen Vorstosses wäre für den Gemeinderat eine willkommene Lösung gewesen.[78]

Der Abstimmungskampf wurde im wörtlichen Sinn dadurch angeheizt, dass sieben Wochen vor dem Abstimmungstermin ein Brand rund fünf bis zehn Prozent der Nebengebäude vernichtete. Die Brandursache konnte nie genau eruiert werden, und zwischen den politischen Positionen wurden Schuldzuweisungen hin- und hergeschoben.[79]

Im vorangehenden Kapitel konnte ich drei Grenzverschiebungen in Bezug auf die Reitschule als politischem Verhandlungsgegenstand festma-

---

77 Pressedienst der Stadtkanzlei Bern, Gemeinderat, Communiqué, 03/02/1988. Dokumentation Reitschule, Umschlag 1 (bis 1990). Bern, Stadtarchiv.
78 Der Bund, 22/10/1990
79 Der Bund, 15/10/1990; der Gemeinderat ruft dazu auf, die Auseinandersetzung um die Reitschule mit demokratischen Mitteln zu führen. Communiqué des Gemeinderats, 17/10/1990. Pressedienst des Gemeinderates (Stadt Bern, Präsidialdirektion); Bern, Stadtarchiv.

chen. Erstens dokumentierte ich die Verschiebung der Drogenproblematik in den Reitschulzusammenhang, der sich auch räumlich artikulierte. Das Verhältnis der Reitschule zur Politik, mein zweiter Punkt, verschob sich in doppelter Hinsicht: Einerseits übernahm die Stadt mit dem Wechsel der Reitschule vom Abbruchobjekt zum Begegnungszentrum eine neue Verantwortung. Andererseits wurde sie seit dem 1992 erfolgten Regierungswechsel politisch neu kartiert. Unter einer bürgerlichen Mehrheit konnten die gesetzlichen Interpretationsspielräume etwa in Bezug auf die Billettsteuer, das Wirtepatent oder die Stromrechnung ausgereizt werden. Mit den bürgerlichen Parteien in der Opposition konnte sich die Regierung dies nicht mehr leisten. Schliesslich ist eine Verschiebung der Bewertung der Reitschule bei der Berner Bevölkerung auszumachen: Erstmals konkret über den Abbruch des Kulturzentrums Reitschule befragt, bekannten sich die Berner und Bernerinnen erstaunlich deutlich zum TatOrt im Stadtzentrum. Die Initiative »Sport statt Autonomes Jugendzentrum« wurde am 2. Dezember 1990, gemäss den lokalen Kommentatoren und Kommentatorinnen eher überraschend, abgelehnt.[80] Ich werde den Abstimmungskampf im folgenden Kapitel diskutieren.

13.1.9 Sport statt Autonomes Jugendzentrum: Erste Volksabstimmung zur Reitschule

In diesem Kapitel arbeite ich den Abstimmungskampf zur Volksinitiative »Sport statt Autonomes Jugendzentrum« als Beispiel dafür auf, wie die Reitschule nach ihrer Besetzung und Inbetriebnahme durch ein Kollektiv politisch situiert war.

Der Entscheid über die künftige Nutzung der Reitschule wurde durch eine juristische Unklarheit verzögert. Das Verhältnis zwischen der Schutzwürdigkeit und der politischen Verpflichtung, das Gebäude im Falle einer Annahme der Initiative abzubrechen, war nicht geklärt. Drei Beschwerden wurden eingereicht, welche die Forderung enthielten, die Initiative sei für ungültig zu erklären. Die Stadtregierung gab den Beschwerden statt, der Regierungsstatthalter sowie die Kantonsregierung beurteilten den Sachverhalt jedoch anders, und die Ungültigkeitserklärung musste zurückgenommen werden. Nach dem juristischen Seilziehen, welches ich im Exkurs 13.1.10. im Detail erläutere, musste die Initiative zur Abstimmung vorbereitet werden.

Die städtische Legislative bereinigte die Abstimmungsbotschaft unter »etlichen Mißtönen«, wie »Der Bund« titelte.[81] Die Ausdrücke »Chaoten« und »Arbeitsscheue« mussten aus dem Initiativtext gestrichen werden, ebenso eine Stelle, die davon sprach, die Schützenmatte werde durch wenige »Randalierer« und »Alternative« missbraucht.[82] Die Zahlen zu den Betriebskosten wurden präzisiert: Bisher habe der Betrieb die Stadt ungefähr

---

80 Siehe Kapitel 13.1.9 Quelle: Der Bund, 02.12.1990
81 Der Bund, 21/09/1990
82 Berner Zeitung, 21/10/1990

1,1 Millionen Franken gekostet – das meiste Geld sei für Sanierungsarbeiten eingesetzt worden, die aus versicherungstechnischen Gründen unumgänglich gewesen seien. Auch das von den Initianten und Initiantinnen vorgesehene Foto wurde aus der Abstimmungsbotschaft entfernt. Unter dem Foto von einem Autowrack hatten diese den Schriftzug gesetzt: »Das nennt man heute moderne Kunst! So wird der Steuerzahler verhöhnt! Die Verhältnisse in der abbruchreifen Reithalle und darum herum sind für Bern eine Schande!«[83] Ein Vertreter des Initiativkomitees nannte die Entfernung des Fotos und die Streichung der Passagen »eine Frechheit«. Es gehe nicht an, dass der Stadtrat die »besten Argumente« herausnehme.[84]

Die Ablehnung der Initiative »Sport statt Autonomes Jugendzentrum« vom 2. Dezember 1990 mit 57,6 Prozent sowie durch sämtliche Stadtkreise ausser dem zentrumsfernen Bümpliz kam eher überraschend, und mit über 40 Prozent wurde zudem für eine rein städtische Vorlage eine relativ hohe Stimmbeteiligung verbucht.[85]

Die Interpretationen des Ergebnisses gingen auseinander. Die Initianten und Initiantinnen zeigten sich angesichts ihrer Niederlage überrascht und verlangten vom Gemeinderat, dass er endlich seine Pflicht tue und »aufräume«.

Die IKuR, in ihrem Selbstwert gestärkt, verlangte von der Stadt ebenfalls, dass diese ihre Pflicht tue und die nötigen Gelder für die Sanierungskosten am Dach und an der Feuerbekämpfungsanlage bereitstelle, um die Sicherheit der Benutzer und Benutzer-innen zu gewährleisten. Zudem verlangte sie von der Stadt, dringend benötigte Sanierungen an der Bausubstanz vorzunehmen, um weiteren Schäden am Gebäude vorzubeugen.

In der damals eher sozialdemokratisch ausgerichteten »Berner Zeitung« wurde das Ergebnis als Ausdruck der »Vernunft und Verantwortung gegenüber der baulichen Tradition« gedeutet und weniger als eine Sympathiebekundung gegenüber dem Betreiberkollektiv und der Art der Kultur, die in der Reitschule ihren Platz habe.[86]

Auch die Freisinnigen bemühten sich, das Ergebnis nicht als Plebiszit für die IKuR zu werten. Man werde weiterhin die Option eines Teilabbruchs prüfen, liess sich die Fraktion vernehmen. Die Stimmberechtigten hätten sich in erster Linie für das Gebäude ausgesprochen, nicht für die Form der Nutzung.[87] Diese Stellungnahme belegt die Rolle des Denkmalschutzes als ein Mittel, eigene politische Positionen nicht aufgeben zu müssen und trotzdem für die Erhaltung der Reitschule einzutreten. Der Stadtpräsident Werner Bircher, ebenfalls FDP, liess sich mit folgenden Worten zitieren: »Auch in der Reithalle müssen die Gesetze und Vorschriften eingehalten

---

83 Der Bund, 21/09/1990
84 Berner Zeitung, 21/10/1990
85 Der Bund, 03/12/1990
86 Berner Zeitung, 03/12/1990
87 Der Bund, 04/12/1990
88 Berner Zeitung, 03/12/1990

werden.«[88] Damit nimmt er die Debatte um den FreiRaum und die Auflagen, die künftig die Debatte rund um die Reitschule und die Verhandlungen mit dem Betreiberkollektiv prägen werden, vorweg.

Isoliert sah sich der Berner Polizeidirektor Marco Albisetti, der sich entgegen dem Kollegialitätsprinzip – die Regierung hatte sich im Abstimmungsvorfeld gegen die Initiative ausgesprochen – offen für die Annahme der Initiative eingesetzt hatte. Die IKUR und einige kleinere linke Parteien reagierten entsprechend angriffslustig.[89]

Die Sozialdemokratische Partei erkannte in der hohen Stimmbeteiligung und im Zuspruch zur Reitschule eine »Sympathiewelle für die Jugend«[90] sowie ein wachsendes Verständnis in der Bevölkerung für »alternative« Kultur. Angesichts der Mobilisierung im Zuge der Räumung des Zaffaraya sowie der fast zeitgleichen Besetzung der Reitschule in Bern, liegt die SP wohl nicht ganz falsch. Das in beiden Ereigniszusammenhängen ausgesprochen harte Vorgehen der Polizei war einerseits Ausdruck der Ohnmacht gegenüber den persistenten Protesten. Andererseits war die konzentrierte Initiative ein Ausdruck der Zusammensetzung des Gemeinderats, wo seit 1984 eine bürgerliche Mehrheit saß. Die Jugendunruhen waren denkbar schlecht für das Image der bürgerlichen Mehrheit, und so stellte dies die Hürde dar, die genommen werden musste – zumal Neuwahlen anstanden. Die harte Haltung förderte die Radikalisierung der Bewegung, wie Davide Meroni angibt, und erhöhte den Druck auf die Behörden, Handlungsoptionen zu schaffen. Nicht zuletzt bewirkten die Fernsehbilder der Räumung der Zeltstadt Zaffaraya eine Solidarisierungswelle in der Bevölkerung, die sich in einer hohen Mobilisierung für die anschliessenden Demonstrationen niederschlug. Dass die wohnpolitischen Anliegen in den Mitte-Linksparteien der Stadt Bern Resonanz gefunden hatten, geschah unter anderem dank der permanenten Verhandlungs- und Lobbyarbeit von Delegationen aus der Bewegung.

Während das Zaffaraya nach der Räumung an den Stadtrand und damit auch an die Peripherie der Stadtberner Politik gerückt war, festigte die Reitschule ihre Position nach der ersten geschlagenen Abstimmungsschlacht. Sie blieb jedoch regelmässig Diskussionsgegenstand sowohl in den Debatten des Stadtrats als auch in den Medien.[91] Zwischen 1999 und 2005 kam es zu drei weiteren Abstimmungen, die einen Abbruch der Reitschule oder eine Nutzung kommerzieller Natur vorsahen.[92] Vier Mal innerhalb von 15 Jahren sprach sich die Berner Stimmbevölkerung zu Gunsten des »alternativen« Kulturzentrums aus.[93]

---

89 Berner Zeitung, 03/12/1990
90 Der Bund, 4/12.1990
91 Schweizer zählte insgesamt 66 die Reitschule betreffenden Vorstösse x, die im Stadtrat seit der zweiten Besetzung eingereicht worden. Im Spitzenjahr 1989, als über Abbruchvorlagen beraten wurde, betrifft ein Anteil von 37,5 Prozent aller eingereichten Interpellationen die Reitschule (Schweizer 2004).

Wie in diesem Teilkapitel deutlich wurden spielten juristische Sachverhalte eine wichtige Rolle bei der Verhandlung um die Reitschule in den politischen Gremien. Eine spezielle Funktion kam dem Denkmalschutz zu.

13.1.10 Exkurs: Die Rolle des Denkmalschutzes

Die Geschichte um die Erhaltung der Reitschule und damit verknüpft auch ihre Nutzung als Autonomes Jugendzentrum ist eng mit dem Denkmalschutz verbunden. Dem politischen Zusammenwirken von Denkmalschutz, den Forderungen der Berner Bewegung und denjenigen ihrer Gegnerschaft gehe ich in diesem Teilkapitel am Beispiel der Initiative »Sport statt Autonomes Jugendzentrum« nach.

Die Zusammenhänge zwischen Denkmalschutz und politischer Bewegung für die Reitschule erschliessen sich vor dem Hintergrund der steigenden Bedeutung des Denkmalschutzes. Die Maßstäbe der Denkmalpflege haben sich in den letzten 20 Jahren stark gewandelt. Der Schutz erfasst nicht nur alte historische Gebäude, sondern es werden zunehmend auch Bauten aus dem 19. und dem 20. Jahrhundert als schützenswert eingestuft. Die Grenze der Schutzwürdigkeit im Sinne von Jahren rückt näher, und oft werden nicht nur einzelne Bauten, sondern Bauensembles als schützenswert eingestuft. Neben den Werten »Schönheit« oder »Alter« steht zunehmend auch die Frage im Zentrum, ob es sich beim betreffenden Gebäude um eine wichtige Repräsentation einer Epoche handelt.

Der Kanton Bern verfügt über kein eigentliches Denkmalschutzgesetz. Grundlage der Interpretation von »Schutzwürdigkeit« bietet daher das Kantonale Baugesetz, in welchem unter Schutzwürdigkeit folgende Passage vermerkt ist:

---

92 1990: »Sport statt Autonomes Jugendzentrum AJZ«; 1999: Der Kredit über 7,7 Millionen Franken zur Sanierung der Reitschule wird mit einer hauchdünnen Mehrheit von 85 Stimmen gutgeheissen. Die Junge SVP ficht das Abstimmungsergebnis mittels eines Komitees »Gegen den größten Berner Schandfleck« an, ihre Beschwerde wird jedoch abgelehnt. Am 24. September 2000 – nur rund 18 Monate nach dem letzten Urnengang zum Thema Reitschule – befindet das Berner Stimmvolk über eine Initiative mit dem beschönigenden Titel: »Reitschule für alle«, welche eine ausschliesslich kommerzielle Nutzung mit Einkaufszentrum, Parkplätzen und Kleingewerbe vorsieht. Am 27. November 2005 schliesslich befand das Berner Stimmvolk über die Initiative »Keine Sonderrechte für die Reitschule«. Gefordert wurde, dass die Reitschule ihrem Verbrauch gemäss Abgaben und Miete bezahlt und der Stadt nicht, wie bisher, Pauschalen entrichtet. Was als Sonderrecht bezeichnet wurde, ist ein Teil des Leistungsvertrags, den die Reitschule mit der Stadt 2003 abgeschlossen hat. Da die Reitschule im Gegensatz zu anderen großen Kulturinstitutionen keinerlei Subventionen von der Stadt empfängt, ist die Bezeichnung »Sonderrecht« und das in diesem Kontext aufgebaute Argumentarium irreführend. Die Initiative wurde mit komfortablem Mehr-Anteil abgelehnt.
93 Der Bund, 28/12/2005
94 Zit. in: Der Bund, 22/10/1990

»Besonders schutzwürdige Objekte dürfen weder nachteilig verändert noch abgebrochen, noch durch Veränderungen in ihrer Umgebung beinträchtigt werden.«[94]

Denkmalschutzbestimmungen gehören zu den wenigen Auflagen, die Einschränkungen am verfassungsrechtlich garantierten Eigentumsrecht verfügen können. Weil es sich beim Eigentumsrecht um ein hohes Gut handelt, sind denkmalschützerische Eingriffe an drei Bedingungen geknüpft: Sie müssen auf einer gesetzlichen Grundlage basieren, dem öffentlichen Interesse dienen sowie verhältnismässig sein. Die Gesetzesmässigkeit wird normalerweise über den Zonenplan festgelegt. Wenn ein solcher fehlt – und dies war in der Schützenmatte der Fall –, muss die Schutzwürdigkeit im Bau- beziehungsweise Abbruchbewilligungsverfahren geklärt werden. Richtlinien bilden hier das kantonale Baugesetz, die Bauverordnung sowie in der Stadt die städtischen Bauverordnungen.

Im Falle der Schützenmatte war zwar ein Bauklassenplan sowie ein Nutzungszonenplan vorhanden, doch enthielten diese keinerlei Schutzbestimmungen. Die Schutzwürdigkeit kann in Quartierinventaren festgelegt werden. Solche Inventare sind nicht grundeigentümerverbindlich und haben lediglich Hinweischarakter. Brisant dabei war, dass die Reitschule im Entwurf für das Quartierinventar Länggasse enthalten und als schutzwürdig bezeichnet worden war. Das entsprechende Blatt wurde jedoch auf Geheiss des Gemeinderates »eliminiert«.[95] Dieser Schritt wurde damit begründet, dass man kein Präjudiz für die Beurteilung der Schutzwürdigkeit der Reitschule habe schaffen wollen.

Für den zweiten Punkt, das öffentliche Interesse, gilt, dass dieses nur durch das Bundesgericht geschützt werden kann, wobei das öffentliche Interesse für jeden Fall nachgewiesen werden muss. Die Konkretisierung von Ausdrücken wie »besonders schöne oder kulturgeschichtlich wertvolle Ortsbilder, Bauten und Anlagen« (Ausschnitt aus dem Baugesetz) oder »Gebäudegruppen von historischer oder architektonischer Bedeutung« (Bauordnung) bedarf eines besonderen Fachwissens, über das die Justiz nicht verfügt. Deshalb werden normalerweise Gutachten in Auftrag gegeben. Wie »Der Bund« die Einschätzung eines Verwaltungsrichters wiedergibt, sei der Wert des Gutachtens erheblich, jedoch spiele im Gutachten immer eine Konkurrenz zwischen ästhetischem Wert und Wissenschaftlichkeit eine Rolle, womit sich die Denkmalpflege zuweilen von den Nutzern und Nutzerinnen entferne. Die Justiz muss also einen Ausgleich finden zwischen Wissenschaftlichkeit und allgemeinem Interesse. Volksabstimmungen sind zuweilen geeignete Mittel, um den »Bürgergeschmack«[96] zu eruieren – wobei die Frage im Fall der Reitschule nicht nur den Abbruch, sondern auch den Neubau inklusive einer neuen Nutzung

---

95 Der Bund, 22/10/1990
96 Der Bund, 22/10/1990

betraf. Deshalb ist die Volksmeinung nicht klar aus dem Abstimmungsergebnis herauszulesen.

Bei der Bedingung der Verhältnismässigkeit schliesslich geht es darum, die Verhältnismässigkeit eines Verbots gegenüber jener einer gemilderten Form eines Eingriffs zu prüfen. Im Fall der Reitschule war der richterliche Ermessensspielraum erheblich, da der Kanton Bern, wie bereits erwähnt, im Unterschied zu andern Kantonen kein eigentliches Denkmalpflegegesetz hat.

Das juristische Seilziehen stand im Hintergrund der Abstimmungsvorlage über die künftige Form und Nutzung der Reitschule. Zum Zeitpunkt der Abstimmung war immer noch nicht geklärt, ob im Falle einer Annahme der Initiative das Gebäude tatsächlich abgebrochen werden dürfe. Dies sorgte für erhebliche Verunsicherungen der Öffentlichkeit und auch der Behörden.

Um die Machbarkeit eines Abbruchs zu prüfen, publizierte die Stadtregierung am 3. Oktober 1987, also acht Monate nach Eingang der Initiative der Nationalen Aktion und der Schweizer Demokraten, zwei hypothetische Abbruchgesuche: eines für den Abbruch und eines für den Teilabbruch. Insgesamt wurden gegen die Abbruchgesuche 23 Einsprachen platziert. Das erste Gutachten, welches die Schutzwürdigkeit der Reitschule untermauerte, wurde am 2. Dezember 1987 eingereicht. Der Regierungsstatthalter Sebastian Bentz forderte ein weiteres Gutachten, da das erste von der Stadtregierung selbst in Auftrag gegeben worden war und deshalb als parteiisch hätte kritisiert werden können. Doch auch das zweite Gutachten bestätigte die Schutzwürdigkeit der Reitschule. Gestützt auf diese Gutachten verweigerte der Regierungsstatthalter am 8. März 1988 sowohl den Teil- als auch den Totalabbruch der Reitschule, obwohl der Gebäudekomplex nirgendwo explizit als schutzwürdig aufgeführt war. Der Gemeinderat zog die Abbruchgesuche an die kantonale Baudirektion weiter, welche aber eine Bearbeitung zurückwies: Die Abbruchgesuche seien fiktional, und wenn nicht der klare Wille zu einem tatsächlichen Abbruch bestehe, werde man sich mit der Frage nicht befassen. Das Verfahren war blockiert und damit war die Frage nach der Schutzwürdigkeit der Reitschule bis zum Abstimmungsdatum ungelöst.[97]

Der Exkurs über die Rolle des Denkmalschutzes wirft einen zusätzlichen Aspekt zu Raum als materiell-symbolische Entität auf. Im Rahmen der Denkmalschutzdebatte wird besonders deutlich, dass die Erhaltung der Reitschule und ihre Nutzung als Autonomes Jugendzentrum in einen politischen Aushandlungsprozess verwickelt ist. Der Diskurs um die Schutzwürdigkeit von Bausubstanz ist politisch angelegt. Diese Politik nutzte die IKuR als Ressource, um ihre eigenen Interessen zu stützen. Damit betrieb sie Raumpolitik, indem gezielt die Substanz des TatOrts als Argument für die

---

97 Der Bund, 22/10/1990

Erhaltung des Kulturzentrums eingebracht wurde. In einem zweiten Schritt galt es dann, die Nutzung, die von der politischen Gegnerschaft angegriffen wurde, zu verteidigen. Die politischen Gegner und Gegnerinnen verfuhren umgekehrt. Sie strebten eine diskursive Trennung von Nutzung und Gebäude an. Wie die Geschichte der Reitschule zeigt, ist aber eine solche Trennung fiktiv: Geschichten sind im Raum verbunden und haben, gerade im diskursiv befrachteten Thema Reitschule, eine starke Prägung des HandlungsRaums Reitschule hervorgebracht.

Diese Überlegungen sind anschlussfähig an die Forschungsarbeiten von Nicholas Blomley, der sich mit der Geografie des Eigentums auseinandersetzt und dabei die These aufgestellt hat, dass Besitz definitorisch und politisch ambivalenter und politisch streitbarer ist, als es das liberale Eigentumsrecht suggeriert. Obwohl juristisch klar definierbar, seien für den Eigentumsgedanken bestimmte imaginative Geografien konstitutiv – so etwa, dass sich das liberale Eigentumsprinzip nach dem Modell des privaten Zuhauses ausrichtet oder dass es über seine Verräumlichung objektiviert und naturalisiert wird. Besitz wird somit als Objekt theoretisiert, und nicht, was gemäss Blomley den politischen Sachverhalt viel treffender umreisst, als Set von Beziehungen. Die imaginativen Geografien, die den liberalen Besitzverhältnissen unterlegt sind, würden diskursiv eingeebnet und kaum hinterfragt (Blomley 1994, ix). Das Prinzip des Eigentums erscheint als ein dehnbares, unklares und demnach der politischen Verhandlung zugängliches Prinzip:

»Property, as conceived by the ownership model, is as much aspiration as fact. The map not only records. It arbitrates.« (Blomley 2004, 15)

Blomleys Arbeit zeigt, wie volatil juristische Prinzipien sind. Er verbindet seine Überlegungen mit empirischen Arbeiten über den Diskurs und das praktizierte Eigentum in Kanadas Städten. Der Unterschied zwischen den juristischen Positionen des Denkmalschutzes und Blomleys Beispielen liegt in der kulturellen Bedeutung der zuständigen Gesetzesparagraphen. Das liberale Eigentumsrecht ist ein Grundpfeiler moderner Demokratien. Darin, im Angriff auf diese grundlegende Rechtskategorie, liegt auch die politische Tragweite der Hausbesetzungen.

Der Fall des hier besprochenen Denkmalschutzanliegens ist weniger weitreichend bezüglich der Bedeutung dieses Rechtsmittels. Dennoch sind die politisch-juridischen Konstellationen, die sich am Beispiel der Reitschule nachweisen lassen, interessant. Auch lassen sich bei der genauen Herleitung der Verlauf der politischen Argumentation und seine Brüche herausarbeiten. Ohne Allianz mit dem Denkmalschutz wäre es kaum gelungen, die Reitschule zu erhalten und ihre umfangreiche und kostenintensive Sanierung politisch durchzusetzen. Das Denkmalschutzanliegen bot insbesondere konservativen Kreisen eine Möglichkeit, die Reitschule zu unterstützen, ohne ideologische Zugeständnisse machen zu müssen. Der

Denkmalschutz erweiterte seine Schutzfunktion: Neben den historischen Gebäuden schützte er konservative Politiker und Politikerinnen.

KERNPUNKTE
Der über den Denkmalschutz lancierte Diskurs schuf einen zusätzlichen HandlungsRaum. Dieser wurde von konservativer Seite beansprucht und in Wert gesetzt, wobei ein Spielraum für Solidarität hergestellt wurde, ohne diesen zu benennen. Der Bewegung gab der Denkmalschutz einen Aufhänger, sich gegenüber der Stadt zu positionieren und die Stadt an ihre Pflicht gegenüber der historischen Substanz zu mahnen, die sich in ihrem Besitz befindet. Dies ist eine Pflicht, der ein übergeordnetes Interesse jenseits parteipolitischer Bestrebungen zukommt, wodurch sich die Bewegung Mehrheiten schaffte.

13.1.11 BEWEGUNGSZENTRUM

»Aber die Reitschule steht immer noch: ein denkmalgeschütztes Gebäude mit ungeschütztem Kulturverkehr(...)«.[98]

Die Reitschule ist die Ikone der Berner 80er-Bewegung. Sie ist politisch-kulturelles Zentrum, eine »Trutzburg«[99], die ihre Stellung mitten in der Stadt trotz aller Widrigkeiten behauptet. Auf ihrem Buckel lässt sich immer wieder neu Zwietracht säen, und ihr wird die Schuld für manches Übel zugeschoben: Von Drogenhandel über Gewalt bis hin zur Unterstützung »illegaler« Ausländer und Ausländerinnen, von Schmutz und Verwahrlosung ganz allgemein bis zur Ausbildung von »staatsfeindlichen« Strukturen.

Diese wiederkehrenden Auseinandersetzungen belegen, dass die Reitschule definitiv vom Unort zum TatOrt geworden ist.

»Oder man kann es ja vielleicht auch ein wenig am politischen Gegner, an der SVP[100] ablesen, die werden ja auch nicht müde, immer wieder neue Vorstösse oder Initiativen zu starten, dass man die Reithalle wegputzt, dass man diesen Schandfleck irgendwie ausradiert, dass man irgendein Tobleronedenkmal hinstellt, egal, weil sie eben vom Charakter her gleich geblieben ist. Und ja, sich mit gesellschaftlichen Problemen, als einer oder als der Brennpunkt der Stadt Bern, sich auseinandersetzen muss, oder. Und wie die anderen, die politischen Parteien, die Rechten, an der Reithalle fertigma... – festmachen, wie eben den Drogendeal, oder das Migrationsproblem, Jugendgewalt, ja verschiedene Sachen, oder, die halt dort stattfinden.«[101]

---

98 Tages-Anzeiger, 21/11/2005
99 Tages-Anzeiger, 21/11/2005
100 Schweizerische Volkspartei, ehemalige Bauern- und Gewerbepartei, heute klar rechtsbürgerlich bis rechtsaußen positioniert, tritt sowohl in wirtschaftspolitischen als auch gesellschaftspolitischen Fragen populistisch auf.
101 Ursina Lehmann

Sobald Jugendliche in Bern sich transgressiv neue HandlungsRäume schaffen, mobilisiert dies jene Leute, die in der Reitschule den Ursprung aller Schwierigkeiten erkennen. So war bei der Besetzung in Bümpliz vom Sommer 2003 sofort von einem »Außenposten der Reitschule« die Rede, wie folgender Leserbrief illustriert:

»Die Leute sind illegal ins Haus eingedrungen, sie besetzen es, verzieren das einsturzgefährdete Objekt mit Graffitis, verwandeln es in einen Außenposten der Reithalle. Wir sehen ausrangierte alte Busse, die Globalisierungsgegner aus dem In- und Ausland heranfahren. Man sammelt sich für Demos. Sprayereien im Quartier nehmen zu. Da die Besetzer anscheinend keiner geregelten Arbeit nachgehen, machen sie keinen Unterschied zwischen Tag und Nacht. Dass es Leute gibt, die am Tag arbeiten müssen, interessiert sie nicht. Oft hat man ihnen klar zu machen versucht, dass man in der Nacht gerne schlafen möchte, sie ignorieren es. Sie provozieren und haben null Respekt und Anstand. Deshalb lehnen wir Gespräche ab, der Zug ist abgefahren. Laut den Besetzern kanns Mal laut werden, wo viele Menschen zusammen leben, schön und gut, aber nicht ständig und nicht immer nachts.«[102]

In der Zuschrift an die Zeitung »Der Bund« geben vierzehn Unterzeichnende aus der Nachbarschaft des besetzten Hauses ihrem Unmut Ausdruck. Das Bild, das in den Leserbriefen heraufbeschworen wird, ist dasjenige einer langsamen Vereinnahmung des Quartiers durch fremde Personen (»aus dem In- und Ausland«), die Autowracks und Sprayereien hinterlassen. Die Aneignung von Zeit und Raum und ihre Verbindung in einem visuell markierten »FreiRaum« wird als befremdend, ja bedrohlich empfunden. Indem die Zuschrift mit »Außenposten der Reitschule« überschrieben wurde, wird eine Art Verschwörungstheorie aktiviert.

Trotz wiederkehrender Anschuldigungen hat sich die Reitschule weitgehend erfolgreich gegen politische Angriffe verteidigt. Die Reithalle ist das stärkste Symbol für die Berner 80er-Bewegung. Innerhalb ihrer Mauern hat sich der Geist der 80er immer wieder gegen eine politische Einebnung und Verflachung aufgelehnt.

Vom Symbol der 80er-Bewegung ist die Reitschule längst zum Identifikationsmerkmal eines breiten Teils der Stadtberner Bevölkerung geworden. Davon zeugt auch die Abstimmungskampagne, die im November 2005 geführt wurde. Die Reitschule warb mit Bildern von städtischen Wahrzeichen, wobei das Reitschulgebäude selbst mitten in die historischen Bauten hinein- montiert war.

Die Reitschule ist endgültig in Bern angekommen. Aus der Sicht der Betreiber und Betreiberinnen darf und soll sie in die gleiche Reihe gestellt werden wie andere städtische Identifikationsmerkmale. Durch die symbolische Gleichstellung mit anderen Bauwerken – dem Münster, dem Zyt-

---

102 Leserbrief, in: Der Bund, 02/08/2003

7 – Abstimmungskampagne der Reitschule. 2005

gloggeturm oder dem Bärengraben – rechtfertigt die Reitschule auch eine finanzielle und kulturpolitische Gleichstellung.

Die Reitschule ist ein TatOrt mit einer komplexen Verdichtung an HandlungsRäumen. Als FreiRaum entwickelte die Reitschule eine enorme Anziehungskraft auf unterschiedliche Gruppierungen, wovon jede den FreiRaum zur eigensinnigen Selbstverwirklichung in Anspruch nimmt. Das bietet Anlass für Konflikte. In Bern jedoch, und dies hält Ursina Lehmann für eine Besonderheit, lasse sich die Bewegung nicht spalten:

»Wir sind halt einfach, sehr gesittet, also [lacht], und darum versöhnt man sich immer wieder. Das heisst einerseits, die Fraktionen in der Reithalle, es hat ja dauernd Fraktionskämpfe gegeben, also im Sinne von, die Leute, die hoch stehende Kultur, oder die Leute, die bireweiche[103] Discos veranstaltet haben, haben irgendwie über das Kulturverständnis gestritten, aber beide haben eigentlich ein Interesse gehabt an einem funktionierenden Kulturbetrieb, wo man Lichtschalter findet, und den anstellen kann, und dann ist Licht. Oder die, die Kultur veranstaltet haben, auch mit Subventionen, also, eine enge und gute Beziehung zu diesen Institutionen hatten, und nachher die Politgrüppchen, die gefunden haben, nein, möglichst weit weg von denen, und wir brauchen sowieso kein Licht, das ist nur schlecht und kommt vom AKW. Also, einfach unendlich viel, aber man hat sich immer wieder gefunden, und zwar in einem Kompromiss, der halt sehr häufig der Status quo ist. Also wenn hundert Leute versuchen, zusammen zu einer Lösung zu kommen, dann nimmt man meistens einfach das, was vorher schon gewesen ist. Das Großereignis war halt diese Besetzung [die zweite Besetzung der Reitschule, S.B.], und die 25 AGs, die sich so irgendwie als Urknall mehr oder weniger, die haben sich immer wieder,

---

103 [Bescheuerte, zwecklose, hirnverbrannte]

dann ist eine eingegangen und eine neue ist entstanden, aber sagen wir mal, es hat einfach, vielleicht zehn AGs, oder, oder, 15 AGs, die völlig unterschiedliche Interessen haben, und man hat sich nie einigen können, wo man eigentlich durch will.«[104]

Dass Ursina Lehmann die Besetzung der Reitschule mit einem Urknall vergleicht, markiert die Bedeutung der Reitschule im Berner Bewegungskontext. »Urknall« ist aber auch ein Bild für die Energie, die mit der Besetzung und der vorsichtigen Konsolidierung dieses HandlungsRaums freigesetzt wurde. Ihre Aussage beleuchtet die Komplexität aber auch den Wert des HandlungsRaums Reitschule. In diesem Wirrwarr von Arbeitsgruppen als einzelne Aktivistin zu bestehen, schildert Ursina Lehmann als enorm lehrreiche und prägende Aufgabe. Sie gibt deutlich zu verstehen, wie viel Arbeit hinter dem Betrieb der Reithalle steht, noch bevor ein einziges Verhandlungsziel im Hinblick auf die Stadt und die politischen Behörden formuliert wurde. Aus der Aussage lässt sich zudem das konfliktträchtige Politikverständnis, dass die Bewegung bestimmte, ablesen. Dieses Kapitel zeichnete ein Bild von der Einbindung der Reitschule in die bernische Politik und Öffentlichkeit, die ich als vorläufige Konsolidierung bezeichnen möchte. Die Reitschule ist immer noch »Trutzburg«[105], und das Betreiberkollektiv wägt sehr sorgfältig zwischen den politischen Kategorien ab, die den Verhandlungsrahmen über die Reitschule abstecken sollen. Die Reitschule eckt bei konservativen Politikern und Politikerinnen weiterhin an und wird für politische Grabenkämpfe instrumentalisiert. Der materiell-symbolische Raum der Reitschule gehört zwar zum Inventar der Stadtberner Landschaft. Das sie das tut, ist allerdings nur unter der Bedingung möglich, dass diese Landschaft beweglich bleibt.

13.2 Fazit

Die Besetzung der Reitschule als Autonomes Jugend- und Kulturzentrum, die durch die Einigung mit der Stadt letztlich erfolgreich endete, bildet die nachhaltigste Folge der 80er-Bewegung. Die Reitschule ist bis heute Symbol und Ausdruck der damals verfochtenen Anliegen. Sie ist die Materialisierung des FreiRaums, bewirtschaftet auch dessen Mythos und ist gleichzeitig der Zankapfel, an dem sich die politischen Positionen bis heute scheiden. In die stattlichen Mauern haben sich Erinnerungen eingelagert, die alte Reitschule verkörpert das Selbstwertgefühl einer bewegten Generation und markiert gleichzeitig die Obergrenze der stadtpolitischen Integrationsfähigkeit. Die bewegte Geschichte schreibt sich in der und

---

104 Ursina Lehmann
105 Tages-Anzeiger, 21/11/2005
106 Ausschreitungen, gewaltsame Konflikte oder Zusammenstösse mit der Polizei entspringen im Einzugsgebiet der Reitschule regelmässig, so etwa am Wochenende vom 03.-04. Dezember 2005, vgl. Der Bund, 5/12/2005.

rund um die Reitschule fort. Das Pflaster rund um die Reitschule ist bis heute nicht abgekühlt.[106]

Die Gründe dafür, dass sich die Reitschule sozusagen inklusive der um sie herum inszenierten Konflikte zum Inventar stadtbernischer Wahrzeichen und auch zu einem Teil des Berner Selbstverständnisses entwickelt hat, können nicht auf einen einfachen Nenner gebracht werden. Als wichtiges Motiv muss die Allianz zwischen einem bürgerlichen Denkmalschutzanliegen, etablierten Kulturschaffenden, dem abrufbaren Non-konformismus eines Teils der Eltern- und verantwortlichen Politikergeneration und den auf Freiräume dringenden Jugendlichen, denen man zum gleichen Zeitpunkt ihre improvisierten Behausungen am Aareufer niedergewalzt hatte, gesehen werden. Die Motive der befürwortenden Kräfte setzen sich aus einer Mischung von schlechtem Gewissen, einem Sendungsbewusstsein, sich für Jugendanliegen stark zu machen, sowie der Angst vor den politischen Folgen, die eine Verweigerung auslösen könnte, zusammen. Nachweisen lässt sich auch ein politisches Interesse, Formen zu entwickeln, die abweichende Arten des kulturellen Ausdrucks und von Formen des Zusammenlebens innerhalb der bestehenden Rahmenbedingungen ermöglichen oder zumindest nicht von vornherein ausschliessen. Die Reitschule steht als Mahnmal der urbanen Herausforderung, der sich die provinzielle Hauptstadt bis heute zu stellen hat. Sie hat der Berner Bewegung und der Stadt selbst ein spezifisches Gepräge verliehen. Die Reitschule ist das Gravitationszentrum der bewegten 80er und eine Art Perpetuum mobile oppositioneller Stadtberner Politik, renitenten Verhaltens in der Öffentlichkeit, ein territorialer Marker einer Reihe von peripheren Akteuren seit fast 30 Jahren sowie nach wie vor ein Label für eine ausserhalb gängiger künstlerischer und kommerzieller Kriterien angesiedelte Kultur, »als einer der oder als der Brennpunkt der Stadt Bern sich muss auseinandersetzen, oder«.[107]

»Also ich denke, Bern wäre extrem anders, wenn es das nicht gäbe. Wenn es die Reitschule nicht gäbe. Weil dort ist so viel entstanden, und wie immer noch.«[108]

Die Reitschule verkörpert einen urbanen Ausschnitt, der, trotz der zuweilen dörflichen Verfasstheit, seiner protestantischen Verschämtheit und dem schwer auszumerzenden provinziellen Dispositiv Berns, zuweilen die ganze Stadt in seinen Bann zieht. Ursina Lehmann formuliert dies so:

»Ich denke, die Reithalle ist sicher der Ort in der Stadt Bern, wo halt die Stadt am internationalsten, am dichtesten, am spannendsten, am verrücktesten ist, oder. Und niemand, der es reglementiert, oder, irgendwelche jungen Leute, die dort Lebenserfahrung sammeln oder ich weiss doch

---

107 Ursina Lehmann
108 Christa Werfel

auch nicht. Und sich selbst verwirklichen, ja, sich aber auch selbst bestimmen können.«

Die Reitschule wirkt damit als eigentlicher Urbanisierungsfaktor, der den Zustand Bern hin und wieder aus den Fugen rüttelt. In Bern ist es die Reithalle, die das »Versprechen der Stadt« stellvertretend einlöst (Breyvogel 1983, in: Lindner 1996, 414). Selbst wenn diesen wiederkehrenden Auseinandersetzungen ein ritueller Charakter zukommt[109], so vermag der TatOrt Reitschule tatsächlich mehr als nur nostalgisch verbrämte Erinnerungen wachzurufen oder einer Fraktion von ehrgeizigen Jungpolitikern der Rechtsaußenparteien eine Gelegenheit zur Profilierung und Reinszenierung des Links-rechts-Schemas zu liefern. Der Brennpunkt Reitschule setzt mit jeder Schlagzeile, die er verantwortet, eine politische Atempause an, die zur Diskussion wesentlicher Aspekte des politischen HandlungsRaums Anlass bieten. Darunter laufen Fragen zur Gewalt, der Grenzen der Zusammenarbeit mit den politischen Instanzen, namentlich der Polizei, und, ebenso ein Dauerbrenner, Fragen des Umgangs mit Drogen und der Drogenpolitik. In der Reitschule werden urbane Formen der Kultur, des Zusammenlebens und der Politik erprobt.

Die Reitschule ist die Verkörperung des urbanen HandlungsRaums in Bern. Über die Kriterien von Urbanität – Heterogenität, Differenz, Grenzen – wird im HandlungsRaum Reitschule verhandelt, gestritten und experimentiert. Die Reitschuldebatten sind ein Gradmesser des Grenzverlaufs des *Urbanen* in Bern; sie zeichnen nach, wie die Grenzen des *Urbanen* neu gezogen werden.

»Bern ist verliebt in alles Alternative, in die Reitschule, die man nach Brünnen schleppen sollte und stattdessen den Libeskind in die Stadt; verliebt ins Zaffaraya, dieses Reality-Museum für gescheiterte Ideologien, das als eine Art Hippie-Ballenberg unter Heimatschutz steht und nirgendwo anders als in Bern das dritte Jahrtausend hätte erleben können.«[110]

Diese Diagnose mag stimmen – was der Autor jedoch ausblendet, ist, dass es ganz bestimmt nicht Liebe auf den ersten Blick war. Die Reitschule hat sich die Berner Liebe, wenn nicht verdient, so doch zumindest über lange Jahre erkämpft.

---

109 Zu den regelmässig wiederkehrenden Vorstössen, die im Stadtparlament bezüglich der Reitschule vorgenommen werden, siehe Schweizer (2004).
110 »Magazin des Tages-Anzeiger«, 22/01/2005, Autor: Guido Mingels

14 Traumhäuser statt Traumprinzen

8 – Traumhäuser statt Traumprinzen, Privatarchiv H.E.

»Auslöser dieser Frauen-Besetzung war nicht das Bedürfnis, unter Frauen zu sein, sondern sich von Typen abzugrenzen.«[1]

---

1 »Die Gutenbergsträssin«, undatiert, ca. 1985; am Rand der Aussage sind mit Bleistift ein Fragezeichen und ein Kommentar notiert: »oder beides?«, Privatarchiv H.E.

Am 2. September 1984, einem Sonntagmorgen, besetzte eine Gruppe von Frauen eine Neun-Zimmer-Villa im zentral gelegenen Berner Mattenhofquartier.

»Und dann machten wir ab, wer bringt die Küchentücher, es war eine Frauenbesetzung, oder, wer bringt die Pfannen, wer bringt das Mobiliar, wer bringt das Frühstück. Eine kam mit einem Kübel voller Birchermus, ja so fing das an. (...) Am Anfang war es einfach wie ein Happening, also, unheimlich berauschend, dass wir das jetzt einfach gemacht haben, dass es geklappt hat.« [2]

Diese Besetzung ist in der Erinnerung verschiedener Frauen als Frühlingstag haften geblieben, obwohl sich der Herbst ankündigte. Vermutlich war das Wetter mild – genauso ausschlaggebend für diese Assoziation scheint die »frühlingshafte« Aufbruchstimmung, die sich mit dem Ereignis verknüpft.

Der Mattenhof befindet sich westlich der Berner Altstadt und des Bahnhofs, in einem Gebiet, welches im 19. Jahrhundert ausserhalb der Stadttore lag. Wohlhabende Berner Patrizierfamilien pflegten sich hier auf ihre Landsitze zurückzuziehen. Erst Mitte des 19. Jahrhunderts wurde das Land versteigert, worauf eine erste Welle intensiver Bautätigkeit einsetzte. Die um die Jahrhundertwende entstandenen Jugendstilvillen zeugen davon. Schon vor dem Zweiten Weltkrieg rückte das Viertel in den Fokus der Planer: Aus dieser Zeit datieren nie realisierte Pläne für die Errichtung einer Berner Skyline in der City West.

Das Mattenhofquartier geriet in den 1980er Jahren aufgrund seiner zentrumsnahen Lage unter verstärkten Druck der Cityausdehnung. Da es besonders geeignet war für Gewerbe- und Geschäftsnutzung, wurde die Standortgunst zudem dadurch gefördert, dass der Ausdehnung keinerlei unmittelbar topographische Hindernisse im Weg standen. Die Bauaktivität nahm sprunghaft zu, die alten Gebäude wurden fast ausnahmslos abgerissen und mussten Neubauten weichen, die die zulässigen Nutzungsziffern vollständig ausschöpften. Rund 20 Prozent der Bausubstanz war unmittelbar vom Abbruch bedroht und die Quartierbewohner und Quartierbewohnerinnen waren entsprechend alarmiert.

Indem sich der wohnpolitische Flügel der Bewegung gerade diesen Stadtteil vornahm, ritt er auf einer Stimmungswelle, die sich im Quartier in Form von verschiedenen Vereinigungen zur Erhaltung der Wohnquali-

---

2   Sandra Feller
3   Etwa der Verein zur Erhaltung der unteren Villette, der am 20. März 1984 eine Initiative zur Verhinderung des Abbruchs mehrerer Häuser einreichte. Der Bund, 21/03/1984.
4   Zaff ist die Referenz an die Comicsprache. Der Vergleich mit der unzimperlichen, raschen Besetzungsaktion lag schnell auf der Hand: »Zaff, bumm, da sind wir« (gemäss einem Interviewpartner von Gfeller 2004, 53).

tät äusserte.³ Mit der Besetzung des Zaff⁴, einem Soziotop der »Unzufriedenen« – Punks, Neuhippies und politisch motivierte Besetzer und Besetzerinnen auf drei Etagen⁵ –, hatten sich die Aktivisten und Aktivistinnen mitten im Viertel ein Denkmal gesetzt. Im Zaff wurden die Urformen der Strukturen, die sich die Bewegung selber gab, und die mit der Zeit den Kern ihrer konsensorientierten Entscheidungsfindung und dem basisdemokratischen Politikverständnis bilden sollten, erprobt. Dies geschah mit den berühmt gewordenen Vollversammlungen am Montagabend, den so genannten VVs.

Auf dieser Plattform manifestierten sich jedoch gleichzeitig die divergierenden Kräfte, wobei sich eine der augenfälligsten Schnittstellen entlang der Geschlechtergrenzen auftat:

»Dieser Widerspruch, der ist immer drin gewesen. Die Großmäuler, die Typen irgendwie und wir, die uns keine Geltung verschaffen konnten oder keine bekommen haben (...).«⁶

Wie in der Broschüre der Frauenhausbesetzung »Gutenbergsträssin« angemerkt, stand die Abgrenzung zu dieser machoiden Kultur im Vordergrund, als sich ein paar Frauen auf die Suche nach dem »Traumhaus« machten:

»Und ich glaube, das Zentrale war, dass wir gefunden haben, wir wollen einfach einmal einen Raum für uns, wo uns kein Typ dr Latz dri hebt7 oder. (...) nicht autonome weiß-nicht-was für Zonen, und wir merkten einfach, (...) es ist nicht nur ein Nebenwiderspruch, der zwischen uns und den Männern.«⁸

Der Abschied vom marxistischen Deutungsmuster war ein zentrales Moment für die Frauen. Der Widerspruch⁹ – der sich, ohne ihn an dieser Stelle genauer einzufangen, latent an die Geschlechterbeziehungen heftete – sollte sich tatsächlich als zäh erweisen, und die Frauen trugen ihn bis zum Ende der Frauenhausbesetzung mit sich herum. Die Deutung dieser Besetzung ist nicht so einheitlich, wie es hier scheint. In der Broschüre zur Besetzung des Frauenhauses ist am Rand mit Bleistift vermerkt, dass

---

5 Rolf Neuenschwander
6 Nicole Studer
7 [Dreinredet]
8 Sandra Feller
9 Im Zusammenhang mit dem Geschlechterverhältnis und seiner gesellschaftstheoretischen Bestimmung wird heute häufig von Widerspruch gesprochen. In anderen Fassungen tauchen Paradox oder Ungleichzeitigkeit auf. Einige Überlegungen dazu sind im Kapitel 4 zu Geschlechterkonzepten dargelegt, an dieser Stelle verzichte ich auf eine genauere Bestimmung des Begriffs. Es geht mir vielmehr darum, darauf hin zu weisen, dass sich nicht nur heute, sondern auch im Kontext der 80er Jahre heftige Widersprüche in den Geschlechterbeziehungen manifestierten. Angesichts der steten Betonung der komplexen Verhältnisse wird meines Erachtens manchmal der Eindruck geschaffen, »früher« sei der Sachverhalt »einfacher« gewesen.

auch die Möglichkeit, nur unter Frauen zu sein, für manche Beteiligte ausschlaggebend für das Mitmachen war. Der Wunsch nach weiblichen Zusammenhängen passte gut in diese Phase, wo so vieles möglich schien:

»Aber das war einfach die Zeit, oder. Man fand, ja, das steht uns zu, selbstverständlich steht uns das zu und es geht nicht hin, dass es leer stehende Hütten hat. Und eh, wir haben etwas Großes im Sinn und wir brauchen einen Raum dafür.«[10]

Das »Große« war für die Frauen eine verbindliche Kultur des Zusammenlebens. Dies prägt den Charakter des Traumhauses und die nachhaltige Wirkung, die diese erste Frauenbesetzung nach sich ziehen sollte. Das Traumhaus schuf einen Rahmen, in welchem Frauen ihre eigenen Anliegen ganz vorne platzieren und sich dem im gemischten Kontext vorherrschenden Politikverständnis in gewisser Weise entziehen konnten. Die Einschränkung »in gewisser Weise« ist notwendig, weil, wie die Gespräche mit den Frauen zeigten, ein latentes Unbehagen hängenblieb, eine leise Frage, ob jene Probleme und Themen, die im Frauenhaus verhandelt wurden, dem politischen Anspruch, an dem sich die Bewegung messen wollte und der zu dem zentralen Identifikationsmomente herangewachsen war, genügen würden. Dieser Anspruch war hoch, »über-ich-haft«, wie Sandra Feller formuliert.

»Und wir sind oben einfach eine feste Wohngruppe gewesen, eh, mit Frauen, die zusammen leben wollten, ganz klar. Die zusammen eine Auseinandersetzung führen wollten, nicht, da wurde immer alles im Politischen diskutiert. Das muss man sich natürlich einfach vorstellen, also, ja, vom Abwaschen bis von ... zu, oder.«[11]

Das Frauenhaus entsprach dem Gebot eines FreiRaums, in dem gewisse Räume offenstanden und damit wechselnden Bedürfnissen und Nutzungen dienten. Die Frauen vermochten diese Nischen bis ganz zum Schluss der Besetzung zu erhalten, über zahlreiche Verschiebungen der ursprünglichen Strukturen hinweg und auch, als einige der grundlegenden Vereinbarungen der Anfangszeit – etwa das absolute Männerverbot – aufgeweicht wurden. So richtete sich während der Schlussphase, als sich eine feste WG an der Gutenbergstraße niedergelassen hatte, eine Frau mit psychischen Problemen im Parterre in einem Zimmer ein und lebte dort für sich alleine. Über eine begrenzte Zeit hinweg mochte die Struktur des Hauses und seiner Bewohnerinnen solche Fälle mitzutragen. Sandra Feller spricht vom »Heben«, vom Halten können. »Heben« bezeichnet eine fast zärtliche Form des Haltens, Sandra Feller verwendet dieses Wort häufig im Zusammenhang mit dem

---

10 Sandra Feller
11 Sandra Feller

Frauenhaus. Es galt, das ganze Haus »z'hebe«, dazu wurde das verbindliche Engagement der Gruppe oder zumindest eines stabilen Teils davon benötigt. Mit dem »Heben« spricht Sandra Feller von der Verantwortung für das Haus und von der Verpflichtung der Gruppe füreinander.

9 – Formen des Zusammenlebens erfinden.

10 – Mit Baggern und Stacheldraht...

11 – ... gegen das Hüttendorf

12 – Demonstration gegen Räumung

13 – Kein Ort für urbane Experimente. Bern, 1987.

14.1 Puff im Zaff: Die Wurzeln der Frauenbesetzung

du bisch gwachse	du bist gewachsen
hesch e Name übercho	hast einen Namen bekommen
e guete un'e schlächte	einen guten und einen schlechten
es si geng meh Lüt cho	immer mehr Leute kamen
Lüt us jeder Szene	Leute aus jeder Szene
Lüt vo überau	Leute von überall
vo irgendwo het me's jedesmau vernoh	von irgendwo hat man es jedes Mal vernommen
me isch cho hange	man ist gekommen, um rumzuhängen
cho luege	um zu schauen
cho drgliiche tue	so zu tun als ob
wäg dr Musig	wegen der Musik
wäg em Alk	wegen dem Alk
oder nume wäge dir	oder nur wegen dir
me het di tschegget	man hat dich kontrolliert/durchschaut[13]
oder het überhoupt nüt gmacht	oder gar nichts gemacht
mänge graue Morge	manch grauer Morgen
mängi heißi Nacht	manch heisse Nacht
u jitz liegsch flach	und jetzt liegst du flach
sie hei di zwüsche	sie haben dich zwischen
d'Ouge breicht	die Augen getroffen
flachgleit	flach gelegt[14]
hütt Mittag hei sie's gseit	heute Mittag, haben sie es gesagt
flachgleit	flach gelegt
am Morge si sie cho	sie kamen am Morgen
u hei di flachgleit	und haben dich flach gelegt
use	raus
zügle	umziehen
vor aafa	von vorne beginnen
i ha mi mängisch gfragt	ich habe mich oft gefragt
wie lang's no geit	wie lange es noch dauert
i ha genau gwüsst	ich habe genau gewusst
dass es nid ewig schteit [12]	dass es nicht ewig steht

---

12   Züri West, »flachgleit«; http://www.golyr.de/zueriwest/songtext-flachgleit-377824.html, ein Ausschnitt des Songs ist über die Homepage der Band abhörbar: http://www.zueriwest.ch/pages/disco_detail.php?id=1(beide Websites: April 2006).
13   Tschegget hat in der Mundart stärker die Bedeutung von »begreifen, kapieren, durchblicken«, als der englische Ursprung to check vermuten lässt.
14   »Flachgleit« ist hier im Sinne von fertigmachen gemeint. Der doppelte Sinn ergibt sich aus der Bewegung: flachlegen meint plattwalzen. Das geschah mit dem Zaff, mit dem Haus, der Songtext überträgt das Bild auf Personen, deren Träume damit zerstört wurden.

Die Hymne auf das Zaff von Züri West, der Berner Band, vermag die Stimmung, insbesondere die Flüchtigkeit, das Vorläufige, das Spontane und das Vorübergehende des TatOrtes Zaff, das einen wesentlichen Teil des Reizes ausmachte, treffend einzufangen. Die anziehende Wirkung bestand aus ungeplantem Zusammensein, der Verfügbarkeit von billigem Bier und dröhnender Rockmusik, aus der spannungsreichen Zusammensetzung des Publikums, welches das Zaff bevölkerte, aus dem Flirt, der in der Luft lag. Das Lied vermittelt einen Eindruck davon, wie um Räume gekämpft wurde, von der Ungewissheit des räumlichen Status und von der endlosen Wiederholung der Besetzung: »use, zügle, vor aafa«. Nicht zuletzt bewirkte der illegale Status einen Schwebezustand, der die Zaff-Besucher und -Besucherinnen zu einer verschworenen Gemeinschaft schweisste und der die heissen Nächte zusätzlich angeheizt haben dürfte. Das Lied wurde 1985, kurz nach der Räumung des Zaff, produziert. Der Mythos Zaff nahm seinen Anfang, was der Berner Bewegung einen ungeahnten Impetus verschaffen sollte.

Wie kam es dazu, dass im Zaff das Projekt einer Frauenhausbesetzung heranreifte? Das Zaff war die bedeutendste Besetzung nach der Schliessung der Reitschule rund zwei Jahre zuvor. Durch das Zaff wurde die Bewegung erneut mobilisiert. Die Beteiligten heben Motive der persönlichen Betroffenheit, die später in ein wohnpolitisches Anliegen überführt wurden, hervor.[15] Die treibenden Kräfte für die Zaff-Besetzung rekrutierten sich aus wohnpolitischen Zusammenhängen. Da das Mattenhofquartier zum städteplanerischen Brennpunkt[16] geworden war und die Quartierbevölkerung reagierte, rückte das Viertel auch in den Blick der Bewegten die sich seit der Schliessung der Reitschule ins Private zurückgezogen hatten.[17] Dem Zaff war die Besetzung von vier Häusern an der Freiburgstraße, ebenfalls im Mattenhof, vorangegangen. Rolf Neuenschwander erinnert sich, als ehemaliger Bewohner eines der später besetzten Häuser an der Freiburgstraße in den Häuserkampf hineingeraten zu sein:

---

15 Das Zaff wurde am 18. Mai 1984 besetzt; vgl. Chronologie der Berner Bewegung im WOZ-Archiv: http://www.woz.ch/archiv/old/00/15/1117.html (April 2006); siehe ebenfalls (Böhner und Fankhauser 1998).

16 Der stadtbernische Leerwohnungsbestand war zu Beginn der 80er Jahre auf 0,10 Prozent gesunken was einer Zahl von 67 freien Wohnungen entsprach. Definitionsgemäss herrscht ab einem Wert von unter einem Prozent Wohnungsnot; die Funktionsfähigkeit des Immobilienmarkts ist stark beeinträchtigt (Gfeller 2004, 52).

17 Nach der Schliessung der Reitschule waren die ehemals Beteiligten ziemlich erschöpft. Einige bemerkten sogar, dass ihnen die Schliessung des AJZ in gewisser Weise entgegengekommen sei, da dieses Riesenprojekt enorm viele Kräfte absorbiert habe, die nachher für anderes freigesetzt worden seien – namentlich für das Fortkommen im eigenen Beruf oder für ein Leben mit Kindern. Siehe Gespräche mit Lorenz Hostettler, Marcel Fischer und Regula Keller.

»Während des Studiums wohnte ich in einem Haus an der Freiburgstraße, das wollten sie abreissen. Das sind da die drei so kleineren Häuser gewesen, das waren eigentlich drei Hausgemeinschaften, (...) sie waren wie eine Art Einfamilienhäuser, und dort haben wir uns total zu wehren begonnen, weil es ein Idyll war mit Garten, wir hatten Hühner und waren trotzdem in der Stadt. Wir haben uns immer mehr gegen das Projekt zu wehren begonnen, und am Schluss besetzten wir es, als wir nachher raus mussten. So bin ich dort hineingerutscht. Und nachher hat das durch unsere, eh, Pressekampagne, die wir vor allem machten, um die Häuser zu bewahren, einen Bekanntheitsgrad bekommen, dass nachher bei der Räumung total viele Leute gekommen sind. Bei der Räumung besetzten wir nachher das Zaff an der Villettenmattstraße. Und, eh, das Zaff ist nachher bald einmal zu einer Art Reithallen-Ersatz geworden, weil wir dort Konzerte machten und ein Teestübli einrichteten und ich weiss nicht, was noch alles. Damals, als wir an dieser Freiburgstraße wohnten, und es darum ging, Häuser zu besetzen, dachte ich, oh nein, das sind dann ganz andere Leute, die Häuser besetzen, das machen wir sicher nicht, oder, das ist ja illegal, und was weiss ich. Und plötzlich ist man dort hineingerutscht, und hat das von einer ganz anderen Seite kennen gelernt, oder. Es wurde nachher zu einer persönlichen Betroffenheit, man sah das nicht als die dort drüben, die man nur von weitem kannte, wovon man irgendein Bild hatte. So ging es vielen Leuten. Also die an der Freiburgstraße, da waren die wenigsten Leute, ehm, Bewegte oder etwas in dem Sinn.«

Rolf Neuenschwander erklärt seine Beteiligung an den Besetzungen mit äusseren Umständen, er sei »hineingerutscht«. Ein sprachlicher Wechsel markiert seine Position, wonach er diesen Weg nie gesucht habe: Er spricht in der Ich-Form und schildert sein Widerstreben gegenüber illegalen Aktionen. Der Seitenwechsel wird mit einem sprachlichen Sprung signalisiert: »Und plötzlich ist man dort hineingerutscht«. Ausgerechnet die »Einfamilienhäuser« und die Hühner geben den Ausschlag für Rolf Neuenschwanders Einstieg in das Engagement für urbane Räume. Dies zeigt die Qualität der urbanen Verfasstheit: Sie bedeutet im vorliegenden Kontext Vielfalt und Heterogenität, eine Vermischung von urbanen und ruralen Lebensstilen, eine Großzügigkeit für unterschiedliche Lebensformen.

Noch am selben Abend, als die Besetzungen an der Freiburgstraße polizeilich geräumt wurden, zogen die Besetzer und Besetzerinnen an der Villettenmattstraße 7 ihre Transparente auf. Das Zaff war entstanden.

Waren die ursprünglichen Motive persönlich gefärbt, wurden sie im Verlauf der Ereignisse rund ums Zaff bald der politischen Sinngebung unterworfen. Neben den wohnpolitischen Anliegen stand der Bedarf nach Räumen für »alternative« Kulturproduktionen im Vordergrund. Bald entfaltete sich eine lebendige Szene, die eine starke Sogwirkung ausübte. Für Rolf Neuenschwander bedeutete dies, dass er sein Studium aufgab und seine Kräfte voll und ganz dem Zaff zur Verfügung stellte:

»Und ich war dort zusammen mit dem Ramón ein wenig der Robin Hood, auf eine Art, oder. Und von daher hatte ich einfach keine Zeit mehr zum Studieren, und bin ich halt nur noch drei Tage pro Woche nach Zürich, es hat mich total angeschissen, diese ETH.«

Als »Robin Hood« nahm Rolf Neuenschwander den Kampf gegen das Establishment auf. Seine Rolle als Student an der renommierten Hochschule konnte Neuenschwander nicht mehr mit dem Häuserkampf vereinbaren. In der Zaff-Bewegung waren seine Kenntnisse gefragt:

»Ich machte zum Beispiel sämtliche Bars mit meinem Kollegen, Strafbars machten wir ja nachher, wo wir uns immer so an verschiedenen Orten aufstellten, für eine Nacht. Nachher entwickelten wir irgendmal so ein Barsystem, das man transportieren kann, und x so Sachen.«

Die Besetzungsbewegung professionalisierte sich innerhalb kurzer Zeit. Die Strafbars vereinten wichtige Stärken der Bewegung. Sie waren flüchtig, vergänglich und doch im städtischen Raum höchst präsent. Sie lebten von der Illegalität und ihrem spontanen, vorübergehenden Charakter. Die Strafbars ersetzten die zu Beginn der 80er Jahre zum Ritual gewordenen Donnerstagsdemos. Darin wird auch die Verschiebung des Politikbegriffs ablesbar: Die politischen Forderungen werden um kulturelle Anliegen erweitert.

Das Zaff etablierte seinen Ruf als »alternatives« Wohn- und Kulturzentrum, was sich darin ausdrückte, dass die Veranstaltungshinweise bald im offiziellen Anzeiger gedruckt wurden (Steiger 2002). Lokale Stars wie die Rockband Züri West setzten den Grundstein für ihre spätere, nationale Bekanntheit im Konzertraum des Zaff.[18] Von der hauseigenen Postille – sinnigerweise trug sie den Namen »Provinz«[19] – wurden die ersten Exemplare im Zaff produziert. Das Nachfolgeorgan erschien unter dem Namen »Megaphon« ab 1987 in der neu besetzten Reithalle, von wo aus es bis heute an Sympathisanten und Sympathisantinnen, Reitschulbesucher und Reitschulbesucherinnen und Aktive verteilt wird. Zudem entwickelte sich im Zaff ein bewegungspolitisches Labor für die basisdemokratischen und konsensorientierten Entscheidungsfindungsprozesse, die zu den bestimmenden Merkmalen der Bewegung um die zweite Reithallenbesetzung Ende der 80er Jahre werden sollten.[20]

Es waren unter anderem diese Strukturen, die auch erste Reibungsflächen unter den Zaff-Betreibern und -Betreiberinnen schufen. Die Belegschaft des Zaff hatte sich längst über den Kern der wohnpolitischen Aktivis-

---

18 Und sie liessen sich von den Ereignissen zu neuen Texten und Songs inspirieren – wie im zitierten Titel »flachgleit«.
19 Die Namengebung zeigt, dass die Verfasstheit des Städtischen und die Abgrenzungen dazu für die Bewegung identitätskonstitutiv waren, ebenso wie der ironische Zugriff auf eben diese Verfasstheit.
20 Rolf Neuenschwander

ten und Aktivistinnen der ersten Stunde hinaus entwickelt. Der bunte Mix von Personen verlieh dem Zaff ein besonderes Gepräge und gleichzeitig eine gewisse soziologische Brisanz, wie Rolf Neuenschwander schildert:

»Aber nachher im Zaff hatte man ein relativ großes Haus, mit Wohnungen auf drei Stockwerken, und dort kamen nachher sofort sehr viele Leute dazu, die wegen dem *groove* kamen, wegen der Stimmung, das lässig fanden. Und dort war es nachher so, dass die typischen freaks kamen. Die Sache war auch soziologisch interessant: Im unteren Stock waren die Macherinnen und Macher, im mittleren Stock die Punks und im obersten Stock die Hippies. Und die Hippies, die haben Gitarre gespielt und getrommelt den ganzen Tag, haben gekifft und haben ein Teestübli eröffnet in einem Raum und dort Tee rausgelassen. Und die Punks, die hatten halt Hunde und hörten punk, und, mit denen hat man ständig Lämpen gehabt,[21] die machten einen Dreck und es war einfach mühsam wie ne Mohre.[22] Und wir unten waren etwas gemischt, eh, zum Teil hatte es nachher auch Frauen bei uns, die besetzten nachher das Frauenhaus. Also, als Gegenreaktion, weil wir zu mackerig waren, die Männer von dort.«

Der Einschub kommt belanglos daher: »weil wir zu mackerig waren, die Männer von dort«. Rolf Neuenschwander schliesst sich selbst gleichzeitig ein und wieder aus. Sein Selbstverständnis verbietet es ihm, die Frauenaktion zu bewerten. Er nimmt sich zwar nicht aus der Kritik, aber er bezieht auch nicht Stellung. Die Frauenbesetzung als »Gegenreaktion« zu bezeichnen, bedeutet, ihr den Anstrich des Unvermeidlichen zu verleihen. Als ob der Kampf der Geschlechter die notwendige Folge eines gemischten Projekts wäre, vergleichbar mit dem Ansteigen der Lawinengefahr bei heftigem Schneefall.

Verantwortlich für die Zuspitzung der Spannungen zwischen den Geschlechtern war wie erwähnt eines der wichtigsten Instrumente der bewegungsinternen Organisation: die wöchentliche Vollversammlung VV. In der Zeitschrift der Bewegung, der »Provinz«, werden die Ereignisse auf der entscheidenden VV im Zaff wie folgt zusammengefasst:

---

20 Rolf Neuenschwander
21 Für die Punks (»Die Punks sind uns ja einfach auf den Wecker gegangen« [nervten], R.N.) besetzten die Parterrebewohner und Parterrebewohnerinnen, die sich selbst als »MacherInnen« bezeichneten, ein Haus weiter südlich im Mattenhofquartier, sie organisierten die Communiqués, und damit war man die schwierigen Mitbewohner und Mitbewohnerinnen los. Das Punkhaus sollte das Zaff um mehr als ein Jahr überdauern.
22 [Wie die Sau]

»Nach der Diskussion über ›Formen des Widerstands‹ Themawechsel: ›Wohnen im besetzten Haus‹. Die Frauen – bisher haben sie kaum Nachhaltiges gesagt – ergreifen die Initiative, die Männer machen auf sanfter, verlassen aber die coole Ebene nicht. (...) Es wird nun geklagt über die Art, wie Leute, die sich nicht so peppig mitteilen können, von den dafür Begabten abgeputzt und unterdrückt werden (tatsächlich sind es Frauen, die diese Vorwürfe formulieren, und Typen, an die sie gerichtet werden – der kleine Nebenwiderspruch). Einer meint, wir Frauen hätten da halt ein Handicap: Zuviel Lismen[23] und Rollenerziehung in der Kindheit habe uns schlecht auf's streitbare Leben vorbereitet. [...] Im übrigen, fährt er fort, hätten halt z.b. er und ein anderer Typ aus was immer für Gründen – sei ja auch egal (!) – nicht das Bedürfnis, ihre persönlichen Probleme in der ZAFF-WG vorzubringen.«[24]

Im Hintergrund seiner bewegten Geschichte hatte sich im Zaff die hegemoniale Geschlechterordnung eingependelt.[25] Die Frauen sahen sich gezwungen, im Forum der VV ihre »persönlichen Probleme« zur Diskussion und nicht hinter den politischen Kampf, den so genannten *heavy straight fight*[26], zurückzustellen. In den Auseinandersetzungen drang der Hang zum Totalitären durch. Der Druck, glaubwürdig zu sein, war enorm, erinnert sich Sandra Feller. Die Tendenz, das Engagement zu verabsolutieren, wird von verschiedenen Seiten und im Rückblick durchaus kritisch bestätigt – auch wenn einzelne meiner Interviewpartner und Interviewpartnerinnen bei der Erwähnung des Wortes leicht zusammenzucken.[27] Wer sich nicht vollumfänglich dem Kampf verschrieb, fand keine Anerkennung. Es erstaunt deshalb nicht, dass die Frauen, indem sie die Missstände der Machtverteilung anprangerten, auf wenig Gegenliebe bei den Männern stießen. Ihre Anträge wurden verschiedentlich abgewertet, etwa indem ihnen vorgeworfen wurde, allzu sensibel zu reagieren, auf unwichtigen Details zu bestehen und unklar zu argumentieren.[28] Zudem wurden sie mit dem Vorwurf konfrontiert, die Bewegung zu spalten.[29] Umso stärker wuchs offenbar das Bedürfnis, einen eigenen Raum zu beanspruchen und die Auseinandersetzung unter Frauen und mit Frauen bewusst zu suchen.

---

23 [Stricken]
24 »Angefangen hat's im Zaff«, in: Provinz Nr. 6. Juli 1984. Autor/Autorin unbekannt. Bern. Privatarchiv H.E.
25 Siehe Kapitel 4
26 Sandra Feller
27 Lorenz Hostettler bestätigt die Einschätzung in der Tendenz trotzdem
28 Zu der Taktik der Abwertung von Themen und Zuständigkeiten des Gegenübers in der Geschlechterbeziehung siehe Kapitel 4 sowie Koppetsch (Koppetsch und Burkart 1999).
29 Berns Widerstand in der Krise, undatiert (ca. 1985) Privatarchiv H.E.

»Dort, das ist uns ganz ganz wichtig gewesen, wieder um die Frauen, die kämpfen für sich, und nicht mit den Männern für männliche Anliegen.«[30]

Caroline Bühler spricht von einem Befreiungsschlag – die Frauen mussten nun nicht mehr ihre Rolle als Sozialarbeiterinnen von »durchgeknallten Mitbewohnern« (C. Bühler 2001, 381) wahrnehmen. Es fiel den Frauen leicht, sich von den aufreibenden Ritualen wie etwa den Montagssitzungen, an denen das Gesprächsverhalten männlicher Aktivisten zu wünschen übrig ließ, zu verabschieden (C. Bühler 2001). Die Frauen hatten erkannt, dass sie vergeblich gegen dominante Strömungen ankämpften, darunter ein deutlich männlich konnotierter Habitus, der Heldentum, Nonkonformismus und unterkühlte Distanz zu jeder Andeutung bürgerlicher Werte einschloss. Dieser wurde symbolisch über dunkle Farben, üppige Lederkluft und viel Metall markiert. Später kam dazu eine Art anorektischer Körperkult, wobei extrem dünne, fast ausgemergelte Körper die Zugehörigkeit zur Szene markierten, wie Carmen Ríos sich schaudernd erinnert. Die Bewegten unterzogen sich einem Kult, der Körper schuf, an denen man die durchtanzten Nächte ablesen konnte, deren Substanz sich ausschliesslich über Kaffee und Wein erhielt, eine seltsame Mischung aus Askese, Intensität und einer eigenartigen Sinnlichkeit, von Verlebtheit und zielsicherer Konzentration auf das Wesentliche, eine verkörperte Ablehnung der Codes der Konsumgesellschaft. Schlafmangel gehörte dazu, die Zeit war zu intensiv, um sie allein im Bett zu verbringen.[31]

Der eigene Raum erlaubte den Frauen eine scharfe Abgrenzung von der als dominant empfundenen männlich geprägten Bewegungskultur und ihren Emblemen aus Leder und Metall. Die Frauen verliehen dem Kampf vorübergehend ein eigenes Gepräge, indem anstelle des groß angelegten Entwurfs einer neuen Urbanität und der umfassenden Gesellschaftskritik die Möglichkeiten einer eigentlichen Gegenkultur im exklusiven Rahmen erprobt wurden. Dass die Frauen ihrem Engagement diese Wendung gaben, ist alles andere als eine automatische Folge der Ereignisse. Innerhalb des eigenen Raums gelang es ihnen, bisher regulierende Strukturen auszuhebeln und verkörperte Konventionen über Bord zu werfen. Die Konturen und die politische Brisanz der Frauenhausbesetzung waren Ergebnis von langwierigen, harten Auseinandersetzungen unter den Frauen sowie von persönlichen Entwicklungsprozessen. Sandra Feller schildert ihre Positionierung als Abgrenzung vom männlichen »Machtgehabe«[32] und dem Habitus, den sich die Exponenten und Exponentinnen der Bewegung bei ihren Auftritten in der Öffentlichkeit verliehen – etwa bei den Demonstrationen, in denen man »Scheiben machen«[33] geht, die hartgesottenen Parolen, die latent gewaltsamen Inszenierungen von Männlichkeit in der Auseinander-

---

30 Regula Keller
31 Persönliches Gespräch mit Stefan Zollinger
32 Sandra Feller

setzung mit der *Schmier*[34] oder dem den in Deutschland inhaftierten RAF-Mitgliedern geltenden Kult:

»Ich habe nicht das Gefühl, dass ich das System so im Kern treffe, sondern im Kern treffe ich, über meine Zusammenhänge, die ich schaffe, also das ›Teile und Herrsche‹ durchbreche, durch verbindliche Zusammenhänge, dadurch, etwas zu tun zu haben mit den Menschen. Nicht, wenn man heute liest, und dort sage ich, ich finde, wir haben ganz viel richtig gemerkt, also, 45 Prozent von den Leuten in der Schweiz leben, glaube ich, in Einzelhaushalten mittlerweile, oder so. Da hast du das ›Teile und Herrsche‹ wirklich, da kannst du also jeden mürbe klopfen so. Und wir haben extrem probiert, dem etwas entgegenzusetzen, denke ich, und haben das probiert. Mit Freundschaft und im Denken, so. ... Ja.«[35]

Die Besetzung als Anspruch, sich den eigenen HandlungsRaum zu schaffen, war damit eine logische Konsequenz der geschlechterdifferenzierenden Widerstandspraxis im Zaff. Der nächste Abschnitt fokussiert auf die Kultur des Zusammenlebens, die die Frauen im Traumhaus entwickelten.

14.1.1 Das Traumhaus

Als sich einige Frauen auf die Suche nach dem geeigneten Haus machten, wurden sie in unmittelbarer Nähe des Zaff fündig. Im Rückblick geraten alle Gesprächspartnerinnen ins Schwärmen, wenn sie die Villa an der Gutenbergstraße beschreiben.

»Wunderbar, hej, eine Neun-Zimmer-Villa, mit wilden Reben umwachsen. Garten, mehrere Balkone. Wir kamen durch den Haupteingang rein, oder, es hatte eine Treppe, und so ein Vording, und dann probierten wir einfach: Es war offen. Wir kamen rein, versuchten, elektrisch, Licht war da, Wasser war da, das Haus war angeschlossen, oder, tipptopp, ideal. Und dann fanden wir, das besetzen wir.«[36]

Das Haus war groß, hatte einen verwilderten Garten, war zentrumsnah und bot zahlreiche Möglichkeiten für gemeinschaftliches Wohnen und auch für kleinere Projekte wie Feste, Discos, eine Bibliothek, Kinderräume, Meditationsräume, Ateliers, Grillparties und so weiter. Der gelungene Coup versetzte die Frauen in euphorische Stimmung.

»Und die Euphorie war riesig, und wir fanden einfach, voilà, wir haben den Beweis, so eine geordnete Besetzung, so eine irgendwie, organisierte Sache, oder, zwanzig Matratzen liegen schon da.«[37]

---

33 Sandra Feller
34 Bullen
35 Sandra Feller
36 Sandra Feller
37 Sandra Feller

Über fünfzig Frauen waren im Kern oder als unterstützende Kräfte an der Besetzung beteiligt.[38] Es waren unterschiedliche Frauen – sie kannten sich zum Teil aus der Frauenbewegung, andere waren an der Besetzung der Reitschule beteiligt gewesen. Einige stiessen erst im Rahmen der Frauenbesetzung dazu oder gerieten in diesem Zusammenhang erstmals mit feministischen Positionen in Berührung.[39] Das politische Engagement reichte vom Frauennotruf über lesbische Aktionsgruppen bis hin zu antiimperialistischen internationalistischen Initiativen. Die Aufbruchstimmung der ersten paar Tage vermochte sämtliche latent vorhandenen Gräben zwischen den Beteiligten zu überbrücken. Die Heterogenität der engagierten Gruppe löste jedoch zentrifugale Kräfte aus und bildete die Achillessehne der Frauenhausbesetzung. Ich werde darauf im letzten Teil von Kapitel 15 zurückkommen. Die ehemals Beteiligten schildern die spezielle Stimmung zu Beginn als Mischung aus Stolz und Übermut, die sie angesichts des eigenen Raums erfüllte.

Das Gefühl wurde durch die klandestine Vorgehensweise gesteigert, die Aktion war gekonnt vor den Männern verborgen worden. Der neue Raum wurde sehr ausschließlich interpretiert und genutzt – Männern blieb vorerst der Zutritt vollkommen verwehrt, »und zwar, oder, weil, das Frauenhaus war immer klar deklariert als männerfreier Raum. Eh, man hat immer gesagt, das ist quasi wie, geheiligte Zone, [lacht] wie im Kloster, weißt du«, erinnert sich Sandra Feller. Das Sinnbild des Klosters trifft die enge kollektive Struktur, die sich die Besetzerinnen verordneten. Die Frustration darüber war groß, dass es bereits am ersten Abend einem »Typen« gelungen war, die Frauenvilla »zu penetrieren«.[40]

»Und dann, am Anfang, schliefen wir immer im selben Raum, wir hatten doch auch Angst, oder man hat doch ... auch Angst gehabt, was da passiert und so. Und dann machten wir so Wachen, oder, es gab so Spraydosen mit Sirenenton, ich weiss nicht, das gibt es vielleicht heute immer noch, so wie kleine Megaphone, und dann hätte man dann die losgelassen, oder, wenn die Schmier[41] gekommen wäre. Und dann postierten wir uns auf den verschiedenen Balkons, wechselten ab mit, eh, mit,eh, Schichten, oder, wer schauen muss. Wir haben eigentlich zwei große Schlafräume gehabt, (...) und im obersten Stock, richteten wir es im Kreis an. Dann ergab es sich so, dass immer etwa die gleichen Frauen am gleichen Ort schliefen. Am Anfang war es einfach wie ein Happening, also, unheimlich, eh, berauschend, dass wir das jetzt einfach gemacht haben, dass es geklappt hat.«[42]

---

38 Angaben aus »Die Gutenbergsträssin«, undatiert, ca. 1985. Privatarchiv H.E. Die Angaben deckten sich mit Bühler (C. Bühler, 2001).
39 Sandra Feller/Ursina Lehmann
40 »Die Gutenbergsträssin«, undatiert, ca. 1985. Privatarchiv H.E.
41 [Bullen/Polizei]
42 Sandra Feller
43 »Die Gutenbergsträssin«, undatiert, ca. 1985. Privatarchiv H.E.

Die Angst vor der Polizei, vielleicht vor den Männern, bestimmt aber vor dem eigenen (Über-)Mut schweisste die Bewohnerinnen der Gutenbergstraße zusammen. Die neue Errungenschaft musste sorgsam gehütet – bewacht – werden, weil sie sonst abhandenzukommen drohte. Die Freude war überschäumend, und die Erinnerungen an diese erste Zeit – es war gelungen, eine zweiwöchige Frist auszuhandeln, während der nicht geräumt werden würde[43] – sind von überschwänglichen Schilderungen der Atmosphäre, die sich in diesem Haus zu entfalten begann, geprägt.

Der Schlafraum bildete ein Zentrum der Gutenbergvilla und als dieses Zentrum tritt er in zahlreichen Gesprächen auf. Sich zum Schlafen hinlegen bedeutet, sich niederlassen und den Raum tatsächlich in Beschlag nehmen. In der Gutenbergvilla wurde dieses sich Niederlassen noch um eine Stufe intensiver zelebriert: Eine Frau beschloss, in der Villa ihr Kind zu gebären.

14 – Frauenvilla. Privatarchiv H.E.

»Ein großes Zimmer war eben wirklich der Schlafraum, für die, die wollten. Wenn jemand halt sonst separat, aber da sind wir wirklich albe[44] noch viele gewesen, vielleicht ein Dutzend oder zu zehnt, und so kreis-, schier kreisförmig, oder sternförmig fast gar. Und nachher war eben die, die etwa im neunten Monat gewesen ist und das Kind bald erwartete. Ich mag mich an die späten Abende besinnen, wo ich entweder vom Bügle[45] gekommen bin oder ich weiß auch nicht, und nachher, so, bist da noch zusammengewesen, ein paar haben zusammen (…) noch eins gekifft oder so, und eine Kerze gehabt. Und dann sind die Weiber da am Schlafen gewesen, und die Trächtige ist am Bieste[46] und am Stöhnen gewesen, es war so ein, ja wirklich fast eine Höhlenatmosphäre, aber gemütlich, einfach gut, irgendwie zufrieden. Und es ist nicht jetzt, irgendwie auf Anhieb hat das nicht so eine politische Dimension, aber, ja, muss es ja auch nicht nur. Das Haus hat ja auch nicht nur diese Dimension gehabt, oder. (…) Ja oder die, die Tische voller Frauen, oder der Garten voll, und die blutten Goofen[47] dort alle durcheinander, und, einfach, einfach so ja, eine gute Stimmung, und über den Gartenzaun Krach mit der Nachbarin und einfach, das ist so … Ja und das Hamam[48] einfach wirklich wie im arabischen Bad irgendwie so, das ist, ist so etwas Atmosphärisches (…).«[49]

Als Höhlenatmosphäre bezeichnet Nicole Studer die Stimmung im Schlafraum, wo die Frauen ihre Matratzen in Form eines Sterns ausgelegt hatten. Bei ihrer Wortwahl kann ich nicht umhin, an einen Stall zu denken, wo die Spannung auf das Kind, das geboren werden soll, in der Luft liegt. Nicht nur trägt ihre Schilderung religiös-anachronistische Züge, sie erinnert an eine längst vergangene Zeit, als Menschen und Tiere noch eng beieinander lebten. Und vielleicht liegt das Erlebnis für Nicole Studer tatsächlich so weit zurück. Im Gespräch betont Nicole Studer immer wieder, wie entrückt diese Vergangenheit ihr scheint. Sie schildert das Haus als Refugium, wohin sie sich nach der Arbeit in die Frauengemeinschaft zurückzog. Neben der arabischen Badekultur stehen auch Dinge von völlig entlastender Normalität. Der Streit am Gartenzaun mit der Nachbarin ist eine gleichberechtigte Erinnerung und für Nicole Studer genausowichtig wie das gemeinsame Kiffen nach dem »Bügle«. Gegenüber der Nachbarin aufzutreten stärkt nicht nur das Kollektiv, sondern erwirkt auch eine Normalisierung des ebenso überraschend wie erfolgreich geschaffenen FreiRaums. Die räumlichen (An-)Ordnungen, die sie vornehmen, machen die Frauen handlungsfähig.

Die Frauenvilla wurde genussvoll bespielt. Die Frauen inszenierten in den neu erworbenen Räumen eine ausschweifende Geschlechterkultur, die selbstbewusste Züge einer sinnlich verstandenen Weiblichkeit, Leiblichkeit

---

44 [Jeweils]
45 [Arbeiten]
46 [Schwer Atmen]
47 [Nackten Gören, gemeint sind beide Geschlechter]
48 [N.S. spricht es arabisch aus, »hämäm«]
49 Nicole Studer

und Erotik trug. Die Gräben, die zwischen den Frauen bestanden, wurden mittels dieser integrierenden Frauenkultur überwunden. Es sind namentlich die Räume des Hauses, die diese Überwindung markierten, die eine identitätsstiftende Funktion übernahmen, die das Wesen dieser ersten Frauenhausbesetzung in sich trugen: das riesige Badezimmer und seine Verwandlung in einen türkischen Hamam, der große Schlafsaal, in welchem die Matratzen kreisförmig angeordnet waren, ein magisch geladener Kreis, der die unterschwellige Angst vor einer Räumung oder einer Verletzung des erkämpften FreiRaums bannte. Die Villa verfügte über geschützte Orte, wo sich Blicke treffen konnte und öffnete Räume, in denen lesbische Abenteuer ihren Anfang nahmen. Der FreiRaum ermöglichte das Überschreiten sexueller Grenzen und Konventionen, die Frauen experimentierten mit ihrer Sexualität und streiften über intime Beziehungen sozialisierte Haltungen gleich einem jahrzehntealten Ballast ab. Die Stimmung war, zumindest zu Beginn der Frauenhausbesetzung, von großer Leichtigkeit.

»Ja und wir waren schon sehr aneinander interessiert, und es war eine Offenheit ume.[50] Also es entstanden auch einige ... lesbische Abenteuer nachher, irgendwie in dieser Atmosphäre, und zum Teil, einige Frauen wechselten dann das Ufer und blieben drüben, und andere sind, ja, sind nachher wieder zurückgekommen oder hüst oder hott, aber das war auch so eine Dimension von dem Ganzen, irgendwie Erotik und die Sinnlichkeit, die ich eben vorher auch angesprochen habe. Und ich denke, das hat schon nur dort entstehen können, das wäre in einem Zaff oder so, wäre das sicher, ... ja ist ganz ein anderer Wind gewesen dort drin.«[51]

Nochmals streicht Nicole Studer die Singularität der Frauenvilla heraus. Die Lösung von der gemischten Besetzerbewegung brachte für die Frauen eine ganz neue Qualität hinein. Am Beispiel der Frauenhausbesetzung lässt sich die analytische Verbindung zwischen TatOrt und HandlungsRaum nochmals verdeutlichen. Der HandlungsRaum, den die gemischte Bewegung für die Frauen eröffnete, erwies sich als eng und nicht mit den Vorstellungen vieler Frauen vereinbar. Wut und Enttäuschung über die Situation im Zaff motivierten die Frauen zu einer eigenen Besetzung. Die Villa an der Gutenbergstraße ist der TatOrt, der diesem HandlungsRaum entsprach. Aus diesem TatOrt wiederum gingen neue HandlungsRäume für die Frauen als Beteiligte, als Mitglieder der Frauengemeinschaft und als Bewohnerinnen der Villa hervor. Dieses Kapitel hob die sich eröffnenden Möglichkeiten des HandlungsRaums Frauenvilla hervor. Im nächsten Kapitel gehe ich darauf ein, wie die Frauen diese Möglichkeiten gestalteten.

---

50 [Da]
51 Nicole Studer

14.1.2 Politik, Kultur und die Heimat in der Bewegung

Das vorliegende Teilkapitel geht der Frage nach, wodurch sich die Frauenhausbesetzung auszeichnete. In einem Einschub zum Schluss vergleiche ich die Qualität der Zugehörigkeit zu einer Bewegung aus den Aussagen von meinen Gesprächspartnern und Gesprächspartnerinnen.

Die Frauen pendelten zwischen der Hingabe an ihre Errungenschaft, die Frauenvilla, und dem Zweifel, ob sie damit ihrem politischen Anspruch des Widerstands gerecht würden. Die lustvolle Überschreitung von räumlichen, sozialen, politischen, körperlichen und sexuellen Grenzen in ein mit den Ansprüchen der Bewegung und der feministischen Haltung übereinstimmendes Deutungsraster zu integrieren, erwies sich als hartes Stück Arbeit.

Vor diesem Hintergrund ist es zu deuten, dass sämtliche Gesprächspartnerinnen sich selbst als Praktikerinnen sehen und betonen, wie wenig Theorie sie betrieben und, fast entschuldigend, wie wenig sie sich damals von strategisch-politischen Überlegungen hätten leiten lassen. Dabei zeugen die Einbindungen der Interviewpartnerinnen in unterschiedlichste Aktionsgruppen – von der Gen-Gruppe bis zur Knastgruppe, von der Mütterngruppe und der Lesegruppe bis zu den Anti-Impis[52] – von einem lebhaften Theoriebewusstsein ebenso wie von einer intensiven politischen Debatte. Ich interpretiere es als ein Ergebnis des Binnendiskurses der Bewegung, der das Primat des Politischen vorgab, dass viele der Befragten, die Frauen in der Tendenz stärker, ihre eigenen Motive und Handlungen für (zu) wenig politisch hielten. Kulturelle Anliegen und Fragen um die alltägliche Lebensgestaltung galten als minderwertig oder wurden ohne zu Zögern als »Frauenkram« abgetan (C. Bühler 2001, 382). Darin wird einerseits die geschlechterdifferenzierende Qualität des von der Bewegung propagierten Politikbegriffs deutlich und andererseits die Tatsache, dass es nicht gelungen war, das politische Glaubensbekenntnis in die Praxis zu überführen. Schließlich verkannte die Bewegung hierbei wohl eine ihrer herausragendsten Errungenschaften: Die Fähigkeit, über Kultur, namentlich über Musik, die eine zentrale Rolle spielte, eine Anziehungskraft aufzubauen und niederschwellige »Einstiegsmöglichkeiten« zu schaffen, ohne die letztlich die breite öffentliche Wahrnehmung ihrer Anliegen nicht möglich geworden wäre. Stattdessen kultivierte sie über Jahre hinweg einen Grabenkampf um die Konzepte »Politik« versus »Kultur«.

Innerhalb der Frauenbesetzung schien diese Schnittstelle vorerst keine Rolle zu spielen. Zumindest der Beginn, so erinnern sich die beteiligten Frauen, war von Euphorie getragen und von Harmonie gezeichnet. Dem Unternehmen haftete »nichts Bedrohliches«[53] an, obwohl man sich, wie Nicole Studer formuliert, ohne großes Aufhebens über »das Gängi-

---

52 [Antiimperialistinnen]
53 Regula Keller

ge« – darunter die Grenzen zwischen privat und öffentlich, des Politischen, Geschlechtergrenzen und Grenzen der Sexualität – hinwegsetzte. Was die Frauen beschreiben, erinnert an eine große Verliebtheit, an die keimenden Anfänge einer Liebesbeziehung mit ihren heftigen Gefühlsregungen, dem leidenschaftlichen Engagement und der großzügigen Bereitschaft, sich auf alles Kommende bedingungslos einzulassen.[54] Die Geburt des Kindes, die in dem Haus hätte stattfinden sollen, wird von verschiedenen Befragten als Schlüsselereignis erwähnt. Komplikationen machten eine Verlegung ins nahe gelegene Inselspital in letzter Minute notwendig. Eine zweite Geburt fand ein Jahr später statt. Die hohe Gewichtung, die diesen Ereignissen in den Gesprächen zukommt, versinnbildlicht die Bedeutung dieser Frauenbesetzung im Bewegungskontext. Der Moment der erwarteten Geburt markiert einerseits die Intimität dieser Gemeinschaft, die zwar auf Zeit bestand, sich aber trotzdem zukunftsgerichtet gab und eine hohe Verbindlichkeit herstellte; andererseits steht er für das Gefühl, etwas Neues, »Großes«[55] in den besetzten Räumen Realität werden zu lassen.

Eine ganz besondere Läbtig[56] sei das gewesen, blickt Nicole Studer zurück, von so ausserordentlicher Qualität, wie sie im Zaff niemals möglich gewesen wäre:

»Das ist eine Sensation gewesen, und, und einfach mit, Tanzen, und zusammen Kochen, auch, schon sehr ein, eh, eine schöne Läbtig, eso, und er, ein ganz schönes Haus war es eben, mit, … ja überwachsen, und hast ja vermutlich ein Bild gesehen, irgendwie, ja.«

Zumindest in der Anfangsphase löste das Haus an der Gutenbergstraße vieles von dem ein, das die 80er-Bewegung an Versprechungen und Sehnsüchten in die Welt gesetzt hatte und woran sie letztlich selbst gemessen werden wollte. Insbesondere erfüllten sich die Ansprüche an eine sichtbare Verschiebung der Strukturen und Regulative, die normalerweise den Alltag bestimmen; und die Ganzheitlichkeit eines »alternativen« Entwurfs erlebte im Traumhaus eine, wenn auch flüchtige, Praxis. Neben der Verbindlichkeit war es wohl dieser Anspruch an Ganzheitlichkeit, der das Frauenhaus auszeichnete. Gleichzeitig bestand darin derjenige Anspruch, an dem sich viele der Beteiligten letztlich scheitern sahen.

»Auf der persönlichen Ebene, auf der politischen Ebene, auf Beziehungsebene, eigentlich in jedem Bereich meines Lebens ist es einfach ganz zentral gewesen. Aber ich denke, für mich war es schon die radikalste Einheit von allen Bereichen, (…) in der Zeit, in der wir gelebt haben, also einfach alles war ein Raum. Oder. Das habe ich nachher einfach nie mehr so erlebt, also, die Tren-

---

54 Das Bild der frischen Verliebtheit verdanke ich Anna Bally
55 Sandra Feller
56 [Lebensweise]

nung ist dann mal Beziehung und Job, oder Politik und Beziehung, also, nachher hat das überall angefangen auseinanderzugehen. Aber damals ist einfach alles – [betont] alles in einem gewesen. (...) Das war mein Leben.«[57]

Helene Ineichen beschreibt eine quasivorindustrielle Realität, die Einheit des räumlichen Seins. Diese Einheit macht das Engagement, das bis zur Selbstaufgabe ging, nachvollziehbar. So lang es gar kein »Ausserhalb« der Bewegung gab, gab es auch keine Möglichkeit, sich zurückzuziehen oder in beschränktem Maß mitzumachen. Wenn die Bewegung das Leben ist, ist sie absolut.

Gab es diese Absolutheit des sich auf die Bewegung Einlassens in der gemischten Bewegung nicht? Marcel Fischer fügt noch einen Aspekt hinzu. Er spricht von Identität und von Heimat, wenn er sein Verhältnis zu der Bewegung und der Szene, der er sich nahe fühlte, beschreibt.

»Für mich ist es, ich weiss auch nicht, eben jetzt so ist es auch nicht fassbar, aber für mich ist das wie, ehm, ein Teil Identität. Ich bin so, ich bin mit nicht ganz sechzehn von zu Hause ausgezogen, und ich bin wirklich seither (...) politisch aktiv gewesen und einfach wirklich immer in dieser Szene. Und, das ist eigentlich ein Teil, also der grösste Teil von meinem Leben. Und, und länger, mittlerweile, ist es einfach, meine Heimat gewesen, irgendwo.«

Die Metapher der Heimat findet sich auch in anderen Zeugnissen, etwa im Archiv mit den Interviewdaten zu den 80er Jahren der »WOZ«. In der Gesprächsaufzeichnung von Giovanni Schuhmacher alias Fashion taucht das Thema des Heimatgefühls auf. Der Secondo, zusammen mit zwei Geschwistern bei der Mutter aufgewachsen, zwischendurch mit behördlich verfügten Aufenthalten in Waisenhäusern, vermerkt: »Sehr prägend für mich war dieses Heimatgefühl. Ich fühlte mich dazugehörig.«[58] Die Bewegung bot ein Netz, eine tragende Funktion, einen Einstieg und eine Möglichkeit, sich in neue Zusammenhänge hineinzuwagen.

Die meisten meiner Interviewpartner und Interviewpartnerinnen schildern ihren Einstieg als einen Akt aus einer Übergangsphase, einer Passage zwischen zwei Lebensabschnitten. Und es ist ein Einstieg, das Wort »iigstige« wird in den Gesprächen verwendet, es steht im Gegensatz zu »reinrutschen«, das eher für spätere Bewegungsphasen und ihre Beteiligten gilt. Dem Einsteigen geht ein Entschluss voraus, normalerweise erkundigt man sich, wohin die Reise geht, man zahlt einen Preis. Häufig ist dieser Akt des Einstiegs in die Bewegung geografisch markiert. Meine Interviewpartner und Interviewpartnerinnen kommen vom Dorf oder aus einer anderen Stadt, ihr Einstieg in die Bewegung deutet einen Wechsel der Lebensphasen an. Ebenso bietet sich der Einstieg in die Bewegung beim Verlassen des

---

57 Helene Ineichen
58 Http://www.woz.ch/archiv/old/00/17/1113.html (Februar 2012)

Elternhauses an, nach einem Bruch mit der Familie, bei Schwierigkeiten, im Berufsleben Fuss zu fassen, auf der Suche nach einer möglichen Ausbildung, begleitend zum Coming-out. In den Zwischenräumen von Lebensphasen entwickelte die Bewegung eine starke Sogwirkung, sie schien den Leuten attraktiv und hielt offenbar den Erwartungen stand: Marcel Fischer und Fashion fanden eine Heimat, Davide Meroni, auch er ein Secondo aus einer Kleinstadt im Schweizer Mittelland, fühlte sich – zum ersten Mal in seinem Leben – gleichwertig und akzeptiert, Christa Werfel fand im besetzten Haus Leute und Infrastruktur, die ihr nach ihrem Auszug aus dem Elternhaus die notwendige Stütze boten, Sandra Feller erkor ihre Mitkämpfer und Mitkämpferinnen zu ihrer Wahlverwandtschaft, und Regula Keller spricht davon, in der Bewegung eine Familie gefunden zu haben. Heimat, Familie, Verwandtschaft – diese Begriffe stehen für exklusive Gemeinschaften, die – selbst wenn es Wahlheimaten, Wahlfamilien und Wahlverwandtschaften sind – auch eine problematische Kehrseite haben. Die Kehrseite besteht im distinktiven Selbstverständnis der genannten Kollektive. Die Kriterien der Zugehörigkeit sind restriktiv und über den Anschluss an die Gruppe wird selektiv und intransparent bestimmt. Manche der aus der Bewegung hervorgehenden Gruppen übernahmen die exklusiven Kriterien der Zugehörigkeit – so zum Beispiel die Müttergruppe, die prinzipiell beschloss, keine Frauen mehr aufzunehmen.[59]

14.1.3 »Mit Haut und Haar«.
Politische Sinnstiftung in der Villa

Mit der Zugehörigkeit handelte man sich eine hohe Verpflichtung und die Verbindlichkeit der Gruppe gegenüber ein. Dies führte oft zu einem verabsolutierten Engagement, bis hin zur Selbstausbeutung. Die Gruppe wirkte vereinnahmend, kontrollierend und totalitär. Diese Tendenz und das gespaltene Verhältnis dazu lassen sich in den von mir geführten Gesprächen festmachen. Ich diskutiere in diesem Kapitel die Formen, wie sich meine Gesprächspartner und Gesprächspartnerinnen auf die Bewegung einliessen und wie sie ihr Engagement mit politischer Sinnstiftung verknüpften.

In manchen der Interviews kommt Schuldbewusstsein zum Ausdruck, wenn man sich nicht mit jeder Faser der Bewegung verschrieben hat – das »Überichhafte«, mit dem Sandra Feller den Anspruch der Bewegung umreisst, schlug sich nieder. Die Frauen in der Frauenvilla waren in dieser Hinsicht besonders streng mit sich. Erstens war die Gruppe übersichtlicher und die soziale Kontrolle funktionierte reibungsloser als in der gemischten Bewegung. Dazu kam, dass mit der Abspaltung auch ein bestimmter Rechtfertigungsdiskurs in Gang gesetzt worden war. Schuldbewusstsein ist nicht für jeden Fall das zutreffende Wort. Die Interviewten – und dies gilt auch für meine männlichen Gesprächspartner – verwenden Bezeichnungen wie »nicht ganz treu« oder »nicht ganz

---

[59] Regula Keller sowie in Ensner (1998)

stilrein« gewesen zu sein,[60] andere sagen, ihre »Militanz« sei »begrenzt« gewesen.[61] Den Sog der Bewegung als umfassenden Zusammenhang haben jedoch alle Gesprächspartnerinnen empfunden, wobei die einen gerade darin die Qualität und die Faszination ihres Engagements erkannten, während andere sich bemühten, ihre Distanz dazu zu wahren und ihre Selbständigkeit – »ich hatte nicht zwei verschiedene Leben, aber ich hatte irgendwie doch ein Leben neben dran, oder.«[62] Die Absolutheit, mit der sich die einzelnen Personen der Bewegung verschrieben, ist gleichzeitigmythenbildend. Dieser Mythos spricht von einer anderen Zeit, in der man sich umfassend einer Sache verschrieb. Der Mythos evoziert damit auch stark die Jugend und die darin eingelassene Kompromisslosigkeit.

Der Einfluss von Mythen auf die soziale Praxis ist groß. Helene Ineichen setzte die Erfahrung, sich umfassend auf etwas einzulassen, auch in ihrem späteren Leben um:

»Also ich denke einfach so die totale, das Feuer, die totale Überzeugung, und auch bereit zu sein, für das auf Zeug zu verzichten, das kommt schon etwas von dort, das hat mich schon geprägt, so dieser völlige, totale Einsatz für eine Idee. Das denke ich, das habe ich heute verlagert, aber das ist immer noch da. Und ich weiss auch noch immer, auf welcher Seite ich stehe.«

Drei Mal verwendet Helene Ineichen die Verstärkung »total«, dazu das Bild des Feuers. Das »total« impliziert Verzicht, Einschränkung, Zielausrichtung. Im Zitat deutet sich auch das Bekenntnis an, das die Teilhabe an der Bewegung voraussetzt, fast wie ein Versprechen, das man eingeht. Ich glaube, dass hier etwas Zentrales steckt, und auch etwas, was der 80er-Bewegung heute einen Anstrich von Unwirklichkeit gibt, denn diese absolute Hingabe ist aus dem Trend geraten.

Am prägnantesten verdeutlicht dies die Formulierung von Sandra Feller. Sie schildert die spezifische Qualität des Freiraums Frauenvilla, die mir bedeutend scheint. Sandra Feller stellt Überlegungen zur Ausprägung des HandlungsRaums Frauenbesetzung an, die letztlich die Voraussetzung für sämtliche Entwicklungen bildet, die aus der Frauenhausbesetzung hervorgingen. Der schützende Rahmen, den das Haus an der Gutenbergstraße bot, der Schirm, unter dem neue Verbindungen entstanden und sich die Frauengruppe dem Bild der frischen Verliebtheit entsprechend entfalten konnte, sind Aspekte davon. Der exklusive Frauenraum war ein FreiRaum für sexuelle Grenzüberschreitung, die Frauen schufen aber auch einen Raum, der Sicherheit für Frauen bot, die aus einem Beziehungsnetz herausgefallen waren. Sandra Feller betont immer wieder, dass die Frauen im Frauenhaus »zueinander geschaut« haben. Diese verbindliche Anteilnahme ist eines der wichtigsten Merkmale des unter weiblichen Vorzeichen ste-

---

60 Lorenz Hostettler
61 Sandra Feller
62 Davide Meroni

henden FreiRaums. Die Frauen arbeiteten an einem hohen Anspruch: Das Ziel war nichts weniger als die Herstellung einer »alternativen« Struktur zur Herkunftsfamilie, diesem ursprünglichsten aller Orte. Damit strebten sie geradezu eine biographische Alternative an, mit dem Anspruch, ein hohes Maß an Sicherheit zu gewähren:

»Eben, wie diese Zeit für mich war. Eben sie war für mich, es waren intensivste Freundschaften, und intensivste Auseinandersetzungen, also das war wie eine Wahlverwandtschaft. Ehm. Ich weiss nicht, ob es heute sowas noch gibt. So, dass man so mit Haut und Haar ... das Leben teilen will und es politisch einkleidet in einen Sinnzusammenhang. Und sich wirklich gerne hat, oder. Und versucht, einen Außenposten aufzurichten zu der Herkunftsfamilie, eine Art. Es war so etwas.«[63]

In Sandra Fellers Schilderung, im »mit Haut und Haar«, steckt ein Kern, darin bringt sie die Qualität des HandlungsRaums Frauenhaus auf den Punkt. Das Bild ist auch deshalb stimmig, weil es den Körper oder zumindest die Körperoberfläche anspricht.

Steve Pile reflektierte über die Geografien der Haut, wobei er die eigenartige Verbindung von Tiefe und Oberflächlichkeit der Haut unter Bezug auf Freud aufgriff. Er assoziierte die Haut mit dem Empfinden von Ganzheit und Abgrenzung und dachte über ihre Funktion als Schnittstelle nach außen ebenso wie für die Konstruktion sozialer Differenzen nach. Er stellte die Haut – die sich am und im Körper nicht genau lokalisieren lässt – in Verbindung zu der Konstitution des Subjekts.[64]

Das Leben im Frauenhaus hatte eine intensiv körperbetonte Seite, die Inszenierung von Weiblichkeit war stark an die Körper gebunden. Diese ausgeprägte Körperkultur ist als ein Erbe der Frauenbewegung der 70er Jahre und ihrem Anspruch auf körperliche Selbstbestimmung zu deuten. Die Zelebrierung der Intimität und die sinnliche Betonung von Weiblichkeit wirkt aus aktuellen feministischen Positionen heraus betrachtet etwas irritierend. Sie ist aber mit Sicherheit für den Kontext der 80er Jahre als eine radikale, anstössige und ausnehmend reflektierte Form des Widerstands und der Konstituierung des weiblichen Subjekts zu deuten. Für den gegebenen Rahmen ist sie Teil der Antwort auf die Frage, wie Individuen zu Geschlechtern werden. Mit dem Kontext der 80er Jahre meine ich hierbei sowohl den gesamtgesellschaftlichen Hintergrund einer nach wie vor stark bürgerlich geprägten – das heisst heteronormativen – Haltung zu Sexualität und Paarbeziehungen als auch die bewegungsinterne Ebene. Diese trieb ein Konzept des Widerstands voran, dessen Handlungsträger ein deutlich männlich geprägtes Subjekt war – der Stadtindianer, der Gue-

---

63 Sandra Feller
64 »Geographies of Skin: identity, memory and the world outside in«. Key note at Politics of Bodies and Spaces, Radboud University Nijmegen, Netherlands, 17.–19. Juni 2005, persönliche Tagungsnotizen.

rillero, der Held, der jeden Donnerstag möglichst viele Scheiben zertrümmert und sich in der basisdemokratischen Diskussionsanlage wortreich und stimmgewaltig in Szene setzt.

Im oben geschilderten Sinn war der Kontext der 80er leitend für die Frauenbesetzung, ebenso sehr in Bezug auf die Distanzierung vom vorgelegten Habitus wie auf die Identifikation mit den Anliegen des Widerstands und des Aufbruchs, den die Bewegung auch bedeutete. Um bestehen zu können, war die politische Aushandlung mit der das Frauenhaus letztlich errungen wurde, unverzichtbarer Bestandteil der Besetzung. Die Frauen der Bewegung arbeiteten intensiv an der politischen Sinngebung. Ihre Beziehungen, die Produkte, die sie in den Kühlschrank stellten, die Traktandenliste für die Montagssitzung, die Erziehung der Kinder, der Streit mit der Nachbarin am Zaun – alles wurde politisch verhandelt und unter dem Siegel der Politik gedeutet. Dennoch gelang es den Frauen nicht, sich vollständig von ihrer Einschreibung, die das eigene Handeln als politisch nachgeordnet einstuft, zu lösen. Das »Überichhafte« des politischen Anspruchs verfolgte die Frauen über die Schwelle der Frauenvilla hinweg.

In diesem immer wieder eingeforderten Streben kommt die Verschränkung von Sinnstiftung und Materialisierung deutlich zum Zug. Die politische Sinngebung war entscheidend dafür, ob und dass das Frauenhaus in seiner spezifischen Qualität entstehen und in Abgrenzung und Herausforderung zur Kernbewegung und ihrer über Leder und Metall inszenierten Männlichkeit bestehen konnte. Gleichzeitig musste sie aber auch als Teil derselben Bewegung deren Motive nach außen vertreten. Dies ist offenbar gelungen – nimmt man die Interviews mit den männlichen Gesprächspartnern zum Maßstab, so wird die Frauenbewegung klar als Teil der Bewegung insgesamt ausgewiesen und selbstverständlich in die eigene Erzählperspektive integriert. Die Verdienste der Frauen und ihre Art, der Bewegung einen spezifischen Impetus zu geben, werden nicht nur aus der Verpflichtung der politischen Korrektheit heraus hervorgehoben.[65] Anerkennung kommt auch von jenen Gesprächspartnerinnen, die selbst nicht Teil der Frauenbesetzung und ihrer Folgeprojekte waren.

Eine Bezugnahme auf die Frauen im Interview mit Marcel Fischer hat mich dennoch nachhaltig irritiert. Marcel Fischer spricht anerkennend über die Leistungen der Frauen für die Bewegung. Er betont, wie die Frauen trotz ihres Engagements in der Bewegung ihre Weiblichkeit erhalten hätten:

»Und die Frauen sind weiterhin wirklich einfach aktiv geblieben. In Zürich, wenn nachher jemand ein Kind bekommen hat, zogen sich die meistens zurück und waren weg. Und das ist hier in Bern auch nicht gewesen. Und ehm, ja, das ist fast blöd, aber das ist, wie in Bern, auch von den Frauen her, also die, die, weißt du, haben sich geschminkt, haben Minijupes und so Sachen angezogen, das ist viel mehr gewesen, also in Zürich das ist nachher chli[66]

---

65 So etwa im Gespräch mit Marcel Fischer oder Lorenz Hostettler.

mehr so, das ist irgendwie Punk gewesen (...). Und hier in Bern (...) hat das überhaupt nicht sein müssen, hat es viele Leute gehabt, die noch so, auf eine Art chic, also chic, nicht im Sinn von Schale, so, aber einfach, jetzt jedenfalls auch grad bei den Frauen, haben sich geschminkt, es hat alles Platz gehabt, irgendwie, das ist noch so speziell gewesen.«

Es ist ihm zwar unangenehm, trotzdem hält er das Verhalten der Frauen für bemerkenswert. Man könnte Marcel Fischers Votum als eine Unterstützung für Diversität lesen. Er ist erleichtert, dass sich nicht überall der gleiche »Punk-Einheitsbrei« durchsetzt. In seiner Aussage schimmert meines Erachtens auch die klassische Männerangst durch, Frauen könnte, bei allzu viel Engagement, ihre Weiblichkeit abhanden kommen. Sein Lob auf die Diversität ist gleichzeitig eine Erleichterung darüber, dass Frauen Frauen bleiben können, mitten in der Militanz, trotz des *heavy-straight fight*.[67] Fischer beglückwünscht die Bernerinnen dafür, dass sie sich als Mütter nicht von der Bewegung fernhielten. Er bemerkt anerkennend, wenn auch etwas verschämt, dass sie dennoch Wert auf ihr Äusseres legten und sich nicht dem punkigen Leder- und Schlabberlook unterwarfen. Fischer engagierte sich für gemeinsame Anliegen und wurde zum Mitinitiant der Eltern-Kindertagesstätte, die ebenfalls dazu beitrug, dass Frauen und Männer ihr politisches Engagement weiter treiben konnten.

Die Frauen selbst sehen ihre Integration differenzierter. Zwischen intensivsten Selbstbefragungen in Bezug auf die Widersprüche der weiblichen Subjektkonstitution in einem gemischten Umfeld sowie in der Auseinandersetzung mit heterosexuellen Beziehungen und der klaren und ausschliesslichen Stellungnahme für die Frauen und deren Anliegen enthalten diese Gespräche fast jede denkbare Schattierung.

Ein zusätzliches Merkmal der Frauenhausszene ist ihre Fragilität, die Flüchtigkeit und das Risiko, das eine heftige Verliebtheit in sich trägt und das einen Teil des Reizes ebenso wie der Verletzlichkeit dieser Gefühle ausmacht. Zwar waren auch die Projekte der gemischten Szene risikobehaftet, in der Frauenvilla scheint die Fragilität jedoch akzentuierter zu sein, weil die Frauen durch ihre intensive Selbstbefragung, die sie auch in den Gesprächen betreiben, angreifbarer wirken.

In diesem Teil war von der verabsolutierten Hingabe an die Bewegung die Rede. Dabei wurde deutlich, dass das kompromisslose Engagement Teil eines Mythos war und selbst zur Mythenbildung beitrug. Im Unterschied zu den Männern tragen die Frauen in den Gesprächen ihre Selbstbefragung stärker nach außen, was den politischen Sinnstiftungsprozess und die Anstrengung, die damit verknüpft ist, deutlich hervortreten lässt. Die Frauen geben damit ein Bild ab, das stärker von Verletzlichkeit geprägt ist.

---

66 [Ein wenig]
67 Sandra Feller

14.1.4 Spaltungserscheinungen

Im vorliegenden Kapitel diskutiere ich die Differenzen, mit denen sich die Frauenszene zusehends beschäftigen musste. Mit den unmittelbar nach dem Einzug einsetzenden Verhandlungen mit der Baugenossenschaft förderten Auseinandersetzungen der Frauen untereinander die von der Anfangseuphorie und dem Mythos der Bewegungsheimat verdeckten Spaltungen zwischen den Frauen bald zutage. Bereits zwei Wochen nach dem Einzug stand die Position gegenüber der Hausbesitzerin, der FamBau, auf der VV-Traktandenliste. Während die einen Frauen jegliche Verhandlungsbereitschaft als Zugeständnis an alles, was bekämpft werden sollte, ablehnten, forderten andere, die Gespräche aufzunehmen. Sie taten dies in der Hoffnung, eine minimale Sicherheit aushandeln zu können.

»dieser konflikt führte dann auch zur möglichen trennung von ›frauenzeug‹ und ›politischem‹. unmöglich, weil ›frauenzeug‹ immer politisch ist und ›politisches‹ für uns frauen nie vom frauenaspekt loszulösen ist.«[68]

Die fünfzig Frauen besaßen wie erwähnt unterschiedliche Hintergründe[69] und damit divergierende Motive für ihre Beteiligung an der Besetzung. Die Montagssitzungen aus dem Zaff fanden ihre Fortsetzung in der Gutenbergstraße, und bald traten Spannungen und Spaltungen auf. Die aus dem Zaff importierte Form der Meinungsbildung geriet zum Forum, in welchem die über die Inszenierung weiblicher Geschlechterkultur verdeckten Unterschiede ins Scheinwerferlicht gerückt wurden. Das schwere Erbe der Zaff-VVs belastete die Situation in der Frauenvilla:

»zusätzlich tauchten die altbekannten vv-schwierigkeiten auf: die mehrheit schwieg, weil sie sich zu diesem thema noch keine gedanken gemacht hatte und/oder sich durch die gesprächsweise der anderen blockiert fühlte. Die stimmung wurde zusehends unerträglicher, die auseinandersetzungen demzufolge immer unmöglicher, und das ›fiasko‹ endete mit dem gefühl vieler frauen, ›vergewaltigt‹ worden zu sein.«[70]

Wie bitter musste es für die Frauen gewesen sein, zu erkennen, dass aus dem männerfreien Raum kein hierarchieloser Gesprächsraum hervorgehen konnte. In der Erinnerung von Sandra Feller klingt es so:

---

68 Auf der VV vom 18. September 1984. In: »Die Gutenbergsträssin«, undatiert, ca. 1985. Privatarchiv H.E.
69 Einige waren bereits in der Frauenbewegung der 70er Jahre aktiv gewesen, sie hatten sich beispielsweise für die Fristenlösung eingesetzt. Andere waren in der Anti-AKW-Bewegung politisiert worden und schon etwas älter, wieder andere gehörten zum Kern der so genannten 80er und waren bei der Forderung nach AJZs und der ersten Besetzung der Reitschule beteiligt gewesen. Weitere Frauen waren über das Engagement im Bereich Wohnnot dazugestossen.
70 »Die Gutenbergsträssin«, undatiert, ca. 1985. Privatarchiv H.E.

»Und (...) dann begann es, VVs zu geben, was man da will, und was man da überhaupt, und was man überhaupt miteinander zu tun habe, und dann wurde es ziemlich schnell ziemlich schwierig. Es gab einfach Frauen, die fanden, wir sind da auf dem ›heavy-straighten-fight‹. ›Heavy-straighter-fight‹. Und die konnten reden und brachten nachher da irgendwie einfach ein Vokabular, irrsinnig militant, und so, oder. Also mich hat das eher eingeschüchtert, ich dachte, um Gottes Willen und so. Und nachher gab es immer solche, die man nicht kannte, und dann hatte man immer das Gefühl, es seien irgendwelche Spitzel, also das war alles eher unangenehm für die Frauen. Also wenn irgendeine neu kam, die man noch nie gesehen hatte, hatte man das Gefühl, sie sei ein Spitzel. Und nachher fanden wir irgendwie, der Hauptwiderspruch sei unser Leben mit den Typen beziehungsweise dass wir eben trotzdem mit, also wir sagten ja wie, es ist ein Patriarchat, es ist ein kapitalistisches Patriarchat. (...) Und trotzdem haben wir eben diesen Widerspruch mit uns herumgetragen, dass gewisse von uns mit Männern zusammengewesen sind. Also gewisse für eine Zeit vom Frauenhaus dann auch nicht, aber, ehm, irgendwie trotzdem, das hat ja dann auch gewechselt, das ging ja eine lange Zeit, das Frauenhaus, das ging ja dann bis im 86 nachher.«[71]

Die Hauptschwierigkeit erkannten Sandra Feller und ihre Mitstreiterinnen in den heterosexuellen Beziehungen. Der hegemoniale Diskurs lief den Grenzen sprengenden Interpretationen des FreiRaums in der Villa zuwider. Diese Diagnose entprang der theoretischen Ausstattung, die sich die Frauen verschafft hatten. Mary Dalys »Gyn/ökologie« war das Standardwerk, über dem sich die Frauen die Köpfe zerbrachen und über ihre Konstitution als weibliche Subjekte reflektierten (Daly 1991).[72]

Die behandelten Themen hatten einen explosiven Charakter. Die Diagnose, wonach heterosexuelle Beziehungen einen Schleichweg für patriarchale Machtstrukturen bedeuteten, trieb einen Keil zwischen lesbische, bi- und heterosexuelle Frauen. Alles in allem, urteilt die Autorin in der »Gutenbergsträssin« ernüchtert, sei der Zusammenhalt unter den Frauen nur oberflächlich gewesen. Darauf deutet auch das Misstrauen hin, mit dem jede Neuzugängerin empfangen wurde:

»aber weder die sonntägliche feststimmung, noch die illusion, dass es mit frauen besser und/oder einfacher ist, hielt der realität stand.«[73]

Das Kollektiv zu finden erschien zunehmend schwierig, zu unterschiedlich wurden Inhalt und Stellenwert des Hauses bewertet. Die anfängliche Euphorie einer ausschliesslichen Frauenhausbesetzung wich der Ernüch-

---

71 Sandra Feller
72 Sandra Feller
73 »Die Gutenbergsträssin«, undatiert, ca. 1985. Privatarchiv H.E.

terung, dass die Gemeinschaft mit Frauen nicht grundsätzlich einfacher zu gestalten sei. Heikle Themen wurden verdrängt und das Vertrauen litt. Statt wichtige Fragen der Positionierung zu klären, führten die Kontrahentinnen Diskussionen über Ausweichthemen wie das Patriarchat. Die personelle Kontinuität war auf den VVs ebenso wenig gegeben wie die inhaltliche: Persönliche »Lämpen«[74] sowie Fraktionskämpfe standen im Weg. Unterstützende Besetzerinnen gerieten in die Kritik, weil sie nur für die VVs auftauchten. Sie wurden beschuldigt, dabei zu sein, ohne sich zu engagieren, und lediglich zu konsumieren. Die VVs waren die Meinungsbildungsorte, viele kamen unvorbereitet.

»›besetzen nach lustprinzip‹ – ist der ›frauen- und häuserkampf‹ ein luxusproblem? (…) das alles war vielen frauen bewusst, aber weil sie ihr privatleben nicht mit besetzen verbinden konnten, entstanden schuldgefühle, die nie eigentlich thematisiert wurden.«[75]

Die Tendenz zur Verabsolutierung des Engagements sorgte im Frauenhaus für die Akzentuierung des Konflikts. Das Scheitern der Bewegung an ihrem eigenen Anspruch zeichnete sich ab. Die Radikalität, der sich die Bewegung verschrieb, erlaubte nur wenig individuellen Spielraum, und dies, obwohl die meisten noch »nebenher« studierten, zwischenzeitlich einer Erwerbsarbeit nachgingen oder ein Kind bekamen. Die Differenz zwischen Müttern – Müks – und den Nichtmüttern – Moks – war besonders virulent. Ihr soll deshalb der nächste Abschnitt gewidmet sein.

14.1.5 Müks gegen Moks

Der Streit der Mütter gegen die Militanten ohne Kinder hinterliess in den Erinnerungen besonders tiefe Spuren, bei einigen Beteiligten führte er zu nahezu traumatischen Folgen. Die Heftigkeit, mit der diese Auseinandersetzung die Gruppe traf, muss im Zusammenhang mit den innerhalb der Frauenbesetzung engagiert geführten Verhandlungen um Weiblichkeit, weibliche Seinsweise bis hin zum »Wesen der Frau« und weiblicher Sinngebungspraxis gedeutet werden.

Leitlinien wurden in den 80er Jahren durch den differenztheoretischen Diskurs vorgelegt. Theorien zu gender wurden zwar in interaktionistischen und ethnomethodologischen Traditionen verhandelt, darüber hinaus hatte sich das sozialkonstruktivistische Paradima insbesondere im deutschsprachigen Raum seit Simone de Beauvoirs grundlegender Prämisse wenig weiter entwickelt. Feministische Positionen wurden bis Mitte der 80er Jahre stark von sozialistischen und marxistischen Ansätzen beeinflusst – so etwa die von Sandra Feller erwähnten Bielefelderinnen (siehe Treibel 1995, 115f.).

Ein weiterer Ursprung des Konflikts liegt in den unvermeidlichen Widersprüchen, die aus dem »sich einer Sache total Verschreiben« – dem »mit

---

74 [Differenzen, negativ besetzt]
75 »Die Gutenbergsträssin«, undatiert, ca. 1985. Privatarchiv H.E.

Haut und Haar«[76] – zwangsläufig entstehen. Wie zu Beginn des Kapitels erwähnt, bestand das Motiv für die Frauenbesetzung in erster Linie aus dem Wunsch nach Abgrenzung und aus dem Bedürfnis mit Frauen zusammenzuleben. Dieses zweite Postulat gewann nach der erfolgreichen Besetzung deutlich an Gewicht. Die Villa an der Gutenbergstraße wandelte sich von einem Zentrum für Frauen, einem Kulturraum und Umschlagplatz von Wissens- und Dienstleistungsangeboten zu einer festen Wohnstätte für eine Frauen-WG. Frauen, die sich dagegen sträubten, ihr »Privatleben« mit dem »Besetzen« in Verbindung zu bringen, manövrierten sich in Schuldgefühle hinein.[77] Mit dem Wohnen wird der HandlungsRaum umfassender, aber auch vereinnahmender. Kinder haben im Alltagsleben eine permanente Präsenz und fordern damit das Selbstverständnis aller Hausbewohner und Hausbewohnerinnen als Wohnpartner und Wohnpartnerinnen und Aktivisten und Aktivistinnen heraus.

Nicht zufällig wurde die erste VV, die nicht dem Thema der Organisation und der unmittelbaren Besetzung als solche gewidmet war, zum Thema Mütter geführt. Die Mütter fühlten sich als Zielscheiben eines Diskurses, der ihren Lebensentwurf angriff. Mit dem Argument, es gebe »kaum rationale gründe für das ›kinderhaben‹«[78], nahmen die Nichtmütter eine harte Haltung ein. Die Diskussion darüber, einen Weg zu finden, wie sich die Frauen mit und ohne Kinder möglichst tatkräftig unterstützen könnten, konnte nicht geführt werden, weil die Emotionen zu heftig waren. Zwar wurde ein Mittwochhütedienst eingerichtet, aber die meisten Mütter übernahmen weiterhin die Verantwortung für ihr eigenes Kind und organisierten sich ausserhalb des Frauenhauses. Die Müks stellten in der »Gutenbergsträssin« selbstkritisch fest, dass sie ihre Forderungen wohl zu wenig auf den Punkt gebracht hätten. Einige äusserten sich enttäuscht darüber, dass ihre Kinder im Frauenhaus zwar toleriert, aber bei weitem nicht integriert worden seien. Neben dieser Feststellung ist am Rand der Broschüre eine Notiz hingekritzelt worden: Es habe die Selbstverständlichkeit gefehlt, konkrete Unterstützung für die Kinder einzufordern. Herkömmliche Ängste (»jemandem zur Last fallen«) hätten hierbei für Blockaden gesorgt.[79]

Von besonderer Brisanz war die Frage der Sicherheit von Müttern und Kindern im Falle einer Räumung. Die meisten Mütter rechneten allerdings damit, dass sie im Falle einer Personenkontrolle oder einer Räumung auf die Unterstützung der Frauen ohne Kinder hätten zählen können.[80]

---

76 Sandra Feller
77 »Die Gutenbergsträssin«. Broschüre zur Frauenhausbesetzung, undatiert, ca. 1985, Privatarchiv H.E.
78 »Die Gutenbergsträssin«. Broschüre zur Frauenhausbesetzung, undatiert, ca. 1985, Privatarchiv H.E.
79 »Die Gutenbergsträssin«. Broschüre zur Frauenhausbesetzung, undatiert, ca. 1985, Privatarchiv H.E.
80 »Die Gutenbergsträssin«. Broschüre zur Frauenhausbesetzung, undatiert, ca. 1985, Privatarchiv H.E.

Die Moks hielten dagegen, dass wenig konkrete Forderungen von den Müks an sie herangetragen worden seien. Gemeinsam mit Müttern besetzen hieße zwar, Kinder zu akzeptieren. Für die aktive Integration der Kinder in der Gruppe hätten die Moks jedoch die Unterstützung der Müks genauso notwendig gehabt wie umgekehrt.

Es gab aber auch unterstützende und positive Beziehungen zwischen Müks und Moks. Eine der Frauen hatte entschieden, ihr Kind in der Frauenvilla zu gebären. An diesem Ereignis nahmen die Mitbewohnerinnen großen Anteil:

»Also das ist natürlich auch eine Riesensache gewesen, noch mit dem Heizen, dann haben wir noch einen Holzofen raufgetragen, damit das Kind genug warm hat, am Schluss haben die Wände gegraut vor lauter Feuchtigkeit und Wärme, es war wie ein tropisches Gewächshaus in dem Zimmer. Eh. Wir haben uns dann genau, weißt du, genau eingeteilt, wer wann, dass sie nie alleine daheim ist mit diesem Kind, oder, also da haben wir dann sehr geschaut zueinander.«[81]

In der Schlussphase der Besetzung plante nochmals eine Frau, ihr Kind in der Frauenvilla zu gebären. Sie war Teil der festen Wohngruppe, die sich gebildet hatte, um die Frauenhausbesetzung weiterzuführen. Es war geplant, sich gemeinsam um das Kind zu kümmern, da der Partner dieser Frau im Ausland lebte. Die Frauen, die permanent in die Villa eingezogen waren, hatten keine Wohnungen, in die sie im Notfall hätten ausweichen können. Damit wurde der aktionspolitische Gehalt zu Gunsten eines Wohnanliegens und damit einer anderen politischen Kategorie verschoben.

14.1.6 WG an der Gutenbergstrasse

Dieses Kapitel schildert die Schlussphase der Frauenhausbesetzung, als sich eine WG gebildet hatte, die während fast eines Jahres – vom März 1985 bis im Februar 1986 – in der Villa lebte.

Die WG formulierte neue Regeln zur Nutzung des Hauses; der Grundsatz, dass das Haus allen Frauen offenstehen sollte, blieb jedoch bestehen:

»meistens waren wir jedoch mit uns selber beschäftigt oder ausgeleiert, so dass sich selten eine die mühe nahm, sich auf neue frauen einzulassen.«

Dazu kam das Misstrauen wegen der Spitzel: Neue Frauen hatten Schwellenängste, »sie vermuteten in uns einen elitären radikalen haufen«.[82]

Hier wird einige Selbstkritik laut, und das häufig beklagte Desinteresse der Frauen ausserhalb der Bewegung wird relativiert, indem es auch mit

---

81 Sandra Feller
82 »Die Gutenbergsträssin«. Broschüre zur Frauenhausbesetzung, undatiert, ca. 1985, Privatarchiv H.E.

der mangelnden Kontaktfreudigkeit sowie der Unterlassung, das Frauenhaus als eigentlichen Frauenraum publik zu machen, in Zusammenhang gebracht wird. Klar wurde nicht nur, dass man von einer großen, übergreifenden Solidaritätsbewegung der Frauen weit entfernt war, sondern auch, dass die Frauen rund um die Frauenhausbesetzung dies in dieser Form gar nicht anstrebten. Eine weitere Zerreißprobe kündigte sich bezüglich der sexuellen Orientierung und namentlich der Problematik an, dass die heterosexuellen Frauen ihre Partner weiterhin sehen wollten. Damit begaben sie sich in den Augen der lesbischen Frauen in eine problematische und letztlich unlösbare Situation. Die Patriarchatsdiskussion sei jedenfalls kläglich gescheitert, wie »Die Gutenbergsträssin« rapportiert:

»und letzten endes wären wir irgenwann nicht mehr darum herumgekommen, unsere heterozweierkisten, unsere beziehungen zu männern überhaupt zu hinterfragen«.

Die »Heterozweierkisten« erwiesen sich als resistente Bastion im Sturm der Frauenhausbesetzung. Die Frauen, die eine Beziehung zu einem Mann hatten, mussten sich vorwerfen lassen, systemkonform zu sein, den radikalen Bruch mit den gesellschaftlichen Konventionen zu scheuen und sich »durchzumischeln«. Das Frauenhaus sei die echte Provokation gewesen, welche die »nette« Lebensweise der Beteiligten herausgefordert hätte – die Frauen hätten sich dieser Herausforderung aber nicht gestellt.[83] Dazu kam, dass die Verhandlungen mit der Besitzergenossenschaft und der Stadt, wiederholte Räumungsandrohungen und nächtlich durchgeführte Personenkontrollen zahlreiche Besetzerinnen zermürbt hatten. Kollektives Handeln erschien zunehmend schwierig, Diskussionen um den Stellenwert und Inhalt des Hauses scheiterten. Von den divergierenden Motiven, die bei der Besetzung ausschlaggebend gewesen waren, listet »Die Gutenbergsträssin«[84] folgende auf:

- »politischer fight
- wohnungsnot
- besetzerinnenanspruch (mattenhof)
- freiraum schaffen für frauen
- bedürfnis, sich über und mit frauen auseinanderzusetzen nach der langen trockenzeit in bern
- neue umgangs- und lebensformen mit frauen finden
- eigene bedürfnisse herausfinden
- situation geniessen
- radikalitätsansprüche
- mitläuferinnen/gruppenzwang (mitmachen oder ›out‹ sein)

---

83 »Die Gutenbergsträssin«. Broschüre zur Frauenhausbesetzung, undatiert, ca. 1985, Privatarchiv H.E.
84 »Die Gutenbergsträssin«. Broschüre zur Frauenhausbesetzung, undatiert, ca. 1985, Privatarchiv H.E.

- spaltungen überwinden
- ruhe vor den konfrontationen und auseinandersetzungen mit männern
- etc.«

Mit Bleistift ist am Rand ergänzt: »Verschiedenheiten diskutieren und Meinungsfindung«.

Im Zuge der aufreibenden Auseinandersetzungen wurde die Frauenhausbesetzung still begraben. In dieser Situation boten vier Frauen der restlichen Gruppe an, das Haus permanent als Wohngemeinschaft (WG) zu bewohnen, um es überhaupt »halten« zu können. Nach einer melodramatischen VV, in der die Bedingungen für diese Lösung diskutiert wurden – die brisanteste davon war der teilweise Zutritt für Männer –, zogen die vier Frauen ein. Ein gesprayter Spruch – »Je ne regrette rien« – zierte die Wand in der weiterhin männerfreien Zone des Parterres.

Zu den Gründen für das Scheitern der Besetzung des Frauenhauses in der ursprünglichen Form zählt »Die Gutenbergsträssin« folgende:

- »probleme während der besetzung
- öffentlichkeit
- vv
- keine linie/kein konzept/spontane problembewältigung:
- reagieren statt agieren
- naivität, falsche einschätzung der zeitinanspruchnahme
- begrenzte verantwortung
- spaltung politisch/persönlich im häuser-frauenkampf
- tabuthema männer
- heterofrauen rechtfertigen sich untereinander, verleugnung bis rechtfertigung des kontakts mit männern
- schweigen in diskussionen, mangelnde ehrlichkeit
- inseldasein, bezug zur gesellschaftlichen wirklichkeit fehlt, privilegierter haufen, nicht ernstnehmen der subtilen unterdrückung ›draußen‹,
- sektiererisches verhalten, intoleranz, misstrauen
- frauen, die sich in kleineren gruppen engagieren gegen mitläuferinnen oder vv-beschränkte
- konsumhaltung
- starker druck von außen, nachher leerlauf und trennung
- zusammentreffen von frauen mit und frauen ohne kinder
- räumung, aussageverweigerung«

Mit Bleistift ist darunter ergänzt:

»Tabuisieren persönlicher Lämpen[85], Solidarität über die Utopie gestellt, erste Euphorie, aber wenig Bereitschaft, danach daran zu arbeiten, Beziehungen blieben draußen«.

Diese buchstäblich erschöpfende Liste zeugt von der analytischen Gründlichkeit, mit der die Frauen jeden ihrer Schritte als Kollektiv überwachten und bewerteten. Die Liste kommt buchhalterisch daher und ist ein Zeichen für die Verflüchtigung der Freude, die den Anfang der Frauenhausbesetzung bestimmte, sowie für die Verflüchtigung des Raums selbst. Mitte März 1985 zog die Frauen-WG ein und garantierte den FreiRaum für Frauen in den unteren Räumen. Unterdessen war das besetzte Frauenhaus längst gestorben, und der Wohnraum stand mehrheitlich leer. Die vier Frauen, die im Haus wohnen wollten, setzten die Forderung durch, dass der Wohnraum auch Männern geöffnet werden sollte, was erneut eine Spaltung zur Folge hatte. Montagabenddiskussionen über Liebe/Sexualität wurden aufgrund von mangelndem Interesse aufgehoben. Für die vier WG-Frauen begann nochmals eine intensive Zeit, während der sie das Haus in eigener Verantwortung »hielten«. Wieder gab es eine Schwangerschaft und eine Geburt, es gab die Chronik der WG auf der hauseigenen Schreibmaschine und das Schwein der Antiimperialisten im Garten.

»Und wir als Frauen, die dort gelebt haben, es war eine irrsinnig gute Zeit. Also das ist, ehm ... das ist für mich ... sehr bereichernd war es, sehr schön, ich möchte das nie missen, diese Zeit. Auch jetzt mit dem Arbeiten. (...) Ja genau, also wir haben einfach eine Schreibmaschine gehabt bei uns im Haus und haben für uns immer etwa rein geschrieben, was uns beschäftigt. Also es kann sein, dass die Katze gekotzt hat, also wir hatten auch noch eine gehabt. Und dann hatten wir noch das Gisisäuli im Garten, das Schwein der Antiimpis, als die geräumt wurden am Zentweg. Und nachher haben wir an diesem hellblauen VW-Käfer, Gisi hat die Sau geheissen, auf dem Vordersitz bei uns ins Frauenhaus gezäunt, und dann hatten wir das Gisi im Garten. Die wurde nachher aufgegessen in der Brass. Aber es war eine liebe S... also, ich meine, ich kenne eigentlich, das sind gescheite Viecher, diese Säue.«[86]

Im Februar 1986 zogen die Frauen nach weiteren Personenkontrollen und wegen mangelnder Unterstützung von Seiten der Besetzerszene, auch der Männer, aus. Die Frauen-WG hatte zwischen März 1985 und ihrem endgültigen Auszug im Februar 1986 bestanden.

Trotz des sang- und klanglosen Endes der Frauenhausbesetzung steht die Idee der Gutenbergstraße für den Versuch, die von den Frauen als unheimlich empfundene Geografie der 80er-Bewegung mittels einer eigenen Besetzung und der Investition in die eigene Geschlechterkultur in eine heimliche Geografie zu transformieren. Die Mittel und Instrumente der bewegten 80er wurden hierbei transformiert und in neuen HandlungsRäumen insze-

---

85 [Schwierigkeiten]
86 Sandra Feller

niert. Dieser Versuch ist im späteren Verlauf der Bewegung wieder aufgegriffen und in andere Widerstandsformen überführt worden.

Der Blick auf die räumlichen (An-)Ordnungen zeigt auch, dass diese flexibel gehalten waren. Die vorerst exklusiv Frauen vorbehaltene Villa wurde zwischenzeitlich zu einem Müttertreff und zum Schluss zu einem sorgfältig in private und öffentliche Teilräume gegliederten Raum, zu dem Männer selektiv Zutritt hatten.

14.2 Fazit

Im Frauenhaus wurde die Mehrdimensionalität von Raum in Wert gesetzt. Räumliche Mehrdimensionalität meint die spannungsvollen Beziehungen, die sich zwischen Orten und Subjekten entfalten, und die von politischem Drängen, Erinnerungen, Identitäten, Phantasien und Begehren gestaltet werden. Ausgelöst durch die Dynamik des Zaff und die selbstverordnete Radikalität der Bewegung hatte sich eine Gruppe von Frauen an der geschlechterdifferenzierenden Qualität der erhobenen Forderungen sowie an der Art, wie diese vorgebracht wurden, gestoßen. Die Frauen kamen zu dem Schluss, dass ihre eigenen Phantasien, ihr Begehren und ihre Identitäten nur partiell kompatibel waren mit den in der Bewegung portierten Gesellschaftsentwürfen oder dass diese Gesellschaftsentwürfe unter Ausschluss der Geschlechterdimension modelliert worden waren. Ausgerechnet in jenem HandlungsRaum, der als Manifest der Partizipation und des Einschlusses geschaffen worden war – der VV, erlebten die Frauen die dramatischste Form von Konventionalisierung, Repression und Reinstallierung herkömmlicher Machtstrukturen – eine im wahrsten Sinne unheimliche Mikrogeografie, die über Zu- und Ungehörigkeiten in der Bewegung und in den durch die Bewegung geschaffenen HandlungsRäumen bestimmte: »VVs, das ist immer ganz *heavy* abgegangen, diese VVs, VVs sind etwas Grauenhaftes, nein, das ist wirklich, das ist ein Hickhack«, hält Sandra Feller ihre Erinnerung fest. Die heftigen Auseinandersetzungen auf den VVs schliesslich, die mehrheitlich ambivalent in die Erinnerung der einzelnen Personen eingeflossen sind, zeigten nichts weiter als die Spitze des Eisbergs. Gemeinsame Projekte, Wohnen, zusammenleben, gemeinsam Kinder haben oder die rituellen Demos an den Donnerstagen enthielten eine Vielzahl geschlechterdifferenzierender Ingredienzen, die tief reichten und deren Ausmaß von nachhaltiger und letztlich spaltender Wirkung war.[87]

Der Entwurf einer ultimativ urbanen Lebensweise im Sinne von möglichst breiter Öffentlichkeit hatte sich als in hohem Maße vergeschlechtlicht entpuppt. Das Versprechen des *Urbanen* als HandlungsRaum für eine Vielzahl von Lebensentwürfen war namentlich an den Frauen gebrochen worden.

---

87 Einzelheiten dazu sind den Kapiteln um Geschlechterdifferenz (4) und den TatOrten Reitschule (13) und Pläfe (12) zu entnehmen.

Die Kategorie Frau hatte die erfolgreiche Abgrenzung von der als männlich dominierten Besetzer- und Bewegungskultur ermöglicht. Die Verbundenheit und Verbindlichkeit der ersten Phase wurde über zahlreiche rituelle Praktiken hergestellt, und namentlich über den Körper wurde eine spezifisch weibliche Intimität geschaffen. Nicht zufällig gilt die häufigste Erwähnung von konkreten Räumen im Zusammenhang mit dem Frauenhaus dem Badezimmer und dem zum Schlafraum umfunktionierten großen Saal: Beide beherbergen Nutzungen, die in besonderem Maß mit Intimität konnotiert sind. Über die prominent inszenierte Intimität, die Entscheidung für die weibliche Wahlverwandtschaft sowie über nahezu ausschliesslich weibliche sexuelle Beziehungen wurde eine verbindende und verbindliche Weiblichkeit hergestellt, die die Gruppe über die ersten Wochen hinweg äusserst tragfähig machte. Die Identifikation mit dieser Weiblichkeit stiftete das häufig erwähnte Gefühl der Euphorie und sorgte für intensive Empfindungen, wie bei einer jungen Liebe. Einer der männlichen Gesprächspartner schilderte die erfahrene Befriedigung nach seiner Beteiligung an einer Widerstandsaktion als vergleichbar mit einer heftigen Ausschüttung von Adrenalin und Serotonin.[88] Im Frauenhaus schienen ebenfalls die Hormone am Werk, und die Verliebtheit schaffte ein Klima der Großzügigkeit, ebenso offen und gleichzeitig leicht und flüchtig, wie junge Lieben sind.

15 FreiRäume schaffen

Eine der von der Bewegung portierten und die Bewegung selbst überdauernden Ideen war jene des FreiRaums[1]. Unter dem Motiv, dass die Stadt Ursprung und Ziel der Bewegung bildete, war der FreiRaum Ausdruck dieses Ziels. Zwar wurde der FreiRaum auch als regelfreier Raum imaginiert. Das war aber nicht gleichbedeutend mit rechtsfreiem Raum, vielmehr begriff die Bewegung den FreiRaum als einen urbanen Raumausschnitt, der Heterogenität und damit Differenz zulässt, Grenzen integriert, und in welchem Netzwerke aufgebaut werden (Lindner 1996, 418).

Dieses Kapitel geht dem Konzept des FreiRaums nach, wie es von der Berner 80er-Bewegung entworfen wurde. Die Diskussion des FreiRaums beginnt bei der Frage, wovon diese Räume befreit werden müssen, wie sie befreit werden und inwiefern bestehende FreiRäume transformiert werden.

15.1 Befreite Räume

Wovon sollten die FreiRäume frei sein? Und frei wofür? In Kapitel 15.1 geht es um Freiheit im Allgemeinen und um die befreiten Räume im Besonderen.

»Von Führern, Chefs und Bossen, frei von Macht und Profitbestrebungen der Grossen, frei für Liebe, Menschlichkeit, frei für Ideen und Kreativität, frei für Verschiedenheit und Solidarität.« (Weber 2000)

So fasst der Historiker Daniel Weber die Freiheiten des FreiRaums zusammen. Das Konzept des FreiRaums wird entlang des empirischen Materials entwickelt und gegenüber den Begriffen Transgression, Gegenkultur und Heterotopie abgegrenzt. Die Analyse verfolgt die zeitliche Spanne vom Anfang der 80er Jahre bis zu gegenwärtig aktiven Hausbesetzern und Hausbesetzerinnen. Ein Zwischenhalt wird bei der Zeltstadt Zaffaraya sowie beim Frauenhaus eingelegt.

Für die Aktivisten und Aktivistinnen waren FreiRäume primär Wohn- und Kulturräume, Orte zur Entfaltung non-konformer Projekte des Zusammenlebens sowie der Kulturproduktion abseits des kommerziellen Mainstreams. Auf den Punkt gebracht: Die Räume sollten frei sein von althergebrachten hierarchischen Strukturen, von Ausbeutungs- und Repressionsverhältnissen, aber auch frei von vorgegebenen Ordnungs-

---

1 Ich wähle diese Schreibweise, weil es mir angebracht scheint, die beiden Begriffe in eine Wechselwirkung zu stellen. Die Räume, von denen die Rede sein wird, mussten in gewissem Sinne befreit werden.

mustern ebenso wie von Normen, die die Gemeinschaft und die sexuellen Beziehungen regeln.

Ein Blick in das ethymologische Wörterbuch fördert weitere Aspekte zu Tage. Gemäss der Wortherkunft leitet sich das Adjektiv »frei« von »eigen« ab. Es bezeichnet Nahestehendes, »das, was bei mir ist«. Als frei gelten die erbberechtigten Kinder. Die Bedeutung »eigen« und »lieb« findet sich auch im alten Wort für heiraten, dem »Freien«, wieder. Die Doppeldeutigkeit des ursprünglichen Wortsinns ist offensichtlich, zumal es die Männer sind, die als Freier auftreten. Frauen wurden gefreit – nicht befreit. Unmissverständlicher ist die Kombination »fri-halsa«, derjenige, dem sein Hals selbst gehört. Nur dieser ist wirklich frei – auch er ist ein Mann.

Die von der Bewegung imaginierten FreiRäume haben eine territoriale Anbindung. Territorien sind häufig konfliktiv, so auch in meinem Untersuchungsbeispiel. Durch diese territorialen Konflikte war die 80er-Bewegung in der Öffentlichkeit äusserst präsent. Sie verwandelte die umstrittenen Territorien in Kampfschauplätze und liess so aus den FreiRäumen TatOrte entstehen.

15.2 Feldzüge und Eroberungen

In diesem Teilkapitel beleuchte ich die kämpferischen Formen der von den 80ern betriebenen Konstitution von Raum.

Die Verbindung zum »Eigenen« lässt sich gut auf das Konzept des FreiRaums übertragen. Die Inanspruchnahme von Räumen, die territoriale Besetzung von Strassen, Wohnvierteln, Naturräumen und Gebäuden war die Folge der Forderung und der Ausdruck der Entfaltung von FreiRäumen. FreiRäume sind eine Entdeckung, eine Eroberung, eine Kriegsbeute. Man habe sich die Dinge »erkämpft«, schildern die Gesprächspartner und Gesprächspartnerinnen.[2] Überhaupt sind Assoziationen mit Kampf, Krieg oder zumindest mit Zerstörung präsent, etwa wenn Ursina Lehmann formuliert:

»Früher fand ich, chaotische Zustände herbeiführen, ich weiss nicht, etwas nihilistisch, vielleicht. Zumindest zuerst mal zerstören, und nachher etwas aufbauen, das hat mir durchaus eingeleuchtet.«

Der FreiRaum wird hier durch eine Aktivistin als ein Phänomen imaginiert, welches wie ein Phönix aus der Asche aufersteht, aus dem Chaos erblüht, aus dem Nichts hervorgeht und in welchem »herrschaftsfreies Zusammensein«[3] möglich ist. Ursina Lehmann entwickelt eine Form der dekonstruktiven Widerstandspraxis.

FreiRaum fällt in den Gesprächen im gleichen Atemzug wie Autonomie, bei Ursina Lehmann kommen Selbstverwirklichung und Selbstbestim-

---

2 Marcel Fischer und Helene Ineichen, beispielsweise.
3 Ursina Lehmann

mung hinzu. Ein selbstbestimmter Raum hat etwas Unwirkliches, etwas Traumhaftes. Die Möglichkeit zur Selbstbestimmung übt eine grosse Anziehungskraft aus, die, so Lehmanns These, dafür sorgt, dass die Reitschule bis heute keine Nachwuchsprobleme hat.[4]

FreiRäume sind, laut den ehemaligen Bewegten, frei von Vorschriften. Da ist »niemand, der es reglementiert. Es sind irgendwelche jungen Leute, die dort Lebenserfahrung sammeln«, so beschreibt Ursina Lehmann den FreiRaum. Regula Keller spricht von einem Raum, »in dem wir mehr oder weniger bestimmt haben, was passiert, und wo man niemanden dreinreden lassen wollte«. Diese Bedingung erfüllte sich für Regula Keller im gemischten Bewegungskontext nicht. Sie organisierte sich deshalb mit einer Gruppe von Frauen in der Frauenbesetzung. Für Marcel Fischer, der bei seinem Einstieg in die Bewegung sehr »so anarchomässig drauf gewesen« war, erfüllte der FreiRaum auch den Wunsch, »in Ruhe gelassen zu werden, und so«. Das »und so« dürfte sich auf Marcel Fischers Erfahrung beziehen, die er als Punk in den städtischen Lokalen gemacht hatte. Die zwei, drei Orte, an denen sich Jugendliche wie er anfangs der 80er Jahre zu einem Bier trafen, waren bald keine Option mehr:

»Es hat ja einfach nichts gegeben für uns, wo wir uns treffen konnten. Also wir hatten die Plattform[5], wo man etwa gewesen ist. In den Beizen[6], die es dazumal noch so gegeben hat, haben viele von uns Beizenverbot gehabt, also so Falken, Piri, da hat man relativ schnell mal Beizenverbot bekommen[7], wenn man e chli[8] anders gewesen ist als die andern. (...) Von dort her ist es einfach so ein wenig ein Aufbruch gewesen. Und auch eigentlich das Gefühl, wir wollen uns unser Zeug holen, wo wir wollen.«

Das Beizenverbot an den einschlägigen Orten, den einzigen, wo man hingehen konnte, weil sich da die Szene traf, ist vielen in Erinnerung geblieben, auch Lorenz Hostettler. Er erinnert sich, wie wenig materielle Räume den Jugendlichen damals überhaupt zur Verfügung standen:

»Aber eigentlich in die Stadt, (...) man hat wirklich nirgends hin gekonnt. Also, vor der Bewegung hat es wirklich die zwei, drei Beizen gehabt, wo man hin konnte, basta. Und am Abend war nachher alles zu. Und da weiss ich nämlich noch, machte man immer private Partys. (...) Wenn ich in die Stadt bin, ich habe auch nicht so gewusst, wo man jetzt eigentlich hin könnte. Gut, früher war natürlich der Gaskessel, den habe ich noch gekannt, als er neu war. Aber man wäre nachher, während dieser Zeit, auch nicht in den Gas-

---

4   Ursina Lehmann
5   Gemeint ist die Münsterplattform mitten in der zum UNESCO-Welterbe gekürten Berner Altstadt, umgangssprachlich als »Pläfe« bezeichnet.
6   [Kneipen]
7   [Er spricht das Wort breit Bernerisch aus, also »Peizenverbot« mit sattem P ohne H dahinter]
8   [Ein wenig]

kessel gegangen. Der ist, in dem Sinn, auch nicht so interessant gewesen. Der ist irgendwie städtisch geführt gewesen, und dort ist schon irgendwie etwas gelaufen, aber das haben wir ignoriert. Eben, wir haben ja dann auch geng[9] gefunden, das sei unser Stil, und der Gaskessel war da sicher nicht, ja, der ist nicht mehr auf unserer Linie gelegen, denke ich.«

Der Mangel an Infrastruktur taucht in vielen Gesprächen als ausschlaggebend für das Unbehagen der Jugendlichen in der Stadt auf. Ich habe den Eindruck, dass hier eine Verknappung des Guts Zugehörigkeit betrieben wird. Die Jugendlichen mit ihrem unangepassten Auftreten waren unerwünscht. Das Jugendzentrum Gaskessel vermochte das Gefühl der Ungehörigkeit offenbar nicht aufzufangen. Die Aussonderung verstärkte das Gefühl, fehl am Platz zu sein, und der Gaskessel wurde von den Jugendlichen gemieden.

Jene Orte, die eine Anziehung auf die Jugendlichen in der Stadt Bern ausübten, gerieten in Verruf. Sie sind symbolisch besetzt mit Abweichung, Ausscheren, mit dem Abenteuer gesetzlicher Übertretungen. In den Polizeiakten der Stadt Bern tauchen die »einschlägigen Orte« im Zusammenhang mit Betäubungsmitteldelikten bereits in den 70er Jahren auf. Der Bericht von Polizeiwachmann E. vom 24/06/1972 nennt folgende Lokale: »›Schwarze Tinte‹, ›Uhu‹, ›Falken‹, ›Pyrénées‹, ›High Noon‹, ›Ba-ba-lu‹ und ›Fancy Store‹ – sowie das JZ.« Der Handel laufe meist ausserhalb der Lokale oder auf den Toiletten ab, rapportiert der Wachmann weiter, wobei die Interventionsmöglichkeiten der Polizei eingeschränkt sind:

»In dem meistens vollbesetzten und düsteren Jugendzentrum können kaum überraschende Kontrollen durch uns vorgenommen werden.«[10]

1972 war das Jugendzentrum noch eine Errungenschaft, wurde das Zentrum doch den Behörden abgetrotzt. Diesen Reiz hatte der Ort in den frühen 80er Jahren eingebüsst. Für das Jugendzentrum im Gaskessel, das ebenfalls wegen Vorfällen mit Drogen in die Schlagzeilen geraten war, galt die Anziehung des Verbotenen nicht. Der Ort war als Zone der Jugendarbeiter für Jugendliche zu kontrolliert, das Attribut des städtisch geführten Raums machte den Gaskessel zu einem unattraktiven Schonbereich und disqualifizierte ihn somit als FreiRaum.

Dem Kampf um FreiRäume waren Schliessungsprozesse vorausgegangen, die die Militanz, mit der die Bewegung dazu ansetzte, »uns unser Zeug [zu] holen«,[11] anheizte. Das Gefühl, nirgends willkommen zu sein, die beschränkten Möglichkeiten, Freunde und Freundinnen zu treffen oder sich zurückzuziehen, radikalisierte die Betroffenen. Den Prozess der Verknap-

---

9 [Immer]
10 Bericht Wm E., 24/06/1972. Polizeiakten, Archivschachtel R3, Mappe R3a, Stadtarchiv Bern.
11 Marcel Fischer

pung von Zugehörigkeit und den Widerstand dagegen nenne ich in der Folge »unheimliche Geografie«. Als Bewegung gaben sich die Jugendlichen ein Selbstverständnis, welches diese Haltung kultivierte. Sandra Feller formuliert dies in Bezug auf Hausbesetzungen kompromisslos:

»Aber das war einfach die Zeit, oder, man fand, ja, das steht uns zu, selbstverständlich steht uns das zu, und es geht nicht an, dass es leerstehende Hütten hat. Und wir haben etwas Grosses im Sinn, und wir brauchen einen Raum dafür.«

Damit ist eine Art Kriegsrhetorik entworfen, was besonders in der Fortsetzung des Gesprächs deutlich wird, wo Sandra Feller sagt, dass alle behördlichen Instanzen und deren Repräsentanten und Repräsentantinnen »unsere Feinde« waren. Und es blieb nicht bei der Rhetorik. Die Bewegung begann, sich ein eigenes Territorium zu schaffen, und organisierte sich in den von ihr geschaffenen FreiRäumen. Das nächste Kapitel bespricht diese territoriale Verfasstheit der Bewegung.

15.2.1 Inseln im Feindesland

Zu Beginn der 80er Jahre gab es keine Zwischentöne, und angesichts der mangelnden Räume für Jugendliche war die Forderung nach einem Autonomen Jugendzentrum, (AJZ), radikal und bildete die Speerspitze der Bewegung. Die territoriale Verfasstheit der Bewegung und die Herstellung von Fronten ist augenfällig. Die Qualität von TatOrten als Mittel der Identifikation für das Kollektiv und der Verankerung politischer Forderungen ist territorial begründet. Bei Marcel Fischer sind die territorialen Bezüge besonders stark.

»Also unser Ding war eigentlich so gewesen, zwischen Reitschule und Lorraine, viel mehr raus ist man wirklich nicht, wir haben uns einfach dort bewegt, es ist einfach so. Zum Teil konnte man auch gar nicht, also alleine. Man musste aufpassen, wo man hingeht, mit Faschos gab es viel Stress. Bahnhof war eher ein heisser, da ist man nicht gegangen, eigentlich, man ist mehr dann zu zweit oder zu dritt, wenn man so irgendwo hin hat gehen müssen. Und sonst hat man sich wirklich so über die Lorrainebrücke, ja, viel mehr bewegte man sich nicht, ausser an den Demos.«

Die Nennung bestimmter Straßenzüge und den von der Bewegung vereinnahmten Vierteln taucht jedoch in fast jedem Gespräch auf und markiert die territoriale Präsenz der Bewegung.

Es waren also Rückzugsgefechte – jeden Donnerstag hat sich die Bewegung mit einer Demo in der Stadt inszeniert, hat das heimische Territorium verlassen und ist durch die Altstadt gezogen, um sich anschließend wieder eine Woche lang im Stützpunkt bei der Lorrainebrücke, der Reitschule, oder auf der gegenüberliegenden Brückenseite, im Lorraineviertel, zu verschanzen. Die räumlichen Verknüpfungen, die hier durch die Bewegung vollzogen wurden, wurzeln in einer Logik des Kampfes und sind von territorialer Qualität.

Wo FreiRäume installiert werden, steht die Frage der Geschlechterverhältnisse zur Disposition, denn in den FreiFäumen verliert die konventionelle Ordnung ihre Gültigkeit. Dies heisst aber nicht, dass in den FreiRäumen automatisch bessere Voraussetzungen für die Anerkennung von differenten sozialen Positionen herrschen.

Wie erwähnt war der Anspruch zahlreicher Frauen an FreiRäume mit der Besetzung von Häusern durch die 80er-Bewegung nicht eingelöst worden. Geschlechterdifferenzierende Asymmetrien gehörten in den besetzten Häusern zu ihren Alltagserfahrungen. Das besetzte Frauenhaus, bald auch mittels Transparent als »Traumhaus« bezeichnet, erfüllte die Bedingungen des FreiRaums auf ganz spezifische Weise. Dadurch, dass sich die Frauen aus der Dynamik der gemischten Bewegung gelöst hatten, erfüllten sich erst die Voraussetzungen für ihren FreiRaum.

Im Fall der Frauenhausbesetzung war es aber weniger das Moment der Gewalt als dasjenige der Überraschung, welches Wirkung erzeugte. Die Villa an der Gutenbergstraße wurde von Anfang an zu einem sakralen Raum gemacht. Für Regula Keller boten FreiRäume einen Rahmen, um sich »über das Gängige, und das, was sie einem öppe[12] beigebracht haben«, über Konventionen und sozialisierte Praktiken hinwegzusetzen. Das Frauenhaus verkörpert für Regula Keller diesen Bruch, der eine neue Basis für die Herausbildung von Beziehungen und der Gemeinschaft schuf.

»Und das Innerliche, das dünkt mich schon, diese Begegnungen, die wir miteinander hatten, und eine solche Atmosphäre, das hat mich sicher geprägt. Also, wie soll ich sagen, ich habe vorher, es ist nicht total neu gewesen für mich, aber in diesem Ausmass ist es neu gewesen, also mit der Menge von Frauen. In einem solchen Rahmen habe ich das vorher nie erlebt und auch nachher nicht mehr, und ich denke, das ist auch eine Erinnerung: dass das möglich ist.«[13]

Der FreiRaum als Frauenraum war ein Möglichkeitsraum, ein Experimentierfeld. Die geballte Erotik, die überfliessende Sinnlichkeit, die sexuellen Abenteuer und das Ausreizen sexueller Grenzen entfalteten sich im Traumhaus, weil dieser Raum die Freiheit von den Konventionen verkörperte, umso mehr, als er auch ein männerfreier Raum war. Hier wurden neue Formen sowohl des politischen als auch des intimen Zusammenlebens und der Arbeitsteilung erprobt. Für Regula Keller ist vollkommen klar, dass diese Form von Zusammenleben und seine intensive Ausprägung nur im Ausnahmezustand möglich waren, und sie betrachtet die Entfaltung des FreiRaums im Traumhaus als einzigartig:

---

12 [Ungefähr/in etwa]
13 Regula Keller

»Also ich habe sider[14] nie mehr auf diese Art intensiv Begegnungen mit irgendeiner Horde Weiber gehabt, oder, das ist schon sehr, sehr speziell gewesen. Und auch sehr, sehr schön eigentlich. Wirklich, ja.«

Das Frauenhaus war ein FreiRaum, der unter besonderen Bedingungen stand. In gewisser Weise wurde im Frauenhaus – zumindest zu Beginn – die Frage der Geschlechterbeziehungen ausgeräumt, und damit eine Form von Machtgefällen ausgehebelt.

FreiRäume sind jedoch keine Schonräume, vielmehr sind sie unbequem, sie sind »places of great social and intellectual turbulence – not comfortable places at all« (P. Hall 1998, 264). Sie sind der Anfang, ein Ausgangspunkt für soziale Aushandlungsprozesse. Auch wenn FreiRäume als Ausnahmeräume die Chance bieten, die normgebende symbolische Ordnung zu durchbrechen, tendieren sie zur Normalisierung. Es stellt sich ganz grundsätzlich die Frage, ob die Errungenschaft des FreiRaums ausschliesslich über eine kämpferische Form erwirkt werden kann, und ob der Akt der Eroberung konstitutiv ist für den FreiRaum selbst. Braucht es die harten Fronten als Voraussetzung nicht nur dafür, dass die Ziele der Bewegung sich herauskristallisieren und öffentlich werden, sondern auch für ihre Umsetzung? Und, falls dies so sein sollte – in welchem Kontext stehen die Forderungen, die die Jugendlichen an die Politik, an »das System« richten? Waren es womöglich gar keine Forderungen, sondern war es eher der verbale Ausdruck eines Selbstverständnisses, wie in der Aussage von Sandra Feller?

Gleichzeitig entwickeln sich in den Freiräumen widersprüchliche Anlagen: Sie lassen Experimente zu – Experimente der politischen Entscheidungsfindung, der Alltagsorganisation, der Geschlechterbeziehungen, der Sexualität – und behaften diese aber gleichzeitig mit ihrem Ausnahmecharakter, womit ihre Funktion letztlich zur Verstärkung des Normalraums und seiner Ordnungsvorgabe wird. Damit erfüllen diese Räume die Kriterien des heterotopischen Raums nach Foucault. Sie sind wirkliche Orte, aber sie liegen ausserhalb der möglichen Orte, sie sind zwar innerhalb der Kultur repräsentiert, aber auch bestritten und gewendet. Es sind »andere« Orte als die von uns täglich belebten Räume. Durch ihre Existenz werden die Alltagsräume nicht angefochten. Heterotopische Räume sind sowohl in ihrer materiellen Realität als auch als Mythos eine Art Gegenentwurf, der die Ge- und Befangenheit unseres räumlichen Alltags umso deutlicher hervorhebt (Foucault 1991, 68; vgl. auch Tamboukou 2000).

FreiRäume teilen sich also diesen in Suspension befindlichen Zustand mit den Heterotopien, ebenso wie deren Wirkung als Verstärker hegemonialer Sinngebung. Letzeres weist auch das Transgressionskonzept auf. Damit sind FreiRäume eine Untergruppe heterotopischer Räume, weil sie, wie erläutert, über diese Geschichte subversiver oder gewaltsamer Errungenschaft verfügen. Anders als Gegenkulturen oder gegenkulturelle Räu-

---

14 [Seither]

me haben Heterotopien einen Kompensationsstatus oder eine Illusionsaufgabe. Dies gilt auch für FreiRäume, die, wie die Geschichte der Berner Bewegung zeigt, in prominenten Fällen Kompensationsräume schufen, die zum Teil bis heute in die politische Waagschale geworfen werden. Was die FreiRäume mit den Gegenkulturen verbindet, ist ihre Entstehungsgeschichte. Gegenkulturen sind, wie FreiRäume, Folgen von Widerstand (Löw 2001; Modelmog 1994).

FreiRäume haben die Eigenschaft, dass sie eine neue Perspektive auf die so genannten »Normalräume« werfen. Im Transgressionskonzept von Cresswell kommt dies zum Zug: Durch die Überschreitung, die Transgression, werden räumlich-soziale Grenzen sichtbar gemacht – denaturalisiert – und werden dadurch der (politischen) Debatte zugänglich (Cresswell 1996). Trotz der neuen Sichtweise, die transgressiv erzeugte Räume eröffnen, genügt ihr Potential laut Cresswell nicht, um die Grenzen der Normalität zu verschieben. Ebensowenig sind Foucaults Heterotopien ein Indikator für sozialen Wandel. Vielmehr stützen sie, indem sie klar gekennzeichnete Ausnahmeräume sind, die Normalität. Transgressionen werden zudem häufig rückgängig gemacht, politisch eingeebnet oder mittels neuer Grenzziehung inkorporiert und vereinnahmt.

Die Berner 80er-Bewegung brachte zahlreiche FreiRäume hervor, und sie errichtete unterschiedliche Formen heterotopischer Zustände. Indem er existiert, büsst der heterotopische Raum einen Teil seiner potentiellen Bedrohung ein. Auch wenn er ebenso sehr Mythos ist – weil er vorübergehend, suspendiert ist, weil er seine Existenz spezifischen Umständen verdankt, weil er illegal ist – er hat, im Gegensatz zur Utopie, eine materielle Existenz. Über diese lassen sich verschiedene symbolische Anbindungen vornehmen, der heterotopische Raum wird gleichsam anschlussfähiger. Als ein solches Phänomen lässt sich in Bern das Zaffaraya denken, die Zeltstadt am Aareufer. Sie bildet den Gegenstand des nächsten Kapitels und den Auftakt zu einer Besprechung verschiedener TatOrte der Berner 80er-Bewegung unter dem Aspekt des FreiRaums.

15.2.2 Zelten am Flussufer: das freie Land Zaffaraya

Vollkommen illegal, sehr spontan und als Protest gegen die Räumung verschiedener Wohn- und Kulturzentren, die Mitte der 80er Jahre bestanden hatten, liessen sich Jugendliche im Sommer 1985 an der Aare nieder. Sie lebten in Zelten und in Wohn- und Bauwagen, sie errichteten Hütten aus Abfallholz und Altmetall. Sie hielten Tiere, verpflichteten sich einem naturnahen Lebensstil, verzichteten weitgehend auf Strom und fliessendes Wasser und trommelten bis tief in die Nacht hinein auf afrikanischen Buschtrommeln (vgl. Gfeller 2004). Erstaunlicherweise bot dieser FreiRaum, obwohl er sehr viel Widerstand hervorrief, auch Anknüpfungsmöglichkeiten für Leute bürgerlichen Schlags. Ursina Lehmann beschreibt dies so:

»Seltsamerweise oder nicht seltsamerweise ist sicher das Zaffaraya, ist eben die ganze Geschichte von Selbstbestimmung, Freiraum. Ich denke, das Zaffaraya hat sehr vielen, zum Beispiel bürgerlichen Leuten, irgendwie, die Idylle vom Wohnwagen, vom Camping, vom Kleinsteinfamilienhaus auf eine höchst kleinbürgerliche Art auch befriedigen können, mit diesen Zelten im Grünen. Ja, das ist halt einfach auch etwas Romantisch-Idyllisches gewesen, wo sich einfach alle drin haben finden können. Und gleichzeitig hat man über dieses Zeltdorf, (...) über dieses Zaffaraya wirklich halt die Selbstbestimmungsanliegen in den Wohnformen, glaube ich, ganz breit in die Bevölkerung von Bern hineintragen können.«

Bewegungstheoretisch könnte man für dieses Phänomen eine gelungene Bewirtschaftung der öffentlichen Meinung durch ein erfolgreiches *framing* geltend machen. Das ökologische Bekenntnis, das sich an die in den 80ern entstehende grüne Bewusstseinswelle anschließen liess, erzeugte grosse Resonanz. Die Wohnwagen und Zelte werden mit der von Ursina Lehmann angedeuteten romantisch-idyllischen Familienferienstimmung am Mittelmeerstrand assoziiert. Die Hinwendung zur Einfachheit, zu einem Leben ohne Luxus, das Bekenntnis zu einer scheinbar a-urbanen Lebensform entfaltete in der bodenständigen Stadt eine gewisse Publikumswirksamkeit. Das Zaffaraya erschien als ein FreiRaum, der über die unmittelbaren Bedürfnisse nach selbstbestimmten Wohnformen Werte aufgriff, die in den 80er Jahren öffentlich diskutiert wurden. Kurz nach der ersten Räumung des Zaffaraya im Herbst 1987 gestand die Stadt den aufgebrachten Jugendlichen, die, getragen von einer breiten Welle der Solidarität, einen Kulturraum forderten, ein Zentrum im Herzen der Stadt Bern zu. Die Reitschule ist zweifellos ein Ergebnis der Zaffaraya-Räumung, sie ist der Preis für die Aufgabe des »Freien Landes Zaffaraya« in seiner ursprünglichen Form. Dass dieses Zugeständnis möglich wurde, ist nicht zuletzt dem heterotopischen Charakter der über zwei Jahre lang existierenden Hüttensiedlung anzurechnen. Die politischen Ereignisse rund um das Zaffaraya lehren aber noch etwas anderes: Sobald aus dem FreiRaume ein TatOrt entsteht, wird der FreiRaum zum Pfand. Im Tauschhandel wurde das Pfand Zaffaraya gegen die Reitschule eingesetzt. Der FreiRaum als Tauschpfand wird auch die Politik rund um die Reitschule verfolgen.

15.2.3 Freiheit vor Sicherheit
Ist der FreiRaum einmal erobert und zum TatOrt geworden, erhält er eine neue Qualtität. Dies macht die Verwaltung des FreiRaums nicht einfacher, wie Ursina Lehmann sagt: »Weil nicht alles, was frei ist, ist grundsätzlich blumig ist, oder im Sinn von ›kommt dann schon gut‹«. Selbstbestimmte Räume, FreiRäume, führen unweigerlich an Grenzen. Der FreiRaum setzt einen Interpretationsrahmen frei, dessen Grenzen konflikthaft sind. In der Reitschule besteht dieses Konfliktpotential, wie von Ursina Lehman angedeutet, vor allem in Bezug auf die Auseinandersetzung mit der Polizei und mit Gewalt:

»…dass in selbstbestimmten oder in Freiräumen, so wie wir sie gelebt haben, in der Reithalle, dass man wirklich an Grenzen kommt. Wo man merkt, wir sind total viel auf Fragen zurückgeworfen worden, wirklich. Wo [sie schmunzelt] halt mal noch die Wahl von Putzen, von, ja, von Organisieren eines Wesens, es ist nicht ein Staatswesen, aber von einem Ding, das einfach definitiv nicht nur sonnige Seiten hat. Und sich selbst nachher anfangen einzuschränken und selber irgendwie schauen. Wer stellt dann wie das Gewaltmonopol auf, das hat man ja nie gemacht, das gibt es bis heute noch nicht, in der Reithalle, darum auch die Probleme. Weil man sich einfach, das ist die Weigerung, die man nach wie vor durchzieht, man weigert sich, ein Gewaltmonopol aufzubauen. Aber das, ja, das ist hart, das ist total hart.«

Man habe, erinnert sie sich, den Freiheitsbegriff immer über den Sicherheitsbegriff gestellt. Obwohl sie diese Haltung bis heute nachvollziehen kann, verschweigt Ursula Lehman nicht, welch grosse Schwierigkeiten die Bewegung sich damit eingehandelt hat.[15]

»Ja, ich denke schon, das ist das Gewaltmonopol, das ist die Frage. Diese Weigerung, nachher die Verantwortung zu übernehmen, diesen Raum zu kontrollieren, wenn es nötig ist. Oder das Unvermögen, natürlich. Obwohl, Unvermögen, nein, machbar wäre auch das. Aber das hätte geheißen, so viele Grenzen zu überschreiten, sich bewaffnen, da muss ich grad an Maschinengewehre denken, da muss ich einfach an Knüppel denken oder an Uniformen oder an Knieschoner. Es ist nicht sooo dramatisch, oder, es ist nicht ein Bürgerkrieg gewesen, aber trotzdem. Sich ausrüsten, damit man für Auseinandersetzungen gewappnet ist. Oder kollaborieren mit der Staatsgewalt. Das ist eine ganz *heavy* Diskussion gewesen.«

»Bürgerkrieg«, »Maschinengewehre«, »Uniformen«, »Knüppel«, »Knieschoner« – das Zitat illustriert den Graben, der sich vor Ursina Lehmann auftat. In diesem Zitat steckt der gewaltige Sprung, den die Bewegung seit ihren Anfängen vollzogen hatte: Die Indianerspielchen sind vorbei, und auch die Leichtigkeit, der Spaß. Hier ist es bitter ernst. Der FreiRaum ist zum TatOrt geworden. Und dies macht die Freiheit hochgradig fragil. Die Verwaltung der Freiheit am TatOrt obliegt den Jugendlichen. Die Freiheit ist nun dosiert, und die Bewegung trägt selbst die Verantwortung für die Rationen, die sie verteilt. Das Eingeständnis, mit der Gewalt nicht zurechtzukommen, kam erst, nachdem im Dezember 1992 auf dem Vorplatz eine

---

15 Erst in jüngster Vergangenheit kam die Forderung nach einem eigenen Sicherheitsdienst für die Reitschule von Seiten der städtischen Polizeidirektion wieder zur Sprache. Vorfälle von Gewalt und eine offenbar unbefriedigende Zusammenarbeit zwischen den Reitschulbetreibern und -betreiberinnen und der Polizei erhöhten diesbezüglich den Druck auf die Reitschule, Http://www.reitschule.ch/presse (Januar 2007).

Frau erschossen worden war. Dieses Ereignis bildet den tiefsten Einschnitt in der Geschichte der Bewegung. Die Bereitschaft, sich auf Verhandlungen einzulassen und bei Vorkommnissen von Gewalt mit der Polizei zusammenzuarbeiten, sind durch diese Erfahrung beschleunigt worden.

Die Grenzen, an die sie herangeführt wurden, haben die Betreiber und Betreiberinnen der Reitschule dazu gebracht, dieses »Wesen« – plötzlich erhält der FreiRaum eine Lebendigkeit – zu zähmen. Ursina Lehmann formuliert:

»Schlussendlich sind ganz viele Leute dort eingestiegen, aus Spaß, aus was auch immer. Also wir sind nicht Ideologie, ich meine, von uns ist niemand in den Aufbau oder hat das Gefühl, er müsse irgendeinmal den Leuten erklären, wie es ist, oder wie die Welt steht. Diese Mission haben, glaub ich, nicht wahnsinnig viele Leute gehabt. Aber gleichzeitig ist das die einzige Antwort gewesen, die wir gehabt haben. Zu sagen: ‚Das und das und das darf man nicht, aus diesen Gründen.‘ Und das endlos zu wiederholen.«

Um die Gefahren des FreiRaums fernzuhalten, waren die Betreiber und Betreiberinnen gezwungen, Regeln aufzustellen, Strukturen zu entwickeln, Verantwortlichkeiten zuzuweisen, um die Freiheit im FreiRaum portionsweise zu gewährleisten. Dies ist der Punkt, an dem die Selbststeuerung beginnt. Erschwert wurde diese Aufgabe nicht nur durch die relativ hohe Fluktuation von Leuten, die, der Anziehung des Raums folgend, in der Reitschule ein- und ausgingen, sondern auch dadurch, dass die Anziehungskraft gerade auf jene stark wirkte, die sich am Rand der Gesellschaft befanden. Ein FreiRaum schafft eine Zuflucht. Die Aktivisten und Aktivistinnen wurden durch die Präsenz von Leuten, die sich kaum in die Gesellschaft eingliedern liessen, auch auf ihren eigenen Gesellschaftsentwurf und das darin portierte Menschenbild zurückgeworfen, sie wurden mit den eigenen Ausschlüssen konfrontiert. Sandra Feller beschreibt die Situation im Zaff:

»Du musst dir einfach vorstellen, im Zaff hat es zum Teil so duregheiti[16] Leute gehabt, oder, das ist einfach extrem. Und dort kannst du, mit gewissen Leuten hast du natürlich reden können, oder, das sind ja immer verschiedene Leute gewesen. Es hatte solche, die eben politische Ansprüche hatten, die probierten zu theoretisieren, und dann hatte es wirklich solche, die eigentlich – *hangers*, oder die sich in schwersten psychischen Krisen befanden.«

Diese Belastung trug die Bewegung seit ihren Anfängen mit sich. Damit wurden die Aktivisten und Aktivistinnen mit einem Problem konfrontiert, dessen Entstehung sie der Verfasstheit der von ihr kritisierten Gesellschaft anlastete. Die Probleme wogen mit der Zeit so schwer, dass die Stadt um Hilfe gebeten werden musste.

---

16 [Abgestürzte; wobei »duregheit« auch die Idee von verrückt, sehr schräg aufnimmt].

15.2.4 Der Vorplatz

Die grösste Zerreissprobe, die die Reitschule zu bewältigen hatte, wurde durch die Problematik des Vorplatzes ausgelöst.

Seit Ende der 80er Jahre die offene Drogenszene im Kocherpark aufgelöst worden war, entfaltete die Reitschule noch stärker ihre Anziehungskraft auf gesellschaftlich marginalisierte Gruppen. Auf dem Vorplatz der Reitschule hatte sich eine Gruppe in Wohnwagen eingerichtet, die sich selbst als TAs, Totale Alkoholiker, bezeichnete. Der Konflikt zwischen den Vorplatzbewohnern und Vorplatzbewohnerinnen und den Reitschulbetreibern und Reitschulbetreiberinnen hatte lange vor sich hingeschwelt und man habe, gestand die IKuR in einer späteren Stellungnahme ein, den Ernst der Lage wohl zu lange verkannt.[17] Die Behausungen der Vorplatzbewohner und Vorplatzbewohnerinnen boten ein Bild der Verwahrlosung, welches die öffentliche Diskussion über den TatOrt Reithalle laufend anheizte. Die Betreiber und Betreiberinnen der Reischule fanden sich selbst im nahezu unlösbaren Konflikt, die selbstbestimmten Strukturen durch die Polizei, gegen die sie sie einst durchgesetzt hatten, retten zu lassen.[18] Der Vorplatz machte die Reitschulbetreiber und Reitschulbetreiberinnen auf weitere Widersprüche aufmerksam, die der autonomen Struktur innewohnten. Der aufreibende Konflikt führte letztlich dazu, dass man sich in der Reitschule vom »Mythos Autonomie« verabschiedete. Die Freiheit habe letztlich zersetzende und lähmende Auswirkungen, zumal die Reitschule keine Insel sei, sondern im Zentrum der Stadt und damit auch mitten in den Konflikten stehe, die die Stadt beschäftigten.[19] In dieser Situation war eine Annäherung zwischen der Interessengruppe der Reitschulverantwortlichen und den Stadtbehörden möglich. Ursina Lehmann schildert, wie sie damals froh gewesen sei, dass das Kriegsbeil zwischen der Stadt und der Reitschule begraben werden konnte:

»Wir hatten relativ bald mal den Konflikt mit dem Vorplatz, der dermassen, ja einfach, über alles, was wir haben leisten können, hinausging. Wo mich auch dünkte, wir brauchen irgendjemanden ausserhalb, der, aber das ist jetzt also sehr, sehr persönlich, dass kann ich wirklich … ausserhalb von dieser Situation, der das mitkriegt. Weil es ist einfach Ghettokrieg gewesen zwischen zwei Banden, und völlig ohne jedes Niveau, wo ich fand, es ist gut, wenn es dort noch eine Aussenposition gibt.«

1992 vollzog die rot-grüne Stadtexekutive einen Kurswechsel gegenüber der bürgerlichen Vorgängerregierung. Sie betrachtete die IKuR weiterhin als die zuständige und verantwortliche Gesprächspartnerin. Gleichzeitig verwies die IKuR die Stadt auf ihre Verpflichtungen: Die Reitschule könne nicht die Anlaufstelle für die städtischen Probleme und die davon betrof-

---

17 Berner Zeitung, 21/01/1993
18 Der Bund, 23/02/1993
19 Berner Zeitung, 21/01/1993

fenen Menschen sein. In diesem Sinn verlangte die IKuR, dass die Stadt sich ihrer Pflicht gegenüber den TAs – Bürgerinnen und Bürger wie andere auch – annehme. Diese Sicht wurde von der zuständigen städtischen Arbeitsgruppe geteilt. Sie relativierte zwar, dass städtischer Wohnraum nicht erzwungen werden könne. Die Vorplatzbenutzer und Vorplatzbenutzerinnen hätten aber Anrecht auf normale Fürsorgeleistungen.

Von der Vorplatzseite aus wurde die IKuR als »unnötig« und »bürgerlich« kritisiert. Sie akzeptierten den Alleinanspruch der IKuR für die Belange der Reitschule nicht. Die TAs bekräftigten zu diesem Zeitpunkt auch, dass sie unter allen Umständen auf dem Vorplatz bleiben wollten. Nach einem zweijährigen, langwierigen und schwierigen Hin und Her zwischen IKuR, den Vorplatzbewohnern und Vorplatzbewohnerinnen und den Stadtbehörden stellte die Stadt im Mai 1995 ein Ultimatum für die Räumung, dem sich die Reitschulbetreiber und Reitschulbetreiberinnen nicht mehr widersetzten.[20] Der Leiter der damals eingesetzten städtischen Verhandlungsdelegation sah sehr wohl, wie schwierig es für die Reitschulleute war, sich zu dieser Kooperation mit der Stadt durchzuringen. Gleichzeitig erkannte er darin auch einen Durchbruch in den Gesprächen, die seit langer Zeit mit den Vertreter und Vertreterinnen der Reitschule geführt worden waren. Er schildert, wie die Beteiligten endlich am gleichen Strick zogen:

»Ein Durchbruch war, als wir die Vertretung der Reitschule dazu gebracht hatten, dass, wenn sie will, der Vorplatz geräumt wird. Und das war ja lange ihre erklärte Politik, die man nicht öffentlich in Anspruch nehmen durfte, sondern, man hat immer gesagt, das denken wir zwar, (…) aber ihr dürft uns nicht, ehm, auf uns beziehen, oder. Also gegen aussen wollen wir nicht das, weil sonst haben wir erstens Probleme mit Leuten, und zweitens haben wir Probleme mit unserer eigenen Vorstellung, wie es dann sein sollte. Und was ich als einen Durchbruch empfinde und was gelungen ist zu sagen, aber dann haltet ihr euch wenigstens still, wenn dann halt geräumt wird, weil niemand hat das gerne gemacht. Das ist also eines von meinen unangenehmsten Erlebnissen, dann noch mit der Polizei, war ich dann auch an diesem Morgen dort und musste wie versuchen, dass es nicht allzu stark eskaliert. Aber immerhin, dort hat man Wort gehalten, und dort hat man nicht interveniert und hat nicht Flaschen geschossen und man hat nachher noch ein wenig rhetorisch das Ganze kritisiert, aber im Übrigen hat das sich gehabt. Also, das ist so, immerhin, ehm, ist erreicht worden, dass man das, was man sich sagt, hinter verschlossenen Türen, nachher auch an der Öffentlichkeit einhält. Also, ja. Für mich war das dort ganz etwas Wichtiges.«[21]

Die Räumung des Vorplatzes war breit abgestützt und im Gegensatz zur 1987er Zaffaraya-Räumung erwartete man keine hohe Resonanz. Auch

20 Der Bund, 17/05/1995
21 Interview mit K.N.

Rot-Grün-Mitte-Parteivertreter und -Parteivertreterinnen unterstützten die Aktion. Die Situation war für die IKuR besonders delikat: Zwar lehnte sie eine polizeiliche Räumung grundsätzlich ab, die Schwierigkeiten mit den Vorplatzbewohnern und Vorplatzbewohnerinnen waren ihr aber längst über den Kopf gewachsen. Ausschlaggebend für die Zurückhaltung der IKuR war aber der Umstand, dass sie selbst unterdessen etwas zu verlieren hatte. Die Vorplatzproblematik drohte sich im Hinblick auf die bevorstehende Abstimmung über den Sanierungskredit negativ auf die Reitschule auszuwirken.

Was zeigt der Konflikt zum Vorplatz über die Herstellung und Verflüchtigung von Räumen und die Verhandlung um das *Urbane*? Das Beispiel des Vorplatzes schildert die komplexe Wechselwirkung von Zugehörigkeitskategorien. Zudem illustriert es die politische Verhandlung und Verwendung von Räumen zur Durchsetzung von Interessen. Die TAs bezogen den Vorplatz kurz nach der Neubesetzung der Reitschule im Winter 1987/88. Mit straff geführten Polizeiaktionen gegen die offene Drogenszene in der Nähe der Regierungsgebäude hatte die Stadt marginalisierte Personengruppen von öffentlichen Plätzen vertrieben – einige von ihnen tauchten alsbald in der Umgebung der Reitschule wieder auf und richteten sich häuslich ein. Damit wurde der Reitschule von Anfang an ein Erbe mitgegeben, an dessen Bewältigung die FreiRaumstruktur zunehmend zu zerreissen drohte. Hier wird ein Ensemble von politischen Massnahmen gebündelt, die erst auf den zweiten Blick als Einheit erscheinen: die städtische und nationale Drogenpolitik, die Verhandlungen um FreiRäume und parteipolitische Interessenpolitik. Die Reitschulbetreiber und Reitschulbetreiberinnen waren mit dem Problem konfrontiert, dass sie in der öffentlichen Wahrnehmung mit den Bewohnern und Bewohnerinnen des Vorplatzes gleichgesetzt wurden – dies schwächte ihre Verhandlungsposition gegenüber der Stadt. Dies wiederum nutzte die rot-grüne Regierung, um den FreiRaum Reitschule in ihrem Sinne zu lenken. Anders als ihre bürgerliche Vorgängerregierung konnte sich die rot-grüne-Regierung keine Ungenauigkeiten leisten im Umgang mit der Reitschule – scheinbar nebensächliche Angelegenheiten wie die Regelung von Wirtepatent, Billettsteuern und Stromrechnungen erhielten eine hohe Dringlichkeit. Andererseits brauchte die rot-grüne Regierung die Reitschule, um eine für ihre linke Stammwählerschaft glaubwürdige urbane Politik zu vertreten und auch um die Reitschule im Fall von wieder aufflammenden städtischen Unruhen als Pfand einsetzen zu können.

Die von mir behandelten Beispiele zeigen, dass FreiRäume nicht, wie in Cresswells Transgressionsmodell postuliert, einseitigen Normalisierungsprozessen zugeführt werden. FreiRäume sind in sich differenzierte Konstellationen, die sich unter dem Einfluss ihrer öffentlichen Anerkennung unterschiedlich entwickeln. Ihre Entwicklung durch ihre Beanspruchung und Bemächtigung durch beteiligte Akteurgruppen lässt sich nicht eindeutig voraussagen. Es wird deutlich, dass das diskursive Dispositiv, das im Umfeld von FreiRäumen wirkt, diese einbezieht und sich flexibel verschiebt. Dies zeigt etwa die zwiespältige Rolle, die der Reitschule in Bezug auf die repressive städtische Drogenpolitik zugewiesen wurde.

15.2.5 Besetzte Häuser als Gravitationszentren

Bis heute begleitet die Problematik des FreiRaums und seine Anziehungskraft auf Leute, deren soziale Einbindung prekär ist, die Bewegung und ihre Ausläufer. Die besetzten Häuser entwickeln sich zu Gravitationszentren für eine durchmischte Klientel. Dies bedeutet, dass die FreiRäume von sehr heterogenen Bedürfnisstrukturen durchzogen sind. Für die einen bedeutet das Ausrollen der Matratze im besetzten Haus einen politischen Protest, für die anderen ist es die einzige Möglichkeit, die von ihnen angestrebte Wohnform zu verwirklichen. Einige wollen einen Übungsraum, wieder andere suchen ein Dach über dem Kopf, weil sie sonst keine Möglichkeit haben. Es ist naheliegend, dass hieraus sehr unterschiedliche Verhandlungspositionen hervorgehen. Diese Schwierigkeit erlebten nicht nur jene, die zu Beginn der 80er im engen Kontext der Bewegung besetzten, sondern auch Frauen und Männer, die heute besetzen.

Tanja Wegmüller und Rahel Streit, zwei junge Besetzerinnen, berichten beide von »Gästen«, die sich anfänglich für ein oder zwei Nächte, dann für Monate in den besetzten Häusern niederliessen. Obwohl das Gästezimmer zur festen Einrichtung bei ihren Besetzungen gehöre, räumt Rahel Streit ein, dass sie sehr viel misstrauischer geworden sei, seit sie einige negative Erfahrungen gemacht hat. Die Gruppendynamik habe gelitten, Dinge seien entwendet und der Raum sei unsorgfältig behandelt worden. Tanja Wegmüller, die in einer besetzten Liegenschaft lebt, beschreibt ihr Dilemma wie folgt:

»Ja also ich finde, bei uns sind viele Gäste, zum Beispiel irgendwie so aus den ärmsten Ländern, und ich habe Freude, wenn die zu uns kommen. Ich habe gerne Besuch und so, ich finde es interessant, aber ich habe einfach irgendwie nicht das Gefühl, wir müssten Anlaufstelle sein, wie der ›Sleeper‹[22], wo irgendwer nachher sofort auf der Gasse landet und pennen kommt. Das ist einfach nicht unsere Funktion, wir können das gar nicht. Wir können nicht Junkies aufnehmen bei uns, das geht einfach nicht. (...) Und klar, klar würde ich sagen, gut, wenn jemand wirklich krank ist, kann er irgendwie dann ein paar Nächte bei uns pennen, das haben wir auch schon gemacht. Weil es ist nachher immer etwas schwierig, weil du nachher irgendetwas machst, weil du dich dazu verpflichtet fühlst, aber eigentlich hast du gar keinen Bock dazu. Ich habe nicht Lust, irgendwie Leute bei mir zu haben, die junken, das will ich einfach nicht. Und habe nachher trotzdem irgendwie Mitleid, dann sage ich irgendwie, doch, du kannst hier pennen, und es ist mir nachher trotzdem nicht wohl.«

---

22 Die Notschlafstelle

Hier geht es um Verbindlichkeit, um die Zugehörigkeit zur Wohngemeinschaft, die Klammer, die sie zusammenhält. Die Verhandlung von Zugehörigkeit ist ebenfalls ein Problem, mit dem sich jede Generation der Besetzer und Besetzerinnen befassen musste. Die Schaffung von FreiRäumen impliziert die Schaffung von »alternativen« Formen der Zugehörigkeit. Damit verpflichten sich die Beteiligten jedoch, über die Zulassungskriterien zu befinden.

Nachdem sich die Müttergruppe Mitte der 80er Jahre konstituiert hatte, beschlossen die Mitglieder, keine weiteren Frauen mehr zuzulassen. Ihre konsequente Haltung stiess auch auf Kritik. Andere Gruppen rangen um gültige Kriterien. Zwar setzte man sich vom Modell der Kleinfamilie ab, definierte sich aber trotzdem in Begriffen von Nähe, Intimität, Vertrauen und Verbindlichkeit, die eine familiäre Gemeinschaft suggerierten. Da familiäre Bindungen eng definiert sind, ist es schwierig, Neumitglieder zuzulassen. Andererseits sind die Formen des Zusammenlebens, die im Rahmen der FreiRäume entstehen, experimentell; sie beanspruchen, offen zu sein; an ihnen wird gemessen, inwiefern es gelingt, von den herkömmlichen Lebensmodellen abgegrenzte Formate zu entwerfen, nichtausschliessliche Zugehörigkeiten zu schaffen und diese zu leben.

Das Gefühl der Ungehörigkeit, das bei den Aktivisten und Aktivistinnen der 80er-Bewegung ein Kernmotiv für Besetzungen und die Herstellung von FreiRäumen bildete, wird bei der aktuellen Generation der Besetzer und Besetzerinnen modifiziert. Im Vordergrund steht die Solidarisierung mit marginalisierten gesellschaftlichen Gruppen, die in ein möglicherweise unverbindliches politisches Interesse mündet. Tanja Wegmüller fordert weniger Kontrolle durch Jugendarbeit und über öffentliche Räume. Eine spezielle Rolle kommt hierbei den räumlichen Ikonen der 80er-Bewegung zu – namentlich der Reitschule. Die Reitschule erfüllt für Tanja Wegmüller nicht mehr die Funktion des FreiRaums. Ihre Aussage wirft damit ein Licht auf die Konstitutionsbedingungen eines FreiRaums – Tanja Wegmüller liest den Raum Reitschule nicht als ihren eigenen FreiRaum, sie hat ihn nicht erkämpft, sie ist nicht Teil seiner Entstehungsgeschichte. Sie positioniert sich ausserhalb dieser räumlichen (An-)Ordnung. Ihre Distanzierung von der Reitschule bestätigt die These, dass ein FreiRaum die Spuren des Kampfs, der Auseinandersetzung in sich tragen muss, um als FreiRaum gedeutet, in Wert gesetzt und gestaltet zu werden. Aus der Sicht Tanja Wegmüllers fehlt der Reitschule die Authentizität eines FreiRaums. Statt- dessen imaginiert sie einen Ort der Autonomie und verwendet damit ein Wort, das zu Beginn der 80er-Bewegung von grosser Reichweite war.

»Ich möchte eigentlich einfach autonomer sein, mit anderen jungen oder älteren Leuten, das ist mir eigentlich noch gleich, etwas auf die Beine stellen, und zwar selbst. Und ich brauche eigentlich keine Unterstützung, ich möchte einfach irgendwie diesen Ort.«

Während Marcel Fischer sich in den 80er Jahren wünschte, als »anarchomäßiger« Angehöriger der Punkbewegung mehr Raum zu haben und, vor allem, »in Ruhe gelassen« zu werden, wünscht sich Tanja Wegmüller einen Ort ohne vorgefertigte Regeln. Sie will einen Ort haben, wo sie etwas »selbst«, »ohne Unterstützung« machen kann. An anderer Stelle bemerkt sie, dass die Reitschule unterdessen auch zu einem Hindernis dafür geworden sei, neue FreiRäume zu fordern und zu realisieren. Dies indiziert eine weitere Charakteristik von Heterotopien und transgressiven Akten: Mit ihrem Hang zur Normalisierung stehen Gegenkulturen »alternativen« Bewegungen im Weg. Denn was wäre schon der Gegenentwurf zur »Gegenkultur«, was der FreiRaum ausserhalb des FreiRaums?

Den Anspruch, FreiRäume zu imaginieren und ins Leben zu rufen, haben Hausbesetzer und Hausbesetzerinnen der jüngsten Generation nach wie vor. Der FreiRaum gilt als Kernmotiv der 80er-Bewegung, und das Konzept unterfüttert den Gründungsmythos Reitschule. Für die heutigen Besetzer und Besetzerinnen hat das Konzept des FreiRaums nichts von seiner Attraktivität eingebüsst. Im Gegenteil – für Tanja Wegmüller ist es ein erstrebenswertes Ziel, sich neue »authentische« FreiRäume zu erkämpfen, denn sie empfindet, dass dieses Versprechen für ihre Generation von der Reitschule nicht mehr eingelöst wird. Wie die frühen 80er-Bewegten spricht sie auch von »Autonomie«.

»Ich bin nicht irgendwie berechtigt, vielleicht ist das zu viel gesagt, wenn es in Bern nicht die Möglichkeit gibt, etwas billig zu mieten, dort irgendetwas zu nehmen, das halt einfach nicht genutzt wird. Das ist jetzt einfach das Ding von Besetzungen, die wirklich zum Wohnen sind. Wo es zum Beispiel eine Kulturbesetzung gibt, es gibt jetzt da grad die neue Besetzung im Fischermätteli, habe ich eigentlich noch den ganz anderen Anspruch von einem Freiraum, der in Bern einfach immer mehr vernichtet wird. Das heisst, man darf nicht mal mehr im Bahnhof auf einem Stein sitzen, man darf eigentlich fast nirgends mehr irgendetwas machen, das nicht unter staatlicher Jugendarbeit irgendwie überwacht wird. Und dort habe ich auch den Anspruch, mir einfach diesen Freiraum zu nehmen. Weil mir fehlt, einen Ort zu haben, wo ich zum Beispiel irgendwie ein Konzert organisieren kann, wo ich selbst Musik machen kann, wo ich irgendwie mit anderen Leuten, ich weiss auch nicht was, ein Atelier einrichten, einfach jenste[23] Projekte irgendwie, ... eine Bibliothek zu haben, so Zeugs, wofür man sonst einfach keinen Raum hat. Oder einfach nur einen Ort, wo man hingehen kann und halt Leute treffen und ein wenig sein. Einfach, wo es gratis ist, wo man nichts kaufen muss, wo nicht irgendwie ein Restaurant, ein Café ist. Für mich erfüllt zum Beispiel die Reitschule diese Funktion nicht mehr wirklich. Dort kann man sich zwar auch einbringen, aber es ist eine nicht mehr autonome Sache, mit vielen Vorschriften. Ich möchte einen Ort haben, wo

---

23 [Sehr viele]

Leute, die interessiert sind, etwas machen können, etwas auf die Beine stellen helfen, herkommen können und das eigentlich irgendwie verwirklichen können, was sie gerne hätten. Und das, das fehlt mir in Bern, und, wenn ich irgendwie, wenn da ein Haus leersteht, habe ich das Gefühl, sollte man das, ist das absolut richtig, das dort drin zu machen.«

Die Anspruchshaltung der jungen Besetzerin ist deutlich zurückhaltender als jene der ehemaligen Aktivisten und Aktivistinnen der 80er Jahre. Tanja Wegmüller würde sich bei entsprechenden Bedingungen sogar auf ein Mietverhältnis einlassen, statt von vornherein ein Haus zu besetzen. Dasselbe gab auch Valentin Reust zu Protokoll: Bei Neubesetzungen würde seine Gruppe immer Verhandlungsbereitschaft signalisieren. In den 80ern war Verhandeln undenkbar und verpönt; der Staat, die Behörden und die Hausbesitzer und Hausbesitzerinnen waren keine geeigneten Gesprächspartner und Gesprächspartnerinnen für die Bewegten. Die Frage, ob verhandelt würde oder nicht, musste zudem immer dem kollektiven und konsens-orientierten Entscheidungsverfahren unterzogen werden, ebenso wie jeder aus der Verhandlung resultierende Vorschlag. Die Besetzerinnen des Frauenhauses weigerten sich, eine Delegation zu entsenden, und erschienen stattdessen gemeinsam zur Verhandlung.

Tanja Wegmüller bezeichnet staatliche Jugendarbeit als Praxis des »Überwachens«. Im gleichen Atemzug verstärkt sie den zu Beginn der Aussage vorsichtig und relativierend gehaltenen Anspruch nach FreiRäumen. Während die ehemaligen 80er von einer aktuellen »Inflation von FreiRäumen« sprechen,[24] erleben die jungen Besetzer und Besetzerinnen die Realität anders. In einem seltsamen Zirkelschluss ist es auch heute wieder die Frage nach der Zugehörigkeit, die die Position der jungen Besetzer und Besetzerinnen zuspitzt. Diesmal ist jedoch nicht die persönliche Betroffenheit primärer Auslöser für die Mobilisierung, sondern die Solidarisierung mit marginalisierten Gruppen und das politische Engagement gegen eine Privatisierung des öffentlichen Raums. Beim Vergleich zwischen der jüngeren und der älteren Generation zeigt sich also, dass der Wert des FreiRaumkonzepts nach wie vor sehr hoch ist. Erstaunlich sind dabei die Ähnlichkeiten, die sich schon sprachlich zeigen – sowohl jüngere wie auch ältere Besetzer und Besetzerinnen benennen den FreiRaum und forder(te)n Autonomie. Die begriffliche Bedeutungsverschiebung ist hierbei nur schwach: Während in den Gesprächen mit älteren Besetzern und Besetzerinnen besonders die Selbstbestimmung sowie der Aspekt des »In Ruhe gelassen Werdens« betont wurde, sprechen jüngere Besetzer und Besetzerinnen eine Jugendarbeiter-freie Zone an. Doch auch dieses Motiv gab es schon zu Beginn der 80er Jahre, als die Bewegten den Gaskessel mieden, weil der durch staatliche Jugendarbeit kontrolliert war.

---

24 Lorenz Hostettler

Im Vergleich zwischen der älteren und der jüngeren Besetzergeneration stellte sich heraus, dass die Konzepte von FreiRaum und Autonomie für beide Gruppen von grosser Bedeutung waren und immer noch sind. Die inhaltliche Bestimmung der Konzepte hat sich zwar seit den 80er Jahren verschoben, jedoch nur um Nuancen. Was sich stark unterscheidet, ist die jeweilige Herangehensweise. Während die ursprünglichen 80er-Bewegten ihre Anliegen sehr pointiert vertraten, nehmen sich heutige Besetzer und Besetzerinnen eher zurück und zeigen sich verhandlungsbereit. Eine weitere Nuance liegt in der Art begründet, wie die Betroffenen die jeweils unheimliche Geografie, aus der heraus sich ihre Motive für die Beteiligung an der Bewegung ableitete, interpretierten. Die älteren Aktivisten und Aktivistinnen fanden keine Treffpunkte vor, sie erlebten sich als ausgeschlossen und erkämpften die FreiRäume für sich selbst. Dies tun die jüngeren zwar ebenso. Die Erfahrung der unheimlichen Geografie interpretieren sie jedoch anders. Sie leisten einen Übersetzungs- und Solidarisierungsprozess, indem sie die Privatisierung des öffentlichen Raums sowie den zunehmenden Druck auf marginalisierte Personen als unheimliche Geografie ansprechen und darauf reagieren.

Ausgangspunkt zum vorangehenden Teilkapitel war die Beobachtung, dass sich FreiRäume zu Graviationszentren entwickeln, die die unterschiedlichsten Akteure und Akteurinnen anziehen. Aufgrund dieses Phänomens sind die Besetzer und Besetzerinnen gezwungen, Zulassungskriterien zu entwickeln und das Gut der Zugehörigkeit neu zu verhandeln. Dies stellte die Gruppen in manchen Fällen vor grosse Probleme und schwächte ihre Verhandlungsposition gegenüber den Behörden.

15.3 Tatsachen schaffen

Zum Schluss möchte ich anhand der Quellen einige Überlegungen anstellen, wie aus den FreiRäumen, die eine vorübergehende Errungenschaft bedeuten, eine nachhaltige Erweiterung der HandlungsRäume geschaffen wird. Unter Bezugnahme auf das Konzept der unheimlichen Geografie beleuchte ich die Prozesse, welche die heimliche Geografie nachhaltig in Zugehörigkeiten zum urbanen Raum überführen. Die heimliche Geografie zeichnet sich, wie in Kapitel 2 erläutert, durch ihre Heimlichkeit aus – das ist sowohl ihre Verborgenheit als auch ihre Heimatlichkeit. Um diese Heimat für vom bürgerlichen Modell abweichende Formen tatsächlich herzustellen, müssen FreiRäume in eine urbane Geografie integriert werden. Dies schafft einen urbanen Raum, der ausgegrenzte Kategorien integriert und damit die heimliche Geografie aus ihrer Suspendierung löst und sie offiziell macht. Erst wenn dies geschieht, werden aus TatOrten Tatsachen geschaffen. Für die Erörterung dieser Überlegungen wende ich mich noch einmal dem Fallbeispiel des Zaffaraya zu.

Es gab Versuche, das Ausserordentliche zu legitimieren und damit die heimliche Geografie zu integrieren. Im Fall des Zaffaraya sind ab

1988 langwierige Verhandlungen dokumentiert, die Zonenordnung so zu interpretieren, dass der Zeltstadt in irgendeiner Form ein Rechtsstatus hätte zugewiesen werden können. Diese Aufgabe liess die Stadt zuerst der kantonalen Baudirektion zukommen, welche zu dem Schluss kam, dass weder die kantonale noch die kommunale Gesetzgebung geändert werden müsste, um die Existenz von Hüttensiedlungen zuzulassen:

»Zusammenfassend kann gesagt werden, dass die bestehende Gesetzgebung bei Ausschöpfung des Auslegungsspielraumes genügend Grundlagen für Hüttensiedlungen bietet.«[25]

Die Kenntnisnahme dieser Einschätzung führte in der städtischen Exekutive, dem Gemeinderat, offenbar zu Diskussionen. Weil er die Studie der Baudirektion für »etwas allgemein ausgefallen«[26] hielt, erteilte der Gemeinderat den Juristen Aldo Zaugg und Ulrich Zimmerli, welche ihrerseits den Raumplanungsexperten Martin Lendi konsultierten, den Auftrag, ein Rechtsgutachten über die Möglichkeiten zu erstellen, »alternative Wohnformen«[27] – namentlich Hüttensiedlungen – im Rahmen des geltenden Baurechts und der Zonenordnung der Gemeinde zu realisieren.[28] Die Stadt war also ernsthaft bestrebt, dem Anliegen der Zaffaraya-Bewohner und -Bewohnerinnen Gültigkeit zuzuschreiben und die ausserordentliche Siedlungsform in geltendes Recht zu überführen. Lendi, Zaugg und Zimmerli eröffnen ihr Gutachten wie folgt:

»Es ist nun aber Aufgabe des Rechts, den Anliegen der Gemeinschaft und des einzelnen zu dienen; es darf sich daher neuen Erkenntnissen und Bedürfnissen nicht verschließen. Der Wunsch namentlich junger Menschen, den Zwängen der Konsum- und Wohlstandsgesellschaft zu entfliehen und zu einer einfachen, naturverbundenen Lebensweise zurückzufinden, stellt ein Anliegen dar, das von der Gesellschaft und der Rechtsordnung ernst genommen werden muss.«[29]

Das Gutachten kommt trotz der wohlwollenden Haltung zum zwiespältigen, aber wenig überraschenden Schluss, dass innerhalb der geltenden Zonenordnung keine Zonen für die Erstellung von Hüttensiedlungen[30] vorgesehen seien. Für jede Zonenkategorie werden die Argumente abge-

---

25 Gemeinderatsbeschluss Nr. 17, 06/01/1988. Gemeinderatsberichte 1988-1990. Stadtarchiv Bern.
26 Gemeinderatsbeschluss Nr. 17, 06/01/1988. Gemeinderatsberichte 1988-1990. Stadtarchiv Bern.
27 Im Auftrag wurde dies so formuliert. Gemeinderatsbeschluss Nr. 404, 17/02/1988, Gemeinderatsberichte 1988-1990. Stadtarchiv Bern.
28 Gemeinderatsbeschluss Nr. 404, 17/02/1988, Gemeinderatsberichte 1988-1990, Stadtarchiv Bern 27.
29 Gutachten Lendi, Zimmerli und Zaugg zu Handen des Berner Gemeinderats, 17/06/1988. Gemeinderatsberichte 1988-1990. Stadtarchiv Bern.
30 Gutachten Lendi, Zimmerli und Zaugg zu Handen des Berner Gemeinderats, 17/06/1988. Gemeinderatsberichte 1988-1990, Stadtarchiv Bern.

wogen – von der Landwirtschafts- über die Wohn- und Ferienhaus- bis zur Sport- und Freizeitzone (deren Bereich die dem Zaffaraya äusserlich nicht unähnlichen Schrebergärten einschliesst). Für sämtliche Kategorien erscheint den Gutachtern ein Hüttendorf als »zonenfremd«. Die Möglichkeit, die gemäss den Experten bleibt, ist, innerhalb der allgemeinen Nutzungsordnung spezifische Zonen für Hüttensiedlungen auszuweisen. Die Bezeichnung Hüttensiedlung wird im Gutachten verwendet – eine Bezeichnung, die die Zaffaraya-Bewohner und -Bewohnerinnen selbst immer abgelehnt haben (vgl. Gfeller 2004). Im Gutachten wird die Assoziation mit »Naturvölkern« sowie »ursprünglicher Lebensweise« hergestellt. Hier wird das Bemühen der Rechtsprofessoren deutlich, die mobile Wohnform positiv zu konnotieren und ihr damit eine erhöhte Berechtigung zuzuweisen. Die Bezeichnung als »Hüttensiedlung« nimmt allerdings auch politische Brisanz weg. Zaugg, Zimmerli und Lendi vermeiden jeglichen Hinweis auf die politischen Benennungen wie »das freie Land Zaffaraya«, also die Selbstbeschreibung der Bewohner und Bewohnerinnen. Hüttensiedlung ist in diesem Sinn verharmlosend. Es erinnert allenfalls an Grossstadtphänomene des Südens, was zwar keine positive Konnotation ist, aber im bürgerlichen Kontext wohl eher Mitleid weckt als Ängste. Ebenso wenig finden die Worte »Autonomie« oder »autonome Zone« Verwendung. Allerdings greift das Dokument den Begriff des Freiraums auf. Die Experten stellen fest, dass Freiraum keineswegs rechtsfreier Raum bedeuten könne. Hierbei würden neben den regulären Bürgerpflichten auch Bestimmungen des Umwelt- und Gewässerschutzrechtes, der Bau-, Sicherheits-, Feuer- und Gesundheitspolizei, der Gewerbe- und Sittenpolizei gelten.

»Freiräume können hier nur insoweit bestehen, als es die betreffende Spezialgesetzgebung zulässt oder allenfalls unter dem Gesichtspunkt eines der Rechtsentwicklung dienenden Experimentes versuchsweise geduldet werden darf.«[31]

Trotz ihrer bemüht positiv gewendeten Bezugnahme auf die Zeltstadt am Aareufer gestehen ihr die Gutachter nur zum Zwecke der Rechtsentwicklung und in Form eines »Experimentes« eine Daseinsberechtigung zu. Das versuchsweise geduldete »der Rechtsentwicklung dienende Experiment« rückt das Zaffaraya in den Verhandlungen mit den städtischen Behörden und aus der Sicht der Rechtsexperten sehr nahe an das Konzept der Heterotopie von Foucault. Unter dieser Perspektive leite ich ab, dass ein FreiRaum eine möglicherweise gewaltsame oder zumindest durch einen Überraschungscoup erbeutete Errungenschaft ist, deren Status prekär ist. Die politischen Instanzen sind gefordert, den Status von FreiRäumen unter Berücksichtigung der verschiedenen Interessen, Voraussetzungen und den räumlichen Verfügbarkeiten – den materiellen Bedingungen – auszuhan-

---

31 Gutachten Lendi, Zimmerli und Zaugg zu Handen des Berner Gemeinderats, 17/06/1988; Gemeinderatsberichte 1988–1990, Stadtarchiv Bern.

deln. Im Kontext des Zaffaraya spielten die Gutachter den Ball zum Schluss an die politischen Behörden zurück:

»Ob die Gemeinde Bern die planungsrechtlichen Voraussetzungen für die Anlage von Hüttensiedlungen schaffen will, ist ihrer politischen Entscheidung überlassen. Erforderlich ist eine Gemeindeabstimmung.«[32]

Da sich meine Arbeit der Frage nach der Herstellung und Verflüchtigung von Räumen mit besonderem Augenmerk auf die Konstitution des *Urbanen* widmet, schliesse ich das Kapitel mit der Frage, ob die Forderung nach Entdeckung, Eroberung und Besetzung von FreiRäumen die Grenzen des *Urbanen* verschiebt. Das Rechtsgutachten, das im Zusammenhang mit der Zeltstadt Zaffaraya in Auftrag gegeben wurde, ist Ausdruck des behördlichen Bemühens, das Anliegen der Jugendlichen in die bestehenden Strukturen zu integrieren. Dabei ist von herausragender Bedeutung, dass es sich um Jugendliche handelt.

Es ist also maßgeblich von der Statuspassage abhängig, ob einer Personengruppe eine bestimmte Lebensform zugestanden wird. Die Stadt und das Konzept der urbanen Lebensform werden in diesem Zusammenhang nicht thematisiert. Das »Versprechen der Stadt« (Breyvogel 1983, zit. in: Lindner 1996, 414), einer Vielzahl von Lebensentwürfen Raum zu bieten, bleibt uneingelöst.

Kernpunkte

FreiRäume werden entdeckt und erobert, man »reisst sie sich unter den Nagel«, sie fallen einem nicht in den Schoß. In der Kampfrhetorik, die mit dem Konzept verknüpft ist, schwingen auch Männlichkeitskonstruktionen mit, die die »authentischen« FreiRäume zu einem Territorium werden lassen, welches auf Frauen feindlich wirkt. Diese Erfahrung bewegte die Frauen im Umfeld der Zaff-Besetzung dazu, sich einen eigenen Raum zu schaffen.

Das Konzept des FreiRaums hat sich in einem Gründermythos verfestigt. Als Idee und Mythos schwebt es jeder neu aufflackernden Jugendbewegung vor. Als Praxis entwickelt sich das FreiRaumkonzept zum Prüfstein sowohl der Bewegten als auch der Behörden. FreiRäume sind selbstbestimmte Räume, sie sind frei von Vorschriften, idealerweise sind sie auch frei von Hierarchien und von Herrschaftsverhältnissen. Meist sind sie dies jedoch als Entwurf, und sie bleiben es als Mythos. Um bei Foucaults Heterotopie anzuknüpfen: Solange der FreiRaum in Abgrenzung zum allgemeinen materiellen Raum in gewisser Weise von der Realität suspendiert ist, ist seine Freiheit gewährleistet. Im Mythos überlebt die Freiheit am längsten. In der Praxis wird den FreiRäumen dadurch Grenzen gezogen, dass sich die ideologisch-politischen Anliegen nicht in eine real existierende Freiheit

---

32   Zusammenfassung, in: Gutachten Lendi, Zimmerli und Zaugg zu Handen des Berner Gemeinderats, 17/06/1988. Gemeinderatsberichte 1988-1990, Stadtarchiv Bern.

– in TatOrte – umsetzen lassen. Sowohl das Beispiel Zaffaraya wie auch dasjenige der Reitschule haben gezeigt, dass der FreiRaum als TatOrt bald zum Pfand in der Tasche wird. Der TatOrt wird zum Tauschraum und die Freiheit ist prekärer denn je. Damit ergibt sich aus der Analyse des FreiRaums eine Differenzierung zu Cresswells Normalisierungsthese: FreiRäume, die zu TatOrten geworden sind, sich also materialisieren, unterliegen nicht unmittelbar einem Integrations- und Normalisierungsprozess. Vielmehr durchlaufen sie eine politische Verhandlungsphase, in der die Fragilität und Prekarität der errungen geglaubten Freiheit deutlich wird. Der FreiRaum kann zum Tauschwert mutieren, er ist durch den TatOrt keineswegs gesichert. Vielmehr muss sein Wert immer wieder verteidigt werden.

15.4 Räume Bespielen

Das Spiel ist ein anschlussfähiges Bild für die Herstellung von Geschlechterdifferenz. Das Bild lenkt den Blick unmittelbar auf die ethnomethodologischen Studien Garfinkels und Goffmans, und deren Methode des »Krisenexperiments« wird in Erinnerung gerufen. Gerade bei Garfinkel wird auch die Unerbittlichkeit des Spiels sichtbar, der Zwang zum Mitspielen, dem sämtliche Gesellschaftsmitglieder unterworfen sind (Garfinkel 1984; Treibel 1995).

In Bezug auf meinen Untersuchungsgegenstand verwende ich das Bild des Spiels mit Blick auf die von der Bewegung verwendeten Techniken und Inszenierungen ihrer Gesellschaftsmodelle. Die TatOrte der Berner 80er-Bewegung wurden immer wieder in ein Spiel verwickelt; die Inszenierung des Widerstands hatte eine zutiefst spielerische Seite. Mit Spiel ist Leichtigkeit, Belanglosigkeit, Witz konnotiert. In der Bedeutung von Spiel schwingt aber auch die Abgrenzung von der Ernsthaftigkeit mit – Spiel als das nicht ernst Gemeinte. Wenn ich Kinder beim Spielen beobachte, scheint mir diese Abgrenzung unscharf: Kinder betreiben ihr Spiel ernsthaft. Kindliche Szenen schöpfen aus dem Alltag und setzen diesen unter der Neuverteilung von Rollen fort. Man könnte dagegen einwenden, dass das kindliche Spiel kaum reale Konsequenzen nach sich zieht, aber auch dies gilt meines Erachtens nur für ein eingeschränktes Verständnis von Realität: Die Wirklichkeit macht vor Träumen und dem menschlichen Unterbewussten nicht Halt. Die Folgen des Spiels entziehen sich höchstens der unmittelbaren Kontrolle.

Bezogen auf die Bewegung, gilt der Anspruch der Ernsthaftigkeit vor allem für das Ziel einer politischen Aktion, einer Besetzung oder einer öffentlichen Demonstration – auch wenn die verwendeten Methoden spielerische Aspekte aufweisen. Die Verspieltheit äusserte sich in der Sprache und in der politischen Praxis.[33]

---

33 Diese beiden Dimensionen sind nicht vollständig trennbar.

So waren in Zürich während längerer Zeit die »Amöbel« aktiv. Diese machten sich Mitte der 80er Jahre mit spektakulären Inszenierungen bei Räumungen einen Namen, etwa, wenn sie sich durch den Wandschrank abseilten und damit den Polizeiring still und doch spektakulär durchbrachen.[34]

Zu Beginn der 90er Jahre machte eine Gruppe von Besetzern und Besetzerinnen in Bern auf die Wohnungsnot aufmerksam, indem sie ein Inserat für eine grosse Wohnung zu einem sehr günstigen Preis im städtischen Anzeiger publizierte. Die Wohnung befand sich in einer kurz zuvor geräumten Liegenschaft, und die zahlreichen Anrufe von Interessenten und Interessent-

> Zu vermieten grosse
> **5-Zimmer-Wohnung**
> in Altbau, mit Bad und Zentralheizung, an der **Monbijoustrasse 23.**
> Fr. 960.– inkl. (413662)
> Tel. 68 61 11 oder 46 09 57, abends

15 – Inserat im Anzeiger. Archiv der Reitschule, ohne nähere Angabe

innen landeten alle auf der privaten Leitung des städtischen Finanzdirektors, der gleichzeitig als Verwaltungsrat der Besitzerin der betreffenden Liegenschaft wirkte.

Zu einer weiteren Methode, die politisch-administrativ gängigen Instrumente ad absurdum zu führen, griff die Delegation des Frauenhauses auf ihrer ersten Sitzung mit der besitzenden Baugenossenschaft. Auf die Aufforderung, ihre Namen anzugeben, antwortete eine nach der anderen: Mein Name ist Emma.

Eine Gruppe von Besetzern und Besetzerinnen der späten 90er Jahre in Bern zog nach der Kündigung des mit der Stadt ausgehandelten Gebrauchsleihvertrags scheinbar ordnungsgemäss aus der Liegenschaft aus – nur um ihre Matratzen im vom Vertrag nicht erwähnten Estrich des Hauses wieder auszurollen. Die gleiche Gruppe setzte falsche Kommuniqués in Umlauf, in der sich der Chef der städtischen Liegenschaftsverwaltung dezidiert für ein städtisches Engagement für kollektiven Wohnraum aussprach. Unterzeichnet waren die Schreiben mit »Häuslein« – der Name des Beamten lautete »Häusler« –, und nicht allen Zeitungen war der Unterschied aufgefallen.[35]

Der spielerische Zug war einerseits Distinktionsmerkmal und ein bewusst zur Schau gestellter Stil- und Wertebruch. Dennoch sind es ernsthaf-

---

34 Kommentar von Christian Schmid
35 Interview mit Marianne Berger

ten Anliegen, die die Aktionen motivierten: Angefangen beim Notstand bei den (günstigen) Wohnungen über das Bedürfnis, in unorthodoxen Konstellationen zu wohnen und zu leben, und das Problem, dafür keinen Ort zu finden, bis hin zu einer generellen Zukunftsangst und der verbreiteten Hoffnungslosigkeit angesichts der als starr empfundenen Wertevorstellungen der Elterngeneration, ausgedrückt im Bild vom Packeis.

Bespielen bezieht sich auf die spielerischen Methoden, mit der die 80er-Bewegung sich öffentlich inszenierte und die die besetzten TatOrte auszeichneten. Das Spiel ist zugleich Mittel, um den HandlungsRaum der Widerständigen auszureizen, wie die angeführten Beispiele illustrieren. In den bespielten Räumen – im Zaff, der Villa an der Gutenbergstraße oder in der Reitschule – setzten die Aktivisten und Aktivistinnen ihre Vorstellung des Zusammenlebens, -arbeitens und »alternativer« Kultur konkret um. Zugleich entblößten sie die Schwachstellen der gesuchten Entwürfe in aller Deutlichkeit.

Die Bewegung war kommunikativ hoch differenziert. Sie wurde nicht müde, ihre eigenen Ausdrucksformen zu suchen und die Verschränkung von Form und Inhalt zu fordern. Durch diese Suche zeichnet sie sich meines Erachtens aus, vielmehr als durch die Konfrontationen mit dem imaginierten Feind oder die internen Zerwürfnisse zwischen Kultur und Politik. Die Bewegung, und auch die Erinnerung daran, sind in diesen Momenten am stärksten ausgedrückt, wo sie die Pfade der tradierten Formen der Verhandlung, der Gegenüberstellung und der Konfrontation spielerisch verlassen.

Zum Spiel gehörte auch die Ritualisierung und die räumliche Inszenierung der Bewegung, wie ich sie weiter oben besprochen habe. Die Orte, wo man sich traf, gingen nahtlos in den politischen Kampf und in den divergenten Lebensentwurf über, sie wurden damit zu TatOrten.

16 Geschlechterdifferenz und Handlungsraum

Transgressive Akte und heterotope Räume sind Labors des Zusammenlebens, und damit rückt die Geschlechterdifferenz in den Blick – in meinen Blick und in den Blick der von mir befragten Besetzer und Besetzerinnen. Dieses Kapitel beleuchtet die Bewegungspraxis als raumkonstitutive Prozesse, in denen Geschlechter gemacht werden (Maihofer 2002). Das heisst, es wird über Geschlechterdifferenz gesprochen, Männlichkeit und Weiblichkeit werden inszeniert und problematisiert. Die 80er Bewegung und ihr urbanes Motiv waren massgeblich geprägt durch Männer und Frauen, die die bürgerliche Geschlechterordnung kritisierten. Diese Kritik hatte unterschiedliche Gründe, und sie fand selektiv Resonanz sowohl innerhalb als auch ausserhalb des Bewegungskontexts.

Bei den Hausbesetzungen werden geschlechterdifferenzierende Praktiken unmittelbar an die Oberfläche gespült. Die Konstitution von Raum als TatOrte im Häuserkampf zieht eine Palette von Beschäftigungen nach sich, die unmittelbar die Rollenverteilung evozieren. Neben den notwendigen Verrichtungen wie Kochen, Putz- und Aufräumarbeiten, Waschen, Einkaufen, Beleuchtung Installieren und Geräte Flicken kommen im Besetzungskontext die Fragen nach dem Strukturaufbau, der Organisation und dem Selbstverständnis als Gruppe, der Diskussion um die politische Haltung, die Auseinandersetzung mit Hausbesitzer und Hausbesitzerinnen, Stadtbehörden und der Polizei, die Festlegung von Regeln des Zusammenlebens, die Einrichtung und Einteilung des Hauses sowie Fragen der Sicherheit zur Sprache. Eine Besetzung erregt Aufsehen – was erwünscht ist, und dies erfordert eine konzentrierte Öffentlichkeitsarbeit, die recht bald über das Heraushängen von Transparenten hinausgeht. Schliesslich erheben Besetzungen seit den 80ern neben dem Wohnanliegen auch einen kulturellen Anspruch. Bar, Bier, Bands und Flyer müssen innerhalb kurzer Zeit beschafft werden. An all diesen Themen schälen sich Geschlechterrollen heraus, und es eröffnen sich Felder, in welchen die Geschlechterordnung scheinbar suspendiert, verschoben, reifiziert oder neu abgesteckt wird.

Die Alltagspraxis verschiedener FreiRäume rückt in diesem Kapitel ins Zentrum. Dabei vermischen sich Szenen aus jüngeren Besetzungszusammenhängen mit Begebenheiten, die sich in den 80er Jahren abspielten. Als Datengrundlage ziehe ich sowohl die Interviews mit jüngeren Besetzern und Besetzerinnen als auch jene der 80er-Aktivisten und -Aktivistinnen bei. Anhand der Gegenüberstellung sollen Veränderungen und Persistenzen deutlich werden. Im mittleren Teil des Kapitels stelle ich Überlegungen zu Homosexualität und dem Handlungsraum für Schwule und Lesben im bewegten Rahmen an. Im Schlussteil des Kapitels porträtiere ich Kinder, Mütter und »Kindsväter«. Diese Porträts setzen sich aus den Gesprächsinhalten mit Frauen und Männern aus der 80er Bewegung zusammen.

16.1 Die Analyseperspektive der Geschlechterdifferenz

Mit Verweis auf die im theoretischen Teil ausführlich dargelegten Konzepte zur Herleitung und Verwendung von Geschlecht in dieser Arbeit werde ich an dieser Stelle nur eine knappe Rekapitulation der Herangehensweise vornehmen.

Die Analyseperspektive der Geschlechterdifferenz umfasst nach einem Konzept von Gudrun-Axeli Knapp (Knapp/Gransee 2003) Fragen der Geschlechtsidentität und der Kriterien der Zugehörigkeit zu einer Genusgruppe. Die Analyseebene der Geschlechterdifferenz steht an dieser Stelle im Vordergrund; es versteht sich von selbst, dass in der Auswertung auch Fragen der Geschlechterordnung und des Geschlechterverhältnisses, insbesondere aber der Geschlechterbeziehungen, die stärker auf Rollenverhalten ausgerichtet sind, einfliessen werden. Zugehörigkeit wird sowohl über Sozialisationsprozesse als auch über soziale Interaktion, über die Zeit und den Raum, hergestellt. Es liegt mir daran, nochmals darauf hinzuweisen, dass die Frage der Zugehörigkeit immer auch räumlich determiniert ist, wobei in meiner Herangehensweise diesem Faktor besondere Aufmerksamkeit zukommt.

Die Analyseperspektive der Geschlechterdifferenz schliesst am *Doing-gender*-Ansatz gemäss der ethnomethodologischen Tradition an und nimmt insbesondere die fliessenden und prozesshaften Aspekte der alltagspraktischen Inszenierung von Geschlechterunterschieden in den Blick (West und Zimmerman 1987). In Anlehnung an das Verständnis von Andrea Maihofer fasse ich Geschlecht als eine Form des Seins, die über das Handeln reproduziert wird. Wie in Kapitel 4 anhand der Kategorie Geschlecht dargelegt, ist mir an Maihofers Erweiterung gelegen, die Geschlecht über die unmittelbaren sozialen Konstruktionen hinaus als gesellschaftlichen und damit als machtinduzierten Prozess festlegt. Dieser materialisiert sich in und zwischen den Individuen, schafft die relevanten Sinnhorizonte und nimmt damit als verkörperte Realität Form an (Garfinkel 1984; Goffman 2001; Maihofer 1995). Räumliche (An-)Ordnungen finden ebenfalls in diesen Herrschaftsverhältnissen statt, die dadurch reproduziert und möglicherweise naturalisiert werden.

16.1.1 Geschlechterdifferenzierende Strukturen im besetzten Haus

»Ou!«, ist Rahel Streits Reaktion auf meine Frage nach der Geschlechterdimension im Besetzerkollektiv,[1] als wenn sie sich ertappt fühlte.

»… … … Ich glaube, … so ein wenig, ja, zum T – mmmh, zum Teil sehr.«

Ich habe meine Interviewpartner und Interviewpartnerinnen danach gefragt, ob die Unterschiede zwischen Männern und Frauen im Besetzungskontext thematisiert wurden und in welcher Form. Dieses Kapitel gibt einen Einblick in diese Diskussion.

Obwohl Rahel Streit der Meinung ist, es sei nie um eine geschlecht-liche Aufteilung der anfallenden Pflichten oder der einzunehmenden Rollen gegangen, und sie damit das in der Szene geltende und diskursiv unbestrittene Ideal zitiert, räumt sie ein:

»…aber es war trotzdem halt so, dass die, die am meisten, am liebsten, also nicht am liebsten. Wo es am wichtigsten war, dass man es macht, war es natürlich trotzdem eine Frau.«

Die Aussagekraft dieses Zitats liegt in dem, was es nicht benennt. Rahel Streit bezeichnet keine Tätigkeiten, skizziert keine konkreten Situationen, konstruiert kein einziges Beispiel. Ist sie durch meine Frage überrascht? Oder eher gelangweilt? Was macht es für sie schwierig, den Alltag des Besetzens als eine vergeschlechtlichte Praxis zu erinnern.

Das Thema der Geschlechterdifferenz taucht beim gemeinsamen Wohnen zwingend auf und man hat es – »es ist halt auch einfach so in diesen Kreisen«[2] – erschöpfend diskutiert. Umso mehr überrascht das Innehalten der mit der Frage konfrontierten Aktivisten und Aktivistinnen. Besonders Besetzer und Besetzerinnen der zweiten Generation – also ab den 90er Jahren – wie Rahel Streit zögern, bevor sie anhand von Einzelheiten aus ihrem Alltag zahlreiche Beispiele für die Aushandlung von Geschlechterrollen nennen. Jene, die in den 80er Jahren besetzten, reagieren schnell oder werfen das Thema gleich selber auf.

Angefangen bei organisatorischen und arbeitsteiligen Fragen wurde und wird Geschlecht früher oder später Thema im besetzten Haus und im besetzten Haushalt. Diese Fragen – wer besorgt den Abwasch, wer stellt die Bierflaschen weg, wer mäht den Rasen – werden in den Interviews kaum tangiert und wenn, dann nur, um zu erwähnen, dass dies unproblematisch war und im Rahmen allgemein organisatorischer Vereinbarungen gere-

---

1 Ich stellte die Frage – falls das Thema nicht von selbst aufgeworfen wurde – relativ offen und verwendete das Wort »Geschlechterdimension«. Im zitierten Interview zielte die Frage auf das Zusammenleben im besetzten Haus.
2 Christa Werfel, ebenfalls im Zusammenhang mit der Frage nach der Geschlechterdimension.

gelt wurde. Offenbar messen die jungen Besetzer und Besetzerinnen dem Thema keine grössere Bedeutung zu. Allerdings setzte sich die Gruppe um Rahel Streit aus einer Mehrheit von Frauen zusammen – zum Schluss war noch ein Mann dabei. Diesem Umstand schreibt sie es zu, dass die Ansprüche an die haushaltsinterne Arbeitsteilung homogener geworden seien, womit sich auch die Diskussionen erübrigten.

Christa Werfel, die in den späten 90ern besetzte, verliert bezüglich der Arbeitsorganisation nur wenige Worte. Als das eigentlich »Spannende« erwähnt sie, dass sie mit zwei Männern, die Väter waren, im besetzten Haus gewohnt habe. Deren Kinder trugen wesentlich zum Gefühl bei, dass sich die Gruppe als »Familie« gefühlt habe. Die Kinder werden während des Interviews früh erwähnt, und Christa Werfel bezieht deren Beisein auf die ganze Gruppe (»[wir, S.B.] haben auch noch zwei Kinder gehabt, zwei, kleine«[3]), nicht auf die Väter allein. Erst später erwähnt sie die »Männer mit ihren Kindern, die sie ab und zu gehabt haben. ... Die sind relativ viel bei ihnen gewesen.«[4]

Die Anwesenheit von Kindern ermöglicht und erfordert den diskursiven Anschluss an das Konzept der Familie. Familie steht für die Norm eines bürgerlichen Lebensentwurfs, der im Kontext des Besetzens normalerweise abgelehnt wurde. Gerade von Christa Werfel, für die das besetzte Haus die erste Station nach dem elterlichen Wohnhaus war und die dieses nutzte, um in der Stadt und in einem neuen sozialen Umfeld Fuss zu fassen, hätte ich alles andere als den diskursiven Rückzug auf »Familie« erwartet. In dieser Identifikation zeichnet sich ein deutlicher Unterschied zum Bewegungskontext der 80er Jahre ab, wo das Wort Familie nicht fällt. Dort ist die Rede von Müttern, von Kindern und von »Kindsvätern«.

Das Bild der Familie wird von Rahel Streit einerseits assoziativ verwendet, als Bezug zu einer ungetrübten Erinnerung. Die Identifikation mit dem Modell der Familie durch die Besetzer und Besetzerinnen enthält eine unmittelbare Veränderung des tradierten Konzepts selbst und macht es damit für Christa Werfel zum tauglichen Prinzip. Die leichte Bedeutungsverschiebung ist dem Umstand geschuldet, dass es die Väter waren, die den Bezug herstellten. Dies ist es auch, was Christa Werfel »spannend« findet an der Konstellation. Der Umstand, dass es die Männer sind, die Kinder haben, zeichnet das Besetzerkollektiv als »Familie« in besonderer Weise aus. Gleichzeitig ist damit angedeutet, dass die Selbstverständlichkeit, mit der Männer und Frauen gemeinsam Kinder haben und für sie Verantwortung tragen, auch im Bewegungskontext der 90er Jahre alles andere als gegeben war. Kinder trugen also massgeblich zur Atmosphäre des besetzten Hauses bei – und dies beschränkt sich nicht auf den Fall von Christa Werfel. Ich verwende hier das Wort Atmosphäre im Sinne einer sozialen Konstruktion, die für die Herausbildung von Raum konstitutiv ist.[5]

---

3   Christa Werfel
4   Christa Werfel

Die (An-)Ordnungsvorgänge sind demnach auch im Bewegungskontext in vorgegebene Dispositive eingebettet und damit Teile von Herrschaftsverhältnissen.

16.1.2 Machtverhältnisse und widersprüchliche Geschlechterbeziehungen

Nicole Studer, eine Besetzerin aus der ersten Generation in den 80er Jahren, bringt den Geschlechterkonflikt mit Machtfragen in Verbindung. Das Machtgefälle sei zwar nicht ausschliesslich eine Sache zwischen Männern und Frauen gewesen, sondern es seien auch sonst »dubiose Sachen abgegangen«. Es habe immer Leute gegeben, die »ihre eigene Suppe kochten, auf eine Art«, die primär ihre eigenen Interessen verfolgt hätten. Dennoch seien es in erster Linie die geschlechterdifferenzierenden Asymmetrien gewesen, die die Frauen veranlasst hätten, sich ihr eigenes Haus zu suchen. Die Widersprüche zwischen Männern und Frauen akzentuierten sich im Zaff so stark, dass der Entscheid, sich gänzlich aus der gemischten Szene zu verabschieden, kontinuierlich herangereift sei. Es habe in dieser Beziehung zwischendurch »chlei gharasslet«[6], wobei Nicole Studer den wichtigen Hinweis macht, dass der Geschlechterkonflikt nicht ein Konflikt war, der lediglich zwischen den Geschlechtern verlief, »zwischen den Typen und uns«, sondern durchaus auch innerhalb der Frauengruppierungen:

»... es hat einfach auch Frauen gegeben, die diesen Widerspruch nicht so stark empfunden haben wie ich.«[7]

Dies führte dazu, dass die Auseinandersetzung um die Geschlechterdifferenz auch in der Frauenhausbesetzung eine Fortsetzung fand. Weil die Geschlechterdifferenz das eigentliche Konstitutiv der sich abspaltenden Frauengruppen ausmachte, war ihre Diskussion existentieller Natur. Das hieß auch, dass die Widersprüche der gemischtgeschlechtlichen Seinsweise im exklusiven Frauenkontext neu aufgelegt und in aufreibenden Debatten zu bewältigen versucht wurden. Nachdem die Villa an der Gutenbergstraße besetzt war, galt es, den neuen HandlungsRaum im Sinne eines exklusiven FrauenRaums inhaltlich

---

5 Luhmann bezieht die Atmosphäre in das Modell der Herausbildung von Raum mit ein, und Giddens hält es für einen wichtigen Faktor bei der Konstitution von Raum. Unter diesen Bezugnahmen begreift Martina Löw Atmosphäre als den über Wahrnehmung hergestellten Raumbezug, der sich aus der inszenierten Platzierung von sozialen Gütern und Lebewesen sowie der habituellen Synthese ableitet (Löw 2001, 229).
6 [Ausdruck nahezu unübersetzbar, sie kokettiert mit der anschaulichen, zurückgenommenen Form, sinngemäss etwa: es stoben ein wenig die Funken; es gab kleine Reibungen. »Harassen« sind Getränkekästen, die aufgestapelt werden können. Wenn diese Türme einstürzen, erzeugen sie ohrenbetäubenden Lärm – das scheint mir der Kern des von Nicole Studer verwendeten Verbs zu sein.]
7 Nicole Studer

zu situieren. Dies führte dazu, dass die Träume vom Traumhaus beinahe vorzeitig ausgeträumt waren.[8]

Tanja Wegmüller, die derzeit in einer gemischten Gemeinschaft in einer besetzten Liegenschaft lebt, empfindet den Widerspruch zwischen den Geschlechtern als heftig. Befragt nach der Geschlechterdimension und der Gruppenzusammensetzung, wird ihre Erzählung von den hausinternen Entscheidungsfindungsprozessen äusserst lebhaft. Fast wie aus einem Ventil, das sich gelöst hat, strömen mir ihre Schilderungen entgegen. Sie skizziert die wöchentlichen Sitzungen als ein Schema von eingespielten, ja festgefahrenen Dominanzstrukturen, welche durch »das gleiche Gemöögge und Gehässel und so«[9] zum Ausdruck gebracht werden:

»... für mich ist einfach irgendwie das, das Klima auch sehr so wie, männlich definiert, eigentlich fast, und das nervt mich, das ist jetzt für mich zum Beispiel ein Punkt, den ich diskutieren möchte, und der nicht diskutiert werden kann. Also wo ich, wo mich zum Beispiel sehr, sehr stört, dass die Frage eigentlich, eigentlich nicht zur Sprache kommt. An einer Sitzung, wo man zum Beispiel einander einfach immer dreinschnurret[10], wo irgendwie, der, der am lautesten mööggen[11] kann, und es ist immer der, es ist nicht die, halt einfach redet, und wenn er dreinreden will, dann redet er halt drein, und weil er lauter ist als alle anderen, da hört man ihn halt auch, dann hört man ihm auch zu.... Kann ich, das ist für mich eigentlich nicht richtig, ich möchte das anders haben, ich möchte irgendwie eine andere – Art von Sitzungen haben, ich weiss nicht, für mich ist das irgendwie zum Teil auch, sehr so, aggressiv. Und nicht [ein Wort unverständlich], das ich nicht so haben möchte. Und, es ist auch irgendwie für mich selbst, wenn ich merke, dass ich mich, um irgendwie mich zu behaupten und es trotzdem noch durchzusetzen, jetzt mich, mich dem anpasse. Also das heisst, wenn ich selbst nachher auch anfange, irgendwie, rummackere, das heisst, irgendwie, so, irgendwie selbst zu mööggen beginne. Das Gefühl habe, nein, ich will nicht mich übermööggen lassen, das ist irgendwie das, was ich gar nicht will. Das heisst ich will nicht, wie vergleichen, irgendwie noch mithalten zu können, auf der gleichen Schiene fahren. Das nervt mich nachher, wenn ich merke, dass man es so machen kann, und ich möchte es eigentlich lieber, irgendwie unsere, unsere ganze Geschichte anders gestalten.«

In ihrer Aussage platziert Tanja Wegmüller eine Reihe von Negativsätzen. Ihr Unwohlsein nimmt dadurch geradezu plastische Formen an. Über sprachliche Formen wie »ich möchte das anders haben«, »das ist für

---

8   Zu den umstrittenen Fragen gehörten die Differenz zwischen Müttern und Nichtmüttern und mit den Männerbesuchen auch jene zwischen Lesben und Heteras. Die Einzelheiten sind in den Analysen im Kapitel 14 dargelegt.
9   [Das gleiche Rumgeschreie und die Anöderei und so]
10 [Drein schwatzt]
11 [Rumschreien]

mich eigentlich nicht richtig«, »ich möchte irgendwie eine andere – Art von Sitzungen«, »ich möchte es eigentlich lieber« windet sie sich. Ihr Widerstreben gegenüber der Struktur, die sie letzlich mitverantwortet, wird nachvollziehbar. Gleichzeitig ist diese Positionierung im Negativen eine deutliche Defensive, sie konfrontiert die Situation nicht, es ist eher eine verzweifelte Haltung, ein Rückzug, ein Ansatz von Resignation gegenüber dem Strukturprinzip Geschlecht und seinen Ausdrucksformen. Dass der HandlungsRaum der wöchentlichen Haussitzungen so stark der Inszenierung von Männlichkeit und, als ihr unartikuliertes und dennoch angerufenes Gegenstück, auch von Weiblichkeit dient, empfindet Tanja Wegmüller als frustrierend.[12]

Das männlich dominierte Klima erlebt Tanja Wegmüller besonders deutlich im Rahmen der Sitzungs- und Gesprächskultur. Sie fühlt sich zusätzlich dadurch eingeschränkt, dass der störende Punkt nicht diskutiert werden kann. Warum das so ist, lässt sich dem Gespräch nicht entnehmen. Offenbar ist die Gruppe noch nicht so weit gediehen, dass sie sich diese Gesprächskultur zum Thema gemacht und kontinuierlich daran gearbeitet hätte, wie es aus Beispielen früherer Besetzungen bekannt ist. Zudem liegt die Thematisierung der Geschlechterdifferenz – »es ist halt auch so einfach so in diesen Kreisen«[13] – weniger auf der Hand, als ich mir das vor meinen Gesprächen vorgestellt hatte. Oft werden entstehende Debatten darüber abgewürgt, weil sich die beteiligten Männer und Frauen ein Selbstverständnis zugelegt haben, das sie diskursiv ausserhalb des gesellschaftlichen Mainstreams und damit auch ausserhalb der hegemonialen Geschlechternormen platziert. Damit schwindet ihre Aufmerksamkeit für die Art und Wirkungsweise geschlechterdifferenzierender Mechanismen, denen sie gleichwohl unterliegen. Die Diskussion über die eigene Involviertheit in vergeschlechtlichten Strukturen und Handlungsweisen wäre gleichsam ein Zugeständnis. Die habituelle Geschlechterordnung aus dem Routinehandeln herauszulösen, stellt das Misslingen des ›alternativen‹ Selbstentwurfs ins Scheinwerferlicht und wirkt für die Gruppe widersprüchlich. Dies dürfte für das individualisierte Selbstverständnis Jugendlicher der Jahrtausendwende ganz besonders gelten, wo die Verletzung des Egalitätsanspruchs subtil daherkommt und eine kulturelle Angleichung der Geschlechter stattfindet. Diese Angleichung wird in der Mode über das Androgynitätsideal zum Ausdruck gebracht.

Unter den Beteiligten der 80er Bewegung befanden sich zahlreiche Frauen aus der Frauenbewegung. Diese und mit ihnen jüngere Frauen stolperten ziemlich schnell über männliche Dominanzansprüche in der Szene, und es waren auch damals die Sitzungen, auf denen sich die Konfliktlinien abzeichneten.

---

12 Die zahlreichen »irgendwie« sind charakteristisch für Tanja Wegmüllers Sprache (220 Mal auf 8000 Wörter).
13 Christa Werfel

»Der Anspruch der Typen, sie wüssten über pers. [sic] wie auch politische Bedürfnisse der Frauen Bescheid und könnten diese den noch ›unbewussten‹ Frauen vermitteln und jene, die ›nur‹ auf Frauenkampf abfahren, hinunterholen, ist auch in unserer *scean* anzutreffen.«[14]

Die inszenierte Kultur der Männlichkeit zu verurteilen und den Dominanzanspruch der männlichen Anführerfiguren in Frage zu stellen, bedeutete für Frauen allerdings eine massive Exponierung im Bewegungskontext. Dies wäre gewiss keine Gelegenheit, sich Lorbeeren zu holen. Wer sich durchsetzte, war eine Frage des »Powers«:

»Man ist, es hat ja när[15] auch immer in der Reitschule so genannte VVs gegeben, Vollversammlungen, und an diesen ist einfach das Zeugs debattiert worden und die, blöd gesagt, die ein wenig am lautesten oder eh, am meisten Power gehabt haben, man hat immer vom Power geredet, die haben dann nachher auch ein wenig gesagt, wodüre.«[16]

»Power« war geschlechtsspezifisch verteilt. Zahlreiche Spuren der geschlechterbezogenen Auseinandersetzungen sind in den Dokumentationen der Bewegungen hinterlegt. Das Rollenverhalten, das den sich in der Bewegung herausgebildeten Männlichkeits- und Weiblichkeitskonstruktionen entspricht, manifestiert sich anhand des in der Versammlung vertretenen Politikverständnisses. Im Kontext der 80er Bewegung hätte sich wohl jeder und jede, der oder die Geschlecht als essentialistische Zuschreibung fassen wollte, ins Abseits manövriert. Der Absatz illustriert jedoch deutlich, dass sich zwar der Sozialisationsansatz, nicht aber das von der damaligen Frauenbewegung portierte Politikverständnis, repräsentiert im Aphorismus *the personal is political*, durchgesetzt hat. Besonders augenfällig ist die Abwertung, mit der die mit der Weiblichkeitskonstruktion verknüpften Themenbereiche einhergehen. Mit der Abwertung entziehen sich die Männer der ernsthaften Diskussion derjenigen Anliegen, die die Frauen als wichtig erachten.

Die Strategie, Einwände gegenüber eingespielten Dominanzstrukturen oder die Diskussion über die Formen des Zusammenlebens als »Frauenkram« abzuwerten, haben Koppetsch und Burkart in ihrer Studie zu Paarbeziehungen für das individualisierte Milieu nachgewiesen (1999). In Abgrenzung zum traditionellen und familialistischen Milieu fassen Koppetsch und Burkart im individualistischen Milieu vor allem jene Paare, deren Partner und Partnerinnen sich als emanzipiert verstehen und je ihre eigenen Berufskarrieren verfolgen. Ein wichtiges Konstitutiv im Selbstverständnis jener Paare ist die Gleichberechtigung innerhalb der Beziehung. Anhand ihrer Fallbeispiele weisen die Soziologen einschlägige diskursive Strategien

---

14 Berns Widerstand in der Krise, undatierter Text, ca. 1985, Privatarchiv
15 [Nachher]
16 [Wo's langgeht], Lorenz Hostettler

sowie Handlungspraktiken nach, die bei genauer Betrachtung dem Gleichstellungsideal zuwiderlaufen. Eine dieser Strategien ist die permanente Abwertung von traditionell den Frauen zugewiesenen Tätigkeitsfeldern und damit die Verweigerung, sich der Diskussion um das Engagement im Haushalt, um das Wohnen und um die Organisation der damit verbundenen Tätigkeitsfelder zu stellen (Koppetsch und Burkart 1999).

Die im Protokollauszug repräsentierte Haltung versteht Politik im bürgerlichen Verständnis der Öffentlichkeit. Politik bleibt exklusiv, aber nicht, weil die Frauen davon ausgeschlossen werden, sondern weil der Politikbereich durch die Männer eng definiert wird. Diese Konfliktlinie steht nicht nur für die Geschlechterdifferenz, sondern wurde in der Szene immer wieder aufgeworfen. Im Akt des Besetzens wird ebenso eine Überführung des Privaten ins Politische vorgenommen, wie das die Frauenbewegung etwa bei der Abtreibungsfrage vorgemacht hatte. Das Wohnen, das private Leben, der eigene Raum, das Zuhause werden zur Debatte gestellt. Von der Bewohnerin zur Besetzerin zu werden heisst auch, sich zu entblößen und verletzlich zu werden. Dies kommt daher, dass um besetzte Liegenschaften Sicherheitsprobleme mit nicht kontrollierbaren Szenegängern und Szenegängerinnen, mit der Polizei oder mit der Nachbarschaft entstanden und dass Tag und Nacht Personenkontrollen und der gewaltsame Rausschmiss drohten.[17] Vorsichtshalber packten die Besetzer und Besetzerinnen jeden Morgen ihren Rucksack und rollten den Schlafsack ein, um bei unliebsamen Überraschungen wenigstens ein paar Habseligkeiten mitnehmen zu können.[18] Hier zeigt sich die Erfahrung, fehl am Platz zu sein – keinen Platz zu haben – unmittelbar. Zwar bestand genau darin die Strategie der Besetzer und Besetzerinnen. Sie verliessen den ihnen zugewiesenen Platz, um sich einen neuen Platz zu erstreiten, sie manövrierten sich in die Ortslosigkeit, ja Heimatlosigkeit – *placelessness* (Cresswell 1996) – hinein. Am Bild des eingerollen Schlafsacks illustriert sich das Zitat von Osborne und Rose deutlich. Sie bringen Subjektivierungsprozesse konstitutiv mit Verräumlichung in Verbindung: »The fashioning of ourselves as humans is accomplished, in part at least, by the fashioning of our intimate spaces of existence« (Osborne und Rose 2004, 209).

Häuser Besetzen kehrt das Intime nach draussen, die gewählte Form des Lebens und der Gemeinschaft sind exponiert und wollen explizit werden – und werden dabei schonungslos gegen den hegemonialen Diskurs gerichtet.

---

17 Nicole Studer, Sandra Feller
18 Vera Berthoud

16.1.3 Symbolische Markierung von Geschlecht

Konstruktionen von Männlichkeit und Weiblichkeit sind ein wichtiger Gestaltungsfaktor innerhalb der von der Bewegung reklamierten HandlungsRäume. Erweiterungen und Verschiebungen von Geschlechterkonstruktionen und damit auch von Geschlechterrollen schienen möglich: Die entsprechenden TatOrte wurden zumindest mit dem Versprechen dafür belegt. Dennoch bedeutet die Errichtung neuer HandlungsRäume immer auch neue Identifizierungen, Markierungen und Grenzziehungen. Über diese Markierungen und die möglichen Verschiebungen der Grenzen zwischen den Geschlechtern im ›alternativen‹ Kontext schreibe ich in Kapitel 16.1.3.

Eine wichtige Auszeichnung des männlichen Bewegungshabitus war, gemäss meinen Gesprächspartnern und Gesprächspartnerinnen, die sprichwörtliche *coolness*.

»Viel Leder, spitze Schuhe und verächtliche Blicke auf die scheinbar Schwächeren festigen den Panzer der *coolness*, der offenbar nötig ist, um die wacklige Identität aufzumöbeln, Selbstsicherheit vorzutäuschen.«[19]

Männlichkeit assoziierte sich nahtlos mit der habituellen *coolness* und ihren Emblemen aus Leder und Metall, auch wenn nicht ausschliesslich Männer die schwere Kluft trugen. Frauen wie Helene Ineichen ordneten sich ebenso der »Lederjackenfraktion« zu. Helene Ineichen setzte die raue Symbolik mit dem radikalsten politischen Programm gleich:

»Aber in dem Teil, wo ich mich hingezogen fühlte, oder der mich interessierte, das war sicher der Teil, der am radikalsten Grenzüberschreitungen gemacht hat, in diese Richtung. (…) Und ich war eigentlich so in der Fraktion mit Lederhosen, und Lederjacken, und immer schwarz, und kurze Haare [lacht].«

Geschlecht manifestierte sich also nicht nur über das Gesprächsverhalten, wie es insbesondere in den VVs zum Ausdruck kam, sondern auch an den Symbolen, mit denen sich die Angehörigen der Bewegung ausstatteten. Regula Keller erlebte diese Verpflichtung zur *coolness* als einen Verrat an ihrem eigenen Entwurf von Weiblichkeit:

»Cool muss man sein. Lederjacke muss man tragen, oder, und ehm, dort, das hat mich ja auch immer so aufgeregt, oder, dass man so cool sein muss, im Leben. Weil das Leben ja überhaupt nicht cool ist, weil das Leben ja überhaupt nicht cool ist. Weißt du, dort ist irgendwie so eine komische Arroganz dahintergesteckt, oder, wo wir Frauen, viele von meinen Freunden und Freundinnen, wo wir Frauen viel … versucht haben, anzukämpfen dagegen, und keine Chance gehabt haben, keine Chance gehabt haben. Weißt du, wo es wirklich wiederum, um das Weibliche, um das Weiche, um das Yin, das Yin und das Yang, natürlich,

---

19 Berns Widerstand in der Krise, undatierter Text; ca. 1985. Privatarchiv H.E.

aber ehm, oder um die männlichen Anteile im Frausein drin, ganze Sexualität, Homosexualität, lesbisch sein, Transsexualität. Alles, weißt du, dort, ist auch die *coolness*, gopfertelli[20] weißt du, auch, wie wir da wirklich angekämpft haben gegen dieses Coolsein und eigentlich keine Chance gehabt haben, weißt du, mit, mit weich sein, mit gränne,[21] mit sein, wie wir sind, mit loslassen, mit, weißt du, das sind ja alles weiche Anteile.«[22]

Regula Keller schildert hier den frustrierenden Prozess, wie sie als Frau permanent gegen die hegemoniale Kultur der Männlichkeit in den bewegten HandlungsRäumen anrannte – drei Mal formuliert sie ihre Chancenlosigkeit gegen den Imperativ der *coolness*. Hier zeigt sich das Muster der Diskussionsverweigerung: Die Männer besetzten das Terrain nicht, welches Regula Keller im Zitat entwirft. Die »weichen Anteile« spielten keine Rolle für das kulturelle Kapital, das jemand in der Bewegung inne hatte. Die Folge war, dass diese abgewertet und die damit zusammenhängenden Fragen dem politischen Anliegen untergeordnet wurden. Es war die männliche Ausweichstrategie, die die Frauen ins Leere laufen liess, bis sie sich für eigene HandlungsRäume entschlossen. Die identitätspolitische Logik, die diesem Schritt zu Grunde liegt, machte künftige Annäherungen sowie Verhandlungen über die Geschlechterbeziehungen in den Bewegungsräumen schwierig.

Die Bewegung verstand sich auf Symbolik und arbeitete stark über visuelle Markierung. Der Aufsehen erregende Bekleidungscode ging mit der gesamtgesellschaftlichen Kritik einher. Die Symbolik war bei Punk angelehnt, die kulturelle Strömung, die die 80er stark infiltrierte. Die Botschaft, die in diesem Auftreten transportiert wird, enthält primär und ultimativ das Postulat der Abgrenzung von der Herkunftsgesellschaft. Äusserlich mochten sich Männer und Frauen im Rahmen dieses Looks zwar angleichen, denn sowohl für Haarstile Tätowierungen und Piercings gab es keine geschlechterdifferenzierenden Vorbilder mehr. Die Modi der Zusammenarbeit, der Organisation und des Zusammenlebens jedoch blieben der äusseren Form zum Trotz geschlechterdifferenzierend angelegt.

Der Auftritt der Bewegung änderte sich ab den frühen 90er Jahren. Die Kleidung wurde unauffälliger, wenn auch keineswegs weniger codiert, die Symbolik war nicht mehr so hart. Der Retrochic der 70er hielt Einzug: Mit Adidastrainingsjäckchen, immer leicht schmuddelig mit filzig wirkenden Frisuren und mit dem betont schmächtigen, kindhaften, bleichen Auftreten setzte sich die jüngere Generation vom gestylten und rüpelhaften Auftritt der 80er Bewegung ab. Die Leute in der Reitschule unterwarfen sich einem körperlichen Ritual für die Stiftung des Kollektivs. Gleichzeitig demonstriert die asketische Praxis die Hingabe an das Projekt Reitschule, welches mitunter totalitäre Züge annahm. Dünn sein

---

20 [Gott verdammt, leicht abgeschwächt]
21 [Weinen]
22 Regula Keller

kann als Ausdruck für bestimmte Geschlechterkonstruktionen gelesen werden. Während sich die Männer dadurch visuell einer neuen Form der Männlichkeit zugehörig zeigten, dürfte die Position der Frauen ambivalenter gewesen sein. Zwar protestierten die Frauengruppen aus dem Reitschulumfeld gegen sexistische Werbeplakate und superdünne Models, mit denen grosse Bekleidungsketten in den 90er Jahren Werbung betrieben. Gleichzeitig passten sich viele dem ›alternativen‹ Dresscode an und kauften ihre Kaputzenjacke Grösse XS im einschlägigen Secondhand-Laden.[23]

Neben der körperlich-symbolischen Konstruktion von Geschlecht wurde in der sprachgewaltigen Bewegung geschlechtliche Zugehörigkeit namentlich über die Sprache und das Reden konstituiert. Auch die Selbstbestimmung, elementares Konstitutiv der gesamten Wohnnot- und Besetzungsbewegung, wird über die nichtdiskutierbaren, unheimlichen Sprech- und Gesprächsregulative unterlaufen. »Das ich nicht so haben möchte«[24] – das Eingeständnis, nach einer schwierigen Interviewpassage, in der Tanja Wegmüller um Worte rang. Was zeigt, dass die symbolische Ordnung so tief sitzt, dass sie die Sprache nur schwer findet. Tanja Wegmüller weist darauf hin, wie viel Arbeit Selbstbestimmung bedeutet und wie einseitig diese Arbeit oder zumindest die Lancierung dieser Arbeit verteilt ist. Sie macht unter anderem die zahlenmässige Unterlegenheit der Frauen für die Situation verantwortlich, eine Unterlegenheit, die über geschlechterkonstituierende Verhaltensmuster verstärkt wird:

»Und, ich habe irgendwie schon das Gefühl, dass es irgendwie damit zu tun hat, dass irgendwie viel weniger Frauen dort sind als Typen. Weil, wir sind fünf Frauen, und drei davon sind zum Beispiel sehr ruhig. Also, die äussern sich nicht viel. Die sind irgendwie, äusserlich schon, aber sie lassen sich übermööggen[25], und sie, sie sagen nachher auch, ja, irgendwie, wenn das so ist, dann habe ich einfach keine Lust mehr, zu reden, da schweigen die lieber.«[26]

Wenn die einen Frauen lieber schweigen, bleibt das Reden den anderen Frauen überlassen, die dann noch weniger sind. Die stereotypen Rollenmuster setzen sich in diesem jungen Besetzungskontext unerbittlich durch.

16.1.4 Ambivalente Geschlechterkonstruktionen

Im folgenden Teilkapitel gehe ich darauf ein, wie Angehörige der ›alternativen‹ Bewegung ihre geschlechtliche Zugehörigkeit in der Ambivalenz verhandeln und aus der Prägung der geltenden Strukturen Alternativen entwerfen.

---

23   Carmen Ríos
24   Tanja Wegmüller
25   [überschreien]
26   Tanja Wegmüller

»In diesen Kreisen«[27], die den radikalen, neuen Gesellschaftsentwurf in sich tragen, sind Geschlechterkonflikte an der Tagesordnung. Besetzer und Besetzerinnen erheben den Anspruch, alternative Formen des Zusammenlebens zu (er-)finden, stereotypen Geschlechterrollen begegnen sie daher mit einer Mischung aus Verdrängung und Interesse. Diese Ambivalenz rührt daher, dass die Aktivisten und Aktivistinnen im Kampf um ›alternative‹ Räume für den Glauben anfällig sind, sie könnten sich mit ihrem Engagement dem hegemonialen Diskurs entziehen, ihre vergeschlechtlichte Seinsweise ebenso wie etwa die Einbindung in ein reguläres Arbeitsverhältnis sozusagen abstreifen, sich gegen die bürgerliche Normalität entscheiden wie gegen das Tragen eines bestimmten Kleiderlabels. In den Worten eines jungen Aktivisten:

»Also an und für sich hat man den anti-sexistischen Anstrich in der autonomen Szene.«[28]

Die Geschlechterdimension wird, sobald sich so etwas wie ein normalisiertes Leben an den TatOrten einzuspielen beginnt, an die Oberfläche gespült, und dies bei vollständigem Fehlen von Strategien, wie sich die Gruppe dem gegenüber verhalten soll. Valentin Reusts Zitat macht deutlich, dass sie bisher kaum eine Haltung zu der Frage entwickelt, sondern sich lediglich den passenden »Anstrich« gegeben hat. Die Geschlechterdimension ist Verhandlungsgegenstand, sie ist ein Strukturprinzip (Löw 2001, 227)[29] des im Bewegungskontext entworfenen HandlungsRaums ebenso wie jedes anderen HandlungsRaums. Geschlecht ist mehr als eine Eigenschaft. Gerade weil Geschlecht etwas ist, das man tut und das sich in diesem Tun immer wieder herstellt, lässt es sich nicht abstreifen. Als Strukturprinzip, wie Martina Löw es nennt, durchdringt Geschlecht ebenso wie Klasse jeden Ereignis- und Handlungszusammenhang (Löw 2001, 227). Geschlecht als Modus der Existenz haftet an den TatOrten. Die HandlungsRäume, die sich Frauen und Männer erschliessen, sind bezüglich des Geschlechts keine Leerräume. FreiRäume sind nicht frei von Geschlechterdifferenz.

Zu einer Veränderung geschlechterdifferenzierender Strukturen wird Geschlechterarbeit notwendig, es wird »organisiertes Umlernen« abverlangt, wie Löw schreibt (Löw 2001, 227). Valentin Reust glaubt im Rückblick, dass innerhalb des Kollektivs, dem er als junger Besetzer angehört, erfolgreich Geschlechterarbeit betrieben worden sei. Jedenfalls beschreibt er die Distanz zu vorher, als sich die Gruppe noch nicht mit Geschlechterthemen auseinandergesetzt hatte, als gross:

---

27 Christa Werfel
28 Valentin Reust
29 Und im Gegensatz zu einer Strukturkategorie meint Löw hier ein Ordungsprinzip, das in ausnahmslos jeder sozialen Praxis zum Zug kommt.

»Da ist zum Beispiel, also so eine Gruppe nochmals erleben, so wie sie war, ganz am Anfang, dann würde ich finden, ah, das ist ja ein heterosexistischer Scheisshaufen... [grinst]... und so... Ja. So.«

Über verschiedene Auseinandersetzungen und Begegnungen hat die Gruppe ein offeneres Verhältnis zu der Geschlechterproblematik entwickelt und ihre eigene, heteronormative Verfasstheit kritisch hinterfragt. Dazu gehörten der Austausch der jungen Besetzer und Besetzerinnen mit Menschen, die über mehr Lebenserfahrung verfügten, die Diskussion von Homo- und Bisexualität sowie die Auseinandersetzung mit Geschlechtertheorien. Unter anderem besuchten die jungen Besetzer und Besetzerinnen im Bestreben, sich der Frage der Geschlechterdifferenz zu stellen, auch ein *Queer*-Festival in Berlin.[30]

16.1.5 Sexuelle Differenz. Schwule und Lesben im Reitschulkontext

In diesem Abschnitt erörtere ich das Engagement von homosexuellen Aktivisten und Aktivistinnen in der Bewegung. Die HomoAG konstituierte sich nach der zweiten Besetzung der Reitschule zu Beginn der 90er Jahre als eigenständige Arbeitsgruppe. Dadurch wurde ein sichtbarer homosexueller HandlungsRaum entworfen, der Anlass zur Auseinandersetzung mit Homosexualität bot.

Zu Beginn der 90er Jahre, als die Reitschule das Erbe der ehemaligen 80er Bewegung angetreten hatte, bildete sich erstmals eine homosexuelle Aktionsgruppe im Reitschulkontext. Die HomoAG vertrat die Anliegen der Lesben und Schwulen in der Reitschule und war für die Integration homosexueller Themen innerhalb des Reitschulrahmens besorgt. Es ging nicht um eine homosexuelle Aufklärung oder um einen Gruppenprozess in der Gesamtreitschule. Trotzdem wurde das Verhältnis zu und das Verständnis von Homosexualität seit der Entstehung der Gruppe stark von ihr aus gesteuert. In der Gruppe selbst gab man sich exotisch und wurde auch gerne so wahrgenommen. Den Homo-Anlässen eilte in Bern der Ruf legendärer Partys voraus, was genügte, um im Reitschulzusammenhang als suspekt zu gelten. Das vorherrschende Politikverständnis unterlag einer protestantischen Ethik. Wer zu wenig Ernsthaftigkeit an den Tag legte –, und dazu zählten jene, die ihr Engagement vor allem durch Veranstaltungen, Feste, Partys und Discos, die sie organisierten, definierten – genügte dem im Reitschulkontext definierten Politikbegriff nicht. Die sich als politisch verstehenden Reitschüler und Reitschülerinnen hielten sich an die politisch orientierten Schwulen und Lesben, die zu Prototypen der Kategorie schwul beziehungsweise lesbisch stilisiert wurden:

---

30 Valentin Reust

»Was es mir natürlich auch gegeben hat ist ja, auch das Selbstbewusstsein, das ich entwickeln durfte als schwuler Mann in der Reitschule, bin natürlich auch sehr herausstehend gewesen, als schwuler Mann. Bin dem entsprechend auch so ein bitzeli[31] als Pegel angeschaut worden, was ist ein schwuler Mann, ›ja, das ist so wie der‹.«[32]

Es sind denn auch die politisch engagierten Schwulen und Lesben, die meine Gesprächspartner und Gesprächspartnerinnen waren. Zwischen der »Glamour«-Fraktion und den sich ein politisches Selbstverständnis gebenden Schwulen und Lesben bestand ein Graben, der zwar über die gemeinsame Lancierung des Homo-Fests temporär überbrückt, letztlich aber niemals ganz zugeschüttet werden konnte. Es spalteten sich Fraktionen ab, und die angestrebte Integration von heterosexuellen Mitgliedern in die HomoAG scheiterte:

»Ja. Und nachher hat es die lesbische Fraktion gehabt. Und am Anfang hat es auch noch so ein paar verirrte Heteros gegeben. Also die, die sich irgendwo *queer* genannt haben und so eine Zeit lang mitgemacht haben und sich dann trotzdem diskriminiert gefühlt haben, und so. Wir wollten offen sein für Heterosexuelle und andere, und das ist eigentlich eine Hauptidee gewesen. Und natürlich ist das Antidiskriminierung, das hin zu bringen.«[33]

Liliane Kaspars Aussage deutet auf die zahlreichen Aushandlungen hin, in welche die Gruppen involviert waren. Wie sich zeigen sollte, war die Positionierung innerhalb der Reitschule ein schweres Stück Arbeit. Dazu kam die Konstituierung der Gruppe für sich. Der Zusammenschluss von Schwulen und Lesben hatte in Bern keine Tradition und erwies sich als glattes Terrain. Mit dem Postulat, grundsätzlich für heterosexuelle Personen offen zu sein, stellte die HomoAG einen Anspruch an sich selbst, der die gruppeninterne Interessenlage heterogener und damit schwieriger verhandelbar machte. Die Integration der HomoAG in der Reitschule war jedenfalls von Anfang an mit Auflagen behaftet, die sowohl aus der Gruppe selbst wie auch aus dem Umfeld stammten. Dazu gehörte beispielsweise, dass der Gruppe kein eigener Raum zugeteilt wurde. Dies war für den Status der Gruppe entscheidend. Zu den selbstverfügten Auflagen gehörte die Zurückhaltung, die die Mitglieder der HomoAG den eingefleischten Reitschulstrukturen entgegenbrachten. Sie begriffen sich auch nach einigen Jahren der Zusammenarbeit als Aussenstehende.

Den Anfang seines Engagements in der Reitschule ruft sich Manuel Frey wie folgt in Erinnerung:

---

31 [Ein wenig]
32 Manuel Frey
33 Liliane Kaspar

»Im 91, das haben wir dannzumal quasi als externe Gruppe gemacht, das zweite[34] im 92 haben wir auch noch als externe Gruppe gemacht, und nachher haben wir uns als, ehm, Reitschul-AG definiert und sind dort quasi eigentlich aufgenommen worden, mit einem Sonderstatus. Also weil wir hatten ja keinen eigenen Raum, und alle anderen AGs sind eigentlich über ihre Räume definiert gewesen. Von daher waren wir so ein, ja, Geklüngel[35], die in verschiedenen Räumen, ja, quasi das nutzte. Dementsprechend auch auf das Wohlwollen von den einzelnen AGs angewiesen waren. Und, ja hatten dadurch also schon einen gewissen Sonderstatus. Also einerseits wieder die Definition, also die sexuelle Definition, und, das zweite eben mit dem Raum, das nicht stattgefunden hat, und, ja, sind dadurch eigentlich immer chli … ja auch chli schräg angeschaut worden von gewissen Leuten natürlich, also, ja was ist quasi die Berechtigung, irgendwie in der Reitschule drin zu arbeiten, wenn man sich über eine sexuelle Definition definiert. Das hat schon so gewisse … Kopfsachen bei gewissen Leuten ausgelöst.«

Die Position der HomoAG war in vielfacher Weise ambivalent. Nicht nur war die Gruppe »auf das Wohlwollen« der tonangebenden Kräfte angewiesen, sie war zudem ohne ihren eigenen Raum ausschliesslich über ihre sexuelle Orientierung definiert. Sie durfte sich mit Genehmigung der zuständigen Gruppe in den Arbeitsräumen der übrigen AGs treffen. Diese Situation ohne Raum, ohne Gruppenraum, spricht Bände. Die »Kopfsachen«, die dadurch bei »gewissen Leuten« ausgelöst wurden, dürften im Zusammenhang mit dem in der Reitschule dominierenden Politikverständnis gelesen werden. Dieses Politikverständnis zeichnet sich durch eine Konzentration auf politische Themen in einem engen Sinn aus. Wie diese Themen definiert wurden, ist eine der Undurchsichtigkeiten der hierarchischen Strukturen innerhalb der Reitschule. Wohnpolitische Themen etwa gehörten dazu, internationale Solidaritätskundgebungen auch und alles, wofür man eine Demonstration organisieren konnte. Was jedoch klar vom politischen Interesse abgegrenzt wurde, waren kulturelle Veranstaltungen und darunter insbesondere Discos. Liliane Kaspar jedenfalls bringt die unsichere Stellung der HomoAG mit diesem Politikverständnis in Verbindung:

»Und das ist unterschiedlich gut gelaufen. Zum Teil wurden wir auch diskriminiert, also weißt du, unsere Dinge, die wir eingeschrieben haben, sind zum Teil durchgestrichen worden, weil wir zu unpolitisch sind. So unsere Idee, die ganz ursprüngliche Idee war, ehm, Lesben und Schwule zusammenzubringen, die haben seinerzeit gar nichts zu tun gehabt zusammen. Aber auch mit Heterosexuellen. Und das an Festen, dass du einfach mal zu-

---

34 Die Rede ist vom Homo-Fest.
35 Manuel Frey
36 [Zusammen schwatzst]
37 [Ein wenig]

sammen schnurrst,[36] dass du einander mitbekommst, und so chli[37], die Vorurteile abbauen, und das hat ganz viel, ist über Disco gelaufen, das ist ein Teil gewesen. Und das haben eben viele sehr, ehm, unpolitisch gefunden.«

Das Konzept des Politischen steht im Zentrum. In der Reitschule war die politische Dimension von Sexualität offenbar noch nicht entdeckt worden. Stattdessen tolerierten die massgeblichen Kräfte die Aktivitäten der HomoAG in der Reitschule, ohne diese wirklich zu unterstützen. Das Zusammentreffen der verschiedenen Reitschulfraktionen mit den homosexuellen Aktivisten und Aktivistinnen hat eher den Nimbus des Unvermeidlichen als jenen des Zielgerichteten.

In der HomoAG selbst sorgte das gemeinsam verfolgte Ziel für die Überbrückung der Schwierigkeiten, die die Zusammenarbeit einer Gruppe bietet, welche als gemeinsamen Nenner vorerst einzig die gleichgeschlechtliche sexuelle Orientierung mitbringt. Liliane Kaspar erinnert sich:

»Also es hat mal eben die Fraktion T.W. gegeben, und das war eine Mischung zwischen, ehm, Lust am Provozieren, vor allem auch sexuell provozieren, und, ehm, zumindest mit dem T.W., mit ihm habe ich am meisten geschnurrt[38], auch Menschenliebe. Und sie sind sicher auch mehr so chli aus dem Künstlerischen gekommen, ich weiss nicht, kennst du den T.W.? [verneint] Das ist ein ehm, Coiffeur, der auch auftritt, zum Teil auch als Transe, und sie waren so ein Dreier, so ein Trio gewesen, ›Der,die, das‹ [ja]. Da war L.A. noch, die Transsexuelle, die unterdessen Selbstmord gemacht hat, und R.F., und die R.F. hat unterdessen, ist er, ehm, SM-Prostituierter [mmh], und das Ganze sagt vielleicht etwas aus über diese Gruppe. Und dann ist noch der A.V. dabei gewesen, der unterdessen an Aids gestorben ist. Und dessen Freund, das sind einfach so die, die, ehm, glamourösen Schwulen gewesen. Etwas auffallend und sexuell und auch so etwas, jetzt tut doch nicht immer so prüd, und so Sachen, wie. Sie wollten immer ihre, ihre Schwänze auf Plakaten haben, oder, und nachher haben wir gefunden, wir Frauen, he, ehrlich, ich mag doch nicht immer einen Schwanz sehen, und nachher haben sie zum Ausgleich, haben sie Brüste draufgetan, dass wir, völlig verruckt[39] worden sind, das ist doch kein Vergleich, und, und so. Das ist eine Fraktion gewesen. (…) Und es sind viele auch, stark bedrogte[40] Leute gewesen. Also, die halt dauernd mit Ecstasy und weiss nicht mit was allem. (…) Aber der C.H. war, er war schon auch ein Provokateur, mehr als ich. Aber ehm, auf eine andere Art, nicht auf die sexuelle Art. Wie T.W. und Konsorten. [sondern?] Diskussionsmässig. … Viel, ehm, ihm ist es viel um die Zwangsheterosexualität gegangen. So. Und das anzukreiden und aufzuzeigen und diskutieren und so. Und nachher haben wir, hat es sicher mal die lesbische Fraktion gehabt, wo ich drin gewesen bin. (…) Wir sind

---

38 [Geschwatzt]
39 [Wütend]
40 [Die auf Drogen waren]

manchmal so ein wenig die Quotenlesben gewesen. (...) Und nachher eben immer wieder darüber diskutieren von, nein, das geht jetzt nicht, und, also ehrlich, für ein Homo-Fest kannst du nicht, wenn du Lesben haben willst, kannst du, ohne -innen, das geht jetzt einfach nicht. Oder. Viel so Diskussionen. Wo wir auch sehr, ehm, die Prüden waren. Also in Anführungs- und Schlusszeichen.«

Es wird also deutlich, dass eine Dichotomie zwischen politisch orientierten und sexuell orientierten Frauen und Männern aufgebaut wird. Politik verbindet sich in diesem Deutungsschema mit Diskussionskultur, mit verbaler Provokation, mit »stur«, intellektuell (»anzukreiden und aufzuzeigen und diskutieren und so«). Für die lesbischen Frauen war die Bezeichnung »prüd«, vorgesehen, während sexuell »glamourös«, »künstlerisch« und »provokant« bedeutet und mit Drogen und einem gefährlichen, ausschweifenden Lebensstil, mit dem Kosten von der verbotenen Frucht in Verbindung gebracht wird.

Die HomoAG verhielt sich gegenüber der Reitschule eher distanziert und provokativ als integrativ. Sie wurde zu dieser Haltung jedoch auch gedrängt, da ihr kein eigener Arbeitsraum zur Verfügung gestellt wurde. Homosexuelle Identität in ihrer ganzen Vielfältigkeit in einer kleinen Arbeitsgruppe vereint – die Schwierigkeiten waren vorprogrammiert. Wie Liliane Kaspars Schilderung illustriert, wurden die Rollen von Beginn an zugewiesen und hielten sich ziemlich starr. Dabei ging diese Zuweisung stark von den Männern aus. Zwar erwähnt Liliane Kaspar auch Frauen namentlich, relativiert aber gleichzeitig, dass diese zum Teil in die Rolle der Quotenlesben geschlüpft und sich mehr organisatorisch beziehungsweise »hinter der Bar« betätigt hätten. Zudem blieb ihnen, neben den männlichen Hahnenkämpfen, häufig nichts anders übrig, als die »prüde« Seite zu vertreten. Sie waren weder sexuelle Provokateurinnen noch vertraten sie ambitiöse politische Positionen.

Die Zusammenarbeit zwischen Lesben und Schwulen zu initiieren, war eines der Gründungsmotive der HomoAG. Die Zusammenarbeit war nur deshalb möglich, weil die Beteiligten bereit waren, Konzessionen zu machen. Die lesbische Position schien die am schwierigsten zu definierende zu sein, da sie als »Quotenlesben« in den Graben zwischen den profiliert auftretenden Männerfraktionen – den Glamourschwulen – und den politischen Provokateuren fielen.

Ein zweites Motiv der lesbisch-schwulen Zusammenarbeit war es, als Gruppe nach aussen zu treten und im heterosexuellen Kontext Präsenz zu markieren. Dies erreichte die HomoAG nicht über klassische politische Arbeit, sondern mit den legendären Festen, die sie in der Reitschule organisiert hat:

»Aber, ehm, sie sind begeistert gewesen, von unserem neuen Wind. (...) Bevor wir das Fest gemacht haben, sind wir, ehm, in die Reitschule und haben das gesagt, eben, wir möchten gerne ein Homo-Fest machen mit einer Demo und so und, ehm, wir hatten von Tuten und Blasen keine Ahnung. Ich war eine, die am meisten wusste, und wusste selbst auch nicht viel. Wir haben unsere Gruppe aufgesplittet, (…) wir waren etwa 30 Leute, die das organisierten. Haben einen Raum übernommen und organisierten in drei Monaten Künstler und Künstlerinnen, lesbisch-schwule, Filme, Theater, ehm, Cabaret, ehm, etwas zu Essen, ehm, Konzerte und so, und wir hatten keine Ahnung von Technik, keine Ahnung, wie die Reitschule läuft, keine Ahnung von den Sicherungen von der Reitschule, einfach null Ahnung. Und die haben am Anfang einfach gefunden, ja, probiert ihr doch. Und das kommt eh nicht zu Stande. Und die Demo wussten wir auch nicht, wie man das organisiert. Und, es war eine chaotische Sitzung, und so. Und ehm, wir haben es geschafft, (…) es ist ein grauenhafter Andrang gewesen. Also es ist einfach, ehm, wir hatten so Schichten, wo wir, ehm, verantwortlich gewesen wären, und schlussendlich habe ich irgendwie, von abends um sechs bis am Morgen um halb sieben durebüglet[41], oder, und zwar wirklich gchrampfet[42]. Und am Anfang fand ich, nein so blöd, he, und nicht nur ich, das machen wir nie mehr, und vorher, noch zwei Tage vorher haben wir nicht gewusst, kommen dreihundert Leute, kommen hundert Leute, kommen zehn, oder, und es sind dann über zweitausend Leute gekommen. [wow].«[43]

Die Zeit schien genau richtig zu sein für die Art von Partys, wie sie die Homo-Feste boten. In der nicht üppig ausgestatteten Berner Kultur- und Partyszene von damals war Platz für Neues. Der exotische Charakter der Homo-Feste sowie die voyeuristische Neigung vieler Besucher und Besucherinnen dürften zum Publikumserfolg beigetragen haben. Noch war man das öffentliche Auftreten von Lesben und Schwulen nicht gewohnt. Die Demo – sie war eine Ausdrucksform der 80er Bewegung, ein Ritual, an das die schwul-lesbischen Organisatoren und Organisatorinnen sich anpassten, ein Format, welches einfach übernommen werden konnte. Die Demo war die Politik, und mit der Verbindung von Demo und Fest vollzog die HomoAG die Annäherung an das politische Bedürfnis der Mehrheit in der Reitschule. Das Fest war das Ziel. Die Spontaneität, die Ungewissheit, die losen Strukturen und die Improvisation waren charakteristisch für sämtliche Projekte der ersten Jahre nach der zweiten Reitschulbesetzung.

Für Liliane Kaspar hat die HomoAG ihre Ziele mit den Veranstaltungen erreicht, obwohl im gemischten – das heisst im heterosexuellen Kontext – viel Überzeugungsarbeit benötigt wurde, um die Legitimation der HomoAG zu festigen.

---

41 [Durchgearbeitet]
42 [»Gekrampft« – sehr hart gearbeitet]
43 Liliane Kaspar

»Das ist aber überhaupt nicht verstanden worden, auch. Ja. (...) Gerade im heterosexuellen Kuchen konnten die sich nicht vorstellen, was das eigentlich bewirkt hat, die Discos. Wie viele Lesben mir nachher gesagt haben, so nach dem ersten Homo-Fest, und auch nach der ersten Disco: ›Du, ich habe mit einem Schwulen geredet! Er war ganz nett.‹ Oder wie wir von der FrauenAG[44] kritisiert wurden, weil Lesben, die zum Teil auch bei der FrauenAG mitgemacht haben. Schwule sind auch Männer. Und ihr arbeitet mit denen zusammen, oder. Und dass das wirklich Grenzen waren, und die sind gesprengt worden. Auch an einer Disco. Logisch, das Tanzen ist kommerziell, aber für ganz viele ist es auch neu gewesen, zu sehen, weil vor allem Schwule sind ja auch viel sichtbarer als Lesben und auch an so einem Ort, wie die zusammen ume schmuuse.[45] Oder halt auch zu sehen, wie Lesben aussehen. Weil sonst hast du nur, Lesben waren sonst nur an, an geschlossenen Veranstaltungen.«[46]

Wieder ist der Reibungspunkt das Politikverständnis. Die politische Mission, welcher sich die Reitschulbetreiber und Reitschulbetreiberinnen verschrieben hatten, war nicht kompatibel mit dem banalen Ereignis einer Disco. Es war letztlich genau der Publikumserfolg, der innerhalb der Reitschule Skepsis hervorrief. Der grosse Publikumsandrang hatte zur Folge, dass an der VV diskutiert werden musste, inwiefern das über die Homo-Anlässe angezogene Publikum »reitschultauglich« sei.[47] Liliane Kaspars Erinnerung wirft ein Licht auf die Seinsweise von Schwulen und vor allem von Lesben im Rahmen der heterosexuellen Reitschule. Homosexuelle Sichtbarkeit war damals noch alles andere als eine Selbstverständlichkeit. Mit jedem Homo-Fest und mit jeder Disco wurde die lesbische Präsenz verstärkt. Die zitierte Passage vermittelt einen Eindruck der delikaten Position lesbischer Frauen, die zwischen der homosexuellen Bewegung und der Frauenbewegung pendelten. Durch ihr Engagement in Frauengruppen und gleichzeitig innerhalb der HomoAG drohten sie zwischen Stuhl und Bank zu geraten. Zumal die sich im Reitschulrahmen kurz nach der Wiedereröffnung der Reitschule konstituierende Frauengruppe entschieden den Weg der Abgrenzung von der gemischten Bewegung suchte (Amlinger 2005). Die lesbischen Frauen kompromittierten sich mit ihrer Zusammenarbeit mit Männern gegenüber der Frauengruppe und gingen das Risiko ein, ausschliesslich über ihre Sexualität definiert zu werden. Obwohl die Homo-Feste ein grosser Erfolg waren und der Reitschule und dem Kulturbetrieb Bern Auftrieb verliehen, war die Berechtigung einer homosexuellen Arbeitsgruppe trotz der theoretischen Verpflichtung gemäss Liliane Kaspar nicht gegeben:

---

44 FrauenAG – die ArbeitsGruppe der Frauen in der Reitschule
45 [Herumschmusen]
46 Liliane Kaspar
47 Manuel Frey
48 [War mühsam – wie Harz, zäh, klebrig]

»Und das ist in der Theorie, in der linken Theorie ist das klar, dass man die muss, ehm, tolerieren, oder. Und nachher gibt es natürlich auch Orte wie die Reitschule, wo politischere, plus das Kulturelle wichtiger war, dann ist es dann schon nicht mehr so klar, dass man die tolerieren muss. Ich würde schon sagen, also im Vergleich zu andern Orten war es sicher offener, Lesben und Schwulen gegenüber. Aber es hat schon auch noch geharzt[48], am Anfang. Ja. Mmh.«

Die linke Theorie weckt in Liliane Kaspars Erzählung keine Begeisterung. Das politische und das kulturelle Selbstverständnis standen der unkomplizierten und gleichberechtigten Integration von Lesben und Schwulen im Weg. Die Kultur spielte in den 80er-Initiativen eine eminent wichtige Rolle. Das Kulturverständnis war, ähnlich wie das Politikverständnis, eine eng definierte Angelegenheit, und Discos gehörten mit Bestimmtheit nicht dazu.

Dennoch: Auch wenn nicht alles reibungslos lief, bildete die Reitschule einen Schon- und Experimentierraum für die Lancierung homosexueller Themen im heteronormativen Kontext. Das Wort »heteronormativ« verwendeten meine Gesprächspartner und Gesprächspartnerinnen nie. Das politisch bekämpfte Konzept der Zeit war dasjenige der »Zwangsheterosexualität«. Meines Erachtens ist Heteronormativität das adäquate Wort, um die Stellung der HomoAG innerhalb der Reitschule zu erklären. Heteronormativität verweist auf die diskursiv hergestellten Strukturen der heterosexuellen »Norm« und auf deren hohen Naturalisierungsgrad.[49]

Mit fortschreitender Entwicklung versuchte die HomoAG vermehrt, klassische politische Anliegen innerhalb der Reitschule in Angriff zu nehmen. Darunter fiel die Einführung einer Homo-Quote im reitschuleigenen Restaurant, dem Sous-le-Pont.

»Also wir haben dann, später im Sous-Le-Pont haben wir mal eine Homo-Quote gehabt. Das ist natürlich immer wieder eine Diskussion gewesen, auch, ehm, warum unsere Sachen gestrichen werden, und das Akzeptieren von, von unserem, von unserer Kultur. Wo Disco dazugehört hat.«[50]

Die HomoAG nahm in der Reitschule eine schillernde Position ein, die durch das Auftreten der männlichen Exponenten verstärkt wurde. In der Gruppe hielt man sich einen gewissen Spielraum zwischen Integration und Abgrenzung zu den Reitschulstrukturen. Was bei Manuel Frey »Sonderstatus« heisst, formuliert Liliane Kaspar so:

---

49 Der Begriff der Zwangsheterosexualität geht, wie der Begriff *gender*, auf die Anthropologin Gayle Rubin zurück. Rubin prägte den Begriff Mitte der 70er Jahre als Bezeichnung der institutionalisierten Heterosexualität und ihrer unterdrückenden Wirkung auf alle Frauen, insbesondere lesbische Frauen (Kroll 2002, 176). Judith Butler spricht von heterosexueller Matrix und meint damit den konstitutiven Zusammenhang von Zweigeschlechtlichkeit und Heterosexualität, was ich im Text als Heteronormativität bezeichne (Butler 1991).
50 Liliane Kaspar

»Wir haben ehm, sehr lange eigentlich, wollten wir nicht als Teil ganz eingefleischt sein in der Reitschule.«

Diese Zurückhaltung gegenüber der Integration in einen heterosexuellen Kontext kennzeichnet die homosexuelle Bewegung bis heute.[51] Beide Seiten waren neugierig, beide Seiten waren aber auch misstrauisch. Diese Situation drückt die schwierige gesellschaftliche Position aus, in die Lesben und Schwule nach ihrem Comingout hineingedrängt wurden. Die Vorsicht, mit der sich die lesbisch-schwule Gruppe, die mit ihren Anliegen an die Reitschule gelangte, auf die Reitschule einliess, zeugt von der prekären Lage, von der aus sie ihren Subjektstatus gesellschaftlich aushandelte.

Diese Prekarität ist eine Folge der Reduktion der Position der Homosexuellen auf ihre Sexualität. Sie verweist einmal mehr auf das Politikverständnis, dem sich die 80er Bewegung verschrieben hatte. Die Umgestaltung der bürgerlichen Beziehungsnormen war zwar eines der Kernanliegen der Bewegung. In der Praxis zeigte sich jedoch, dass die heteronormative Struktur keineswegs suspendiert war und einige Aktivisten und Aktivistinnen sich enorm schwertaten, die Anliegen der HomoAG in gleicher Weise zu unterstützen wie andere Projekte in der Reitschule.

Die Sichtbarkeit der HomoAG als Gruppe war jedoch für eine Reihe von Jugendlichen, die sich mit ihrem eigenen Comingout beschäftigten, von herausragender Bedeutung. Manuel Frey erinnert sich an einige Fälle:

»Ja, vor 15 Jahren war es noch schwierig, eigentlich, also, die lesbisch-schwule AG hat schon sehr vielen es ermöglicht, ein einfacheres Comingout zu machen. Also gerade auch, wenn ich mich erinnere an eine Person, die auch drin gewesen ist, ist zuerst in einer anderen Arbeitsgruppe drin gewesen, und hat etwa als Sechzehn, Siebzehnjähriger angefangen, sein Comingout zu machen. Da wurde dann eigentlich schon von der lesbisch-schwulen AG eine Stimmung gemacht, die das eben gefördert hat. Die das dazu gebracht hat.«

Neben der Öffentlichkeitsarbeit für lesbisch-schwule Anliegen sowohl im Reitschulkontext wie auch darüber hinaus und neben der Förderung der Sichtbarkeit von lesbischen Frauen betrieb die HomoAG eine eigene sexuelle Kultur. Dies tat sie, indem sie die Zusammenarbeit zwischen Lesben und Schwulen erstmals in konkreten Projekten umsetzte. Die Gruppe schuf ein Umfeld, welches jungen Leuten das Comingout als lesbische Frau oder als schwuler Mann erleichterte. Für Frauen und Männer wie

---

51 Dies zeigt sich etwa bei den Diskussionen um das Partnerschaftsgesetz, das im Januar 2007 in Kraft trat und das die Legalisierung gleichgeschlechtlicher Beziehungen ermöglicht. In der lesbischen und schwulen Szene ist umstritten, ob der Preis, der für die rechtliche Besserstellung (es handelt sich nicht um eine Gleichstellung mit Ehepaaren, da die Adoption von Kindern nicht erlaubt ist) bezahlt werden muss, nicht zu hoch ist und von den homosexuellen Paaren zu viele Anpassungsleistungen fordert.

Liliane Kaspar und Manuel Frey wirkte sich die Zeit in der Reitschule ausserordentlich prägend auf ihr Selbstverständnis als lesbische Frau und als schwuler Mann aus. Liliane Kaspar formuliert dies so:

»Oder dass du, ehm, dass du eine Homo-Quote am Arbeitsplatz hast, das ist natürlich ganz genial. Und dass es selbstverständlich ist, dass du zur Sitzung rausläufst, weil jetzt ehm, die Petition übergeben wird, und das ist dann logisch, musst du an der Sitzung nicht dabei sein. Also ich stelle mir das vor jetzt im [Ort, wo sie heute arbeitet], dort sagen, hört mal, ich kann heute Nachmittag nicht arbeiten, es ist eine Homo-Demo in Luzern, oder. Das ist einfach, das hat meinem Selbstvertrauen, das ist, glaub ich, auch etwas ganz Wichtiges, was es in mir drin verändert hat. Und auch der M.B. hat das gesagt, im Selbstverständnis als Lesbe oder als Schwuler hast du ein ganz anderes Bewusstsein, wenn du offiziell dazu stehen kannst. Als wenn du irgendwo bist, wo du dir immer überlegen musst, oute ich mich jetzt oder oute ich mich nicht. (...) Im Sous-le-Pont wäre jemand gespickt worden, der mich diskriminiert hätte als Lesbe. Und wenn ich irgend an einem, sagen wir, noch so optimalen anderen Ort schaffen[52], und mich outen würde, habe ich das Gefühl, ich würde zum grossen Teil positiv angenommen, aber es wird Leute geben, die mich schneiden. Und ich habe kein Machtinstrument. ... Und das gibt dir aber ein anderes Selbstverständnis in deinem Lesbischsein oder Schwulsein. Das merke ich auch heute noch, wenn wir an Diskussionen sind, dass wir aus einem ganz anderen Selbstverständnis heraus diskutieren. Dass die, die das erlebt haben, nicht finden, ja, man muss halt auch Verständnis haben für die Heterosexuellen, die halt chli Mühe haben mit dem.«

Die HomoAG hinterliess in der Reitschule politische Statements, indem sie Homo-Quoten durchsetzte und indem offene Homophobie geahndet werden konnte. Dies waren wichtige Merkmale der Präsenz von Schwulen und Lesben in der Reitschule. Liliane Kaspars Aussage deutet aber eine Reichweite an, die über diese Markierung von Präsenz hinausreicht. Trotz aller Hindernisse gelang in der Reitschule eine Verbesserung von lesbisch-schwuler Integration, die sich positiv auf das Selbstverständnis von Schwulen und Lesben auswirkte, und dies auf nachhaltige Art und Weise. Die als schwierig empfundene Kombination von sexueller Provokation und politischem Anspruch trug allen Widrigkeiten zum Trotz Früchte. In das Konzept des HandlungsRaums gefasst, bedeutet dies zwar einen Ausnahmeraum, der sich jedoch in den Haltungen und Handlungen der damals Beteiligten über die Zeit seiner Verwirklichung hinaus manifestierte. Gleichzeitig zeugt Liliane Kaspars Erinnerung auch von der begrenzten Halbwertszeit eines integrierten lesbisch-schwulen HandlungsRaums. Die Heterotopie wirkt zwar in den Biografien der

---

52 [Arbeiten]

damals Beteiligten fort. Eine nachhaltige Veränderung der Realität hat sie aber nicht bewirkt.

Mit dem Erfolg der lesbisch-schwulen Arbeitsgruppe – die sich gemäss Liliane Kaspar intern lieber als Aktionsgruppe bezeichnete – machten sich auch die Grenzen dieser Zusammenarbeit bemerkbar. Laut Liliane Kaspar begannen sich die Lesben mehr und mehr von den Anlässen zurückzuziehen. Die schwule Dominanz, von der bereits die Rede war, trug dazu bei. Zudem fühlten sich Lesben von heterosexuellen Männern bedrängt, wie Liliane Kaspar erklärt:

»Aber Lesben sind mit der Zeit weniger gekommen. Weil es ihnen zu viele Schwule gegeben hat. Und vor allem auch zu viele Typen, die dann versuchten, ehm, zwei Frauen auseinanderzunehmen. Oder so Anmachen. Wir haben als, ehm, Veranstaltende versucht einzugreifen.«

Die HomoAG wurde auch in jene Konflikte einbezogen, die die Reitschule generell beschäftigten, etwa die Vorplatzproblematik oder die häufig zitierte problematische Kultur der VVs, die beide an anderer Stelle in dieser Arbeit behandelt werden.[53]

Den Niedergang der HomoAG empfand Manuel Frey als eine Kombination von Ausgebranntsein, der Mehrfachbelastung von gruppeneigenen Interessen und dem Engagement für und in der Reitschule als Ganzes sowie der Konflikte, die die Reitschule mit der Stadt und im Zusammenhang mit dem Vorplatz austrug.

»Und, nachher, nachher ist irgendwie die Identifikation mit der Reitschule auch nicht mehr so stark gewesen, weil, also sie war sehr stark für die Leute, die drin gearbeitet gehabt, die quasi dauernd drin anwesend waren, die trugen dort auch noch sehr viel. Es ist auch eine sehr anstrengende Arbeit, also du kannst dich ja nicht nur quasi deinen kulturellen oder deinen räumlichen Sachen widmen, sondern, eben, musst dich quasi dem ganzen Reitschulzeugs widmen. Und das war ja sehr aufreibend. Also sei es jetzt irgendwie der Vorplatzkonflikt, sei es irgendwie der Konflikt mit der Stadt, dauernd diese Verträge, irgendwie zu diskutieren, zu thematisieren. Nachher auch mit den Brandwachen. Das war auch etwas, was sehr aufreibend war, also quasi nächtelang dort sein, schauen. Nachher der andere Punkt ist ganz klar irgendwie das Aufgereibe mit dem Drogendeal, auf dem Vorplatz, vorne, draussen, auf der Reitschule, wo viele Leute einfach auch keine Kapazität mehr gesehen haben für sich, dort drin, neben dem, dass man noch etwas Kulturelles erarbeiten wollte. Und wo natürlich auch, irgendwie nach fünf Jahren, ein wenig der Inhalt verloren war – ja, was haben wir hier drin für einen Inhalt, was machen wir hier eigentlich noch. Das hat sich dort quasi zerfleddert.«

---

53 Siehe Kapitel 13 und 14

Einmal mehr wird ein Licht auf diesen Durchlauferhitzer Reitschule geworfen, diesen faszinierenden TatOrt, der über mehr als zehn Jahre hinweg das Gravitationszentrum jeglicher gegenkultureller Identifikation in der Stadt Bern gebildet hatte. Die Reitschule ist kompromisslos. Wer sich auf sie einlässt, wird von einem eigenartigen Sog ergriffen. Manuel Frey spricht von »aufreibend«, »auslaugen« – die Arbeit im Kontext der Reitschule ist fordernd, das Engagement vereinnahmend. Auf die Unabwägbarkeit des HandlungsRaums Reitschule musste sich einlassen, wer sein Engagement ernsthaft betreiben wollte. Die Kompromisslosigkeit macht bestimmt einen Teil des Erfolgs der Reitschule im städtischen Kontext aus, sie ist mitverantwortlich für die Persistenz, mit der die Berner Bewegung sich ihrer Einebnung länger als andere Bewegungen widersetzte.

»Weil man reibt sich extrem auf, dort drin. Also man ist schon, also es laugt einen aus. Und man hat das auch bei vielen Leuten gesehen, also es ist, zum Teil auch sehr tragisch gewesen, wie die einzelnen Leute sich eigentlich auch verändert haben wegen der Reitschule. Die auf den Psychischen gekommen sind, die wirklich rausgehen mussten, damit sie draussen wieder neue Inhalte finden und wieder ein Neues, ja neue Lebensfreude haben entwickeln können. Weil in der Reitschule kannst du eigentlich keine Lebensfreude entwickeln. (...) Das macht dich einfach auch fertig. Weißt du, ich habe dort längere Zeit dauernd wieder dieses, dieses Wiederkehrende, dieses Wiederkehrende. Oder auch, du kommst in das Restaurant arbeiten am Abend und überlegst dir, scheisse, was passiert wohl heute wieder, und, oh *shit*, gestern das. Also, das macht einem schon, das geht dir an die Niere, an die Substanz, du musst extrem viel auch geben, geben, geben. Bekommen tust du auch viel, aber es ist auf ganz einer anderen Basis. Also es, man muss es auch lernen zu sehen, was man eigentlich bekommt. [Mmh].«

Manuel Frey spricht von Lebensfreude und Kompromisslosigkeit, von der Wiederholung und Unsicherheit. Die FreiRäume waren eben nicht nur frei von Zwängen, sondern boten auch keine Sicherheiten, keine Strukturen, keinen Halt. Wer sich nicht vorsah, lief Gefahr, sich aufzugeben.

Während die HomoAG eine vorsichtige Balance zwischen Integration und Abgrenzung zur Reitschule aufrechterhielt, arbeitete die FrauenAG deutlich stärker auf eine Position der Abgrenzung hin. Zwischen der HomoAG und der FrauenAG gab es zahlreiche Berührungspunkte, namentlich was ihre Kritik an der Kultur der Vollversammlung, aber auch ihre Haltungen in Bezug auf den existentiell wichtigen Konflikt um den Vorplatz anbelangte. Der direkte Kontakt der beiden Gruppen funktionierte über die lesbischen Frauen, die zum Teil sowohl innerhalb der HomoAG als auch bei der FrauenAG vertreten waren. Darüber spreche ich im nächsten Kapitel.

16.1.6 Mehr als Mut: Frauen grenzen sich ab

In diesem Kapitel beschreibe ich die Frauengruppen und ihre Verhandlung der Geschlechterdifferenz, wie sie sich im Kontext der Bewegung herausgebildet hat. Eine umfassende Darstellung der FrauenAG im Reitschulkontext liefert Fabienne Amlinger in ihrer Lizentiatsarbeit (Amlinger 2005). Mein Anliegen an dieser Stelle ist es, eine Art Grossaufnahme von den Verhandlungen rund um die Geschlechterdifferenz vorzunehmen und wie diese von den sich in unterschiedlichen Bewegungszusammenhängen formierten Frauengruppen verhandelt wurde.[54]

Der Gründung der FrauenAG in der Reitschule waren engagierte Diskussionen vorausgegangen. Für manche Frauen war ein Engagement im gemischtgeschlechtlichen Rahmen nicht denkbar. Eine zweite Untergruppe hielt ihre feministische Haltung für nicht kompatibel mit dem reformistischen Projekt, als das die Frauen die Reitschule einstuften. Schliesslich setzte sich diejenige Fraktion durch, die für das Engagement einer Frauengruppe innerhalb des gemischtgeschlechtlichen Rahmens eintrat (Amlinger 2005, 31). Gleichzeitig verpflichtete sich die Gruppe zu einer Politik der klaren Abgrenzung, die sogleich räumlich umgesetzt wurde. Ihre Sitzungen hielten die Frauen nicht in der Reitschule, sondern in der Brasserie Lorraine ab. Während die HomoAG keinen Raum erhielt, wählte die FrauenAG einen Raum ausserhalb des gemischten Rahmens. Die in der FrauenAG diskutierten und festgelegten Positionen galten als nicht verhandelbar. Die Frauen verstanden dies als eine Form des »Boykotts des Patriarchats«, wie eine Interviewpartnerin von Fabienne Amlinger formulierte (Amlinger 2005, 31).

Die Tradition der Abgrenzung nahm bereits Mitte der 80er Jahre ihren Anfang. Ihre Geburtsstunde ist die Frauenhausbesetzung von 1984 bis 1986 in der Gutenbergstraße. Die damals vollzogene Abgrenzung vom gemischten Kontext des Zaff und dessen maskulinisierter Kultur (die vor allem anlässlich der VVs zum Ausdruck kam) löste einen feministischen Schub aus:

»So einfach wirklich – Frauenpower –, um das Wort wieder mal zu brauchen, und Übermut, und einfach, wir hatten Freude, einfach eine Freude, dass wir das jetzt haben, für uns. Und wir waren auch sehr rabiat, also dass keine Typen hineinkommen dürfen, wirklich nicht, und vielleicht hat man mal einen für etwas Handwerkliches zähneknirschend hineingelassen, aber eigentlich haben wir das meiste, haben wir das Zeug schon selbst gekonnt und auch selbst gemacht.«[55]

Der Entschluss zu den Alleingang verlangte mehr als Mut – Übermut. Und rabiate Methoden. Der Übermut nährte sich aus der doppelten Freu-

---

54 Eine ausführliche Diskussion über die HandlungsRäume der Frauen in der Bewegung findet sich in Kapitel 14.
55 Nicole Studer

de, die Nicole Studer damals empfand. Die rabiate Politik der Differenz wurde in den späten 80ern durch die Frauenbrass[56], Frauendiscos und später in der Reitschule mit der Forderung nach exklusiven Frauenräumen fortgeführt.[57]

»Aus der Frauenhausbesetzung heraus ist natürlich auch der vergnügliche Teil gekommen, wir haben dort Partys gefeiert und getanzt, und das, wir haben dort total lässige Feste gehabt. Und das probierten wir dann natürlich auch weiterzuziehen, respektive das waren dann wieder andere, die dann nachher im ›Boot‹, das war dann eine Bar im Keller, dort einen Frauenabend machten, Frauendisco, und dann nachher hat man dann in der Reithalle einen Frauenabend gefordert im Dachstock, bis man dann nachher einen Frauenraum gehabt hat.«[58]

Die radikale Abgrenzungsstrategie führte letztlich zum eigenen Raum innerhalb der Reitschule. Frauenanliegen mussten im gemischten Rahmen auch nach den »rabiaten«[59] Geschlechterkämpfen der 80er Jahre durchgesetzt werden, da sie nicht fester Bestandteil des Bewegungsrepertoires geworden waren.

»Und du musst denken, die Bewegung ist ja nicht, es hat ja eine Frauenbewegung gegeben, aus den 68ern raus, oder? [mmh] Und dort ist ja quasi die Frauenfrage diskutiert worden. Und als die 80er losgegangen sind, ist die Frauenfrage zuerst gar keine Frage gewesen. Das musste sich zuerst wieder etablieren, dass das eine Frage ist. Und die Frage ist einfach immer aufgetaucht, finde ich, die taucht immer auf, finde ich, sobald Frauen und Männer zusammen etwas machen, unter dem Mantel, ›wir haben das gleiche Ziel‹. Weil man dann ziemlich schnell merkt, dass es eben, dass es einfach Machtverhältnisse gibt, oder. [mmh] Dass da etwas nicht stimmt, oder, mit den Interess-, dass die Interessenlage eine andere ist. Oder. Und fand man einfach, mit diesen Typen, oder, das wollen wir nicht mehr.«[60]

Von den Frauen wurde der radikale Ansatz der 80er anfangs begrüßt. Für Simone Ballmoos, die den legalistischen Ansatz der Frauenbewegung der 70er Jahre »langweilig« fand, war die Aufbruchstimmung genau »mein Ding«. Allerdings war das »Etablieren« der Frauenfrage in diesem Zusammenhang kein Selbstläufer. Die Frauen exponierten sich im gemischtgeschlechtlichen Rahmen, wenn sie ihre Anliegen als Frauenanliegen vertraten, das heisst, sie liefen Gefahr, als »Bewegungssaboteurinnen«

---

56 Ausschliesslicher Betrieb der Kollektivkneipe von und für Frauen an bestimmten Wochentagen. Dies Frauenbrass bildete den Anfang der FrauenAG, die später im Kontext der Reitschule gegründet werden sollte (Amlinger 2005, 29).
57 Helene Ineichen
58 Regula Keller
59 Nicole Studer
60 Sandra Feller

(Amlinger 2005) diskreditiert zu werden. Aus den Gesprächen, die Amlinger mit den Mitgliedern der FrauenAG geführt hat, geht die Verletzlichkeit der weiblichen Position im Reitschulkontext und im als besonders feindlich empfundenen Rahmen der VVs hervor (2005, 32). Neben der heteronormativen und patriarchalen Verfasstheit der Bewegung rund um die Reitschule war das marxistische Deutungsmuster, wonach die unterschiedlichen »Interessenlagen« der Genusgruppen lediglich einen Nebenwiderspruch ausmachten, persistent. Sandra Feller, Simone Ballmoos und ihre Mitstreiterinnen akzeptierten bald nicht mehr, dass »unter dem Mantel« der gleichen Zielsetzung asymmetrische Machtverhältnisse perpetuiert, die von Frauen vertretenen Anliegen diskreditiert und die Machtdiskussion unter den Teppich gewischt wurden. Seit der Frauenhausbesetzung gab es im Umfeld der Besetzungsbewegung und schliesslich auch in der Reitschule immer wieder Frauen, die feministische Anliegen in den gemischtgeschlechtlichen Kontext hineintrugen und damit die Geschlechterarrangements des betreffenden HandlungsRaums kritisierten – nicht zur Freude einiger männlicher Aktivisten. Davide Meroni beispielsweise fühlte sich durch die harte Haltung der Frauen überrumpelt. Er äusserte wenig Verständnis für die kompromisslose Form, mit der die Frauen ihre Anliegen durchzusetzen versuchten. Zu den wichtigsten Forderungen, die die Frauen einbrachten, gehörte der Anspruch auf fraueneigene Räume. Diese sollten sowohl als Schutzraum wie als Form verstanden werden, weibliche Präsenz sichtbar zu machen. Und genau dies fanden viele der Männer anstössig:

»Ein gutes Beispiel für mich persönlich[61] ist irgendwie auch die Frauenbewegung, die ich immer als eine gute Sache gesehen habe, oder. Aber nachher in der Reitschule ist es irgendwie so übertrieben dahergekommen, weißt du, mit dem Frauentisch, und irgendwie. Am Anfang wussten wir gar nicht, welche Tische jetzt Frauentische sind, und plötzlich sind Frauentische da gewesen. Du hast gar nicht gesehen, ah, da ist das Frauensignet, bist zusammengeschissen[62] worden wie, ich weiss nicht, was, und dort hatte ich immer das Gefühl, hey, es gibt Männer und es gibt Frauen. Also weißt du, serigi[63], die nicht gut sind. Und da ist für mich – ein Verständnis, für eine Frau-, Frauenbewegung ist dann nachher auch irgendwie, hat immer wie mehr[64] gelitten, oder. Weil du einfach das Gefühl hattest, hey, wollen wir nicht zusammen irgendwie zeigen, hey, es geht so und so. Klar gibt es Wölfe im Schafsmänteli[65], auch in dieser Bewegung, weißt du, die nur, die nur eins wollen von Frauen, das ist ganz klar. Aber es gibt auch die andern

---

61 Damit spielt er auf Aspekte der Bewegung an, die aus seiner Sicht letztlich dazu führten, dass die Bewegung »sich selbst auffrass«, wie er sich ausdrückte.
62 [Auf unfreundliche Art zurechtgewiesen]
63 [Solche]
64 [Je länger, je mehr]
65 [Schafspelz]

Männer, so wie es die andern Frauen auch gibt. Und das ist für mich alles chli[66] so, am Schluss so verschwommen gewesen, dass ich einfach das Gefühl hatte, nein das ist, das ist nicht das. Es ist nicht das, ein freier Raum, wo du nachher dich selbst, wo du dich selbst nachher einschränkst, innerhalb von diesem so genannten ›freien‹ Raum.«[67]

»Die ich immer als eine gute Sache gesehen habe« – diese Aussage verweist auf den »antisexistischen Anstrich«, den man sich in der Bewegung zulegt und auf den Valentin Reust hingewiesen hat. Sie ist auch eine klassische Formel, die in beinahe jeder Verhandlung um Zugehörigkeit auftaucht. Ähnlich wie »Ich habe nichts gegen Ausländer« den Einstieg in ein ausländerfeindliches Votum markiert. Davide Meroni wirbt um Verständnis dafür, dass seine Toleranz zu Ende war. Er ist sich bewusst, dass das Terrain glitschig ist. Seine Haltung spiegelt die Position einiger Männer aus der Bewegung wider und zeigt deutlich den latenten Widerstand, dem die Frauen in ihrer Auseinandersetzung mit und in der Reithalle permanent begegneten. Aus der Sicht von Davide Meroni haben die Frauen seine und die wohlwollende Haltung all derjenigen, die in diesem harmlosen »Wir« eingeschlossen sind, durch ihr »extremes« Verhalten missbraucht. Vom »wir« wechselt er auf die Betroffenheitsebene, zum »du« – »du hast gar nicht gewusst«, »bist zusammengeschissen worden«. In diesem Wechsel der sprachlichen Form steckt sein Werben um Verständnis. Davide Meroni fühlte sich verletzt durch diese Grenzziehung. Die in seinen Augen unfreundliche Zurechtweisung, wenn er sich irrtümlich an den Frauentisch setzte, bringt das Fass zum Überlaufen. Er ist frustriert, weil die Frauen nicht zwischen »serige« und andern Männern unterscheiden. Meroni vertritt ein integratives Konzept von »FreiRaum«. Er stösst sich daran, dass seine Vorstellung, sein Gesprächsangebot, seine Einladung von den Frauen rundweg abgelehnt wird. »Hey, wollen wir nicht zusammen irgendwie zeigen« enthält ein Verhandlungsangebot, »zusammen irgendwie«, auf das die Frauen sich zu diesem Zeitpunkt nicht einliessen. Damit macht Davide Meroni die Frauen zu Teilverantwortlichen dafür, dass die beanspruchten FreiRäume zunehmend von Einschränkungen durchsetzt waren.

Vielleicht steckt der Schlüssel in dieser Frustration. Die Verletzung lässt sich mit der *coolness* in kein Verhältnis bringen. War die Position der Männer deshalb schwierig, weil sie keinen Ort hatten, wo sie Verletzte hätten sein können, weil, einmal mehr, das Verständnis von Politik, welches sich die Bewegung zugelegt hatte, den emotionalen Raum brach liegen liess? Spiegelt sich hier die Selbstbeschränkung, der die Männer über ihr Männlichkeitskonstrukt unterworfen sind?

---

66 [Etwas]
67 Davide Meroni

Die am Beispiel von Davide Meroni illustrierte Haltung schliesst an Ulrich Becks Formulierung der verbalen Aufgeschlossenheit bei weitgehender »Verhaltensstarre« an (Ulrich Beck, zit. in: Koppetsch und Burkart 1999, 3), sie ist eine Variation der »rhetorischen Modernisierung« (Wetterer 2003). Gemeint ist damit die Offenheit für und die Verpflichtung zur Bekämpfung der Geschlechterasymmetrie im Zusammenleben, die sich, bei genauem Hinsehen, als Worthülse entpuppt. Koppetsch und Burkart weisen in ihrer Studie über Paarbeziehungen nach, wie persistent sich Geschlechterstereotype und assoziierte Rollen in individualisierten Milieus halten (Koppetsch und Burkart 1999). Während Wetterer von der Kluft zwischen rhetorischer Praxis und Handeln spricht, verfolgen Koppetsch und Burkart die Wege, wie Asymmetrien und Ungleichgewichte in Paarbeziehungen neu eingekleidet werden – sowohl verbal als auch in der alltäglichen Handlungspraxis. Im Kontext der 80er Jahre ist der Sachverhalt durch den umfassenden politischen Anspruch der Aktivisten und Aktivistinnen gekennzeichnet. Die Politisierung der beteiligten Männer und Frauen sorgte für deren Sensibilisierung für geschlechterdifferente Machtverteilung. Das heisst jedoch nicht, dass sich Geschlechterasymmetrien deshalb leichter abbauen liessen. Die Übersetzung in eine geschlechtergerechte Praxis forderte von sämtlichen Beteiligten intensive Geschlechterarbeit, harte Konflikte und eine hohe Frustrationstoleranz, wie meine Gesprächspartner und Gesprächspartnerinnen zu verstehen geben.[68]

Den Frauenraum »hat man irgendwann erkämpft«, wie Ursina Lehmann formuliert – er fiel den Frauen keineswegs in den Schoß. Der Frauenraum markiert einen wichtigen Etappensieg im Rahmen der Wahrnehmung von gruppenspezifischen Interessen innerhalb des Projekts Reitschule. Ein eigener Raum dient der Anerkennung innerhalb der Reitschule. Er war namentlich bei den Frauen aber auch ein Bekenntnis für die Arbeit unter dem gemeinsamen Dach der Reitschule. Der Frauenraum befriedigte das Bedürfnis nach einem geschützten Rahmen für die Frauengruppen. Schliesslich wurde die Identifikation einer Gruppe mit dem Projekt Reitschule und umgekehrt nicht zuletzt über den eigenen Raum gestiftet. Dies wird am Beispiel von Gruppen deutlich, die über keine eigenen Räumlichkeiten verfügten – etwa die HomoAG, die sich dadurch einen Sonderstatus bewahrte, der sowohl positiv als auch negativ gewertet wurde.

Mit dem Frauenraum sicherten sich die Frauen innerhalb der Reitschule einen Ort, um ihre eigenen Positionen voranzutreiben, ohne sich permanent im gemischten Rahmen exponieren zu müssen. Der HandlungsRaum FrauenAG setzte die Standpunkte, und wenn die Vertreterinnen nach aussen traten, waren ihre Entscheide nicht mehr verhandelbar. Die Gruppe wirkte ausserordentlich homogen und sicherte sich dadurch eine Position der Stärke. Der Preis war, dass dadurch Leute abgewiesen wurden – Frauen,

---

68 Darunter Valentin Reust und Regula Keller

die sich gerne angeschlossen hätten, und Männer, die dem feministischen Standpunkt mit Skepsis oder dem zitierten »anti-sexistischen Anstrich« begegneten (Amlinger 2005, 31). Liliane Kaspar erlebte dies so:

»Dass man es einfach klar auf der Reihe hat und nicht darüber diskutiert. Dass sie geschlossen Frauenpolitik vertreten wollen, in einer gemischten Reitschule. Aber nicht eigentlich, mit den Typen diskutieren, das ist aber relativ hart auch«.[69]

Als lesbische Frau geriet Liliane Kaspar durch die strikte Haltung der FrauenAG in Loyalitätskonflikte, weil sie in der HomoAG mit Männern zusammenarbeitete. Dies habe dann dazu geführt, dass sie »nur noch die Frauendisco mitgemacht« habe – sich also vom »höheren Anliegen« der Politik und damit gewissermaßen auch vom Zentrum der Macht freiwillig fern hielt und in eine potenziell spannungsfreiere und politisch unverfänglichere Zone zurückzog.[70]

Die Interpretation und Inszenierung von Geschlechterdifferenz als Abgrenzung löste die Widersprüche nicht, die die Frauen auch in der getrenntgeschlechtlichen Gruppe mit sich herumtrugen.

»Der Widerspruch war die Liebe. Und darum gab es auch die Diskussionen über die Liebe und über die Sexualität, oder, wo wir probiert haben, daraufzukommen. Wir haben wirklich ernsthaft probiert, herauszufinden, ob wir, ob es ein, ob das ein unlösbarer Widerspruch ist oder ob es ein lösbarer Widerspruch ist, der uns weiterbringt. Oder ob wir in einer Sackgasse sind, ob wir uns auf der Linie vom Verrat bewegen. Zum Beispiel Christina Thürmer von Rohr, ›Vagabundinnen‹, dass die Mittäterschaft von den Frauen, oder, das haben wir diskutiert, bis Frauen in Tränen ausgebrochen sind, wir haben nicht mehr gewusst, was wir machen dürfen, damit wir nicht Mittäterinnen sind. Und das haben wir nicht sein wollen, oder. Aber eh, es ist irgendwie so schwer gewesen, sich als Subjekt zu konstituieren als Frau.«[71]

Die feste Entschlossenheit, nicht zu Mittäterinnen zu werden, unterstützte den Entscheid, Geschlecht als Differenz zu leben. Wie das Zitat zeigt, reichte die Frage von Männlichkeit und Weiblichkeit, den Machtverhältnissen im gemischtgeschlechtlichen Rahmen sowie von den spezifischen Anliegen der Frauen weiter, als dies im Rahmen gemeinsamer Formen des Widerstands zum Ausdruck kam.

---

69 Liliane Kaspar
70 Der Anspruch, politisch zu sein, dominierte und verdrängte zuweilen jene Anliegen, die sich der Kultur verschrieben hatten. Obwohl das von der Bewegung portierte Politikverständnis ein umfassendes Verständnis sein wollte, wurden die kulturellen Anliegen oft stiefmütterlich behandelt.
71 Sandra Feller

KERNPUNKTE
Für die Frauen umfasste die Entschlossenheit die Frage nach der Konstituierung der Frauen als Subjekte. Diese Dimension zeugt von der Existentialität, mit der die Frauen ihren Anteil am Widerstand und die ihnen darin zukommende Position verhandelten. Sie stellten sich der komplexen Frage nach ihrem Standort im Bewegungsrahmen und wichen den dadurch ausgelösten, zermürbenden Diskussionen nicht aus. Diese Sinngebungspraxis verlangte nach einem geschützten Rahmen und nach dem eigenen Raum, in dem eine kontinuierliche Gesprächskultur aufgebaut werden konnte: nach einem weiblich besetzten HandlungsRaum. Mit der Liebe und ihren Widersprüchen schlugen sich die Frauen besonders herum.

16.1.7 LIEBE MACHEN

In diesem Kapitel betrachte ich die Beziehungsformen, die innerhalb der Bewegung gelebt wurden.

Weil die 80er-Bewegten den Anspruch eines ganzheitlichen Gesellschaftsentwurfs vertraten, wurden auch die intime und die körperliche Ebene politisch aufgeladen, allerdings auf sehr ambivalente Weise. Der feministische Leitsatz, »das Private ist Politisch« aus den 70ern, war nicht kompatibel mit dem »harten« Politikverständnis der 80er.

Liebesbeziehungen entfalten sich inmitten des Aufruhrs, der Demos, der politischen Hintergrundarbeit, der Konzerte, und die Discos – vom politischen Flügel der Bewegung anfangs belächelt und diskreditiert – trugen das ihre dazu bei, dass der Liebesmarkt bewirtschaftet wurde. Man verschrieb sich nonkonformen Beziehungsmodellen, und diejenigen, die versuchten, in festen Verpflichtungen zu leben, gerieten in ein Spannungsfeld, an dem manche Beziehung scheiterte. So auch diejenige von Lorenz Hostettler:

»Also, die Idee war ja auch, eben, man will nicht die festen Beziehungen, man will ja eigentlich offen leben, man will eh, quasi die Form über Bord werfen. Und ich bin aber da immer so ein wenig zwischendrin gewesen, weil ich, wie gesagt, bin natürlich in einer festen Beziehung gewesen, und ich habe, wir haben die auch weiter gewollt ... ist aber nachher auch, ist auch in dieser Zeit kaputt gegangen. Also, wir haben uns nachher getrennt, ich habe nachher ein Gschleipf[72] gehabt, ein Kind bekommen im, also anfangs 83, das heisst im 82 ist das nachher losgegangen, mhm, ein Geschleik gehabt«.

Lorenz Hostettlers Aussage beleuchtet eine Übergangsphase in seiner persönlichen Politisierung. »Ich bin natürlich in einer festen Beziehung gewesen« – damit gibt er seinen Standort im Lebenslauf an, er war Mitte zwanzig, als er sich der Bewegung anschloss. »Natürlich« steht für alles,

---

72 [Gschleipf/Gschleik: Affäre]

was der bisherigen Ordnung und ihren Orientierungsgrössen entsprach. Die Beziehung zu seiner damaligen Freundin wurde zum Preis, den er für das Engagement bezahlte, mit »kaputt gegangen« bezeichnet er das Scheitern als eine zwangsläufige Folge seiner Beteiligung am Widerstand. »Man will ja eigentlich offen leben« zeugt nicht von hoher Anziehungskraft, die das Modell für Lorenz Hostettler ausstrahlte. Auch lässt er offen, was denn eigentlich bleibt, wenn »die Form über Bord« geworfen wird. Die Folgerung wäre ja, dass die Inhalte – das romantisch-bürgerliche Liebesideal – unangetastet bleiben. Für Lorenz Hostettler gab es also eine neue Liebe, wie ich Bezug nehmend auf seine Distanzierung von der »Form« interpretiere. Die Fortsetzung – es wird nicht klar, ob zugleich der Grund für das Scheitern seiner vorherigen Beziehung – ist das »Gschleipf/Gschleik«. Das Wort im Dialekt leitet sich von »schleppen« ab. Ein »Gschleipf« ist etwas, was man – eher ungern und womöglich unfreiwillig – mit sich herum- trägt. Das »Gschleik« hängt sich einem sozusagen ungefragt an. Zudem wird das Verb »schleppen« normalerweise auf schwere Lasten angewendet, nicht auf Kleinigkeiten. »Ich habe nachher ein Gschleipf gehabt« bezeichnet keine aktive Form des Eingehens einer Beziehung, sondern verweist vielmehr auf eine Unvermeidlichkeit. Dieser Unvermeidlichkeit mag sich Lorenz Hostettler zwar nicht aktiv widersetzt haben, nichts deutet aber auf seine Initiative hin, mit der er die Affäre angestrebt hätte. Er schickt sich in die Unvermeidlichkeit des bewegungskonformen Beziehungsmodells.

Lorenz Hostettlers »Gschleipf« steht in einem ausgeprägten Kontrast zu den aufreibenden, über Theorie und Praxis auseinander gesetzten Debatten, die die Frauen, meine Gesprächspartnerinnen, über ihre heterosexuellen Beziehungen geführt haben. Ich werte dies als Indiz dafür, dass die Beziehungen zwischen Männern und Frauen im Bewegungskontext alles andere als einfach waren.

Lorenz Hostettlers Erzählung gibt zusätzlich Aufschluss darüber, wie der Anspruch an nicht bürgerliche Lebensformen gelebt wurde. Dieser Anspruch war, wie so manche Anliegen dieser Bewegung, absolut und in das Selbstverständnis der Bewegten eingemeißelt. Weil Wohn- und Lebensformen zu den konstitutiven Themen der Bewegung zählten und sich die Gruppen und ihre Politik häufig über gemeinsames Wohnen generierten, setzte sich eine Konformität bewegungstauglicher Lebensentwürfe durch. Die Lorrainestraße 60, die während mehrerer Jahre einen Knotenpunkt der Bewegung gebildet hatte, wurde zum Experimentier- und Gestaltungsraum der angestrebten Beziehungs- und Lebensformen. Man wohnte zusammen, man beteiligte sich gemeinsam an den Bewegungsritualen wie den wöchentlichen Demonstrationen, man betrieb die Bars aud den Partys, gab politisch den Ton an, und man lebte in wechselnden Beziehungen. Wer nicht dort wohnte, gehörte nicht zum Bewegungskern und wurde ein Stück weit sanktioniert, weil er oder sie sich der hauseigenen sozialen Kontrolle entzog.

Liebesbeziehungen wurden über konventionelle Grenzen hinweg geknüpft – hinsichtlich gleichgeschlechtlicher Liebeserfahrungen war das Umfeld der Bewegung unterstützend. Wenn, wie von Lorenz Hostettler formuliert, »die Form über Bord« geworfen werden sollte, drängten sich gleichgeschlechtliche Beziehungen geradezu auf, denn keine andere Beziehungsform verdeutlich wohl so unmittelbar und so deutlich den Bruch mit der bürgerlichen Norm. Auf diese Weise entwickelten die TatOrte, und hier steht die Frauenhausbesetzung im Vordergrund, konkrete Begegnungs- und Experiementierfelder. Es entstanden neue sexuelle HandlungsRäume, die wieder ihre je eigenen, spezifischen Einschränkungen, Regeln und Kontrollmodi hervorbrachten.[73] Nicht zuletzt sorgten lesbische Abenteuer und Liebesbeziehungen für den Zusammenhalt und liessen den einen oder anderen politischen Graben nebensächlich erscheinen. Gleichzeitig erhöhten sie die Sogwirkung der Bewegung, mit jeder neuen Liebe, jeder gebrochenen Freundschaft, jedem blutenden Herzen steigerte sich die Intensität. Indem die eigene Biographie sich stärker mit der Bewegung verflocht, wuchs die Verbindlichkeit. Die persönlichen Geschichten verschränkten sich ineinander und bildeten ein dichtes Gewebe, in welches die Akteurinnen tief verstrickt waren.[74]

Im Kontext von heterosexuellen Beziehungen und Abenteuern entzündeten sich auch im Bereich der Sexualität Konflikte. Für Regula Keller war von Anfang an klar, dass sie sich in der 80er Bewegung ganz dezidiert für die Frauen einsetzen wollte. Sie, die in den 70er Jahren im Zusammenhang mit der Frauenbewegung und konkret mit dem Kampf für die Fristenlösung politisiert worden war, legte sich den Schwerpunkt ganz klar:

»wieder um die Frauen, die kämpfen für sich, und nicht mit den Männern für männliche Anliegen«.

Das Gleiche gilt für Simone Ballmoos. »Weil ich eine Frau bin und dies ein patriarchales System ist«, sei für sie von Anfang an klar gewesen, dass sie sich in Frauenzusammenhängen an der Bewegung beteiligen wolle. Auch wenn sie aufgrund dieses Entscheids Freundinnen und Freunde verloren habe – »in beliebig vielen Konflikten«, wie sie zu verstehen gibt – durch die Auseinandersetzung mit Frauen und Männern, mit Haupt- und Nebenwiderspruch, mit Lesben und Heteras, mit Müttern und Frauen ohne Kinder.[75]

---

73 Gespräche mit Personen, die sich spezifisch im Rahmen der homosexuellen politischen Bewegung einsetzten, ergeben klar, dass das Bewegungsumfeld keine in jedem Fall garantierte Toleranz und Offenheit bietet, deshalb hier die vorsichtige Formulierung des experimentellen Charakters, unter denen gleichgeschlechtliche Beziehungen sich entfalten konnten.
74 Regula Keller, vgl. auch Kapitel 14
75 Simone Ballmoos

Aus einigen Beziehungen, Abenteuern und nächtlichen Begegnungen sind Kinder hervorgegangen. Dies wiederum stellte die beteiligten Frauen und Männer, die Väter und Mütter, vor neue Herausforderungen und fügte der Geschlechterarbeit eine zusätzliche Dimension hinzu.

16.1.8 Der Babyboom

Der Babyboom, wie der Ausschlag der bewegungsinternen Geburtenkurve ab 1982 im Jargon bezeichnet wurde, hatte wenig mit ungewollten Schwangerschaften zu tun. Die Frauen entschieden sich bewusst für die Mutterschaft. Eine andere Logik wäre bei der gut dokumentierten intensiven Auseinandersetzung, die sie mit sich, ihrer Weiblichkeit, der Rolle in der Bewegung führten, undenkbar. Zu der Sinnsuche und der Konstruktion eines weiblichen Lebensentwurfs, wie Regula Keller ihr Engagement begründet, gehörte die Auseinandersetzung mit der Kinderfrage:

»Weil, ich, habe wissen wollen, wo ich die und die Gefühle hin tun soll, mich finden, ehm, nach dem Sinn des Lebens suchen, nach dem Sinn des Lebens der Frau, nach dem Sinn von der Freiheit«.

Im Widerspruch dazu steht die Aussage von Simone Ballmoos, die eine vage Form des Zufalls für die Serie von Schwangerschaften ins Feld führt: »Plötzlich waren die ersten fünf schwanger.« Es sei zwar ein Thema gewesen, meint Ballmoos, man habe darüber gesprochen, gemeinsam Verantwortung für eventuelle Kinder zu übernehmen. Sie selbst hätte sich zunächst fast in eine Krise gestürzt, hätte sich dann »eigentlich dagegen« entschieden »und dann ein halbes Jahr später waren wir halt die nächsten fünf Schwangeren«. Dieses eigenartige Überstürzen der Ereignisse machte mich stutzig. Die »Krise« stand im Zusammenhang mit der drohenden Spaltung, die der Kinderwunsch für die Frauengruppe bedeutete. Vermutlich geht sie aber weiter, weist auf eine innere Spaltung und Zerrissenheit angesichts des zu treffenden, eigenen Kinderentscheids hin. Sollte ein Kinderwunsch – den weder Simone Ballmoos noch sonst eine der Interviewpartnerinnen so benennt – Teil der Krise sein? Der Kinderwunsch ist als Ableger des bürgerlichen hegemonialen Diskurses untauglich für das Vokabular des Widerstands, und er ist nicht identitätskonstitutiv für in der Bewegung engagierte Frauen. »Die und die Gefühle« bei Regula Keller ebenso wie »die Krise« von Simone Ballmoos werte ich als Reminiszenzen des Kinderwunsches, die in den Entwurf der eigenen Position im Widerstand eingearbeitet werden wollten.

---

76 [Eingestiegen]; Lorenz Hostettler
77 Daneben gab es selbstverständlich zahlreiche andere Gründe – etwa die individuellen Motive für den Anschluss an die Bewegung, die (Selbst-)Zuordnung zu bestimmten Fraktionen sowie die persönlichen und politischen Ziele, die mittels oder innerhalb der Bewegung erreicht werden sollten.

Die an der Bewegung Beteiligten integrierten die – unterschiedlich vielen – Jahre ihres Engagements auf vielfältige Weise in ihren Lebenszyklus, abhängig hauptsächlich vom Alter, in dem sie »iigstige«[76] waren.[77] Die Bewegung vereinigte Personen von ungefähr anderthalb Generationen – während einige bei ihrem Eintritt in die Bewegung bald 30 Jahre alt waren, gab es sehr junge Leute von 14, 15 Jahren, die sich angezogen fühlten. In zahlreichen Gesprächen mit den älteren Bewegungsteilnehmern und Bewegungsteilnehmerinnen wird der so genannte Babyboom als prägende Zeit erwähnt – nicht ohne die Ambivalenz zu benennen, die dies für die ohnehin heterogene Gruppe bedeutete. Es handelt sich um einen zeitlichen Ausschnitt, während dem die Geschlechterbeziehungen einer spezifischen Dynamik unterworfen waren. Die Konturen der Geschlechterverhältnisse treten anhand der divergierenden Lebensentwürfe und der dadurch ausgelösten Verhandlungen besonders deutlich hervor

Der Babyboom setzte nach der ersten Schliessung der Reitschule 1982 ein. Er fiel in eine Zeit, als sich die Bewegung aus dem Zentrum zurückzog – in die Lorraine – und neue Strukturen aufbaute. In diese Zeit des Rückzugs und der Reflexion, in der auch der politischen Sinngebung ein hoher Stellenwert zukam, hatte die Kinderfrage ihren Platz gefunden. Dass dieses Thema primär von den Frauen verhandelt wurde, setzt Marcel Fischer als selbstverständlich voraus:

»Also was dazu kam, ist erstens einmal, ganz viele Frau haben nachher Kinder gehabt, es hat wirklich einen Babyboom gegeben«.

Was die Männer betrifft, so ist ihre Beteiligung am Babyboom weniger klar ausgewiesen. Auch wenn die Formulierungen nur leicht von den Ereignisberichten der Frauen abweichen, sind diese Verschiebungen entscheidend. Das Zutun der Väter ist weniger zwingend. Die meisten Männer haben, wie Lorenz Hostettler, »ein Kind bekommen« – ein Einschub, der eher die Zufälligkeit hervorstreicht und der das Ereignis als eines markiert, das »passiert« ist, ohne die Urheberschaft deutlich auszuweisen. Wie auch immer der Babyboom seinen Anfang genommen hat, die Tatsache, dass sozusagen direkt aus der Bewegung Kinder hervorgegangen sind, hat für einschneidende Verschiebungen und namentlich für eine neuartige Beleuchtung der Geschlechterfrage, aber auch für Verwerfungen innerhalb der Gruppen – insbesondere der Frauen – gesorgt.

»Kinder hat man nicht gewollt, das hat man abgelehnt. Aber nachher ist dann der Babyboom gekommen. Und die haben nachher, einfach ja, – so.«

Helene Ineichens unpersönlich gehaltenes Votum nimmt die wohl bitterste Konfliktlinie innerhalb der Geschlechterdimension vorweg. Mütter versus Nichtmütter sollten in den nächsten Jahren in einer Debatte,

---

78 Brennsprit oder Syrup. In: Provinz, undatiert, nach 1984. Privatarchiv H.E.

die als »Brennsprit versus Syrup«[78] in die bewegungseigenen Drucksachen eingegangen ist, mehrmals heftig die Klingen kreuzen. Das »man« spricht ebenso von Distanzierung gegenüber einem Lebensentwurf, den Helene Ineichen weit von sich geschoben hat, wie von der Absolutheit, die die Zugehörigkeit zur Bewegung einforderte. Dennoch, das Thema liess sich nicht einfach beiseiteschieben: Ebenso wie herkömmliche Beziehungsmodelle katapultierte die Kinderfrage die Bewegten in eine Debatte, die zu führen nicht vordringlicher Teil eines politisch motivierten Programms war. Davon spricht »die Krise« von Simone Ballmoos. Der umfassende Anspruch der Bewegung wird unterlaufen, denn die Kinderfrage ist zwar politisch, aber nicht im politischen Absolutheitsanspruch, der in der Bewegung vertreten war. Und Kinder stehen im deutlichen Widerspruch zum aktivistischen Selbstverständnis, das eine maximale Beteiligung am politischen Kampf fordert, am Straßenkampf und den Strafbars, an den Mahnwachen und den Protestspaziergängen, an den Hausbesetzungen und den VVs. Kinder stehen für den ultimativen Zweck der heterosexuellen Lebensgemeinschaft und sind ein Symbol bürgerlicher Normen. Die Entscheidung für Kinder brauchte unter diesen Umständen ebenfalls mehr als Mut. Und sie positioniert die Biografien der Beteiligten neu gegeneinander.

Nicole Studer, selbst eine Frau ohne Kinder, hat unangenehme Erinnerungen an die Auseinandersetzungen zwischen Müttern und Nichtmüttern:

»Und vielleicht weniger erfreulich sind da die, sind albe[79] die Diskussionen und die Liiri-Sitzungen[80] gewesen, aber das hat es ja äuä[81] auch gebraucht, ich weiss doch nicht. (…) Oder so über Themen, ich weiss nicht ob, das siehst du ja auch in dieser Provinz, da, und, wie hat es jetzt, irgendwie etwas mit Sirup und – ich weiss doch nicht. Eben [Brennsprit oder Syrup], jaja, genau, da das Gliir,[82] irgendwie, das Muttersein unmilitant sei und so, das ist eigentlich das Letzte. Also wenn ich heute dran denke, dünkt es mich eigentlich unsäglich, settigs.[83] Ja, es hat so etwas Trennendes.«

In der Tat sorgte die Auseinandersetzung zwischen Müttern und Nichtmüttern, den Müks und den Moks, für einen tiefen Einschnitt.[84] Die einen sahen im Lebensentwurf mit Kindern den Verrat an und die Verabschiedung von ernsthaftem politischem Widerstand. Wer Kinder hat, verschreibt sich nicht zu hundert Prozent der Bewegung. Helene Ineichen kommentiert nicht ohne Bitterkeit, dass die Gemeinschaftswohnprojekte im Anschluss an die Lorrainestraße 60 dem Babyboom zum Opfer gefallen seien.

---

79 [Jeweils]
80 [Liiren – sinnloses Zeug reden; labern]
81 [Vermutlich]
82 [Gelaber]
83 [So was]
84 Vgl. Kapitel 14

»Also am Anfang sind wir när[85] alle, also haben wir ein Haus gehabt, und, irgendwie mehrere Wohnungen, wo wir einfach einen Vertrag hatten, und dann hat man einfach dort gelebt. Also es sind schon abgetrennte Wohnungen gewesen, mit einfach wieder Untergrüppli, die in diesen Wohnungen gelebt haben. (...) Und nachher, ehm, ist das zusammengefallen, vor allem wegen dem ganzen Babyboom«.

Auch für diejenigen, die sich für Kinder entschieden hatten, fiel einiges zusammen, und die Betreffenden suchten nach neuen Strukturen. Ein Beispiel dafür ist die Müttergruppe, auf die ich im nächsten Kapitel eingehen werde.

16.1.9 Bewegte Mütter

Als Regula Keller allein erziehende Mutter geworden war und zusammen mit ihren Mitstreiterinnen einen Aufruf für ein Treffen von Müttern lancierte, eine Art »politische Selbsthilfegruppe«, war die Resonanz sehr gross:

»50 Frauen sind damals gekommen, das ist verrückt, das sagen wir immer wieder, mich hat das wahnsinnig verblüfft, und das zeigt auch, dass es ein riesengrosses Bedürfnis war.«[86]

Man habe sich dann regelmässig bei einer der Mütter in der Wohnung getroffen, sich gegenseitig unterstützt, Probleme diskutiert. Zu jener Zeit wurde in der deutschen Tageszeitung »taz« ein Müttermanifest veröffentlicht:

»Es ist an der Zeit, dass die Frauenbewegung, die Grünen, die Linke und die konservativen Kräfte sich damit auseinander setzen, dass Mütter ganz und gar grundsätzliche Veränderungswünsche an die Strukturen von Familie, Nachbarschaft, Beruf, Öffentlichkeit und Politik haben.«[87]

Die Frauen organisierten sich untereinander in Selbsterfahrungs- und Selbsthilfegruppen. Zum Teil wurden Formen, die in den 70er Jahren entwickelt worden waren, übernommen. In diesem Zusammenhang entstand auch die Müttergruppe. In ihrer definitiven Form bestand sie schliesslich aus neun unverheirateten Frauen zwischen 25 und 35 Jahren mit Kindern, sieben Mädchen und drei Buben zwischen drei und

---

85   [Nachher] – gemeint ist nach der Schliessung der Reithalle.
86   Der Text auf dem 1987 gestreuten Flugblatt lautete: »Welche Frauen, mit Kind/Kindern haben Lust sich zu treffen, sich kennen zu lernen, Erfahrungen auszutauschen, einander beistehen, um den gestressten Alltag erleichtern und vielleicht mit der Zeit auch zu mildern.« Undatiert, Privatarchiv H.E.
87   Müttermanifest, undatiert, ca. 1987. In der »taz«, 06/06/87 erscheinen Beiträge als Reaktion der Grünen Partei auf das Manifest. Die Grünen kritisieren insbesondere das dem Manifest zu Grunde gelegte Geschlechterkonzept sowie den Umstand, dass die Aufwertung der Mütterlichkeit die Abwertung der mütterlichen Erwerbsarbeit nach sich zieht. »taz«, 06/06/1987.

fünf Jahren. Alle drei Wochen traf man sich bei einer der Frauen, wobei folgende Themen diskutiert wurden: Kinderhütedienst, gemeinsames Wohnen, Informationsbeschaffung bezüglich rechtlicher Situation allein Erziehender und Aufbau einer ›alternativen‹ Krippe mit konzeptioneller Beteiligung der Eltern bei Aufbau und Mitgestaltung sowie Mitarbeit in der Krippe, sofern dies erwünscht war. Was die Müttergruppe damals aufgebaut habe, sei »höchste Qualität« gewesen, merkt Simone Ballmoos an. Man sei sogar wöchentlich zusammengekommen, um Absprachen bezüglich der Betreuung zu treffen. Die Frauen wohnten zum Teil gemeinsam, und bei der Kinderbetreuung achteten sie darauf, dass die Kinder jeweils gleichzeitig bei den Müttern beziehungsweise bei den Vätern waren. Nicht nur wuchsen die Kinder dadurch inmitten einer Gruppe von fast Gleichaltrigen auf – die kollektive Form der Kinderbetreuung verschaffte Simone Ballmoos zudem enorm viele Freiheiten. Sie betont die Errungenschaft der Freiheit mehrmals. Was sie hier zusammen mit der Müttergruppe und auch durch den Einbezug der Väter geleistet hat, war wohl entscheidend für die Überwindung der Krise, die sich angesichts der getroffenen Kinderentscheidung eingestellt hatte.

Die Müttergruppe verstand sich als Teil der Frauenbewegung und liess sich politisch durch die Frauenbewegung immer wieder herausfordern:

»Wir hatten unsere Kinder in einem politisch linken Umfeld, wir wollten es anders machen. Wir wollten nicht heiraten. Auch die Frauenbewegung warf in unserer Gruppe immer wieder Fragen auf. Wenn wir politisch aktiv sind, können wir es zeitlich vereinbaren, daneben ein Kind und eine Familie zu haben?«[88]

Die Vereinbarkeitsfrage war also bereits in den 80er Jahren ein Diskussionsgegenstand. Zwar fanden sich die Frauen auch bezüglich ihres Zeitmanagements herausgefordert, im Vordergrund stand jedoch die Beschäftigung mit der Qualität ihres politischen Engagements. Sowohl Angriffe aus den erwähnten Bewegungszusammenhängen wie ihr eigenes Politikverständnis trugen zur Verunsicherung bei. Die politische und vor allem die feministische Sozialisation, die manche der Frauen durchlaufen hatten, formten das politische Selbstverständnis. Bezeichnend ist Regula Kellers Formulierung, »daneben ein Kind und eine Familie zu haben«. »Daneben« bezeichnet im umfassenden politischen Selbstverständnis, das sich die Frauen angeeignet hatten, eigentlich einen inexistenten Ort. Dieser musste demzufolge erst geschaffen, neu erfunden werden. Das war die Aufgabe, in der die Müttergruppe und ihre Mobilisierungsstrategie der Väter ins Spiel kamen.

---

88 Ensner 1998

Neben ihrer politischen Position als Mütter diskutierten die Mütter Themen, die bereits in der Frauenbewegung der 70er Jahre aufgenommen worden waren, darunter Gesundheit, Verhütung, Schwangerschaft, Sexualität und Gewalt. Besonders häufig waren die gemeinsamen Abende dem Thema Schuld/Schuldgefühle gewidmet. Ihre eigenen Mutterbilder vor Augen, fiel es den neuen Müttern, als die sie sich selbst fühlten, immer wieder schwer, diesen abweichenden Weg der Mutterschaft zu beschreiben, ohne dauernd an sich zu zweifeln. Das absolute Politikverständnis trat in Konkurrenz zum absoluten Mutterverständnis. Dieser Konflikt konnte über die gemeinsame Struktur weitgehend entschärft werden. Durch die Gruppe fühlten sich die Frauen privilegiert. Und sie partizipierten an der Freiheit, wie im Beispiel von Simone Ballmoos deutlich wird – ein Privileg, das den Müttern in herkömmlichen gesellschaftlichen Konstellationen offenbar nicht zustand. Trotzdem verstummten die Zweifel nicht:

»Weißt du obwohl, obwohl, wir haben uns so viele Krämpfe, Erziehung, buääh. Stress. Extrem.«[89]

Regula Keller räumt ein, dass ein Teil der »Krämpfe« hausgemacht war, dass sie, gemäss ihrem damaligen Selbstverständnis, alle in verschiedenen Therapieverhältnissen gesteckt hatten und vor lauter Reflexion wohl sehr verkrampft an manche Aufgaben herangegangen seien. Jeder Schritt wurde auf seine Kompatibilität mit dem politischen Selbstverständnis abgeklopft. Die Entscheide über die Form des Zusammenlebens, die Situation, in der das Kind aufwachsen sollte, die Paarbeziehung und die Erziehungsgrundsätze wurden als Teile der politischen Diskussionen verstanden und auch als solche verhandelt:

»Und dort ist nachher, die Kindererziehung, oder, weil dann habe ich ja Leon schon gehabt, als allein Erziehende. Dort kommt die Kindererziehung natürlich nachher hinein, ich habe auch ganz bewusst nicht heiraten wollen, weil ich nicht die Frau werden wollte vom ... und auch nicht die elterliche Gewalt abgeben wollte. Ich habe ganz bewusst die elterliche Gewalt behalten wollen, weil du auch nie weißt, was diesen Männern nachher, wenn ihre Kinder älter sind, in den Sinn kommt. Oder wenn die Beziehung auseinander geht, ist ja immer noch, oder, ist ja nachher die elterliche Gewalt beim Mann. Finde ich auch so etwas Paradoxes.«[90]

Kinderhaben bedeutete, wie aus obenstehendem Zitat hervorgeht, Politik und war in keiner Weise der Abschied vom gesellschaftlichen Engagement. Dies formt einen Gegensatz zu der von einer Fraktion der Bewegung vertretenen Meinung, politisches Engagement sei unvereinbar mit Elternschaft. Regula Keller nimmt dazu wie folgt Stellung:

89 Regula Keller
90 Regula Keller

»Weil dort vermischt sich nachher ganz viel bei mir, zwischen privat, politisch, beruflich, und Frauenbewegtem eigentlich. Und ich habe mich immer gesehen als, ich habe auch immer, weißt du, wirklich die letzten 20 Jahre immer versucht, alles unter einen Hut zu bringen, ja.«

Die Frauen organisierten sich untereinander und mit den Vätern, was der Schlüssel für die Betreuungsarbeit war. Das Familienmodell, das keines war, brauchte einen Ort. Wohnpolitische Themen waren bald auch ein von den Müttern energisch vertretenes Anliegen. Die Müttergruppe trat mit der Stadt in Verhandlungen.

»När[91] mag ich mich besinnen[92], dass wir mit der Stadt, also, eine Gruppe war ja Wohnen, zusammen wohnen, von dannzumal, und dort führten wir, ehm, mit der Liegenschaftsverwaltung Diskussionen. (…) Und dort führten wir auch Verhandlungen, weil dann die allein erziehenden Frauen kein Recht hatten auf so eine Stadtwohnung. Und das hat sich nachher geändert. Dort sind wir auch an die Presse gegangen, weil sie uns nicht entgegen kommen wollten. Und wir forderten dann ja eh Häuser, für gemeinsames Wohnen von allein Erziehenden. Aus dem heraus entstand, dass Irene und ich zusammen wohnen. Und andere Frauen auch. Sie stellten dann nachher, als wir an die Presse gegangen waren, und, die Verhandlungen im ersten Moment nichts fruchteten, dann nachher fruchteten sie tatsächlich etwas, sie stellten uns nachher Wohnungen zur Verfügung, einfach im gleichen Haus. Sie stellten uns nicht ein Haus zur Verfügung, wo wir alle zusammen wohnen konnten, sondern sie stellten einz… also, Wohnungen im gleichen Haus zur Verfügung, wo wir nachher abwechselnd zu den Kindern schauen konnten. Und dort sind, wirklich auch eh, das ist dann nachher auch der Kern eigentlich von der Mütter-, von der Müttergruppe, wo dann nachher auch die neun Mütter zusammen kamen. Und dort bekamen wir nachher Wohnungen, und dort sind nachher drei Frauen, Frauenpäärli[93], aber nicht im Sinne von Päärli, ehm, sind dort nachher – wir jetzt 20 Jahre, Irene und ich, und die, ehm, Therese und Monika waren auch sehr lange.«[94]

Die Müttergruppe, die bis heute besteht, ist eine starke Gruppe, die sich innerhalb der Bewegungsszene einen festen Platz genommen hatte. Nach den ersten Treffen entschieden die Mütter, als geschlossene Gruppe zu arbeiten und sich nicht weiteren Personen zu öffnen. Der Entscheid war im Interesse der Gruppe und im Interesse der intensiven Beziehungsarbeit innerhalb der Gruppe gefällt worden. Er ist zudem innerhalb des diskussionsintensiven Bewegungsumfelds zu situieren, als Rückzugs- und Schonraum, wo die eigenen Positionen und Interessen nicht primär ge-

---

91 [Nachher]
92 [Nachher kann ich mich erinnern]
93 [Paare]
94 Regula Keller

genüber dem gemischten Rahmen verteidigt werden mussten. Die Mütter waren mehr als ein Netzwerk. Der Gruppe kam auch die Aufgabe zu, soziale Kontrolle auszuüben – für den Fall, dass eine Mutter an ihre Grenzen geriet (Ensner 1998). Eine Schilderung aus der Dokumentation von Heidi Ensner illustriert dies:

»Zwei der Mütter teilten alles, bis auf das Bett – das war ihre Interpretation von kollektivem Wohnen, sie teilten sogar das Zimmer und organisierten sich, wenn eine von ihnen das Zimmer für eine Liebesnacht brauchen wollte. Eine so ausgeprägte Form des kollektiven Lebens würde im Rückblick keine der Frauen mehr unterstützen. Andererseits war die Trennung der beiden Frauen eine erhebliche Belastung der ganzen Gruppe und wurde teilweise auch unter der Supervision der Gesamtgruppe ausgehandelt.«[95]

Die intensive gegenseitige Unterstützung und die Interpretation des Gruppenmodells trug zur starken Position der Gruppe bei, löste aber auch Kritik aus.[96] Dass die Gruppe die Bewegung in besonderer Weise prägte, geht auch aus der Dokumentation zur Frauenhausbesetzung an der Gutenbergstraße hervor. Darin ist festgehalten, dass die erste VV im Frauenhaus, die nicht direkt der Besetzung und den damit verbundenen Fragen gewidmet war, eine Diskussion zum Thema Mütter war.[97] Die Gruppe prägte so etwas wie einen legendären Ruf der Berner Bewegungsmütter, die sich, wie Marcel Fischer anerkennend bemerkt, nach der Geburt ihrer Kinder nicht einfach zurückgezogen hätten und von der Bildfläche verschwunden seien. Im Gegenteil, sie hätten ihre Interessen und Anliegen eingebracht und den Rahmen der Bewegung genutzt, um neue Projekte umzusetzen. Die noch heute funktionierende Kindertagesstätte Firlifanz ist aus solchen Bemühungen hervorgegangen und hat schon damals die Eltern stark unterstützt. In der Erinnerung von Marcel Fischer:

»Die Frauen sind eigentlich weiterhin aktiv gewesen, in der Szene integriert, drususe[98] dadurch, dass sie Kinder gehabt haben, und die organisierten einfach Sachen danach, ehm, ja, man gründete nachher Krippen, oder ich habe nachher eine Krippe gegründet, eigentlich, und, aus dem heraus, ehm, sind dann so Projekte auch gelaufen, und die Frauen blieben weiterhin wirklich einfach aktiv.«

Die Frauen blieben der Szene treu und verstanden den von ihnen verfolgten Lebensentwurf als durch und durch politisch – und dies, obwohl oder gerade weil die Geburt eines Kindes für die meisten Frauen einschneidende Veränderungen mit sich brachte, wie Heidi Ensner (1998, ohne Seitenangabe) anhand ihrer Befragung von Mitgliedern der Müttergruppe dokumentiert:

»Frage: Was hat sich nach der Geburt für dich geändert? – ›Meine ganze Lebenseinstellung. Ich musste anfangen, für etwas, und nicht mehr gegen alles zu kämpfen – musste das Leben als lebenswert erfahren können, sonst hätt' ich das nicht geschafft. Ich musste mich erst mal ziemlich absetzen aus meinem früheren Umfeld und meine Lebenssicht echt umkrempeln. Früher hatte ich mich geweigert, mehr als zwei Tage weiterzusehen, mein Lieblingsmotto war: keine Garantie, morgen kann alles schon ganz anders sein. Jetzt musste ich lernen, mich einzulassen, festzulegen, das war Schwerarbeit für mich. Das Sesshaft-Werden war echt schwierig für mich, hat mir jedoch auch die Möglichkeit gebracht, mich grundlegend auseinanderzusetzen mit Themen, denen ich vorher aus dem Weg gegangen bin.«

Die hier zitierte Frau spricht von einer fundamentalen Veränderung durch das Mutterwerden, ausgedrückt in der 180-gradigen Kehrtwende, die vom Kampf gegen, zum Kampf für etwas – für ein »lebenswertes Leben« – führt. Besonders aufschlussreich im Hinblick auf die Verfasstheit der 80er Bewegung insgesamt ist das Konzept des »lebenswerten Lebens«. Dieses wirft zunächst ein Licht auf das persönliche Motiv für die Beteiligung an der Bewegung. Darüber hinaus deutet die Sprecherin damit an, dass ein »lebenswertes Leben« etwas war, was bisher ihre Vorstellungskraft gesprengt hatte, etwas, was sie sich unter den gegebenen Voraussetzungen – dagegen hatte sie sich im politischen Kampf verschrieben – nicht vorstellen konnte. Diese Vorstellung zu erzeugen, kostete sie Schwerarbeit, da sie umlernen musste. Sie wurde sesshaft.

Das bedeutete einen Austausch der Lebensform. Vorher war sie, um in der Metapher zu bleiben, Jägerin, Sammlerin – Sammlerin von Abenteuern, politischen Auseinandersetzungen, Jägerin von Beziehungen, von Träumen, von Überraschungen. Die Sesshaftigkeit konfrontierte sie mit Verpflichtungen gegenüber ihrem Kind. Zu den Themen, denen sie vorher ausgewichen war, gehörten vielleicht auch die Beziehungen zu Männern, namentlich zum Kindsvater.

Über die Müttergruppe verschafften sich die Frauen nicht nur die wichtigen Netzwerke, die sie für die Kinderbetreuung, die Verwirklichung eigener Projekte und die Politik benötigten, sondern sie fanden auch einen Weg, wie sie konfliktträchtige Interessengegensätze potentiell überwinden konnten: über die Integration der Väter sowie der kinderlosen Mitstreiter und Mitstreiterinnen im Rahmen von politischen Anliegen. Die Kinder habe man meist gemeinsam betreut, und, fügt Regula Keller an, »durch unsern leichten Druck, sage ich jetzt mal [kichert, prustet]« hätten sich dann auch die Väter zusammengerauft.

---

95 Ensner 1998
96 Regula Keller
97 »Die Gutenbergsträssin«. Broschüre zur Frauenhausbesetzung, undatiert, ca. 1985. Privatarchiv H.E.
98 [Daraus heraus]

16.1.10 »KINDSVÄTER«

Der Begriff Kindsväter bezeichnet eine Position im Verwandtschaftskontext. Die Funktion steht vor dem emotionalen Bezug. Die Konstruktion wirkt irritierend, zumal ein Pendant – Kindsmütter – nicht existiert. Der Begriff kennzeichnet ein schwieriges Verhältnis. In einer Dokumentation zur Müttergruppe (Ensner 1998) findet sich folgender Titel: »Kindsväter – eine Liste voller Probleme«. Das »Kinds-« steht zwischen Müttern und Vätern, die Beziehung ist damit allein über das Kind definiert und auch auf das Kind ausgerichtet.

Die Schwierigkeit bestand darin, nichthegemoniale Beziehungsmodelle zu entwerfen und sie mit und gegen die Widersprüche der alltäglichen Realität zu leben. Wie meine Gesprächspartnerinnen bestätigen, lebten die wenigsten in so genannten festen Beziehungen, und diejenigen, die es taten, konnten ihre Beziehungen meist nicht auf Dauer stabil halten. Mit dem Babyboom und den Kindern kam eine neue Dimension hinzu. Kaum ein Paar blieb als Paar zusammen, nachdem die beiden Eltern geworden waren. Dennoch fehlte für die neue Beziehungsform jegliches Modell, und die Formen und Inhalte dieser über das Kind neu gestifteten Beziehungen mussten mühsam ausgehandelt werden.

Regula Keller schildert ihren persönlichen Fall:

»Also ich habe jetzt mit dem Mättu 50-50 geschaut. Oder, also er hat 50 Prozent gschaffet[99] und ich habe 50 Prozent gschaffet, und die restliche Zeit haben wir dann, Irene und ich, untereinander abgedeckt und so. Und der Ädu, der Vater von der Lisa, genau gleich. Der Dänu auch, also es gab ein paar Väter, die sich dann när[100] auch politisch engagierten.«

Wenn auch die Väter über leichten »Druck« dazu angehalten werden mussten, sich in der Kinderbetreuung zu engagieren, wie Regula Keller erzählt, so liessen sie sich auf die Verhandlungen ein. Wie ich meinen Gesprächen mit den entsprechenden Männern entnehme, machten sie dies bald mit grosser Selbstverständlichkeit. Lorenz Hostettler schildert die Zeit, in der die Kinder klein waren, als die für ihn schönste und lichtvollste Zeit seiner Erinnerung an eine Bewegung, die durchaus auch finstere Andenken hinterlassen hat. Dies ist ein Ausdruck davon, dass die Kindsväter ihre Rolle suchten, dass sie diese Rolle ausgestalteten und Beziehungsformen entwickelten, die den eigenen Idealen nahekamen:

»Aber ich glaube schon, also was mich dran gehalten hat, ist schon so diese Idee, eben dieses Lebensgefühl, von zusammen, und, also es ist, eigentlich, eine sehr gute Zeit, war wirklich so, als die Goofen[101] klein waren, wir alle zusammen – man hat zwar immerein Gstürm[102] gehabt mit den Müttern,

---

99 [Gearbeitet]
100 [Nachher]
101 [Gören, gemeint sind beide Geschlechter]

und mmh, ja, mit der, mit der man dann das Kind hat, und so, aber, aber wir haben wahnsinnig viel zusammen gemacht. Wir gingen zusammen reisen mit den Goofen, man ging zusammen auf die Alp mit den Goofen, uu, ja, die haben immer da, wir haben dem immer ›Grill‹ gesagt, die haben auf dem Grill geschlafen, eins neben dem andern. Ja und man ist zusammen saufen gegangen und jemand war e chli[103] zu Hause und, ... eh - es ist irgendwie so, eh, eine gute Zeit gewesen. Sehr, eh, lebendig, und man hat viel gemacht, und, klar, viel rumgehängt, und abgestürzt und gesoffen oder so, aber, auch irgendwie, ja, das ist sehr, eh, in die Zukunft gerichtet gewesen, eigentlich. Ja, man wollte leben und man wollte gut leben und sich gut einrichten, miteinander.«

Diese Schilderung ist die Antwort auf meine Frage nach dem Antrieb, dem Motiv, der Kraft für das Engagement. Ich finde das Zitat deshalb besonders berührend, weil hier nicht die wertvollen politischen Errungenschaften, der Durchbruch in zähen Verhandlungen oder die erfolgreiche Konfrontation mit den Behörden genannt werden. Das, was meinen Gesprächspartner wirklich fasziniert hat und ihm immer wieder Antrieb bedeutete, war das Lebensgefühl, welches in der Gemeinschaft generiert und durch die gemeinsame Betreuung der Kinder verstärkt wurde. Was er beschreibt, ist letztlich die Umsetzung eines ganz privaten Modells des Zusammenlebens, es ist die Einlösung des Versprechens, welches er sich selbst schon Jahre, bevor er sich auf die Bewegung einliess, gegeben hatte, es ist seine ganz persönliche Absage an den bürgerlichen Lebensentwurf. Die Erinnerung ist lichtvoll, es ist eine optimistische Szene, sie enthält viel Leichtigkeit. Das »Leben« ist eines der wichtigen Worte in diesem Abschnitt, der davon erzählt, wie das Leben sich gegenüber der düsteren Zukunftsperspektive, die die Bewegung auch generiert hatte, durchsetzte. Lorenz Hostettler zeichnet einen Gegensatz, das Leben, das Lebensgefühl, das Leben miteinander, gegenüber dem Rumhängen, dem Abstürzen, dem Saufen – Tätigkeiten, die stark identitätskonstitutiv sind für die Männer in der Bewegung. Während im Zitat der interviewten Mutter (Ensner 1998) eine völlige Umkrempelung des Lebensentwurfs skizziert wird, spricht Lorenz Hostettler von der Integration von zwei unterschiedlichen Lebensphasen. Die Kinder führten nicht zu einer völligen Abwendung bisheriger Seinsweisen, sie verpflichteten nicht zur Sesshaftigkeit und auch nicht zur Alkoholabstinenz. Aber sie brachten eine neue Qualität: das Leben, die Lebendigkeit.

Die Bilder, die Lorenz Hostettler aktiviert, sind eine Art Beweisführung, dass der hegemoniale Diskurs und seine Bestimmung über das Zusammenleben Bruchstellen hat und dass dadurch Zwischenräume entstehen, die für den Entwurf »alternativer« Selbstverhältnisse genutzt werden und zur

---

102 [Auseinandersetzung, besonders gebräuchlich im familiären Kontext; vor allem Kinder »stürmen«.]
103 [Ein wenig]

Entwicklung neuer HandlungsRäume Anlass geben. Der Einschub vom »Gstürm« mag beschönigend sein, und der Verweis auf die, »mit der man dann das Kind hat«, klingt wegwerfend und abschätzig. Die Auseinandersetzungen zwischen Müttern und Vätern waren zweifellos hart und aufreibend, gerade deshalb, weil ihre Formen erst gesucht werden mussten und sich an keine bestehenden Modelle anlehnen konnten – ein Umstand, den die Erinnerung gerne verwischt.

Aus den Kindsvätern sind schliesslich Väter geworden, so jedenfalls lässt sich folgende Aussage von Regula Keller lesen:

»Und die Väter für sich haben dann auch begonnen, sich zusammenzutun, weißt du, das war dann natürlich auch ein Auswuchs, weil ein Teil war natürlich auch unser Anliegen, wie kommen wir mit den Vätern z'Schlag[104]. Und dort sind auch ganz gute Geschichten entstanden.«

Die Beziehungen zwischen Mütten und Kindsvätern werfen ein besonderes Licht auf die im Rahmen der Bewegung gestalteten Geschlechterbeziehungen. Ich ging davon aus, dass die Frauen und Männer ›alternative‹ Formen des Zusammenlebens entwickeln wollten. Mit der Geburt eines Kindes standen sie hierbei vor neuen Herausforderungen. Meine Analyse zeigt, dass die Mütter und Väter tatsächlich neue Formen der gemeinsamen Kinderbetreuung und des Zusammenlebens entwarfen. Erstaunlich ist die Erkenntnis, dass die neuen Formen ausschliesslich geschlechtersegregierte Formen waren. Zudem wird deutlich, wie die Erinnerungen von Frauen und Männern davon, wie die Zeit mit den Kindern gestaltet wurde, auseinandergehen. Auch die Frauen betonten zwar, dass sie sich durch die gemeinsam organisierte Betreuung viel persönliche Freiheit nehmen konnten. Aber die Frauen legen das Gewicht auch auf die Schwierigkeiten und die persönlichen Zweifel, mit denen sie kämpften, weil sie sich vom traditionellen Mutterbild abwandten. Darauf fehlt bei den männlichen Interviewpartnern jeder Hinweis. Stattdessen hörte ich bei ihnen, dass klassische Männlichkeitsrituale wie das gemeinsame Saufen ihren Platz und ihre Berechtigung weiterhin hatten. Während in den Gesprächen mit den Frauen deutlich wurde, dass diese ihr Leben »umkrempelten«, um sich auf die neue Rolle als Mutter einzulassen, liegt die Betonung bei den männlichen Interviewpartnern auf der Kontinuität.

Auch der Blick auf die Beziehungen zwischen den Müttern und den Vätern ist vom Geschlecht der Sprecherposition geprägt. Die Frauen erörtern die komplexe Organisationsstruktur und sprechen darüber, wie sie die Männer zu ihren Verpflichtungen herangezogen und mit ihnen über den Modus der Betreuung verhandelt haben. Bei den Männern erscheinen die Beziehungen zu der Mutter des Kindes ganz einfach als Gstürm.[105]

---

104 [Zurecht]

Damit lässt sich sagen, dass die Gestaltung neuer HandlungsRäume als divergente Formen des Zusammenlebens nur partiell gelang. Sie war erfolgreich, solange es sich um geschlechtergetrennte Räume handelte. Eine Infragestellung der traditionellen Geschlechterordnung und ihre praktische Überwindung gelang im gemischten Kontext nicht.

Zum Schluss komme ich kurz auf einen Aspekt der Geschlechterbeziehungen zu sprechen, der in vielen Gesprächen Erwähnung fand und der ein weiteres Feld aufspannt. Es geht um den FreiRaum und die Verletzlichkeit darin enthaltener Positionen.

16.1.11 Die Verletzlichkeit der Körper in der autonomen Zone

Ursina Lehmann zählt den Geschlechterkonflikt zu den schwierigsten Themen der Bewegungszeit, ohne danach gefragt worden zu sein. Gemäss ihrer Analyse entsteht das Problem im Spannungsfeld zwischen Freiheit und Sicherheit, wobei »alle Leute in der Reithalle eigentlich den Freiheitsbegriff immer über den Sicherheitsbegriff gestellt haben«. Sie schneidet eine Debatte an, die in der mittlerweile über 20jährigen Geschichte der Reitschule[106] zum Dauerbrenner geworden ist und die ich an dieser Stelle nur sehr unvollständig berücksichtigen kann. Es geht um die zweifelhafte Anziehungskraft der Reitschule auf unterschiedlich positionierte Gruppierungen und um die Strategie bei Vorfällen von Gewalt.

Letztlich standen der reitschuldefinierte, sensible HandlungsRaum, die Interpretation der autonomen Zone und deren Grenzen auf dem Spiel. Das Prinzip der Autonomie öffnete das Kollektiv für die unterschiedlichsten Akteurgruppen, zumindest in der Theorie, denn die Anziehungskraft der Reitschule ging weit über das politische Kernanliegen nach FreiRäumen hinaus. Die Reitschule war mit den unterschiedlichsten Interpretationen der im Autonomieversprechen abgelegten Rechte und Freiheiten konfrontiert. Der heterotope Schutz, den sie bot, konnte missbräuchlich verwendet werden. Dies gilt auch für die aktuelle Reitschule.

Die von der Reitschule zu wählende Strategie lag nicht auf der Hand, sondern sie ist Gegenstand von jahrelangen, immer wiederkehrenden Diskussionen. Neben den ethischen Grundsatzfragen bot diese Debatte auch handfeste Reibungsflächen für das Verhältnis zu den Behörden. Gewaltsame Auseinandersetzungen in und um die Reitschule waren Zündstoff für die öffentliche Meinung. Ursina Lehmann beschreibt die harte Geschlechterarbeit, der es bedurfte, um einen Weg zu finden:

»Aber, ehm, ... wie kann man den Schutz organisieren, oder, oder eh, Individuen natürlich im Speziellen, aber när[107] schlussendlich eben auch für Minderheitsanliegen, die ja vielleicht nicht unbedingt eine Minderheit

---
105 [Mühsame Auseinandersetzung]
106 Gerechnet seit ihrer ersten Besetzung 1981.
107 [Nachher]

sind. Das Frauenanliegen war sicher zeitweise ein minoritäres Anliegen, ... an der klassischen Geschlechterarbeit hätte man dem zum Durchbruch verhelfen können. Aber da gab es wüste Szenen, und erniedrigende Sachen, und Übergriff – und die Permanenz der Diskussion, die, also ich denke, das war ja wie die Antwort auf diesen Verzicht, von, von, irgendwie von Aufrüstung ist irgendwie die ständige Aufklärung, also das heisst, es ist permanent eine Diskussion, über, über Werte, über Moral, über politische Vorstellungen. Und dadurch eine soziale Kontrolle spielen zu lassen. Und das ist natürlich auch, ja, das ist anstrengend, oder. Und, wir haben einfach nie, schlussendlich sind ganz viele Leute dort eingestiegen, eben, aus Spaß, aus, was auch immer, nicht unbedingt, also wir sind nicht ideologie-, ich meine, von uns ist niemand in den Aufbau, hat das Gefühl, er müsse irgendeinmal den Leuten erklären, wie es ist oder wo, wie die Welt steht, oder, die Mission ist irgendwie, haben, glaub ich, nicht wahnsinnig viele Leute gehabt. Aber gleichzeitig war das die einzige Antwort, die wir hatten, oder, zu sagen, das und das und das darf man nicht aus diesen Gründen. Und das endlos zu wiederholen.«

Die endlose Diskussion um Werte, um politische Vorstellungen und über Moral war zermürbend. Sie zwang die an der Diskussion Teilnehmenden zu Stellungnahmen und bot Profilierungsplattformen für die Alpha-Tiere der Szene oder ganz einfach für jene, die sich nicht durch den Prozess aufreiben liessen.

Ursina Lehmann bringt es unmissverständlich auf den Punkt: Um dem »Minderheitsanliegen« Geschlecht Geltung zu verschaffen, brauchte es Geschlechterarbeit, die endlose Wiederholung der Grundsätze und deren Verteidigung, die zermürbende Aushandlung von Regeln, die Verpflichtung auf einen gemeinsamen Nenner, die Balance zwischen FreiRaum und dem Anspruch, dass dieser für all jene, die ihn nutzen, auch ein sicherer Raum ist.

16.2 Fazit

In Kapitel 16 ging es mir um Aushandlungsprozesse, die in der Bewegung im Hinblick auf die Geschlechterdifferenz und auf die Geschlechterbeziehungen geführt wurden. FreiRäume sind nicht frei von Geschlechterstrukturen – diese Feststellung ist trivial, und doch verweist sie auf eine der grundlegenden Widerspruchskonstellationen der 80er Bewegung. Diese Widerspruchskonstellation wird über verschiedene Bewegungszyklen neu aufgelegt, wie die Gespräche mit jungen Besetzern und Besetzerinnen zeigen. Auch wenn sie sich teilweise dem Erbe der 80er Bewegung einschreiben, verbindet sich mit dem Wunsch nach FreiRäumen der Anspruch, die Geschlechterdifferenz neu auszuhandeln. Hierbei profitieren die Bewegten der 90er Jahre von einem erweiterten Angebot sowie dem Wandel der öffentlichen Haltung gegenüber Familienmodellen, die von der bürgerlichen Norm abweichen. Für ein Besetzerkollektiv der 90er Jahre ist es durchaus möglich, als »Familie« aufzutreten. Dies ist eine Bezeichnung, die in den 80er Jahren undenkbar gewesen wäre.

In den 80er Jahren nahm die Beschäftigung mit der vergeschlechtlichten Subjektkonstituierung einen zentralen Stellenwert ein. Die massgeblichen Modelle trugen essentialistische Züge, und Weiblichkeit wurde gefeiert. Die Frauen betrieben ihr politisches Engagement aus verbindlichen Gemeinschaften heraus, was zu Konflikten mit den Männern führte. Das Insistieren der Frauen, Geschlechterdifferenz zum Thema zu machen, traf auf männliche Ausweichstrategien, auf den Panzer der *coolness*, auf Abwertung bis hin zu offener Ablehnung. Die Differenzen unter den Frauen verhinderten die Formulierung einer »weiblichen« politischen Position. Erschwerend kam hinzu, dass die Formulierung einer solchen Position im Widerspruch zu der Sprachlosigkeit steht, mit der die Frauen im Bewegungskontext verortet waren. Die Ausgrenzung der Frauen aus der eigentlich basisdemokratischen Anlage der VV steht für diese Sprachlosigkeit.

Das Thema der sexuellen Differenz tauchte in der Reitschule Anfang der 90er Jahre auf und wurde massgeblich in und um die HomoAG verhandelt. Auch in dieser Gruppe fanden sich die Vertreter und Vertreterinnen bald vor der Schwierigkeit, über den »anti-sexistischen Anspruch«[108] hinaus ein Verhältnis zur Reitschule zu entwickeln. Dazu kamen gruppeninterne Motive, die den »Sonderstatus« der HomoAG begrüßten. Die Aushandlung ihrer Stellung in der Bewegung als eine über sexuelle sowie über die Geschlechterdifferenz vermittelte Position war insbesondere für lesbische Frauen äusserst ambivalent.

Das Kapitel arbeitete einige der zahlreichen Positionen und Positionierungen heraus, die im Zusammenhang mit der Geschlechterdifferenz innerhalb der Bewegung verhandelt wurden. Wesentlich ist dabei, dass der Gesellschaftsentwurf und das Politikverständnis, mit denen sich die Bewegung identifizierte, in hohem Maß geschlechterdifferenzierend angelegt waren, und auch auf diese Weise bewertet wurden. Es bedurfte schmerzhafter Aushandlungsprozesse, die Ein- und Ausschlüsse zu benennen und über die Verletzungen hinweg Ziele zu formulieren – gemeinsam oder getrennt. Verletzung scheint mir ein wichtiges Motiv zu sein – sowohl für Männer wie für Frauen. Die Verletzlichkeit lässt sich anhand meiner Interviews allenfalls erahnen, niemals in ihrem Ausmaß wirklich erfassen. Was anhand meines Gesprächsmaterials besonders deutlich wird, ist, dass ein Teil der Verletzungen im Rahmen der Selbst- und Fremdverständnisse steht und damit im Kern die Geschlechterdifferenz trifft.

Geschlechterdifferenz ist ein Fixstern, um den die Erzählungen aus den besetzten Häusern kreisen. Sie manifestiert sich auf der Straße, auf den Demos, in den gemeinsam bewohnten Wohnungen, auf den Kulturveranstaltungen, in den VVs. Sie ist Struktur gebendes Prinzip an verschiedenen TatOrten und für unterschiedliche HandlungsRäume. Differenzlogische Motive waren treibende Kräfte bei der Erringung von Frauenhäusern, Frauenräumen und bei der Veranstaltung von frauenspezifischen Anlässen. Die Geschlechterdifferenz bildete je nach Ereignis- und Handlungszusammenhang Legitimation, Schutz, Vorwand, Angriffspunkt, Anspruch und Ziel.

17 Schlussfolgerungen

Im Fokus meiner Arbeit stehen die Herstellung und Verflüchtigung von Raum, welche ich anhand der Berner 80er Bewegung diskutiere. Die 80er Bewegung sorgte mit ihrer raumintensiven Widerstandspraxis für die Alimentierung des Diskurses um das Urbane. Ich untersuchte die durch die Materialisierung von TatOrten ausgelösten öffentlichen Debatten und die daraus hervorgehenden HandlungsRäume, wobei ich den urbanen Raum als Beispiel wählte.

Ich schrieb diese Arbeit mit dem Ziel, eine geografische Herangehensweise für die Untersuchung einer sozialen Bewegung zu entwickeln. Als geografische Herangehensweise definierte ich für diese Arbeit ein Vorgehen, das die Verhandlung um Zugehörigkeit ins Zentrum stellt. In meinem Fallbeispiel, der Berner Hausbesetzungsbewegung, manifestieren sich Fragen der Zugehörigkeit paradigmatisch über die Kategorie Raum. Ich untersuchte daher die Berner Bewegung als raumkonstitutive Bewegung ausgehend von konkreten TatOrten. Die relevanten Ereigniszusammenhänge, beispielsweise Hausbesetzungen, deutete ich als räumliche (An-)Ordnungen, die durch politisch gezieltes *spacing* und die in öffentlichen und bewegungsimmanenten Diskursen verankerte Syntheseleistung konstituiert wurden.

Meine Arbeit handelt von der Beziehung zwischen Menschen und Orten. Daraus abgeleitet bezog sich eine weitere, übergeordnete Fragestellung auf den spezifischen Beitrag, den eine geografische Herangehensweise sowie eine räumliche Analyseperspektive im Rahmen der Geschlechterforschung leisten können.

Ich möchte das Erkenntnisinteresse, welches ich im Rahmen dieser Untersuchung verfolgte, in drei Aspekten genauer fassen.

Zunächst ging es mir darum, über die raumkonstitutive Qualität einer sozialen Bewegung nachzudenken. Die Deutungsperspektive für diese Forschungsanlage wurde durch eine im diskursorientierten Sinn modifizierte Anwendung von Martina Löws Raummodell, welches Räume als relationale (An-)ordnungen von sozialen Gütern und Lebewesen fasst, geformt.

Zweitens zeichnete ich auf, wie die Grenzen des *Urbanen* in Bern durch die Einwirkung der 80er Bewegung und ihrer räumlichen Hinterlassenschaft – den Sedimentierungen – verschoben und damit neue HandlungsRäume eröffnet wurden. Die wohltemperierte Verfasstheit der 70er Jahre, die die städtische Politik und das öffentliche Leben trotz Wirtschaftskrise und gesellschaftlichen Transformationsprozessen prägte, bildete die Reibungsfläche für die Anliegen, die die Bewegung geltend machte. Das

Ergebnis der Wohltemperiertheit waren Schließungsprozesse – unheimliche Geografien –, welche die Bewegung herausforderten. Die Bewegung antwortete mit der Inszenierung ihrer eigensinnigen, spektakulären Geografie. Sie schuf TatOrte, durch die sie ihre Anliegen materialisierte. Die beteiligten Frauen und Männer investierten in die Schritt für Schritt der Stadt abgetrotzten, neuen HandlungsRäume und erweiterten diese. In der Verfügbarkeit von neuen HandlungsRäumen tritt eine Verschiebung der Grenzziehung des *Urbanen* zum Ausdruck.

Drittens schärft die dekonstruktionsorientierte Verwendung des Raumbegriffs die Analyse gesellschaftlicher Sinnbildungs- und Normalisierungsprozesse. Ich nahm mir daher vor, die räumliche Perspektive, auf welcher der analytische Ansatz dieser Studie beruht, auf ihr Erkenntnispotential für geschlechterdifferenzierende Fragestellungen zu prüfen. Ich postulierte hierbei, dass die geografische Herangehensweise, welche die Verhandlung von Zugehörigkeiten umfasst und eine räumliche Perspektive einnimmt, einen Mehrwert für die geschlechterkritische Analyseperspektive schafft. Dieser Mehrwert setzt dort ein, wo an die Stelle von traditionellen Kategorien der Zugehörigkeit ein Set von aufeinander bezogenen Faktoren tritt: Politische Erkenntnisse ebenso wie Erinnerungen, Subjektivitäten, Projektionen phantasmagorischen Begehrens und sich verschiebende Deutungsangebote konstituieren die Beziehung zwischen Menschen und Orten.

Weil ich in dieser Publikation von theoretischen Überlegungen ausging, beginne ich die Diskussion der Ergebnisse mit der theoretischen Ebene. Diese bezieht sich auf den dritten der im oberen Abschnitt spezifizierten Aspekte, also den Mehrwert der geografischen Herangehensweise und der räumlichen Perspektive im Kontext von Geschlechterforschung. In Kapitel 17.2 stelle ich anschließend die Resultate aus der empirischen Untersuchung vor.

17.1 Ergebnisse

Drei Qualitäten von Raum als relationale (An-)Ordnungen sind durch die Ergebnisse dieser Studie hervorgehoben worden:

1. die Qualität von Raum, gesellschaftliche Strukturen zu naturalisieren,
2. die Qualität von Raum, gesellschaftliche Normen zu konservieren, und
3. die Qualität von Raum, emotionale Reservoirs zu bilden.

17.1.1 Naturalisierungskompetenz

Raum ist am Aufbau und Erhalt von Wissensordnungen beteiligt und stützt über seine naturalisierende Wirkung asymmetrische Herrschaftsverhältnisse. Raum operiert gleichsam als grammatikalische Struktur, die System erhaltende Diskurse plausibel macht. Die naturalisierende Qualität von Raum wird in transgressiven Akten sichtbar gemacht. Widerständige soziale Praktiken und Formen der Inzivilität bringen TatOrte hervor, die die hegemonialen Sinnstiftungsmechanismen kontrastieren und deren Geltungsanspruch unterminieren. TatOrte schaffen TatSachen, auch wenn damit über deren Nachhaltigkeit noch nichts gesagt ist. Die in dieser Publikation hervorgehobenen TatOrte der Berner 80er Bewegung – die Pläfe, die Reitschule, das Zaff und das Zaffaraya sowie das Traumhaus – forderten hegemoniale Raumkonstitutionen heraus. Die Stärke der Bewegung lag in der Vielfältigkeit, mit der sie ihre raumkonstitutive Praxis ausstattete. Auf diese Weise machte sie die eigenen TatOrte immer wieder anschlussfähig für eine Öffentlichkeit, auf deren Unterstützung sie in konkreten Verhandlungssituationen angewiesen waren. Beispiele dafür sind je nach Lesart die ökologische und familienromantische Konnotation des Zaffaraya, der urbane wilde Westen oder die spielerische Komponente, mit der sich die Hausbesetzer und Hausbesetzerinnen inszenierte. Die 80er Bewegung stellte neue HandlungsRäume her, die sich für eine Vielzahl an – vorgesehenen und zufälligen – Signifikationspraktiken öffneten.

17.1.2 Konservierung von Normen

Zeitdiagnosen gehen darin konform, dass sich Normen gegenwärtig vervielfältigen. Subjektivierungsprozesse sind damit komplexer, ihre Orientierung unbestimmter geworden. Es gibt kaum eindeutige Messgrößen für Grenzziehungen und für die Bestimmung von Zugehörigkeiten. In diesen vermeintlichen Öffnungsprozessen kommt dem materiellen Raum als Symbolträger eine bedeutende Rolle zu. Ähnlich wie Helga Krüger dies für Institutionen beansprucht hat (Born, Krüger und Lorenz-Meyer 1996), eignet auch dem Raum eine Beharrungstendenz hinsichtlich gesellschaftlicher Normen an. Auch wenn Räume dynamisch und relational sind, wie die geografischen und soziologischen Erörterungen des Konzepts Raum der letzten Jahre erschöpfend argumentiert haben, materialisieren sie sich als Ergebnis von konkurrierenden Diskursen. Sie beherbergen konservative Geltungsansprüche, sie öffnen sich romantisierenden und nostalgischen, rückwärtsgerichteten ebenso wie progressiven Signifikationspraktiken. In dieser Vielfalt drückt sich die hohe räumliche Symbolisierungskraft aus. Die Kirche, das Rütli[1], die Schulbank oder die Zürcher Bahnhofstraße: Allein ihre Benennung aktiviert Erinnerungsräume, habituelle Zuweisungen und normative Ordnungsverfügungen. Diese wiederum steuern die Verknüpfungsleistungen, über die sich diese Orte zu Räumen konstituieren. Bringt die Konstitution von Raum neue TatOrte hervor, weist dies auf mögliche normative Verschiebungen in einem bestimmten Kontext hin.

---

1 TatOrt des schweizerischen Gründungsmythos.

Das Argument der normenkonservierenden Kapazität von Raum ist für die Einbindung einer raumanalytischen Perspektive in der Geschlechterforschung besonders interessant, sehen sich doch deren Vertreter und Vertreterinnen mit der Frage konfrontiert, ob es sich angesichts der Vervielfältigung von Normen noch rechtfertigen lasse, kollektive Soziallagen auf der Basis von Geschlecht vorauszusetzen. In den *Genderstudies* wird in jüngerer Zeit von einem komplexen, ja paradoxen Wirkungsgefüge von Persistenz und Wandel ausgegangen. In diesem Wirkungsgefüge kommt dem materiell-symbolischen Raum durch seine normenkonservierende Kapazität ein wichtiges Erkenntnispotential zu.

In diesem Argument liegt jedoch auch eine Gefahr. Mit der Hervorhebung der normenkonservierenden Funktion von Raum droht die Kategorie Raum erneut mit Stillstand konnotiert zu werden. Ich betone, dass ich Raum nicht für eine Größe halte, die gegen Wandel resistent ist. Vielmehr plädiere ich für die Verknüpfung der Raumanalyse mit der Zeit. Diese Verbindung ermöglicht die Erfassung der komplexen Dynamik von Gleichzeitigkeiten und Gegenläufigkeiten, die Gegenwartsgesellschaften auszeichnet. Angewendet auf die 80er Jahre bedeutet dies, dass die Bewegung sowohl ihrer Zeit voraus als auch stark in der Zeit verhaftet war. Davon zeugen die Schwierigkeiten, im politischen Selbstverständnis Differenzen zuzulassen. Am Beispiel der Verhandlungen um die Geschlechterordnung zeigt sich die Reichweite hegemonialer gesellschaftlicher Regulative. Die Entwürfe ›alternativen‹ Zusammenlebens erwirkten keine Suspendierung herkömmlicher Geschlechterordnung.

17.1.3 EMOTIONALE RESERVOIRS

Die unberechenbarste Qualität von Räumen liegt in ihrer Kapazität, Emotionen zu speichern. Emotionen sind über Diskurse erzeugte und habitualisierte Praktiken, die wie jede andere soziale Praxis raumkonstitutiv sind. Das Beispiel des Sonnenuntergangs ist hier instruktiv: Die Färbung des Himmels in weichen orange-lila Tönen, das intensive Leuchten der Bergspitzen, die dramatische Versenkung der glutroten Scheibe am Horizont – im westeuropäischen Kontext lässt das niemanden kalt: Sonnenuntergänge sind, im Hier und Jetzt, romantisch. Die Verbindung von Gefühlen und materiellem Raum sind allerdings genauso kulturell gesteuert und konstruiert wie die soziale Ordnung an sich. Das sublime Empfinden beim Alpenglühen ist nicht in unserem Organismus abrufbar. Vielmehr handelt es sich um eine angelernte und kulturell sinnerfüllte Art, Gefühle zu entwickeln und diese auszudrücken.

Emotionen können in der Konstitution von Räumen evoziert und über räumliche Inszenierungen abgerufen werden. Konkrete Räume, räumliche Strukturen und materielle Substanz absorbieren Emotionen, die wiederum über materielle Kompenenten (re-)aktiviert werden. Räume heben Emotionen auf, sie sind in der räumlichen Substanz konserviert und können in der Begegnung und Begehung wieder aktiviert werden. Diese Aktivierung wird durch die Gesamtheit der in der räumlichen (An-)Ordnung vereinigten Elemente unterstützt, darunter auch Geräusche, Gerüche und Formen. Das Denken von Räumen als Reservoirs emotionaler Verfasstheiten ist, zumindest in der Geographie, noch jung. Meine Ergebnisse beleuchten die emotive Qualität von Raum in Bezug auf den prekarisierten Wohnraum, ein Phänomen, das viele ehemals Beteiligte schilderten. Das Spektrum der emotionalen Motive reicht von der Frustration und der Wut darüber, keinen Raum zu haben, in der die gewünschte Form des Zusammenlebens praktiziert werden kann, bis zu Freude und Stolz, einen FreiRaum erobert zu haben und Räume für die Erfüllung der eigenen Wohnträume gestalten zu können.

Mein Hauptinteresse in dieser Publikation gilt der Frage, wie Geschlecht als Funktion von gesellschaftlichen Sinngebungs- und Normalisierungsprozessen in raumkonstitutiven Praktiken verhandelt wird und wie die geschlechterdifferenzierende Verfasstheit sozialer Praxis naturalisiert wird.

Die drei herausgearbeiteten Qualitäten von Raum sind für eine geschlechtertheoretische Fragestellung anschlussfähig und lassen es zu, Wandel und Persistenz in den Geschlechterverhältnissen über deren raumkonstitutive und raumkonstituierte Dimension zu deuten. Ein geschlechterdifferenzierender Ansatz profitiert vom *unearthing*, der Loslösung von naturalisierten Sichtweisen, die eine räumliche Analyseperspektive einfordert. Die Verschränkung von Materialisierungs- und Signifikationsprozessen, in die die Konstitution von Raum integriert ist, schließt sich nahtlos an die Frage, wie Individuen zu Geschlechtern werden, an. Die theoretische Reflexion von Raumkonzepten ergab, dass die Naturalisierungskapazität materiell-symbolischen Raums für Geschlechterverhältnisse bedeutsam ist. Weil sich die Konstitution von Raum in strukturierten Feldern vollzieht, werden die Strukturprinzipien in den materiell-symbolischen Raum hinein übersetzt. Als Bestandteile von diskursiven Dispositiven, welche in die Erzeugung von Sinngebungs- und Wissensformen eingebunden sind, wirkt der strukturierte Raum auf die gesellschaftliche Praxis zurück.

17.2 Ergebnisse aus den empirischen Betrachtungen

Ich ging für die empirische Untersuchung der Herstellung und Verflüchtigung von Raum von den TatOrten aus, wobei ich drei TatOrte in den Vordergrund stellte: die Pläfe, die Reitschule und das Traumhaus. Die zwei verbleibenden Kapitel des empirischen Teils gehen nicht von den Orten aus, sondern sind themenspezifisch angelegt. In Kapitel 15 diskutiere ich unter dem Begriff FreiRäume anhand verschiedener bewegungspolitischer Inhalte einen Vergleich zwischen der 80er Bewegung und ihren Folgebewegungen in Bern. In Kapitel 16 setze ich mich mit der Herstellung von Geschlecht als Geschlechterdifferenz und Geschlechterbeziehungen im Bewegungskontext auseinander.

Ich fasse meine Ergebnisse dazu in den folgenden Unterkapiteln zusammen. Zunächst rekapituliere ich die Verhandlung von Geschlecht im Bewegungskontext. Anschließend diskutiere ich die Verschiebung des *Urbanen*, die ich meiner Untersuchung gemäß nachzeichnete.

17.2.1 Die Verhandlung von Geschlecht

Ich untersuchte die Berner 80er Bewegung mit Blick auf die Verhandlungen von Geschlecht und die geschlechterdifferenzierende Struktur der aus der Bewegung hervorgegangenen TatOrte, darunter geschlechtergetrennte Hausbesetzungen. Diese feministische Strategie mag für das heutige Verständnis trivial wirken. Für den Kontext der 80er Jahre ist sie als eine radikale, anstößige und ausnehmend reflektierte Form des Widerstands und der Konstituierung des weiblichen Subjekts zu deuten. Sie ist für den gegebenen Rahmen ein Teil der Antwort auf die Frage, wie Individuen zu Geschlechtern werden. Meine Analyse legt die geschlechterdifferenzierende Struktur der Widerstandsbewegung frei. Ich habe dies am szenetypischen Handlungsträger, dem Stadtindianer und Guerillero illustriert, jenem Helden, dessen Trophäen in der Anzahl Scheiben besteht, die er an den Donnerstagdemos zertrümmerte und der sich in der sich wortreich und stimmgewaltig in Szene setzte wenn es galt, basisdemokratisch die Grundsätze der Bewegung zu verhandeln.

Der Gesellschaftsentwurf und das Politikverständnis, mit der sich die Bewegung identifizierte, waren in hohem Maß geschlechterdifferenzierend angelegt. Ausgerechnet im Rahmen der VVs, dem politischen Raum, der als großes Manifest der Partizipation und des Einschlusses geschaffen worden war, erlebten die Frauen die dramatischste Form von Konventionalisierung, Repression und Reinstallierung herkömmlicher Machtstrukturen – eine im wahrsten Sinne unheimliche Geografie –, die die bewegungsimmanenten HandlungsRäume bestimmte: Die heftigen Auseinandersetzungen zeigten nur die Spitze des Eisbergs. Projekte wie gemeinsam wohnen, zusammen leben, im Kollektiv Kinder aufziehen oder die Teilnahme an den rituellen Donnerstagsdemos enthielten eine Vielzahl geschlechterdifferenzierender Ingredienzien, die tief reichten und deren Ausmaß von nachhaltiger und letztlich spaltender Wirkung war.

Es bedurfte schmerzhafter Aushandlungsprozesse, die Ein- und Ausschlüsse zu benennen und über die Verletzungen hinweg Ziele zu formulieren. Eine Gruppe von Frauen setzte sich gegen die Schließungsprozesse zur Wehr und besetzte ein Haus für Frauen. Für die Frauen umfasste das Engagement die Frage nach der Konstituierung des weiblichen Subjekts. Diese Dimension zeugt von der Existentialität, mit der die Frauen ihren Anteil am Widerstand und die ihnen darin zukommende Position verhandelten. Sie stellten sich der komplexen Frage nach ihrem Standort im Bewegungsrahmen und wichen den dadurch ausgelösten, zermürbenden Diskussionen nicht aus. Diese Sinngebungspraxis verlangte nach einem geschützten Rahmen und nach dem eigenen Raum, in dem eine kontinuierliche Gesprächskultur aufgebaut werden konnte: ein weiblich besetzter HandlungsRaum.

Am Beispiel der von den Frauen initiierten Geschlechtertrennung wird aber noch etwas anderes deutlich. Die Frauen vollzogen den Bruch mit den im Bewegungskontext zur Routine gewordenen Entscheidfindungsprozessen aus dem Bedürfnis heraus, nicht mehr die undankbare Rolle innerhalb asymmetrischer Strukturen zu spielen. Ein zusätzlicher Antrieb waren jedoch auch lesbische Liebe, körperliches Begehren und die Lust, Sexualität zu entgrenzen. Die Frauenhausbesetzung ist ein Beispiel, wie Begehren routinierte Formen der Handlung zu durchbrechen und neue HandlungsRäume zu erzeugen vermag.

17.2.2 Die Verschiebung des Urbanen

In dieser Publikation untersuchte ich die Berner Hausbesetzungsbewegung vor der Frage, ob die Hinterlassenschaft der Bewegung eine Verschiebung der Grenzziehung des *Urbanen* bewirkt habe. Die Tatsache, dass diese Verschiebung stattgefunden hat, ist vielleicht weniger interessant als die Richtung dieser Verschiebung.

Der Entwurf einer ultimativ urbanen Lebensweise im Sinne von möglichst offen definierten Kriterien der Zugehörigkeit hatte sich als in hohem Maße vergeschlechtlicht entpuppt. Das Versprechen der Stadt als HandlungsRaum für eine Vielzahl von Lebensentwürfen war namentlich an den Frauen gebrochen worden. Dass sich die Frauen wehrten und eigene HandlungsRäume schufen, ist ein Hinweis darauf, dass sich die Grenzen des *Urbanen* während der Bewegung verschoben. Im Folgenden diskutiere ich diese Verschiebungen. Ich ordne sie im Sinne von Lefebvres Annäherung an das Urbane in die Kategorien Differenz, Grenzen und Netzwerke.

Mehr Differenz

Das Wesen des *Urbanen* zeichnet sich durch seine Kapazität, Differenz zu integrieren, aus. Die Berner Hausbesetzungsbewegung hat erwirkt, dass differente Lebensentwürfe in Bern einen Platz gefunden haben. Eine kleine Stadt wie Bern erträgt nur ein begrenztes Maß an Differenz, auch dies haben die Ergebnisse deutlich gemacht. Die Reitschule muss als ein Zugeständnis der Stadtbehörden auf die bedeutende Mobilisierung gesehen werden, die die Räumung der Zeltstadt Zaffaraya ausgelöst hatte. Diese ›alternative‹ Wohnbewegung vermochte an Raumkonstitutionen unterschiedlichster Provenienz anzuknüpfen – grün-ökologische Bewegungen ebenso eingerechnet wie eher traditionelle Familienideale. Für den von den Zaffaraya-Leuten erhobenen Geltungsanspruch von Differenz war diese Anknüpfung überlebenswichtig. Das Berner »Fassungsvermögen« für differente Lebensformen hat sich durch die Bewegung erweitert. Diese Erweiterung zeigt aber auch die Begrenztheit eben dieser Integrationskapazität auf.

Mehr Differenz hatte die Bewegung auch für den Kulturbereich erzielt. Bern verfügt heute über ein verhältnismäßig großes und lebendiges Angebot an ›alternativer‹ Infrastruktur. Die urbanen Anteile Berns werden maßgeblich über die Ausstrahlung dieser kulturellen Stationen und Produktionen wahrgenommen. Bis Ende der 90er Jahre konzentrierten sich diese Orte auf die Spanne zwischen der bahnhofsnahen Reitschule und der Lorraine, mit einigen Verlängerungen in das Nordquartier hinein. Unterdessen lässt sich diese territoriale Konzentration nicht mehr eindeutig festmachen. In Bezug auf ›alternative‹ Infrastruktur ist auch die Altstadt kein »Ausland«[2] mehr, und in Vierteln wie etwa der Länggasse und der Matte sind zahlreiche Lokale für ein an kulinarischen und kulturellen Alternativen interessiertes Publikum entstanden.

Mehr Differenz gilt aber auch für geschlechterdifferenzierende Lebensentwürfe im Kontext von Familien. Mit ausgeklügelten Organisationsmodellen, der Einforderung der Betreuungszeit durch die Kindsväter, gemeinschaftlichen Wohnformen und dem Aufbau einer gemeinsamen Kindertagesstätte erlebten die Frauen, die Kinder geboren hatten, eine »große Freiheit«[3] in ihren Lebenssituationen. Der zwischenzeitliche Rückzug vom kräfteraubenden Reitschulprojekt war allerdings notwendig, um die Strukturen der neuen HandlungsRäume auszugestalten und damit eine Diversifizierung von Lebensmodellen zu erwirken. Damit verlor die Bewegung etwas von ihrem totalitären Anstrich, der ihr anhaftete, und die Aktivisten und Aktivistinnen ließen sich auf spannungsvolle Verhandlungsgegenstände ein. Meine Interviews zeigen jedoch, dass die Verhandlungen zwischen den Geschlechtern ungleich waren und namentlich die Frauen sich viel schwerer taten, sich selbst in der Differenz zu positionieren, insbesondere als Mütter.

In den Gesprächen mit den Müttern wurde jedoch auch deutlich, dass dieses politische Selbstverständnis keineswegs konsolidiert war. Gerade in Bezug auf ihre Rolle als Mütter sprachen die Frauen über die Zweifel und Ängste, die ihnen zu schaffen machten. Ganz anders die Männer, die scheinbar viel ungehemmter an ihre bisherigen Lebensgewohnheiten anknüpften, während sie die Kinderbetreuung in der Gruppe oder zusammen mit ihren Expartnerinnen organisierten. Es zeigte sich, dass der Aufbau von ›alternativen‹ Lebensmodellen nur in geschlechtergetrennter Form gelang. In meinen Interviews treten die unterschiedlichen Vorstellungen und Verbindlichkeiten, mit denen Männer und Frauen sich an der kollektiven Organisationsstruktur beteiligten, hervor.

Am Thema der Vereinbarkeit von Mutterschaft, Vaterschaft und dem bewegungspolitischen Engagement lässt sich die raumkonstitutive Wirkung der Bewegung nachzeichnen. Der Kampf um Wohnräume, der Mitte der 80er Jahre denjenigen um Kulturräume zwischenzeitlich ablöste, war

---

2 Lorenz Hostettler
3 Simone Ballmoos

mit dieser Vereinbarkeitsfrage verknüpft. Die Frauen wollten ihre Kinder gemeinsam aufwachsen lassen, sie verweigerten sich konventionellen Partnerschafts- und häufig auch Arbeitsformen und brauchten Räume, in welchen sich das Vorhaben umsetzen liess. Diese Anliegen sind eng an das politische Selbstverständnis gebunden, das die Frauen in der Bewegung entwickelt hatten. Die Möglichkeit, die Kinder in einem Frauenkollektiv aufzuziehen, hatte viel mit der Gemeinschaft zu tun, die die Frauen sehr hoch gewichteten. Diese Gemeinschaft war aber das Ergebnis des Prozesses vom gemeinsamen Wohnen, sie ging dem Projekt nicht voraus. Das unmittelbare Motiv war der Wunsch nach Freiheit. Die Frauen strebten danach, als Mütter über persönliche Freiheiten zu verfügen. Diese Freiheit war an das politische Selbstverständnis der Frauen geknüpft.

Die wohl nachhaltigste Differenz, die im Rahmen der Bewegung geschaffen wurde und die meines Erachtens bis heute nicht bewältigt ist, ist die Beziehung zwischen dem Betreiberkollektiv der Reitschule und der Polizei. Hier von Differenz zu sprechen ist beschönigend, sehr oft lieferten sich die Gegenparts heftige Kämpfe und erlebten ihre Konfrontation als echte Feindschaften. Problematisch und für das Verhältnis prägend war die jeweilige Zerrissenheit in beiden Institutionen. Bei der Polizei gab es beträchtliche Meinungsverschiedenheiten bezüglich der Einsatzdoktrin, die dazu führten, dass die im Einsatz stehenden Beamten gegen ihre eigenen Überzeugungen arbeiten mussten, was die Aufgabe bis zur Unerträglichkeit erschwerte. Es sind viele Situationen des Kontrollverlusts dokumentiert, die mit der Einsamkeit und Überforderung der im Dienst stehenden Männer und Frauen zu tun haben. Auch auf der Seite der Reitschulaktivisten und Reitschulaktivistinnen gab es diese Kontrollverluste. Das Bild des Feindes hatte eine starke Wirkung, und die kollektive Wut entwickelte zuweilen eine gefährliche Dynamik.

Neue Grenzen

Die 80er Bewegung verzeichnete vielfältige Verschiebungen von Grenzziehungen. Grenzen bilden Kategorien aus, und dies stellte die Bewegung vor große Herausforderungen. Sie musste ihre Anliegen gegen Verunglimpfungen wie »Saubannerzug«, »Dreck« oder »Chaoten« und diskreditierende Urteile wie »verwöhnte Jugend«, »Arbeitsscheue« und so weiter durchsetzen. Die Errungenschaft der Reitschule als ›alternatives‹ Kultur- und Begegnungszentrum bewirkte eine Veränderung der Kartographie des Unheilvollen. Dies lässt sich am Beispiel der Drogenproblematik illustrieren. Die Auflösung der offenen Drogenszene in Bern bescherte den Reitschulaktivisten und Reitschulaktivistinnen die größte Zereißprobe ihrer Existenz. Mit der Ausgrenzung der Drogensüchtigen aus dem innenstadtnahen Kocherpark zerfiel die Reitschule in zwei TatOrte – den Vorplatz und die eigentliche Reitschule. Die Zuweisungen von »so« oder »anders« ebenso wie »gut« oder »böse« für bestimmte Gruppen wurden erheblich komplexer, und dies galt für alle Involvierten, sowohl die Aktivisten und

Aktivistinnen als auch die Behörden und die Öffentlichkeit. Die Reitschulaktivisten und Reitschulaktivistinnen mussten ein Verhältnis finden zu den Vorplatzbewohnern und Vorplatzbewohnerinnen, ohne ihre eigene Geschichte zu verraten. Die Solidarisierung mit den marginalisierten »Totalen Alkoholikern« entwickelte sich zur Hypothek. In der öffentlichen Wahrnehmung wurde die Trennung zwischen den beiden Gruppen nicht vorgenommen, und es kam zu Vermischungen, die zum Teil politisch intendiert waren, und die die Position der Reitschulaktivisten und Reitschulaktivistinnen in den Verhandlungen mit der Stadt schwächten. Der Preis, den die Reitschulaktivisten und Reitschulaktivistinnen bezahlten, war hoch. Weil sie sich weigerten, ein Gewaltmonopol zu schaffen, kam es zu einem Todesfall. Dies war der Auslöser für die Kooperation mit der Staatsgewalt und namentlich mit der Polizei in der Vorplatzfrage.

Neue Grenzen wurden auch zwischen Politik und Kultur gezogen. Darin wird einerseits die geschlechterdifferenzierende Qualität des von der Bewegung propagierten Politikbegriffs deutlich, aber auch die Tatsache, dass es nicht gelungen war, das politische Glaubensbekenntnis in die Praxis zu überführen. Was die Bewegung in ihren Anfängen vorerst stiefmütterlich pflegte und gegen das vermeintlich »Politische« abgrenzte, ging aus der Bewegung als einer der dynamischsten und politisch wirksamsten HandlungsRäume hervor. Die Reitschule entwickelte sich zum lebendigen Kulturzentrum und zu einem Ort, wo Kulturproduktionen jenseits des Mainstreams von einem internationalen Publikum geschätzt werden. Dies schlug sich nicht nur in breiten Diskussionen um Kultur und ihre Differenzierung nieder, sondern bescherte der Reitschule Kopfzerbrechen: die Kommerzialisierung des Kulturschaffens hielt Einzug. Die Bewegung verkannte hierbei eine ihrer herausragendsten Errungenschaften: die Fähigkeit, über Kultur, namentlich über Musik, Leute zu mobilisieren und niederschwellige Einstiegsmöglichkeiten für die politische Arbeit zu schaffen, ohne die letztlich die breite öffentliche Wahrnehmung ihrer Anliegen nicht möglich geworden wäre. Stattdessen kultivierten die Reitschulaktivisten und Reitschulaktivistinnen über Jahre hinweg einen Grabenkampf über die Konzepte Politik versus Kultur.

Die Bewegung suchte ihre eigenen Ausdrucksformen und strebte die Verschränkung von Form und Inhalt an. Darin zeichnet sie sich meines Erachtens aus, vielmehr als in den Konfrontationen mit dem imaginierten Feind oder mit den internen Zerwürfnissen zwischen Kultur und Politik. Die Bewegung, und auch die Erinnerung daran, sind in diesen Momenten am stärksten, wo sie die Grenzen der tradierten Formen der Verhandlung, der Gegenüberstellung und der Konfrontation überschreiten, indem sie diese erstarrten Formen spielerisch verlassen.

Besonders eindrücklich lassen sich die Verschiebungen von Grenzen in juristischen Belangen nachzeichnen. Alle aus der Bewegung entstandenen TatOrte forderten die Rechtslage heraus. Gutachten zu Denkmalschutz und Zonenfragen begleiteten die Verhandlungen zwischen Behörden und der Bewegung permanent. Das Seilziehen um ordnungsgemäße Abläufe der Veranstaltungen beschäftigte Generationen von städtischen Politikern und Politikerinnen und ihre Verhandlungsdelegierten ebenso wie die wechselnde Belegung der Reitschulvertreter und Reitschulvertreterinnen. Diese Bemühungen um Nischen im Gesetzestext oder um die definitorische Dehnbarkeit der Aktivitäten in der Reitschule lassen sich mit den von Nick Blomley durchgeführten Studien zu der Vielfalt urbaner Besitzverhältnisse jenseits formaljuristischer Klammern vergleichen (Blomley 2004). Die politische Konstellation beeinflusste diese juristischen Aushandlungsprozesse entscheidend. Unter der bürgerlichen Mehrheitsregierung bis 1991 war es noch möglich gewesen, die Reitschule als Familienbetrieb zu klassieren, womit einige der reglementarischen Auflagen umschifft werden konnten. Als die Bürgerlichen in die Opposition wechselten, wurde der politische Handlungsspielraum für die Rot-Grün-Mitte-Regierung in dieser Hinsicht verengt. Diese Phase ist vom zähen Ringen um passable Lösungen gekennzeichnet.

Schließlich wurden auch die Grenzen der parteipolitischen Zusammensetzung verschoben. Das langjährige politisch austarierte Gleichgewicht in der Stadtberner Regierung wurde 1984 gekippt. Der bürgerliche Machtanspruch wurde teilweise über die Bewegung umgesetzt, denn die bürgerliche Mehrheit benutzte die Bewegung als Mittel, um ihre politische Wirkung zu demonstrieren. Dies führte zu einem äußerst repressiven Vorgehen gegenüber den Hausbesetzern und Hausbesetzerinnen. Als besonders heftig wurde die Räumung des Zaffaraya, der Zeltstadt am Flussufer, von der Öffentlichkeit wahrgenommen. Die Bewältigung dieser Ereignisse hatte einen Konkordanzbruch zur Folge, der vorerst den linken Parteien zum Verhängnis wurde. Es waren die linken Regierungsmitglieder gewesen, die gegen das Kollegialitätsprinzip verstoßen hatten, indem sie sich öffentlich gegen das harte Vorgehen bei der Räumung des Zaffaraya aussprachen und sich sogar dafür entschuldigte. Eine Vertreterin der Linken wurde in den Wahlen von 1988 abgewählt. Die Quittung kam jedoch erst vier Jahre später, als eine links-grüne Mehrheit das Stadthaus eroberte. Diese neue Mehrheit hatte in ihrem Wahlkampf das Wohnanliegen prominent bewirtschaftet. Die damaligen Mehrheitsverhältnisse bestimmen die politische Konstellation der Stadt Bern bis heute. Diese politischen Grenzverschiebungen können zwar nicht allein auf die Wirkung der Bewegung zurückgeführt werden. Es lässt sich aber zeigen, dass die Ereigniszusammenhänge der Bewegung die Dynamik innerhalb der Stadtregierung verändert und namentlich eine neue Qualität der Diskussion um Berns urbane Anteile ausgelöst haben.

In eine ähnliche Richtung wie die Grenzverschiebungen in parteipolitischen Zusammenhängen weisen Allianzen, die zwischen der Bewegung und einem liberalen bis konservativen Flügel der Berner Bevölkerung unter dem Siegel des Denkmalschutzes gebildet wurden. Die Aufarbeitung der Schutzdebatten zeigte die diskursiven Positionen der Interessengruppen auf. Konservative Exponenten und Exponentinnen verfochten die Schutzwürdigkeit des Gebäudes, während liberalere Positionen sich hinter dem Schutzanliegen verstecken konnten, um ihr politisches Profil nicht zu gefährden.

Die Grenzverschiebungen fanden auf verschiedenen Bezugsebenen, auch auf der persönlichen, statt. Für viele Bewegte ermöglichte das Engagement, sich den Kinderwunsch zu erfüllen, ohne in die Familienfalle zu tappen. Die Grenze der »Familie« verschob sich über die unkonventionellen Formen des Zusammenlebens sowie über zahlreiche Netzwerke, die die jungen Mütter und Väter ausbildeten. Hierbei wird auch die theoretische Nähe der Kategorie Grenzen zu derjenigen der Netzwerke sichtbar. Grenzen sind mindestens so sehr trennend, wie sie verbindend sind. Besonders bitter war die trennende Wirkung der unterschiedlich gewählten Lebensentwürfe zwischen Frauen mit Kindern und Frauen ohne. Es gelang den Frauen nicht, ihren Politikbegriff als Brückenschlag zwischen den unterschiedlichen Lebensentscheidungen wirksam zu machen. Das Zerwürfnis lähmte die Berner Frauenbewegung zutiefst.

Abschließend bespreche ich das Potential von Grenzen, Verbindungen herzustellen, und damit die letzte Kategorie des *Urbanen*.

Netzwerkbildung

Vernetzung ist eine Qualität, die eher dem Dörflichen, dem Ruralen zugestanden wird, als dem urbanen Raum. Lefebvre vertritt hier eine unkonventionelle Position. Statt den wiederkehrenden Themen Zerfall und Atomisierung, fasst er die Qualität des Städtischen als Netzwerkbildung. Was die an der Bewegung Beteiligten an Organisationsstrukturen und Netzwerken aufbauten, gehört für viele meiner Gesprächspartner und Gesprächspartnerinnen zu den herausragenden Errungenschaften der bewegten Jahre. Das Beispiel der gemeinsamen Kinderbetreuungsstrukturen habe ich mehrfach erwähnt. Die Mütter und Väter kombinierten eine Vielzahl an Betreuungsformen und Modi der geteilten Verantwortung. Ihre Bemühungen führten schließlich zu der Gründung einer eigenen Kindertagesstätte, die noch heute in Betrieb ist. Damit nahm die Bewegung eine Entwicklung vorweg, die heute in aller Munde ist. Bern ist diejenige Deutschschweizer Stadt mit dem größten Angebot an Tagesstrukturen für Kinder. Dies auf die Bewegung zurückzuführen wäre vermessen und zudem spekulativ. Trotzdem, das grundsätzliche Problem der Geschlechterrollen und die Frage der Vereinbarkeit wurden von der 80er Bewegung als Thema aufgenommen, zwischen den Vätern und Müttern energisch verhandelt und trotz Hindernissen praktisch umgesetzt. In diesem Kontext dürfte die soziale Herkunft der Aktivisten und Aktivistinnen von Bedeutung sein. Es war ein erster Schritt, das Kinderbetreuungsproblem als Mittelschichtsproblem politisch zu bearbeiten. Zudem waren die Beziehungen der 80er Bewegung zu den rot-grünen Parteien ausgezeichnet. Diese Parteien übernahmen in den 90er Jahren das Ruder in der Stadtregierung. Damit wurden einige der Anliegen aus der Bewegung in der Politik aufgenommen und erfolgreich umgesetzt.

Von einschneidender Bedeutung war die Zusammenarbeit der Bewegten mit der Stadt, die in langwierigen, zähen Verhandlungen erreicht wurde und wofür bis heute Gesprächsgefäße bestehen. Die ungleichen Verhandlungspartner und Verhandlungspartnerinnen haben einen weiten Weg zurückgelegt. Von der anfänglich »frostigen«[4] Stimmung kam man zu einer verbindlichen Zusammenarbeit, an der beide Seiten ein ehrliches, zuweilen existentielles Interesse hatten.

Netzwerke wurden auch zwischen der städtischen Planungsbehörde und (ehemals) bewegten Jugendlichen geknüpft. Diese Gruppen nahmen auf den Berner Stadtentwicklungsprozess Einfluss. Das Lorrainequartier ist zu einem Feld geworden, wo eine gemäßigte Form der Quartiererneuerung es ermöglicht hat, eine hohe Bevölkerungsdurchmischung zu erhalten und gleichzeitig Wohnraum für Gutverdienende – zu denen ein Teil der ehemals Bewegten sich unterdessen zählt – zu schaffen. Viele der »Ehemaligen« leben heute in renovierten, teilweise genossenschaftlich organisierten Häusern in der Lorraine (Kobel 2005). Die Bewegung hat damit indirekt neue HandlungsRäume hervorgebracht, die gleichsam als Reservate des Antigentrifizierungsanliegens auf die Bedürfnisse einer in die Jahre gekommenen Bewegtengeneration zugeschnitten und auf den gemäßigten urbanen Subtext der 90er Jahre getrimmt worden sind. Die »weichgespülte« Gentrifizierung prägt den Charakter des ganzen Quartiers, in welchem sich im Übrigen auch einige der Kinder – die »blutten Goofen«[5], die in der Alphütte alle in einer Reihe zum Schlafen gelegt wurden – niedergelassen haben. Im Quartier lebt auch das politische Anliegen weiter, es äußert sich als Ärger über diejenigen, die sich mit der Quartiererneuerung eine goldene Nase verdienen, ohne dass sie damals mitgekämpft haben, oder in Anti-G8-Straßenfesten.[6]

Bern ist durch die 80er Bewegung nicht urbaner geworden, aber es lassen sich Veränderungen von urbanen Bestimmungsgrößen festmachen. In der provinziellen Hauptstadt verhallte der Ruf der Bewegung nach urbanen Möglichkeiten nicht ungehört. Die Einforderung des urbanen Versprechens nach Differenz, Grenzen und Netzwerken zeigt heute Wirkung, wenn auch nicht flächendeckend. Wie die Bewegung damals ist auch ihre Hinterlassenschaft, die sedimentierten Geschichten, territorial eng begrenzt. Seine größte Konzentration und Wirkkraft erreicht das Urbane in der Reithalle. Der Inbegriff der Hinterlassenschaft der Berner 80er Bewegung ist ein Urbanisierungsfaktor. Die Reithalle verkörpert einen urbanen Raum für die Erprobung von divergenten Formen des Zusammenlebens, der Kulturproduktion und der politischen Arbeit. Die Kehrseite davon ist, dass mit der Reitschule als Stellvertreterfunktion politisiert wird. Seit der Besetzung

---

4 K.N.
5 Lorenz Hostettler
6 Informelle Information, Gespräch mit Matthias Ambühl

der Reitschule und ihrem Betrieb als ›alternatives‹ Kulturzentrum gab es nur noch wenige Initiativen für non-kommerzielle Kulturproduktion oder experimentelle Formen des Zusammenlebens. Die Reitschule absorbiert Kräfte und zieht die politische Aufmerksamkeit auf sich. Die etablierte Politik ist nicht bereit, mehr Zugeständnisse zu machen – und dies, obwohl es durchaus politische Themen gäbe und der Handlungsbedarf steigt. Beispielsweise ist die Leerwohnungsziffer in den letzten Jahren tief gesunken, und es ist für junge Leute schwierig, günstigen Wohnraum zu finden.

Auch wenn die Bewegung längst nicht mehr existiert und heutige Hausbesetzer und Hausbesetzerinnen sich nicht in der Tradition der 80er verstehen, sind die Spuren der 80er Bewegung als Sedimente bis heute nachweisbar. Die Reitschule ist das naheliegendste Beispiel, sedimentierte Spuren lassen sich aber auch in szenespezifischen Sprachrelikten, die bis heute nur sehr lokal gebräuchlich sind, in der Kleidung, in der Planung, der Stadtentwicklung und in den politischen Debatten, insbesondere aber in der kulturellen Infrastruktur aufzeigen. Auch wenn die Bewegung längst verschwunden ist, ihre Hinterlassenschaft ist in Berns Substanz sedimentiert.

Bern hat, trotz seines schmucken Äusseren, der kleinstädtischen Verfasstheit und der protestantischen Verschämtheit ein urbanes Potential, das durch die Bewegung aktiviert und ausgereizt wurde. Das urbane Potential zeigt sich in der Kapazität, Differenzen zu integrieren, Grenzen zu bewegen und Netzwerke anzulegen. Diese Prozesse schaffen auch neue Kriterien der Zugehörigkeit. Die Analyse der 80er Bewegung als raumkonstitutive Kraft beleuchtet, wie TatOrte entstanden sind und, indem diese spielerisch inszeniert wurden, neue HandlungsRäume hervorgebracht wurden. Diese haben Berns urbane Anteile radikalisiert, umstrittener, aber auch sichtbarer und glaubwürdiger gemacht.

18 Bibliographie

- A -

ADKINS, LISA. 2002.
Gender and Sexuality in Late Modernity. Buckingham: Open University Press.

ADKINS, LISA. 2004.
»Gender and the post-structural social«. S. 139-153 in: Engendering the Social. Feminist Encounters with SociologicalTheory, herausgeg. von Barbara L. Marshall und Anne Witz.McGraw Hill: Open University Press.

ANDERSON, KAY, MONA DOMOSH, STEVE PILE UND NIGEL THRIFT. 2003. HG.
Handbook of cultural geography. London/Thousand Oaks/New Dehli: Sage.

AGNEW, JOHN, KATHARYNE MITCHELL UND GERALD TOAL, HG. 2003.
A companion to political geography. Malden: Blackwell.

AITKEN, STUART. 1998.
Family fantasies and community space. New Brunswick: Rutgers University Press.

AITKEN, STUART C. 2000.
»Mothers, communities and the scale of difference«. Social and Cultural Geography 1: 65-82.

ALLEN, JOHN, DOREEN MASSEY UND PHILIP SARRE. 1999.
Human geography today. Cambridge: Polity Press.

ALLEN, JOHN, DOREEN MASSEY UND PHILIP SARRE. 1999.
»Afterword: open geographies.« S. 323-328 in: Human geography today, herausgeg. von Massey/Allen/Sarre.

AMLINGER, FABIENNE. 2005.
»Von ›Bewegungssaboteurinnen‹ zum feministischen Gewissen. Die Frauengruppen der Reitschule Bern, 1987-2000.« Historisches Institut der Universität Bern.

ARIÈS, PHILIPPE, UND ROGER CHARTIER 1991.
Geschichte des privaten Lebens. Von der Renaissance zur Aufklärung, Bd. 3. Frankfurt/M: S. Fischer.

ARIÈS, PHILIPPE. 1991.
»Zu einer Geschichte des privaten Lebens.« S. 7-20 in: Geschichte des privaten Lebens, herausgeg. von Ariès/Chartier.

AUGÉ, MARC. 1996.
Non-places: The anthropology of super modernity. London: Verso.

– B –

BADEN, SALLY, UND ANNE-MARIE GOETZ. 1997.
»Who needs [sex] when you can have [gender]? Conflicting discourses on gender at Beijing.« Feminist Review 56: 3-25.

BÄHLER, ANNA, ROBERT BARTH, SUSANNA BÜHLER, EMIL ERNE UND CHRISTIAN LÜTHI. 2003.
Bern – die Geschichte der Stadt im 19. und 20. Jahrhundert. Stadtentwicklung, Gesellschaft, Wirtschaft, Politik, Kultur. Bern: Stämpfli Verlag.

BAILLY, ANTOINE, UND RENATO SCARIARI. 1999.
Voyage en Géographie. Paris: Anthropos.

BAREIS, ELLEN. 2003.
»Überdachte, überwachte Strassenecken.« Mitteilungen des Instituts für Sozialforschung Jg. 15: 63-90.

BAUER, INGRID, UND JULIA NEISSL, HG. 2002.
Gender Studies. Denkachsen und Perspektiven der Geschlechterforschung. Innsbruck u.a.: StudienVerlag.

BAUHARDT, CHRISTINE, UND RUTH BECKER, HG. 1997.
Durch die Wand! Feministische Konzepte zur Raumentwicklung. Pfaffenweiler: Centaurus.

BECK, ULRICH. 1986.
Risikogesellschaft. Auf dem Weg in eine andere Moderne. Frankfurt/M: Suhrkamp.

BECK, ULRICH, UND ELIZABETH BECK-GERNSHEIM. 1994.
Riskante Freiheiten: Individualisierung in modernen Gesellschaften. Frankfurt/M: Suhrkamp.

BECKER, RUTH. 2004.
»Raum: Feministische Kritik an Stadt und Raum.« S. 652-664 in: Handbuch Frauen- und Geschlechterforschung, herausgeg. von Becker/Kortendiek.

BECKER, RUTH, UND BEATE KORTENDIEK, HG. 2004.
Handbuch Frauen- und Geschlechterfoschung. Theorie, Methoden, Empirie. Wiesbaden: Verlag für Sozialwissenschaften.

BECKER-SCHMIDT, REGINA, UND GUDRUN-AXELI KNAPP. 2000.
Feministische Theorien zur Einführung. Hamburg: Junius.

BECK-GERNSHEIM, ELIZABETH. 1981.
Der geschlechtsspezifische Arbeitsmarkt: Zur Ideologie und Realität von Frauenberufen. Frankfurt/M: Suhrkamp.

BELL, DAVID, UND JON BINNIE. 2004.
»Authenticating queer space: citizenship, urbanism and governance.« Urban Studies 41: 1807-1820.

BELL, DAVID, UND AZZEDINE HADDOUR, HG. 2000.
City visions. Essex: Pearson Education ltd.

BELL, DAVID, UND GILL VALENTINE, HG. 1995.
Mapping Desire. London/New York: Routledge.

BERLANT, LAUREN, UND MICHAEL WARNER. 1998.
»Sex in public.« Critical Inquiry 24: 547-566.
BESR, BOARD ON EARTH SCIENCES AND RESOURCES, CGER, COMMISSION ON GEOSCIENCES ENVIRONMENT AND RESOURCES, UND NRC NATIONAL RESEARCH COUNCIL. 1997.
Rediscovering Geography: New Relevance for Science and Society. Washington D.C.: National Academy Press.
BFS, BUNDESAMT FÜR STATISTIK. 1999.
Unbezahlt – aber trotzdem Arbeit: Zeitaufwand für Haus- und Familienarbeit, Ehrenamt, Freiwilligenarbeit und Nachbarschaftshilfe. Neuchâtel: BFS, Bundesamt für Statistik.
BIERI, SABIN. 2000.
Die Liebe zu den Bergen. Natur und Weiblichkeit im Schweizerischen Frauenalpenclub. Historisches Institut der Universität Bern.
BIERI, SABIN. 2003.
»›besetzt‹ – Tatorte der Berner Häuserbesetzungsbewegung«. In: Broschüre zum 54. Deutscher Geographentag Bern, herausgeg. von Geographisches Institut der Universität Bern. Bern: Geographica Bernensia.
BIERI, SABIN, UND NATALIA GERODETTI. 2007.
»Falling women – saving angels. Spaces of contested mobility and the production of gender and sexualities within early twentieth century train stations.« Social and Cultural Geography 8/2: 217-234.
BLANC, JEAN-DANIEL, UND CHRISTINE LUCHSINGER, HG. 1994.
Achtung: die 50er Jahre! Annäherungen an eine widersprüchliche Zeit. Zürich: Chronos.
BLATTMANN, LYNN. 1998.
Männerbund und Bundesstaat: über die politische Kultur der Schweiz. Zürich: Orell Füssli.
BLOMLEY, NICHOLAS. 1994.
Law, space and the geographies of power. New York: Guilford Publications.
BLOMLEY, NICHOLAS. 2004.
Unsettling the city. Urban land and the politics of property. New York/London: Routledge.
BLUM, VIRGINIA L. 1998.
»Ladies and Gentlemen. Train rides and other Oedipal stories.« S. 263-280 in: Places through the body, herausgeg. von Heidi Nast und Steve Pile. London/New York: Routledge.
BLUNT, ALISON. 2005.
Domicile and diaspora: Anglo-Indian women and the spatial politics of home. Oxford: Blackwell.
BOCK, GISELA. 2000.
Frauen in der europäischen Geschichte. Vom Mittelalter bis zur Gegenwart. München: Beck.

BOCK, GISELA, UND BARBARA DUDEN. 1977.
»Arbeit aus Liebe/Liebe als Arbeit. Zur Entstehung der Hausarbeit im Kapitalismus.« S.118-199 in: Frauen und Wissenschaft. Beiträge zur Berliner Sommeruniversität für Frauen, Juli 1976. Berlin: Courage.

BÖHNER, DAVID, UND MICHAEL FANKHAUSER. 1998.
»Was bisher geschah. Chronologie 1895-1998.« S. 163-188 in: Reithalle Bern. Autonomie und Kultur im Zentrum, herausgeg. von Hansdampf. Zürich: Rotpunkt.

BONDI, LIZ. 1998.
»Sexing the city.« S. 177-200 in: Cities of difference, herausgeg. von Fincher/Jacobs.

BONDI, LIZ, UND DAMARIS ROSE. 2003.
»Constructing gender, constructing the urban: a review of Anglo-American feminist urban geography.« Gender, Place and Culture 10: 229-245.

BORN, CLAUDIA, HELGA KRÜGER UND DAGMAR LORENZ-MEYER, HG. 1996
Der unentdeckte Wandel: Annäherung an das Verhältnis von Struktur und Norm im weiblichen Lebenslauf. Berlin: Edition Sigma.

BOURDIEU, PIERRE. 1993.
Sozialer Sinn. Kritik der theoretischen Vernunft. Frankfurt/M: Suhrkamp.

BOURDIEU, PIERRE. 1998.
»Ortseffekte.« S. 17-26 in: Kultur in der Stadt. Stadtsoziologische Analysen zur Kultur, herausgeg. von Volker Kirchberg und Albrecht Göschel. Opladen: Leske und Budrich.

BOURDIEU, PIERRE. 2005A.
Die feinen Unterschiede. Kritik der gesellschaftlichen Urteilskraft. Frankfurt/M: Suhrkamp. [1979]

BOURDIEU, PIERRE. 2005B.
Die männliche Herrschaft. Frankfurt/M: Suhrkamp.

BRAND, KARL-WERNER. 1998.
»Neue Soziale Bewegungen: ›Europäische‹ Erklärungskonzepte.« Forschungsjournal Neue Soziale Bewegungen - Impulse, Bilanzen und Perspektiven, Jg. 1998/1: 63-79.

BRAUDEL, FERNAND. 1978.
La Méditerranée. Paris: Arts et métiers graphiques.

BRAUN, CHRISTINA VON, UND INGE STEPHAN, HG. 2000.
Gender Studien. Eine Einführung. Stuttgart/Weimar: J.B. Metzler.

BRENNER, NEIL. 2000.
»The urban question as a scale question: Reflections on Henri Lefebvre, urban theory and the politics of scale.« International Journal of Urban and Regional Research 24: 361-378.

BRIGG, MORGAN. 2002.
»Post-Development, Foucault, and the colonisation metaphor.« Third World Quarterly 23: 421-426.

BRODA, MAY B., ELISABETH JORIS UND REGINA MÜLLER. 1998.
»Die alte und die neue Frauenbewegung.« S. 201-226 in: Dynamisierung und Umbau, herausgeg. von König et al.

BRUNN, GERHARD. 1992.
»Metropolis Berlin. Europäische Hauptstädte im Vergleich.« S. 1-38 in: Metropolis Berlin. Berlin als deutsche Hauptstadt im Vergleich europäischer Hauptstädte1871-1939, herausgeg. von Gerhard Brunn und Jürgen Reulecke. Bonn/Berlin: Bouvier.

BÜCHLER, BETTINA. 2003.
»Topographies of desire: landscapes and bodyscapes in recent feminist/lesbian films.« Department of Geography, University of Bern.

BÜHLER, CAROLINE. 2001.
»Unangemessene Wünsche und männerfreie Zonen. Die autonome Frauenbewegung in Bern.« S. 381-391 in: Wir wollen alles, und zwar subito!, herausgeg. von Nigg.

BÜHLER, ELISABETH, HEIDI MEIER, DAGMAR REICHERT UND ANDREA SCHELLER, HG. 1993.
Ortssuche. Zur Geographie der Geschlechterdifferenz Zürich/Dortmund: efef.

BÜHLER, ELISABETH. 2001.
Frauen- und Gleichstellungsatlas Schweiz. Zürich: Seismo.

BUTLER, JUDITH. 1990.
Gender trouble. Feminism and the subversion of identity. London/New York: Routledge.

BUTLER, JUDITH. 1991.
[1990] Das Unbehagen der Geschlechter. Frankfurt/M: Suhrkamp.

BUTLER, JUDITH. 1999.
Körper von Gewicht: die diskursiven Grenzen des Geschlechts. Frankfurt/M: Suhrkamp.

BUTLER, JUDITH. 2002.
Psyche der Macht: das Subjekt der Unterwerfung. Frankfurt/M: Suhrkamp.

– C –

CARSON, RACHEL LOUISE. 1962.
Silent spring. Boston: Houghton Mifflin.

CASTAN, NICOLE. 1991.
»Öffentlich und privat.« S. 411-449 in: Geschichte des privaten Lebens, herausgeg. von Ariès/Chartier.

CASTELLS, MANUEL. 1977.
The urban question. A Marxist approach. London: Edward Arnold.

CERTEAU, MICHEL DE. 1988.
The Practice of everyday life. Berkeley: University of California Press. [Arts de faire, 1980]

CHARTIER, ROGER. 1991.
»Figuren der Modernität. Vorbemerkungen.« S. 23-28 in: Geschichte des privaten Lebens, herausgeg. von Ariès/Chartier.

CONLON, DEIRDRE. 2004.
»Productive bodies, performative spaces: Everyday life in Christopher Park.« Sexualities 7: 462-479.

CONNELL, ROBERT. 2006.
Der gemachte Mann. Konstruktion und Krise der Männlichkeit. Wiesbaden: Verlag für Sozialwissenschaften.

CRANG, MIKE UND NIGEL THRIFT, HG. 2000.
Thinking Space. London/New York: Routledge.

CRESSWELL, TIM. 1996.
In place/out of place: geography, ideology and transgression. Minneapolis: University of Minnesota Press.

CRESSWELL, TIM. 2003.
»Landscape and the obliteration of practice.« S. 267-281 in: Handbook of cultural geography, herausgeg. von Anderson et al.

CURRY, MICHAEL R. 1996.
»On space and spatial practice in contemporary geography.« in: Concepts in human geography, herausgeg. von Carville Earle, Kent Mathewson und Martin Kenzer. London/New York: Routledge.

– D –

DALY, MARY. 1991.
Gyn/Ecology. London: The Women's Press.

DAUSIEN, BETTINA. 1994.
»Biographieforschung als ›Königinnenweg‹? Überlegungen zur Relevanz biographischer Ansätze in der Frauenforschung.« S. 129-153 in: Erfahrung mit Methode. Wege sozialwissenschaftlicher Frauenforschung, herausgeg. von Angelika Diezinger et al. Freiburg i. Br.: Kore-Verlag.

DAUSIEN, BETTINA. 2000.
»›Biographie‹ als rekonstruktiver Zugang zu ›Geschlecht‹ – Perspektiven der Biographieforschung.« S. 96-115 in: Lesarten des Geschlechts. Zur De-Konstruktionsdebatte in der erziehungswissenschaftlichen Geschlechterforschung., herausgeg. von Dietlind Fischer, Doris Lemmermöhle, Dorle Klika und Anne Schlüter. Opladen: Leske und Budrich.

DEWSBURY, JOHN-DAVID. 2003.
»Witnessing space: ›knowledge without contemplation‹.« Environment and Planning A 35: 1907-1932.

DÖGE, PETER, UND MICHAEL MEUSER. 2001.
»Geschlechterverhältnisse und Männlichkeit. Entwicklung und Perspektiven sozialwissenschaftlicher Männlichkeitsforschung.« S. 123-140 in: Männlichkeit und soziale Ordnung. Neuere Beiträge zur Geschlechterforschung, herausgeg. von Peter Döge und Michael Meuser. Opladen: Leske und Budrich.

DOMOSH, MONA, UND JONI SEAGER. 2001.
Putting women in place. New York: The Guilford Press.
DÖRHÖFER, KERSTIN, UND ULLA TERLINDEN. 1998.
Verortungen. Geschlechterverhältnisse und Raumstrukturen.
Basel/Boston/Berlin: Birkhäuser.
DOWLER, LORRAINE. 2002.
»Till death do us part: masculinity, friendship, and nationalism in Belfast, Northern Ireland.« Environment and Planning D: Society and Space 20: 53-71.
DOWLER, LORRAINE, JOSEPHINE CARUBIA UND BONJ SZCZYGIEL. 2005.
Gender and landscape: renegotiating morality and space.
London/New York: Routledge.
DOWLING, ROBYN. 1998.
»Suburban stories, gendered lives: Thinking through difference.« S. 69-88 in: Cities of difference, herausgeg. von Fincher/Jacobs. New York: The Guilford Press.
DUDEN, BARBARA. 1991.
Geschichte unter der Haut: Ein Eisenacher Arzt und seine Patientinnen um 1730. Stuttgart: Klett-Cotta.
DUDEN, BARBARA. 1993.
»Die Frau ohne Unterleib: Zu Judith Butlers Entkörperung. Ein Zeitdokument.« Feministische Studien Jg. 11/2: 24-34.
DUDENREDAKTION, HG. 2004.
Duden. Das Synonymwörterbuch. Mannheim: Dudenverlag.
DUNCAN, NANCY. 1996.
BodySpace. Destabilizing geographies of gender and sexuality.
London/New York: Routledge.
DUNLEAVY, PATRICK. 2003.
Authoring a PhD. How to plan, draft write and finish a doctoral thesis or dissertation. New York: Palgrave Macmillan.

– E –

EBRECHT, ANGELIKA. 1989.
»Dürfen Frauen den Männern hinter ihr Geheimnis kommen? Frauen und Geheimgesellschaften im 18. Jahrhundert.« Feministische Studien 7: 28-42.
EGLI, HANS-RUDOLF. 2004.
»Siedlung und Verkehr.« S. 273-302 in: Geografie, herausgeg. von Hasler/Egli.
EGLI, HANS-RUDOLF UND MARTIN HASLER. 2004.
»Geografie und ihre Geschichte.« S. 11-18 in: Geografie, herausgeg. von Hasler/Egli.
EICK, VOLKER. 1998.
»Neue Sicherheitsstrukturen im ›neuen‹ Berlin. ›Warehousing‹ öffentlichen Raums und staatlicher Gewalt.« ProKla 28: 95-118.

EISENEGGER, MARK. 1998.
»Alte und neue Einflussmöglichkeiten sozialer Bewegungen. Das Beispiel Jurakonflikt.« S. 161-174 in: Dynamisierung und Umbau, herausgeg. von König et al.

ELDEN, STUART. 2001.
Mapping the present: Heidegger, Foucault and the project of a spatial history. London: Continuum.

ELDEN, STUART. 2004A.
»Between Marx and Heidegger: politics, philosophy and Lefebvre's ›The production of space‹.« Antipode 36: 86-105.

ELDEN, STUART. 2004B.
Understanding Henri Lefebvre. Theory and the possible. London: Continuum.

ENSNER, HEIDI. 1998.
10 Jahre Müttergruppe: Evaluation. Bern: Eigenverlag.

ENTRIKIN, NICHOLAS. 1991.
The Betweenness of Place: Towards a Geography of Modernity. London: Macmillan.

EPPLE-GASS, RUDOLF. 1997.
»Ein Denkmal für Kaiseraugst – ein Denkmal für eine Jugendbewegung?« S. 122-128 in: A walk on the wild side. Jugendszenen in der Schweiz von den 30er Jahren bis heute, herausgeg. von Stapferhaus Lenzburg. Zürich: Chronos.

ESCOBAR, ARTURO. 1995.
Encountering development: the making and unmaking of the Third World. Princeton: University Press.

– F –

FINCHER, RUTH. 1998.
»In the right place at the right time? Life stages and urban spaces.« S. 49-68 in: Cities of difference, herausgeg. von Fincher/Jacobs.

FINCHER, RUTH UND JANE M. JACOBS, HG. 1998.
Cities of difference. New York: The Guilford Press.

FLICK, UWE. 2003.
Qualitative Forschung. Ein Handbuch. Reinbek bei Hamburg: Rowohlt.

FOUCAULT, MICHEL. 1966.
Les mots et les choses. Une archéologie des sciences humaines. Paris: Gallimard.

FOUCAULT, MICHEL. 1973.
Archäologie des Wissens. Frankfurt/M: Suhrkamp.

FOUCAULT, MICHEL. 1974.
Die Ordnung der Dinge. Frankfurt/M: Suhrkamp.

FOUCAULT, MICHEL. 1977.
Überwachen und Strafen. Die Geburt des Gefängnisses. Frankfurt/M: Suhrkamp.

FOUCAULT, MICHEL. 1978.
Dispositive der Macht. Über Sexualität, Wissen und Wahrheit.
Berlin: Merve-Verlag.
FOUCAULT, MICHEL. 1981.
Archäologie des Wissens. Frankfurt/M: Suhrkamp.
FOUCAULT, MICHEL. 1991.
»Andere Räume.« S. 65-72 in: Stadt-Räume, herausgeg.
von Martin Wentz. Frankfurt/M/New York: Campus.
FOUCAULT, MICHEL. 1998.
[1978] Über Hermaphrodismus. Der Fall Barbin. Frankfurt/M:
Suhrkamp.
FOUCAULT, MICHEL. 2003A.
Der Wille zum Wissen. Frankfurt/M: Suhrkamp.
FOUCAULT, MICHEL. 2003B.
Die Ordnung des Diskurses. Frankfurt/M: Fischer.
FOUCAULT, MICHEL. 2004.
[1979] Hermeneutik des Subjekts. Frankfurt/M: Suhrkamp.
FRANK, SUSANNE. 2003.
Stadtplanung im Geschlechterkampf. Stadt und Geschlecht in der Großstadtentwicklung des 19. und 20. Jahrhunderts. Opladen: Leske und Budrich.
FRANZ, ANDREA. 2004.
»Zivilgesellschaft und Entwicklungspolitik in Uganda. Wie konfliktfähig sind Frauenorganisationen?« Femina Politica 13: 50-64.
FRASER, NANCY. 1997.
Justice interruptus: critical reflections of the ›postsocialist‹ condition.
London/New York: Routledge.
FRASER, NANCY. 2003.
»From discipline to flexibilization? Reading Foucault in the shadow of globalization.« Constellations 10: 160-171.
FRASER, NANCY, UND AXEL HONNETH. 2003.
Umverteilung oder Anerkennung? Eine politisch-philosophische Kontroverse. Frankfurt/M: Suhrkamp.
FREI, THOMAS. 1997.
»Sprache und Ökonomie: das ›Spiel der Differenzen‹ in der Hyperrealität: ein Versuch der Übertragung von Gedanken aus dem Bereich der Sprache und der Zeichen auf das Wesen heutiger Ökonomie.« Geographisches Institut, Universität Bern.
FREVERT, UTE. 1986.
Frauen-Geschichte. Zwischen bürgerlicher Verbesserung und neuer Weiblichkeit. Frankfurt/M: Suhrkamp.
FREY, RENÉ L. 1990.
Städtewachstum – Städtewandel. Eine ökonomische Analyse der schweizerischen Agglomerationen. Basel/Frankfurt/M: Helbling und Lichtenhahn.

FRIEDAN, BETTY. 2001.
[1963] The Feminine Mystique. New York: W.W. Norton.

– G –

GABERELL, DANIEL, HG. 2004.
Bern. Gesichter, Geschichten. Bern: gab-verlag.

GARFINKEL, HAROLD. 1984.
Studies in ethnomethodology. Cambridge: Polity Press.

GASSER, KARIN. 2003.
Kriminalpolitik oder City-Pflege? Bedeutungsstrukturen polizeilicher Strategien im öffentlichen Raum der Stadt Bern. Institut für Soziologie, Universität Bern.

GEBHARDT, HANS. 2001.
»Das Jahrzehnt der Bürgerinitiativen - Partizipative Bewegungen der siebziger und achtziger Jahre als Thema der Politischen Geographie.« S. 147-176 in: Politische Geographie, herausgeg. von Reuber/Wolkersdorfer.

GEBHARDT, HANS, PETER MEUSBURGER UND DORIS WASTL-WALTER, HG. 2001.
Humangeographie. Heidelberg/Berlin: Spektrum Akademischer Verlag.

GEBHARDT, HANS, PAUL REUBER UND GÜNTER WOLKERSDORFER, HG. 2003A.
Kulturgeographie. Aktuelle Ansätze und Entwicklungen, herausgeg. von Hans Gebhardt, Paul Reuber und Günter Wolkersdorfer. Heidelberg: Spektrum Akademischer Verlag.

GEBHARDT, HANS, PAUL REUBER UND GÜNTER WOLKERSDORFER. 2003B.
»Kulturgeographie – Leitlinien und Perspektiven.« S. 1-30 in: Kulturgeographie, herausgeg. von Gebhardt/Reuber/Wolkersdorfer.

GEERTZ, CLIFFORD. 2003.
[1975] The interpretation of cultures. Selected essays. New York: Basic Books.

GERODETTI, NATALIA, UND SABIN BIERI. 2006.
»(Female hetero) Sexualities in transition. Train stations as gateways. « Feminist Theory 7: 69-88.

GFELLER, KATHARINA. 2004.
»Frei(t)raum Zaffaraya: Selbstbestimmtes Wohnen und Leben in Bern.« Geographisches Institut der Universität Bern.

GIDDENS, ANTHONY, 1979.
Central problems in social theory. Action, structure and contradictions in social analysis. Berkely/Los Angeles: University of California Press.

GILCHER-HOLTEY, INGRID. 1994.
»Die Nacht der Barrikaden. Eine Fallstudie zur Dynamik sozialen Protests.« S. 375-392 in: Sonderheft der Kölner Zeitschrift für Soziologie und Sozialpsychologie, Jg. 1994/34.

GILCHER-HOLTEY, INGRID. 1995.
Die 68er Bewegung. Deutschland – Westeuropa – USA. Frankfurt/M: Suhrkamp.

GILG, PETER, UND PETER HABLÜTZEL. 1986.
»Beschleunigter Wandel und neue Krisen (seit 1945).« S. 821-968 in: Geschichte der Schweiz und der Schweizer, herausgeg. von Ulrich Im Hof. Basel/Frankfurt/M: Helbing & Lichtenhahn.
GOFFMAN, ERVING. 2001.
»Das Arrangement der Geschlechter.« S. 105-158 in: Interaktion und Geschlecht, herausgeg. von Erving Goffman. Frankfurt/M: Suhrkamp.
GREGORY, DEREK. 1994.
Geographical imaginations. Cambridge/Oxford: Blackwell.
GREGORY, DEREK. 2000.
»Edward Said's imaginative geographies. S. 302-348 in: Thinking space, herausgeg. von Crang/Thrift.

– H –

HABERMAS, JÜRGEN. 1975.
Strukturwandel der Öffentlichkeit. Untersuchungen zu einer Kategorie der bürgerlichen Gesellschaft. Neuwied/Berlin: Luchterhand. [1962]
HABERMAS, JÜRGEN. 1989.
The structural transformation of the public sphere: an inquiry into a category of bourgeois society. Cambridge: MIT Press. [1962]
HABERMAS, JÜRGEN. 2002.
Strukturwandel der Öffentlichkeit. Zu einer Kategorie der bürgerlichen Gesellschaft. Frankfurt/M: Suhrkamp. [1962]
HÄCHLER, MONIKA. 2002.
»Einbürgerung und Identität.« Geographisches Institut der Universität Bern.
HAGEMANN-WHITE, CAROL, UND KIRSTEN SANDER. 2003.
»Interaktion von Pflege und Medizin. Konstruktionsprozesse von Geschlecht, Hierarchie und berufliche Sozialisation.« Unveröffentlichtes Manuskript.
HALL, PETER. 1998.
Cities in civilization: culture, innovation and urban order. London: Weidenfeld and Nicholson.
HALL, TIM. 1998.
Urban geography. London/New York: Routledge.
HANSON, SUSAN, UND GERALDINE PRATT. 1995.
Gender, work and space. London/New York: Routledge.
HARD, GERHARD. 1999.
»Raumfragen.« S. 133-162 in: Handlungszentrierte Sozialgeographie. Benno Werlens Entwurf in kritischer Diskussion, herausgeg. von Peter Meusburger. Stuttgart: Erdkundliches Wissen.

HARD, GERHARD. 2000.
»De ubietate angelorum. Über angelologische und geographische Raumtheorien.« S. 65-86 in: Festschrift für Martin Seger, herausgeg. von Friedrich Palencsar. Klagenfurt: Klagenfurter Geographische Schriften.

HARK, SABINE, HG. 2001A.
Dis/Kontinuitäten. Feministische Theorie. Opladen: Leske und Budrich.

HARK, SABINE. 2001B.
»Feministische Theorie – Diskurs – Dekonstruktion. Produktive Verknüpfungen.« S. 353-371 in: Handbuch sozialwissenschaftliche Diskursanalyse, herausgeg. von Keller et al.

HARVEY, DAVID. 2001.
Spaces of Capital. Towards a Critical Geography. Edinburgh: Edinburgh University Press. [1982]

HASLER, MARTIN, UND HANS-RUDOLF EGLI, HG. 2004.
Geografie – Wissen und verstehen. Ein Handbuch für die Sekundarstufe II. Bern: hep-Verlag.

HASSE, JÜRGEN. 2002.
Subjektivität in der Stadtforschung. Frankfurt/M: Institut für Didaktik der Geographie.

HAUSER, CLAUDE. 1998.
»Comment la question jurassienne devient une question suisse. Le tournant des années 1964-1965.« S. 271-282 in: Die Konstruktion einer Nation. Nation und Nationalisierung in der Schweiz im 18.-20. Jahrhundert, herausgeg. von Urs Altermatt, Catherine Bosshart-Pfluger und Albert Tanner. Zürich: Chronos.

HÄUSLER, JACQUELINE, UND JOLANDA PINIEL. 2005.
Tondokumente zur Schweizer Geschichte von der Landi 1939 bis zur Gegenwart. Zürich: Lehrmittelverlag des Kantons Zürich.

HÄUSSERMANN, HARTMUT, UND WOLFGANG SIEBEL. 1978.
»Thesen zur Soziologie der Stadt.« Leviathan 4: 484-500.

HEINTZ, BETTINA. 1993.
»Die Auflösung der Geschlechterdifferenz. Entwicklungstendenzen in der Theorie der Geschlechter.« S. 17-49 in: Ortssuche, herausgeg. von Bühler et al.

HEINTZ, BETTINA, HG. 2001.
Geschlechtersoziologie. Sonderheft der Kölner Zeitschrift für Soziologie und Sozialpsychologie Jg. 41/2001. Wiesbaden: Westdeutscher Verlag.

HELBRECHT, ILSE. 2003.
»Humangeografie und die Humanities – Unterwegs zur Geographie des Menschen.« S. 169-180 in: Menschenbilder in der Humangeographie, herausgeg. von Jürgen Hasse und Ilse Helbrecht. Oldenburg: Bibliotheks- und Informationssystem der Universität Oldenburg.

HELDUSER, URTE, DANIELA MARX, TANJA PAULITZ UND KATHARINA PÜHL, HG. 2004.
Under construction? Konstruktivistische Perspektiven in feministischer Theorie und Forschungspraxis. Frankfurt/M/New York: Campus.
HELLMANN, KAI-UWE. 1999.
»Paradigmen der Bewegungsforschung.« S. 91-113 in: Neue Soziale Bewegungen, Impulse, Bilanzen und Perspektiven, herausgeg. von Ansgar Klein, Hans-Josef Legrand und Thomas Legrand. Opladen: Westdeutscher Verlag.
HELLMANN, KAI-UWE, UND RUUD KOOPMANS, HG. 1998.
Paradigmen der Bewegungsforschung. Entstehung und Entwicklung von Neuen Sozialen Bewegungen und Rechtsextremismus. Opladen: Westdeutscher Verlag.
HENGARTNER, THOMAS. 1999.
Forschungsfeld Stadt. Zur Geschichte der volkskundlichen Erforschung städtischer Lebensformen. Berlin/Hamburg: Dietrich Reimer.
HERBERT, STEVE. 2001.
»On geography and social movements: how the sociologist skeptic might respond.« Political Geography 20: 928-932.
HESS, RÉMI. 1988.
Henri Lefebvre et l'aventure du siècle. Paris: A.M. Métailié.
HESS, RÉMI. 2000.
»Avant-Propos.« S. V-XVI in: La production de l'espace, herausgeg. von Henri Lefebvre. Paris: Anthropos.
HIRSCHAUER, STEFAN. 1999.
Die soziale Konstruktion der Transsexualität. Frankfurt/M: Suhrkamp.
HOLLOWAY, LEWIS, UND PHIL HUBBARD. 2001.
People and place. The extraordinary geographies of everyday life. Essex: Prentice Hall.
HOLT-JENSEN, ARILD. 1999.
Geography. History and concepts. A student's guide. London: Sage.
HONEGGER, CLAUDIA, UND CAROLINE ARNI, HG. 2001.
Gender. Die Tücken einer Kategorie. Joan W. Scott, Geschichte und Politik. Zürich: Chronos.
HOOKS, BELL. 1990.
Yearning: Race, gender and cultural politics. Boston: South End Press.
HUBBARD, PHIL, ROB KITCHIN UND GILL VALENTINE, HG. 2004.
Key thinkers on space and place. Thousand Oaks: Sage.
HUBBARD, PHILIP. 1999.
Sex and the city. Geographies of prostitution in the urban West. Aldershot: Ashgate.
HUMBEL, KURT. 1987.
Das Friedensabkommen in der schweizerischen Maschinen- und Metallindustrie: Dokumente zur Vertragspolitik 1899-1987. Bern: Peter Lang.

HUNTINGTON, SAMUEL P. 1996.
The clash of civilizations and the remaking of the world order.
New York: Simon & Schuster.

– I –

IMDORF, CHRISTIAN. 2005.
Schulqualifikation und Berufsfindung. Wie Geschlecht und nationale Herkunft den Übergang von der Schule in die Berufsbildung strukturieren. Wiesbaden: Verlag für Sozialwissenschaften.

INURA HG. 1998.
Possible urban worlds. Urban strategies at the end of the 20th century. Basel: Birkhäuser.

– J –

JACKSON, PETER. 1989.
Maps of meaning. An introduction to cultural geography. London: Unwin Hyman.

JÄGER, ULLE. 2004.
Der Körper, der Leib und die Soziologie. Entwurf einer Theorie der Inkorporierung. Königstein Ts: Ulrike Helmer.

JOHNSON, GALEN A., UND MICHAEL B. SMITH, HG. 2001.
Ontology and alterity in Merleau-Ponty. Studies in phenomenology and existential philosophy. Evanston: Northwestern University Press.

JOHNSTON, LINDA, UND GILL VALENTINE. 1995.
»Wherever I lay my girlfriend, that's my home: The performance and surveillance of lesbian identities in domestic environments.« S. 99-113 in: Mapping desire, herausgeg. von Bell/Valentine.

JOHNSTON, RON J., DEREK GREGORY, GERALDINE PRATT UND MICHAEL WATTS. 2000.
The Dictionary of Human Geography. Oxford: Blackwell.

KANZ, CHRISTINE. 2003.
»Die Diskursivität von Mütterlichkeit in der literarischen Moderne.« S. 49-56 in: Zeitwende - Die Germanistik auf dem Weg vom 20. ins 21. Jahrhundert. Geschlechterforschung und Literaturwissenschaft, herausg. von Peter Wiesinger. Wien: Lang.

–K–

KAUFMANN, JEAN-CLAUDE. 1999.
Mit Leib und Seele. Theorie der Haushaltstätigkeit. Konstanz: UVK. [Le coeur à l'ouvrage. Théroie de l'action ménagère, 1997]

KELLER, REINER, ANDREAS HIRSELAND, WERNER SCHNEIDER UND WILLY-VIERHÖVER, HG. 2001.
Handbuch sozialwissenschaftliche Diskursanalyse. Opladen: Leske und Budrich.

Keller, Reiner. 2004.
Diskursforschung. Eine Einführung für SozialwissenschaftlerInnen. Wiesbaden: Verlag für Sozialwissenschaften.

Keller, Ursula, Hg. 2000.
Perspektiven metropolitaner Kultur. Frankfurt/M: Suhrkamp.

Kern, Leslie. 2005.
»In Place and at home in the city: Connecting privilege, safety and belonging for women in Toronto.« Gender, Place and Culture 12: 357-377.

Kessler, Suzanne J., und Wendy McKenna. 1992.
Gender: an ethnomethodological approach. Chicago: The University of Chicago Press.

Klaus, Elisabeth. 1994.
»Von der heimlichen Öffentlichkeit der Frauen.« S. 72-100 in: Geschlechterverhältnisse und Politik, herausgeg. vom Institut für Sozialforschung Frankfurt. Frankfurt/M: Suhrkamp.

Kluge, Friedrich. 2002.
Etymologisches Wörterbuch der deutschen Sprache. Berlin/New York: Walter de Gruyter.

Knapp, Gudrun-Axeli. 1988.
»Das Konzept ›weibliches‹ Arbeitsvermögen - theoriegeleitete Zugänge, Irrwege, Perspektiven.« Institut Frau und Gesellschaft, Frauenforschung 4: 8-18.

Knapp, Gudrun-Axeli. 2001.
»Dezentriert und viel riskiert: Anmerkungen zur These vom Bedeutungsverlust der Kategorie Geschlecht.« S. 15-62 in: Soziale Verortung der Geschlechter. Gesellschaftstheorie und feministische Kritik, herausgeg. von Gudrun-Axeli Knapp und Angelika Wetterer. Münster: Westfälisches Dampfboot.

Knapp, Gudrun-Axeli, und Angelika Wetterer, Hg. 2003.
Achsen der Differenz. Gesellschaftstheorie und feministische Kritik. Münster: Westfälisches Dampfboot.

Knapp, Gudrun-Axeli. 2005.
»›Intersectionality‹ - ein neues Paradigma feministischer Theorie? Zur transatlantischen Reise von »Race, Class, Gender«. Feministische Studien 23: 68-81.

Knapp, Gudrun-Axeli, und Carmen Gransee. 2003.
Experiment bei Gegenwind. Der erste Frauenstudiengang in einer Männerdomäne. Ein Forschungsbericht. Opladen: Leske und Budrich.

Knapp, Gudrun-Axeli und Cornelia Klinger. 2005.
»Achsen der Ungleichheit - Achsen der Differenz. Verhältnisbestimmungen von Klasse/Geschlecht, ›Rasse‹/Ethnizität.« Transit - Europäische Revue 29.

Knopp, Lawrence. 1992.
»Sexuality and the spatial dynamics of capitalism.« Environment and Planning D: Society and Space 10: 651-669.

KNOPP, LAWRENCE. 1995.
»Sexuality and urban Space. A framework for analysis.« S. 149-161 in: Mapping desire, herausgeg. von Bell/Valentine.

KOBAYASHI, AUDREY. 1994.
Women, work, and place. Montreal and Kingston: McGill Queens University Press.

KOBEL, SABINE. 2005.
»Wohnfrei(t)räume in Bern: eine Untersuchung von sieben selbstverwalteten und genossenschaftlich organisierten Wohnprojekten.« Geographisches Institut der Universität Bern.

KÖNIG, MARIO, GEORG KREIS, FRANZISKA MEISTER UND ROMANO GAETANO, HG. 1998.
Dynamisierung und Umbau. Die Schweiz ihn den 60er und 70er Jahren. Zürich: Chronos.

KOPPETSCH, CORNELIA, UND GÜNTER BURKART. 1999.
Die Illusion der Emanzipation. Zur Wirksamkeit latenter Geschlechtsnormen im Milieuvergleich. Konstanz: UVK.

KOSÍK, KAREL. 1970.
Dialektik des Konkreten. Eine Studie zur Problematik des Menschen und der Welt. Frankfurt/M: Suhrkamp.

KRAIS, BEATE, UND GUNTER GEBAUER. 2002.
Habitus. Bielefeld: transcript.

KRAMER, CAROLINE. 2003.
»Soziologie und Sozialgeographie: Auf dem Weg zur Transdisziplinarität? Eine Analyse der Selbst- und Fremdbilder der beiden Nachbardisziplinen.« Soziologie 3: 31-59.

KRÄTKE, STEFAN. 2001.
»Urbanität heute: Stadtkulturen, Lebensstile und Lifestyle-Produzenten im Kontext der Globalisierung.« URL: http://home.t-online.de/home/320024190425/Kraetke/index.html.

KRIESI, HANSPETER. 1984.
Die Zürcher Bewegung. Frankfurt/M/New York: Campus.

KROLL, RENATE, HG. 2002.
Metzler Lexikon Gender Studies. Geschlechterforschung. Ansätze – Personen – Grundbegriffe. Stuttgart/Weimar: Verlag J.B. Metzler.

KUHN, NORBERT. 1994.
Sozialwissenschaftliche Raumkonzeptionen. Der Beitrag der raum-theoretischen Ansätze in den Theorien von Georg Simmel, Henri Lefebvre und Anthony Giddens für eine sozialwissenschaftliche Theoretisierung des Raumes. Saarbrücken: Universität Saarbrücken.

KUPPER, PATRICK. 1998.
»›Kein blinder Widerstand gegen den Fortschritt, aber Widerstand gegen einen blinden Fortschritt!‹ Die Auseinandersetzungen um die zivile Nutzung der Atomenergie.« S. 227-239 in: Dynamisierung und Umbau, herausgeg. von König et al.

LANDWEER, HILGE. 1993.
»Kritik und Verteidigung der Kategorie Geschlecht.« Feministische Studien 11: 34-43.

LANGE, BASTIAN, UND SILKE STEETS. 2002.
»Be Cool! Verortungen von Szenen sowie Raumkonstitutionsprozesse durch Culturepreneurs in Frankfurt am Main.« S. 199-243 in: Subjektivität in der Stadtforschung, herausgeg. von Jürgen Hasse. Frankfurt/M: Institut für Didaktik der Geographie.

LAPLANCHE, JEAN, UND JEAN-BERTRAND PONTALIS. 1991.
Das Vokabular der Psychoanalyse. Frankfurt/M: Suhrkamp. [Vocabulaire de la Psychanalyse, 1967]

LÄPPLE, DIETER. 1991.
»Essay über den Raum. Für ein gesellschaftswissenschaftliches Raumkonzept.« S. 157-207 in: Stadt und Raum, herausgeg. von Hartmut Häussermann, Detlev Ipsen, Thomas Krämer-Badoni, Dieter Läpple, Marianne Rodenstein und Walter Siebel. Pfaffenweiler: Centaurus.

– L –

LAURIA, MICKEY, UND LAWRENCE KNOPP. 1985.
»Towards an analysis of the role of gay communities in the urban renaissance.« Urban Geography 6: 152-169.

LAURIE, NINA. 2005.
»Establishing development orthodoxy: negotiating masculinities in the water sector.« Development and Change 36: 527-549.

LAURIE, NINA, CLAIRE DWYER, SARAH HOLLOWAY UND FIONA SMITH. 1999.
Geographies of new femininities. Harlow: Longman.

LEFEBVRE, HENRI. 1968.
Le droît à la ville. Paris: Anthropos.

LEFEBVRE, HENRI. 1970.
La révolution urbaine. Paris: Gallimard.

LEFEBVRE, HENRI. 1991.
The Production of Space: Blackwell. [1974]

LEY, DAVID. 1980.
»Geography withouth man: A humanistic critique. Research Paper 24. Oxford: University School of Geography.

LEY, DAVID, UND MARVIN S. SAMUELS. 1978.
Humanistic geography. London: Croom Helm.

LIEBIG, BRIGITTE. 1997.
Geschlossene Gesellschaft. Aspekte der Geschlechterungleichheit in wirtschaftlichen und politischen Führungsgremien der Schweiz. Chur: Rüegger.

LINDEMANN, GESA. 1993.
Das paradoxe Geschlecht: Transsexualität im Spannungsfeld von Körper, Leib und Gefühl. Frankfurt/M: Fischer Taschenbuch Verlag.

LINDEMANN, GESA. 1995.
»Die Verschränkung von Körper und Leib als theoretische Grundlage einer Soziologie des Körpers und leiblicher Erfahrungen.« S. 133-139 in: Unter offenem Horizont. Anthropologie nach Helmuth Plessner, herausgeg. von Jürgen Friedrich und Bernd Westermann. Frankfurt/M: Lang.

LINDNER, WERNER. 1996.
Jugendprotest seit den fünfziger Jahren. Dissens und kultureller Eigensinn. Opladen: Leske und Budrich.

LIPPUNER, ROLAND. 2005.
Raum – Systeme – Praktiken. Zum Verhältnis von Alltag, Wissenschaft und Geographie. Stuttgart: Franz Steiner.

LONG, NORMAN, UND ANN LONG. 1992.
Battlefields of knowledge. The interlocking of theory and practice in social research and development. London/New York: Routledge.

LONGHURST, ROBYN. 1995.
»The body and geography.« Gender, Place and Culture 2: 97-105.

LONGHURST, ROBYN. 2001.
Bodies. Exploring fluid boundaries. London/New York: Routledge.

LONGHURST, ROBYN, UND LINDA JOHNSTON. 1998.
»Embodying places and emplacing bodies: pregnant women and women body builders.« S. 156-163 in: Feminist Thought in Aotearoa/New Zealand: Differences and Connections, herausgeg. von Rosemary de Plessis und Lynne Alice. Auckland: Oxford University Press.

LOSSAU, JULIA. 2001.
»Anderes Denken in der Politischen Geographie: der Ansatz der Critical Geopolitics.« S. 57-76 in: Politische Geographie, herausgeg. von Reuber/Wolkersdorfer.

LOSSAU, JULIA. 2002.
Die Politik der Verortung. Eine postkoloniale Reise zu einer anderen Geographie der Welt. Bielefeld: transcript.

LOSSAU, JULIA. 2003.
»Geographische Repräsentationen: Skizze einer anderen Geographie.« S. 101-112 in: Kulturgeographie, herausgeg. von Gebhardt/Reuber/Wolkersdorfer.

LOSSAU, JULIA. 2004.
»Geographie und spatial turn.« Erdkunde 58: 201-211.

LÖW, MARTINA. 2001.
Raumsoziologie. Frankfurt/M: Suhrkamp.

LÖW, MARTINA. 2006.
»The social construction of space and gender. «European Journal of Women's and Gender Studies 13: 119-133.

LUHMANN, NIKLAS. 1996.
»Arbeitsteilung und Moral. Durkheims Theorie.« S. 19-41 in: Über soziale Arbeitsteilung. Studie über die Organisation höherer Gesellschaften [1893], herausgeg. von Émile Durkheim. Frankfurt/M: Suhrkamp.

LUTTER, CHRISTINA UND MARKUS REISENLEITNER. 2002.
Cultural Studies. Eine Einführung. Wien: Erhard Löcker.

- M -

MAASEN, SABINE. 2003.
»Zur Therapeutisierung sexueller Selbste. ›The Making Of‹ einer historischen Diskursanalyse.« S. 119-146 in: Handbuch sozialwissenschaftliche Diskursanalyse, herausgeg. von Keller et al.

MAGNIN, CHANTAL. 1996.
Der Alleinernährer. Geschlechtsspezifische Arbeitsteilung im Wirtschaftswachstum der 1950er Jahre. Historisches Institut der Universität Bern.

MAIHOFER, ANDREA. 1995.
Geschlecht als Existenzweise. Macht, Moral, Recht und Geschlechterdifferenz. Frankfurt/M: Ulrike Helmer.

MAIHOFER, ANDREA. 2001.
»Geschlechterdifferenz - eine obsolete Kategorie?« S. 55-72 in: Das Subjekt und die Anderen. Interkulturalität und Geschlechterdifferenz vom 18. Jahrhundert bis zur Gegenwart, herausgeg. von Karl Holz Uerlings Herbert, Schmidt-Hinsenhoff Viktoria. Berlin: Erich Schmidt.

MAIHOFER, ANDREA. 2002.
»Geschlecht und Sozialisation. Eine Problemskizze.« EWE (Erwägen - Wissen - Ethik) 13: 13-26.

MAIHOFER, ANDREA. 2004A.
»Geschlecht als hegemonialer Diskurs und gesellschaftlich-kulturelle Existenzweise. Neuere Überlegungen auf dem Weg zu einer kritischen Theorie von Geschlecht.« S. 33-40 in: Grenzverwischungen. Vielfältige Lebensweisen im Gender-, Sexualitäts- und Generationendiskurs, herausgeg. von Jutta Hartmann. Innsbruck: Studia Universitätsverlag.

MAIHOFER, ANDREA. 2004C.
»Geschlecht als soziale Konstruktion - eine Zwischenbetrachtung.« S. 33-43 in: Under construction?, herausgeg. von Helduser et al.

MARSTON, SALLIE A. 2000.
»The social construction of scale.« Progress in: Human Geography 24: 219-242.

MARSTON, SALLIE A., JOHN PAUL JONES III, UND KEITH WOODWARD. 2005.
»Human geography withouth scale.« Transactions of the Institute of British Geographers, New Series 30: 416-432.

MARTIN, RON. 1999.
»The new ›geographical turn‹ in economics: some critical reflections.« Cambridge Journal of Economics 23: 65-91.

MASSEY, DOREEN. 1985.
»Introduction: geography matters!« S. 1-11 in: Geography matters! A reader, herausgeg. von Doreen Massey und John Allen. Cambridge: University of Cambridge Press.

MASSEY, DOREEN. 1993A.
»Power-geometry and a progressive sense of place.« S. 59-69 in: Mapping the futures. Local cultures, global change, herausgeg. von Jon Bird, Barry Curtis, Tim Putnam, George Robertson, und Lisa Tickner. London/New York: Routledge.

MASSEY, DOREEN. 1993B.
»Raum, Ort und Geschlecht. Feministische Kritik geographischer Konzepte.« S. 109-122 in: Ortssuche. Zur Geographie der Geschlechterdifferenz, herausgeg. von Elisabeth Bühler et al. Zürich/Dortmund.

MASSEY, DOREEN. 1994.
Space, place and gender. Cambridge: Polity Press.

MASSEY, DOREEN. 1996.
»Masculinity, dualism and high technology.« S. 109-126 in: BodySpace, herausgeg. von Duncan.

MASSEY, DOREEN. 1998A.
»Blurring the binaries? High tech in Cambridge.« S. 18-36 in: New Frontiers of Space, Bodies and Gender, herausgeg. von Richard Ainley. London/New York: Routledge.

MASSEY, DOREEN. 1998B.
»Imagining globalisation: power-geometries of time-space.« Hettner-Lecture 2: 1-23.

MASSEY, DOREEN. 1999A.
»Spaces of politics.« S. 279-294 in: Human geography today, herausgeg. von Massey/Allen/Sarre.

MASSEY, DOREEN. 1999B.
»Space-Time, ›science‹ and the relationship between physical geography and human geography.« Transactions of the Institute of British Geographers, New Series 24: 261-276.

MASSEY, DOREEN. 2004.
»Some times of space.« S. 107-118 in: Olafur Eliasson: The Weather Project, herausgeg. von Susan May. London: Tate Gallery.

MASSEY, DOREEN. 2005.
For space. London: Sage.

MCCALL, LESLIE. 2005.
»The complexity of intersectionality.« Signs 30: 1771-1800.

MCDOWELL, LINDA. 1994.
»The transformation of cultural geography.« S. 146-173 in: Human geography. Society, space and social science, herausgeg. von Derek Gregory, Ron Martin und Graham Smith. Basingstoke: McMillan.

MCDOWELL, LINDA. 1999.
Gender, identity and place. Cambridge: Polity Press.

MCDOWELL, LINDA. 2004.
»Thinking through work: Gender, power and space.« S. 315-328 in: Reading Economic Geography, herausgeg. von Trevor J. Barnes, Jamie Peck, Eric S. Sheppard und Adam Tickell. London: Blackwell.

McDowell, Linda, und Joanne Sharp, Hg. 1997.
Gender, space and knowledge. Feminist readings. London: Arnold.
McLafferty, Sara L. 2002.
»Mapping women's worlds: knowledge, power and the bounds of GIS.« Gender, Place and Culture 9/3: 263-270.
Meadows, Donatella H., Daniel L. Meadows, Jorgen Randers und William W. Behrens. 1972.
»The limits to growth. A report for the Club of Romes project on the predicament of mankind.« London: Earth Island.
Melucci, Alberto. 1980.
»The new social movements: a theoretical approach.« Social Science Information 19: 199-226.
Merleau-Ponty, Maurice. 2004.
[1964] Le visible et l'invisible: suivi de notes de travail. Paris: Gallimard.
Meuser, Michael. 1998.
Geschlecht und Männlichkeit. Soziologische Theorie und kulturelle Deutungsmuster. Opladen: Leske und Budrich.
Michalitsch, Gabriele. 2005.
Die neoliberale Domestizierung des Subjekts. Von den Leidenschaften zum Kalkül. Frankfurt/M: Campus.
Miggelbrink, Judith. 2002.
Der gezähmte Blick. Zum Wandel des Diskurses über »Raum« und »Region« in humangeographischen Forschungsansätzen des ausgehenden 20. Jahrhunderts. Leipzig: Institut für Länderkunde.
Miller, Byron. 1994.
»Political empowerment, local-central state relations, and geographically shifting political opportunity structures. Strategies of the Cambridge, Massachusetts, peace movement.« Political Geography 13: 393-406.
Miller, Byron. 2000.
Geography and social movements: comparing antinuclear activism in the Boston area. Minneapolis: University of Minnesota Press.
Miller, Byron. 2001.
»Many paths forward: thoughts on geography and social movements.« Political Geography 20: 935-940.
Mills, Sara. 2003.
Michel Foucault. London/New York: Routledge.
Mitchell, Don. 1996a.
»Introduction: public space and the city.« Urban Geography 17: 127-131.
Mitchell, Don. 1996b.
»Political violence, order, and the legal construction of public space: power and the public forum doctrine.« Urban Geography 17: 152-178.
Mitchell, Don. 2000.
Cultural geography – a critical introduction. Oxford: Blackwell.

MITCHELL, DON. 2003.
The right to the city. Social justice and the fight for public space.
New York/London: The Guilford Press.
MITCHELL, DON UND LYNN A. STAEHELI. 2003.
»Spaces of public and private.« S. 147-160 in: Spaces of democracy, herausgeg. von Murray Low und Clive Barnet. London: Sage.
MODELMOG, ILSE. 1994.
Versuchungen. Geschlechterzirkus und Gegenkultur. Opladen.
MOGGE-GROTJAHN, HILDEGARD, HG. 2004.
Gender, Sex und Gender Studies. Freiburg i. Br.: Lambertus.
MOHANTY, CHANDRA. 1991.
»Under Western eyes: Feminist scholarship and colonial discourses.«
S. 61-88 in: The women, gender and development reader, herausgeg. von Nalini Visvanathan. London/New Jersey: Zed Books.
MOSER, PETER. 1998.
»Privilegierter ›Volksstand‹ oder ›Untergang des Bauerntums‹? Die staatliche Agrarpolitik der 50er/60er Jahre.« S. 51-64 in: Dynamisierung und Umbau, herausgeg. von König et al.

– N –

NEDELMANN, BIRGITTA. 2003.
»Klassiker der Soziologie.« S. 127-149 in: Klassiker der Soziologie, herausgeg. von Dirk Kaesler. München: Beck.
NELSON, LISE. 2003.
»Decentering the movement: collective action, place, and the ›sedimentation‹ of radical political discourses.« Environment and Planning D: Society and Space 21: 559-581.
NIEHUSS, MERITH. 1999.
»Die Hausfrau.« S. 45-65 in: Der Mensch des 20. Jahrhunderts, herausgeg. von Ute Frevert und Heinz-Gerhard Haupt. Frankfurt/M: Campus.
NIGG, HEINZ, HG. 2001.
Wir wollen alles, und zwar subito! Die achtziger Jugendunruhen in der Schweiz und ihre Folgen. Zürich: Limmat.

– O –

OSBORNE, THOMAS, UND NIKOLAS ROSE. 2004.
»Spatial phenomenotechnics: making space with Charles Booth and Patrick Geddes.« Environment and Planning D: Society and Space 22: 209-228.
O'TUATHAIL, GEARÓID. 1996.
Critical geopolitics. Minneapolis: University of Minnesota Press.

– P –

PAINTER, JOE. 1997.
»Regulation, regime and practice in urban politics.« S. 122-143 in: Reconstructing urban regime theory: regulating urban politics in a global economy., herausgeg. von Mickey Lauria. Thousand Oaks: Sage.

PASERO, URSULA, UND CHRISTINE WEINBACH, HG. 2003.
Frauen, Männer, Gender Trouble: Systemtheoretische Essays. Frankfurt/M: Suhrkamp.

PEET, RICHARD. 1998.
Modern geographical thought. Oxford: Blackwell.

PFISTER, CHRISTIAN. 1996.
Das 1950er Syndrom: der Weg in die Konsumgesellschaft. Bern: Haupt.

PHILO, CHRIS. 1992.
»Foucault's geographies.« Environment and Planning D: Society and Space 10: 137-161.

PILS, SUSANNE CLAUDINE. 2003.
»Reiche Frauen - Arme Frauen. Überlegungen zu »Frauen-Räumen» im frühneuzeitlichen Wien.« S. 115-135 in: Frauen in der Stadt, herausgeg. von Günther Hödl, Fritz Mayrhofer und Ferdinand Opll. Linz: Österreichischer Arbeitskreis für Stadtgeschichtsforschung, Landesverlag.

PRATT, GERALDINE. 1998.
»Grids of difference: place and identity formation.« S. 26-48 in: Cities of difference, herausgeg. von Fincher/Jacobs.

PRATT, GERALDINE. 2004.
Working feminism. Edinburgh: Edinburgh University Press.

PRED, ALLAN. 1990.
Making histories and constructing human geographies. Boulder: Westview Press.

PROBYN, ELSPETH. 2003.
»The spatial imperative of subjectivity.« S. 290-299 in: Handbook of cultural geography, herausgeg. von Anderson et al.

– R –

RADCLIFFE, SARAH. 1998.
»Popular and state discourses of power.« S. 219-242 in: Human geography today, herausgeg. von Allen/Massey/Sarre.

REICHERT, DAGMAR, HG. 1996.
Räumliches Denken. Zürich: Zürcher Hochschulforum.

REUBER, PAUL. 1999.
Raumbezogene politische Konflikte: Geographische Konfliktforschung am Beispiel von Gemeindegebietsreformen. Stuttgart: Universität Heidelberg.

RICH, ADRIENNE. 1986.
»Notes towards a politics of location.« S. 210-232 in: Blood, bread and poetry: selected prose 1979-1985, herausgeg. von Adrienne Rich. New York: W.W. Norton.

RICKENBACHER-FROMER, CORINNE. 2001.
Mutterbilder und ihre ideologischen und religiösen Bezüge. Zürich: Rüegger.

RINGGENBERG, BARBARA. 1999.
Der Mythos Landschaft in der Geographie: eine semantische Annäherung an die Repräsentationen von Landschft und die Frage nach dem Umgang mit dem Aesthetischen in der Geographie. Geographisches Institut der Universität Bern.

RODENSTEIN, MARIANNE. 2006.
»Raumkonstitution und Wandel der Geschlechterverhältnisse. Ergebnisse einer Untersuchung im suburbanen Raum.« S. 151-166 in: Das räumliche Arrangement der Geschlechter. Kulturelle Differenzen und Konflikte, herausgeg. von Marianne Rodenstein. Berlin: trafo.

RÖDIG, ANDREA. 1994.
»Ding an sich und Erscheinung.« Feministische Studien 11/2: 91-99.

ROGERS, ALISDAIR UND HEATHER A. VILES, HG. 2003.
The student's companion to geography. Malden: Blackwell.

ROGOFF, IRIT. 2000.
Terra infirma. London/New York: Routledge.

ROMANO, GAETANO. 1998.
»Die Überfremdungsbewegung als ›Neue soziale Bewegung‹. Zur Kommerzialisierung, Oralisierung und Personalisierung massenmedialer Kommunikation in den 60er Jahren.« S. 143-159 in: Dynamisierung und Umbau, herausgeg. von König et al.

ROSE, GILLIAN. 2001.
Visual methodologies. London: Sage.

ROTEN, IRIS VON. 1992.
Frauen im Laufgitter. Offene Worte zur Stellung der Frau. Zürich: eFeF. [1954]

RUBIN, GAYLE. 1975.
»The traffic in women. Notes on the ›political economy of sex‹.« S. 157-210 in: Toward an anthropology of women, herausgeg. von Rayna Reiter. New York: Monthly Review Press.

RUBIN, GAYLE, UND JUDITH BUTLER. 1994.
»Sexual Traffic.« Differences.
A Journal of Feminist Cultural Studies 6: 62-99.

RUCHT, DIETER. 1994.
Modernisierung und neue soziale Bewegungen. Deutschland, Frankreich und USA im Vergleich. Frankfurt/M: Suhrkamp.

RUDDICK, SARAH. 1996.
»Constructing difference in public spaces: race, class and gender as interlocking systems.« Urban Geography 17: 132-151.
RUHNE, RENATE. 2003.
Raum Macht Geschlecht. Opladen: Leske und Budrich.

– S –

SAÏD, EDWARD W. 2000.
Am falschen Ort: Autobiografie. Berlin: Berlin Verlag.
SAÏD, EDWARD W. 2003
Orientalism. London: Penguin. [1978]
SANDBERG, SVEINUNG. 2006.
»Fighting neo-liberalism with neo-liberal discourse: ATTAC Norway, Foucault and collective action framing.« Social Movement Studies 5: 209-227.
SARASIN, PHILIP. 2003.
Geschichtswissenschaft und Diskursanalyse. Frankfurt/M: Suhrkamp.
SAUER, CARL O. 1965 [1925].
»The morphology of landscape. A selection from the writings of Carl Ortwin Sauer.« S. 315-350 in: Land and life, herausgeg. von John Leighly. Berkely: University of California Press.
SAUNDERS, PETER. 1987.
Soziologie der Stadt. Frankfurt/M: Campus.
SAWICKI JANA. 1991.
»Foucault and feminism: toward a politics of difference.« S. 217-231 in: Feminist interpretations and political theory, herausgeg. von Mary Lyndon Shanley und Carole Pateman. University Park: Pennsylvania State University Press.
SCHELLER, ANDREA. 1995.
Frau Macht Raum. Geschlechtsspezifische Regionalisierungen der Alltagswelt als Ausdruck von Machtstrukturen. Geografisches Institut der Universität Zürich.
SCHENKER, HEATH M. 1996.
»Women's and Children's Quarters in Golden Gate Park, San Francisco.« Gender, Place and Culture 3: 293-308.
SCHLÖGEL, KARL. 2003.
Im Raume lesen wir die Zeit. Über Zivilisationsgeschichte und Geopolitik. München: Carl Hanser.
SCHMID, CHRISTIAN. 1998A.
»The city as a contested terrain.« S. 188-191 in: Possible urban worlds, herausgeg. von INURA.
SCHMID, CHRISTIAN. 1998B.
»The Dialectics of Urbanisation in Zurich: Global City Formation and Urban Social Movements.« S. 216-225 in: Possible Urban Worlds. herausgeg. von INURA.

SCHMID, CHRISTIAN. 2004.
Stadt, Raum und Gesellschaft. Henri Lefebvre und die Theorie der Produktion des Raumes. Stuttgart: Steiner.

SCHNEGG, BRIGITTE. 2002.
»Geschlechterkonstellationen in der Geselligkeit der Aufklärung.« Schweizerische Zeitschrift für Geschichte 52: 386-398.

SCHWAB-TRAPP, MICHAEL. 2001.
»Diskurs als soziolgisches Konzept. Bausteine für eine soziologisch orientierte Diskursanalyse.« S. 261-284 in: Handbuch sozialwissenschaftliche Diskursanalyse, herausgeg. von Keller et al.

SCHWAB-TRAPP, MICHAEL. 2001.
»Methodische Aspekte der Diskursanalyse. Probleme der Analyse diskursiver Auseinandersetzungen am Beispiel der deutschen Diskussion über den Kosovokrieg« S. 169-196 in: Handbuch sozialwissenschaftliche Diskursanalyse. herausgeg. von Keller et al.

SCHWEIZER, SIMON. 2003.
Der »Saubannerzug«. Ein Vergleich ausgewählter Chroniken und Handbücher. Historisches Institut der Universität Bern.

SCHWEIZER, SIMON. 2004.
AJZ subito? Jugend und Politik: eine Wechselwirkkung [sic!] am Beispiel der Berner Reitschule. Historisches Institut der Universität Bern.

SCOTT, JOAN W. 1986.
»Gender, a useful category of historical analysis.« American Historical Review 91: 1053-1075.

SCOTT, JOAN W. HG. 1996A.
Feminism and history. Oxford/New York: Oxford University Press.

SCOTT, JOAN W. 1996B.
»Feminism and history. Introduction.« S. 1-16 in: Feminism and history, herausgeg. von Scott.

SCOTT, JOAN W. 2001A.
»Fantasy echo: history and the construction of identity.« Critical Inquiry 27: 284-304.

SCOTT, JOAN W. 2001B.
»Millenial fantasies - The future of ›gender‹ in the 21st century.« S. 19-38 in: Gender, die Tücken einer Kategorie, herausgeg. von Honegger/Arni.

SEGROTT, JEREMY, UND MARCUS A. DOEL. 2004.
»Disturbing geography: obsessive-compulsive disorder as spatial practice.« Social and Cultural Geography 5: 598-614.

SHARP, JOANNE. 2003.
»Decentering political geography: feminist and postcolonial engagements.« S. 59-74 in: A companion to political geography, herausgeg. von Agnew/Mitchell/Toal. London.

SIDLER, ROGER. 1998.
»Pour la Suisse de demain croire et créer«. Das Selbstbildnis der Schweiz an der Expo 64. S. 39-50 in: Dynamisierung und Umbau, herausgeg. von König et al.

SIEBEL, WALTER. 1994.
Was macht eine Stadt urban? Zur Stadtkultur und Stadtentwicklung. Oldenburg: Bibliotheks- und Informationssysteme der Universität Oldenburg.

SIEGENTHALER, HANSJÖRG. 1984.
»Die Schweiz 1914-1984.« S. 508 in: Handbuch der europäischen Wirtschafts- und Sozialgeschichte, herausgeg. von Wolfram Fischer, Hermann Kellenbenz und Jan A. van Houtte. Stuttgart: Cop.

SIEGENTHALER, HANSJÜRG. 1996.
»Konkordanz und Kalter Krieg: Marginalien anstelle einer Einleitung. S. 9-17 in: Konkordanz und Kalter Krieg. Analyse von Medienereignissen in der Schweiz der Zwischen- und Nachkriegszeit, herausgeg. von Kurt Imhof, Heinz Kleger und Gaetano Romano. Zürich: Seismo.

SIMMEL, GEORG. 1905.
Kant. Sechzehn Vorlesungen gehalten an der Universität Berlin. Leipzig: Duncker & Humblot.

SIMMEL, GEORG. 1984.
»Die Grossstädte und das Geistesleben.« S. 192-204 in: Das Individuum und die Freiheit. Essais. Berlin: Klaus Wagenbach.

SIMMEL, GEORG. 1992.
»Der Raum und die räumlichen Ordnungen der Gesellschaft.« S. 687-790 in: Soziologie. Untersuchungen über die Formen der Vergesellschaftung, herausgeg. von Georg Simmel. Frankfurt/M: Suhrkamp.

SIMMEL, GEORG. 1998.
»Das Relative und das Absolute im Geschlechter Problem.« S. 224-250 in: Aufsätze und Abhandlungen 1909-1918, Bd. I, Gesamtausgabe Bd. 12, herausgeg. von Georg Simmel. Frankfurt/M: Suhrkamp.

SMITH, NEIL. 1996.
The new urban Frontier. Gentrification and the revanchist city. London/ New York: Routledge.

SMITH, NEIL. 2004.
»Scale bending and the fate of the national.« S. 192-212 in: Scale and geographic inquiry, herausgeg. von Eric S. Sheppard und Robert McMaster. Malden: Blackwell.

SMITH, NEIL UND CINDI KATZ. 1993.
»Grounding metaphor – towards a spatialized politics.« S. 67-83 in: Place and the politics of identity, herausgeg. von Michael Keith und Steve Pile. London/New York: Routledge.

SNOW, DAVID, SARAH A. SOULE UND HANSPETER KRIESI, HG. 2004.
The Blackwell companion to social movements. Oxford: Blackwell.

SOILAND, TOVE. 2003.
»Das Spiel mit den Geschlechtern – eine Sackgasse? Ein Aufruf zur theoretischen Reflexion.« WOZ – die Wochenzeitung, Nr. 21 22. Mai 2003.

SOJA, EDWARD W. 1997.
Thirdspace. Journeys to Los Angeles and other real-and-imagined Places. Malden.

SOJA, EDWARD W. 1986.
Postmodern geographies: The reassertation of space in social theory. London: Verso.

SOJA, EDWARD W. 1999.
»Thirdspace: Expanding the scope of geographical imagination. S. 260-278 in: Human geography today, herausgeg. von Massey/Allen/Sarre. Cambridge: Polity Press.

SPAIN, DAPHNE. 1992.
Gendered spaces. Chapel Hill/London: The University of North Carolina Press.

STAEHELI, LYNN A. 1996.
»Publicity, privacy and women's political action.« Environment and Planning D: Society and Space 14: 601-619.

STAEHELI, LYNN A. 2003.
»Place.« S. 95-107 in: A companion to political geography, herausgeg. von Agnew/Mitchell/Toal.

STAEHELI, LYNN A., LORRAINE DOWLER UND DORIS WASTL-WALTER, HG. 2002
Social transformation, citizenship, and the right to the city. Dordrecht/Boston/London: Kluwer Academic Publishers.

STAHEL, THOMAS. 2000.
»Alternative Wohnformen und linke Wohnpolitik in Zürich 1980-1995.« Institut für Geschichtswissenschaft derUniversität Zürich.

STAHEL, THOMAS. 2006.
Wo-Wo-Wonige. Stadt- und wohnpolitische Bewegungen in Zürich nach 1968. Zürich: Paranoia city.

STATISTIK DER STADT ZÜRICH, HG. 2005.
Zürich – eine Stadt wie jede andere? Schweizer Städte und Agglomerationen 1970-2000. Zürich.

STEIGER, ANNLIS VON. 2002.
Äktschn. Szenenbilder der Berner Bewegung der Unzufriedenen (1980-1987). Historisches Institut der Universität Bern.

STOLER, ANN LAURA. 1996.
»Carnal knowledge and imperial power: gender, race, and morality in colonial Asia.« S. 209-266 in: Feminism and History, herausgeg. von Scott.

STRAUB, JÜRGEN. 1998.
»Personale und kollektive Identität.« S. 73-104 in: Identitäten. Erinnerung, Geschichte, Identität, herausgeg. von Heidrun Friese und Aleida Assmann. Frankfurt/M: Suhrkamp.

STRAUSS, ANSELM, UND JULIET CORBIN. 1996.
Grounded Theory: Grundlagen Qualitativer Sozialforschung. Weinheim: Beltz.

STRÜVER, ANKE. 2001.
»Räumliche Identität als politische Strategie bei der Stadtteilaneignung.« S. 207-216 in: Politische Geographie, herausgeg. von Reuber/Wolkersdorfer.

STURM, GABRIELE. 2000.
Wege zum Raum. Methodologische Annäherung an ein Basiskonzept der Raumplanung. Opladen: Leske und Budrich.

– T –

TAMBOUKOU, MARIA. 2000.
»Of other spaces: women's colleges at the turn of the nineteenth century in the UK.« Gender, Place and Culture 7: 247-263.

TANNER, ALBERT. 1999.
»Individualisierung und Pluralisierung? Sozialstruktur, Lebensstil und kulturelle Praxis in der Schweiz 1950-2000.« Freiheit und Zwang zur Individualisierung? – Rahmenprojekt im Schwerpunktprogramm Zukunft Schweiz. Bern: Schweizerischer Nationalfonds.

TANNER, JAKOB. 1992.
»Zwischen ›American Way of Life‹ und Geistiger Landesverteidigung. Gesellschaftliche Widersprüche in der Schweiz der fünfziger Jahre.« Unsere Kunstdenkmäler 43: 351-363.

TANNER, JAKOB. 1994.
»Die Schweiz in den 1950er Jahren.« S. 38-41 in: Achtung: die 50er Jahre!, herausgeg. von Jean-Daniel Blanc und Christine Luchsinger. Zürich: Chronos.

TANNER, JAKOB. 1998.
»Staat und Wirtschaft in der Schweiz. Interventionistische Massnahmen und Politik als Ritual.« S. 237-259 in: Etappen des Bundesstaates. Staats- und Nationsbildung der Schweiz, 1848-1998, herausgeg. von Brigitte Studer. Zürich: Chronos.

TARROW, SIDNEY. 1989.
Struggle, politics, and reform: Collective action, social movements, and cycles of protest. Ithaca: Cornell University Press.

TAYLOR, PETER J. 1999.
»Places, spaces and Macy's: place-space-tensions in the political geography of modernities.« Progress in Human Geography 23: 7-26.

TEATHER, ELIZABETH KENWORTHY, HG. 1999.
Embodied geographies. Spaces, bodies and rites of passage. London/New York: Rouledge.

TERLINDEN, ULLA. 2002.
»Räumliche Definitionsmacht und weibliche Überschreitungen. Öffentlichkeit, Privatheit und Geschlechterdifferenzierung im städtischen Raum.« S. 141-156 in: Differenzierungen des Städtischen, herausgeg. von Martina Löw. Opladen: Leske und Budrich.

THRIFT, NIGEL J. 1996.
Spatial formations. London: Sage.

THRIFT, NIGEL J. 1999.
»Steps to an ecology of place.« S. 295-322 in Human geography today, herausgeg. von Massey/Allen/Sarre.

TIMPF, SIEGRIED. 2001.
»Das Dispositiv der zukunftsfähigen Entwicklung.« Wirtschaft und Politik. Hamburg: Hochschule für Wirtschaft und Politik.

TONKISS, FRAN. 2003.
»Social justice and the city: equity, cohesion, and the politics of space.« S. 591-598 in: A companion to the city, herausgeg. von Gary Bridge und Sophie Watson. Malden: Blackwell.

TOURAINE, ALAIN. 1984.
Le retour de l'acteur. Essai de Sociologie. Paris: Fayard. [1984]

TREIBEL, ANNETTE. 1995.
Einführung in soziologische Theorien der Gegenwart. Opladen: Leske und Budrich.

TRIPP, AILI MARI. 1998.
»Expanding ›civil society‹: Women and political space in contemporary Uganda.« Journal of Commonwealth and Comparative Politics 36: 84-107.

TUAN, YI-FU. 1976.
»Humanistic geography.« Annals of the Association of American Geographers 66: 266-276.

– U –

UNWIN, TIM. 1992.
The place of geography. Essex: Longman.

– V –

VALENTINE, GILL. 1989.
»The geography of women's fear.« Area 4: 385-90.

VALENTINE, GILL. 1993.
»(Hetero)sexing space: lesbian perceptions and experiences of everyday spaces.« Environment and Planning D: Society and Space 11: 395-413.

VALENTINE, GILL. 1996A.
»Children should be seen and not heard: the production and transgression of adults' public space.« Urban Geography 17: 205-220.

VALENTINE, GILL. 1996B.
»(Re)Negotiating the heterosexual street.« S. 146-155 in: BodySpace, herausgeg. von Duncan.
VALENTINE, GILL. 1999A.
»Imagined geographies: geographical knowledges of self and other in everyday life.« S. 47-61 in: Human geography today, herausgeg. von Massey/Allen/Sarre.
VALENTINE, GILL. 1999B.
»›Oh please, Mum. Oh please, Dad‹: Negotiating children's boundaries.« S. 137-154 in: Gender, power and the household, herausgeg. von Linda McKie, Sophie Bowlby und Susan Gregory. Basingstoke: Macmillan.
VALENTINE, GILL. 2001.
Social geographies. Society and space. Essex: Prentice Hall.
VALENTINE, GILL, UND TRACEY SKELTON. 2001.
»The right to be heard: D/deaf activism in the city.« S. 243-254 in: Rights to the city, herausgeg. von Wastl-Walter/Staeheli/Dowler.
VILLA, PAULA-IRENE. 2003.
Judith Butler. Frankfurt/M/New York:Campus.
VOEGELI, YVONNE. 1997.
Zwischen Hausrat und Rathaus. Auseinandersetzungen um die politische Gleichberechtigung der Frauen in der Schweiz. Zürich: Chronos.

– W –

WARTENPFUHL, BIRGIT. 1996.
»Destruktion – Konstruktion – Dekonstruktion. Perspektiven für die feministische Theorieentwicklung.« S. 191-209 in: Kategorie: Geschlecht? Empirische Analysen und feministische Theorie, herausgeg. von Ute Luise Fischer, Marita Kampshoff, Susanne Keil und Mathilde Schmitt. Opladen: Leske und Budrich.
WASTL-WALTER, DORIS, LYNN A. STAEHELI UND LORRAINE DOWLER, HG. 2005.
Rights to the city. Rom: Societá Geografica Italiana SGI/International Geographical Union IGU.
WEBER, DANIEL. 2000.
»Nieder mit dem Packeis, Freiheit für Grönland. Jugendunruhen 1980-1982.« S. 2 in: Der Bund, 18.5.2000. Bern.
WECKER, REGINA, BRIGITTE STUDER UND GABY SUTTER. 2001.
Die schutzbedürftige Frau: zur Konstruktion von Geschlecht durch Mutterschaftsversicherung, Nachtarbeitsverbot und Sonderschutzgesetzgebung. Zürich: Chronos.
WEICHHART, PETER. 1998.
»Kann man Räume wirklich nicht küssen? Provokante Anmerkungen zu Raumkonzepten der Geographie.« Vortrag, herausgeg. von Österreichische Geographische Gesellschaft. Salzburg: Österreichische Geographische Gesellschaft.

WEIGEL, SIGRID. 1990.
Topographien der Geschlechter. Kulturgeschichtliche Studien zur Literatur. Reinbek bei Hamburg: Rohwohlt.

WERLEN, BENNO. 1998.
»Gibt es eine Geographie ohne Raum? Zum Verhältnis von traditioneller Geographie und spätmodernen Gesellschaften.« Jenaer Geographische Manuskripte 18: 103-126.

WERLEN, BENNO. 2000.
Sozialgeographie. Bern: Haupt.

WESELY, SABINE, HG. 2000.
Gender Studies in den Sozial- und Kulturwissenschaften: Einführung und neuere Erkenntnisse aus Forschung und Praxis. Bielefeld: Kleine.

WEST, CANDACE, UND SARAH FENSTERMAKER. 1996.
»Doing difference.« S. 357-384 in: Race, class and gender: common bonds, different voices, herausgeg. von Chow Esther Ngang-Ling, Doris Wilkinson und Maxine Baca Zinn. Thousand Oaks: Sage.

WEST, CANDACE, UND DON H. ZIMMERMAN. 1987.
»Doing gender.« Gender and Society 1: 125-151.

WETTERER, ANGELIKA. 1993.
Professionalisierung und Geschlechterhierarchie. Vom kollektiven Ausschluss zur Integration mit beschränkten Möglichkeiten. Kassel: Jenior und Pressler.

WETTERER, ANGELIKA. 2002.
Arbeitsteilung und Geschlechterkonstruktion.»Gender at Work in theoretischer und historischer Perspektive. Konstanz: UVK.

WETTERER, ANGELIKA. 2003.
»Rhetorische Modernisierung: Das Verschwinden der Ungleichheit aus dem zeitgenössischen Differenzwissen.« S. 286-319 in: Achsen der Differenz, herausgeg. von Knapp/Wetterer.

WHATMORE, SARAH. 2002.
Hybrid geographies. Natures, cultures, spaces. London/Thousand Oaks/New Dehli: Sage.

WILLEMS, HELMUT. 1997.
Jugendunruhen und Protestbewegungen. Eine Studie zur Dynamik innergesellschaftlicher Konflikte in vier europäischen Ländern. Opladen: Leske und Budrich.

WILSON, ELIZABETH. 1993.
Begegnung mit der Sphinx. Basel/Berlin: Birkhäuser.

WITZ, ANNE. 2001.
»Georg Simmel and the masculinity of modernity.« Journal of Classical Sociology 1: 353-370.

WOLKERSDORFER, GÜNTER. 2004.
»Auf der Suche nach der Weltordnung? Geopolitische Leitbilder und ihre Rolle in den Krisen und Konflikten des neuen Jahrtausends.« Petermanns Geographische Mitteilungen 148: 12-19.

WOODWARD, KEITH, JOHN PAUL JONES III, AND SALLY A. MARSTON. 2012.
The Politics of autonomous space. Progress in Human Geography 36/2: 204-224.

WOOLF, VIRGINIA. 1999.
To the lighthouse. Oxford: Oxford University Press. [1927]

WUCHERPFENNIG, CLAUDIA. 2002.
»Den städtischen Raum beleben? Kulturtheoretische Konzeptionen der Cultural Studies als Impulsgeber für eine machtkritische subjektorientierte Stadtforschung.« S. 277-313 in: Subjektivität in der Stadtforschung, herausgeg. von Jürgen Hasse.

– Y –

YARNAL, CAREEN MACKAY, LORRAINE DOWLER UND SUSAN HANSON. 2003.
»Don't let the bastards see you sweat: masculinity, public and private space, and the volunteer firehouse.« Environment and Planning A 36: 685-699.

– Z –

ZIAI, ARAM. 2003.
»Foucault in der Entwicklungstheorie.« Peripherie. Zeitschrift für Politik und Ökonomie in der Dritten Welt 23: 406-429.

ZWEIFEL, URS. 1998.
»Polizeilicher Ordnungsdienst im ›Aufbruch '68‹.« S. 183-199 in: Dynamisierung und Umbau, herausgeg. von König et al.

19 ANHANG

QUELLEN

http://www.kmg.uni-saarland.de/ Projekte/kmg_0003_09.htm (Januar 2006)	Ausschreibung des 45. Deutschen Historikertages vom 14.-17. September 2004 in Kiel
http://www.geog.uni-heidelberg.de/ veranstaltungen/neuekultgeo3.htm (Januar 2006)	Tagungen der Arbeitsgruppe »Geographie und Gesellschaftstheorie«
http://www.meetingmakers.co.uk/ igc-uk2004/ (März 2006)	Website des 30. IGU-Kongresses Glasgow 2004
http://www.admin.ch/ch/d/pore/va/ liste.html (Februar 2012)	Ergebnisse und Daten schweizerischer Volksabstimmungen seit 1848
http://bern.ch/leben_in_bern/stadt/ statistik/veroeffentlichungen/aktuell (Mai 2005)	Einwohner und Einwohnerinnenzahl Bern
http://www.woz.ch/archiv/ old/00/15/1117.html (Februar 2012)	Chronologie der Berner Bewegung im WOZ-Archiv
http://www.golyr.de/zueriwest/ songtext-flachgleit-377824.html (April 06)	Songtext von »flachgleit« sowie weitere Texte von Züri West
http://www.zueriwest.ch/pages/ disco_detail.php?id=1 (April 06)	Homepage Züri West, Diskographie
http://www.woz.ch/archiv/ old/00/17/1113.html (Februar 2012)	Interview mit Giovanni Schumacher alias Fashion
http://www.woz.ch/dossier/80er. html(Februar 2012)	Interviewdaten mit Beteiligten der 80er Bewegung
http://www.sta.be.ch/belex/d (Februar 2012)	Polizeigesetz des Kantons Bern vom 08/06/1997 (trat am 01/01/1998 in Kraft)
http://www.woz.ch/archiv/ old/00/15/1117.html (Februar 2012)	Chronologie 80er Bewegung der Wochenzeitung WOZ, Teil Bern

Zeitungsartikel

Berner Tagblatt
Berner Tagblatt, 16/08/1977

Berner Zeitung
BZ, 21/01/1993
BZ, 03/12/1990
BZ, 21/10/1990

Der Bund
Der Bund, 26/01/2006
Der Bund, 28/12/2005
Der Bund, 05/12/2005
Der Bund, 02/08/2003
Der Bund, 08/06/2000
Der Bund, 18/05/2000
Der Bund, 17/05/2000
Der Bund, 05/06/2000
Der Bund, 17/05/2000
Der Bund, 30/05/1997
Der Bund, 17/05/1995
Der Bund, 23/02/1993
Der Bund, 04/12/1990
Der Bund, 03/12/1990
Der Bund, 02/12/1990
Der Bund, 08/11/1990
Der Bund, 22/10/1990
Der Bund, 15/10/1990
Der Bund, 13/10/1990
Der Bund, 21/09/1990
Der Bund, 21/03/1984

NZZ
NZZ, 20/11/2004
NZZ, 18/05/2004
NZZ, 16/10/2003
NZZ, 29/8/2003
NZZ, 01/02/2003
NZZ, 21/12/1969
NZZ, am Sonntag, 20/10/2002

Tages-Anzeiger
Tages-Anzeiger, 20/12/2005
Tages-Anzeiger, 21/11/2005
Tages-Anzeiger, 15/11/2005

Andere Zeitungen
BLICK Nr. 93, 08/05/1973
Ensuite, Dezember 2004
Das Magazin, 22/01/2005
Das Magazin, 16/11/1990,
Basler Zeitung, 24/01/2003
Nationalzeitung, 15/06/1970
(Berner Jugendzentrum)
Berner Intelligenzblatt vom
09/09/1897; zit. in:
Berner Tagwacht, 09/11/1990
Berner Tagwacht, 13/02/1901
Berner Tagwacht, 09/11/1990
Berner Rundschau, 20/11/1990
Taz Magazin, 19/10/2002
taz, 06/06/1987

Städtische Verwaltungsberichte
Verwaltungsbericht 1908, 70
Verwaltungsbericht 1904, 68
Verwaltungsbericht 1903, 79
Verwaltungsbericht 1901, 5, 18, 110
Verwaltungsbericht 1900, 127
Verwaltungsbericht 1897, 7
Verwaltungsbericht 1886, 104
Verwaltungsbericht 1895, 4, 7, 55, 61-63, 67, 132
Verwaltungsbericht 1894, 169

Archivmaterialen

- Die Gutenbergsträssin, Broschüre über die Frauenhausbesetzung, undatiert, ca. 1985. Privatarchiv H.E.

- Berns Widerstand in der Krise, undatiert, ca. 1985. Privatarchiv H.E.

- Provinz Nr. 6, Juli 1984. Archiv der Reitschule.

Stadt Bern, Stadtarchiv

- Communiqué des Gemeinderats vom 17/10/1990. Pressedienst des Gemeinderates (Stadt Bern, Präsidial-direktion).

- Mitteilungsblatt der Bernischen Gesellschaft zur Pflege des Stadt- und Landschaftsbildes GSL, Nr. 12, Bern, Sommer 1998. Dokumentation Reitschule, Umschlag 1-6.

- Polizeiakten, »Demonstrationen, Streiks, Arbeits- und Lohnkonflikte, Ausstände, Unruhen 1970-1972«. Archivschachtel D2

- Polizeiakten, »Drogenhandel – Rauschgift 53-73«. Archivschachtel R3, Mappe R3a.

- Gutachten Lendi, Zimmerli und Zaugg zu Handen des Berner Gemeinderats vom 17/06/1988. Gemeinderatsberichte 1988-1990.

- Berichte des Gemeinderats 1988-1990.[1]

- Jugendzentrum Gaswerkareal 1968-1971. Unbeschrifteter Ordner, Polizeiakten.

- Thesenpapier zur Reitschule 1988, FDP der Stadt Bern. Dokumentation Reitschule, Umschlag 6, ab 1999. Bern, Stadtarchiv.

- Flugblatt der IKUR, 1987. In: Dokumentation Reitschule, Umschlag 1 (-1990). Bern, Stadtarchiv.

- Pressedienst der Stadtkanzlei Bern, Gemeinderat, Communiqué vom 03/02/1988. Dokumentation Reitschule, Umschlag 1 (bis 1990). Bern, Stadtarchiv.

- Brief der Gemeinnützigen Baugenossenschaft zur Schliessung der Münsterplattform vom 30/03/1976. In: Archivschachtel M11b, Materialien der Stadtpolizei. Bern, Stadtarchiv.

---

1 Die Gemeinderatsberichte werden auf Antrag für Forschende freigegeben

- Antwortschreiben der Polizeidirektion an die Gemeinnützige Baugenossenschaft vom 28/06/1976. In: Archivschachtel M11b, Materialien der Stadtpolizei. Bern, Stadtarchiv.

- Archivschachtel JZ, Jugendzentrum Gaswerkareal 1970-1984. Bern, Stadtarchiv.

- Entwurf einer gemeinderätlichen Stellungnahme bezüglich der Untersuchungen gegen den städtischen Polizeidirektor vom 21/06/1972. In: Archivschachtel JZ, Jugendzentrum Gaswerkareal. Bern, Stadtarchiv.

- Auszug aus dem Urteil der Anklagekammer des Obergerichts des Kantons Bern vom 09/03/1972. In: Archivschachtel JZ, Jugendzentrum Gaswerkareal 1972-1984. Bern, Stadtarchiv.

- Antwortentwurf der Polizeidirektion auf die Interpellation Weyemann bezüglich unbewilligter Bélier-Demonstration, 23/03/1972, Bern,

- Antwortbrief auf das Schreiben eines besorgten Bürgers vom 07/06/1972; erstellt durch Polizeiadjunkt Christen am 04/07/1972. In: Polizeiakten »Demonstrationen, Streiks, Arbeits- und Lohnkonflikte, Ausstände, Unruhen 1970-1972.« Archivschachtel D2, Bern, Stadtarchiv.

- Interpellation Weyermann vom 29/03/1973 betr. Demonstration vom 24/03/1973 beim Hotel Alfa. In: Polizeiakten »Demonstrationen, Streiks, Arbeits- und Lohnkonflikte, Ausstände, Unruhen 1970-1972«. Archivschachtel D2. Bern, Stadtarchiv.

- Polizeidirektion an den Gemeindrat, Interpellation Weyermann vom 29/03/1973 betr. Demonstration vom 24/03/1973 beim Hotel Alfa, Bern, Stadtarchiv.

- Vertrauliches Protokoll der Konferenz der Polizeidirektion vom 02/05/1973 betr. Anzeigepraxis bei Demonstrationen. In: Polizeiakten »Demonstrationen, Streiks, Arbeits- und Lohnkonflikte, Ausstände, Unruhen 1970-1972« . Archivschachtel D2. Bern, Stadtarchiv.

20 Abbildungsverzeichnis

Bild 1 »Wir Länggässler wehren uns«. Der Bund, 24/04/1973
Bild 2 Filmstill aus »boys and girls«. © Migros, 2004
Bild 3 Piktogramm Toilette
Bild 4 Bush ernennt Roberts. NZZ, 21/07/200
Bild 5 »Grönland«. Archiv Reitschule, ohne nähere Angaben
Bild 6 Rot-Grün-Mitte. Wahlkampagne 2004. Wahlen Stadt Bern
Bild 7 Reithalle. Abstimmungskampagne 2005
Bild 8 Traumhäuser statt Traumprinzen. Privatarchiv H.E.
Bild 9 Formen des Zusammenlebens erfinden. Lisa Schäublin
Bild 10 Mit Baggern und Stacheldraht... Bern, 1987. Lisa Schäublin
Bild 11 ... gegen das Hüttendorf. Bern, 1987. Lisa Schäublin
Bild 12 Demonstration gegen die Räumung des Zaffaraya, Bern, 1987. Lisa Schäublin
Bild 13 Kein Ort für urbane Experimente. Bern, 1987. Lisa Schäublin
Bild 14 Frauenvilla. Privatarchiv H.E
Bild 15 Inserat Anzeiger. Archiv Reitschule, ohne nähere Angaben

Urban Studies

ALENKA BARBER-KERSOVAN,
VOLKER KIRCHBERG, ROBIN KUCHAR (HG.)
Music City
Musikalische Annäherungen
an die »kreative Stadt«

Dezember 2012, ca. 300 Seiten,
kart., zahlr. Abb., ca. 32,80 €,
ISBN 978-3-8376-1965-2

RALPH BUCHENHORST,
MIGUEL VEDDA (HG.)
Urbane Beobachtungen
Walter Benjamin und die neuen Städte

2010, 230 Seiten, kart., 27,80 €,
ISBN 978-3-8376-1524-1

FLORENTINA HAUSKNOTZ
Stadt denken
Über die Praxis der Freiheit
im urbanen Zeitalter

2011, 366 Seiten, kart., 32,80 €,
ISBN 978-3-8376-1846-4

Leseproben, weitere Informationen und Bestellmöglichkeiten
finden Sie unter www.transcript-verlag.de

Urban Studies

FELICITAS HILLMANN (HG.)
Marginale Urbanität: Migrantisches Unternehmertum und Stadtentwicklung

2011, 262 Seiten, kart., zahlr. Abb., 28,80 €,
ISBN 978-3-8376-1938-6

JULIA REINECKE
Street-Art
Eine Subkultur zwischen Kunst und Kommerz

Mai 2012, 200 Seiten, kart.,
zahlr. farb. Abb., 26,80 €,
ISBN 978-3-89942-759-2

CARSTEN RUHL (HG.)
Mythos Monument
Urbane Strategien in Architektur und Kunst seit 1945

2011, 320 Seiten, kart., zahlr. Abb., 32,80 €,
ISBN 978-3-8376-1527-2

Leseproben, weitere Informationen und Bestellmöglichkeiten
finden Sie unter www.transcript-verlag.de

Urban Studies

Uwe Altrock,
Grischa Bertram (Hg.)
Wer entwickelt die Stadt?
Geschichte und Gegenwart
lokaler Governance.
Akteure – Strategien – Strukturen
März 2012, 330 Seiten,
kart., zahlr. Abb., 32,80 €,
ISBN 978-3-8376-1752-8

Thomas Dörfler
**Gentrification
in Prenzlauer Berg?**
Milieuwandel eines Berliner
Sozialraums seit 1989
2010, 336 Seiten, kart.,
zahlr. Abb., 32,80 €,
ISBN 978-3-8376-1295-0

Monika Grubbauer
Die vorgestellte Stadt
Globale Büroarchitektur,
Stadtmarketing und politischer
Wandel in Wien
2011, 350 Seiten, kart.,
zahlr. Abb., 32,80 €,
ISBN 978-3-8376-1475-6

Jörg Heiler
Gelebter Raum Stadtlandschaft
Taktiken für Interventionen
an suburbanen Orten
Januar 2013, ca. 330 Seiten,
kart., zahlr. Abb., ca. 32,80 €,
ISBN 978-3-8376-2198-3

Stefan Kurath
Stadtlandschaften Entwerfen?
Grenzen und Chancen
der Planung im Spiegel
der städtebaulichen Praxis
2011, 572 Seiten, kart.,
zahlr. Abb., 42,80 €,
ISBN 978-3-8376-1823-5

Piotr Kuroczynski
Die Medialisierung der Stadt
Analoge und digitale Stadtführer
zur Stadt Breslau nach 1945
2011, 328 Seiten, kart.,
zahlr. z.T. farb. Abb., 32,80 €,
ISBN 978-3-8376-1805-1

Guido Lauen
Stadt und Kontrolle
Der Diskurs um Sicherheit und
Sauberkeit in den Innenstädten
2011, 618 Seiten, kart., 36,80 €,
ISBN 978-3-8376-1865-5

Michael Müller
Kultur der Stadt
Essays für eine Politik
der Architektur
2010, 240 Seiten, kart.,
zahlr. z.T. farb. Abb., 26,80 €,
ISBN 978-3-8376-1507-4

Eva Reblin
**Die Straße, die Dinge
und die Zeichen**
Zur Semiotik des materiellen
Stadtraums
Mai 2012, 464 Seiten, kart.,
zahlr. z.T. farb. Abb., 39,80 €,
ISBN 978-3-8376-1979-9

Nikolai Roskamm
Dichte
Eine transdisziplinäre
Dekonstruktion.
Diskurse zu Stadt und Raum
2011, 380 Seiten, kart., 34,80 €,
ISBN 978-3-8376-1871-6

Eberhard Rothfuss
Exklusion im Zentrum
Die brasilianische Favela
zwischen Stigmatisierung
und Widerständigkeit
Oktober 2012, ca. 320 Seiten,
kart., ca. 35,80 €,
ISBN 978-3-8376-2016-0

Leseproben, weitere Informationen und Bestellmöglichkeiten
finden Sie unter www.transcript-verlag.de